全国交通运输职业教育教学指导委员会规划教材

"互联网+"立体化教材

港口起重机

主　编　胡慧慧　王结平
主　审　季本山

大连海事大学出版社

ⓒ 胡慧慧　王结平　2020

图书在版编目（CIP）数据

港口起重机／胡慧慧，王结平主编．—大连：大
连海事大学出版社，2020.8
ISBN 978-7-5632-3970-2

Ⅰ.①港…　Ⅱ.①胡…②王…　Ⅲ.港口起重机—
高等职业教育—教材　Ⅳ.①U653.921

中国版本图书馆 CIP 数据核字（2020）第 103239 号

大连海事大学出版社出版

地址：大连市凌海路1号　　邮编：116026　　电话：0411-84728394　　传真：0411-84727996
http：//press.dlmu.edu.cn　　E-mail：dmupress@dlmu.edu.cn

大连金华光彩色印刷有限公司印装　　　　大连海事大学出版社发行

2020 年 8 月第 1 版　　　　　　　　　　　　　2020 年 8 月第 1 次印刷
幅面尺寸：184 mm×260 mm　　　　　　　　　　　　　　　印张：26.5
字数：621 千　　　　　　　　　　　　　　　　　　印数：1～1500 册

出版人：余锡荣

责任编辑：张　华　　　　　　　　　　　　　　责任校对：刘若实
封面设计：张爱妮　　　　　　　　　　　　　　版式设计：张爱妮

ISBN 978-7-5632-3970-2　　定价：69.00 元

总　序

全国交通运输职业教育教学指导委员会交通工程机械类专业指导委员会自1992年成立以来,对本专业指导委员会三个专业类(港口机械与自动控制、工程机械运用技术、港口与航道工程技术)的教材编写工作一直十分重视,把教材建设工作作为专业指导委员会工作的重中之重,自"八五"至今,先后组织人员编写了20多本专业急需教材,供三个专业类使用,解决了各学校专业教材短缺的困难。

随着港口和公路事业的不断发展,港口机械和公路施工机械的更新换代、港口与航道工程技术革新速度加快,各种新工艺、新技术、新设备不断出现,对本专业的人才培养提出了更高的需求;根据目前职业教育的发展形势,三个专业类教材使用对象的主体既有高职生,又有中职生,还有一些需要进修的社会从业人员;近年来,信息化技术的突飞猛进,现代教育技术在职业教育中的作用越来越突出,立体化教材的理念在广大教育工作者中早已深入人心。为适应新的形势,交通工程机械类专业指导委员会制定了"十三五"教材编写出版规划,并确定了教材的编写原则:

1. 拓宽教材的使用范围。本套教材主要面向高职,兼顾中专,也可用于相关专业的职业资格培训和各类在职培训,亦可供有关技术人员参考。

2. 坚持教材内容以培养学生职业能力和岗位需求为主的编写理念。教材内容难易适度,理论知识以"够用"为度,注重理论联系实际,着重培养学生的实际操作能力。

3. 灵活应用信息化技术。根据各专业的情况,结合专业教学资源库、在线开放课程、精品课程等将数字化资源融入教材的编写过程中去,与教学知识点就近对应。

4. 在教材内容的取舍和主次的选择方面,照顾广度,控制深度,力求针对专业,服务行业,对与本专业密切相关的内容予以足够的重视。

5. 教材编写立足于三个专业类的实际情况,结合案例,系统介绍专业设备的基本结构和工作原理,同时,有选择地介绍一些国外的新技术、新设备,以便拓宽学生的视野,为学生进一步深造打下基础。

本套教材在编写过程中,得到交通系统各校领导和教师的大力支持,在此表示感谢!编写高职教材,我们尚缺少经验,书中不妥和疏漏之处,敬请读者指正。

★微信扫一扫,畅享书内数字资源。

全国交通运输职业教育教学指导委员会
交通工程机械类专业指导委员会

编者的话

《教育部关于推进中等和高等职业教育协调发展的指导意见》指出,当前职业教育仍然是我国教育事业的薄弱环节,中等和高等职业教育在专业、课程与教材体系,教学与考试评价等方面仍然存在脱节、断层或重复现象,职业教育整体吸引力不强,与加强技能型人才系统培养的要求尚有较大差距,迫切需要更新观念、明确定位、突出特色、提高水平,促进中等和高等职业教育协调发展。为此,江苏省教育厅举办了为期三年的2018G17中高职衔接专业教师协同研修培训。通过本研修培训,研究课程建设和课程改革中的一系列问题,为中高职衔接提供一个中职和高职沟通的平台,同时,提高专业教师的师德素养、教育教学的水平以及课程建设的能力,完成部分在线开放课程上线、衔接教材编写、相关论文发表等成果。

教材建设是中高职教育衔接的重要组成部分,是直接参与教学实践最基础的保障。教材建设要体现校企合作,工学结合。一方面教材内容表现为基于工作过程的教学项目,教学项目应是知识和技能的有机统一,是理实一体化教学方法的体现;另一方面教学项目要融入职业标准或行业论证的内容,体现行业新技术、新工艺的最新应用。作为2018G17中高职衔接专业教师协同研修成果之一的《港口起重机》,具有以下特色:

1. 使用范围广。本教材适用于高职高专及中高职衔接高职段的港口机械与自动控制专业学生,可用于相关专业的职业资格培训和各类在职培训,也可供有关技术人员参考。

2. 贯彻培养学生职业能力和岗位需求的编写理念。教材内容体现校企合作、工学结合,着重培养学生的实际操作能力。

3. 立足国内港口起重机实际情况,结合港口典型机型,系统介绍港口起重机的基本结构和工作原理,同时,有选择地介绍一些国外新技术、新设备,以拓宽学生的视野,为学生进一步深造打下基础。

《港口起重机》是高职高专院校港口物流设备与自动控制专业教材,是2018G17中高职衔接专业教师协同研修成果之一。全书共六个模块,内容包括:港口起重机概论、港口起重机金属结构、港口起重机主要零部件、港口起重机主要机构、港口起重机的安全、典型港口起重机。文中出现的长度、应力等单位,如未明确标注,默认为mm、MPa。书后附表均采用最新国家标准与部颁标准,便于师生查用。

本教材是高职高专院校港口物流设备与自动控制专业教学用书,也可作为职业技能培训教材,或供有关工程技术人员学习参考。

本教材由2018G17中高职衔接专业教师协同研修班胡慧慧、王结平担任主编,季本山教授担任主审。参加本书编写工作的有研修班的胡慧慧(模块一、模块六)、王结平(模块二)、余会荣(模块三)、程小平(模块四),江苏航运职业技术学院港机教研室顾海红(模块五),连云港新东方集装箱码头有限公司陈宇(模块三)。全书由胡慧慧统稿。本书部分立体资源由振华重工提供(收集人:李时现、郑世乐)。

1

本教材在编写过程中,得到了振华重工、南通港口集团、连云港港口集团等企业专家以及连云港中专等学校老师的大力支持,还参考了大量文献资料(文献资料及其作者列于书后),在此表示衷心感谢。

限于编者水平,书中难免存在不妥和疏漏之处,敬请读者指正。

编者

2020 年 6 月

目 录

模块一

港口起重机概论

单元一　起重机械的组成与分类

一、起重机械及其工作特点

起重机械是指用于垂直升降或者垂直升降并水平移动重物的机电设备,是一种循环、重复、间歇运动的机械。

起重机械的工作程序是:起升机构通过取物装置将物品从取料点提升,运行、回转或变幅机构使物品产生水平位移,然后起升机构使物品下降在指定地点;接着各个机构进行反方向运动,使取物装置回到原来的取料地点。这个工作过程称为一个工作循环(包括中间停歇)。一个工作循环完成后,再进行下一个工作循环。

起重机械就这样周期性地重复动作,各个机构经常处于启动、制动以及正向、反向等相互交替的运动状态中。

二、起重机械的组成

起重机械主要由工作机构、取物装置、金属结构、动力与传动装置、控制系统、安全保护装置等部分组成。

(一)工作机构

工作机构是起重机械的执行机构,通过各个机构的动作,完成对物品的升降和水平移动,实现物品的装卸、转载、运输、安装等作业要求。起重机械上常用的工作机构有起升机构、运行机构、变幅机构和回转机构。有些起重机械因其特别的需要,还设有臂架伸缩机构、臂架放倒机构等。

起升机构是用来垂直升降物品的机构,是起重机械的基本工作机构;运行机构是使起重机或起重小车沿着固定轨道或路面行走的机构;变幅机构是依靠臂架的俯仰或起重小车在臂架上运行而改变取物装置或物品位置的机构;回转机构是使起重机械的回转部分在水平面内绕回转中心转动,实现物品周向位置移动的机构。

工作机构的数目是根据起重机械的类型和使用要求而确定的,性能完备的臂架型起重机具有四个工作机构;桥架型起重机一般设置起升、运行(起重机运行、起重小车运行)两个工作机构;构造简单的起重机械甚至只有一个工作机构,但任何一种起重机械必须具有起升机构。

(二)取物装置

起重机械必须通过取物装置将起吊物品与起升机构联系起来,从而对物品进行装卸、吊运以及安装等作业。

吊运成件物品、散粒物品以及液体物品,应分别采用不同的取物装置,如吊钩、吊环、夹钳、承梁、起重电磁铁、真空吸盘、抓斗、料斗、集装箱吊具等。

(三)金属结构

金属结构是起重机械的骨架,决定了起重机械的结构形式。金属结构用来安装及布置驱动装置和工作机构;承受自重载荷和各种外部载荷,并将这些载荷传递到起重机械的支承基础。

臂架型起重机的金属结构主要包括:臂架、人字架、转台、门架或车架、机房、支腿等。桥架型起重机的金属结构主要有:主梁、端梁、小车架等。

(四)动力与传动装置

动力与传动装置为各工作机构提供动力,驱动各个工作机构运动,在很大程度上决定了起重机械的工作性能和构造特点。起重机械最常用的动力与传动装置是交流电动机和柴油机、液力与液压系统、减速器等。

(五)控制系统

控制系统是起重机械的神经中枢,司机的操作控制指令通过控制系统实现各工作机构的启动、制动、换向、安全报警等。控制系统的先进与否直接影响起重机械的技术性能的先进性。

(六)安全保护装置

为了保证起重机安全可靠地工作,在起重机械上应当设置安全保护装置。当作用在起重机上的载荷超过允许值或机构的运动超出允许范围时,安全装置能及时发出警报或切断动力,使起重机或机构停止工作,从而保证作业安全,避免发生人身、设备损害。

安全装置的种类很多,常用的有:缓冲器、防风装置、起重量限制器、起重力矩限制器、限位器和安全开关等。

三、起重机械的分类

根据《起重机械分类》(GB/T 20776—2006),起重机械按其功能和结构特点分为轻小型

```
                          ┌ 千斤顶
                 轻小起    ├ 滑车
                 重设备    ├ 起重葫芦
                          └ 卷扬机
                                         ┌ 梁式起重机
                                         ├ 桥式起重机
                            桥架型起重机 ├ 门式起重机
                                         ├ 半门式起重机
                                         └ 装卸桥
                                         ┌ 固定式起重机
                                         ├ 台架式起重机
                                         ├ 门座起重机
                                         ├ 半门座起重机
                                         ├ 塔式起重机
                 起重机    臂架型起重机 ├ 铁路起重机
                                         ├ 流动式起重机
                                         ├ 浮式起重机
起                                       ├ 甲板起重机
重                                       ├ 桅杆起重机
机                                       └ 悬臂起重机
械                          缆索型起重机 ┌ 缆索起重机
                                         └ 门式缆索起重机
                          ┌ 升船机
                 升降机    ├ 启闭机
                          ├ 施工升降机
                          └ 举升机
                          ┌ 桅杆爬升式升降工作平台
                 工作平台
                          └ 移动式升降工作平台
                          ┌ 升降横移类机械式停车设备
                          ├ 垂直循环类机械式停车设备
                          ├ 水平循环类机械式停车设备
                 机械式    ├ 多层循环类机械式停车设备
                 停车设备 ├ 平面移动类机械式停车设备
                          ├ 卷道堆垛类机械式停车设备
                          ├ 垂直升降类机械式停车设备
                          ├ 简易升降类机械式停车设备
                          └ 汽车专用升降机
```

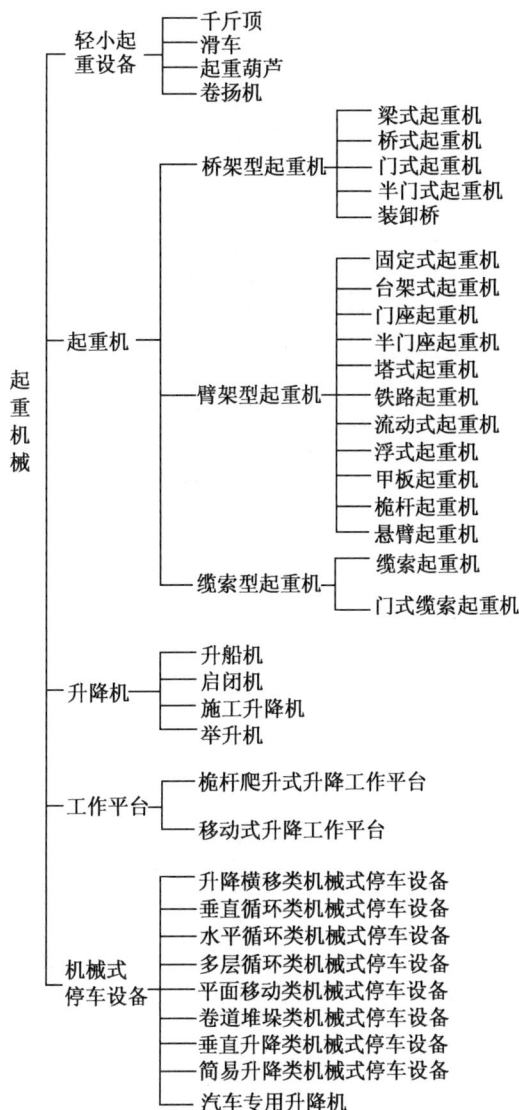

图 1-1 起重机械分类

起重设备、起重机、升降机、工作平台、机械式停车设备五类,如图 1-1 所示。

(一)轻小型起重设备

所谓轻小型起重设备,就是指结构紧凑、动作单一的起重机械,一般只能完成提升或牵引运动。常用的轻小型起重设备有:千斤顶、滑车、起重葫芦、卷扬机等。

1.千斤顶

千斤顶是利用刚性承载件顶升重物的起重工具,起升高度不大,但顶升的能力可以很大。按照结构形式分为:螺旋千斤顶(见图 1-2)、液压千斤顶等。

2.滑车

滑车按滑轮数的多少分为单门滑车、双门滑车和多门滑车。按滑车与吊物的连接方式可分为吊钩式滑车、链环式滑车、吊环式滑车和吊架式滑车四种。按滑轮在轴上的支承不

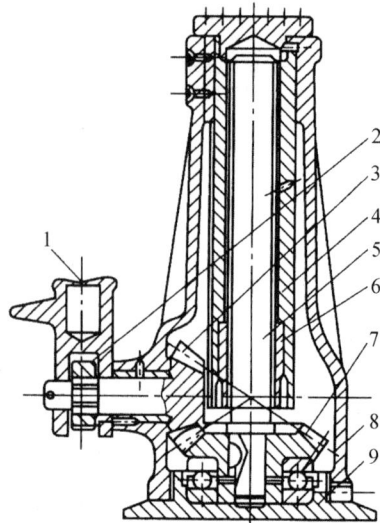

图 1-2　普通螺旋千斤顶

1—手柄;2—棘轮组;3—小锥齿轮;4—升降套筒;5—螺杆;6—螺母;7—大锥齿轮;8—机架;9—底座

同可分为滑动轴承及滚动轴承两种。按夹板是否可以打开来分,有开口滑车和闭口滑车。滑车按使用的方式不同又分为定滑车和动滑车。钢丝绳依次绕过滑车,组成滑车组,广泛应用于起重作业中(见图 1-3)。

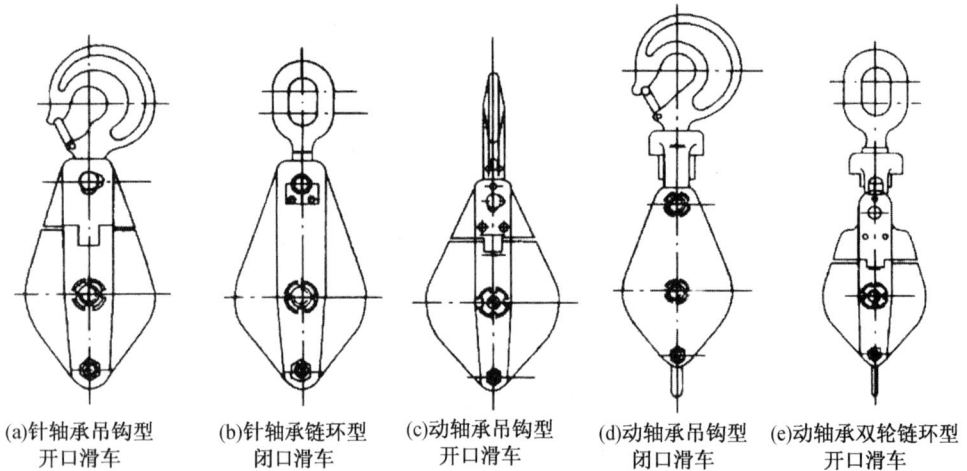

(a)针轴承吊钩型　　(b)针轴承链环型　　(c)动轴承吊钩型　　(d)动轴承吊钩型　　(e)动轴承双轮链环型
　开口滑车　　　　　　闭口滑车　　　　　　开口滑车　　　　　　闭口滑车　　　　　　　开口滑车

图 1-3　滑车

3. 起重葫芦

起重葫芦是将驱动装置、传动装置和制动装置安装在公共吊架上的一种起重工具,通过夹持、卷绕或放出挠性件,使取物装置升降。按驱动方式的不同,起重葫芦可分为:手拉葫芦、电动葫芦和手扳葫芦。

(1)手拉葫芦

手拉葫芦是由人力拉动曳引链,通过齿轮传动或行星摆线针轮传动,卷入或放出起重链条,使取物装置发生升降。手拉葫芦装有载重制动器,依靠重物的重力产生制动力矩,可以使吊重悬停在空中。

手拉葫芦可单独使用,也可作为手动单梁或双梁桥式起重机的起重小车,适用于机械设备的安装、维修和货物的装卸,尤其适合在无电源或易燃易爆的场所作业(见图1-4)。

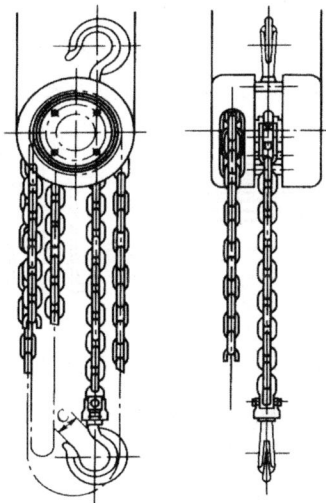

图1-4 手拉葫芦

(2)电动葫芦

电动葫芦是将制动电机、减速器、卷筒集合为一体的起重工具。可单独使用,也可配备行走机构作为电动单轨起重机、电动单梁或双梁桥式起重机、塔式起重机或门式起重机的起重小车。根据承载构件的不同,电动葫芦可分为:钢丝绳式、环链式(采用焊接链)和板链式(采用片式关节链),其中钢丝绳式电动葫芦使用最广泛,如图1-5所示。

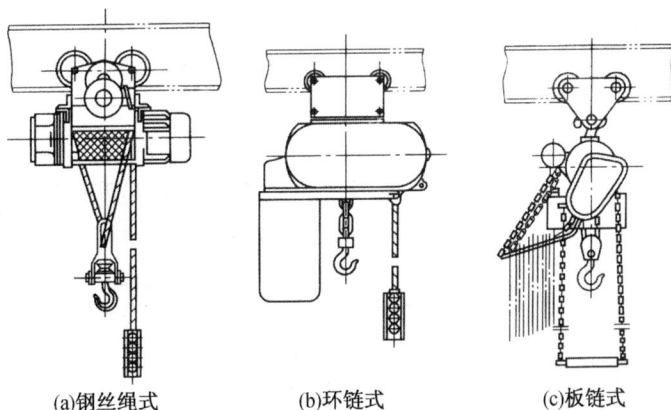

(a)钢丝绳式　　　　　(b)环链式　　　　　(c)板链式

图1-5 电动葫芦

4.卷扬机

卷扬机是由动力驱使卷筒卷绕或放出挠性件,使重物起升或平移的起重装置。按其工作原理的不同分为卷绕式卷扬机和摩擦式卷扬机。

(1)卷绕式卷扬机

如图1-6(a)所示,卷绕式卷扬机由电动机、减速器、制动器、卷筒组成。挠性件的一端固定在卷筒上,另一端与取物装置相连。卷筒转动时,挠性件卷入卷筒或从卷筒放出。卷筒起收、放和存储挠性件的作用。

(2)摩擦式卷扬机

如图1-6(b)所示,摩擦式卷扬机的卷筒是摩擦卷筒,即挠性件引入卷筒并在卷筒上缠绕数圈后,再从卷筒引出。当卷筒转动,挠性件一端绕入时,另一端同时放出,但缠绕在卷筒上的圈数不变。挠性件绕入端与绕出端之间的拉力差,即为挠性件的牵引力。

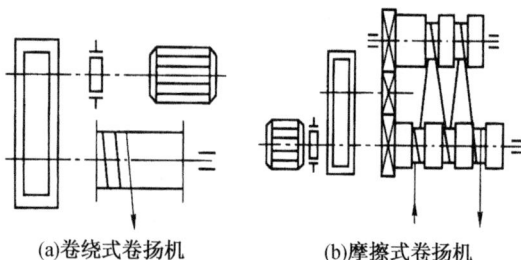

(a)卷绕式卷扬机   (b)摩擦式卷扬机

图1-6 卷扬机示意图

(二)起重机

起重机是使悬挂在取物装置上的重物既能在空间垂直升降还能水平运动的起重设备。因此,起重机一般除了具有起升机构外,还有运行机构、变幅机构、回转机构中的一个或几个。根据起重机结构特征可分为:桥架型、臂架型和缆索型三大类。

1.桥架型起重机

桥架型起重机具有一个桥架形的承载构件,除了有起升机构外,一般还配有小车运行机构和大车运行机构。依靠这些机构的配合动作,能在长方体的空间内搬运货物。桥架型起重机主要包括桥式起重机、门式起重机(龙门起重机)、半门式起重机(半龙门起重机)等。

(1)桥式起重机

桥式起重机的桥架两端通过运行装置直接支承在高架轨道上,采用吊钩、抓斗或电磁吸盘等取物装置来装卸货物,通常用于车间、仓库或堆场等场所进行作业(见图1-7、图1-8)。桥式起重机的种类很多,按照结构形式的不同,可分为单梁桥式起重机、双梁桥式起重机、挂梁桥式起重机、电动葫芦桥式起重机、带回转小车的桥式起重机等。

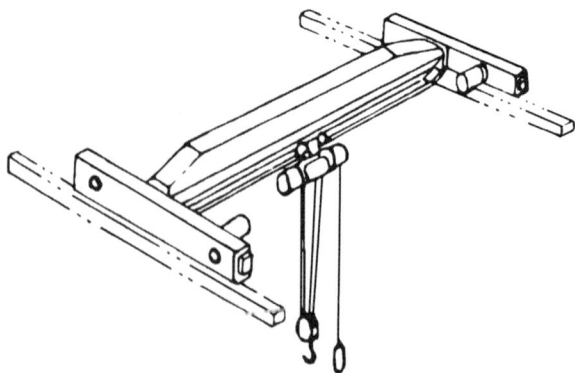

图1-7 电动单梁桥式起重机

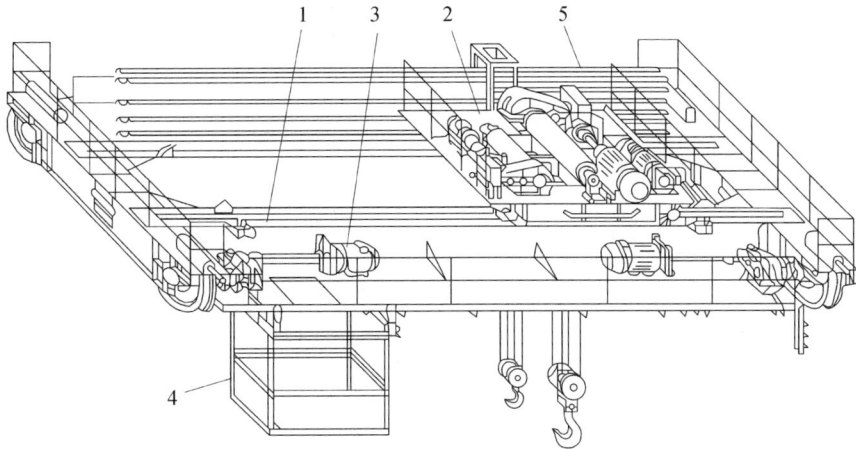

图 1-8 双梁桥式起重机
1—桥架；2—小车；3—大车运行机构；4—司机室；5—小车导电装置

①单梁桥式起重机

当跨度为 7~10 m 且起重量较小时，采用单根工字钢做主梁，当起重量较大或跨度较大时，常用工字钢与钢板构成的组合截面梁，也可由工字钢与型钢构成桁架梁（见图 1-7）。此外，主梁也可焊接成箱形，其下翼缘板较宽，伸在腹板外侧的下翼缘板作为小车运行机构的运行轨道。端梁常采用压弯成型钢板焊成的箱形梁或由型钢焊成的组合断面梁结构。为便于运输与存放，主梁与端梁常作成螺栓连接（也可为焊接连接）。

②双梁桥式起重机

双梁桥式起重机由起升机构、大车运行机构、小车运行机构、桥架和小车架等组成。桥架大多采用箱形结构（见图 1-8）。根据结构与用途的不同，双梁桥式起重机分为：吊钩桥式起重机、抓斗桥式起重机、电磁桥式起重机和抓斗、电磁（吊钩）桥式起重机。

（2）门式起重机

门式起重机具有门形的框架，承载主梁下安装两条支腿，支腿支承在地面的轨道上或地基上，主梁的两端可以有外伸悬臂梁。若主梁一端支承在支腿上，另一端支承在建筑结构的轨道梁上，则为半门式起重机。门式起重机主要用于露天堆场，采用吊钩、抓斗、电磁吸盘等取物装置，进行件杂货、散货的装卸、堆存作业（见图 1-9）。

门式起重机按主梁数分为：单主梁门式起重机、双主梁门式起重机；按悬臂形式分为：无悬臂门式起重机、单悬臂门式起重机、双悬臂门式起重机、铰接悬臂门式起重机和可伸缩悬臂门式起重机。按门腿形式分为：A 形支腿门式起重机、O 形支腿门式起重机、L 形支腿门式起重机、U 形支腿门式起重机。按用途分为：通用门式起重机、造船门式起重机、水电站门式起重机、集装箱门式起重机和装卸桥等。

装卸桥采用双绳抓斗或其他专用吊具作为取物装置，进行大批量的散状物料或成件物品的装卸或堆存作业。装卸桥的跨度通常大于 40~90 m，起重量不大于 40 t。为保证其有较高的生产率，起升机构和小车运行机构是工作性机构，其工作速度高；大车运行机构是非工作性机构，速度较低。由于装卸桥的跨度较大，为了避免温差对金属结构产生的内应力，通常将一条支腿制成刚性的，另一条支腿制成柔性的（见图 1-10）。

在港口码头前沿使用的岸边装卸桥跨度不大，临海侧的悬臂可以俯仰，采用钢丝绳牵

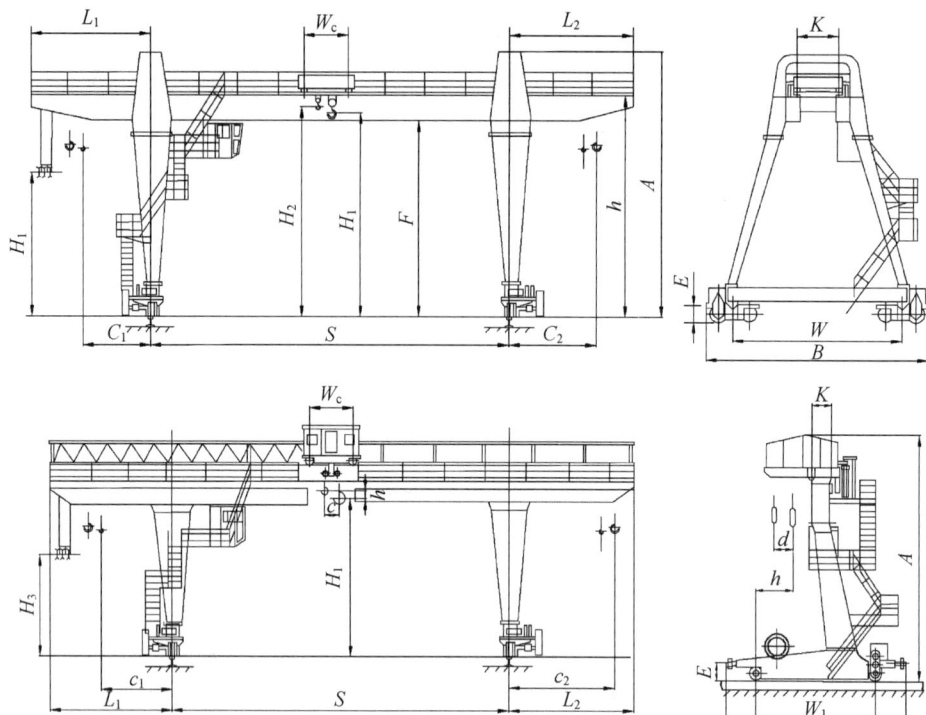

图 1-9　门式起重机

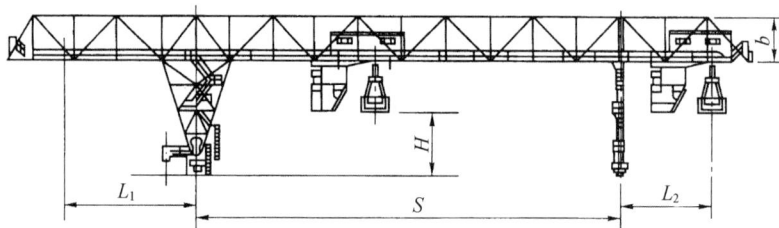

图 1-10　桁架式抓斗装卸桥

引式小车。这种装卸桥采用抓斗装卸散货或用集装箱吊具装卸集装箱(见图 1-11)。

2. 臂架型起重机

臂架型起重机具有可承载的臂架,取物装置悬挂在臂架的顶端或挂在沿臂架运行的起重小车上。臂架型起重机除了有起升机构外,通常还有变幅机构、回转机构和运行机构。依靠这些机构的配合动作,能在环状圆柱形的空间内搬运货物。臂架型起重机主要包括门座起重机、半门座起重机、塔式起重机、铁路起重机、流动式起重机、浮式起重机和甲板起重机等。

(1)门座起重机

门座起重机是回转式臂架型起重机,可沿铺设在地面的轨道运行,门架下方可通过铁路车辆或其他车辆。门座起重机具有起升、运行、变幅、回转四大工作机构,可完成货物的升降、起重机运行、回转和带载变幅等动作。门座起重机可分为港口门座起重机(港口通用门座起重机、带斗门座起重机、多用途门座起重机)、船厂门座起重机和电站门座起重机等。港口门座起重机用于港口、码头、堆场等场所进行货物的装船、卸船、转载、过驳等作业,有

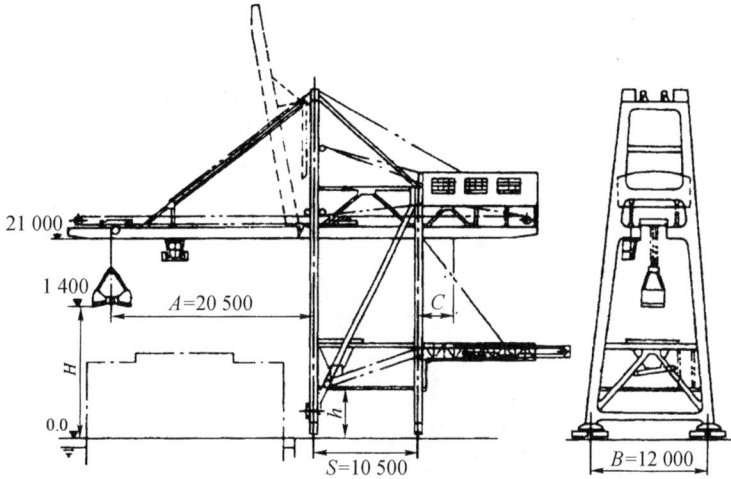

图 1-11 装卸桥

较大的起升范围和幅度,工作速度高,是港口最主要的装卸设备(见图 1-12)。

(2)流动式起重机

流动式起重机是能在无轨的路面(或场地)运行的臂架型起重机,根据工作需要,有些流动式起重机能带载重运行(工作性运行机构),有些不能带载重运行(非工作性运行机构)。其工作范围广,流动性好。按底盘形式的不同,流动式起重机分为轮胎起重机、汽车起重机、履带起重机和特殊底盘起重机。

①轮胎起重机

轮胎起重机是全回转臂架型起重机,装有充气轮胎和配备特制底盘,能在无轨路面上自行运行或牵引运行。轮胎起重机一般不能带载变幅,与汽车起重机相比,运行速度低,越野性能和长距离行驶性能较差,但在平坦的路面上可以吊重行驶。轮胎起重机广泛地应用于港口、车站、货场、建筑工地等场所的装卸、安装工作(见图 1-13)。

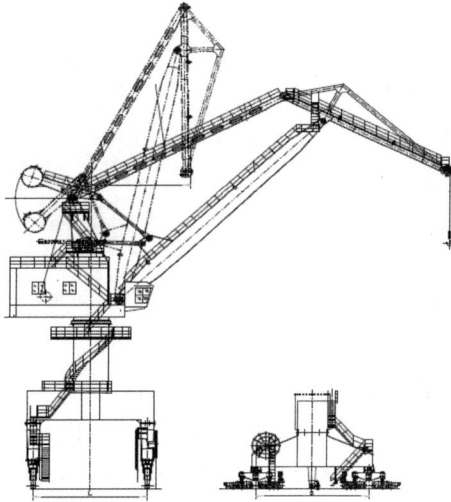

图 1-12 门座起重机

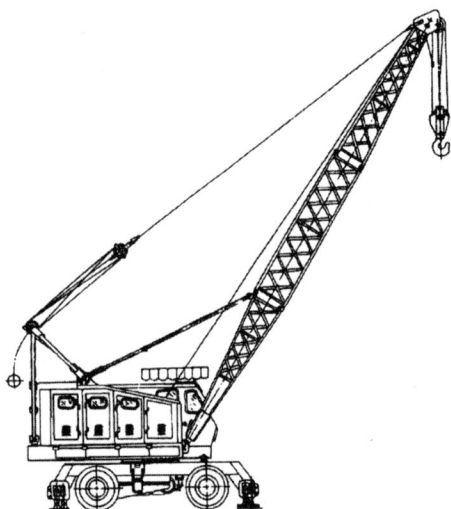

图 1-13　轮胎起重机

②汽车起重机

汽车起重机采用通用或专用的汽车底盘作为运行底架,装有充气轮胎,能在无轨路面上自行行驶。汽车起重机大多采用内燃机驱动、液压传动形式,因此,特别适用于流动性大的不固定场所作业。为了保证作业安全,汽车起重机不允许吊重行驶(见图1-14)。

③履带起重机

履带起重机是以履带作为运行底架的臂架型起重机。因为履带与地面的接触面积大,所以,它能在松软的地面上行走和作业。履带起重机的爬坡能力大、通过性能好,但因其底盘笨重,会破坏硬化的路面,一般仅用于各种建设工地(见图1-15)。

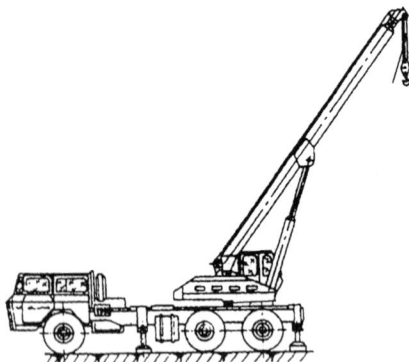

图 1-14　汽车起重机

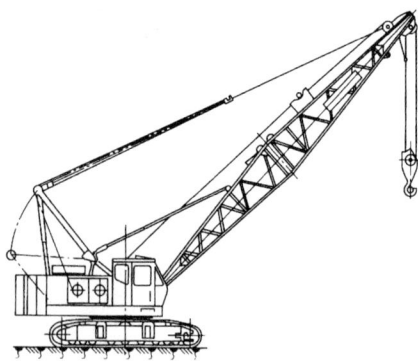

图 1-15　履带起重机

(3)塔式起重机

塔式起重机是臂架安装在高塔顶部的臂架型起重机。塔式起重机的起升高度大,可以回转,结构轻巧,便于装拆,广泛应用在工业与民用建筑、堤坝建设、电站建设等工地,进行起重、安装、搬运作业(见图1-16)。塔式起重机按结构形式可分为固定式塔式起重机、移动式塔式起重机、自升式塔式起重机等。

(4)浮式起重机

浮式起重机的起重装置安装在专用浮船上,能浮在水面上作业,可自航或由港作船拖

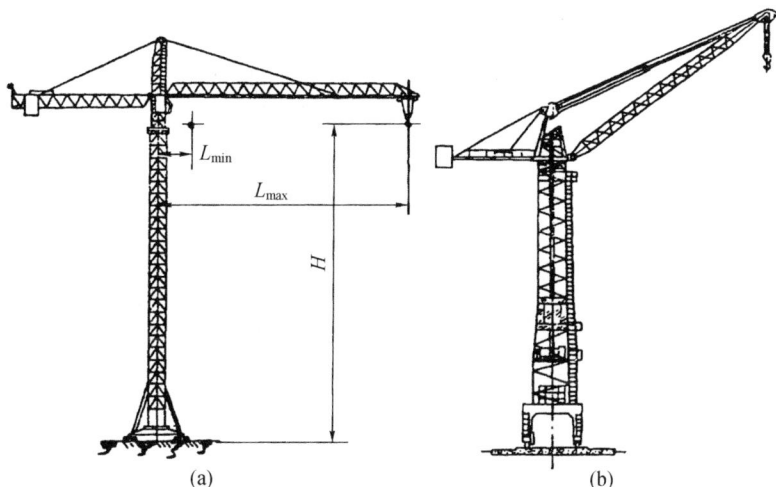

图 1-16 塔式起重机

航。浮式起重机有回转式和非回转式,回转式浮式起重机工作范围大,使用性能好;当起重量特别大时,为了使起重机结构简单,自重减轻,可采用非回转式浮式起重机。浮式起重机广泛用于海港、河港进行船舶装卸、过驳作业,特别适用于重件货物的吊运和水位落差较大的内河码头前沿的装卸船作业。浮式起重机还可以用于大型设备安装、船舶修造、桥梁建筑、水上抢险、水下打捞等作业(见图 1-17)。

(5)固定式起重机

固定式起重机是固定在基础或支承基座上,只能在原地工作的起重机。固定式起重机一般具有起升、变幅、回转机构,各个机构由电动机分别驱动,可单独动作,也可协同动作。根据能否带载变幅,分为非工作性变幅固定式起重机和工作性变幅固定式起重机。固定式起重机用于内河中小型港口的码头前沿装卸船舶作业,还可在堆场、货栈装卸件杂货或散货(见图 1-18)。

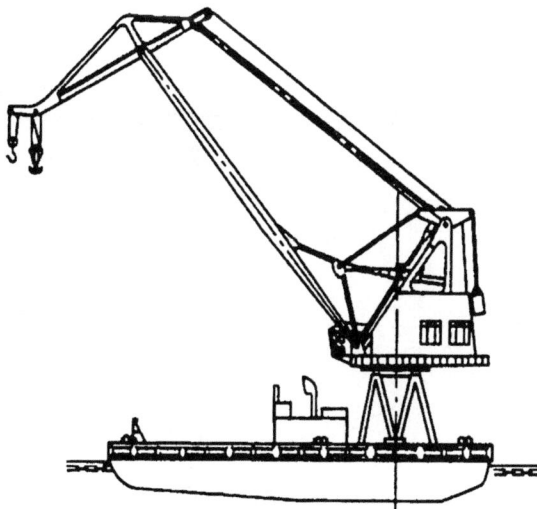

图 1-17 浮式起重机

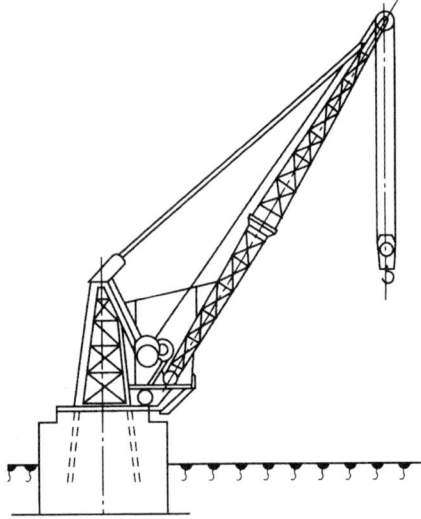

图 1-18　固定式起重机

3.缆索型起重机

缆索型起重机是起重小车沿着架空的承载索运行的起重机。根据结构形式的不同,缆索型起重机分为缆索起重机和门式缆索起重机。

（1）缆索起重机

当起重机的跨度特别大时,为了减轻桥架和整机的重量,常用缆索来代替桥架,供起重小车支承和运行使用,这类起重机称为缆索起重机。缆索起重机采用钢丝绳作为承载索,并将其两端分别固定在两支架的顶端,起重小车在承载索上运行。根据支架的动作方式不同,有固定式缆索起重机、平移式缆索起重机和辐射式缆索起重机。

图 1-19 是一台平移式缆索起重机。起升卷筒和起重小车的牵引卷筒都安装在主塔架上,在另一侧的副塔架上安装液压拉伸机,用来调整承载索的张力。为了减小起升绳和牵引绳的垂度,在起重机的跨中布置了若干个支索器。

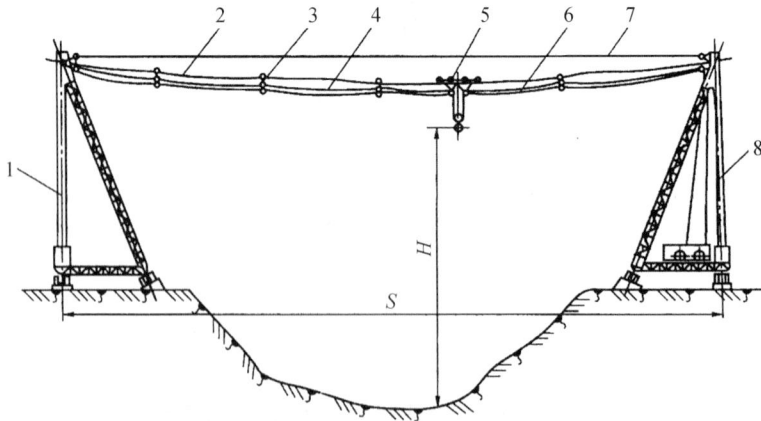

图 1-19　缆索起重机

1—副塔架;2—承载索;3—支索器;4—起重索;5—起重小车;6—牵引索;7—辅助索;8—主塔架

承载索两端的支架分别在两侧平行轨道上运行。由牵引卷筒往返驱动牵引钢丝绳,使起重小车在承载索上往返运行。由于缆索起重机的跨度和起升高度很大,所以小车运行速度和起升速度很高,因为大车(即支架)运行距离很短且不经常运行,其运行速度相当低。

缆索起重机用在跨度相当大或地形非常复杂的林场、煤场、山区、水库、水电站大坝施工等场所,进行货物的装卸和搬运、工件吊运、混凝土浇筑等作业。

(2)门式缆索起重机

门式缆索起重机的承载索分别固定在桥架的两端,桥架下安装两条支腿,支腿支承在地面轨道上并能沿着轨道运行(见图1-20)。

图 1-20　门式缆索起重机

(三)升降机

升降机是重物或取物装置作升降运动的起重机械。按结构特点,升降机可分为升船机、启闭机、施工升降机和举升机。

升船机是依靠机械力量将船舶运送过坝的一种通航设备。升船机按结构形式有垂直式升船机、斜面式升船机。垂直式升船机是由桥式提升机等将承船厢和船舶垂直升降,平移越过坝顶;斜面式升船机是利用卷扬机牵引承船厢或承船车,沿斜坡道将船舶运载过坝。

启闭机是启闭各类闸门的专用设备。启闭机按结构形式分为螺杆式启闭机、卷扬式启闭机和液压式启闭机。

施工升降机是一种将人或货物升降到某一高度的升降设备。主要用途是供人进行登高作业或进行货物垂直运输。施工升降机则有齿轮齿条式升降机、钢丝绳式升降机和混合式升降机。

单元二　起重机械主要技术参数

起重机的技术参数表征起重机的作业能力,是设计、选用起重机的基本依据。起重机的主要技术参数有:起重量、起升高度、跨度(桥架型起重机)、幅度(臂架型起重机)、机构工作速度和生产率。臂架型起重机的主要技术参数中还包括起重力矩。对于轮胎、汽车、履带、铁路起重机等,爬坡度和最小转弯(曲率)半径也是主要技术参数。

一、起重量

额定起重量是最基本、最重要、能表征起重机械工作承载能力的技术参数,俗称起重量。定义起重量参数的基本目的就是确定起重机械所能起升重物的最大质量,以及作用在其相关零部件上的载荷——荷重(承载)能力。因此,起重量就是起升荷重链上所能够起吊重物的质量(单位为 t 或 kg)。对于起升荷重链上的不同部位,其起吊重物的质量是不一样的。

如图 1-21 所示,从最下端开始的起升荷重链一般可包括被搬运的物品、可分吊具、固定吊具、起重挠性件、起重小车/臂架头部。

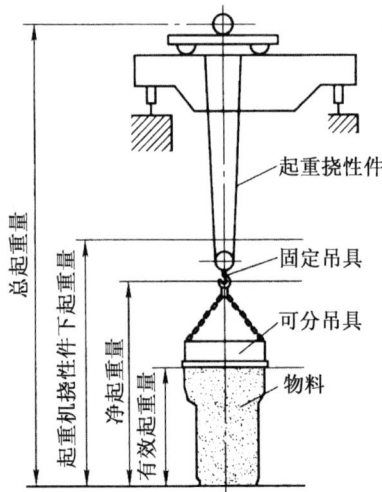

图 1-21 起重量与起重荷重链

1. 可分吊具、固定吊具、起重挠性件

(1)可分吊具

可分吊具是指既能用于起吊有效起重量,也可方便地从主机上拆下并能与有效起重物分离的某些吊具装置,如液压马达抓斗、电磁铁等。由于可分吊具通常由用户自备,故其质量一般不包含在整机质量之内。

(2)固定吊具

固定吊具是指能用于起吊净起重量,并永久固定在起重挠性件下端的吊具装置,如吊钩组等。固定吊具及其质量均属于整机的一部分。

(3)起重挠性件

起重挠性件是指由起升机构等驱动并能使其下端吊挂的重物实现升降运动的构件,如钢丝绳、链条等。起重挠性件及其质量均属于整机的一部分。

2. 有效起重量

有效起重量是指直接吊挂在起重机械固定吊具上(无可分吊具时)或可分吊具上的被起升物品的质量,当从水中起吊重物(或闸门)时,还应考虑水流的吸附(或负压)作用所产生的影响。

3. 净起重量

净起重量是指吊挂在起重机械固定吊具上的被起升重物的总质量,它是有效起重量和可分吊具质量之和;如无可分吊具时,则净起重量即为有效起重量(被起升物品的质量)。

4. 起重挠性件下起重量

起重挠性件下起重量是指吊挂在起重挠性件下端被起升重物的总质量,它是有效起重量、可分吊具质量与固定吊具质量之和。

5. 总起重量

总起重量是指直接吊挂在起重机械(如起重小车或臂架头部)上被起升重物的总质量,它是有效起重量、可分吊具质量、固定吊具质量与起重挠性件质量之和。总起重量可用于整机和金属结构计算等。

6. 额定起重量

额定起重量指在正常工作条件下,对于给定机型和载荷位置的起重机械,其设计能起升的最大净起重量;对于流动式起重机,其额定起重量则为起重挠性件下起重量。

7. 最大起重量

最大起重量是指额定起重量的最大值。额定起重量通常可简称为起重量。桥架型起重机械的额定起重量是定值;臂架型起重机械的额定起重量可以是一个定值(如港口门座起重机),也可以是与臂架幅度(或长度)相对应的可变化的值,此时的额定起重量可能是多个值或是一条可变化的曲线;在无特殊说明时,起重量一般表示最大起重量,即最大额定起重量。

起重量是起重机械最重要且应用最多的技术参数,其定义和数值系列应符合国家标准。

对于起重量较大的起重机械,常配有主、副两套起升机构,起重能力较大者为主起升机构或主卷扬(俗称主钩),起重能力较小者为副起升机构或副卷扬(俗称副钩)。主钩、副钩的起重量匹配常为3∶1~5∶1,并采用分子分母的标注形式,即主钩/副钩(如20 t/5 t,50 t/10 t,320 t/100 t等);副钩具有较低的工作级别,但其起升速度大于主钩,可提高轻小货物的装卸作业效率。主、副钩一般不能同时工作,需要同时动作时应加以说明。对双小车和多小车的桥架型起重机,通常允许多个小车同时工作,此时其起重量的标注为相加,如160 t+160 t,即两个起重小车协同工作时的最大起重能力为320 t;若起升机构采用两套相同且分别独立驱动的布置形式时,其起重量的标注形式为倍数,如450 t×2,即两套起升系统组成的机构同时工作时的最大起重能力为900 t;若整机要求具有抬吊功能时,其抬吊状况下的最大起重能力不超过最大额定起重量。

对于臂架型起重机械而言,除起重量外,其起重能力的大小还常用起重力矩来表示。起重力矩是起升载荷与相应工作幅度的乘积,单位为 N·m 或 kN·m,其大小应由整机所具备的抗倾覆稳定能力来决定。

因此,对于幅度可变的臂架型起重机械,当起重力矩确定时,其起重量常随臂架幅度(或长度)而变化,即同一个起升机构就可以实现多个不同的起重量(包括仅改变起升滑轮组倍率的形式),此时该机的起重量标注形式可用起重量曲线或与幅度相对应的不同数值来表示。

另外,流动式、浮式和铁路起重机的起重量还会随着吊臂的基本作业方位情况(侧方、后方、前方、全回转等)、支腿作业情况(支腿全伸、不用支腿等)或是否吊重行驶等作业条件的不同而改变。

起重机械的起重量应根据用户使用要求、货物类型、最大自重(或生产率)、生产线物流衔接以及多机协同工作等因素,结合国家标准综合分析后再确定。

二、起升范围

起升范围是指取物装置最高和最低工作位置(上、下极限位置)之间的垂直距离,即起升高度和下降深度之和。

起升高度是指起重机械支承面至取物装置最高工作位置(上极限位置)之间的垂直距离。支承面通常取为支承整机运行底架的基础平面——工作场地的地面、轨道顶面、水面等。对于上极限位置,吊钩和货叉应取其承载支承面(内表面),其他取物装置应取其闭合状态最低点。

下降深度是指起重机械支承面至取物装置最低工作位置(下极限位置)之间的垂直距离。对于下极限位置,吊钩和货叉应取其支承面(外表面),其他取物装置应取其闭合状态最低点。

在确定起重机械起升范围时,除应考虑被起吊物品高度方向的最大尺寸以及需要通过的障碍物高度以外,还应考虑配属吊具所占高度尺寸(包括挠性件悬挂长度)。俯仰或伸缩臂架起重机的起升高度可随臂架仰角和臂长而变(起升高度曲线)。对港口、造船、水上起重机等,还应考虑最大船舶满载和空载、涨潮和退潮、船倾角等因素对起升高度和下降深度的影响。另外,副钩起升高度通常会比主钩高 2 m 左右。

三、跨度、轨距、轮距、轴距和基距

桥架型起重机运行轨道中心线之间的水平距离通常称为跨度;起重小车、轨行式臂架型起重机(整机)运行轨道中心线之间的水平距离分别称为小车轨距和起重机轨距;轮胎和汽车式起重机同一轴(桥)上左右车轮(或轮组)中心滚动面之间的距离称为轮距,其相邻两轴(桥)之间的距离称为轴距;运行式起重机沿平行于起重机纵向运行方向测定的起重机支承中心线之间的距离称为基距。

桥式起重机的跨度小于厂房跨度,门式起重机的跨度根据所跨的火车线路股数、汽车通道及货位要求而定。门式起重机为了便于装卸火车和汽车通常具有双悬臂,悬臂长度由作业要求和现场条件确定。无特殊要求时,按主梁自重最轻的原则,每边悬臂长度约为跨度的1/4。悬臂最大长度受起重机轮压和抗倾覆稳定性的限制。门座起重机的轨距根据门座跨越的火车轨道数目而定。塔式起重机的轨距由抗倾覆稳定性条件确定。轮胎起重机的轮距决定于起重机的抗倾覆稳定性,并考虑最小转弯半径和铁路运输限界。

四、幅度

幅度是指起重机置于水平场地时,从回转平台中心线(非回转类时可取为臂架后轴线或其他典型轴线)至取物装置垂直中心线之间的水平距离。

臂架型起重机的幅度(也称为工作幅度)是与其工作范围有关的参数,也能表征其工作承载能力。对臂架型起重机而言,通过改变臂架倾角或长度、小车在水平臂架上运行等方

法,可以使其工作幅度发生变化,因而相应地有最大幅度、最小幅度和有效幅度之分。名义幅度指最大幅度,是臂架倾角最小或小车在臂架最外极限位置时的幅度;而最小幅度是指臂架倾角最大或小车在臂架最内极限位置时的幅度。另外,工作幅度的大小还与起重能力(空载、满载等)有关。

需要注意的是,对于轮胎式起重机还应考虑其最小幅度的有效值,它能表明该机在最小幅度时利用最大起重量作业的实际可能性。

幅度应根据起重机械所要求的工作范围而定。门座起重机最大幅度应考虑码头或船台(船坞)岸边的轨道布量尺寸、船舶尺寸、外挡过驳以及是否跨船作业等来确定;最小幅度往往受到整机构造与布置的限制以及安全要求等因素的制约,但应扩大工作范围。

五、机构工作速度

(一)确定机构工作速度的影响因素

起重机械的机构工作速度是指四大机构在工作载荷下,稳定运动状态的工作速度,其合理与否将直接影响整机的工作性能,包括作业效率、驱动功率、惯性动载荷、吊装平稳性、安全性等。工作速度除按用户要求和机型确定以外,通常还需考虑如下因素:

1.工作性质和使用场合

对于经常工作的、工作级别较高的、有较高生产率要求的工作机构,一般可采用高速;对于工作级别较低的、非工作性的或调整性的工作机构,一般采用低速;一般用途场合采用中等工作速度,大批量装卸货物场合采用高速,安装作业时采用低速或微速;装卸、安装、转运等多用途时可采用多种速度或调速;满载工作时采用低速,轻载、空载工作时则采用高速。

2.起重量和载荷大小

起重量以及自重载荷等较小时可采用高速,反之则宜采用低速。

3.工作行程长短

工作行程较长时宜采用较高的工作速度,工作行程较短时宜采用低速。合理的工作速度值应能使机构在正常工作时多处于稳定运动状态。

4.其他

各机构作业性质的差异、两个机构同时工作的要求、与生产工艺过程间的协调、调速要求和电气实现方法等都会影响工作速度。例如,回转速度因受到起制动惯性力的限制而只能取得很小,变幅速度由于受到带载变幅运动平稳性、安全性等影响也不能取得太大。

(二)额定起升速度

额定起升速度是指起升机构电动机在额定转速或油泵输出额定流量时,取物装置满载起升的速度。多层卷绕的起升速度按钢丝绳在卷筒上第一层卷绕时计算。伸缩臂架式起重机因不同臂长作业时需改变起升滑轮组倍率,因此,起升速度常以单绳速度表示。

起升速度与起重机的用途、起重量大小和起升高度等有关:装卸用起重机比安装用起重机的起升速度高;散状物料的作业速度比成件物品高。大起重量起重机要求作业平稳,采用较低的起升速度;安装用起重机须提供安装定位用的低速或微速。为了满足作业要求,保证物品精确置放,起升机构可以采用双速电动机或者通过电气、液压、机械等方式实现无级或有级调速。

(三)额定运行速度

额定运行速度是指运行机构电动机在额定转速时,或油泵输出额定流量时,起重机或小车的运行速度。运行速度与起重机类型和用途有关。有轨运行的起重机运行距离较短,运行速度用米/秒(m/s)表示。轮胎和汽车起重机需作长距离行驶,运行速度用千米/小时(km/h)表示。浮式起重机的运行速度常以"节"表示(1 kn = 1 n mile/h ≈ 1.85 km/h)。铁路、轮胎、汽车、履带、浮式起重机的运行速度按空载情况考虑,其他类型起重机按满载确定运行速度。

(四)额定变幅速度

额定变幅速度是指变幅机构电动机在额定转速时,或油泵输出额定流量时,取物装置从最大幅度到最小幅度的平均线速度,也可以用从最大幅度到最小幅度所需的变幅时间表示。变幅速度与变幅机构的形式有关。用小车水平移动实现变幅的起重机,小车移动速度即为变幅速度。由臂架在垂直水平面内摆动实现变幅的起重机,可用变幅时间间接表示变幅速度。伸缩臂式起重机以不同臂长工作时,最大、最小幅度变化范围不同,但臂架角度的变化恒定,因此,臂架与水平面的夹角从最小变至最大所需时间可表示变幅速度。工作性变幅机构的速度较高,变幅速度按取物装置满载考虑。非工作性变幅机构只用于调整取物装置空载时的幅度,不需要过高的速度。

(五)额定回转速度

额定回转速度是指回转机构电动机在额定转速下,或油泵输出额定流量时,取物装置满载,并在最大幅度时,起重机安全旋转的速度。回转速度过高,则回转起制动切向惯性力较大,使货物在切线方向摆动大、衰减慢,影响作业效率与作业安全,故回转速度的选取应考虑幅度的大小,通常 10 m 左右幅度时的回转速度不应超过 3 r/min;如果同时考虑幅度、吨位等因素,可推荐满载、大幅度时,回转速度取额定速度的 0.6~0.7 倍。另外,港口门座起重机臂架外端的最大回转圆周线速度通常限于 300~360 m/min。

(六)额定伸缩速度

额定伸缩速度是指伸缩臂式起重机的臂架和支腿在油泵输出额定流量时,臂架伸缩和支腿收放的速度,一般用伸缩时间表示。由于油缸活塞背腹两腔有效面积的差别,额定缩臂(收腿)时间约为伸臂(放腿)时间的 1/3~1/2。

现代起重机技术的发展有逐步提高机构工作速度的趋势,特别是用于大宗散料装卸的起重机。货物升降速度已达 1.6~2.0 m/s,有轨运行小车的运行速度达 4~6 m/s,在承载绳上运行小车的运行速度达 6~10 m/s,起重机的回转速度达 3 r/min。有微动装置时,微动速度一般为 0.001 6~0.008 3 m/s。

六、生产率

生产率(或生产能力)是指单台起重机单位时间内完成吊运货物的总量,是表明该机装卸能力的综合指标,单位为 t/h。生产率通常可根据起重量、主要机构工作速度、工作行程、机构重叠工作程度、循环时间和次数、作业路径、操作技能等装卸工艺数据进行理论计算,此时,主要机构的驱动装置应以最高生产率下不过热和不过载为计算条件。生产率对物流系统集成、港口规划、装卸工艺设计、物流组织与管理等具有重要意义。

七、起重力矩

起重力矩是臂架型起重机主要技术参数之一,它等于额定起升载荷和与其相应的工作幅度的乘积。它比额定起重量能更全面说明臂架型起重机的工作能力。额定起重量随幅度而变的臂架型起重机,在一般情况下,最大起重力矩由最大起重量和与其对应的工作幅度决定。额定起重量为定值、与幅度无关的起重机,在最大幅度起吊额定起重量物品时产生最大起重力矩。

八、最大爬坡度

最大爬坡度是汽车、轮胎、履带、铁路等起重机在取物装置无载、运行机构电动机或液压马达输出最大扭矩时,在正常路面或线路上能爬越的最大坡度。它是表征起重机行驶能力的参数。决定爬坡度的主要因素是黏着重量、黏着系数和轮周牵引力。

九、最小转弯(曲率)半径

汽车或轮胎起重机行驶时,方向盘转到头,外轮至转弯中心的水平距离叫最小转弯半径。最小转弯半径与起重机底盘的轴距、轮距(转向主销中心距)、转向车轮的偏转角、转向桥数目等因素有关。最小转弯(曲率)半径是表征起重机机动性能的参数。

十、工作级别

各种类型的起重机械都具有间歇性、变载荷、重复短时、周期循环等工作特点。当机型相同、工作承载能力和搬运能力相同的起重机械,分别在使用工况条件(工作频繁性、载荷大小、作用特性等)有较大差异的场合工作时,其金属结构件和零部件、机构以及整机都将处于不同工作状态,这是起重机械工作及设计过程中与连续通用机械(工作持续、载荷稳定、无短时间的周期间断性等)的显著区别。因此,设计规范通过采用"工作级别"(工作制度)参数来描述不同场合在役起重机械的工作"繁""重"程度,并以此反映和划分其抗疲劳能力的等级,实现了基于安全、耐用、经济等综合指标下的合理设计、制造与选用,为系列化、标准化、预期寿命设计等提供基础性技术依据。

工作级别的划分包括起重机械整机分级、机构分级、结构件或机械零部件分级三个层次,主要由两个典型使用特征决定:使用时"繁"(忙闲)的程度——使用等级;吊运货物"重"(满载率及次数)的程度——载荷状态级别。

(一)起重机整机的分级

1. 起重机的使用等级

一台起重机械的设计预期寿命是指设计预设的,从开始使用起到最终报废时止能完成的总工作循环数 C_T。起重机一个工作循环是指从起吊一个物品起,到能开始起吊下一个物品时止,包括起重机运行及正常的停歇在内的一个完整的过程。因此,从设计效应的角度看,设计预期寿命内的总工作循环次数可以表征起重机械使用频率的具体情况——使用等级。为方便起见,按起重机械可能完成的总工作循环数划分成 $U_0 \sim U_9$ 共 10 个级别的使用等级,见表1-1。

表 1-1　起重机的使用等级（GB 3811—2008，ISO 4301—1986）

使用等级	起重机总工作循环数 C_T	起重机使用频繁程度
U_0	$C_T \leqslant 1.60 \times 10^4$	很少使用
U_1	$1.60 \times 10^4 < C_T \leqslant 3.20 \times 10^4$	
U_2	$3.20 \times 10^4 < C_T \leqslant 6.30 \times 10^4$	
U_3	$6.30 \times 10^4 < C_T \leqslant 1.25 \times 10^5$	
U_4	$1.25 \times 10^5 < C_T \leqslant 2.50 \times 10^5$	不频繁使用
U_5	$2.50 \times 10^5 < C_T \leqslant 5.00 \times 10^5$	中等频繁使用
U_6	$5.00 \times 10^5 < C_T \leqslant 1.00 \times 10^6$	较频繁使用
U_7	$1.00 \times 10^6 < C_T \leqslant 2.00 \times 10^6$	频繁使用
U_8	$2.00 \times 10^6 < C_T \leqslant 4.00 \times 10^6$	特别频繁使用
U_9	$4.00 \times 10^6 < C_T$	

不同使用场合的起重机械的使用等级，既可以根据其实际工作场合、环境条件、用户要求（包括双方协商）等因素来确定，也可以由设计者依据实际设计经验来确定，还可以参考表 1-1 中的定性说明来确定。

在一般情况下，考虑金属结构的主要承载构件具有不可更换性，且应满足与整机同步停止工作或报废的要求，因此，整机可以采用金属结构主要承载构件的设计预期寿命为计算依据。国内起重机械金属结构主要承载构件的设计预期寿命为 15～50 年，通常取为 20～30 年，每年工作天数为 200～300 天，而每天使用小时数则与工作忙闲程度有关。

2. 起重机的起升载荷状态级别

起重机的起升载荷状态级别是指在该起重机设计预期寿命期限内，它的各个有代表性的起升载荷值及相对应的起吊次数，与其额定起升载荷值及总的起吊次数的比值情况。表示载荷利用率（载荷比值）与次数利用率之间的关系（图形）即为载荷谱，起重机的起升载荷状态级别通常可按载荷谱系数 K_P 的范围划分为 4 级 Q1～Q4（见表 1-2）。

表 1-2　起重机的载荷状态级别及载荷谱系数

载荷状态级别	起重机的载荷谱系数 K_P	说明
Q1——轻	$K_P \leqslant 0.125$	很少起吊额定载荷，经常起吊较轻载荷
Q2——中	$0.125 < K_P \leqslant 0.250$	较少起吊额定载荷，经常起吊中等载荷
Q3——重	$0.250 < K_P \leqslant 0.500$	有时起吊额定载荷，较多起吊较重载荷
Q4——特重	$0.500 < K_P \leqslant 1.000$	经常起吊额定载荷

3. 起重机整机的工作级别

综合上述起重机的 10 个使用等级和 4 个载荷状态级别的排列组合，起重机整机的工作级别按"等寿命原则"划分为 A1～A8 共 8 个级别，见表 1-3。

表 1-3　起重机整机的工作级别

载荷状态级别	起重机的使用等级									
	U_0	U_1	U_2	U_3	U_4	U_5	U_6	U_7	U_8	U_9
Q1	A1	A1	A1	A2	A3	A4	A5	A6	A7	A8
Q2	A1	A1	A2	A3	A4	A5	A6	A7	A8	A8
Q3	A1	A2	A3	A4	A5	A6	A7	A8	A8	A8
Q4	A2	A3	A4	A5	A6	A7	A8	A8	A8	A8

工作级别相同的起重机械工作"繁""重"程度,可由使用等级和载荷状态级别不同但两者乘积相同的组合来描述。可以理解为:一台起重机械起重量越轻则寿命越长,使用次数越少则寿命越长。

(二)机构的分级

1. 机构的使用等级

机构的设计预期寿命是指设计预设的,从开始使用起到预期更换或最终报废时为止的总运转时间(不包括停歇时间的、实际运转小时数的累计总和)。从机构设计角度看,设计预期的总运转时间可以表示机构工作繁忙程度——使用等级,因此,机构使用等级按机构预期完成的总运转小时数划分成 $T_0 \sim T_9$ 共 10 个等级,见表 1-4,它仅作为该机构及其零部件的、被视作指导值的计算使用时间,而不能被视为保用期。设计者可参考用户提供的具体使用情况选定合适的机构使用等级。

2. 机构的载荷状态级别

机构的载荷状态级别表明其所受载荷的轻重程度(可用机构载荷谱系数 K_m 表征)。ISO 标准根据载荷谱系数 K_m 列出了机构的四种载荷状态级别 L1~L4 以及与其相对应的载荷谱系数范围值(表 1-5),它可以反映这些载荷对机构及其零部件所形成的损伤效应状态。

表 1-4　机构的使用等级

使用等级	总使用时间 t_T(h)	机构运转频繁情况
T_0	$t_T \leqslant 200$	很少使用
T_1	$200 < t_T \leqslant 400$	
T_2	$400 < t_T \leqslant 800$	
T_3	$800 < t_T \leqslant 1\ 600$	
T_4	$1\ 600 < t_T \leqslant 3\ 200$	不频繁使用
T_5	$3\ 200 < t_T \leqslant 6\ 300$	中等频繁使用
T_6	$6\ 300 < t_T \leqslant 12\ 500$	较频繁使用
T_7	$12\ 500 < t_T \leqslant 25\ 000$	频繁使用
T_8	$25\ 000 < t_T \leqslant 50\ 000$	
T_9	$50\ 000 < t_T$	

表 1-5 机构的载荷状态级别及载荷谱系数

载荷状态级别	载荷谱系数 K_m	说明
L1	$K_m \leq 0.125$	机构很少承受最大载荷,一般承受轻小载荷
L2	$0.125 < K_m \leq 0.250$	机构较少承受最大载荷,一般承受中等载荷
L3	$0.250 < K_m \leq 0.500$	机构有时承受最大载荷,一般承受较大载荷
L4	$0.500 < K_m \leq 1.000$	机构经常承受最大载荷

3. 机构的工作级别

机构的工作级别是把各单个机构分别作为一个独立整体来进行其载荷轻重程度及运转频繁情况的总体评价,它并不表示该机构中所有零部件都一定有与此相同的受载及运转情况。根据机构的 10 个使用等级和 4 个载荷状态级别的排列组合,机构的工作级别可划分为 M1~M8 共 8 级,见表 1-6。

表 1-6 机构的工作级别

载荷状态级别	机构载荷谱系数 K_m	机构的使用等级									
		T_0	T_1	T_2	T_3	T_4	T_5	T_6	T_7	T_8	T_9
L1	$K_m \leq 0.125$	M1	M1	M1	M2	M3	M4	M5	M6	M7	M8
L2	$0.125 < K_m \leq 0.250$	M1	M1	M2	M3	M4	M5	M6	M7	M8	M8
L3	$0.250 < K_m \leq 0.500$	M1	M2	M3	M4	M5	M6	M7	M8	M8	M8
L4	$0.500 < K_m \leq 1.000$	M2	M3	M4	M5	M6	M7	M8	M8	M8	M8

机构工作级别的分级为各机构总体设计计算、载荷组合计算、电动机等主要零部件的选用提供了基础性规定。机构工作级别的划分符合"疲劳线性损伤累积理论"原则,由于表 1-6 中机构的使用等级和载荷状态级别的乘积还可以表征零部件的疲劳损伤率,因此,按工作级别及其"等寿命原则"进行机构设计可以大为减少品种规格,为实现机构及其零部件的系列化和标准化创造有利条件,也为进行系统寿命设计提供了重要依据。

(三)结构件或机械零件的分级

1. 结构件或机械零件的使用等级

结构件或机械零件的总使用时间(预期寿命),可以表征为设计预设的,从开始使用起到该结构件报废或该机械零件更换时为止的期间内发生的总的应力循环次数。结构件或机械零件的一个应力循环是指应力从通过 σ_m 时起至该应力同方向再次通过 σ_m 时为止的一个完整的连续过程。图 1-22 所示为包含 5 个应力循环的时间应力变化历程。结构件或机械零件的使用等级,按其设计预期寿命内的总的应力循环次数分成 $B_0 \sim B_{10}$ 共 11 个等级,见表 1-7,它可以被视为该结构件或机械零件的计算使用时间(指导值)。

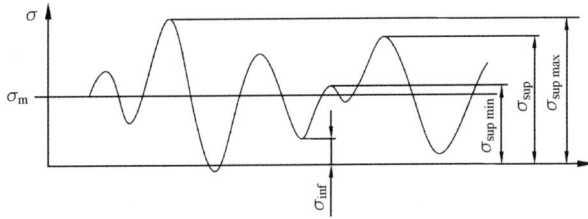

图 1-22　随时间变化的 5 个应力循环举例

σ_{sup}—峰值应力；$\sigma_{sup\ max}$—最大峰值应力；$\sigma_{sup\ min}$—最小峰值应力；

σ_{inf}—谷值应力；σ_{m}—总使用时间内所有峰值应力和谷值应力的算术平均值

表 1-7　结构件或机械零件的使用等级

使用等级	结构件的总应力循环数 n_T	使用等级	结构件的总应力循环数 n_T
B_0	$n_T \leqslant 1.6 \times 10^4$	B_6	$5.0 \times 10^5 < n_T \leqslant 1.0 \times 10^6$
B_1	$1.6 \times 10^4 < n_T \leqslant 3.2 \times 10^4$	B_7	$1.0 \times 10^6 < n_T \leqslant 2.0 \times 10^6$
B_2	$3.2 \times 10^4 < n_T \leqslant 6.3 \times 104$	B_8	$2.0 \times 10^6 < n_T \leqslant 4.0 \times 10^6$
B_3	$6.3 \times 10^4 < n_T \leqslant 1.25 \times 10^5$	B_9	$4.0 \times 10^6 < n_T \leqslant 8.0 \times 10^6$
B_4	$1.25 \times 10^5 < n_T \leqslant 2.5 \times 10^5$	B_{10}	$8.0 \times 10^6 < n_T$
B_5	$2.5 \times 10^5 < n_T \leqslant 5.0 \times 10^5$		

结构件的总应力循环次数 n_T 可以根据其与起重机械之间存在的一定比例关系,从整机使用等级的总工作循环数 C_T 中导出。机械零件的总应力循环次数 n_T 应从该零件所归属机构的(或设计预定的)总使用时间 t_T 中导出,推导时应考虑影响其应力循环次数的该零件转速以及其他相关因素。

2. 结构件或机械零件的应力状态级别

结构件或机械零件的应力状态级别,表明了该结构件或机械零件在总使用期内发生应力的大小及相应的应力循环情况(即应力谱)。设计规范根据应力谱系数 K_S 列出了结构件或机械零件的四种应力状态级别 S1～S4 以及与其相对应的应力谱系数范围值,见表 1-8。

表 1-8　结构件或机械零件的应力状态级别及应力谱系数

应力状态级别	应力谱系数 K_S	应力状态级别	应力谱系数 K_S
S1	$K_S \leqslant 0.125$	S3	$0.250 < K_S \leqslant 0.500$
S2	$0.125 < K_S \leqslant 0.250$	S4	$0.500 < K_S \leqslant 1.000$

3. 结构件或机械零件的工作级别

结构件或机械零件的工作级别也按"等寿命原则"划分,将结构件或机械零件在不同的作用载荷(应力)与不同的作用(循环)次数下具有相同的寿命(即应力谱系数与总的应力循环次数的乘积接近相等的等寿命概念)划归为一组。根据结构件或机械零件的使用等级和应力状态级别,将结构件或机械零件工作级别划分为 E1～E8 共 8 个级别,见表 1-9。

表 1-9 结构件或机械零件的工作级别

应力状态级别	使用等级										
	B_0	B_1	B_2	B_3	B_4	B_5	B_6	B_7	B_8	B_9	B_{10}
S1	E1	E1	E1	E1	E2	E3	E4	E5	E6	E7	E8
S2	E1	E1	E1	E2	E3	E4	E5	E6	E7	E8	E8
S3	E1	E1	E2	E3	E4	E5	E6	E7	E8	E8	E8
S4	E1	E2	E3	E4	E5	E6	E7	E8	E8	E8	E8

综上所述,整机和机构工作级别的划分只表征了起重机械与机构起升、移运荷重的工作情况,而结构件和机械零件工作级别的划分则表征了其承受荷重后的具体应力情况(应力大小、循环次数等),对结构件和机械零件的设计计算(尤其疲劳)具有重要意义。

实际工作中的机械零件(如齿轮),其总应力循环次数往往高于结构件,考虑可维修与可更换的特点,适当降低其总应力循环次数的组别,从而将机械零件和结构件两者的总应力循环次数 n,简化为同一个表格(相同的范围及分度)来表述。另外,起重机械主要承载结构件通常应与整机同步报废或停止,考虑到不可更换性以及结构件实际所经历的应力循环数通常高于整机等问题,从而将其使用等级相对增加一个组别(共 11 级),在工作级别和荷重状态相同的情况下,结构件或机械零件的使用等级会高于整机和机构一个组别,这样的规定更符合起重机械的实际工作状态。

整机、机构、结构件和机械零件三种层次工作级别的划分,为起重机械的寿命设计提供了数据支持。设计中应很好地利用"疲劳线性损伤累积理论"原则,使整机、机构以及主要零部件之间能形成合理的寿命匹配关系,从而同步实现规定的预期寿命。

单元三　起重机械的驱动装置

起重机械的驱动装置是用来驱动各个工作机构的动力设备。驱动装置是起重机械的基本组成部分,在很大程度上决定了起重机械的构造特征和工作性能,对起重机械的经济指标也有着重大影响。因此,在设计或选用起重机械时,合理地选择驱动装置的形式是十分重要的。

起重机械通常采用的驱动方式有:人力驱动、电力驱动、内燃机驱动等。

一、人力驱动

人力驱动主要用于起重量小、工作速度低、工作不繁忙的起重机械,如检修用千斤顶、手拉葫芦、手动单梁起重机、便携式起重机的回转与运行机构等。人力驱动也用在某些起重机的辅助设备上,如手动夹轨器、锚定装置等,或作为某些起重设备的备用驱动,如电动螺杆式夹轨器上的手轮,以便在其他驱动装置突然发生故障时,采用手动操作,不致影响工作正常进行。

人力驱动通常采用手摇柄、杠杆、手轮、曳引链以及脚踏板驱使机构运动。在设计人力驱动装置时,要注意:人手的驱动力约为 150~200 N,短时间可达 250~400 N,速度约为 0.5 m/s。当数人同时工作时,要考虑到施力的不均匀系数 φ:2 人同时工作时 $\varphi = 0.8$;3 人同时工作时 $\varphi = 0.75$;4 人同时工作时 $\varphi = 0.7$。人力驱动的起升机构要安装载重制动器,用来防止重物自行下落;或安装安全摇柄,防止手柄自行反转。

人力驱动的起重机械构造简单、使用方便、价格便宜,但机械的工作速度低、生产率不高、操作者的劳动强度大,并且不能长时间地连续工作。

二、电力驱动

(一)概述

电力驱动是起重机械中使用最普遍的一种驱动形式。这是因为电能已经成为最普遍、最经济的一种能量来源,有完善的电网系统和集中的供电基地,供电方便;电动机可以对起重机械的各个工作机构实行分别驱动,使传动系统大大简化,从而使操作简单、维修方便;电动机可带载启动、可换向、可调速、短时过载能力强,工作性能良好;便于安装制动装置和各种安全保护装置,并能使它们与电动机联锁动作,提高了机构工作的安全性和可靠性;电力驱动的噪声低,无环境污染。因此,电力驱动不仅用于作业范围一定,行驶路线不变的有轨运行的起重机上,而且在经常变更作业地点的流动式起重机,如轮胎起重机上,也采用电力驱动。

电力驱动的起重机械采用起重及冶金用交流异步电动机和起重及冶金用直流电动机。与一般工业用的电动机相比,起重及冶金用系列电动机具有较高的过载能力和机械强度,启动力矩大,转子转动惯量小,满足起重机械短时、断续、周期性工作要求。

由于交流电源容易获得,而且更为经济,所以在起重机械中更多地使用交流异步电动机。

目前,起重机械使用的交流异步电动机为 YZR 系列绕线式三相异步电动机和 YZ 系列鼠笼式三相异步电动机。绕线式电动机启动性能好,便于调速,不会引起过热,所以在起重机械中使用最广。鼠笼式电动机的构造简单、使用方便、价格也便宜,但它的启动力矩较小,而启动电流大,故不能频繁地启动,所以通常只用于功率不大、工作不频繁、启动次数少的机构上,如非工作性的变幅机构,港口门座起重机的大车运行机构。

近年来研制和生产的 YZR2、YZ2、YZR3、YZ3 等系列交流异步电动机,在性能、可靠性和寿命等方面有较大提高。ZD(起升)系列锥形转子制动笼型电动机及其改进型,是我国起重葫芦行业自行研制的产品,主要配用于 CD/MD 型以及改进型电动葫芦。

起重机械上目前使用的直流电动机型号为 ZZJ-800 系列冶金起重用直流电动机。直流电动机的调速范围较大,过载能力强,传动效率高,机械性能更能满足起重机械的工作要求。但一般的作业场地没有直流电源,需要另外安装整流设备。而且与同容量的交流异步电动机相比,直流电动机的体积、自重、价格和维护费用都比较大。因此,除了特别重要的和要求在较大范围内调速的起重机械的工作机构,如造船用门座起重机、岸边集装箱起重机、浮式起重机的起升机构外,一般较少用直流电动机。

(二)电动机的工作制

电动机的工作制是对电机各种负载,包括空载、停机和断能,及其持续时间和先后情况的说明。分为 S2~S9 共 8 类工作制,其基准工作制为 S3-40%(即工作制为 S3,基准负载持续率为 40%,每个工作周期为 10 min)。

1. 短时工作制(S2)

在恒定负载下按给定的时间运行,并且在未达到热稳定状态时停机和断能一段时间,从而使电动机再度冷却并与冷却介质温度之差在 2 ℃ 以内。电动机接电运转时间短,温升达不到稳定值,而断电后的停歇时间长,足以使电动机冷却到环境温度。

2. 断续周期工作制(S3)

按一系列相同的工作周期运行,每个周期包括一段恒定负载运行时间和一段停机并断能时间。电动机接电运转的时间较短,不足以使电动机达到热稳定状态,并且这种工作制中启动时间与一个周期相比很短,启动电流对温升没有明显的影响。

3. 包括启动的断续周期工作制(S4)

按一系列相同的周期运行,每周期包括一段启动时间,一段恒定负载运行时间和一段停机并断能时间。由于这些时间都较短,均不足以使电动机达到热稳定状态,但在这种工作制中计入了启动对温升的影响。其周期性工作定额与 S3 相同。

4. 包括电制动的断续周期工作制(S5)

按一系列相同的工作周期运行,每个周期包括一段启动时间,一段恒定负载运行时间,一段快速电制动时间和一段停机时间并断能时间。由于这些时间都很短,均不足以使电动机达到热稳定状态,但是在这种工作制中除计入启动外,还计入电制动对温升的影响。其周期性工作定额与 S3 相同。

起重机械的重复短期工作制实际上是 S4 或 S5 工作制。

(三)电动机容量确定

1. 选择电动机容量的基本要求

(1)在给定的工作条件下长期进行重复短暂工作时,电动机的温升不应超过允许的数值;

(2)在正常满载状态下工作时能可靠地启动,并使启动时间符合要求;

(3)在最大工作载荷作用下具有足够的短期过载能力,不会造成工作中的停机现象。

2. 确定电动机的容量

(1)初选电动机。根据机构正常工作时所需的静功率或等效静功率、CZ 值和接电持续率从电动机产品目录初选电动机,使所选的电动机应满足相应工作定额值和启动次数。

(2)电动机容量校核。初选电动机后,电动机容量必须进行短期过载能力、发热和启动能力校核。

三、内燃机驱动

对于不便于利用外部能源的起重机械,常采用内燃机作为动力装置。内燃机驱动能使起重机械具有自己独立的能源而不依赖外界输入的能源,因此,特别适合需要经常变换工作地点、工作范围比较大的流动式起重机,如汽车起重机、履带起重机、浮式起重机等。根据传动方式的不同,内燃机驱动又可以分为内燃机-机械驱动、内燃机-电力驱动、内燃机-液压驱动、内燃机+外接交流电源-电力驱动。

（一）内燃机-机械驱动

内燃机-机械驱动又称内燃机集中驱动。内燃机将动力传递给动力分配箱,动力分配箱的各输出轴分别连接各个机构,通过离合器使机构传动接通与切断,通过换向器使机构实现正反方向运动,该传动系统结构复杂、维修与操作不方便,过载能力小,运转有噪声,排放废气,已被淘汰。

（二）内燃机-电力驱动

内燃机-电力驱动本质上就是电力驱动。内燃机带动发动机产生电力,通过控制系统驱动各机构电机运动。根据发电机的电流可分为直流控制系统与交流控制系统。

由于电动机对各机构实行分别驱动,所以具有了电力驱动的全部优点,内燃机作为原动机,使起重机有了自己的独立能源,工作范围不受外部电网的限制。因此,内燃机-电力驱动在各类流动式起重机和船用起重机上得到了广泛的应用。

（三）内燃机-液压驱动

内燃机-液压驱动是基于液压传递机械能。柴油机带动高压油泵,使油液产生高压,通过各种控制阀,高压油液输入液压马达或液压缸驱使起重机械的各个工作机构动作。

在内燃机-液压驱动中,可以通过控制输入的液体流量大小来实现大幅度的无级调速,省去了机械传动装置,使系统简单、紧凑、质量轻;液压传动平稳,有超载限压保护装置;操作方便,容易调试、安装、维护。但液压元件的精度要求高,因而价格贵;高压油液容易泄漏,对密封的要求较高;在不承受额定载荷的情况下,工作效率低。

内燃机-液压驱动在各类流动式起重机和船用起重机上得到较为广泛的应用。如汽车起重机、轮胎起重机的起升、变幅、臂架伸缩、回转、支腿水平伸缩、支腿垂直提放机构都可以靠液压系统驱动。

（四）内燃机+外接交流电源-电力驱动

内燃机+外接交流电源-电力驱动是一种综合内燃机-电力驱动和外接交流电源-电力驱动优点的驱动方式。可以实现两种能源替换驱动,根据作业场地的条件,选择不同的能源供应方式,既可由柴油机驱动进行作业和长距离行走,也可外接交流电源进行作业和短距离运行。

内燃机+外接交流电源-电力驱动在流动式起重机如轮胎式起重机、轮胎式集装箱龙门起重机上得到较为广泛的应用。

复习思考题

1.阐述起重机的工作过程,以此说明起重机的组成、各组成部分的作用,一个工作循环、起重机的工作特点。

2.起重机的有效起重量、净起重量、总起重量、额定起重量、最大起重量之间的区别?

3.一般地,起重机有哪些工作机构,各工作机构的作用是什么?

4.起重机械大致分为哪几大类? 按照结构特征,起重机可分为哪几类?

5.起重机械的主要技术参数有哪些?

6.什么是跨度、轨距、轮距、轴距？什么是起重机的幅度和名义幅度？桥式起重机的跨度是如何确定的？轮胎起重机的起重量和幅度之间有什么关系？

7.为什么要合理选择起重机各机构的工作速度？如何合理选择各机构的工作速度？

8.为什么要进行起重机整机的分级？起重机整机的工作级别是由哪些因素决定的？试举一个典型机型说明。

9.为什么要进行机构的分级？机构的工作级别是由哪些因素决定的？

10.有些起重机设置的主、副起升机构有什么意义？

11.起重机械的驱动型式常用的有哪些？各有什么特点？

12.初选电动机后，对电动机容量必须进行哪些校核？

模块二

港口起重机金属结构

单元一　起重机金属结构概述

一、起重机金属结构及其主要特点

由金属材料轧制的型钢及钢板作为基本元件,彼此间按照一定的规律、采用铆、焊、栓等方法连接起来,能够承受各种载荷的结构(而非机构)叫作金属结构。金属结构作为起重机的骨架,承受和传递起重机所负担的各种工作载荷、自然载荷及其自重载荷,是起重机的重要组成部分,许多起重机就是以其金属结构的外形而命名的。

金属结构与其他结构相比,有如下特点:

(1)计算准确、可靠。钢材比其他材料(木材、混凝土等)强度高,弹性模量大,材质均匀,理论计算与实际较符合,计算结果精确,保证了结构的安全。

(2)自重轻。由于钢材强度高,机械性能稳定,使得构件截面面积最小,自重轻,运输与安装容易。

(3)便于工业化生产。由于金属结构的制造是在设备完善、生产率高的专门车间进行,具备成批生产和制造精度高的特点,提高了工业化的程度。

(4)容易安装。金属结构由一些独立构件组成。这些构件在安装现场可直接用焊缝、螺栓等连接起来,可机械化施工,安装迅速。

(5)易锈蚀。需经常维修,保养维修费用较高。

(6)造价较高。

(7)耐高温性较差。

二、起重机金属结构的形式和基本组成构件

金属结构的基本零件(元件)主要是各种大小厚薄不同的钢板和各种型钢,由这些零件再组成金属结构的部件——梁、柱、桁架等。金属结构有以下几种分类方式。

1. 根据金属结构受力特征不同分类

金属结构可分为:受弯构件,主要承受弯矩,如梁和桁架;轴心受力构件,主要承受轴向力,如柱;压弯构件,既承受轴向压力又承受弯矩,构造和柱相同,但截面要增大。

2. 根据金属结构的构造不同分类

金属结构可分为:实腹式结构、格构式结构和混合式结构。实腹式结构由薄钢板焊接而成,其特点是长度和宽度尺寸较大,而厚度较小,也称薄壁结构,如工字形梁、箱型梁和箱型柱等,其自重较大,制造方便。格构式结构由型钢连接而成,其特点是杆件长度尺寸较大,而截面尺寸较小,如桁架、格构柱等,自重轻、制造工艺复杂。

3. 根据金属结构外形不同分类

金属结构可分为:桥架结构、门架结构、臂架结构、塔架结构等结构。

4. 根据组成金属结构构件之间连接方式不同分类

金属结构可分为:铰接结构、刚接结构和混合结构。铰接结构中,所有节点都是理想铰,不受力矩或很小,如门式起重机主梁和柔性支腿的节点。刚接结构构件间的节点承受较大的弯矩,如门式起重机主梁和刚性支腿的节点。

5. 根据金属结构基本元件之间连接方式不同分类

金属结构又可分为:螺栓连接、焊缝连接、铆钉连接。焊缝连接不仅简化了结构,缩短工时,而且大大减轻自重,因此在起重机金属结构中得到了广泛使用。螺栓连接由于便于拆装,施工简便,主要用于结构安装连接或需要经常拆装的结构。铆钉连接由于自重大,制造工时多等缺点,应用渐少。

梁、柱、桁架是金属结构的主要部件,由它们的不同组合,可以构成桥架、门架、组合臂架、塔桅等承载结构。它们有的是箱型结构,有的是格构式结构。有的是箱型和格构混合结构。

单元二　起重机金属结构的材料

一、钢材的力学性能及影响因素

(一)钢材的力学性能

1. 钢材的静强度特性。

图 2-1 所示为钢材试件在单向静拉力作用下,应力 σ 与应变 ε 关系曲线。从图中可以看出,当应力小于比例极限 σ_p 时,应力与应变成正比例,完全符合虎克定律,当应力超过比例极限而小于弹性极限 σ_e 时,变形与应力没有比例关系,但拆去外力作用,试件还能恢复到原来状态,钢材仍然是弹性的。当应力超过弹性极限 σ_e 而达到屈服极限 σ_s 时,试件将发

生显著塑性变形,拆去外力作用,试件产生了永久变形,不再恢复到原来状态,这时,钢材强度有所提高,称为钢材的强化阶段,继续增大作用于试件上的拉力,达到抗拉强度 σ_b 时,试件被拉断。这时塑性变形很大,钢材的伸长率表示它的塑性大小。

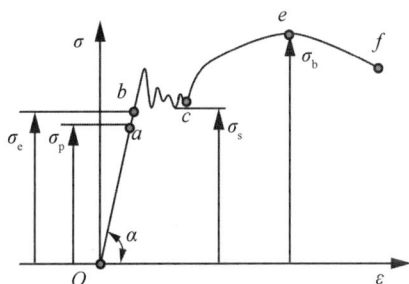

图 2-1 应力 σ 与应变 ε 关系曲线

屈强比是钢材的屈服极限与抗拉强度的比值,屈强比越大,证明金属材料屈服强度与抗拉强度之间的差值越小,塑性变形较小,结构的安全性较差,屈强比越小,反映钢材受力超过屈服点工作的可靠性越大,因而结构的安全性越高。但屈强比太小,则反映钢材不能有效地被利用。

钢材受压、受剪时,应力与应变情况与受拉情况相似。

从钢材受拉的应力应变曲线看出:

(1)钢材达到屈服点时将产生很大的塑性变形,使结构失去承载能力,因此屈服点 σ_s 是金属结构所允许达到的最大强度。

(2)比例极限 σ_p、弹性极限 σ_e 与屈服点 σ_s 十分接近,通常在工程计算中可将钢材的使用强度提高到屈服点,把屈服点作为一个标准强度。

(3)钢材发生强度破坏(拉断)时,其塑性变形比弹性变形大得多,结构早已失去承载能力,因此结构计算不考虑钢材的强化阶段。

2. 钢材的疲劳强度特性

钢材在连续重复载荷作用下,其组织开始发生晶粒间的滑移,使材料强度降低,而不能继续抵抗外力的作用,继而转变为个别晶粒的撕裂而出现裂纹,在重复变化载荷继续作用下,钢材的裂纹发展很快直到造成断裂,称为疲劳破坏。

钢材疲劳破坏之前所具有的最大应力称为疲劳强度,用符号 σ_r 表示。疲劳强度 σ_r 低于抗拉强度 σ_b,甚至低于屈服点 σ_s,因此疲劳强度就限制了结构的承载能力。钢材的疲劳破坏与塑性破坏不同,疲劳断裂是疲劳损伤的积累。疲劳裂缝是在重复载荷长时间作用下产生的,随着应力循环次数的增加,裂纹沿尖端逐渐扩展,直至剩余末端断裂截面不足以承担外载荷而发生突然断裂,因此,疲劳破坏具有累积性和突发性特点。由于在破坏之前不出现显著的变形和局部颈缩,具有脆性破坏的特点,往往不被人们所注意,它直接影响着结构的安全可靠性。

疲劳强度是机械工程中结构设计的主要指标之一,钢材的疲劳强度与钢材的种类(标号)、连接接头形式、结构特征、应力变化幅度以及应力作用(循环)次数、应力集中等级系数等因素有关,其值常由疲劳实验获得。

3. 钢材的塑性特性

钢材的塑性,是指钢材在外力作用下,能稳定地产生永久变形,而不破坏(不断裂、不破损)的能力。常用拉伸试验的伸长率和断面收缩率来衡量,伸长率或断面收缩率越大,钢材的塑性越好,对局部应力集中的敏感性越小,由于塑性变形能使局部的应力趋于均匀,所以,使结构突然断裂的危险性变小。

4.钢材的韧性特性

钢材的韧性,是指钢材在冲击载荷作用下,破坏前吸收塑性变形功和断裂功的能力,韧性好,表明钢材脆性差,结构抗脆性破坏的能力强,因此,韧性(脆性)是表示钢材脆断性能的指标。

钢材的韧性常受到温度变化的影响,低温时,钢材的韧性急剧下降并且不稳定。

根据断裂力学的分析,任何金属材料内部都存在着裂纹,它可能是先天冶炼中所含杂质造成的,也可能是后天加工、焊接、热处理时产生的。这种有裂纹的构件在外力作用下,其应力达到一定临界值时,裂纹就迅速扩张,直至引起结构脆性破坏。随材料的化学成分、热处理状态、加载速度、应力状态、工作温度、钢材轧制方向的不同而异,其大小由试验测定,越大表示抵抗脆断的能力越强,反之钢材容易发生脆性破坏。

(二)钢材的加工性能

1.钢材的焊接性

钢材的焊接性是指钢材对焊接加工的适应性。主要指在一定的焊接工艺(包括焊接方法、焊接材料、焊接规范及焊接结构形式等)条件下,获得优质焊接接头的难易程度,受材料、焊接方法、构件类型及使用要求四个因素的影响。通常,把钢材在焊接时形成裂纹的倾向及焊接接头处性能变坏的倾向,作为评价材料焊接性能的主要指标。

焊接性的好坏与材料的化学成分及采用的工艺有关。在常用钢材的焊接中,对焊接性影响最大的是碳,还有一些合金元素,通常把钢材中碳当量的多少作为判别钢材焊接性的主要标志,碳当量越高,其焊接性越差。一般来说,低碳钢的焊接性能优良,高碳钢的焊接性能较差;铸铁的焊接性能更差。焊接性好的金属,焊接接头不易产生裂纹、气孔和夹渣缺陷,而且有较高的力学性能。

分析焊接性的目的,在于了解一定的钢材在指定的焊接工艺条件下可能出现的问题,以确定焊接工艺的合理性或材料的改进方向。因此,必须对焊接过程中的材料(母材、焊材)和焊接接头区(焊缝、熔合区和热影响区)的成分、组织和性能,包括工艺参数的影响和焊后接头区的使用性能等,进行系统的研究。

2.钢材的冷弯性

钢材的冷弯性是指钢材在常温下能承受弯曲而不产生裂纹的性能。弯曲程度一般用弯曲角度(外角)或弯心直径对材料厚度的比值表示,钢材的冷弯性能越好,则在弯曲出现裂纹前,弯曲角度越大,弯心直径对钢材厚度的比值越小。冷弯性能可衡量钢材在常温下,冷加工弯曲时产生塑性变形的能力,钢材的塑性越好,则冷弯性能也就越好。冷弯性能是衡量中厚钢板塑性好坏的一项重要力学性能指标。

(三)钢材的耐久性能

1.自然时效

钢材在没有外载荷作用的情况下,经过长时间存放后,因温度变化或因机械作用产生塑性变形,其内部晶粒中的碳、氮等元素被分离析出,在晶粒之间形成坚硬的渗碳体,从而使钢材的强度提高,塑性、韧性降低。

2. 加工时效

冷加工(如冷轧、冷拔、喷丸)的过程,也会改变钢材的强度、塑性、韧性。

由于时效提高了材料的强度,但同时使材料变硬,增大了脆性,这对受动载荷的结构是十分不利的,所以,金属结构中不考虑材料因时效而提高的强度。

(四)钢材脆性破坏的影响因素

结构脆性破坏除与载荷性质有关外,主要是由于钢材塑性下降,脆性增加而引起的,影响钢材塑性下降、脆性增加的因素很多,主要有以下几点:

1. 化学成分

钢材中,除了含有碳元素以外,还含有锰、硅、硫、磷等元素以及氧、氮有害气体。它们的含量直接影响着钢材的性能,如含碳量增加,能提高钢的强度,但却降低了钢的塑性和可焊性,因此,在焊接结构钢材中,应限制其含碳量在 0.20% 以下。锰是一种脱氧剂,能提高钢的强度和硬度,且塑性和冲击韧性降低不多。硅也能提高钢的强度,但却降低其可焊性和抗锈蚀性。碳、锰、硅含量控制在一定范围时,对钢的性能是有利的。铝和钛是强脱氧剂,可使钢的结晶组织细化,提高钢材的韧性和可焊性,铝可延缓钢材时效,钛可降低钢材的过热敏感性。硫、磷是由原料带入钢内的有害物质,含硫量增加,会使钢在热加工时容易发生开裂(即"热脆"),含磷量增加,会使钢在低温状态下容易发生脆断(即"冷脆"),应严格控制其含量。锰可与硫组成不易熔化的硫化锰,减轻硫的有害影响。氧和氮能使钢变脆,危害性极大,冶炼和焊接时应严格保护钢材,尽量避免氧和氮侵入钢材内部。

2. 应力集中

结构件中的应力一般情况下都不是均匀分布的,特别是截面形状急剧改变的地方,如孔洞、槽口、凹角、裂纹和厚度改变等处,应力作用难以顺畅通过,主应力线就发生转折绕行,在截面突变处,应力作用线比较密集和弯曲,出现局部高峰应力,称为应力集中。

应力集中高峰点,总是存在着同号的应力场,它提高了钢材的强度,阻碍了塑性变形的发展,增加了脆性。如带突变缺口的试件,其破坏已呈现为脆性了。

3. 温度

温度变化直接影响着钢材的性能,温度升高,强度下降。温度在 200 ℃ 以内时,钢材强度基本不变;超过 300 ℃ 时,钢材的屈服点和强度极限明显下降,发生蠕滑现象;超过 600 ℃ 时,钢材的强度几乎等于零。当温度下降时,钢材的强度显著提高,而塑性、韧性下降了,温度降到一定程度(负温度)时,钢材完全处于脆性状态,这种温度称为钢材的临界(脆性)转化温度。应力集中的存在,更加速了脆性的发展,它也取决于温度的高低。

4. 焊接

焊接过程中,焊缝和主体金属都经过了高温和冷却的变化,靠近焊缝的主体金属结晶组织和力学性能都起了变化。熔合缝处的金属韧性降低了,离开焊缝温度在 1 100 ~ 1 400 ℃ 之间的金属为大粒组织,其韧性明显下降;位于 900~1 100 ℃ 之间的金属为细粒组织,其强度增大;位于 200~350 ℃ 之间的金属则变为脆化区。焊接金属凝固时,晶粒之间会产生不均匀的应力和收缩,容易引起裂缝和残余应力。

5. 加工硬化

钢材经冷加工、冷弯等会使其产生局部塑性变形,产生硬化或冷化现象,使材料强度提高,塑性、韧性降低,材质变硬变脆。

二、钢材的类别和特征

金属结构是起重机的重要组成部分,其材料的选用直接影响起重机的工作安全。起重机的工作非常繁重,经常承受变化的动力载荷和冲击载荷,而且工作环境一般较差,因此,要求金属结构的材料材质均匀而且有较高的强度,有良好的塑性、可焊性、时效性和防腐性,当在低温下工作时,材料还必须有足够的冲击韧性和断裂韧性。目前,起重机金属结构主要构件所用的材料有普通碳素结构钢、低合金钢结构钢,其分类和特征分述如下:

(一)普通碳素结构钢

普通碳素结构钢是一种低碳结构钢,其性能主要取决于其含碳量,随着含碳量的增加,塑性和可焊性下降。

根据国家标准GB/T 700—2006《碳素结构钢》的规定,碳素结构钢的牌号由代表屈服点的字母、屈服点数值、质量等级符号、脱氧方法符号等四个部分按顺序组成。例如:Q235-AF,"Q"代表钢材屈服点"屈"字的汉语拼音首位字母;"235"代表钢材屈服点的数值为235 N/mm²;"A"代表钢材的质量等级为 A 级;"F"代表脱氧不完全的沸腾钢"沸"字汉语拼音首位字母。

碳素结构钢的质量等级分为 A、B、C、D 四个等级,由 A 级到 D 级,钢材中锰含量增加,硫、磷含量相应减少,质量等级提高。

按冶炼方法的不同,碳素结构钢可分为平炉钢、转炉钢以及电炉钢。平炉钢质优而纯,机械性能化学成分比较稳定,适宜承受动力载荷,是起重机金属结构常用钢材。转炉钢由于鼓风经过熔融金属,钢材中含有气泡、碱、磷杂质和氧、氮有害气体等,材质不均,易裂,可焊性差,因此在低温或露天受动力载荷的金属结构主要构件,不准采用转炉钢。电炉钢质量最好,但价格昂贵,一般都是特殊用钢。钢的牌号中不标注冶炼方法,除非需方有特殊要求,并在合同中注明,冶炼方法一般由供方自行决定。

按照钢锭浇铸时脱氧方法的不同,碳素结构钢还可分为镇静钢(不用符号)和沸腾钢(符号 F)。镇静钢是将钢水在炉中或钢罐中存放一段时间,用脱氧剂(铝或硅)来还原,使铝或硅与氧化合,减少钢水中的含氧量,浇铸凝固时,呈平静状态冷却。此种钢材脱氧彻底,质优而匀,机械性能好,但价格较高,对于在低温条件下工作的或直接承受动载荷的焊接结构,尤其是壁厚较大的结构件,应采用镇静钢。沸腾钢是脱氧不完全的钢,浇铸后,在钢锭中放出大量气体,形成沸腾状态,由于凝固时气体来不及全部排出,气体较多,钢材材质不匀,且杂质较多,塑性和韧性较差,特别是抗疲劳、时效和冷脆的性能较差,高温下易裂,可焊性不稳定,时效硬化敏感。由于沸腾钢可省去大量脱氧剂,冶炼时间短,当用于轧制型材时,内部气孔被压合,并有坚实的外壳,因而它的价格低,静强度也比较高,广泛用于薄钢板和型钢。但是,下列起重机承重结构和构件不应采用沸腾钢:

(1)直接承受动力载荷或振动载荷,需要验算疲劳的焊接结构(如工作级别为 E6 及其以上的起重机主要结构件);

(2)直接承受动力载荷或振动载荷,不需验算疲劳但工作温度低于-20 ℃的焊接结构;

(3)承受静力载荷的受弯及受拉的重要承重焊接结构;

(4)工作温度等于或低于-30 ℃的所有承重焊接结构;

(5)环境温度等于或低于−20 ℃的直接承受动力载荷且需要验算疲劳的非焊接结构。

(二)低合金结构钢

低合金结构钢既是低碳钢又是高强度钢,其含碳量较低(小于 0.20%),同时含有少量的锰、钛、钒、铜、硅、铝、硼、稀土等合金元素(多数情况下总量不超过 2.5%),一般都是镇静钢,我国生产的低合金结构钢有 Q345、Q390、Q420 等,质量等级分为 B、C、D、E、F 五个等级,由 B 级到 F 级,质量逐级提高。目前,在起重机金属结构中应用较广的主要是 Q345。

低合金结构钢具有更高的屈服极限与抗拉强度,并具耐腐蚀性、耐磨、耐低温以及较好的加工性能、焊接性能等,但疲劳强度较低,价格较贵。由于静强度高,人们往往喜欢采用,但应当慎重,只有当结构主要由最大强度控制,而不由疲劳强度控制时,才能充分利用其静强度高的优点,达到节省材料的目的,并且要特别注意选择合理的焊接工艺并进行相应试验,以减少其制造内应力,防止焊缝开裂及控制高强度钢材结构的变形。

一般说来,整个结构全采用低合金结构钢并不一定经济,因结构设计不仅仅是由强度来决定,还应考虑稳定性和刚度条件(后两者仅与构件尺寸、材料弹性模数有关,而与静强度无关),比如长度较大的压杆采用 Q345 是不经济的。因此,同一结构的不同构件,选择不同材料(如拉杆采用 Q345,压杆选用 Q235)就显得更合理、更经济。但实际应用时,为避免混淆不同的材料,一般尽量减少所用材料的种类。

(三)影响钢材质量组别选取的因素

起重机金属结构即使满足抗屈服、抗失稳、抗疲劳要求,但在某些情况下,仍不足以说明结构具有抗脆性破坏的安全性。为使所选用的钢材具有足够的抗脆性破坏的安全性,必须全面考虑引起脆性破坏的因素,进行评价并确定钢材质量组别。导致钢材脆性破坏的重要敏感因素有焊缝类型、构件材料的厚度、工作环境的温度。

三、起重机用钢材的选择基本原则

(一)钢材的选择基本原则

起重机结构用钢的选择,总的来说应该根据我国钢材生产的实际情况,结合起重机钢结构的工作特点和国内钢结构工程实践,本着充分发挥国产钢材作用的特点,做到既保证结构的安全可靠,又满足用材的经济合理。通常在选材时应考虑以下几条原则:

1. 考虑结构的连接方法和形式

从连接方法来讲,由于焊接过程不仅使钢材在焊接热循环作用下性能发生变化,而且会在结构内部造成残余应力、残余变形、焊接裂纹以及其他缺陷,使结构抗脆性破坏的能力降低。因此,对焊接结构用钢材化学成分和机械性能的要求应该高一些。在化学成分方面,尤其应对碳、硫、磷的含量进行严格的控制,机械性能方面应对塑性和韧性提出较高的要求。对于非焊接结构,相比之下可以适当放宽上述要求。从结构形式来讲,格构式结构对钢材的要求应比实腹式结构稍高些,这是因为格构式结构应力集中情况比较严重。

2. 要考虑结构的载荷特点

对于经常承受反复载荷或动力载荷的结构,其材质要求该高一点;而对于使用频繁程度较低,或者不经常满载,或者基本属于静载的结构,则可选用一般性的钢材。

3. 要考虑结构的工作温度

对于经常处于低温状态下的结构,特别是在低温下工作的焊接结构,为了防止低温脆性破坏,对钢材的要求应严格些,不但要求保证化学成分和机械性能,而且要求有良好的焊接性能和低温下的冲击韧度。

4. 结构和构件的重要性

考虑破坏后果的严重性,一般来说重要的、大型的结构应比一般结构用材要好些。

5. 考虑构件壁厚的影响

钢材的综合性能与其厚度有密切关系,特别是机械性能,这是由于钢材壁厚越厚,轧制次数越少,钢材晶粒的结合就越松散,内部密实性也越差。所以,相同规格的钢材,厚度越大,强度越低,塑性、冲击韧度、焊接性能和冷弯性能都越差,这种情况对沸腾钢尤为显著。一般来说,采用较薄的钢材是较为经济合理的,特别是对于在低温条件下工作的结构。

6. 要考虑结构构件的受力性质

大量工程实践证明,同样的缺陷,钢材在拉力作用下比在压应力作用下缺口效应更敏感,结构的低温脆断和疲劳断裂事故大多发生在构件的受拉部位。因此,在选材时对受拉构件和受弯构件的受拉翼缘应考虑选用质量较好钢材。

(二)起重机金属结构钢材的选用

起重机金属结构的主要承载结构的构件,在一般情况下宜采用符合 GB/T 700 的 Q235 钢,符合 GB/T 699 的 20 钢等材料,当结构需要采用高强度钢材时,可采用符合 GB/T 1591 的 Q345、Q390、Q420 钢等。所采用的钢材必须有质量合格证明材料。为了保证钢结构低温工作的安全,根据国外有关资料和我国的使用经验,《起重机设计规范》规定,下列情况的承载结构和构件钢材不应采用沸腾钢:

1. 焊接结构

直接承受动力载荷且需要验算疲劳的结构;虽可以不验算疲劳,但工作环境温度低于 −20 ℃ 时的直接承受动力载荷的结构以及受拉、受弯的重要承载结构;工作环境温度等于或低于 −30 ℃ 的所有承载结构。

2. 非焊接结构

工作环境温度等于或低于 −20 ℃ 的直接承受动力载荷且需要验算疲劳的结构;钢铸件宜采用符合 GB/T 11352 或 GB/T 14408 规定的铸钢;高强度钢材宜选用符合 GB/T 1591 或 GB/T 16270(高强度结构用调质钢板)等标准规定的钢材;应慎用高强度钢材,在设计高强度钢材的结构构件时,应特别注意选择合理的焊接工艺并进行相应的焊接试验,以减少其制造内应力,防止焊缝开裂及控制高强度钢材结构的变形。

单元三　起重机金属结构的连接

金属结构制造和组装时,无论是由基本元件制成部件,或是由部件制成整体结构物,都必不可少的要用连接来实现。连接的好坏,对保证构件安全可靠地工作、提高其技术经济性能、改善作业条件、方便运输和安装等,都有重要的意义。金属结构的连接方法主要由铆钉连接、螺栓连接、焊缝连接、高强度螺栓连接和销轴连接。其中,铆钉连接由于工艺复杂,费工费料,应用较少。

一、焊缝连接

焊缝连接源于 20 世纪,是将连接件局部加热成液态或胶体状态,采用压力或加填金属使之相互结合成整体的方法。其优点是制造简便、节省钢材、不削弱构件截面、连接刚度好以及易于实现自动化作业,生产效率较高。缺点是在内应力影响下,容易产生残余变形,焊缝对低温的敏感性大。

起重机金属结构主要采用熔焊法中的气焊、电弧焊和电渣焊,以及压焊法中的点焊。

气焊利用氧气和乙炔气体燃烧发热来熔化焊件局部和焊条,以实现金属分子之间的冶炼结合或分离,主要用于薄板焊接和金属切割。

电弧焊利用焊件与焊条(作为电极)之间的触发电弧产生高温来熔化焊件局部和焊条,以实现金属分子间的冶炼结合。按工艺方法可分为焊条电弧焊、埋弧焊和气体保护焊。焊条电弧焊的缺点是生产率低,焊接质量取决于焊工自身的技术。为提高生产率和保证焊缝质量,应尽量采用自动焊和氩气或二氧化碳气体保护焊。

电渣焊适用于焊接厚度和截面较大的构件,点焊适用于焊接钢管、钢筋和薄板。

焊条是产生电弧、构成焊缝实现焊接的主要工具与原料。涂药焊条用于焊条电弧焊;光焊条(焊丝)配合相应焊剂用于自动焊。

焊接质量的好坏,不仅取决于所采用的焊接方法和工艺,还取决于连接的构造是否合理。

(一)焊接接头的基本型式及其特点

根据两个被连接件之间的装配关系,各种焊接接头的基本型式如图 2-2 所示。

1. 对接接头

对接接头是焊接连接中,接头处的形状变化最小,应力集中系数最小的接头型式。由于对接接头直接靠焊缝进行连接而没有其他附件,因此,用材省、自重轻,但要求下料尺寸和装配尺寸有较高的精度,接口装配要求平整对齐,间隙均匀,对于中厚板边还需开一定形状的坡口,以保证焊透。

2. 搭接接头和盖板接头

搭接接头和盖板接头的接头处形状有较大的变化,这不仅使接头的应力分布相当复杂,而且应力集中比对接接头严重得多。由于它们具有下料和装配简便的优点,所以仍应用于主要承受静载荷的结构中,以及承受较小载荷,强度条件不是主要矛盾的构件中。

3. 丁字接头和十字接头

丁字接头和十字接头的构造合理、工作可靠。对于直接承受动载的重要接头宜采用开坡口的对接焊缝,对于主要承受静载荷或工作应力较小的接头,可采用角焊缝以便降低备料和装配要求。

丁字接头可用角焊缝直接连接,也可以将杆件边缘加工(开坡口),然后从一边或两边焊接,这时它与对接平缝的工作相似。

4. 角接接头

角接接头实际上是丁字接头的变相,因此,两者在使用性能上和工艺条件上都差不多。

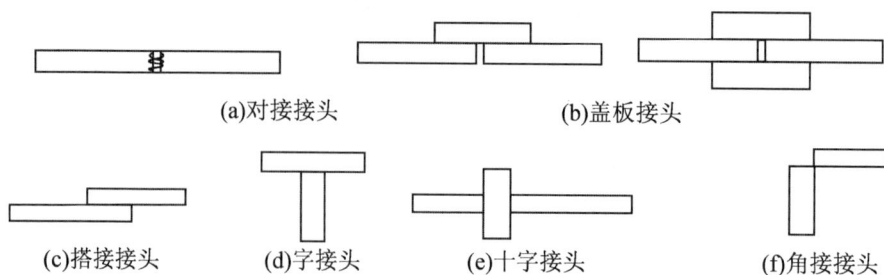

(a)对接接头　　　　　　　(b)盖板接头

(c)搭接接头　　(d)字接头　　(e)十字接头　　　(f)角接接头

图 2-2　焊接接头的基本型式

（二）焊缝的基本类型及构造

1. 焊缝的基本类型

根据接头焊缝区的形状和连接特点,焊缝可分为对接焊缝、角焊缝、塞焊缝(也称电焊铆钉)、槽焊缝(见图 2-3)。对接焊缝和角焊缝用得最多。对接接头通常是采用对接焊缝(若不焊透,即为角焊缝),搭接接头一定是角焊缝,但丁字接头和角接接头,两种焊缝型都可能采用,主要区别在于焊缝是否能够在板边整个厚度上连续焊透。

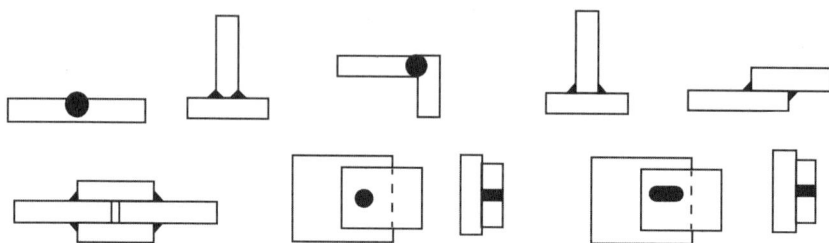

图 2-3　焊缝的基本型式

2. 对接焊缝的坡口形式及其选择原则

电弧焊对接焊缝开坡口的主要目的是为了保证焊透,当手工焊板厚超过 6 mm、自动焊或半自动焊板厚超过 8 mm,一般均应在焊接板边开坡口。

坡口形式按其形状大致可分为 I 形、V 形、X 形、K 形、J 形和双面 J 形,坡口形式主要根据板厚和焊接方法来选择,同时还应考虑焊接工作量、坡口加工的难易、焊接变形的大小、工件翻转的难易程度和结构内部的可焊性等因素。例如,对同样厚度的对接接头,X 形坡口焊缝比 V 形坡口焊缝能节省较多的焊接材料和焊接工时,焊接变形也小。但对于不能或不便双向施焊的结构以及无法翻转的大型结构,则选用 V 形或 U 形等单向施焊坡口。

3. 角焊缝的构造要求

根据角焊缝的受力和工艺特点,为了保证接头的质量,角焊缝构造应注意以下几点:

(1)焊缝高度的限制范围。为了保证焊缝的最小承载能力,并防止焊缝因冷却过快而产生裂纹等缺陷,角焊缝的最小高度一般不应小于 4 mm,主要受力构件的工作焊缝不应小于 6 mm,当焊件厚度小于 4 mm 时,则与焊件厚度相同,为了防止焊接过热而引起的焊件的"过烧"、过大的焊接应力和变形以及钢材的脆化,角焊缝的最大高度不应超过较薄焊件厚度的(1~1.2)倍;对于搭接接头,角焊缝的最大高度,还应符合下列要求:当 $\delta \leqslant 6$ mm 时,$h_f \leqslant 8$,(δ 指板厚,h_f 指焊缝高,下同);当 $\delta > 6$ mm 时,$h_f \leqslant \delta - (1~2)$ mm。

（2）角焊缝的最小和最大计算长度。考虑焊接的局部加热作用,当起弧、落弧的弧坑相距太近,焊接部分冷却速度过快,很易产生多种缺陷,造成严重的应力集中,使焊缝的可靠性变差。因此,在实际工程中,主要构件角焊缝的最小计算长度不得小于 $8h_f$,且不应小于 40 mm。考虑到侧焊缝的应力分布特点,在实际工程中,侧焊缝的最大计算长度规定为:对承受静载荷的,不宜大于 $60h_f$,对承受动载荷的,不宜大于 $40h_f$。当大于上述数值时,其超过部分在计算中不予考虑。若内力沿侧焊缝全长分布,其计算长度不受此限。

（3）焊缝的分布应当使焊缝截面的重心与被连接杆件截面的重心相重合或相接近。

（4）受动载荷的主要承载结构,角焊缝的表面应呈凹弧形或直线形。焊缝直角边的比例,对侧焊缝为 1:1,对端焊缝为 1:1.5(长边顺作用力方向)。

（5）间断焊缝之间的净距。在次要构件或次要焊缝连接中,当连续角焊缝的计算厚度小于上述规定的最小厚度时,可采用间断焊缝。间断焊缝之间的净距:在受压构件中不应大于 15δ,在受拉构件中不应大于 30δ。

（三）焊缝的工作性质

焊缝根据其工作性质,即其传递内力的情况,可分为工作焊缝和联系焊缝。工作焊缝也称传力焊缝,焊缝一旦断裂,构件或结构就立即破坏失效。工作焊缝中的应力称为工作应力,一般需作强度计算,常采用连续焊缝。联系焊缝也称构造焊缝,理论上不传递内力,因此焊缝即使断裂,构件或结构仍能继续承载。联系焊缝中的应力称为联系应力,不需做强度计算,可以采用断续焊缝或连续焊缝。断续焊缝容易产生工艺缺陷,引起严重的应力集中,故对承受动载的结构往往采用连续焊缝。对于既有工作应力又有联系应力的焊缝,计算时只考虑工作应力,而不计联系应力。

（四）焊缝在施工状态中的空间位置

焊缝按施工状态中的空间位置可分为:俯焊缝、横焊缝、竖焊缝和仰焊缝。俯焊缝施焊方便,质量最好,其他焊缝施焊困难,质量差。在工厂焊接时,可将结构置于转台上施焊,以便使所有焊缝都能在俯焊位置焊接。没有条件改变施焊位置时,应尽量避免仰焊缝。

（五）提高焊接连接疲劳强度合理构造

大量的统计资料表明,金属结构由于疲劳而失效的约占失效结构的 80%～90%。因此,疲劳断裂是金属结构失效的主要形式。港口起重机的金属结构,由于经常处于满载频繁的工作状态,结构的疲劳断裂已成为结构强度和工艺设计中比较突出的问题。

疲劳一般从应力集中处开始,而焊接结构的疲劳往往从焊接接头处产生,特别是当构造因素和工艺缺陷所造成的局部应力集中发生在一起时。为此,设计重要的焊接接头时,应采取措施减小应力集中,提高焊接接头的疲劳强度,具体地说应注意如下几点:

1.合理选材

根据结构使用要求,应尽量选用塑性高、韧性和抗裂性较好,并且焊接以后也不会明显降低机械性能的材料,尤其是采用高强度钢,更要慎重,因为高强度钢对应力集中更敏感,如果结构工艺处理不当,对疲劳强度影响很大。

2.便于结构施工

在设计焊接接头时,要充分考虑部件的装配顺序和焊接位置,以便于施工。并且尽可能采用自动焊和半自动焊;尽可能采用俯焊缝,避免仰焊缝,严格控制工地焊缝,焊接时尽量采用引弧板与收弧板,角焊缝做成直线的或凹形表面,尽量将焊缝表面磨平。

3. 优先选用对接焊缝

实践证明,优良的对接焊缝的疲劳强度接近于主体金属。角焊缝因有较大的局部应力,疲劳强度只有对接焊缝的一半。

4. 合理设计焊接接头

应尽量采用应力集中情况比较小的焊接接头。对于传递应力的焊缝,应采用全断面焊透的对接焊缝或连续贴角焊,且应满足焊缝的构造要求。

5. 合理设计截面和布置焊缝

构件截面设计应尽量使焊缝对称布置,以利于减小焊接变形;同时,必须避免截面的力流突变,以减少出现应力集中的危险;此外,焊缝应尽量避免密集和立体交叉,让次要的焊缝中断,主要的焊缝连续。焊缝不能布置在受拉高应力区,更不能布置在截面刚度急剧变化的部位。

6. 对于大型结构,必须特别注意部件坯料的加工精度和装配精度

不少情况下很难避免少量的错边、间隙、焊接变形等施工误差,所以在设计上也必须对这些加工误差作相应的考虑。

7. 注意结构局部构造细节的处理

(1)在桁架结构中,要注意选择节点板的形状和连接焊缝的构造,如图 2-4 中,图 2-4(a)是比较合理的。图 2-4(b)和图 2-4(c)都是不太合理的,其中图 2-4(b)由于外形变化引起的应力集中恰好与焊缝的端部相重合,使应力集中的影响较为严重;图 2-4(c)由于采用搭接,使应力集中情况更为严重。

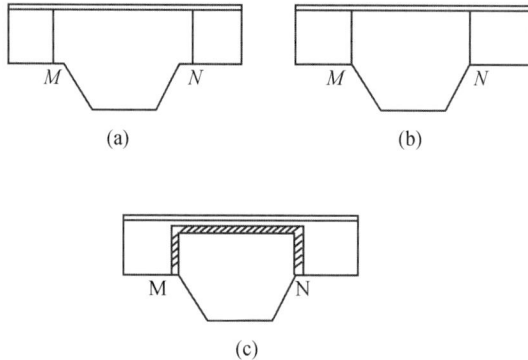

图 2-4　桁架节点板的连接构造比较

(2)注意与受拉翼缘相连接的零部件的构造细节。例如,在受拉翼缘上焊接连接板时,应采用对接焊缝并把连接板的两端加工成大圆弧过渡,如图 2-5 所示。

(3)对于受拉构件的设计,要特别注意连接部分的构造细节。如图 2-6 所示为 H 形截面拉杆的端部结构。图中件 1 和件 2 是由厚度和宽度都不等的板件相对接,在对接焊缝处钢板的厚度和宽度均应从一端逐渐改变,并使板厚和板宽做成不大于 1∶4 的斜度,为了减小件 3 与件 2 连接端部的应力集中,应将件 3 端部做成大圆弧形,以减小其局部连接刚度。此外,在连接端部应采用包角焊缝。

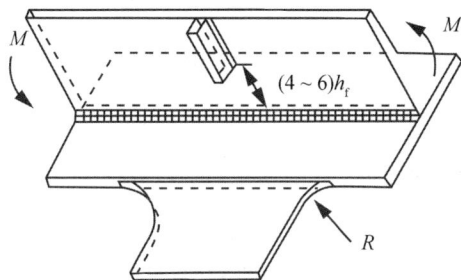

图 2-5　受拉翼缘的连接构造

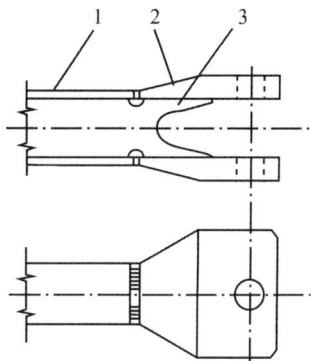

图 2-6　拉杆端部的连接构造细节

二、螺栓连接

普通螺栓主要有精制螺栓和粗制螺栓的两种。

精制螺栓一般用中碳钢锻压热处理车制而成,表面光洁,尺寸精确,栓杆具有规定的允差,其价格较高。安装时,杆与孔的装配间隙靠公差保证,螺孔采用Ⅰ类孔,即:在装配好的杆件上,按设计孔径钻孔;在单个杆件上,按设计孔径分别用钻模钻孔;在单个杆件上先钻成或冲成较小的孔径,然后再在装配好的杆件上扩钻至设计的孔径。

粗制螺栓一般用低碳钢或中碳钢锻压后搓丝制成,螺杆表面不经特别加工,螺孔采用Ⅱ类孔,即一般用画线而不用钻模钻成设计孔径的孔,螺孔直径一般比螺杆直径大 1.5 ~ 3.0 mm,粗制螺栓受剪性能很差,只能承受拉力,在有剪力作用的连接上必须采用一定数量的精制螺栓配合粗制螺栓工作。

(一)螺栓连接的形式

普通螺栓连接按其受力性质或者说按螺栓受力情况可分为三种类型:

(1)连接在外力作用下,使构件在接合面之间产生相对剪移,螺栓受剪,称为"剪力螺栓"连接。

(2)连接在外力作用下,使构件在接合面之间产生相对脱开,螺栓受拉,称为"拉力螺栓"连接。

(3)同时承受拉力和剪力作用的螺栓连接,称为"拉-剪螺栓"连接。

受轴心力作用的"剪力螺栓"连接形式如图 2-7 所示。图 2-7(a)为搭接,搭接是将被连接的构件直接相互重叠,由于两构件不在同一平面内,当连接受载时会产生附加弯曲,并由此产生附加应力,且螺栓受单剪,所以这种连接形式仅用于次要的连接;图 2-7(b)为带拼接板的对接连接,当仅在一侧采用拼接板时,则受力情况与上面搭接情况一样,当在两侧对称地采用拼接板时,则螺栓受双剪并可防止板材的弯曲,所以连接的受力情况较好,图 2-7(c)为桁架节点的连接情况。

受偏心力作用的"剪力螺栓"连接形式如图 2-8 所示,由于作用在连接上的力线不通过螺栓群的重心,连接存在偏心作用力矩。图 2-9 所示是螺栓受拉力的连接形式。在工程实际中,螺栓仅仅受拉力的连接情况并不多见,螺栓受拉又受剪的连接情况较多见,如图 2-10所示。

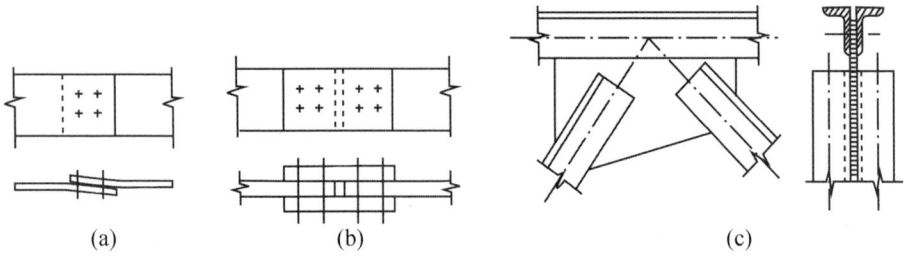

图 2-7 剪力螺栓的几种连接形式

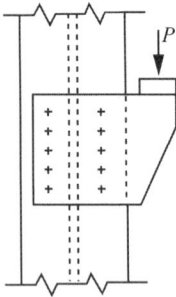

图 2-8 偏心受载的剪力螺栓连接 图 2-9 受拉螺栓连接 图 2-10 在拉剪联合作用下的螺栓连接

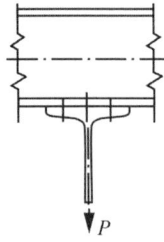

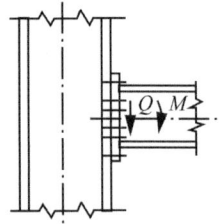

(二)螺栓连接的布置

螺栓应根据构件的截面大小和受力特点进行布置,在满足连接构造要求和便于施工的条件下,应力求使构造简单,紧凑可靠。

螺栓布置方式有两种:并列[图 2-11(a)]和错列[图 2-11(b)]。并列布置比较简单,制造中画线钻孔方便,故应用较多;错列布置通常可以减少对构件截面的削弱,在型钢肢窄而又需布置两行钉线时,常被采用。

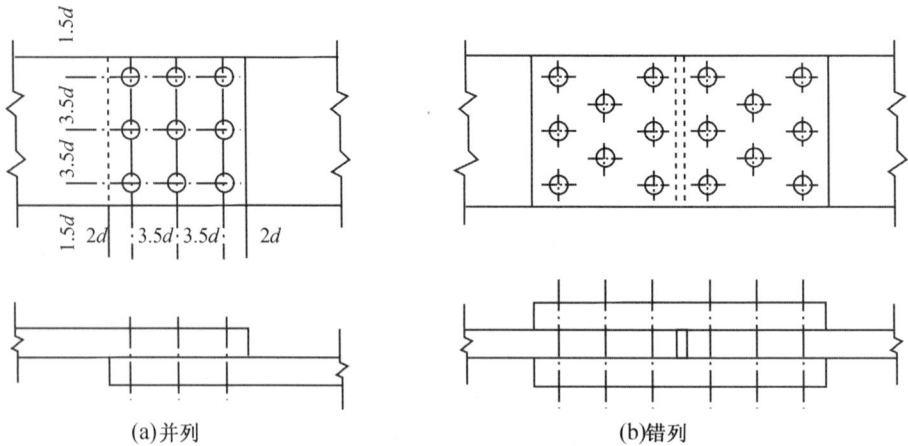

(a)并列 (b)错列

图 2-11 螺栓排列及其最小距离

螺栓孔的中心总是布置在具有一定尺寸间距且互成直角的格子线的交点上,以便施工。通常将与构件轴线平行或与作用力平行的栓孔中心的连接线称为栓线。栓线上相邻栓孔的中心距离称为栓距。相邻栓线间的垂直距离称为线距。边缘栓孔中心至板边的距离,顺内力方向者称为端距,垂直内力方向者称为边距。

螺栓布置间距的极限尺寸应符合规范,控制螺栓最大允许距离的目的是为了保证被连接的板层贴合紧密,以免潮气侵入而引起锈蚀;约束螺栓最小允许距离的目的是为了便于拧紧螺母,避免过分的栓孔削弱。

为了保证螺栓连接的可靠性,规范规定每一杆件在节点处或接头的一侧,螺栓数不得少于两个。沿受力方向,每行螺栓数不宜多于5个。对于重要结构,为了使连接受力合理,应尽量使螺栓群的重心落在杆件的重心线上,以免产生不必要的附加力矩。为了便于制造和安装,在整个结构中或同一类型的构件中,应尽量减少螺栓的直径规格。

三、高强度螺栓连接

(一)高强度螺栓的类型

从力的传递方式来看,高强度螺栓连接可分为两类:摩擦型——依靠被连接件之间的摩擦力传递构件内力;承压型——除依靠摩擦力外,还通过螺栓受剪,孔壁承压共同传力。

摩擦型高强度螺栓连接,利用其强大的预拉力将被连接的钢板夹紧,依靠钢板接触面间的摩擦力来传递构件的内力,当外力超过抵抗滑动的摩擦力后,钢板层间就会产生相对滑动,摩擦型高强度螺栓连接以开始发生剪切滑动作为连接失效的极限状态。

承压型高强度螺栓连接,考虑连接滑移后螺栓杆与孔壁压紧而产生承压力,连接通过摩擦、剪切和承压的联合作用来传递构件内力,可以更有效地利用高强度螺栓的承载能力。但是,由于连接受载后存在滑移,所以构件必然产生与连接滑动相适应的变形,这种连接不适用于直接承受动载荷的结构和在连接处有反向内力作用的结构,因此在起重机承载结构中一般不采用此类连接。

(二)高强度螺栓的使用

高强度螺栓连接的形式和尺寸与普通螺栓连接基本上一样,所不同的是在安装这种螺栓时必须将螺帽拧得很紧,使螺栓中的预拉力达到屈服点的80%左右,从而对构件产生很高的预紧力。为安装方便,孔径比螺栓杆径约大1~2 mm,螺栓杆与孔壁并不接触,因此在外力作用下,高强度螺栓连接就全靠构件之间的摩擦来传递内力,而不发生滑动。

高强度螺栓连接工作可靠,不易松动,安装迅速,施工方便,不仅适合一般结构,也适用于受变化和动力载荷的重型结构,所以是一种很有发展前景的连接形式。在不宜采用焊接或粗制螺栓的安装连接中,或在受变化载荷作用的连接中,宜优先采用高强度螺栓连接。

为了使螺栓预拉力能均匀地由螺栓传给构件,需要在螺栓头和螺帽下面各衬以高强度的垫圈,以防止孔边板面被局部压坏,为了保证获得一定的表面摩擦系数,被连接的连接表面都须作特定的处理,如喷砂(丸)、抛丸或钢丝刷清理浮锈,以提高摩擦系数。

螺栓的预拉力必须达到规定值,才能使构件夹紧,为此常采用扭矩法、转角法或扭剪法:

(1)扭矩法——采用可直接显示扭矩的特制扳手(力矩手),其原理是根据施加于力矩扳手上的扭矩与螺栓轴向力的线性关系,从而得到所要求的螺栓预拉力。

(2)转角法——先用人工扳手初拧螺母至拧不动为止,再终拧、即以初拧时的位置为起点,根据螺栓直径和连接板重叠厚度所确定的终拧角度,自动或人工控制旋拧螺母至预定的角度,即为达到螺栓规定的预拉力值。

（3）扭剪法——采用扭剪型高强度螺栓，其杆末端带有梅花形尾部，尾部与螺杆之间有环形切口，用于控制连接副的紧固轴力。终拧时，采用专用扳手进行，拧紧至尾部扭头跌落，则螺杆中即达到设计所要求的预拉力，因而施工质量容易控制（见图 2-12）。这种方法可不受各种因素的影响，拧紧螺栓时，只要达到规定的预拉力值，螺栓的预留段被扭剪断开，操作方便，比较可靠。

高强度螺栓的安装应按一定的程序施工，宜由螺栓群中央依顺向外逐个拧紧，为避免相邻拧紧螺栓的相互影响，必须分两次拧紧，第一次拧紧以 80% 为准，终拧时以 100% 的扭矩拧紧螺栓，也可以先用扳手拧到板层密贴，第二次再拧到所需的扭矩值。预拉力在螺杆中引起的拉应力不应超过螺栓的许用抗拉强度。

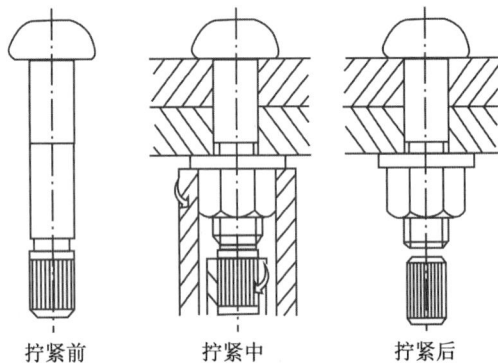

拧紧前　　　拧紧中　　　拧紧后

图 2-12　扭剪型高强度螺栓的拧紧过程

单元四　起重机金属结构基本受力构件

一、实腹式受弯构件——梁

（一）梁的构造

主要承受横向弯曲的实腹构件称为梁。梁作为骨架广泛应用于起重机的桥架等。梁可作为独立的构件，也可以是整体结构中的一个部分。

根据制造条件，梁分为型钢梁和组合梁两种型式。型钢梁由单根轧制型钢——槽钢、普通工字钢、轻型工字钢和 H 钢（见图 2-13）等制成，构造简单，制造方便，成本低廉。但由于型钢受轧制条件的限制，其截面尺寸的大小和面积的分布均有一定的局限性，有时不能满足具体构件的强度和刚性要求。在相同强度的条件下，型钢梁自重较大，刚性较差。当型钢梁不能满足强度、刚性要求时，可采用组合梁。当代组合梁多为焊接梁，由钢板、型钢用电焊连接而成。最常见的焊接组合梁是由一块或两块腹板和上、下翼板组成的工字形截面［见图 2-14（a）和图 2-14（b）］和箱形截面［见图 2-14（c）］梁。其中带加强翼板的非对称工字形截面梁［见图 2-14（b）］是专为提高受压翼板的侧向刚性而设计的，适用于上翼板受侧向水平力作用的梁，对侧向刚性和扭转刚性要求较高的梁可采用箱形截面。各类起重机中,梁的使用要求和工作特点不尽相同,梁截面也经常有相应的改变,形成众多的梁截面形式(见图2-15)。

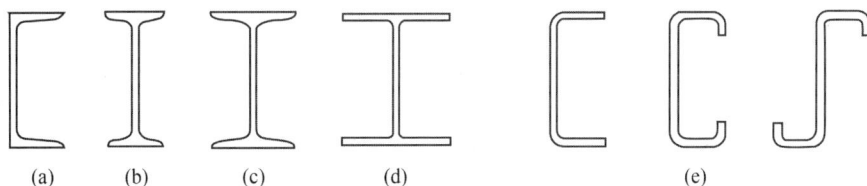

图 2-13　型钢梁的截面形式

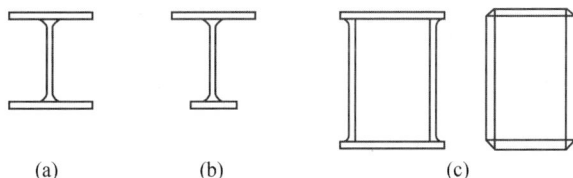

图 2-14　常见组合梁的截面形式

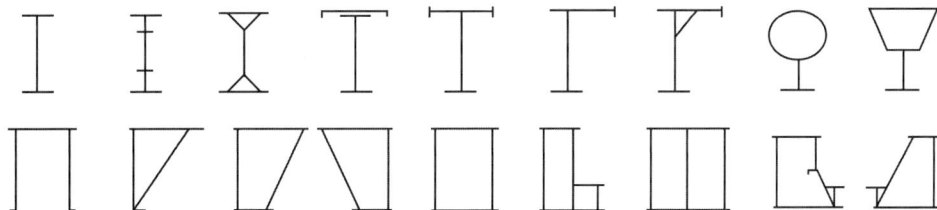

图 2-15　组合梁的其他截面形式

(二)梁的整体稳定性

截面高而窄的大跨度开口截面梁,在大刚度平面内承受横向平面弯曲时,当外载荷达到一定值后,梁的平面弯曲平衡状态变为不稳定的,偶然的微小侧向干扰力或载荷偏移即可导致梁发生侧向弯扭屈曲(见图2-16),并在干扰因素消除后,依然不能恢复原来的平衡状态,这种现象称为梁丧失整体稳定性。梁的整体失稳会导致梁的变形急剧增大而破坏。梁在平面弯曲的不稳定平衡状态下,其受压翼缘在压应力作用下像压杆那样首先发生侧向屈曲,同时带动整个梁截面发生侧向位移,由于受拉翼缘的侧向位移较小,故整个梁呈现弯扭失稳状态。

梁由平面弯曲的稳定平衡转向平面弯曲的不稳定平衡的过渡状态称为临界状态。对应于临界状态,梁的外载荷称为临界载荷,梁的最大弯矩称为临界弯矩,梁最大弯矩截面内的最大压应力称为临界应力。

由上可知,梁的整体稳定性与其侧向抗弯刚度和抗扭刚度有关。其次,由图2-16可以看出,载荷作用在上翼缘,当梁整体失稳时,由其所产生的附加偏心扭矩与截面扭转的方向是相同的,对梁的整体稳定性不利;反之,若载荷作用在下翼缘,对梁的整体稳定性有利。另外,如果在梁跨中布置一些侧向支承点,则梁的整体稳定性要好得多。

侧向支承点的间距越小,则梁越不容易整体失稳。要提高梁的整体稳定性,主要有两个途径:一是增大梁的侧向抗弯刚性和抗扭刚性,二是通过增加侧向支承点来减小侧向支承点的间距。由于梁的侧向抗弯刚性和抗扭刚性在很大限度上决定于翼缘宽度,所以梁的整体稳定性主要与梁的翼缘宽度和侧向支承点的间距(即受压翼板的自由长度)有关。在金属结构设计中,常用受压翼板的自由长度与翼板宽度的比值来衡量梁的整体稳定性。

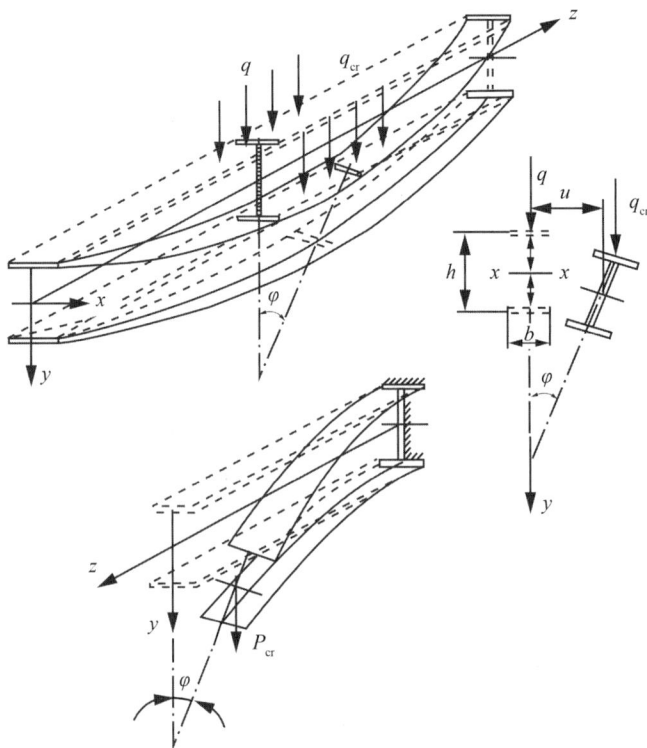

图 2-16　梁的侧向弯扭屈曲

(三)组合梁的局部稳定性

在梁的截面积相同的情况下,从有利于提高梁的强度和刚性考虑,腹板应取得高一些、薄一些;从有利于提高梁的整体稳定性考虑,翼板应取得宽一些、薄一些。然而,当梁的翼板和腹板的厚度过薄,外载荷达到一定值后,受有压应力、剪应力或局部压应力作用的腹板和翼板,就会丧失平面稳定平衡状态。偶然而微小的外界干扰因素,诸如基础振动或平面外的干扰力等,即可导致板发生波形屈曲(见图 2-17),并在干扰因素消失后,依然不能恢复到原来的平面平衡状态。这种现象称为梁的局部失稳。

控制梁的局部失稳可采取以下措施。一是增加板厚,控制板的宽厚比,宽(或高)而薄的板比窄(或矮)而厚的板容易失稳。当板宽(或高)厚比小于一定值时,板就不存在局部失稳问题,但对梁的腹板来讲,过分提高板厚是不经济的,所以这项措施主要用于梁的翼板。二是采用加劲肋,增加板的抗屈曲能力。加劲肋有柔性和刚性之分,当加劲肋的抗刚性较小,板失稳时加劲肋随板一起屈曲,这样的加劲肋属于柔性肋。当加劲肋的抗弯刚性足够大,板局部失稳时,加劲肋仍能保持为直线,这样的加劲肋属于刚性肋。用刚性肋加强的板,只可能在其分隔区格内屈曲。目前刚性肋的设计用得较多。横向刚性肋主要用于防止梁腹板的剪切失稳和局部压缩失稳,纵向刚性肋用于防止梁腹板的平面弯曲失稳。

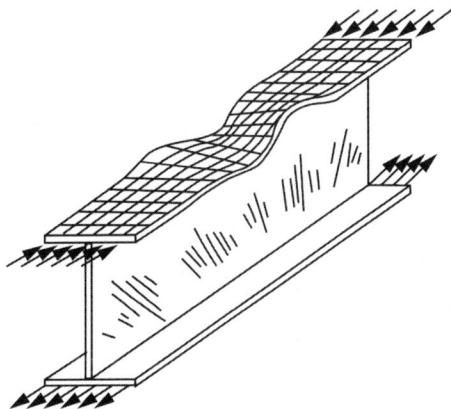

图 2-17 组合梁的局部失稳

1. 组合梁的加劲肋的种类

组合梁内的加劲肋按其所起的作用可分为三类。

（1）间隔加劲肋

其作用是加强梁的翼板或腹板,提高梁的局部稳定性。间隔加劲肋有横向肋和纵向肋两种,后者又有柔性肋和刚性肋之分,横向加劲肋和纵向刚性肋都可看作板的支承。

（2）支承加劲肋

其设置在梁的支座处和固定集中载荷作用处,用以传递支座反力和固定集中载荷,消除它们对梁的翼板、腹板和翼缘焊缝的局部加载影响。

（3）构造加劲肋

其作用是提高施工的工艺质量。例如:在腹板的受拉区设置工艺角钢,以控制薄板的工艺波浪度;在小截面箱形构件内设置横隔,以保证构件截面的正确形状等。

2. 间隔加劲肋的设置

间隔加劲肋主要用于加强梁的腹板,在宽翼缘箱形梁中有时也用于加强翼板。间隔加劲一般都用扁钢或钢板制成,有时也采用角钢。根据理论分析,为了提高间隔加劲肋的抗屈曲效果,对成对配置的加劲肋,应提高其对被加强板中面轴线的回转半径,一侧配置时,应提高其对与被加强板相连的加劲肋边缘为轴线的回转半径。为此,对由扁钢和钢板制作的加劲肋,在保证自身平面稳定的前提下,应尽量采用大的宽厚比;对由角钢制作的加劲肋应采用不等肢角钢,并以长肢的肢尖与被加强板连接。工字形截面梁的加劲肋宜在腹板两侧成对布置[见图 2-18(a)];箱形截面梁的加劲肋则一般布置在箱体的内侧,箱形梁横向加劲肋常制成隔板的形式[见图 2-18(b)],对两侧的腹板同时起加强作用,并可兼作施工定位板。对于大尺寸的隔板,为了减轻自重和便于箱体内施工,可以在中间挖孔[见图 2-18(c)]。有时为了节约钢材,也可由扁钢或不等边角钢拼成的隔板[见图 2-18(d)和图 2-18(e)]制成。

3. 支承加劲肋的设置

设置于固定集中载荷处和梁的支座处的支承加劲肋,必须能有效地承受作用于该处的集中力,并把集中力有效地转化为梁腹板的剪力,实现力流的平顺过渡。为此,支承加劲肋的端部应切角铣平,铣平的端面在焊装时应紧密抵住受集中力作用的翼板[见图 2-19(a)和图 2-19(c)]。支承加劲肋与翼板和腹板的连接焊缝应采用连续焊缝,并需经过强度校核。

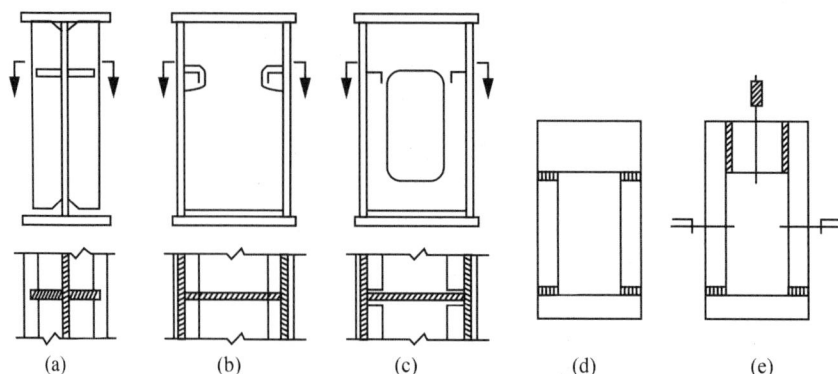

图 2-18 加劲肋的构造

支承加劲肋应具有足够的自身稳定性。其受力如同轴心受压柱,设计时应保证其在腹板平面外的整体稳定,即不会在压力下向腹板平面外弯曲失稳。

在梁支座处的支承加劲肋也可采用端面肋板的结构形式[见图 2-19(b)],可以减小梁支座反力对加劲肋连接焊缝的偏心,端面肋板的底表面也要铣平并与支座面板紧密贴合,其伸出长度应不超过其厚度的 2 倍。

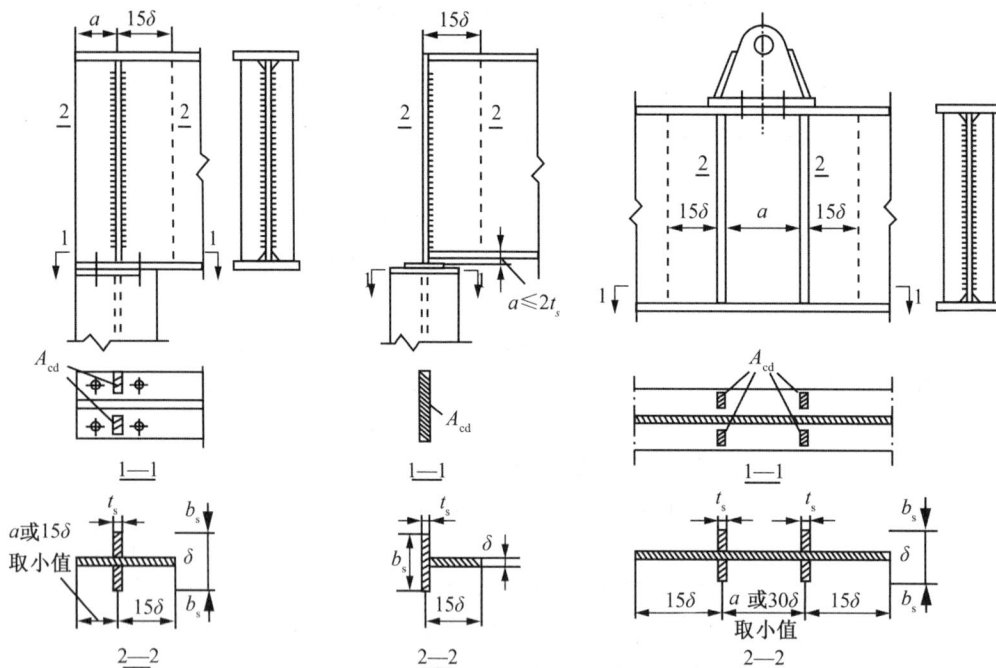

图 2-19　支承加劲肋

桥式起重机正轨箱形土梁的横隔板和承轨短隔板,兼有间隔加劲肋和支承加劲肋的作用(见图 2-21)。

4. 构造加劲肋的设置

构造加劲肋一般来说没什么特殊设计要求,加劲肋的截面尺寸从构造或工艺角度予以确定,当用角钢作构造加劲肋时(俗称工艺角钢),可用角钢背与腹板相连。

5. 加劲肋的合理构造要求

各类加劲肋除了应分别满足上述设计要求外,构造上的合理处置也是至关重要的。加劲肋应力求构造简单、制造方便。对于承受动载荷的结构,应尽量减小应力集中和立体残余应力。加劲肋的合理构造要求归结起来有以下几个方面。

(1)除支承加劲肋外,其余加劲肋的连接焊缝均属于联系焊缝,为了减少焊接工作量,这些焊缝常设计成间断式的,焊高一般为 6 mm。但对于 E4~E8 级的梁,为了提高其疲劳强度,位于危险截面处的加劲肋宜采用应力集中较小的双面连续焊。

(2)为保证翼缘焊缝的连续性并避免焊缝的立体交叉,横向加劲肋在与翼板相接的地方,应制成斜角或圆弧切口,切口的尺寸要求如图 2-20 所示。

(3)工字梁的纵向加劲肋与横向加劲肋相交时,纵向加劲肋应断开,纵向加劲肋可以焊在横向加劲肋上,也可以相互间留一定的空隙;箱形梁中的纵向加劲肋可以在横隔板处断开,也可以在隔板上开缺口让纵向加劲肋连续通过(见图 2-18)。

(4)加劲肋的焊缝可以与腹板的拼接焊缝相交叉,但应与相平行的腹板拼接焊缝保持200 mm 以上的距离。

(5)除支座处的支承加劲肋外,横向加劲肋的下端不应直接用横向贴角焊缝焊在受拉翼板上,因为这种连接的应力集中情况等级颇高,抗疲劳能力较差。可采用大切口[见图2-20(a)]、留间隙[见图 2-20(b)]、加密贴的垫板[见图 2-20(c)]或侧板[见图 2-20(d)]来减短和避免横向贴角焊缝。垫板和侧板应通过纵向焊缝与受拉翼板连接。出于同样的原因,横向加劲肋与腹板相连的横向贴角焊缝,不应延伸到应力较大的腹板受拉区,其终端离腹板受拉边的距离应不小于 50 mm(见图 2-20)。

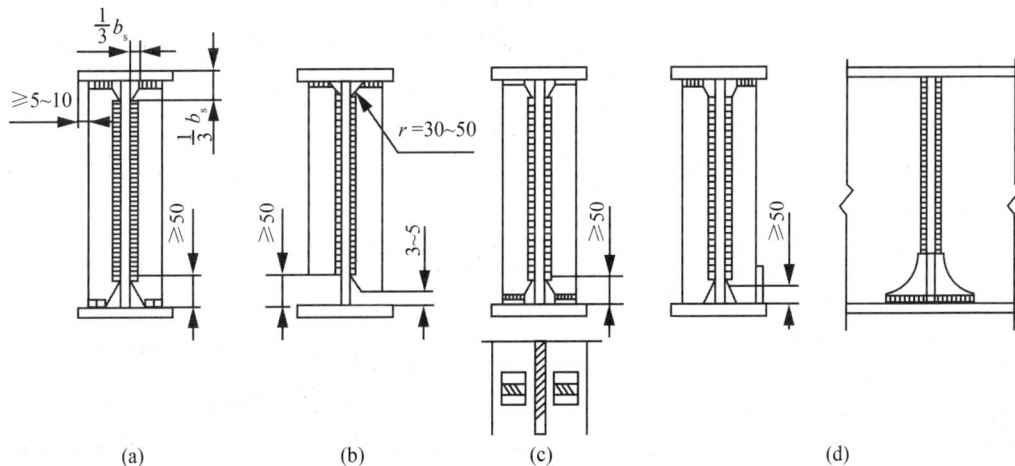

图 2-20 加劲肋的合理构造

(6)对于依靠横隔板和短隔板支承小车轨道的正轨箱形梁,隔板起着支承加劲肋的作用(见图 2-21)。因此,它们的上端面应铣平并顶紧受压翼板,轨道支承面下隔板与翼板的焊缝长度应不小于轨道支承宽度的 1.4 倍,且应双面施焊,短隔板沿全高用双面连续焊与腹板相连,横隔板的上部应有相应高度的双面连续焊,其余部分可采用双面交错焊或单面间断焊。

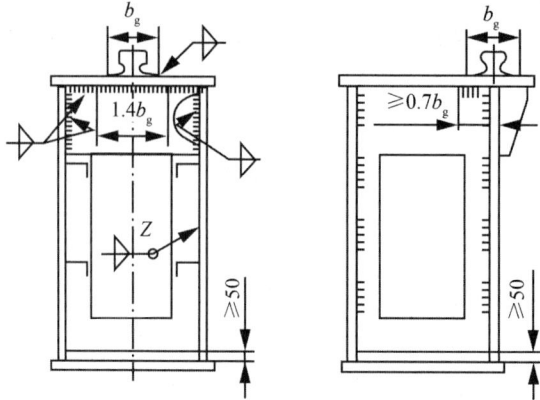

图 2-21　正轨箱形梁的横隔板和短隔板

(四)变截面组合梁

在自重载荷和移动载荷作用下,梁全长各截面内的最大弯矩是不同的。简支梁跨中弯矩最大,沿着梁向支承方向逐渐减小;悬臂梁支承处弯矩最大,沿悬臂向端部逐渐减小,按最大弯矩设计成等截面梁显然是不经济的。为了节省材料、减轻自重,可设计成截面随弯矩而变化的变截面梁,最理想的是将梁的腹板下部做成抛物线形状,但制造工艺复杂,成本较高,一般不采用,通常采用改变翼板的宽度[见图 2-22(a)]或厚度[见图 2-22(b)]或改变梁腹板高度[见图 2-22(c)]的办法来实现梁的变截面,但其中改变翼板厚度的办法不宜用于上表铺设轨道的梁。

改变梁腹板高度是将梁做成中间为等截面的而向两端逐渐减小的折线形梁[见图 2-22(c)],梁端的高度根据支承处的连接决定。变高度梁的支承截面的高度在满足腹板剪切强度的条件下,通常取为跨中梁高的一半。在实际工程中,对于变高度梁可用相关算式偏于保守地估算移动载荷和最大起升载荷作用下的挠度值。

对于跨度较小的梁,变截面的经济效果并不显著,相反会增加制造工作量,因此除非构造需要,一般不采用变截面梁。

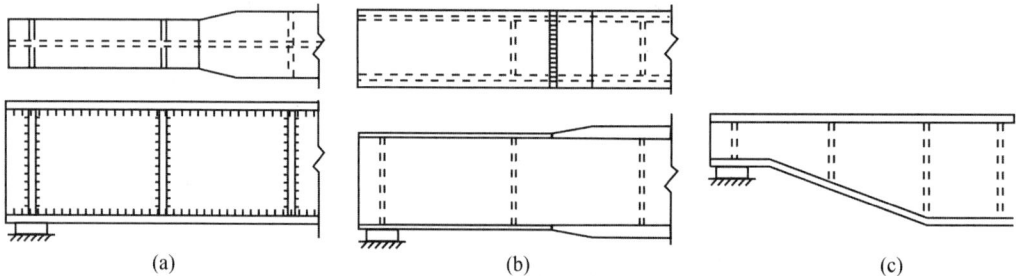

(a)　　　　　　　　　　　(b)　　　　　　　　　　　(c)

图 2-22　梁截面的改变

(五)梁的预拱

虽然在梁的截面设计时,已经对梁的挠度作了控制,但梁在移动载荷和自重载荷的作用下还是要产生一定的弹性下挠。在桥架型起重机中,为了最大限度地减小由主梁下挠所造成的小车运行的坡度阻力,在制造主梁时,常预先将它做成向上拱的形状,叫作预制上拱,简称预拱。

主梁的上拱度由三部分组成:第一部分用以补偿移动载荷引起的挠度;第二部分用以补偿自重载荷引起的挠度;第三部分用以补偿焊接变形所引起的挠度。工程实践中常用抛物线或正弦曲线作为梁的上拱曲线。同理,悬臂梁做成上翘的。

(六)梁的拼接

大型梁结构的制造、运输和安装往往受到板材规格、装车界限和吊运能力等条件的限制,因此在设计大型梁结构时,应考虑板材的拼接、梁的分段和梁段的拼接等问题。由于板材规格(长度和宽度)不够所造成的在制造厂进行的拼接,称为工厂拼接或工艺拼接;由于运输、安装条件限制所造成的梁段的拼接需要在工地或安装现场进行,称为安装拼接或设计拼接。组合梁各组成部分的工厂拼接,可以根据板材合理拼裁的需要,在不同截面内进行,而安装拼接则要求在同一截面内进行(见图 2-23)。

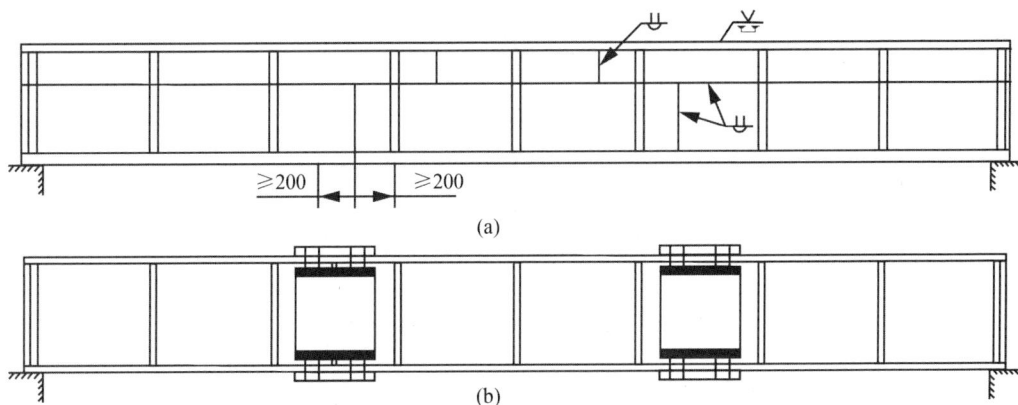

图 2-23 梁的拼接

1. 工厂拼接

焊接梁的工厂拼接应尽量采用无盖板的对接接头。对于受动载荷的梁,无盖板的对接接头能显著地提高接头的疲劳强度。由自动焊、半自动焊和 B 级、C 级的手工焊焊成的对接直焊缝即使能达到与母体金属等强度,但仍应尽量避免将其布置在梁的危险截面内。达不到等强度要求的对接直焊缝,应布置在计算应力不超过焊缝许用应力的梁截面内。

为了防止焊缝缺陷的集中危害,不管是等强度焊还是非等强度焊,翼板和腹板的拼接焊缝应相互错开 200 mm 以上,腹板拼接焊缝与横向加劲肋的焊缝也应该错开 200 mm 以上。

2. 安装拼接

安装拼接宜优先采用普通螺栓连接和高强度螺栓连接(见图 2-24),接头的加工在工厂内完成,有条件的还可以在工厂内进行预安装,使现场安装既方便又容易保证质量。螺栓连接的这些优点在高强度螺栓连接中体现得更突出,使得高强度螺栓连接在安装接头中有广阔的应用前景。剪力型螺栓连接的拼接接头应布置在内力较小的梁截面内,使受钉孔削弱的梁截面足以承受该截面内的内力。拼接板的截面积应保证不小于被拼接板的截面积。拼接接头内的螺栓应尽量按孔间距和孔边距的低限值进行排列,使接头紧凑。

安装拼接有时也采用焊接对接接头,但需要一定的技术工艺措施来保证装配质量,落

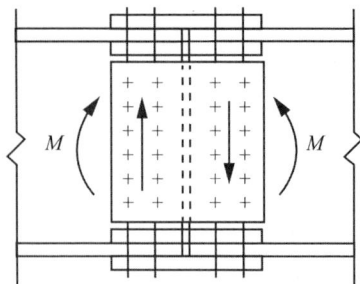

图 2-24　采用螺栓连接的安装拼接

料和板边加工要精确,特别要注意施焊的顺序(图 2-25 中用数字标出了施焊顺序),避免仰焊。

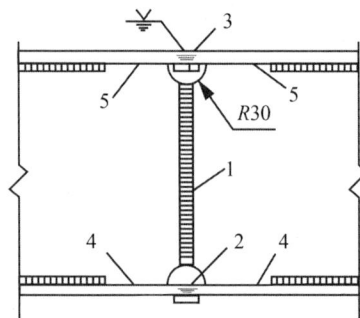

图 2-25　翼板和腹板的拼接焊缝间距

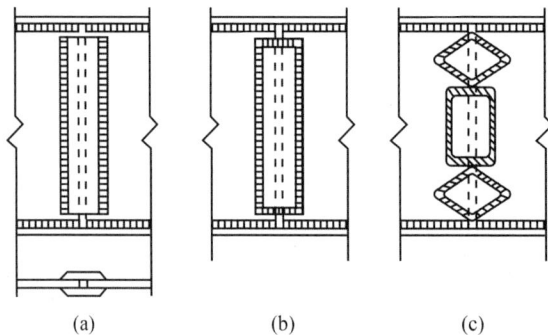

图 2-26　采用螺栓连接的安装拼接

条件较差的中小工厂,可采用装配工艺要求较低的焊接搭接接头(见图 2-26),但由于接头的应力集中较大,不适宜于受动载荷的梁。

3.梁与其他构件的连接

(1)梁与梁的连接

梁与梁的连接有叠接、平接和低接等构造形式(见图 2-27),在起重机结构中,主要采用平接的构造形式。

图 2-28 列举了梁与梁平接连接的几种典型形式,其中图 2-28(a)、图 2-28(b)、图 2-28(c)、图 2-28(d)所示为不等高梁的平接连接,图 2-28(e)所示为等高梁的平接连接。在图 2-28(a)所示的连接中,次梁仅用腹板与主梁的腹板相连,翼板与翼板不相连。为了便于装

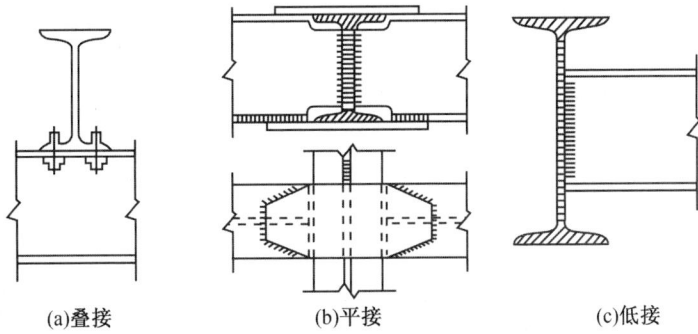

(a)叠接   (b)平接   (c)低接

图 2-27　梁与梁的连接形式

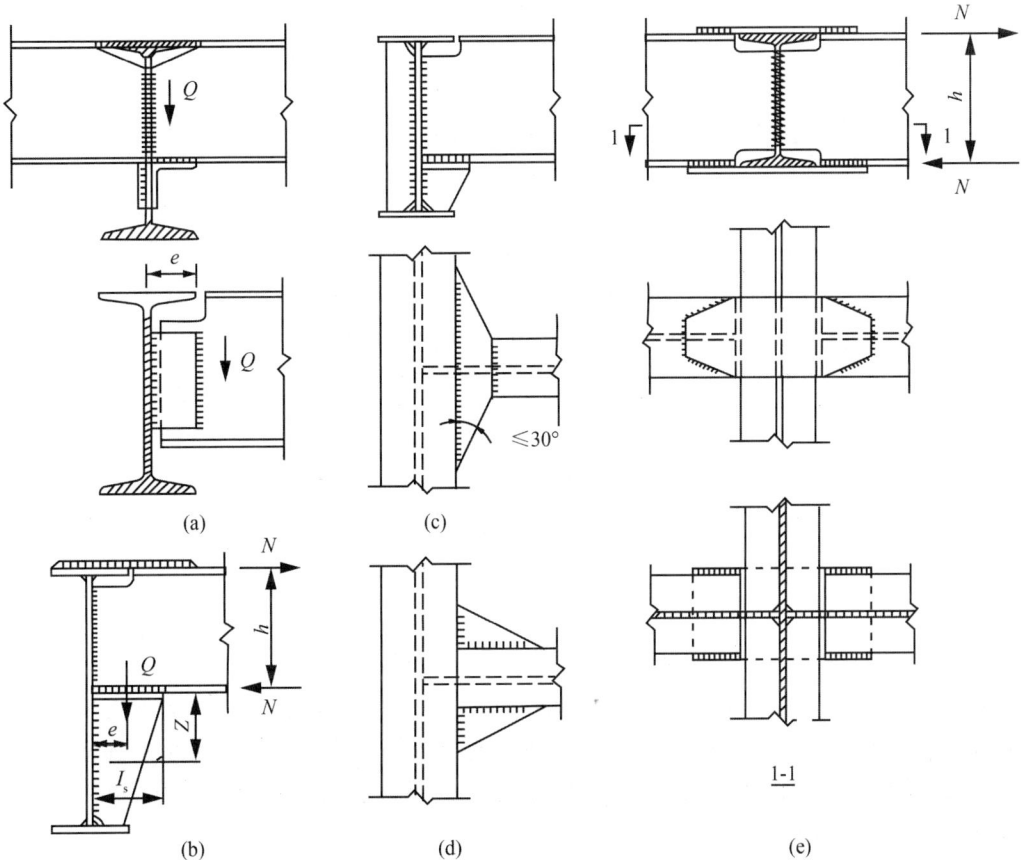

(a)   (c)

(b)   (d)   (e)

图 2-28　梁与梁平接连接

配,主梁腹板上焊有由钢板或角钢制作的安装底座,装配时可用点焊或安装螺栓先将次梁固定在底座上,然后再进行焊接。由于在这种连接中,次梁截面的主要承弯部分——翼板在连接处被切除且不与主梁连接,因此连接的刚性很差,通常被认为是只能传递剪力而不能传递弯矩的"铰接"连接。在图 2-28(b)所示的连接中,次梁的上、下翼板分别通过搭接板和承托与主梁相连。这种连接具有很大的连接刚性,可以作为"刚性"连接来对待。在图 2-28(c)所示的连接中,上翼板的连接采用对接的形式,加宽的连接板拼接在次梁和主梁的翼板之间。这种连接形式避免了应力集中较大的搭接接头,对提高动载荷作用下的疲劳强度是有利的。接头不仅在垂直方向有很大的连接刚性,在水平方向也有良好的连接刚性。此外,这种连接的上表面可以做到完全平整。为了使主梁翼板在连接处平缓地过渡,连接板应逐步加宽,其倾角应不大于30°。在型钢梁的连接中,为了避免沿型钢腹板上缘切除翼缘的困难,可采用从两侧镶拼三角板的办法来代替加宽的连接板[见图2-28(d)]。图2-28(e)所示的等高梁连接中,次梁的上、下翼板通过搭接板与主梁的翼板相连。这种连接同样可视为"刚性"连接。为了提高连接的水平刚性,可采用加宽的搭接板[见图2-29(g)]。

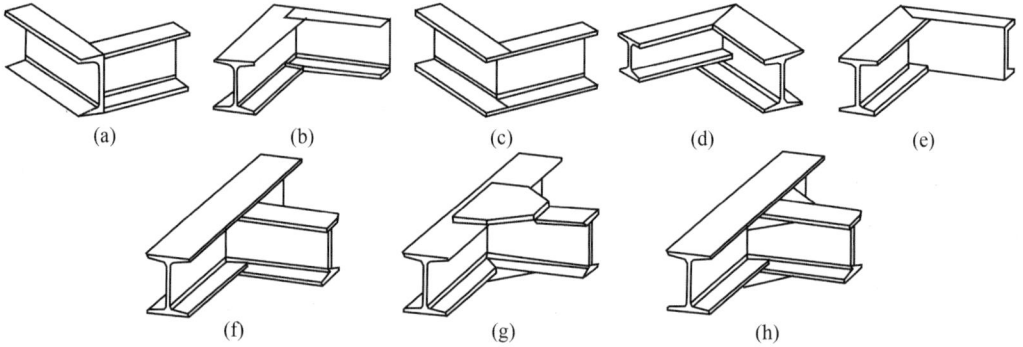

图 2-29　型钢梁的平接连接

在等高梁连接中,翼板的连接也可采用对接的形式。型钢梁和焊接梁的这类连接形式,分别列举于图2-29和图2-30,其中图2-30(b)中的连接板采用圆弧过渡,图2-30(c)的连接板与主梁翼板采用斜焊缝对接,这些措施都是为了提高连接的疲劳强度。

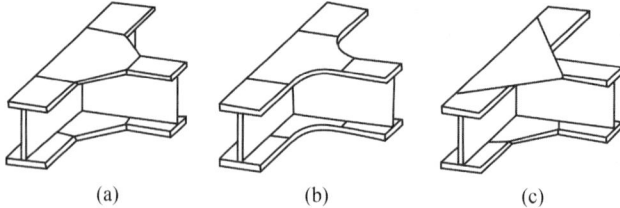

图 2-30　等高焊接梁的对接连接

由于不用搭接板的连接对被连接件的装配精度要求较高,因此搭接板的连接形式在起重机结构中还有不少应用。图2-31所示为桥式起重机箱形主梁与箱形端梁的连接。为了装配方便,翼板采用搭接连接,腹板采用搭接板连接,通过搭接板的调节作用,可以适当弥补主梁长度的制造偏差。

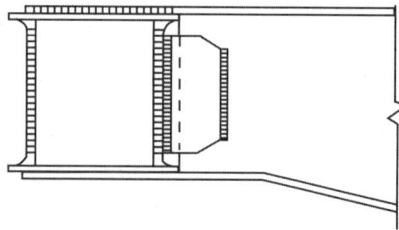

图 2-31　桥式起重机主梁与端梁的连接

（2）梁与柱的连接

根据连接的刚性,梁与柱的连接也可分为"铰接"连接和"刚性"连接两种。图 2-32 给出了梁与柱连接的各种典型形式,其中图 2-32(a)、图 2-32(b)、图 2-32(c)、图 2-32(d)、图 2-32(e)所示的梁仅用腹板与柱相连,可划归为"铰接"连接;图 2-32(f)、图 2-32(g)、图 2-32(h)、图 2-32(i)中的梁,翼板和腹板都与柱相连,可划归为"刚性"连接。

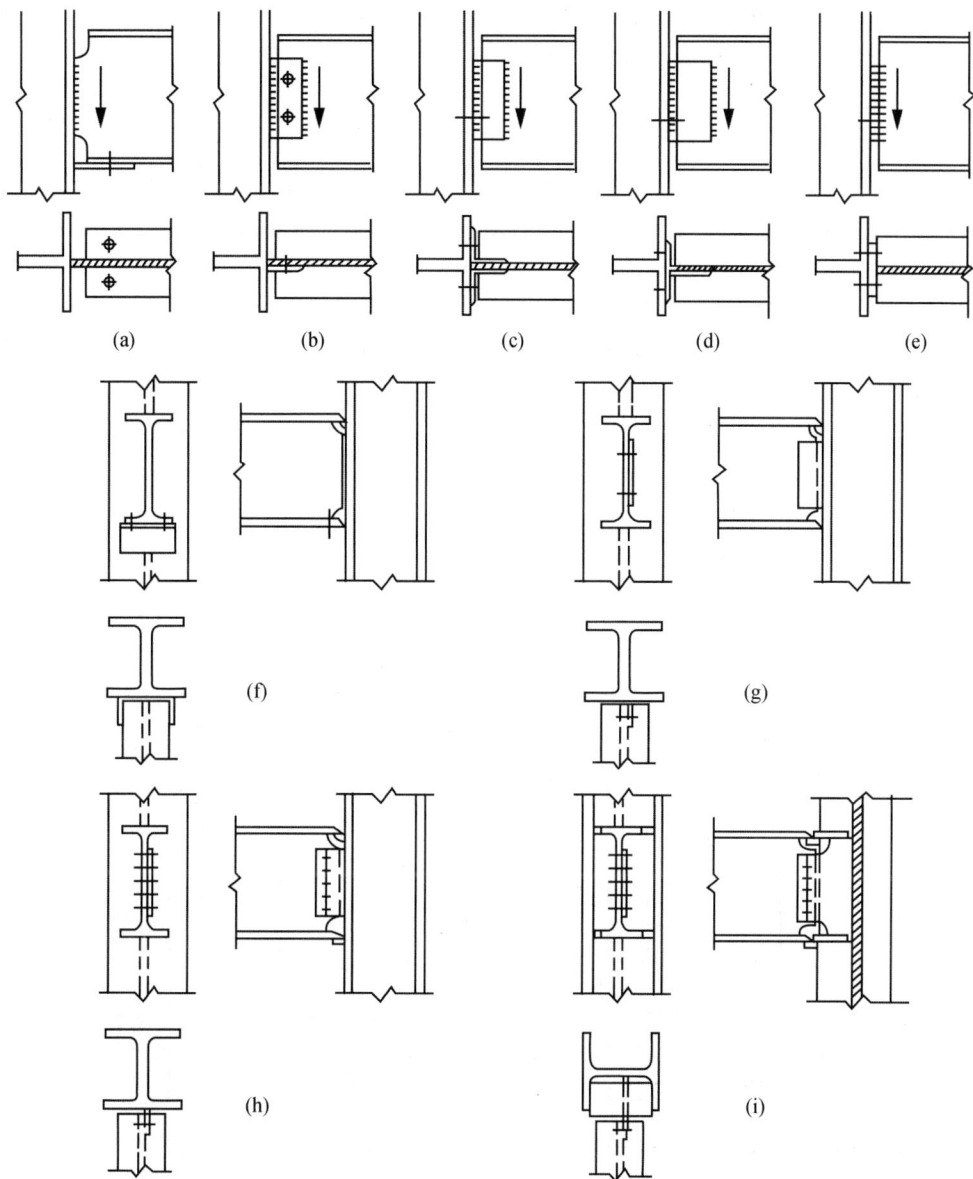

(a)　　　　　(b)　　　　　(c)　　　　　(d)　　　　　(e)

(f)　　　　　(g)

(h)　　　　　(i)

图 2-32　梁与柱的连接

二、轴向受力构件

(一)轴向受力构件——柱的构造

轴向受力构件的应用载体——柱,分为轴心受力(拉或压)构件和偏心受力(拉或压)构件。偏心压杆也是压弯构件。轴向(心)受力构件可以是整个结构中的一根杆件,也可以是独立的结构件,后者常称为拉杆或柱。柱通常由单根型钢或组合截面制成,两端与其他构件相连接,而柱则由柱头、柱身和柱脚三部分构成,如图2-33(a)所示。柱身是主要部分,载荷从柱头经柱身传到柱脚。

柱可分为实腹式结构和格构式结构(见图2-33),实腹式柱有开口的和封闭的两种型式,其截面组成部分是连续的;格构式柱的截面组成部分是分离的,其分离的各部分叫肢杆,肢杆间由缀材连接,缀材可分为缀板和缀条。根据受力特点,柱沿全长可以做成等截面构件或变截面构件。柱多采用焊接结构,其两端可用焊接或栓接的方法与其他结构相连接。柱的截面形式很多,如图2-34所示。实腹式柱可以用单根角钢、工字钢、钢管制成,也可以用型钢或钢板制成组合截面。轴心受力构件最好采用对称的截面型式,偏心受力构件宜采用非对称截面。型钢作轴向受力构件最简单,且制造方便。应尽量选用。实腹式组合截面构件要保证钢板的局部稳定性。格构式柱常用槽钢、工字钢、角钢和钢管作柱肢,以缀条或缀板作连缀件构成矩形或三角形截面结构(见图2-33和图2-34)。缀条多用单角钢或钢管制成,重型柱中也可以用槽钢,缀板常用钢板制作。连缀件是保证柱肢整体工作所必需的结构元件。不同的连缀件对柱的稳定性影响也不相同。我们把穿过肢杆腹板的截面主轴叫作实轴,穿过缀材的截面主轴叫作虚轴。

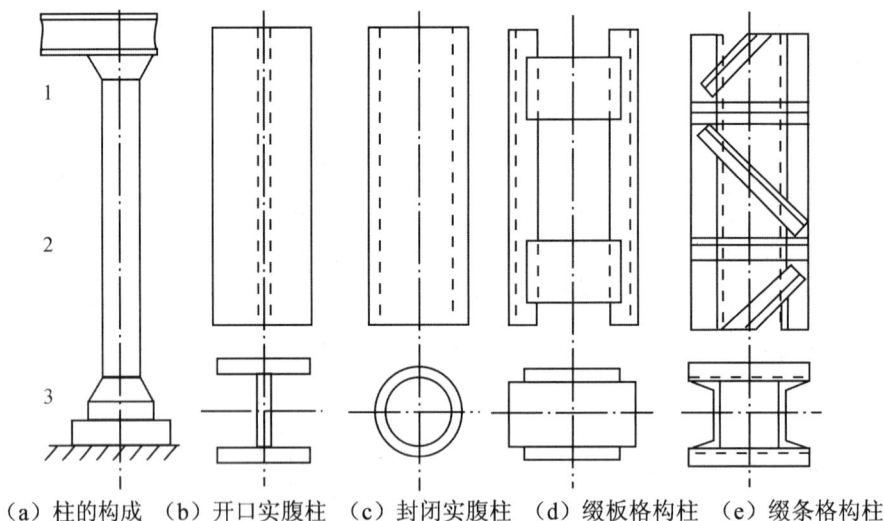

(a)柱的构成　(b)开口实腹柱　(c)封闭实腹柱　(d)缀板格构柱　(e)缀条格构柱

图2-33　柱的构成与结构型式

1—柱头;2—柱身;3—柱脚

1.实腹式轴心受力构件

实腹式轴心受力构件一般是由型钢制成,常用的截面形式有角钢、工字钢、丁字形钢、圆钢管、方形钢管等,见图2-35(a)。对于承受较大轴向载荷的大型构件,为了获得足够的

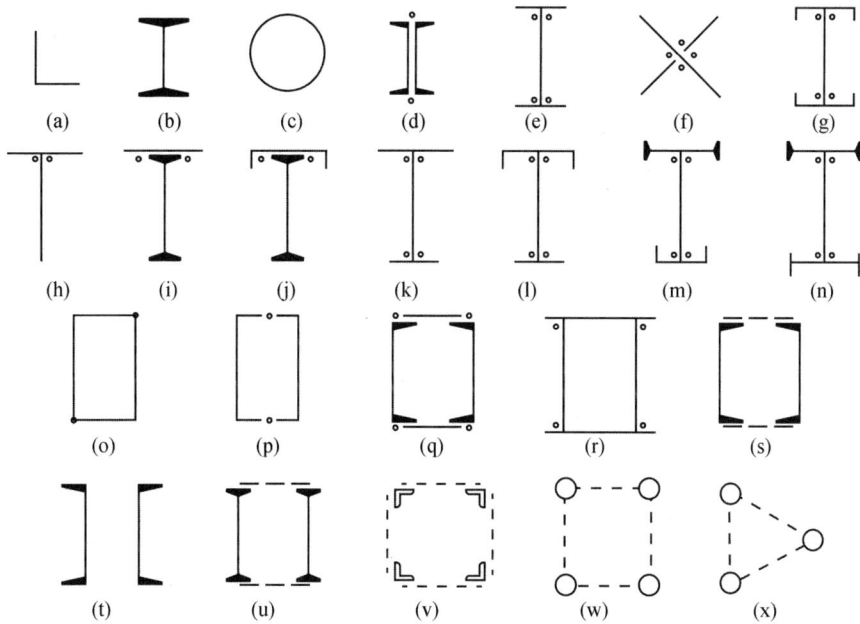

图 2-34　柱的截面形式

截面尺寸,可用钢板焊接成工字形、圆管形、箱形等组合截面,见图 2-35(b)。组合截面可根据设计要求更合理地分配材料,故构件自重较轻。

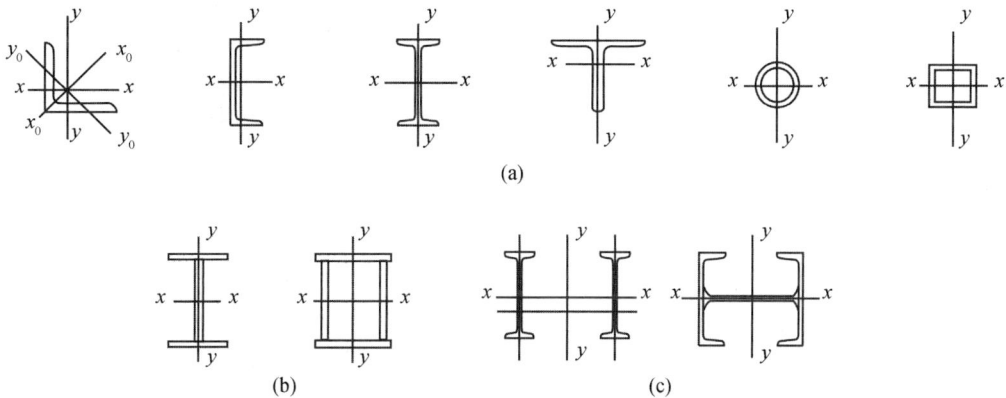

图 2-35　实腹式轴心受力构件的截面形式

设计实腹式轴心受力构件的截面时,应遵循以下一般原则:

(1)在满足局部稳定性和工艺要求的前提下,应尽量采用壁薄、外形尺寸大的截面,以增加截面单位面积的惯性矩,提高抗弯刚度,降低自重;

(2)应尽量使构件在两个主轴方向的长细比相等,对轴心压杆来讲也即是等稳定性,使构件各个方向的承载能力都能得到充分的利用;

(3)尽量使构件本身和与其他构件的连接构造合理、制造工艺简单,以降低应力集中、延长使用寿命、提高生产率、降低成本。

2. 格构式轴心受力构件

格构式轴心受力构件按肢杆数目分,有双肢杆式、三肢杆式和四肢杆式三种;按缀材形式分,有缀条式和缀板式两种(见图 2-36)。肢杆一般用角钢、槽钢、工字钢和钢管制作。缀条则采用角钢或钢管,重型构件也有采用槽钢的。缀条的布置形式有三角形,带横杆的三角形和十字交叉形等。缀板采用钢板,垂直于肢杆轴线布置。

双肢轴心受力构件多用作重型桁架的拉、压杆和受压柱。由两根槽钢组成的双肢构件,槽钢可以开口向内或开口向外放置。开口向内放置时外形比较整齐,并且在同样的外形尺寸下,截面材料分布更合理,回转半径更大。三肢轴心受力构件,自重比较轻,近几年来,在起重机臂架上常有应用。四肢轴心受力构件能更好地根据需要在两个主轴方向扩展外形尺寸,使构件在满足强度、刚性、稳定性的条件下,减轻自重。尤其适用于轴向载荷较小,构件长度较大的情况,例如轮胎起重机的臂架,常采用四肢式结构来减轻重量。

图 2-36(a)是由双角钢加垫板构成的构件,多用作轻型桁架的拉、压杆。通过等肢角钢和不等肢角钢不同方式的配置图 2-36(b),可以获得各种组合截面,以适应各杆件在两个主轴方向上计算长度的比值不同情况,达到两个方向等长细比的目标。当轴向拉力载荷较大时,可采用十字形配置的截面[见图 2-36(d)],还可采用双槽钢加垫板的构件[见图 2-36(c)]。这类构件就其构成原理和工作特点来说与缀板式双肢构件没有差别,只是双肢间距很小,可以用垫板来代替缀板实现肢间的联系而已。因此这类构件从本质上讲属于缀板格构式构件。为了使缀板式格构构件的各肢能较好地整体工作,缀板或垫板的距离 l_1 不得超过下列数值:受拉构件 $l_1 \leqslant 80r_1$;受压构件 $l_1 \leqslant 40r_1$,其中 r_1 是一个肢杆截面对自身轴的最小回转半径。在压杆中,在构件的计算长度 l_{ey} 范围内至少要设置两块垫板。

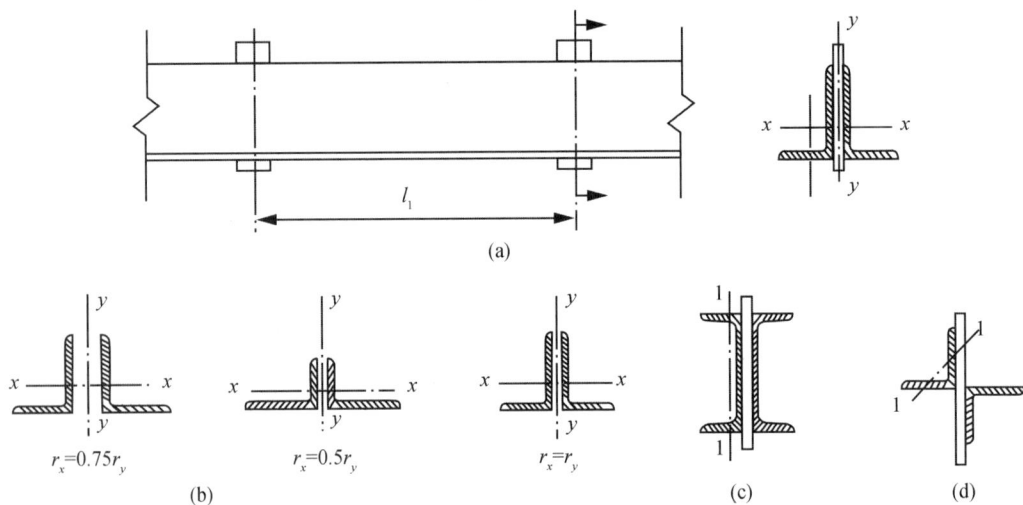

$r_x=0.75r_y$ $r_x=0.5r_y$ $r_x=r_y$

(b) (c) (d)

图 2-36 型钢加垫板的格构式构件

(二)轴向受压构件的整体稳定性

轴心受压构件的可能破坏模式有:强度破坏、整体失稳破坏和局部失稳破坏等。整体失稳破坏是轴心受压构件的主要破坏模式。轴心受压构件的整体失稳破坏又可分为:弯曲失稳、弯扭失稳和扭转失稳三种模式,见图 2-37。一般情况下,双轴对称截面(如工字形截面、"H"形截面)在失稳时只出现弯曲变形,称为弯曲失稳[见图 2-37(a)]。单轴对称截面(如不对称工字形截面、槽形截面、T 形截面等)在绕非对称轴失稳时是弯曲失稳;而绕对称轴失稳时,不仅出现弯曲变形还有扭转变形,称为弯扭失稳[见图 2-37(b)]。无对称轴的截面(如不等肢 L 形截面)在失稳时均为弯扭失稳。对于十字形截面和 Z 字形截面,除了会出现弯曲失稳外,还可能出现只有扭转变形的扭转失稳[见图 2-37(c)]。具体到某一构件最终以何种模式失稳破坏,与构件截面形式和尺寸、构件尺度及支承情况有密切关系。由于轴心受压构件的失稳模式主要是弯曲失稳,因而弯曲失稳是确定轴心受压构件稳定性的主要依据。

图 2-37　轴心受压构件的整体失稳的三种模式

(三)轴向受压构件的局部稳定性

组合截面的实腹轴心受压构件是由腹板和翼板组成的,在轴心压力作用下,腹板和翼板承受均匀的压应力,它们和均匀受压的薄板一样,存在着屈曲失稳问题,称为轴心受压构件的局部稳定性问题。腹板或翼板发生屈曲后,由于其屈曲部分退出工作,使得受压构件整体的承载能力下降。这时,虽然载荷还没有到达受压构件整体失稳的临界值,构件仍可能因板的局部失稳而引起整体破坏。所以轴心受压构件的局部稳定性应不低于构件整体稳定性。

宽厚比和高厚比是决定翼板和腹板稳定性的关键量,与受压构件中的长细比相当。当宽厚比或高厚比满足要求时,轴心受压构件的局部稳定性是有保证的,如果不能满足,则应采取如下措施:

(1)增加板的厚度,以减小板的宽厚(高厚)比。但增加板的厚度会使结构自重增加,因此除工字形截面受压构件的翼板外,对于大型受压构件的腹板和箱形截面受压构件的翼板一般不采用这种方法。

(2)加设纵向加劲肋,以减少翼板(腹板)的计算宽度,使板的宽厚(高厚)比缩小。对于工字形截面受压构件的腹板和箱形截面受压构件的腹板和翼板均可采用这种方法。

工字形截面受压构件的纵向加劲肋应成对地均匀布置在腹板的两侧,箱形截面受压构件的加劲肋一般布置在翼板(腹板)的内侧。因为纵向加劲肋要起支承翼板(腹板)的作用,所以对其截面尺寸有一定的要求。

为了保证纵向加劲肋自身稳定,受压构件每隔一定距离需布置横向加劲肋,以作为纵向加劲肋两端的支承,减小纵向加劲肋的计算长度。对于工字形截面受压构件,用钢板做横向加劲肋,并在腹板两侧对称布置;对箱形截面受压构件,采用与梁一样的横向隔板做横向加劲肋。对于大型实腹式受压构件,在有较大横向力作用的地方要设置支承加劲肋。此外,为加强构件的空间抗扭刚性,沿受压构件的长度方向,每隔 4～6 m 应设置一横隔板,且每一运送单元不少于两个。纵向加劲肋、横向加劲肋的布置见图 2-38。

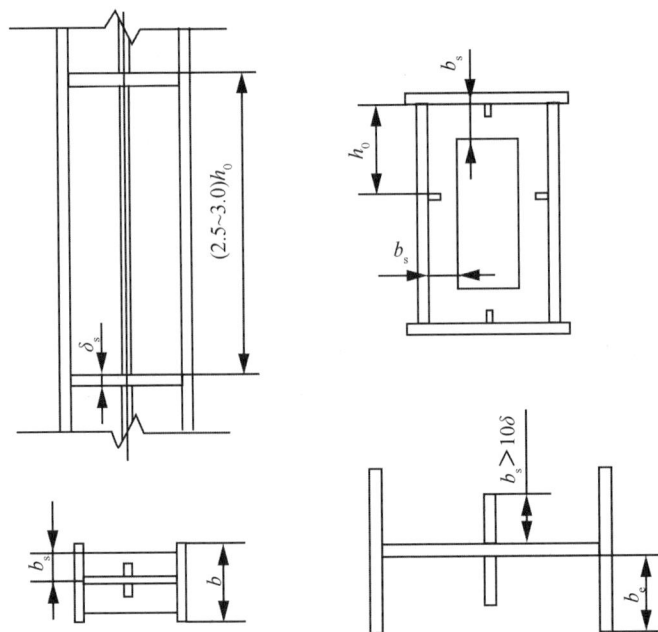

图 2-38　组合截面实腹式轴心受压构件加劲肋的布置

三、格构式受弯构件——桁架

(一)桁架的外形

桁架的外形取决于弦杆的布置,而弦杆主要承受桁架的弯矩,因此桁架的外形应尽量与弯矩图的形状一致,使弦杆在各节间内受力比较均匀,这样即使采用等截面弦杆也可充分利用材料的强度。但与弯矩图形状完全一致的外形桁架,制造起来十分困难。因此,在起重机金属结构较常采用的桁架外形有以下几种:

1. 折线弦形桁架

折线弦形桁架[见图 2-39(a)和图 2-39(b)]外形分别接近简支梁和悬臂梁的弯矩图,外形美观,自重较轻,弦杆内力比较均匀,但制造较麻烦,挠度也比同样高度的平行弦形桁架大。其中,图 2-39(a)所示外形多用于桥架型起重机的桥架,小车可以直接沿铺设在上弦杆上的轨道运行,不需要设承轨梁;图 2-39(b)所示外形多用于悬臂结构。

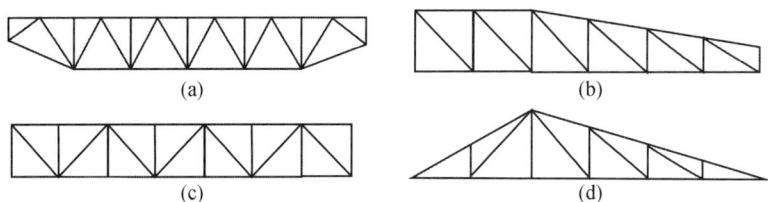

图 2-39 桁架外形

2. 平行弦形桁架

平行弦形桁架[见图 2-39(c)]节点构造和腹杆易于规格化,相同类型杆件数较多,制造方便。一些重型桁架,由于弦杆为分节间变截面的,对内力均匀并无特殊要求,常用平行弦形桁架。

3. 三角弦形桁架

三角弦形桁架[见图 2-39(d)]的外形比较符合伸臂梁的受力特点,适用于回转型臂架起重机的象鼻梁结构、造船门座起重机臂架结构等。

(二)桁架的腹杆体系

腹杆主要承受桁架的剪力,所以腹杆体系的选择应从如何更好地承受剪力来考虑。并且,一个桁架中的腹杆数目大大超过弦杆数目,所以腹杆数目和种类的多少对制造工作量、桁架自重等有很大影响。设计时应尽量选择形式简单、腹杆和节点板的数目最少、腹杆总长度最短、杆件和节点规格最少的腹杆体系,以简化制造、减轻自重,同时应尽量使腹杆体系中的长杆受拉,短杆受压,以改善压杆的稳定性条件。

对简支结构,最常用的为三角形腹杆体系[见图 2-40(a)]。它受力合理,杆件数和节点数少,制造方便,但弦杆节间长度大。如果弦杆上直接作用有移动的集中载荷,弦杆承受的局部弯矩大,在这种情况下可以增加竖杆以减小节间长度[见图 2-40(b)]。这些竖杆并不承受剪力,也不改变其他杆件的受力情况,只是当移动集中载荷作用于竖杆上方和竖杆相邻两节间时,竖杆才受力。从受力和节点构造来讲,带竖杆的三角形腹杆体系的斜腹杆倾角最好是 45°左右,此时桁架的重量也最轻。工程中一般取 40°~50°,这样弦杆的节间长度基本上等于桁架高度。当桁架的跨度较大($L>30$ m)、高度也大时,即使采用带竖杆的三角形腹杆体系,节间长度还很大,此时可以再增加一些附加杆件来进一步减小节间长度,形成所谓再分式腹杆体系[见图 2-40(c)],当移动载荷沿上弦杆运行时,上弦杆就不至于承受过大的局部弯矩。如果桁架有可能承受相反方向的载荷,如桥式起重机的水平桁架,可采用交叉形、菱形、K 形等腹杆体系[见图 2-40(d)、图 2-40(e)、图 2-40(f)]。悬臂桁架采用倾斜式腹杆体系比较合理[见图 2-40(g)],其短杆受压,长杆受拉,各节点的形状和尺寸也相同,此时斜杆的倾角以 35°为宜。

(三)桁架杆件的截面形式

1. 桁架杆件截面的一般要求

(1)选取的截面形式应能使用钢量减少,优先采用肢宽而壁薄的型钢以增加截面的回转半径。角钢一般不宜小于 $L50×50×5$,其他型钢的壁厚和组合截面的钢板厚度一般不小于 5 mm,钢管壁厚一般不小于 4 mm。

(2)同一桁架所选用的型钢种类不要超过 5 种,以便备料和制造。

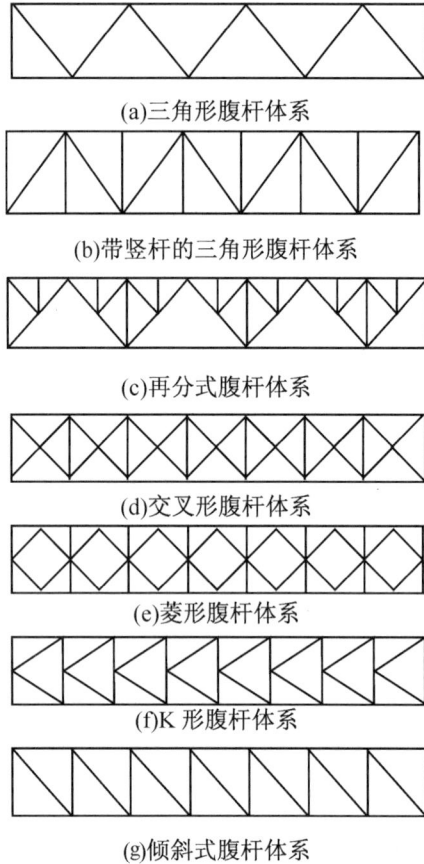

(a)三角形腹杆体系

(b)带竖杆的三角形腹杆体系

(c)再分式腹杆体系

(d)交叉形腹杆体系

(e)菱形腹杆体系

(f)K 形腹杆体系

(g)倾斜式腹杆体系

图 2-40　腹杆体系

（3）由两个型钢（角钢或槽钢）组成的杆件，为保证两型钢共同工作，需在杆长范围内用垫板将两型钢连缀起来。垫板宽度一般由构造要求决定,60～100 mm 不等。垫板的高度,对 T 形截面应伸出角钢肢背和肢尖各 10～15 mm;对十字形截面应从截面两侧各缩进 10～15 mm,以便进行焊接。十字形截面杆件的垫板应一竖一横交替设置。垫板的距离 l_1 不得超过下列数值:受拉构件 $l_1 \leqslant 80r_1$;受压构件 $l_1 \leqslant 40r_1$,其中 r_1 是一个肢杆截面对自身轴的最小回转半径。对单独运输的杆件,其杆长范围内至少要设置两块垫板。

（4）为了制造方便,轻型桁架的弦杆一般均制成等截面连续杆。重型桁架弦杆各节间内力差较大,采用分节间变截面的弦杆可取得较明显的经济效益,但当弦杆受有较大移动集中轮压作用时,考虑到各节间局部弯矩基本相等（边跨弯矩相对还要大些）,则为了制造和铺设轨道方便,也可采用等截面弦杆。

（5）应便于和节点板及侧向支承系统连接,用于形成桁架外框的杆件应具有较大的侧向刚性以防在运输中发生侧向弯曲,所有的杆件都应满足一定的刚性要求。

2. 受压弦杆

对于压杆应使两主轴方向的稳定性相等。对于载荷仅作用在节点上的桁架,受压弦杆为轴心压杆,采用两个不等肢角钢以短肢相连组成 T 形截面。在起重机中,受压弦杆上经常还直接作用有移动集中轮压,这时弦杆为压弯杆,经常采用比受拉弦杆刚度大得多的截面。为保证平面内的抗弯刚度,常采用两不等肢角钢以长肢相连组成 T 形截面或用钢板组成工字形截面[见图 2-41(a)]。当局部弯矩很大时,还可以采用刚度更大的工字形截面。对于重型桁架,弦杆内力很大,单腹式截面往往不足以承载,故经常采用双腹式"Π"形截面[见图 2-41(b)]。

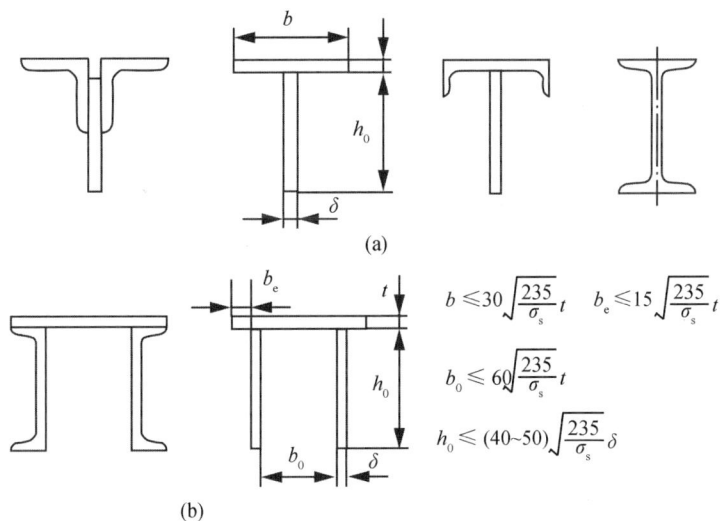

$$b \leqslant 30 \sqrt{\frac{235}{\sigma_s}} t \qquad b_e \leqslant 15 \sqrt{\frac{235}{\sigma_s}} t$$

$$b_0 \leqslant 60 \sqrt{\frac{235}{\sigma_s}} t$$

$$h_0 \leqslant (40 \sim 50) \sqrt{\frac{235}{\sigma_s}} \delta$$

图 2-41　受压弦杆的截面形式

3.受拉弦杆

拉杆没有稳定性要求,在截面形式(见图 2-42)的选择上比较自由。受拉弦杆的截面形式经常随受压弦杆的截面形式而定,以便与腹杆实行统一的连接。在一般桁架中多采用由双角钢组成的或由钢板焊成的 T 形截面。管形截面用于轴向受力构件最合适,而且风阻力小,但不宜用于受弯构件。如果杆件受力小,也可采用单角钢作受拉弦杆,单角钢与节点板的连接为偏心连接。当受拉弦杆上直接作用有移动载荷时,如塔式起重机吊臂的受拉弦杆,常采用工字形截面。重型桁架的拉力弦杆,一般采用双腹式倒"Π"形截面,双腹式截面做下弦杆时应在水平板上开排水孔。

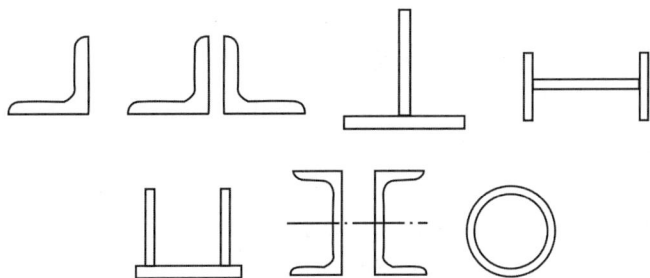

图 2-42　受拉弦杆的截面形式

4.腹杆

腹杆都为轴心受力杆,对受拉腹杆只要满足强度和刚性要求,图 2-43 内的截面都可采用。受压腹杆应根据等稳度条件选截面。在单系腹杆中,受压腹杆两个方向的计算长度不等,当采用等肢双角钢组成的 T 形截面时,由于截面的回转半径亦不等,可使两个方向的长细比大致相等。这种截面形式连接方便,刚性又好,被普遍采用。由等肢双角钢组成的十字形截面腹杆,两个主轴方向(在斜平面内)的回转半径相等,计算长度也相等,故满足等稳度要求,并且十字形截面便于实现两个方向的连接。管形截面对任意方向的惯性矩均相等,风阻小,抗腐条件好,省材料。所以应用也很普遍。为了便于与弦杆连接,重型桁架的腹杆也做成双腹式截面。

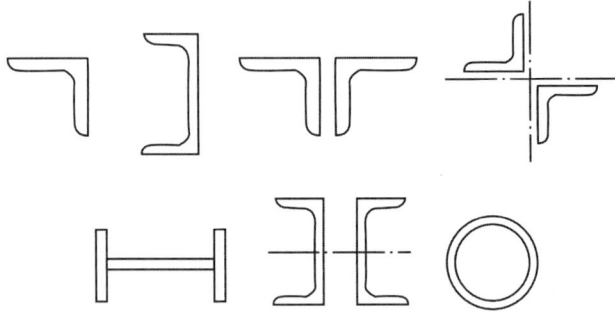

图 2-43 腹杆的截面形式

(四)桁架节点的构造要求

桁架受载后,各杆件的内力集中作用在节点上,在节点处形成一个复杂的应力场,易产生较大的应力集中,因此,节点的构造应能减小应力集中、降低次应力。一般情况下,节点板的尺寸越小,嵌固次应力也越小;节点板的过渡越是平缓,应力集中越小。因此,节点设置应尽可能紧凑、形状简单、过渡平滑、连接牢固可靠、杆件内力在节点中的传递途径应尽量短而平顺。节点设置的构造要求如下。

1. 汇交原则

各杆件截面的形心线应与设计简图的理论轴线相重合(有移动集中轮压作用的弦杆除外),杆件连接的形心线(如焊缝计算截面的形心线)应和杆件截面的形心线相重合,理论轴线应交汇于节点中心。为了制造方便,允许对桁架杆件的形心线位置做略微调整。当杆件分节间变截面时(重型桁架的弦杆经常如此),变截面处应设在节点上,为了构造方便,一般取肢背表面平齐。

2. 应使杆件内力平顺地传递给节点板

一般来说,焊接桁架腹杆的内力是通过两侧焊缝以每侧约 $20°\sim30°$ 的扩散角向节点板扩散传递的。因此,为了使节点板传力平顺均匀,节点板边缘与杆件两侧边的夹角 θ 应取在 $20°\sim45°$ 范围内(见图 2-44),当夹角 θ 小于 $20°$ 时应适当加厚节点板。在螺栓连接的节点内,腹杆的内力是通过螺栓连接以每side约 $30°$ 的扩散角向节点板扩散传递的。因此,节点板边缘与杆件两侧边的夹角 θ 也应不小于 $30°$ (见图 2-45)。对于仅有一根腹杆与弦杆汇交的节点,应尽量使节点板的截面形心轴与杆件的截面形心轴相重合,以避免传力途径中的偏心弯矩(见图 2-46)。

3. 节点板外形与厚度

为了节约钢材和便于下料,节点板的外形应尽量简单和规则。为了防止过于严重的应力集中,节点板不允许有凹角;节点板的尖角不应暴露在杆件的外侧,以免破坏桁架的外形或划伤人。节点板是传力零件,应具有足够的强度和刚性。因此,除了上面提到的传力要

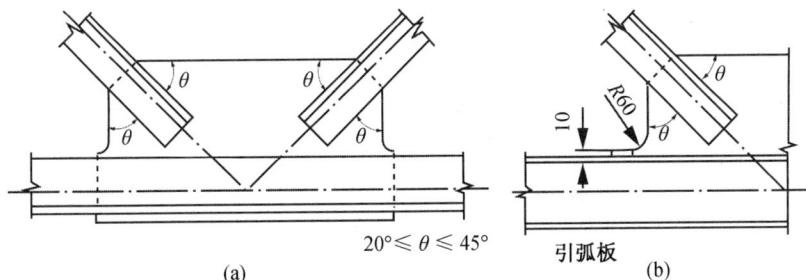

图 2-44 焊接桁架节点板的边缘角

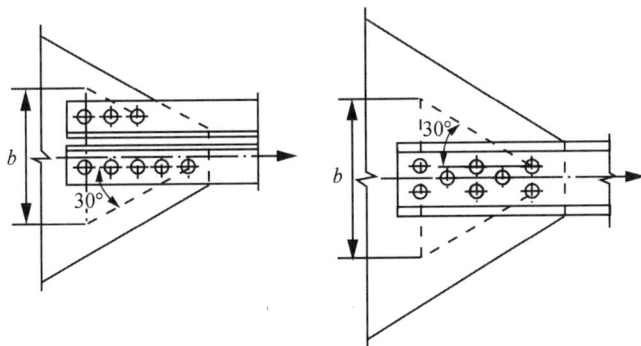

图 2-45 栓接桁架节点板的边缘角

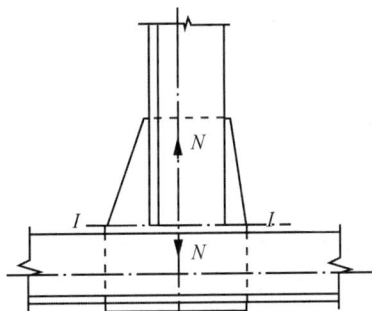

图 2-46 节点板截面形心轴与杆件截面形心轴的关系

求外,节点板的厚度也应满足一定要求,整个桁架的节点板应采用相同的厚度。

4. 间隙

腹杆与弦杆,腹杆与腹杆之间应留一定的间隙,以简化拼装和施焊工艺,避免焊缝过分密集,防止钢材变脆。一般桁架应留 15~20 mm 的间隙,直接承受动载荷的桁架应留 30~40 mm 的间隙(见图 2-47)。节点板的边缘应伸出弦杆角钢肢背 10~15 mm,以便进行焊接[见图 2-47(a)]。如果弦杆表面要铺设轨道,则节点板的边缘应缩进角钢肢背 5~10 mm,并用槽焊进行连接[见图 2-47(b)]。

5. 其他工艺要求

杆件端部的切割面一般应与杆轴线垂直[见图 2-48(a)],也可切去一部分[见图 2-48(b)和图 2-48(c)],但应避免图 2-48(d)的切法。杆件的布置应尽量避免产生容易积灰的死角和凹槽,腹杆角钢一般应背面向上布置。节点连接可以采用焊接或高强度螺栓连接,

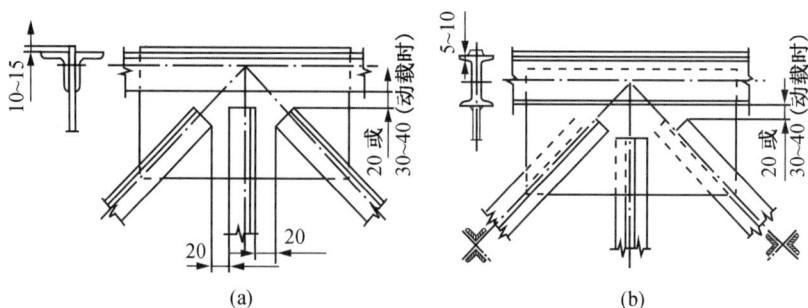

图 2-47　杆件之间的间隙尺寸

但不允许将不同的连接方式混合使用。

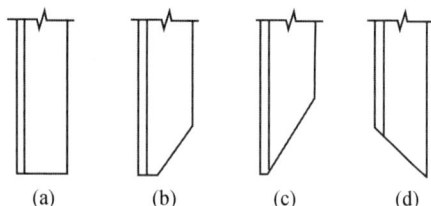

图 2-48　角钢端部的切法

（五）弦杆的拼接

桁架弦杆的拼接接头主要有三类。

（1）工艺接头：用于桁架跨度较大，型钢材料不够长时，这种接头一般在车间工艺排料时确定，通常设置在节间内，并应达到与杆件截面等强度。

（2）结构接头：用于弦杆截面变化或弦杆发生转折时。这种接头通常在结构设计时指定，弦杆截面变化处的接头可设置在节间内或节点上，而弦杆转折处的接头总是设置在节点上。

（3）安装接头：用于因运输条件或吊装能力限制，桁架必须分段制造、安装时，安装接头的位置及连接方式必须在设计图上标明，通常设置在节间内。节间拼接接头可设在离节点 1/6 节间长度处，此处由弦杆自重产生的弯矩接近于零。弦杆的拼接接头应离跨中至少 1~2 个节间。

工艺接头和结构接头的拼接在工厂进行，质量容易保证，应优先采用焊接连接。安装接头的拼接在工地安装时进行，质量不容易保证，应优先采用高强度螺栓连接。

正确的拼接方法应根据等强度原则，使被拼接的杆件截面全部得到补偿，并应尽量使拼接连接的形心和原来的理论轴线重合，保持力流的平顺性，避免产生过大的应力集中。

1.节间拼接

（1）焊接的节间拼接

弦杆在节间内的拼接宜采用熔透的直焊缝或斜焊缝进行对接，这样力流平顺，应力集中小，如图 2-49（a）和图 2-49（b）所示。如果对接质量不容易保证，可再用拼接板加强，用单角钢做成的弦杆，宜用斜放的拼接板［见图 2-49（c）］，拼接板的长度应不小于宽度的两倍。双角钢或双槽钢组成的弦杆，最好用直焊缝对接并用中间拼接板加强，如图 2-49（d）和图 2-49（e）所示。

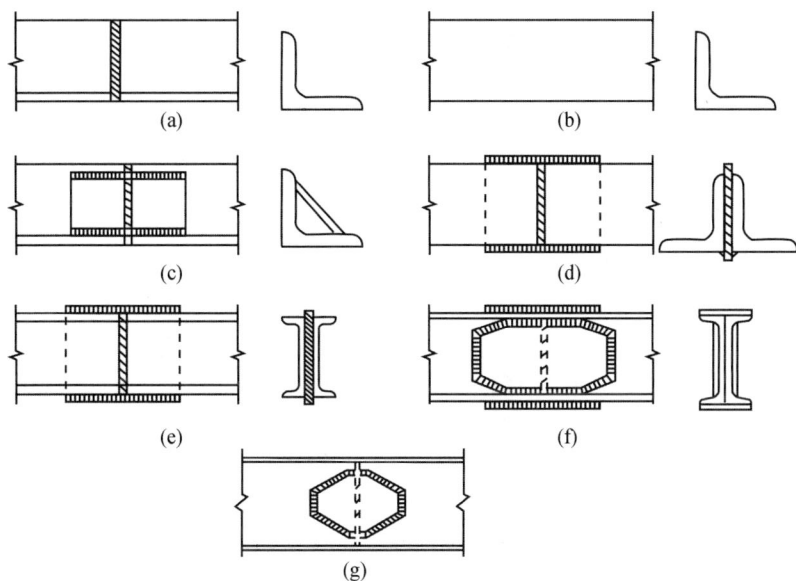

图 2-49　焊接的节间拼接

对于重型桁架和承受动力载荷的桁架,弦杆的拼接应采用全熔透的坡口焊焊接,并采用引弧板工艺,使连接与母材等强度。对于受拉弦杆,应特别注意截面的平顺过渡,避免过分的应力集中。如 T 形弦杆的拼接(见图 2-50),在对翼板进行对接焊时,需要在腹板上开缺口,以便采用垫板或进行底焊。对于不同宽度或厚度的板,对接时应有不大于 1∶4 的坡度过渡。

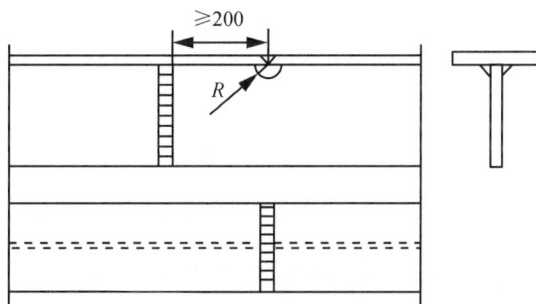

图 2-50　T 形弦杆的拼接

(2)铆接或高强度螺栓连接的节间拼接

当弦杆为角钢时,高强度螺栓连接的节间拼接都用同样型号的角钢作拼接件(见图 2-51),拼接缝一侧的螺栓数根据弦杆内力求出。有时为了进一步加强拼接接头,除了拼接角钢外还增加拼接板[见图 2-51(c)],其他截面形式的弦杆都用拼接板拼接。

2. 节点拼接

弦杆在节点处的拼接方法原则上和节间拼接相同,工厂拼接多用焊接连接。图 2-52 所示为用对接焊缝连接的节点拼接,角钢的一个肢经切口和弯折后进行对焊。施工时,先焊对接焊缝,后焊节点板上的角焊缝。工地拼接宜用高强度螺栓连接,也可用螺栓定位后进行工地焊接。为了确保拼接接头安全可靠,一般不宜将节点板兼作拼接板用,而应另设拼

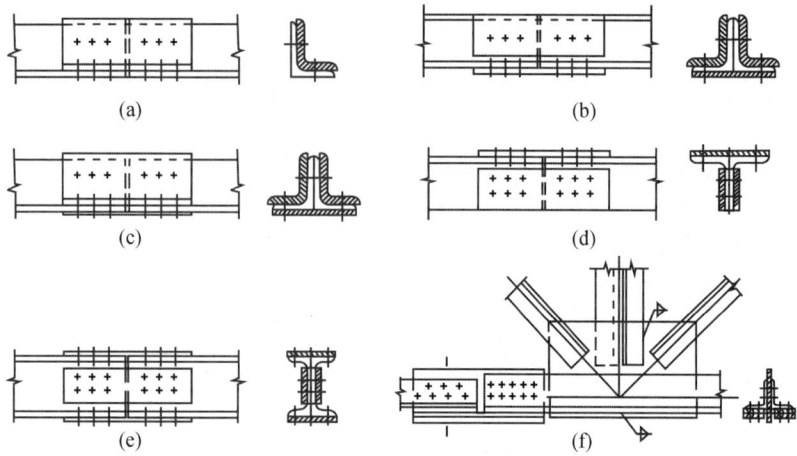

图 2-51　高强度螺栓连接的节间拼接

接角钢来传递弦杆内力和保持弦杆的侧向刚度(见图 2-53)。拼接角钢应采用和弦杆相同的截面,使弦杆在拼接处保持原有的强度。

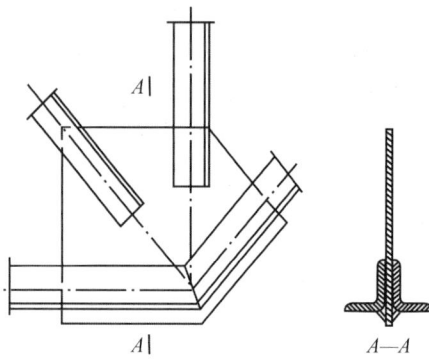

图 2-52　弦杆的节点拼接

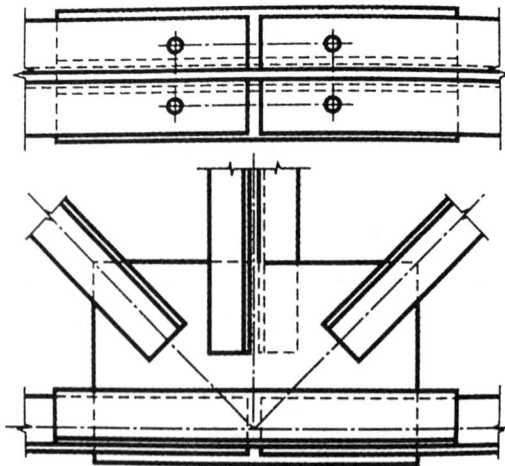

图 2-53　桁架的工地拼接接头

图 2-54 给出了管结构弦杆的各种拼接形式。其中图 2-54(a)、图 2-54(b)为对接,为了保证焊透,管端开坡口,管内可用衬管。图 2-54(c)至图 2-54(f)分别采用外套管和端面板通过角焊缝进行拼接,当被拼接的弦杆直径相差较大时,为了避免端面板的局部弯曲,可用肋板加强。图 2-54(g)为法兰螺栓连接,由于法兰副内制有承剪凸缘,所以接头既能承受轴向力又能承受横向力。图 2-54(h)、图 2-54(i)为各种采用螺栓连接的拼接,主要用于安装拼接。

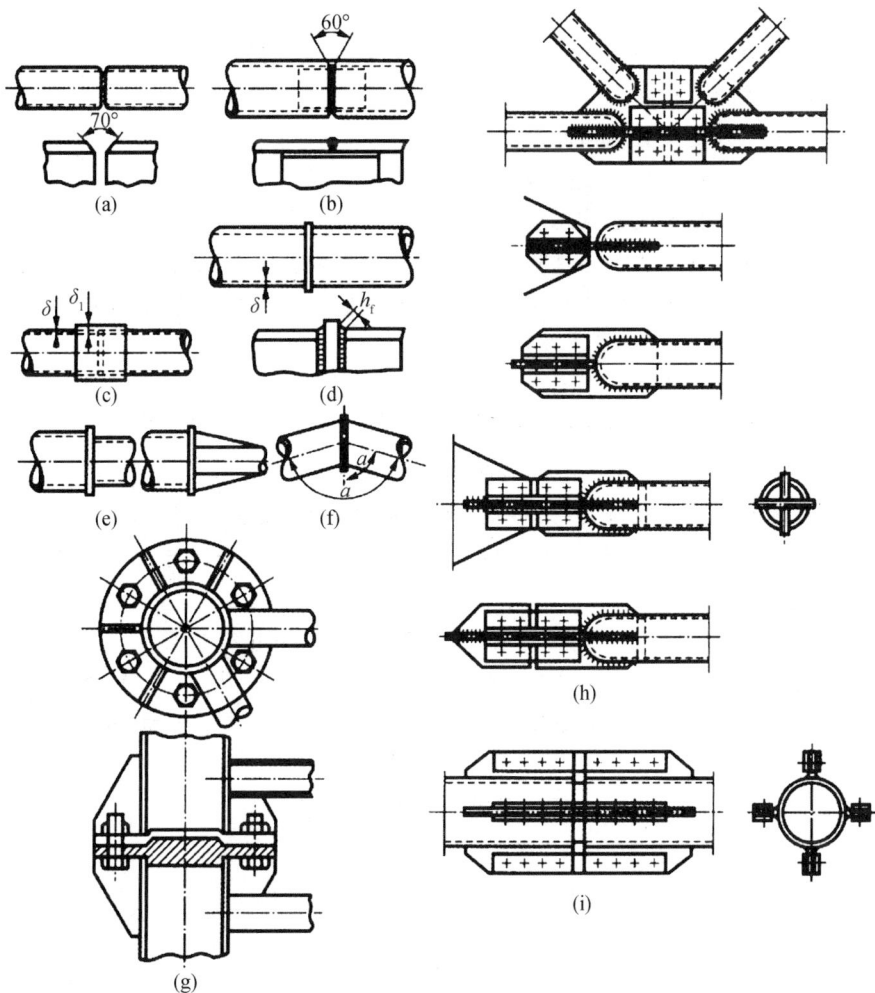

图 2-54　管结构桁架的拼接接头

✐ 复习思考题

1.金属结构与其他结构相比,有哪特点?

2.按照金属结构受力特征,金属结构怎么分类?

3.根据金属结构构件之间连接方式金属结构怎么分类?

4. 钢材的力学性能主要有哪些？

5. 钢材的加工性能主要有哪些？

6. 钢材脆性破坏的影响因素主要有哪些？

7. 钢材的选择基本原则主要有哪些？

8. 焊接接头的基本形式有哪些？

9. 主梁内为什么要设置横向加劲肋？短横向加劲肋的作用与大横向加劲肋有什么区别？

10. 为什么横向加劲肋与下翼板要空出 50 mm 以上的间距？

11. 横向加劲肋的结构是怎样的？

12. 主梁内为什么要设置纵向加劲肋？

13. 纵向加劲肋的结构尺寸是如何确定的？

14. 什么条件下横肋开孔让纵肋连续通过？

15. 什么条件下纵肋可以不通过横肋？此时两肋之间关系怎么处理？焊缝怎么处理？

16. 实际钢材供货不可能保证所需的长或宽的钢板，主、腹板拼接时应注意哪些问题？

17. 桥架结构中，对型材的最小规格有什么限制？

18. 碳素结构钢的性能包括哪些内容？

19. 普通碳素结构钢如何分类？各类钢材的应用范围如何？

20. 起重机金属结构选择材料应考虑哪些因素？

21. 在何种情况下选用低合金结构钢取代普通碳素结构钢是经济、合理的？

22. 各种轧制型钢(角钢，槽钢，工字钢等)在施工图纸上应如何标注？试举例说明标注中各项符号的含义。

23. 钢材的牌号是由哪四部分组成的？在 Q235-A. TZ 中各符号表示什么？

24. 钢材的焊接性能与哪些因素有关？

25. 起重机金属结构上的载荷是如何分类的？各类载荷中又包括哪些载荷？载荷组合的原则是什么？

26. 根据焊缝在施工状态的空间位置可分为哪些焊缝？

模块三

港口起重机主要零部件

单元一 钢丝绳

一、钢丝绳的基本知识

(一)钢丝绳的组成、特点及其应用

钢丝绳是起重机械中最常用的牵引挠性构件,其典型构造(见图 3-1)是先由一定数量的高强度制绳用钢丝,按一定排列方式围绕股芯捻绕编织成股,然后再将若干股围绕绳芯捻制成绳或股绳,最后还可再将若干股绳捻绕编织成绳索。

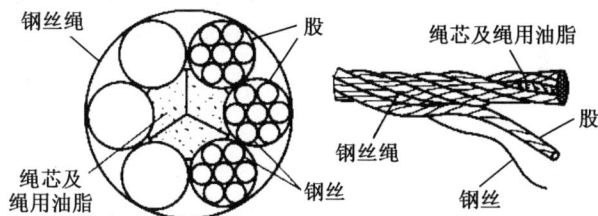

图 3-1 钢丝绳的组成

由于钢丝绳具有强度高、质量小、柔性好(各方向相同的良好弯挠特性)、运行平稳无噪声(速度不受限制)、极少骤然断裂、使用可靠、耐冲击等优点,广泛应用于机械、冶金、建筑、船舶、林业、渔业、农业、货运索道等行业。

钢丝绳作为起重机械安全生产的重要零件,应用数量大、技术要求严、品种规格繁杂。

它在起升机构和卷扬式变幅机构中被用作承载绳,在牵引式运行机构和回转机构中被用作牵引绳,在桅杆起重机和塔式起重机上还被用作臂架的张紧绳,在缆索起重机及索道上被用作支承绳(承载轨道),此外还被广泛用作系扎物品的司索绳(捆扎绳)。

(二)钢丝绳的制造过程

钢丝绳中的钢丝通常要求具有高强度和高韧性,一般采用高强度优质碳素钢通过热轧工艺制成直径为 $\Phi6$ mm 的圆钢(盘圆或盘条),进行热处理和酸洗后再多次冷拔拉丝、热处理至要求的丝径与抗拉强度,若干根丝围绕股芯捻制成股,若干根股再围绕绳芯捻制成绳。

其中,影响钢丝绳质量的关键环节是钢丝拉拔工艺、热处理工艺和制绳(股)工艺。在钢丝拉拔工艺中,经过多次的冷拔、热处理,可将盘条制成标准规格的钢丝,最后再进行化学处理,得到成品钢丝。通过冷拔过程中的冷作硬化以及热处理,使钢丝的抗拉强度得到很大提高,并仍然保持良好的韧性和塑性。

(三)钢丝绳的基本特性

1. 捻距

捻距可分为股的捻距和绳的捻距,两者定义类似。绳的捻距是指单股绳的外层钢丝、多股绳的外层股或缆绳的股绳围绕钢丝绳轴线旋转一周(或螺旋)且平行于轴线的对应两点间的距离,如图3-2所示。股中不同层钢丝具有相同的捻距(捻角不同)时属平行捻,不同层钢丝之间以线状接触。股中不同层钢丝具有相同的捻角(捻距不同)时属非平行捻,钢丝之间以点状接触,接触应力较大,但钢丝受力均匀。

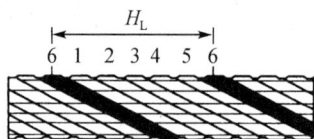

图 3-2　钢丝绳的捻距

2. 填充系数

绳中钢丝总横截面积与绳的公称横截面积之比称为钢丝绳的填充系数,表明绳中金属的利用率。填充系数越大,绳承载时的有效金属横截面积越大,则承载能力和破断拉力越高,而且绳的柔软性越好。填充系数的大小取决于钢丝绳的结构,一般面接触绳与密封绳的填充系数最大,线接触绳次之,点接触绳最小。同绳径下增加丝数(以细钢丝代替粗钢丝),则可提高绳的填充系数。

3. 支承表面

钢丝绳在使用中,与卷绕元件的接触面称为其支承表面。除密封绳外,其他钢丝绳的支承表面实际上只是若干个支承点。钢丝绳承载时,支承表面越大,则绳的接触应力越小、分布越均匀、磨损越轻,因而绳的使用寿命越高。

4. 可挠性

所谓挠性,就是易于弯曲的特性。钢丝直径越小,钢丝越易于弯曲。由于钢丝绳的内摩擦力不同,点接触绳的可挠性优于线接触绳,而线接触绳优于面接触绳。有机纤维芯的可挠性优于金属芯,同向捻绳优于交互捻绳,润滑条件良好的绳优于润滑条件差的绳。

由许多细钢丝组成的钢丝绳之所以容易弯曲,是由于钢丝捻制成螺旋形状,这样使每一根钢丝在钢丝绳弯曲的时候,在外侧的部分伸长而内侧的部分缩短,同一捻距内的钢丝变形相互补偿抵消,对于弯曲就不起很大的作用。在弯曲过程中,内部各钢丝之间有润滑介质助其滑动,有利于钢丝的弯曲变形。

二、钢丝的类型

(一)按钢丝表面状态、公称直径和公称抗拉强度分类

按钢丝的表面状态,可分为光面(无镀层)、镀锌、镀锌铝合金等。其中,对于表面无镀层的光面钢丝标记为 U,用于破坏形式主要是疲劳断裂的钢丝绳;对于腐蚀是主要破坏形式的钢丝绳(如在潮湿或有腐蚀气体的环境中),钢丝表面还要镀锌或锌铝合金。

(二)按钢丝质量(用途)分类

根据 YB/T 5343—2009《制绳用钢丝》的规定,钢丝可按钢丝质量等级分为重要用途钢丝和一般用途钢丝。电梯用钢丝还应符合 YB/T 5198—2004《电梯钢丝绳用钢丝》的规定和要求。

(三)按钢丝绳中位置分

按钢丝在绳中位置可分为中心钢丝、内层钢丝、外层钢丝、填充钢丝、绳芯钢丝等。

(四)按钢丝截面形状分类

按钢丝的横截面形状可分为圆形钢丝、三角形钢丝、矩形钢丝、梯形钢丝、椭圆形钢丝等。

三、股的种类与构造

(一)根据股的形状分类

股通常是由一定截面形状和尺寸的钢丝围绕某一中心(或股芯)沿相同方向捻制一层或多层的螺旋状结构。按股的横截面形状可分为圆股(无代号)和异形股。起重机械一般多用圆钢丝组成的圆股。

(二)根据股的捻绕次数和基本构造分类

根据股的捻绕次数和制股工艺,可以分为单捻股、多工序捻股、压实股等。

1. 单捻股

单捻股是指围绕中心钢丝包捻一层或数层螺旋线状的钢丝,经过一次捻绕而成的股。其中,仅由一层钢丝一次捻成的股称为单捻(单层)股,如图 3-3 所示;而由两层及多层钢丝一次捻成的股称为单捻多层股,它包括平行捻股和组合平行捻股。

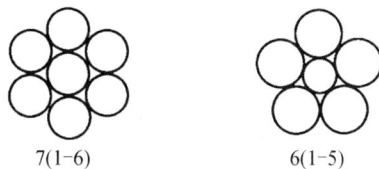

7(1-6) 6(1-5)

图 3-3 单捻(单层)股

平行捻股至少包括两层钢丝,所有钢丝的捻距都相同,且都朝同一个方向(即捻向相

同)一次捻制而成。为保证股中所有钢丝都具有相同的捻距,同一层钢丝之间和层与层钢丝之间均呈螺旋线紧密相贴状态,以线状接触,不会交错,如图3-4所示。

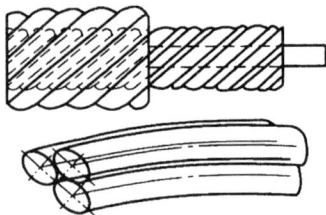

图3-4 平行捻(多层)股线接触示意图

平行捻股中各层钢丝直径虽不相同,但通过合理选择丝径(存在比例关系)和适当配置股截面的几何尺寸,以保证各层捻距相等,各相邻层钢丝互相嵌入沟槽内处于线接触状态,接触面积的增加使接触应力远小于点接触,使用寿命则优于点接触捻股。

平行捻股按股中基本构造又可分为瓦林吞式股、西鲁式股、填充式股、组合平行捻股等,如图3-5所示。

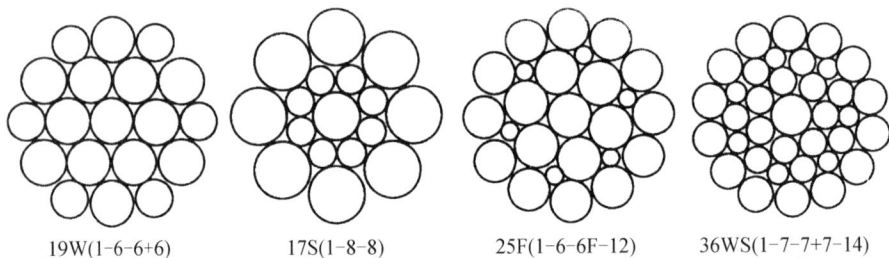

19W(1-6-6+6)　　17S(1-8-8)　　25F(1-6-6F-12)　　36WS(1-7-7+7-14)

图3-5 平行捻股截面示意图

(1)瓦林吞式股(代号为W,也称粗细式)

瓦林吞式股具有两层钢丝且外层钢丝数是内层钢丝数两倍,外层粗细两种规格的钢丝交替排列并共切于同一外切圆,粗钢丝嵌入内层相邻钢丝所形成的峰谷内,细钢丝落在内层钢丝的峰顶上,而细钢丝又能同时与相邻的三根粗钢丝相接触,从而形成稳定的股结构。瓦林吞式股绳具有断面填充系数高、挠性和耐磨性较好、承载能力大等特点。

(2)西鲁式股(代号为S,也称外粗式)

西鲁式股具有两层钢丝且每层钢丝根数和直径均相同,但外层钢丝直径大于内层钢丝直径,每股以1根粗钢丝为中心,在其四周布置8根(或9根)细钢丝,然后在细钢丝的沟槽中布置粗钢丝,并使粗钢丝同时与相邻的4根钢丝相接触,从而形成稳定的股结构。西鲁式股绳外层钢丝较粗,耐磨性好,但由于丝径相差较大、挠性较差,需要较大的卷绕直径,适用于磨损较为严重或多层卷绕的场合。

(3)填充式股(代号为F)

填充式股具有两层钢丝且外层钢丝数是内层钢丝数两倍、在内外层钢丝之间填充细钢丝(同内层钢丝数),先围绕中心钢丝布置5~8根内层钢丝,再以两倍的数目布置外层钢丝,在每组依正方形排列的4根钢丝沟槽所形成的孔隙中,均填充1根称为填充丝的细钢丝,起稳定几何位置的作用,同时增加了股中丝数以提高断面填充系数。填充式股绳结构紧密,承载能力大,挠性更好,具有较好的耐磨性和抗疲劳能力。

（4）组合平行捻股

组合平行捻股是由典型的瓦林吞式、西鲁式等股类型组合，由三层或三层以上钢丝一次捻制而成的平行捻股结构，构成了复合型线接触股，常见的有瓦林吞-西鲁式（代号为WS）等。

2. 多工序捻股（圆股）

多工序捻股至少包含两层钢丝，并通过一次以上的工序逐层捻制而成的股结构，包括点接触捻股、复合捻股等。

（1）点接触捻股

至少包括两层钢丝且所有钢丝直径和捻向均相同，捻角近似相等，使各层丝的捻距不等，相邻层钢丝相互交叉，呈点接触状态，故名点接触捻股，如图3-6所示。

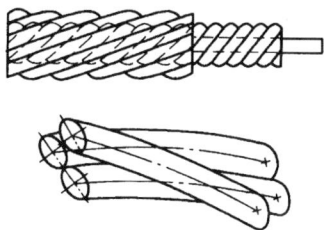

图3-6　点接触捻股

从钢丝受力角度来看，点接触捻股的唯一长处是各钢丝的捻角相同，受力比较均匀。但承载时钢丝之间的接触面积很小，接触应力相对很大，导致使用寿命缩短，这是点接触捻股的致命弱点。

（2）复合捻股

至少包括三层钢丝，且外层钢丝单独捻制，内层钢丝至少有一个平行捻结构，如图3-7所示为复合西鲁-瓦林吞式。

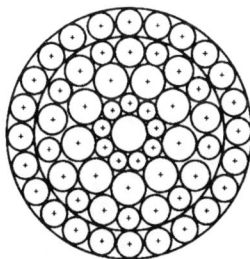

61SWN(1-9-9-9+9/24)

图3-7　复合捻股

3. 压实股

通过模拔、轧制或煅打等压实变形加工，使钢丝形状和股尺寸发生改变，而钢丝横截面积保持不变的股，如图3-8所示。股中钢丝形状不再是圆形断面，丝与丝之间呈螺旋面接触，承载时近似于整体受力，其接触应力远小于线接触，因而具有很高的使用寿命，外层钢丝表面更为平滑，能很好地与卷绕元件接触，提高了耐磨性，避免了相邻股之间的互相磨损现象，更适用于多层卷绕的场合。

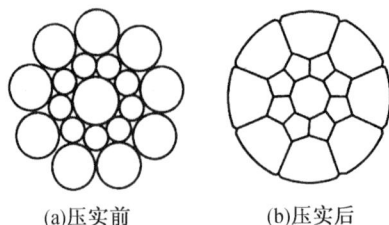

(a)压实前 (b)压实后

图 3-8　压实圆股

四、芯的作用及其类型

(一)芯的作用

芯是圆钢丝绳的中心组件,多股钢丝绳的股围绕中心组件螺旋捻制。芯一般可分为股芯和绳芯,其作用如下:

(1)支承与稳定股绳结构。填充绳股断面,增加支承与稳定,还能少许增加抗拉能力。

(2)增加钢丝绳的弯曲性能(即柔软性或可挠性)。

(3)缓冲。减轻动载荷对钢丝绳的损害。

(4)储油——润滑与防腐。将芯浸足润滑脂和防腐剂,承载时从芯中挤出,以减少内部摩擦磨损,防止钢丝生锈及芯部腐烂变质。

(二)芯的类型

1.纤维芯(FC)

纤维芯由天然纤维或合成纤维组成,通常先由纤维制成纱线,纱线制成股,再由股制成绳芯。

天然纤维芯(NFC)由剑麻、黄麻、蕉麻等麻类纤维以及棉纱等有机物纤维制成,用浸渍剂、防腐剂、润滑油脂浸透,具有较大的挠性和弹性,润滑性好。但不耐高温,承受横向载荷能力较差,吸水性强,易腐烂变质,自身耐腐蚀性差,从而会缩短钢丝绳的使用寿命。

合成纤维芯(SFC)由人工合成化学纤维,如聚乙烯等长丝制成,质地轻、柔韧性好、绳径均匀、强度高、不吸水、抗腐蚀、不霉变、耐磨损等,可延长使用寿命并降低成本。但耐挤压、耐高温和低温、贮存油脂等能力不足,易老化。

2.固态聚合物芯(SPC)

固态聚合物芯由圆形(或带有沟槽)的固态聚合物制成,缓冲性好(钢丝间接触应力小)、不吸水、抗腐蚀、不霉变、耐挤压,支承稳定性好(不易松散和变形),可延长使用寿命。但不耐高温。

3.钢芯(WC)

钢芯由钢丝股(WSC)或独立钢丝绳(IWRC)组成,能承受高温和较大横向压力,支承稳定性好,强度高,抗腐蚀。但润滑性较差。多用于高温和多层卷绕的场合。

五、钢丝绳的种类与构造

(一)根据绳中股数分类

钢丝绳按绳中的股数可分为 1 股(单股)、3 股、4 股、6 股、8 股……最多可达 34 股,外层股的数目越多,钢丝绳与卷绕元件的支承面积越大,接触状况越好,耐磨性越好,寿命和可靠性越长,如图 3-9 所示。起重机械上常用 6 股钢丝绳。

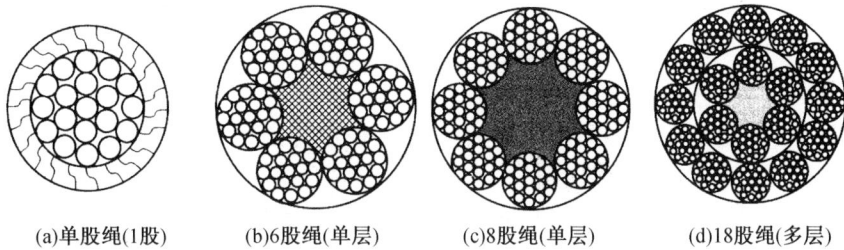

(a)单股绳(1股)　　　(b)6股绳(单层)　　　(c)8股绳(单层)　　　(d)18股绳(多层)

图 3-9　多股绳断面形状示意图

(二)根据捻绕方向分类

1. 捻向

捻向可分为股的捻向和绳的捻向两种。股的捻向是指外层钢丝沿股轴线的捻制方向,用小写字母 s(左捻)、z(右捻)来表示。钢丝绳的捻向是指多股钢丝绳中的外层股沿钢丝绳轴线的捻制方向,用大写字母 S(左捻)、Z(右捻)来表示。左右捻判定方法为:伸出手掌,四指朝绳(股)长度方向,若大拇指与股(丝)方向一致,旋向即为该手方向,不一致则为反手方向,字母 s 和 z 的书写形式恰好与旋向吻合,如图 3-10 所示。

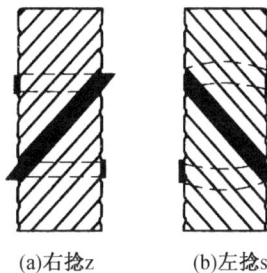

(a)右捻z　　　(b)左捻s

图 3-10　股的捻向

钢丝绳的捻向标注时,第一个字母(小写)为股的捻向,第二个字母(大写)为绳的捻向。按绳与股捻向的不同组合规律可分为同向捻钢丝绳、交互捻钢丝绳、混合捻钢丝绳等。

2. 同向捻钢丝绳 (zZ, sS)

外层股中外层钢丝的捻向与钢丝绳中外层股的捻向相同(即股与绳捻向相同),分别用右同向捻 zZ 和左同向捻 sS 表示,如图 3-11(a)和图 3-11(b)所示。

同向捻钢丝绳在丝捻股与股捻绳的过程中绕向相同,使其具有了钢丝之间接触性好、磨损小、表面较平滑、挠性好、使用寿命较长等优点。但由于绕制残余应力的方向相同,使同向捻钢丝绳具有强烈的扭转趋势,使用中有自由扭转甚至打结以及绳头容易松散的缺点。因此,同向捻钢丝绳在自由悬吊重物状态时易使物品空中打转,适用于有刚性固定导轨的升降机类(如电梯等)的起升绳,以及能经常保持张紧状态的牵引绳或张紧绳,不宜在一般自由悬吊的起升机构上使用。

3. 交互捻钢丝绳 (sZ, zS)

外层股中外层钢丝的捻向与钢丝绳中外层股的捻向相反(即股与绳捻向相反),分别用右交互捻 sZ 和左交互捻 zS 表示,如图 3-11(c)和图 3-11(d)所示。

交互捻钢丝绳在丝捻股与股捻绳的过程中绕向相反,每根钢丝在绳中的方向基本是顺着钢丝绳的轴线方向,钢丝之间的接触性不良,从而使其挠性与使用寿命较差。但由于绳与股产生的扭转趋势相反,可互相约束,具有不会松散和不易扭结的优点,因此,在起重机械中使用较广,尤其在物品自由悬吊的起升机构中普遍采用。

4. 混合捻钢丝绳(aZ, aS)

外层股按左右捻向交替相间排列,从而使外层股中外层钢丝的捻向与钢丝绳中外层股的捻向一半相同、一半相反的多股钢丝绳,分别用右混合捻 aZ 和左混合捻 aS 表示,如图 3-11(e)、图 3-11(f)所示。混合捻可减少上述两种捻制方法某些缺陷的影响,性能介于两者之间。但由于制绳工艺复杂而较少采用。

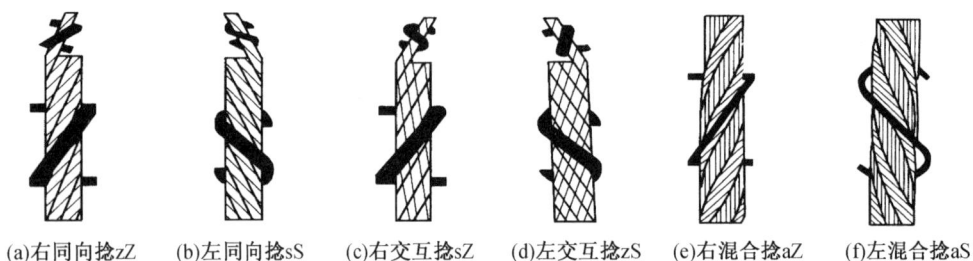

(a)右同向捻zZ　(b)左同向捻sS　(c)右交互捻sZ　(d)左交互捻zS　(e)右混合捻aZ　(f)左混合捻aS

图 3-11　钢丝绳捻制方向的组合

5. 阻旋转钢丝绳

至少有两层股围绕一根芯螺旋捻制,且外层股与相邻内层股反向捻,受载时能产生减轻扭矩作用或旋转程度的多层多股钢丝绳,如图 3-12 所示。由于阻旋转钢丝绳的股层数至少为两层且反向捻,故绳股数一般不会小于 18 股。

普通钢丝绳一般由 6 至 8 根股组成,当采用同向捻工艺时就会存在很大的旋转力矩,即便采用交互捻工艺,其丝成股的旋转力矩之和也总会小于股成绳的旋转力矩之和。当此类单根钢丝绳以自由悬垂状态提升重物时,就会出现以绳中心为轴线正反向反复不停地旋转,既降低了钢丝绳的疲劳性能和使用寿命,还严重影响起升作业效率及安全。

阻旋转钢丝绳的构造原理除了多层股、反向捻以外,还需对绳股的数目、捻向、捻距、形状、结构等进行合理匹配,以达到绳内部各元件所产生的正反方向的旋转力矩相互平

图 3-12　阻旋转钢丝绳(34 股)

衡而基本抵消,从而实现钢丝绳的阻旋转性能(实际上还存在轻微旋转)。因此,具有阻旋转性能的钢丝绳对起重机械有着极为重要的意义,尤其是那些自由悬垂长度很大且倍率很小的机型,如塔式起重机、门座起重机等。

(三)根据绳股中相邻层钢丝的接触状态分类

按钢丝绳股中相邻层钢丝的接触状态可分为点接触钢丝绳(非平行捻)、线接触钢丝绳(平行捻)、面接触钢丝绳(平行捻)等,目前起重机械广泛使用各种类型的线接触钢丝绳。

(四)根据钢丝绳的用途及使用场合分类

根据钢丝绳的用途,可分为重要用途钢丝绳和一般用途钢丝绳等,绳中所用钢丝分别

对应于《制绳用钢丝》(YB/T 5343—2009)中所规定的重要用途钢丝和一般用途钢丝。

(1)《重要用途钢丝绳》(GB 8918—2006)规定了重要用途钢丝绳的材料、技术要求、检查与试验和验收方法等内容。《起重机设计规范》(GB/T 3811—2008)规定:当起重机进行危险物品装卸作业时,如吊运高温液态熔融金属、高放射性、高腐蚀性物品等,或当起重机吊运大件物品、重要设备,或当起重机的使用对人身安全及可靠性有较高要求时,应采用重要用途钢丝绳。

(2)《一般用途钢丝绳》(GB/T 20118—2006)规定了一般用途钢丝绳的材料、技术要求、检查与试验和验收方法等内容,其中各种圆股钢丝绳适用于机械、建筑、船舶、渔业、林业、矿业、货运索道等行业。起重机械用钢丝绳应符合 GB/T 20118 的要求。

六、钢丝绳的选用

钢丝绳的选择包括钢丝绳结构形式的选择和钢丝绳直径的确定。绕经滑轮和卷筒的机构工作钢丝绳应优先选用线接触钢丝绳。一般情况下工作选用麻芯及棉芯钢丝绳;高温条件下工作宜用钢芯钢丝绳;横向承压的宜采用钢芯钢丝绳;在室内及一般工作条件下工作采用光面钢丝绳;在水下潮湿或腐蚀环境下工作宜采用镀锌钢丝绳。钢丝绳的性能和强度应满足机构安全正常工作的要求。

七、钢丝绳的标记

钢丝绳的标记应按钢丝绳的公称直径、绳股结构、接触形式、公称抗拉强度、钢丝表面状态、捻制类型及方向、标准号等顺序标记,具体可查阅《重要用途钢丝绳》(GB 8918—2006)和《一般用途钢丝绳》(GB/T 20118—2006)。例如,公称直径为 22 mm,共 6 股,每股钢丝数 36 根,瓦林吞-西鲁式(WS),独立钢丝绳芯(IWRC),公称抗拉强度为 1 770 N/mm^2,B 组镀锌钢丝,左交互捻(zS)重要用途的钢丝绳标记为: 22 6×36WS-IWRC 1770 B zS　GB 8918—2006。

八、钢丝绳的使用与维护

(一)钢丝绳使用应注意的问题

(1)起重机械用的钢丝绳应符合《重要用途钢丝绳》(GB 8918—2006)和《一般用途钢丝绳》(GB/T 20118—2006)的要求,且必须有产品合格证。

(2)钢丝绳通常是成卷(盘)供应的,从卷盘或绳卷中展开钢丝绳时,应在整盘钢丝绳中找出绳头并拉出一部分重新卷绕成盘,松绳的引出方向和重新绕成盘的绕向应保持一致。如钢丝绳由盘上直接往起升卷筒缠绕时,应把整卷钢丝绳架设在转动的托架上,松卷时的转动方向应同起升卷筒上绕绳的方向一致,防止打结或扭曲。

(3)安装时应在干净的地方拖拉,不应穿过破损的滑轮,防止钢丝绳运行中碰擦其他物体,也不应卷绕在其他物体上,防止划磨、碾压和过度弯曲。

(4)在切断钢丝绳时,应先在切口两侧用铁丝绑扎,绑扎长度每侧不得小于钢丝绳的直径。两道绑扎带间的切断处,间距不得小于钢丝绳直径的 3 倍。

(5)卷筒应切出螺旋槽,螺旋槽与滑轮槽的槽底半径 r 应与钢丝绳直径 d 相适应,半径太大,钢丝绳与槽底接触面积太小,半径太小,钢丝绳在槽底被卡紧,容易磨损,一般 $r=$

$(0.53\sim0.60)d$ 较为合适。

（6）滑轮材料与绳槽硬度对钢丝绳的寿命有影响,并不像人们按经验推知的"硬度越高钢丝绳寿命越短"。实验表明：

①港口起重机滑轮槽硬度的最佳硬度范围为 HRC28～HRC35；HRC45～HRC50。其中 HRC28～HRC35 适合用于钢丝绳线速度低于 200 m/min、滑轮槽无侧向磨损的情况,如门座起重机除臂架头部以外的各部分导向滑轮等；HRC45～HRC50 适用于钢丝绳线速度高于 200 m/min 或滑轮绳槽有侧向磨损的情况,如门座起重机臂架头部导向滑轮、岸边集装箱起重机的各部分滑轮等情况。

②根据我国钢丝绳材质和工艺水平的实际状况,对于 6 股钢丝绳,应优先考虑选用公称抗拉强度 1 770 N/mm^2,并与 HRC28～HRC35 的中硬度滑轮匹配使用,可以使滑轮耐用性、钢丝绳的抗疲劳性及使用寿命达到最佳状态。

③对于多股不旋转钢丝绳,由于与滑轮槽的接触压力偏低,采用精铸 ZG42SiMn、绳槽经感应淬火、硬度达 HRC45～HRC50、有效淬硬深度大于 5 mm 的中高硬度滑轮,对滑轮与钢丝绳均有利。

④普通铸钢滑轮及用 Q235、Q345 板材热轧成型制成的滑轮,其自身耐磨性在各类钢质滑轮中相对较差,与之配合使用的钢丝绳寿命也相对较短；同时,当滑轮槽硬度高于 HRC53 时,钢丝绳使用寿命也明显下降。

（7）在钢丝绳卷绕系统中,尽量减少钢丝绳的弯曲次数,尤其要尽量避免钢丝绳反向弯曲,反向弯曲引起的金属疲劳效果为同向弯曲的 2 倍。

（8）钢丝绳在卷筒上,应能按顺序整齐排列,必要时应安装排绳器。

（9）载荷由多根钢丝绳支承时,应设有使各根钢丝绳受力均衡的装置。

（10）起升机构和变幅机构,不得使用接长的钢丝绳。不得不使用接长钢丝绳时,必须保证接头连接强度不小于钢丝绳破断拉力的 90%。

（11）尽量采用阻旋转钢丝绳,并有防止钢丝绳和吊具旋转的装置或措施。

（12）当吊具处于最低工作位置时,钢丝绳在卷筒上的缠绕,除固定绳尾的圈数外,必须不少于 2 圈,以防止钢丝绳从固定压板下抽出。

（13）钢丝绳应保持绳面清洁,并有一层保护油膜,按工作条件半个月或一个月润滑一次,以保证绳芯储有足够的润滑脂。

（二）钢丝绳的连接

钢丝绳在使用时需与其他承载零件连接,以传递载荷。其连接方法大致有以下几种：

1. 编结法

如图 3-13(a)所示,将钢丝绳尾端绕过心形套环后,用钎子将自由端每根绳股依次穿插在绳的主体绳中,与主体绳编结在一起,并用细钢丝扎紧,捆扎长度不应小于 $(20\sim25)d$(d 为钢丝绳直径),同时不应小于 300 mm。直径在 15 mm 以下的钢丝绳,每股穿插次数不少于 4 次；直径为 15～28 mm 的钢丝绳,每股穿插次数不少于 6 次。用编结固定绳端的钢丝绳强度为钢丝绳本身强度的 75%～90%。

2. 绳卡固定法

如图 3-13(b)所示,钢丝绳套在心形套环上,用钢丝绳绳卡通过 U 形螺栓来固定,固定绳卡的数量与距离应根据钢丝绳直径 d 的大小确定($d\leqslant16$ mm 三个,16 mm$<d\leqslant20$ mm 四

个,20 mm<d≤26 mm 五个,d>26 mm 六个),绳卡间距和最后一个绳卡后的钢丝绳尾端长度都不应小于(5~6)d。此方法简便可靠,拆装方便,因此得到广泛应用。钢丝绳卡为标准产品,安装时绳卡底板必须扣在承载分支上,U 形螺栓扣在自由分支上,不能装反。有时还可在最后两个绳卡之间放松自由分支,作为绳卡松动预报信号以便及时采取措施。

3. 铝合金压头法

如图 3-13(c)所示,将钢丝绳端头拆散后分为六股,各股留头错开,留头最长不超过铝套长度,并切去绳芯,弯转 180°后用钎子分别插入主体绳中,然后套入铝套,在气锤上压成椭圆形,再用压模压制成形。此法加工工艺性好,质量小,安装方便,一般常作起重机固定拉索用。

4. 楔形套筒法

如图 3-13(d)所示,钢丝绳尾端绕过楔块,利用楔块在楔套内的锁紧作用使钢丝绳固定。这种固定方法用于空间紧凑的情况,固定处的强度为钢丝绳本身强度的 75%~85%,当再使用两个绳卡把钢丝绳尾端与钢丝绳固定后,固定处的强度可达到钢丝绳本身的强度。此方法安全、简便。安装时必须使承载分支延长线通过耳板孔中心,不能装反。

5. 锥形套筒灌铅法

如图 3-13(e)所示,钢丝绳尾端穿入锥形套筒后将钢丝绳端拆散,将钢丝末端弯成钩状,然后灌入铅、锌等易熔金属,冷却后即成形。固定处的强度与钢丝绳本身的强度大致相当。此方法操作复杂,但连接可靠。

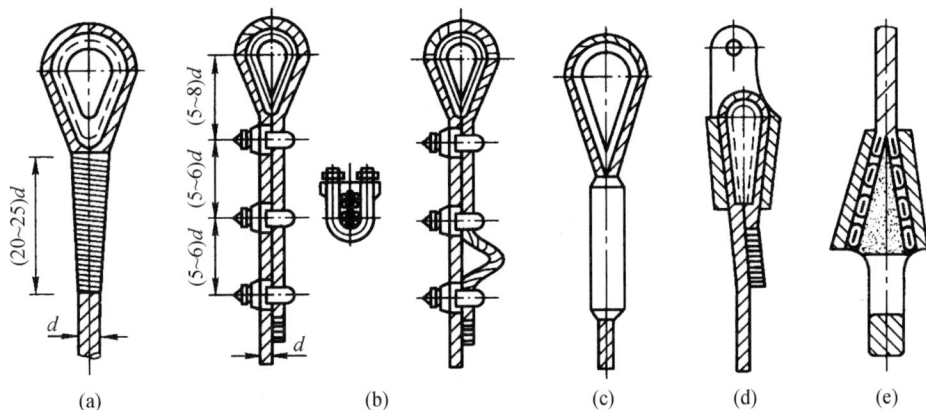

图 3-13 钢丝绳绳尾的固定

(三)钢丝绳的破坏形式与提高钢丝绳寿命的措施

1. 钢丝绳主要的破坏形式

经验表明:新钢丝绳以及处于正常状态的钢丝绳,极少出现突然断裂现象,除非违章操作,或出现意外机械事故,或安全装置失灵,导致钢丝绳所受载荷超过其极限破断拉力。

钢丝绳在工作过程中,除了受到拉应力外,还由于在滑轮和卷筒上卷绕,产生接触应力和弯曲应力,这两种应力呈脉动变化,引起金属疲劳。

在使用过程中,钢丝绳的外层钢丝由于磨损和多次弯曲造成弯曲疲劳,首先开始断裂,随后内层钢丝也跟着断裂,随着断丝数的增加,未断的钢丝受到的拉力增大,磨损和疲劳加剧,断丝速度逐渐加快。当断丝数达到一定限度后,使实际安全系数降低,如果继续使用,就会引起整根钢丝绳断裂。

在易腐蚀环境下工作,维护不易以及工作级别很低等场合,腐蚀将是钢丝绳的主要破坏形式。

2. 影响钢丝绳寿命的主要因素

(1)疲劳

钢丝绳疲劳通常是由于钢丝绳在拉伸载荷的作用下反复弯曲所致,疲劳寿命主要与钢丝绳承受的载荷、滑轮和卷筒的直径与钢丝绳直径之比、钢丝绳抗弯曲性能和工作循环次数等因素有关。

(2)腐蚀

腐蚀通常伴随疲劳一起发生,因而也是导致钢丝绳报废的主要原因之一。除使用环境非常干燥外,总会有得不到防护(未镀锌等)的钢丝发生腐蚀的情况。如果工作环境中存在严重腐蚀风险,则最好采用镀锌钢丝绳。但是,钢丝绳的防腐要求有时会与抗疲劳要求相矛盾。防腐要求钢丝粗、数量少,而抗疲劳则要求钢丝细、数量多。

(3)磨损

钢丝的磨损主要发生在钢丝绳的外层。外层钢丝数量少、直径较大的钢丝绳比外层钢丝数量多、直径较小的钢丝绳,抗磨性能更好,寿命更长;紧密捻制外层的钢丝绳比无紧密捻制外层的钢丝绳具有更长的耐磨损寿命。但是,钢丝绳的耐磨损性能要求也与抗疲劳要求相矛盾,通常当外层股钢丝数增加时,其抗疲劳性能有所提高,然而耐磨损性能却有所降低。

(4)机械损伤(如压扁)

如果压扁是造成报废的主要原因,则推荐采用具有钢芯和紧密外层股的平行股密实钢丝绳。

3. 提高钢丝绳寿命的主要措施

(1)合理选择钢丝绳。公称抗拉强度不能太高也不能太低,高了抗疲劳性能差,低了就得选用更粗直径的钢丝绳,与其配套的卷筒与滑轮直径也要增大,一般为 1 670 ~ 1 870 MPa;除非腐蚀是主要破坏形式,一般不选用镀层钢丝绳,优先选用阻旋转钢丝绳,在炽热场合选用钢芯钢丝绳。

(2)在卷绕系统中应尽量减少钢丝绳的弯折次数,尽量避免反向弯折,反向弯折所引起的钢丝绳疲劳效应为同向弯折的两倍。

(3)选用较大的滑轮与卷筒直径。

(4)选择合适的滑轮与卷筒材料与硬度。

(5)加强钢丝绳使用中的维护保养,定期润滑以防止锈蚀、减小磨损。

(6)合理操作,禁止歪拉斜吊,防止钢丝绳游摆、抖动,禁止超负荷,防止冲击。

(7)经常对窜动磨损和弯曲严重的部位进行检查,卷筒上留有备用钢丝绳,适时从钢丝绳的一端适当截去一段,以调整疲劳位置。

(8)防止接触高温物体和高温烘烤,防止与酸、碱、盐及水接触,以免腐蚀。防止打结、机械碰撞和高压电打火等损伤。

(四)钢丝绳的维护

1. 钢丝绳切断与直径、节距的测量

切断方法:切断钢丝绳时,必须先将预定切断处的两边用铁丝扎紧,以免切断后绳头松散。然后用砂轮机、液压切绳机或錾子将钢丝绳切断。切断后应将两头用气焊点焊,将散头焊实,这样有利于钢丝绳在卷筒或滑轮等上的安装和拆卸。

测量钢丝绳的直径,应用钢丝绳专用游标卡尺测量,如用普通游标卡尺测量,则须测外径最大的部位,不能测最小的部位。一个节距是指绳股搓绕一周的长度,测定方法是:在任一股上做出记号,从这股沿钢丝绳的长度方向数,若是 6 股绳,则只要数出 6 股来,那么这一股到第七股之间的长度,就为一个节距,如图 3-2 所示。

2. 钢丝绳维护保养

(1)应防止钢丝绳机械损伤、化学腐蚀造成的性能降低。

(2)钢丝绳卷绕时,应防止打结或扭曲。

(3)钢丝绳切割时,应防止绳股散开。

(4)安装钢丝绳时,应在洁净的地方拖绳,也不要绕在其他物体上,防止划、磨、碾压和过度弯曲。

(5)钢丝绳应保持良好的润滑状态。所用润滑剂应符合该绳的要求,并且不影响外观检查。润滑时应注意不要漏掉不易看到和不易接近的部位,如平衡滑轮处的钢丝绳。

(6)领取钢丝绳时,必须检查该钢丝绳的合格证,以保证机械性能、规格符合设计要求。

(7)对日常使用的钢丝绳每天都应该进行检查,包括对端部固定连接、平衡滑轮处的检查,并做出安全性的判断。

3. 钢丝绳的润滑

(1)润滑的作用

润滑对钢丝绳来说是很重要的,其作用主要有三点:

①降低钢丝绳与外部机械的摩擦和磨损,延长钢丝绳的使用寿命。试验表明,同样使用条件下润滑良好的钢丝绳寿命是润滑不良的钢丝绳寿命的 2~3 倍。

②钢丝绳在卷筒和滑轮上弯曲以及受压后截面由圆变扁的过程中,股与股和丝与丝之间都要发生激烈的滑动摩擦。润滑可以减轻其内部的这种摩擦和磨损,所以钢丝绳的麻芯一般含有 12%~15% 的油脂。这种最初的含油量只能维持寿命的 40% 时间内的润滑,到钢丝绳报废时,损耗大的部位含油量只有 2.4%。

③防止钢丝绳腐蚀生锈。钢丝绳的润滑材料有油、脂两类。油类润滑材料有:11 号、24号汽缸油,11 号柴油机油等,必要时也可以用 50~70 号机械油,脂类润滑材料有:钢丝绳麻芯脂、石墨钙脂等,这些材料可有效阻断空气、水与钢丝接触,避免氧化生锈。

(2)润滑的方法

钢丝绳的润滑方法有四种:

①浸泡法

将钢丝绳麻芯脂加热到 80~100 ℃ 或将润滑油加热到 60 ℃,把清洗、干燥、盘好的钢丝绳浸入其中,浸泡至饱和为止。此法比较理想,可使钢丝绳麻芯贮存充分的油脂,使钢丝绳得到良好的润滑。

②浇润法

将钢丝绳上的污垢等覆盖脏物清除后,卷入卷筒,按上述要求加热的油或脂浇在卷筒的钢丝绳上,然后将卷筒回转180°,再浇润另一面的钢丝绳。如果挂负荷浇润,润滑效果更好(必须有可靠的安全措施)。因为在负荷作用下,钢丝绳在卷筒上被压扁,在两侧边产生缝隙,油脂就比较容易进入钢丝绳内部,被麻芯吸收。

③涂抹法

放出钢丝绳,把润滑脂涂抹在卷筒的绳槽中,然后把清洗干净的钢丝绳收回卷筒,再把润滑脂涂抹在收回卷筒的绳面上。

④机械润滑

使用专用钢丝绳润滑机进行润滑,既能保证钢丝绳的充分润滑,也确保润滑脂(油)不会浪费,失效的油污能够自动收集,不会产生污染,具有科学、安全、经济、环保、高效等特点。

一般半个月或一个月润滑一次,具体周期视工作条件而定。

(五)钢丝绳的报废

钢丝绳的报废应当依据《起重机钢丝绳保养、维护、安装、检验和报废》(GB/T 5973—2009)进行判定。有关项目包括断丝的性质和数量、绳端断丝、断丝的局部聚集程度、断丝的增加率、绳股的断裂情况、绳径的减小程度、弹性降低的程度、外部及内部磨损情况、外部及内部腐蚀情况、变形情况、由于受热或电弧造成的损坏情况。

1.断丝的性质和数量

6股和8股钢丝绳,断丝主要发生在外表面。对于多层绳股的钢丝绳,断丝大多数发生在内部,是"非可见"的断丝。表3-1和表3-2所示是把各种因素进行综合考虑后的断丝控制标准。

表3-1　钢制滑轮上使用的单层钢丝绳和单层绕钢丝绳中报废标准的可见断丝数

外层股中承载钢丝总数[①]n	可见断丝的数量[②]					
	在钢制滑轮和/或单层缠绕在卷筒上工作的钢丝绳区段(钢丝断裂随机分布)				多层缠绕[⑤]在卷筒上工作的钢丝绳区段[③]	
	工作级别 M1~M4 或未知级别[④]				所有工作级别	
	交互捻		同向捻		交互捻和同向捻	
	长度范围				长度范围	
	>6d	>30d	>6d	>30d	>6d	>30d
$n\leq50$	2	4	1	2	4	8
$51\leq n\leq75$	3	6	2	3	6	12
$76\leq n\leq100$	4	8	2	4	8	16
$101\leq n\leq120$	5	10	2	5	10	20
$121\leq n\leq140$	6	11	3	6	12	22
$141\leq n\leq160$	6	13	3	6	12	22
$161\leq n\leq180$	7	14	4	7	14	28
$181\leq n\leq200$	8	16	4	8	16	32
$201\leq n\leq220$	9	18	4	9	18	36

续表

外层股中承载钢丝总数[1] n	可见断丝的数量[2]					
	在钢制滑轮和/或单层缠绕在卷筒上工作的钢丝绳区段(钢丝断裂随机分布)				多层缠绕[5]在卷筒上工作的钢丝绳区段[3]	
	工作级别 M1~M4 或未知级别[4]				所有工作级别	
	交互捻		同向捻		交互捻和同向捻	
	长度范围				长度范围	
	>6d	>30d	>6d	>30d	>6d	>30d
221≤n≤240	10	19	5	10	20	38
241≤n≤260	10	21	5	10	20	42
261≤n≤280	11	22	6	11	22	44
281≤n≤300	12	24	6	12	24	48
n>300	0.04n	0.08n	0.02n	0.04n	0.08n	0.16n

注:①标准中的填充钢丝未被视为承载钢丝,因而不包含在 n 值中。

②断丝会有两个断头(按一根钢丝计数)。

③这些数值适用于在跃层区和由于缠入角影响重叠层之间产生干涉而损坏的区段(且并非仅在滑轮工作和不缠绕在卷筒上的钢丝绳的那段区段)。

④可将以上所列断丝数的两倍数值用于已知其工作级别为 M5~M8 的机构。

⑤在多层缠绕卷筒区段上述数值也可适用于在滑轮工作的钢丝绳的其他区段,该滑轮是用合成材料制成的或具有合成材料轮衬。但不适用于在专门用合成材料制成的或以由合成材料轮衬组合的单层卷绕的滑轮工作的钢丝绳。

表 3-2　多层绳股钢丝绳中达到或超过报废标准的可见断丝数

外层股中承载钢丝总数 n	可见断丝的数量			
	在钢制滑轮和/或单层缠绕在卷筒上工作的钢丝绳区段		多层缠绕在卷筒上工作的钢丝绳区段	
	长度范围		长度范围	
	>6d	>30d	>6d	>30d
4 股 n≤100	2	4	2	4
3 股或 4 股 n≥100	2	4	4	8
76≤n≤100	2	4	8	16
101≤n≤120	2	4	5	10
121≤n≤140	2	4	6	11
141≤n≤160	3	6	6	13
161≤n≤180	4	7	7	14
181≤n≤200	4	8	8	16
201≤n≤220	4	9	9	18
221≤n≤240	5	10	10	20
241≤n≤260	5	10	10	21
261≤n≤280	6	11	11	22
281≤n≤300	6	12	12	24
n>300	6	12	12	24

2. 绳端断丝

当绳端或其附近出现断丝时,即使数量很少,也表明该部位应力很高,可能是由于绳端固定装置不正确造成的,应查明损坏原因。如果绳长允许,应将断丝的部位切去,再重新合理安装。

3. 断丝的局部聚集程度

如果断丝紧靠一起形成局部聚集,则钢丝绳应报废。如果这种断丝聚集在小于 $6d$(d 为钢丝绳直径)的绳长范围内,或者集中在任一支绳股里,那么,即使断丝数比表 3-1 和表 3-2 中的数值小,钢丝绳也应予以报废。

4. 断丝的增加率

在某些使用场合,疲劳是引起钢丝绳损坏的主要原因,断丝是在使用一个时期以后开始出现的,断丝数逐渐增加,其时间间隔越来越短。在此情况下,为了判定断丝的增长率,应仔细检查并记录断丝增长情况,并与报废极限值做出比较,以得到关于钢丝绳劣化趋向的规律,根据此劣化趋向的规律来确定钢丝绳报废的日期。

5. 绳股折断

如果出现整根绳股的断裂,则钢丝绳应报废。

6. 由于绳芯损坏而引起的绳径减小

当钢丝绳的纤维芯或钢芯(或多层绳股的内部绳股)断裂而造成绳径显著减小时,钢丝绳应报废。对于微小的损坏,特别是当所有各绳股中应力处于良好平衡时,用通常的检验方法可能显示不明显。然而,这种损坏会引起钢丝绳的强度大大降低。所以,对发现的任何内部细微损坏均应进行检验,予以查明。一经认定损坏,则该钢丝绳就应报废。

7. 弹性降低

在某些情况下(通常与工作环境有关),钢丝绳的弹性会显著减小。若继续使用,是不安全的。钢丝绳的弹性减小是较难发觉的,弹性降低一般伴随有如下现象发生:绳径减小;钢丝绳节距伸长;由于各部分相互压紧,钢丝之间和绳股之间空隙减小;绳股凹处出现细微的褐色粉末;韧性降低。虽未发现断丝,但钢丝绳明显地不易弯曲。同时,其直径的减小也比单纯由于磨损引起的直径减小要快得多。这种情况会导致在动载作用下钢丝绳突然断裂,故应立即报废。

8. 外部和内部磨损

产生磨损的原因有如下两种情况:

(1)内部磨损及压坑。这种情况是由于绳内各绳股之间和钢丝之间的摩擦引起的,特别是当钢丝绳力弯曲时发生的。

(2)外部磨损。钢丝绳外层绳股表面的磨损,是由于它在压力作用下与滑轮和卷筒的绳槽接触摩擦造成的。在吊载加速和减速运动时,钢丝绳与滑轮接触部位的磨损尤为明显,并表现为外表面钢丝磨成平面状。润滑不足或不正确,以及接触部存在污垢或沙粒,都会加剧磨损。

磨损使钢丝绳截面积减小,从而使强度降低。当外层钢丝磨损达到其直径的40%时,或者当钢丝绳直径相对于公称直径减小7%或更多时,钢丝绳应报废。

9. 外部及内部腐蚀

在海洋或工业污染的大气中,钢丝绳特别容易发生腐蚀,这不仅减小了钢丝绳的金属面积导致破断强度降低,而且还将引起表面粗糙,并开始出现裂纹以致加速疲劳。严重的腐蚀,还会引起钢丝绳弹性的降低。

(1)外部腐蚀

外部钢丝的腐蚀可用肉眼观察。当表面出现深坑、钢丝相当松弛时应报废。

(2)内部腐蚀

内部腐蚀比外部腐蚀较难发现。但下列现象可供识别:

①钢丝绳直径的变化。钢丝绳在绕过滑轮的弯曲部位的直径通常变小。但静止段的钢丝绳常由于外层绳股生锈而引起直径增加。

②钢丝绳的外层绳股间的空隙减小,还经常伴随出现外层绳股之间的断丝。如果有内部腐蚀的迹象,则应对钢丝绳进行内部检验。若确认有严重的内部腐蚀,则钢丝绳应立即报废。

10. 变形

钢丝绳失去正常形状产生可见的畸形称为变形。在变形部位可能导致钢丝绳内部应力分布不均匀。钢丝绳变形从外观上可分下述几种:

(1)波浪形

这种变形是钢丝绳的纵向轴线成螺旋线形状,此变形不一定导致强度降低,但变形严重会造成运行中产生跳动,发生钢丝绳传动不规则,时间长了会引起磨损及断丝。出现波浪形时,绕过滑轮或卷筒的钢丝绳,在任何载荷状态下与不弯曲的直线部分满足 $d_1>4d/3$(d 为钢丝绳公称直径;d_1 是钢丝绳变形后包络面的直径),则钢丝绳应报废;或绕过滑轮或卷筒的钢丝绳的弯曲部分满足 $d_1>1.1d$,则钢丝绳应报废。

(2)笼形畸变

这种变形出现在具有钢芯的钢丝绳上,多发生在外层绳股发生脱节或者变得比内部绳股长的时候,出现笼形畸变的钢丝绳应立即报废。

(3)绳股挤出

这种状况通常伴随笼形畸变产生。绳股被挤出说明钢丝绳不平衡。这种钢丝绳应予报废。

(4)钢丝挤出

这种变形是一部分钢丝或钢丝束在钢丝绳背着滑轮槽的一侧拱起形成环状,常因冲击载荷引起。此种变形严重的钢丝绳应报废。

(5)绳径局部增大

钢丝绳直径有可能发生局部增大,并波及相当长度。绳径增大常与绳芯畸变有关(如在特殊环境中),纤维芯因受潮而膨胀,其结果会造成外层绳股定位不正确而产生不平衡。绳径局部严重增大的钢丝绳应报废。

(6)扭结

这是指成环状的钢丝绳,在不可能绕其轴线转动的情况下被拉紧而造成的一种变形。其结果是出现节距不均,引起不正常的磨损;严重时,钢丝绳将产生扭曲,以致只留下极小一部分钢丝绳强度。严重扭结的钢丝绳应立即报废。

(7)绳径局部减小

这种状态常与绳芯的折断有关。应特别仔细检验靠近接头的绳端部位有无此种变形。

绳径局部减小严重的钢丝绳应报废。

（8）局部压扁

通过滑轮部分压扁的钢丝绳将会很快损坏,表现为断丝并可能损坏滑轮,如此情况的钢丝绳应立即报废。

（9）弯折

这是钢丝绳在外界影响下引起的角度变形。这种变形的钢丝绳应立即报废。

11. 由于炽热或电弧的作用而引起的损坏

钢丝绳经受了特殊热力的作用,其外表出现可识别的颜色时,应予以报废。

单元二　滑轮与滑轮组

一、滑轮

滑轮是起重机械的重要组成部分之一,作为钢丝绳的导向件和支承件,主要用来改变钢丝绳的方向和平衡钢丝绳各分支拉力,更多的是用来组成动/定滑轮组,以达到省力、增速或省时的目的。

（一）作用和类型

滑轮按在卷绕系统中的作用可分为定滑轮、动滑轮、导向滑轮和均衡滑轮等,如图 3-14 所示。

定滑轮的心轴位置固定不动,钢丝绳绕过定滑轮改变了方向。导向滑轮属于定滑轮。

动滑轮的心轴位置可以随钢丝绳的运动而移动,其与定滑轮配套使用构成滑轮组,以达到省力或增速的目的。

均衡滑轮只利用滑轮的转动来均衡钢丝绳的拉力,可出现在动/定滑轮中。

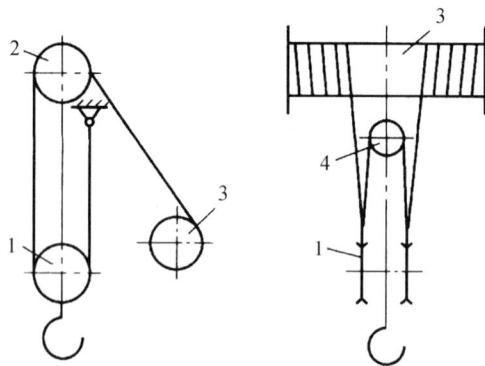

图 3-14　定滑轮、动滑轮和均衡滑轮

1—动滑轮;2—导向(定)滑轮;3—卷筒;4—均衡滑轮

（二）材料与制造工艺

1. 铸造滑轮［见图 3-15（a）］

灰铸铁是滑轮常用的材料，如 HT200，具有廉价、工艺性好、易于切削加工的特点，且由于其弹性模量较小，可减小与钢丝绳之间的挤压应力，对钢丝绳的损伤小，有利于延长钢丝绳的使用寿命。灰铸铁滑轮的缺点是强度低、脆性大，在碰撞中容易引起轮缘破裂，寿命较短，因此多用在轻、中级工作类型的起重机上，在粗暴工作环境和不易检修环境下多用铸钢滑轮。铸钢滑轮常用的材料是 ZG270-500，改善了灰铸铁滑轮的不足，强度和冲击韧度都较好，可用于工作级别较高、重载、粗暴工作条件以及不易检修更换的场合。但铸钢滑轮工艺性较差，绳槽表面硬度高。

2. 焊接滑轮［见图 3-15（b）］

焊接滑轮首先把具有绳槽形状的型钢热弯成需要的直径后与轮辐焊接在一起，然后与安装轴承的轮毂焊接在一起，再加工滑轮的外圆和轮毂内孔，其轮辐、轮缘、轮毂的材料要求具有一定的强度、韧性和焊接性，一般采用性能不低于 Q235B、Q345 的材料。焊接滑轮具有自重轻、强度高、外形美观的优点。但在焊接成形后，绳槽部分一般不再加工，很难控制其绳槽的焊接变形，因此造成工作平稳性差，加剧了钢丝绳的磨损。

3. 热轧焊接滑轮［见图 3-15（c）］

首先在圆环形钢板坯料上加热，用成形模具把圆板边缘轧制成所需要的绳槽形状，然后与轮毂焊接在一起后再加工滑轮的外圆和轮毂内孔。热轧焊接滑轮除了具有焊接滑轮的优点外，由于其比焊接滑轮减少了一次焊接工艺，避免了绳槽的焊接变形，绳槽尺寸精度高，且生产率很高，广泛使用于各类起重机上。

4. 双辐板滑轮［见图 3-15（d）］

由轮辐、轮缘、轮毂组合而成的一种滑轮，其轮辐、轮缘由两片薄钢板压制成形，相对而合，轮辐上有若干个圆形减重孔，孔内装有管套，用胀管铆接的方法将管套和两片轮辐紧密连接为一体，在轮缘内侧部位镶嵌有圆环形 MC 尼龙作为绳槽。两片轮辐一般采用性能不低于 Q235B 的材料。双辐板轧制滑轮具有质量小、用材省、对钢丝绳损伤小和使用寿命长的特点，当绳槽磨损到一定程度后，仅需更换尼龙绳槽即可。尼龙绳槽一般用紧定螺钉固定，更换起来比较方便。

对于安装在起重机臂架端部的滑轮，减轻滑轮自重具有特别重要的意义，这样可以减小整机的倾覆力矩，此时可采用尼龙滑轮［见图 3-15（e）］和铝合金滑轮［见图 3-15（f）］，具有自重轻、耐磨损的优点。

（三）滑轮的构造

1. 滑轮的槽形

滑轮的槽形由一个圆弧形的槽底与两个倾斜的侧壁组成，如图 3-16 所示。

对于槽形的具体要求是：

（1）应保证钢丝绳顺利绕过，且与绳槽有足够大的接触面积。为此，绳槽应有适当的绳槽半径，一般取 $R = (0.525 \sim 0.550)d$，d 为钢丝绳直径，以 $0.537d$ 为最佳。为使钢丝绳达到最佳的使用寿命，滑轮绳槽的槽形应与钢丝绳直径正确匹配，如果绳槽太小，钢丝绳在载荷的作用下被强制压入绳槽，致使钢丝绳和滑轮均被损坏；如果绳槽太大，则会造成钢丝绳没

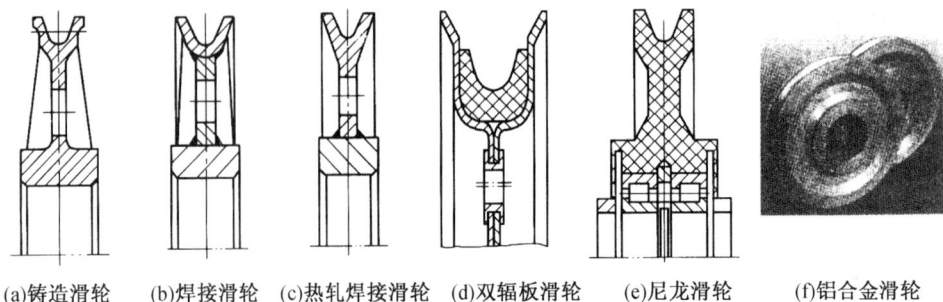

(a)铸造滑轮　(b)焊接滑轮　(c)热轧焊接滑轮　(d)双辐板滑轮　(e)尼龙滑轮　(f)铝合金滑轮

图 3-15　滑轮类型与构造

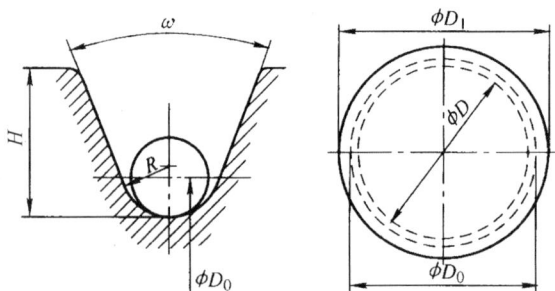

图 3-16　滑轮槽形图

D_1—外径；D—槽底直径；H—槽深；ω—槽两侧倾角；R—绳槽

半径；D_0—钢丝绳缠绕(节圆)直径

有足够的支承,接触应力增大,加速钢丝绳与滑轮的磨损。当滑轮绳槽需要通过钢丝绳接头时,绳槽尺寸必须加大。

(2)允许钢丝绳有一定的角度偏斜(规范规定偏斜角 $\gamma<5°$)。这样不致使钢丝绳和绳槽边缘产生摩擦,即不磨边、不脱槽。因此,绳槽侧面应有适当的夹角,通常 $\omega=2\beta\approx35°\sim60°$,$\beta$ 角过小,允许偏角减小,β 角过大,钢丝绳接触角($180°-\beta$)减小,并使滑轮宽度增大。

(3)绳槽应具有足够大的深度 H 以防止钢丝绳脱槽。增大深度 H 还可以使钢丝绳允许偏角增大,一般 H 不小于 1.5 倍的钢丝绳公称直径。

(4)绳槽表面应光洁平滑,不能有损伤钢丝绳的缺陷。对于铸造滑轮,绳槽表面需要经过切削加工;对于焊接滑轮和热轧焊接滑轮,绳槽表面不需要再进行切削加工。

(5)绳槽表面有一定的硬度要求。钢丝绳与滑轮构成一对摩擦副,钢丝绳硬度一般为 40~45HRC。当滑轮绳槽的硬度低于钢丝绳硬度时,滑轮先磨损;当滑轮绳槽的硬度高于钢丝绳硬度时,钢丝绳先磨损,为使两者均达到合理的使用寿命,必须注意绳与轮的最佳匹配。

国家滑轮标准将滑轮绳槽表面硬度分为四个等级,分别为低硬度(20HRC 以下)、中硬度(20~30HRC)、中高硬度(30~40HRC)和高硬度(40~55HRC)。表面硬度可根据使用条件和使用工况进行选择。使用不频繁的起重机可以选用硬度较低的滑轮;虽使用较频繁但滑轮更换较方便的起重机也可以选用硬度较低的滑轮,以降低钢丝绳的磨损;而使用较频繁但滑轮不方便更换的起重机(如港口起重机),宜选用硬度较高的滑轮。

2.滑轮的轮辐

小直径的滑轮轮辐通常为整体的辐板,较大的滑轮一般每侧加 4~6 个加强肋,在各肋之间有适当尺寸的圆孔;更大的滑轮也可以制成若干个椭圆形断面或工字形断面的轮辐;大型焊接滑轮的轮辐可用角钢、扁钢或钢管制成。

3. 滑轮的支承

滑轮一般通过轴承支承在心轴上,大多数采用滚动轴承(向心),如深沟球轴承、圆柱/圆锥滚子轴承或双列满装圆柱滚子轴承等,采用螺旋滚柱轴承可吸收冲击和振动,在低速滑轮或均衡滑轮上也可以采用滑动轴承,如图 3-17 所示。当采用深沟球轴承、圆柱滚子轴承等不带密封的轴承时,在轴承外侧要加装端盖,用以防止灰尘的进入和润滑油的渗出。

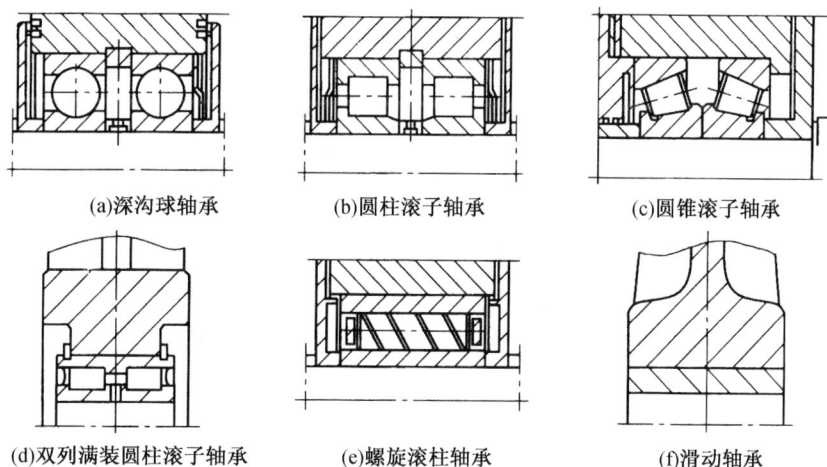

(a)深沟球轴承   (b)圆柱滚子轴承   (c)圆锥滚子轴承

(d)双列满装圆柱滚子轴承   (e)螺旋滚柱轴承   (f)滑动轴承

图 3-17　滑轮轴承的装配图

二、滑轮的直径

滑轮直径的大小对于钢丝绳的使用寿命具有重大影响。在其他条件不变的情况下,随着滑轮和卷筒直径的减小,钢丝绳的使用寿命将逐渐降低;反之,增大滑轮直径可以大大延长钢丝绳的使用寿命,这不仅是由于减小了钢丝绳的弯曲应力,更重要的是减小了钢丝绳与滑轮之间的挤压应力。试验证明,由挤压应力产生的这种挤压疲劳对于钢丝的折断起了决定性的作用。

滑轮直径是指滑轮槽底直径(即滑轮的名义直径)。为了保证钢丝绳有足够的寿命,滑轮直径与钢丝绳直径及机构工作级别有关。

三、滑轮组

1. 滑轮组的种类

钢丝绳依次绕过若干定滑轮和若干动滑轮所组成的装置称为滑轮组,滑轮组按工作原理可分为省力滑轮组和增速滑轮组,如图 3-18 所示。省力滑轮组按其驱动分支数不同可分为单联滑轮组、双联滑轮组和多联滑轮组等,如图 3-19 所示。

省力滑轮组的特点是钢丝绳以较小的张力承受较重的物品重力[见图 3-18(a)],钢丝绳的张力 $F = G/3$,因而在起升机构和钢丝绳驱动的变幅机构中广泛应用。增速滑轮组的特点是用较短的滑轮行程以获得较大的货物提升行程[见图 3-18(b)],滑轮行程为 h,货物的行程为 $2h$,但滑轮上的主动推力 $F = 2G$,适用于叉车门架的升降机构等。

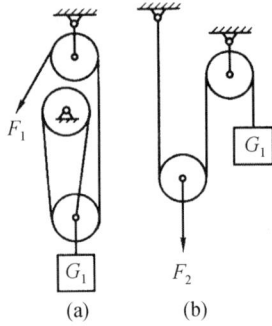

图 3-18　省力滑轮组和增速滑轮组

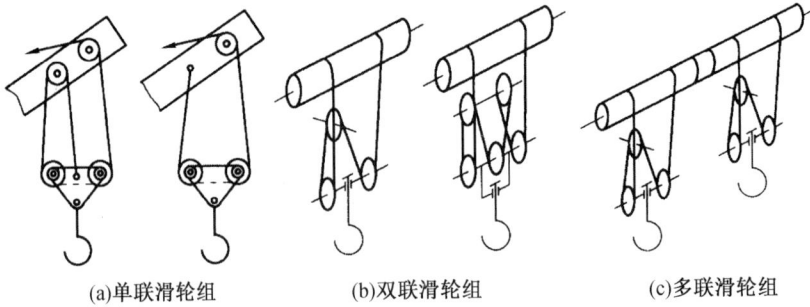

(a)单联滑轮组　　　　(b)双联滑轮组　　　　(c)多联滑轮组

图 3-19　单联滑轮组、双联滑轮组和多联滑轮组

省力单联滑轮组多用于小型臂架型起重机和电动葫芦等,而双联滑轮组和多联滑轮组多用于桥架型起重机和大起重量的起重机。

2.滑轮组的倍率

图 3-20 所示为展开的单联滑轮组。忽略滑轮摩擦阻力,每一分支所受的拉力都等于 S,根据平衡条件可知: $S=P_Q/m$, m 即为滑轮组的倍率,也是省力和减速的倍数。

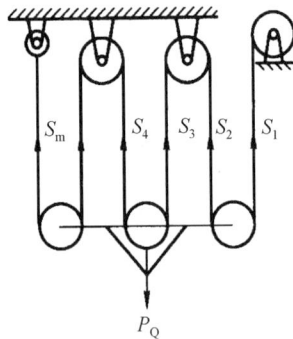

图 3-20　滑轮组展开图

在起升机构设计中,恰当地确定滑轮组的倍率是重要的。选用较大的倍率可使钢丝绳的受力减小,从而使钢丝绳的直径、卷筒和滑轮的直径减小;减小卷筒直径可使卷筒所受转矩减小,即减速器输出轴的转矩减小,从而可以选用较小的减速器,使整个起升机构达到尺寸紧凑、质量小的效果。但是滑轮组倍率过大又使滑轮组本身笨重复杂,卷筒增长,同时使效率降低,钢丝绳磨损严重。一般的原则是:大起重量的起重机选用较大的倍率,以避免采

用过粗的钢丝绳;当采用双联滑轮组时选用较小的倍率,因为这时分支数与滑轮的数目较多。起升高度很高时,宜选用较小的倍率,以免卷筒过长。

四、滑轮与滑轮组的使用与维护

1. 滑轮与滑轮组使用的基本要求

(1)使用前应进行安全检查。铭牌上的额定起重量、种类和性能应清楚;轮槽应光洁平滑,不得有损害钢丝绳的缺陷;轮轴、夹板、吊钩(吊环)等各部分,不得有裂纹和其他损伤。

(2)滑轮轴应经常保持清洁,应涂上润滑油脂,转动应灵活。

(3)在有可能发生钢丝绳脱槽的滑轮上,设防脱槽装置。

(4)滑轮直径与钢丝绳直径之比要符合要求;牵引钢丝绳进入滑轮的偏角不超过4°。

(5)滑轮组在起吊前要缓慢加力,待绳索收紧后,检查有无卡绳、乱绳、脱槽现象;固定滑轮组的地方有无松动等情况。检查各项没问题后方可作业。

(6)为防止钢丝绳与轮缘的摩擦,在拉紧状态时,滑轮组的上、下滑轮之间的距离,应保持在 700~1 200 mm,不得过小。

(7)应使每个滑轮均匀受力,不能以其中的一个或几个滑轮承担全部载荷。

(8)作业时严禁歪拉斜吊,防止定滑轮轮缘破坏。

(9)严格按照滑轮及滑轮组产品的安全起重载荷使用,不允许超载。

(10)若多门滑轮仅使用其部分几门时,应按滑轮数目比例的降低而降低起吊重量,确保安全。

(11)滑轮在不使用时,应清洗干净,上好润滑油,放在干燥的地方,下垫木板。

2. 滑轮的维护与检查

滑轮是转动零件,每月要检修一次并清洗润滑。维护与检查的要点是:

(1)正常工作的滑轮用手能灵活转动,侧向摆动不得超过 $D/1\ 000$(D 为滑轮的名义直径)。

(2)轴上润滑油槽和油孔中的污物和尘土必须消除干净,检查油孔与轴承间隔环上的油槽是否对准。

(3)对于铸铁滑轮,用放大镜检查,如发现轮槽裂纹,要及时更换。对于铸钢的滑轮,轮辐产生裂纹可以焊修,但必须保证有两个完好的轮辐。

(4)按标准制作滑轮槽模板检查,其径向磨损不应超过钢丝绳直径的25%,轮槽壁的磨损不应超过原厚度的30%。对于铸钢滑轮,磨损未达到报废标准可以堆焊,然后进行车削加工,修复后轮槽壁厚度不得小于原厚度的80%,径向偏差不得超过 3 mm。

(5)轴孔内缺陷面积不应超过 0.25 cm²,深度不应超过 4 mm。如有小于这一尺寸的缺陷,经过处理可继续使用。

3. 滑轮的报废标准

(1)滑轮直径与钢丝绳直径的比值应不小于规定的数值。

(2)滑轮槽应光洁平整,不得有损伤钢丝绳的缺陷。

(3)滑轮应有防止钢丝绳跳出轮槽的装置。

(4)金属铸造的滑轮,出现下述情况之一时应报废:裂纹;轮槽不均匀磨损达 3 mm;因磨损使轮槽底部直径减少量达钢丝绳直径的50%;其他损害钢丝绳的缺陷。

4.常见滑轮故障、原因及排除方法

（1）滑轮轮槽磨损不均。原因：材质不均，安装不合要求，绳与轮接触不均匀。措施：应重新安装或修补，磨损超过 3 mm 时，应更换。

（2）滑轮心轴过度磨损，会造成心轴损坏。措施：加强润滑。

（3）滑轮转动不灵或卡住。原因：心轴和轴承磨损严重，应检修心轴和轴承。

（4）滑轮受到意外冲撞，轮缘断裂。滑轮已损坏，须立即更换。

（5）滑轮倾斜、松动。原因：支座安装偏斜，轴上定位板松动。措施：重新校正支座，调整紧固位板，使轴固定。

单元三　卷筒

卷筒是起重机的重要零件之一，在起升机构或牵引机构中用来储存钢丝绳，把驱动装置提供的转矩传给钢丝绳，并把驱动装置的回转运动转化为所需的直线运动。

一、卷筒的构造与材料

（一）卷筒的槽形

为了保证钢丝绳能整齐有序地缠绕在卷筒上，在卷筒表面通常加工有绳槽，这样既可增加钢丝绳与卷筒的接触面积，降低单位接触压力，又可防止相邻钢丝绳间相互摩擦，从而提高钢丝绳的使用寿命。

1.绳槽的形状

绳槽按在卷筒上的排列形状可分为螺旋绳槽、折线绳槽、无绳槽等。

（1）螺旋绳槽是在卷筒表面上按螺线加工的绳槽，以确保第一层钢丝绳整齐卷绕。

（2）折线绳槽（见图 3-21）是在卷筒表面上连续地间隔加工出平行于卷筒端面的平行绳槽和螺旋绳槽，即一段平行绳槽连接着一段螺旋绳槽。这种折线绳槽适用于钢丝绳返回式多层缠绕的卷筒，图中虚线为第二层钢丝绳。

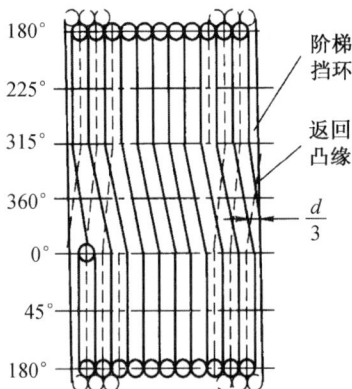

图 3-21　折线绳槽卷筒

返回式多层缠绕采用螺旋绳槽卷筒时,由于上下层钢丝绳的卷绕方向相反,上层钢丝绳不能落入下层钢丝绳形成的螺旋槽内,而是每一圈必定两次交叉压在下层钢丝绳上,此交叉位置在卷筒圆周上不完全固定,从而有可能引起钢丝绳排列不整齐,被压处钢丝绳受力状况较差。返回式多层缠绕采用折线绳槽卷筒时,在卷筒的每一周范围内,有 75%~80% 的绳槽为直线段,其余少部分为斜线绳槽,缠绕时通过斜线绳槽来固定上层钢丝绳与下层钢丝绳交叉过渡位置。在绳槽直线段,上层钢丝绳完全落入下层两圈相邻钢丝绳形成的绳槽内,使上、下层钢丝绳之间的接触得到改善,可以提高钢丝绳的使用寿命。通过配合卷筒两端带有返回凸缘的阶梯挡环,引导钢丝绳顺利爬升返回,避免钢丝绳由于相互切入挤压而造成乱绳,这样不但减轻了磨损,还可以使钢丝绳卷绕按照设计者的意图一层层地整齐排列。

(3)无绳槽(光面)卷筒多用于多层缠绕,一般需设置排(导)绳装置或压绳器来实现钢丝绳的有序排列。

2. 绳槽的尺寸

卷筒绳槽按其深浅可分为标准绳槽和深绳槽两种。标准绳槽节距小,可使机构紧凑。深绳槽的优点是钢丝绳不易脱槽,但节距较大,使卷筒长度增加。通常只在钢丝绳脱槽可能性较大时才采用深绳槽,例如抓斗起升机构,或钢丝绳向上引出的卷筒。如果要求机构紧凑,最好采用标准绳槽,而用其他措施防止脱槽,例如装设压绳器。螺旋槽的旋向可根据机构的布置情况确定。

为了延长钢丝绳的使用寿命以及减轻卷筒的磨损,推荐左旋螺旋槽匹配右向捻制的钢丝绳,右旋螺旋槽匹配左向捻制的钢丝绳。

(二)卷筒的类型

1. 按卷绕层数分类

(1)单层卷绕

在卷筒上只卷绕一层钢丝绳,一般两侧无挡板。起重机大多采用单层卷绕卷筒,其表面通常切有螺旋形绳槽。

(2)双层卷绕(有槽)

当容绳量要求不特别高时,可采用带有螺旋形绳槽的双层卷绕卷筒,第一层钢丝绳卷绕在绳槽中,第二层钢丝绳以相反的旋向返回,每圈二次压在下层钢丝绳上,钢丝绳受力状况较差。

(3)多层卷绕

在卷筒上卷绕多层钢丝绳,用于起升高度特别大或特别要求机构紧凑的场合,例如汽车起重机。多层卷绕时,钢丝绳紧密排列,卷筒容绳量大,尺寸小,减少了机构尺寸。但钢丝绳之间相互挤压,摩擦力增大,使钢丝绳寿命降低。多层卷绕采用带螺纹槽的卷筒有利于以后各层钢丝绳排列整齐,采用折线卷筒可以使上层钢丝绳完全落入下层两圈相邻钢丝绳形成的绳槽内,使上、下层钢丝绳之间的接触得到改善。此类卷筒两端应有侧板以防钢丝绳脱落。侧板高度应比最外层钢丝绳表面高出 1~1.5 倍的钢丝绳直径,某些机型(如塔式起重机)要求达到 2 倍的钢丝绳直径。另外,两侧板壁略向内倾斜,有利于钢丝绳在层与层之间的卷绕过渡,以免出现绳圈局部叠高积压的现象。

2. 按制造方式分类

卷筒按制造方式可分为铸造卷筒(见图 3-22)和焊接卷筒(见图 3-23)两种,不论铸造卷筒或焊接卷筒,其中间都不宜布置任何纵向或横向的加强肋,以避免在加强肋附近产生很大的局部弯曲应力而导致卷筒碎裂,如图 3-24 所示。

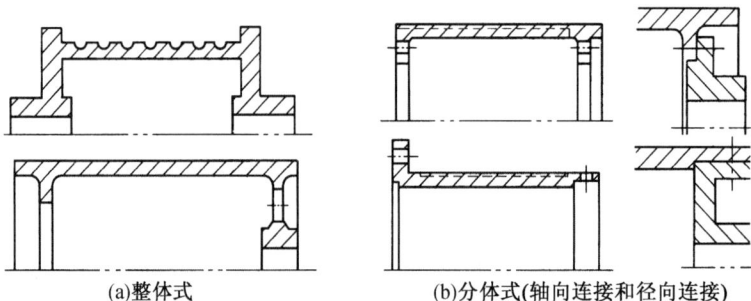

(a)整体式   (b)分体式(轴向连接和径向连接)

图 3-22　铸造卷筒筒体与辐板的连接构造

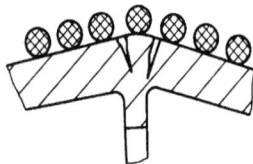

图 3-23　焊接卷筒

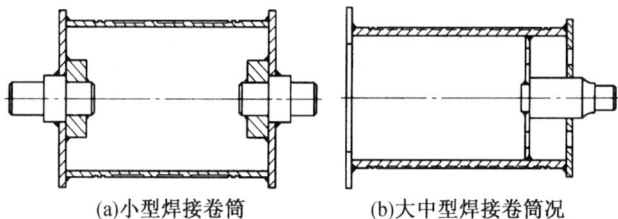

(a)小型焊接卷筒   (b)大中型焊接卷筒况

图 3-24　光卷筒加肋处的应力集中

铸造卷筒一般采用性能不低于 HT200 的灰铸铁铸造。重要的卷筒可采用性能不低于 QT500-7 的球墨铸铁铸造。采用铸钢时,应采用性能不低于 ZG270-500 的材料。铸造卷筒的壁厚往往不是由强度决定的,而是由铸造工艺条件所决定的,因而自重较大。铸造卷筒多为大批量、小尺寸的卷筒。

焊接卷筒的圆柱形筒体用 Q235B、Q345 钢板卷制,然后与法兰板和短轴焊接而成,机械加工前需进行退火热处理以消除焊接应力和细化材料的晶粒。焊接卷筒自重轻,适于单件和尺寸大的情况。焊接卷筒的材质不仅要求具有一定的强度,还需要具有良好的焊接性能。筒体和法兰板的材料一般为 Q235B 和 Q345B,短轴的材料一般为 35 锻钢。钢板在下料前以及短轴在组焊前都要作无损探伤检测,卷筒筒体的环向对接焊缝和纵向对接焊缝需做超声波探伤检测,筒体与法兰板、法兰板与短轴之间的焊缝需要做磁粉探伤检测,以保证原材料的质量和焊缝的质量。因此,焊接卷筒的质量优于铸造卷筒的质量。

3. 按卷筒的形状分类

卷筒一般为圆柱形的,在某些特殊情况下,如在变幅机构中,为了保证变幅时物品高度位置不变时,也可以考虑采用圆锥形卷筒。

二、卷筒的直径

从有利于传动机构布置来看,卷筒直径越小越有利。因为卷筒直径小可以降低减速机构的速比和低速轴转矩,从而可选用较小的减速器,使机构紧凑。但随着卷筒直径的减小,在起升范围一定时,卷筒长度须加大,钢丝绳不易绕入卷筒。为了提高钢丝绳使用寿命,或起升范围较大时,不使卷筒太长,常选用较大的卷筒直径。卷筒直径是指卷筒槽底所在圆的直径(即卷筒的名义直径),与机构工作级别及钢丝绳直径有关。

三、钢丝绳尾在卷筒上的固定

钢丝绳尾在卷筒上可以用压板[见图3-25(a)、图3-25(b)、图3-25(d)]或楔块[见图3-25(c)]固定。图3-25(a)所示的用压板固定绳尾是最常用的方法,采用双头螺栓连接,其优点是构造简单,拆装方便;缺点是所占空间较大,并且不能用于多层卷绕。图3-25(b)所示方式可使卷筒尺寸较短,但卷筒构造复杂。图3-25(c)所示用楔块固定方式可用于多层卷绕,缺点也是卷筒构造复杂。图3-25(d)所示方式将绳尾引到卷筒内,再用压板固定,可使卷筒紧凑,并适用于多层卷绕。

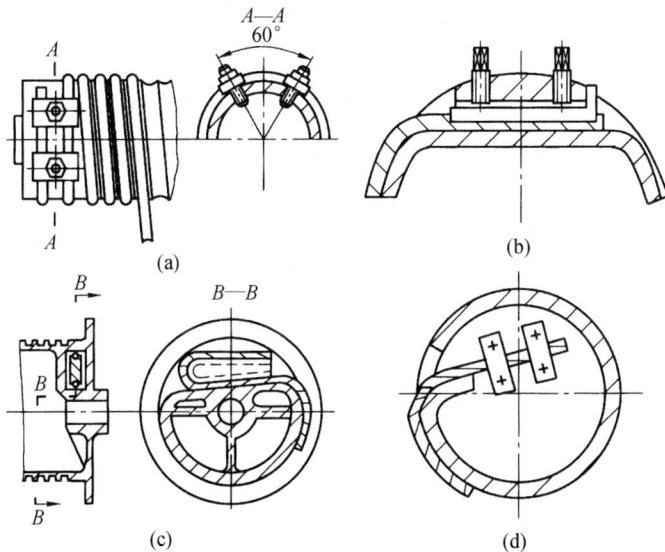

图 3-25 钢丝绳尾在卷筒上的固定

四、卷筒组的类型与构造

起升机构或牵引机构的减速系统通过专用连接装置将动力装置的转矩和转动传递到卷筒上,带动卷筒一起转动。卷筒、动力传递装置、卷筒轴、卷筒端部轴承座等构成了卷筒组。常用卷筒组类型有齿轮连接盘式、周边大齿轮式、短轴式和内装行星齿轮式。

齿轮连接盘式卷筒组(见图3-26)为封闭式传动,分组性好,卷筒轴不承受转矩。缺点是检修时需要沿轴向外移卷筒,卷筒轴长,装配困难,尤其是大型卷筒装配时就更加困难。

周边大齿轮式卷筒组(见图3-27)多用于传动速比大、转速低,用一个封闭式减速器难以达到所要求的速比,在减速器后面需再加一级开式齿轮传动的场合。开式齿轮传动精度相对较低,并且由于润滑不好,齿轮寿命也受到一定影响,所以机构工作级别较高时尽量不采用。

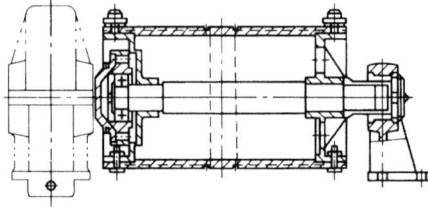

图 3-26　齿轮连接盘式卷筒组

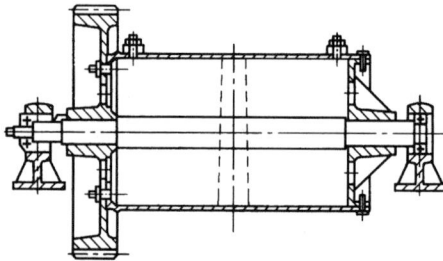

图 3-27　周边大齿轮式卷筒组

短轴式卷筒组(见图3-28)一般与焊接卷筒相匹配,把短轴直接焊接到卷筒的支承端,在另一端通过连接法兰、卷筒联轴器与减速器的低速轴相连接。卷筒联轴器既可用来传递转矩及承受径向载荷,又可用来补偿卷筒与减速器低速轴之间的轴向及角向位移。这种连接方式在检修时不需要移动卷筒就可以挪动减速器,装拆方便,是近年来使用最多的结构形式。

内装行星齿轮式卷筒组(见图3-29)输入轴与卷筒同轴线布置,行星减速器置于卷筒内腔,结构紧凑,质量较小,但制造与装配精度要求较高,维修不便。它常用于结构要求紧凑,工作级别为 M5 以下的机构中。

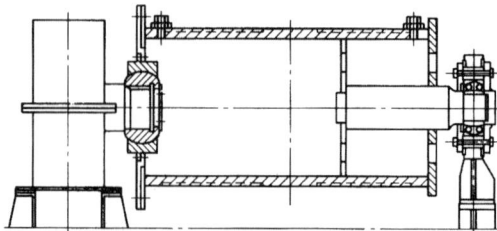

图 3-28　短轴式卷筒组

输入轴

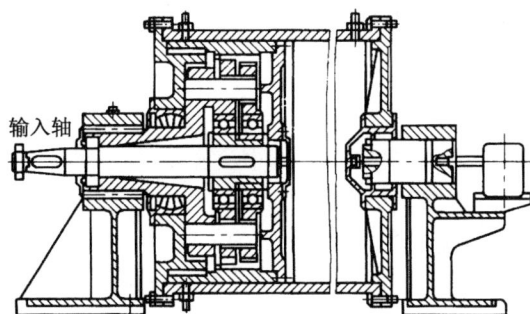

图 3-29　内装行星齿轮式卷筒组

五、钢丝绳的允许偏角

钢丝绳绕入、绕出卷筒或以一个偏角绕过滑轮时,其偏角有一定的限制,偏角超过一定限度会使钢丝绳与滑轮或卷筒产生强烈磨损,甚至会发生钢丝绳跳槽现象而引发脱槽事故,因此,应控制卷绕系统钢丝绳的最大偏角不超过规定的允许值。

(1)钢丝绳绕进或绕出滑轮槽时,偏斜的最大角度,即钢丝绳中心线和滑轮轴垂直的平面之间的角度,不大于 5°。

(2)钢丝绳绕进或绕出卷筒时,钢丝绳偏离螺旋槽两侧的角度不大于 3.5°。

(3)对于光卷筒和多层缠绕卷筒,钢丝绳偏离与卷筒轴垂直平面的角度不大于 2°。

减小偏角的措施有:减小卷筒长度或增加卷筒直径,增大滑轮与卷筒之间的距离。

六、卷筒的使用与维护

(一)卷筒的使用、检查与保养要求

1. 卷筒的使用要求

(1)卷筒上不应有明显的裂纹,绳槽磨损深度不应超过 2 mm。

(2)卷筒轴必须完好,不得有裂纹、明显的磨损。更换新轴时必须达到原有技术条件,避免卷筒轴断裂。

(3)钢丝绳在卷筒上的连接,必须牢固可靠,吊钩下放在最低处,卷筒上还必须留有 2~3 圈的安全圈。

(4)多层卷绕的卷筒,端部应有凸缘。凸缘应比最外层钢丝绳高出 2 倍钢丝绳直径。

2. 卷筒的检查与保养要求

操作人员交接班时,必须注意检查钢丝绳压板螺栓、卷筒与齿轮连接盘连接螺栓是否松动,检查卷筒有无裂纹等损伤,经常润滑其轴承。每月必须对卷筒各部分及附件做一次全面检查,测量磨损程度。

(1)检查卷筒绳槽是否完整、磨损程度、钢丝绳是否脱槽;

(2)润滑状况是否良好;

(3)卷筒转动是否灵活、平稳、无阻滞;

(4)每月检查一次钢丝绳尾端固定情况;

(5)按规定的润滑周期对卷筒进行保养润滑。

（二）带齿轮联接盘的卷筒装置的拆装

该卷筒装置由卷筒、齿轮联接盘、轴、轴承座等零部件组成（参照图4-24）。装配步骤如下：

(1)在装配前应对主要连接件相关部位尺寸及公差进行检查，是否符合图纸要求，如卷筒与联接盘，联接盘与轴，轴承与轴等部位的尺寸。并检查减速器齿轮输出端的轴承孔安装尺寸，一般应按最大一级过渡配合尺寸为宜。

(2)先将齿轮联接盘、卷筒、轴进行组装，再装左端轴承并用螺栓、挡圈定位。安装右轴承时，先将轴套、左透盖装入，再装轴承，然后再装止动垫片、定位螺母定位。装配轴承时，严禁用重力敲击。

(3)将右端轴承装入轴承座内，然后将卷筒装配组件装入减速器齿轮输出端的轴承孔，使轴承定位。

(4)校正减速器低速轴端与卷筒装配组件的中心线误差，不超过30 μm，水平与垂直偏差不超过0.25 mm。

(5)将轴承座与机架定位，并安装好可分盖，齿轮轴端与轴承座端分别加润滑油脂，用手转动卷筒装置，应转动灵活无阻滞现象。

卷筒装置的拆卸步骤按装配步骤反过来进行。

（三）带齿轮联接盘的卷筒装置容易发生故障的部位

容易发生事故的部位主要有：

(1)齿轮联接盘的内齿。负荷的上升、下降和吊运的转矩超过齿轮联接盘的内齿传递能力。由于动作频繁，传递力矩大，加上润滑不好，齿轮联接盘的内齿往往受到严重磨损。齿面热处理达不到要求或没有作热处理时，更为严重。还有可能因轮齿被磨损，又没有及时发现，结果造成坠落事故。

(2)联接螺栓在卷筒和齿轮联接盘传递力矩的过程承受剪切力和冲击力。如果螺栓和孔配合不良，造成受力过高，就可能使螺栓被逐个剪断，最后造成重物坠落。

(3)卷筒和压板螺栓的配合螺纹磨损或螺栓松动。如果这时留在卷筒上的安全圈数少于2~3圈，就会发生钢丝绳抽出，发生重物坠落事故。

（四）卷筒的检修

卷筒在工作时受到钢丝绳的挤压，同时受到钢丝绳牵引引起的弯曲、扭曲作用力，卷筒在这些力的作用下，容易产生裂纹和磨损。

(1)卷筒的横向裂纹允许有一处，长度不大于10 mm；纵向裂纹允许有两处，总长度不大于10 mm，并且两处的距离必须在五个绳槽以上。可在裂纹两端钻小孔，用电焊修补；如果超过上述范围应报废。

(2)卷筒绳槽磨损深度超过2 mm时，卷筒应重新车槽，车新槽后壁厚不应小于原壁厚的85%。

(3)钢丝绳脱槽是由于绳槽偏角过大而产生的，使钢丝绳容易磨槽边或跳槽。一般钢丝绳相对绳槽的允许偏角小于3.5°。

（五）卷筒轴的检修

(1)卷筒轴受弯曲和剪切应力，发现裂纹应及时报废，否则会发生卷筒轴断裂，造成事故。

(2)卷筒轴磨损超过原直径的5%,应换新。

(3)卷筒轴和轴承的配合一般采用k6;卷筒轴承座孔和轴承的配合一般采用k7。

(六)卷筒常见故障及排除

(1)卷筒出现疲劳裂纹,会造成卷筒断裂现象,超过修理范围,则应立即更换。

(2)卷筒轴上的键与键槽窜动,可能使键被剪断,在起升机构传动中会导致吊物坠落,应立即停止使用,予以检修。

(3)卷筒绳槽磨损和跳槽,使卷筒强度削弱,容易断裂,钢丝绳缠绕混乱。措施:卷筒壁厚磨损达报废标准立即更换。

单元四　取物装置

一、概述

起重机必须通过取物装置将起吊物品与起升机构联系起来,从而对这些物品进行装卸、吊运和安装等作业。对于取物装置主要有以下要求:

(1)提高生产率。减轻自重,缩短装卸时间。

(2)减轻体力劳动。尽量减少辅助人员数量,减轻人的劳动强度。自动作用的取物装置,如抓斗、起重电磁铁、真空吸盘等,完全不需要辅助作业人员,且作业时间大大缩短。

(3)安全作业。对于吊运的物品应当防止坠落或其他损伤,对于作业人员应防止发生人身伤亡事故。

吊运成件物品、散粒物品以及液体物品,应采用不同的取物装置。为适应物品的几何形状、物理性质以及装卸效率的不同要求,取物装置种类繁多,如吊钩、吊环、吊索(见图3-30),夹钳、托爪(见图3-31),吊梁(见图3-32),盛桶(见图3-33),起重电磁铁、真空吸盘、抓斗、料斗(见图3-34),此外还有卸扣、吊耳、集装箱吊具等。

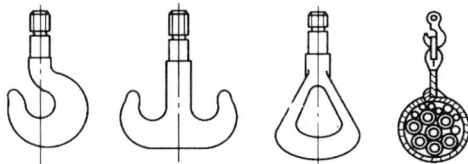

图 3-30 吊钩、吊环、吊索

二、吊钩装置

吊钩装置是起重机中应用最广泛的取物装置,它由吊钩、吊钩螺母、推力轴承、吊钩横梁、滑轮、滑轮轴以及拉板组成,与起升机构的挠性构件联系在一起。

图 3-31　夹钳、托爪

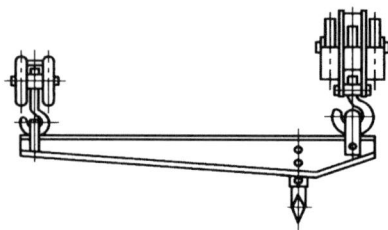

图 3-32　吊梁

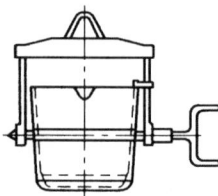

图 3-33　盛桶

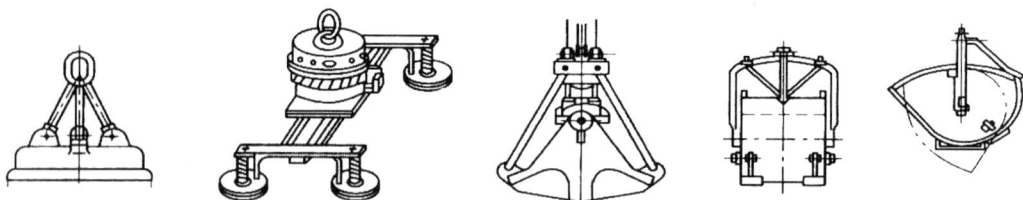

图 3-34　起重电磁铁、真空吸盘、抓斗、料斗

(一)吊钩及吊钩装置的构造

1.吊钩的材料

吊钩断裂可能导致重大的人身及设备事故,因此,吊钩的材料要求没有突然断裂的危险。从减轻吊钩自重的角度出发,要求吊钩的材料具有高强度。但强度高的材料通常对裂纹和缺陷很敏感,材料的强度越高,突然断裂的可能性越大,因此,目前吊钩广泛采用低碳钢。

中小起重量起重机吊钩的毛坯是采用锻造方法成形的。大起重量的吊钩可采用钢板铆合,称为叠片式吊钩。随着制造厂锻压能力的提高,目前大起重量的吊钩也有采用锻造成形的。通常锻造吊钩的材料为 Q345qD、Q420qD、35CrMo、34Cr2Ni2Mo、30Cr2Ni2Mo 等优质低合金高强度结构钢或合金结构钢。叠片式吊钩由若干块厚度不小于 20 mm 的 Q235、20 优质碳素钢或 Q345 钢板铆接成一体。

叠片式吊钩一般不会因突然断裂而破坏,因为金属缺陷引起的断裂常局限于个别钢板,其余钢板仍然能够支持吊重。因此,叠片式吊钩比锻造吊钩具有更大的安全性。损坏的钢板可以更换,它不像锻造吊钩,一旦破坏就整体报废,这也是叠片式吊钩的一大优点。但是叠片式吊钩自重较大,因为它的截面形式不如锻造吊钩合理。

铸造吊钩由于工艺上尚不能排除铸造缺陷,不符合安全要求,因此不允许使用。

由于钢材在焊接时难免产生裂纹,因此也不允许使用焊接制造或修复的吊钩。

使用的吊钩需经过检查,打上合格印记,并在使用中进行定期检查。

2. 吊钩的种类

根据制造方法的不同,吊钩可分为锻造吊钩和叠片式吊钩;根据形状的不同,吊钩又可分为单钩和双钩,如图 3-35 所示。单钩的优点是制造和使用比较方便。双钩的优点是相对质量小一些,因为它的受力情况比较有利。单钩用于较小的起重量。当起重量较大时,为了不使吊钩过重,多采用双钩。

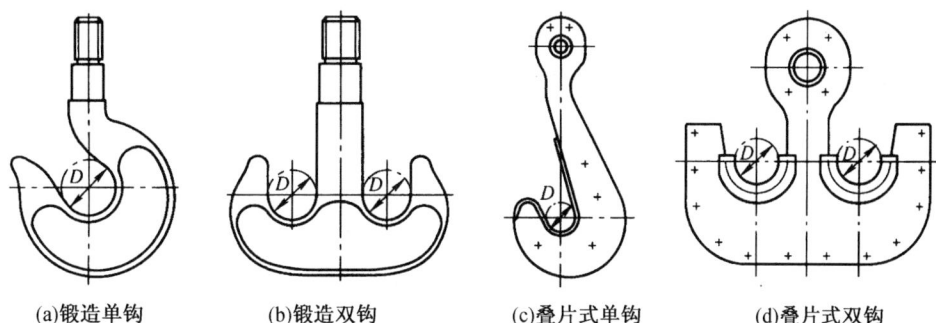

(a)锻造单钩　　(b)锻造双钩　　(c)叠片式单钩　　(d)叠片式双钩

图 3-35　吊钩的种类

3. 吊钩的构造

吊钩钩孔的尺寸根据系物绳或专用吊具的尺寸而定,吊钩钩身(弯曲部分)的截面形状有圆形、矩形、梯形、T 形与工字形等,如图 3-36 所示。从受力情况来看,工字形截面最合理,可以得到自重较轻的吊钩,它的缺点是锻造工艺复杂。目前最常用的吊钩截面是梯形和 T 形,其受力情况比较合理,锻造加工比较容易。矩形截面只用于叠片式吊钩,其截面的承载能力未能充分利用,因而比较笨重。圆形截面只用于简易的小型吊钩。

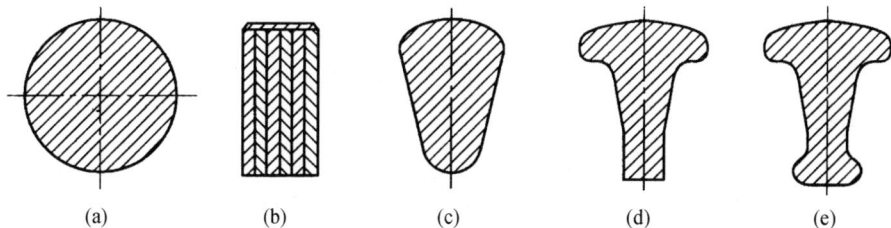

(a)　　　　(b)　　　　(c)　　　　(d)　　　　(e)

图 3-36　吊钩的截面形状

装在吊钩装置上的锻造吊钩尾部通常制成带螺纹的形式,通过螺母将吊钩支承在吊钩横梁上。小型吊钩通常采用管螺纹,这种螺纹制造方便,但应力集中严重,容易在螺纹处断裂。为了防止上述缺点,大型吊钩多采用梯形或锯齿形螺纹。为了更好地减轻应力集中,还可以采用圆螺纹。小型起重机的吊钩采用如图 3-37 所示的结构,它省去了尾部螺纹,减轻了应力集中。叠片式吊钩及悬挂在单支钢丝绳上的吊钩,其尾部带有圆孔[见图

3-35(c)、图 3-35(d)],用销轴与其他部件连接。

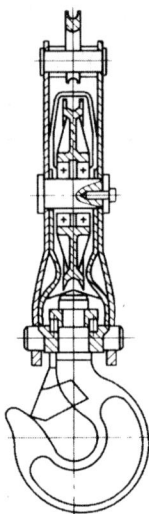

图 3-37　不带螺纹的吊钩

　　为了防止系物脱钩,有的吊钩装有闭锁装置[见图 3-38(a)]。装卸船用的吊钩通常制成图 3-38(b)所示的形状,凸出的鼻状部分是为了防止吊钩在起升时挂住舱口。叠片式吊钩的钩口通常有软钢垫块,垫块上方为圆弧形,以免损伤系物绳,下方与钩口紧密配合,使载荷均匀分配到各片上去。

　　标准吊钩的规格和尺寸已经系列化。

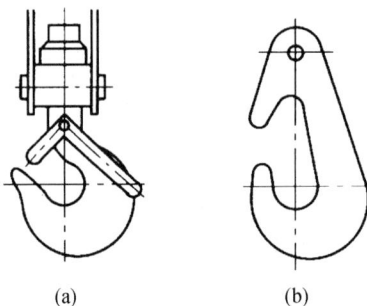

(a)　　　　　　　　　(b)

图 3-38　闭锁钩与鼻状钩

4.吊钩装置

　　吊钩装置是吊钩与滑轮的组合体。吊钩装置有短钩型与长钩型两种,如图 3-39 所示。长钩型吊钩装置采用钩柄较长的吊钩,与滑轮均支承在吊钩横梁上,总高度会大大减小,常用于桥架型起重机。短钩型吊钩装置采用钩柄较短的吊钩支承在吊钩横梁上,滑轮则支承在单独的滑轮轴上,它的高度较大,使有效起升高度减小。常用于臂架型起重机。

　　为了方便辅助装卸人员挂钩摘钩作业,吊钩应能绕垂直轴线与水平轴线旋转以及摆动。为此,吊钩常用调心推力轴承支承在吊钩横梁上,吊钩尾部的螺母压在此调心推力轴承上。螺母应有可靠的防松装置,推力轴承应有防尘装置。为了使吊钩能绕水平轴线旋转,短钩型吊钩装置的吊钩横梁的轴端与定轴挡板相配处制成环形槽,允许横梁转动;相反,上方滑轮轴的轴端则为扁缺口,不允许滑轮轴转动。

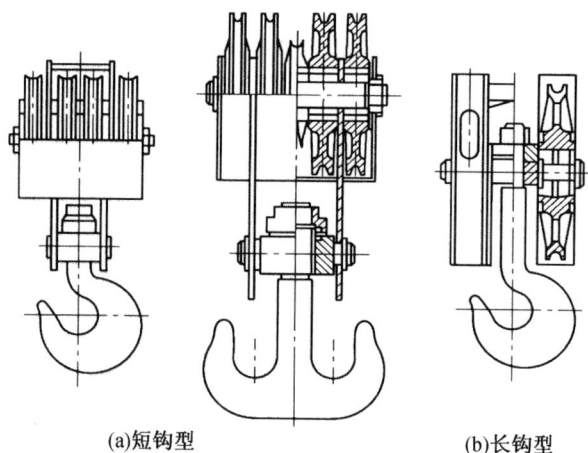

(a)短钩型　　　　　　　　　　　　(b)长钩型

图 3-39　吊钩组

单支钢丝绳配置的吊钩,由于自重不足,常需附加重锤,便于空钩下降,如汽车起重机中的吊钩(见图 3-40)等。

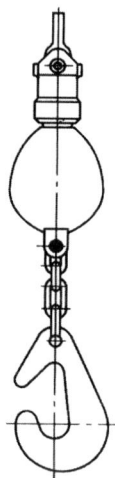

图 3-40　带有重锤的吊钩

(二)吊钩装置的使用

1.吊钩装置的正确选择

(1)根据起重量要求和使用场合要求,合理选用锻造吊钩或片式板钩、单钩或双钩。

(2)起重机用吊钩,应采用梯形断面的吊钩,而不能采用工字形断面和丁字形断面的吊钩。

(3)吊钩应有制造单位的合格证等技术证明文件,方可投入使用。否则,应经检验,查明性能合格后方可使用。使用中应按要求检查、维修和报废。

(4)起重机械不得使用铸造的吊钩或焊接的吊钩。

(5)吊钩宜设防止吊重意外脱钩的保险装置。

(6)吊钩表面应光洁、无剥落、锐角、毛刺、裂纹等。

2.吊钩装置使用的要求

（1）使用双钩时,载重必须平均分配在两钩上,否则钩杆会由于载荷偏心而引起弯曲,甚至发生裂纹。

（2）吊钩的缺口、裂纹和磨损部分不得补焊。

（3）对新安装的磨损程度较大而又不到报废程度的吊钩,必须做负荷试验。

（4）交接班时,必须仔细检查吊钩的情况,有无机械损伤,危险断面有无裂纹,转动部分是否灵活,固定部分是否牢靠等。

（5）吊钩要进行定期检查,而且每年至少要进行一次全面技术鉴定,同时将吊钩装置解体清洗、检修和润滑。

（三）吊钩装置的损坏形式

吊钩装置使用过程中,外观可见到的损坏形式常有钩口部位的磨损和滑轮轮缘的破碎。钩口部位的磨损为正常现象。用钢丝绳直接吊物如图 3-41 所示,如果辅助吊具的用法得当,磨损会慢些,甚至很少有磨损。实践证明,单根钢丝绳跨挂重物的方法不当,是造成钩口磨损的主要因素。当重物被吊起时,必然要自行调整重心,迫使钢丝绳在钩口处滑动,致使钩口很快磨损。如果改用类似如图 3-42 所示的辅助吊具,就会改善这种情况。

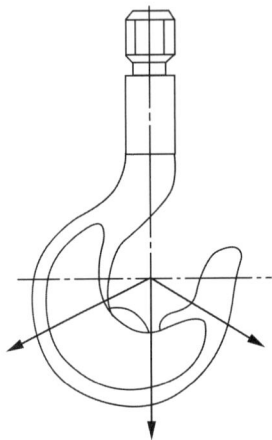

图 3-41　钢丝绳直接吊物　　　　　图 3-42　辅助吊具吊物

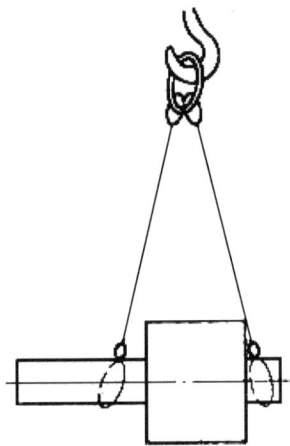

另外如图 3-43 所示的钩口变形,在使用中,吊钩的钩口由于产生了永久变形而增大,如果尺寸 a 逐渐张开到 a',当 a' 与 d 尺寸相等时,则吊钩应更换新钩。

滑轮的轮缘破碎,主要是由碰撞造成的。原因是吊钩装置没有升到必要的高度,操作不稳或斜拉歪吊重物,使吊钩等产生了强烈摆动,从而使滑轮碰撞到其他物件上。还有因司机违反操作规程,不检查限位开关是否有效,不注意吊钩的起升位置而与其他装置相碰,使滑轮损坏。如果产生了滑轮破碎,则应及时修补或更换滑轮。

吊钩装置中不易发现的隐患,常常是吊钩尾部螺纹的底径或螺纹与杆部之间的退刀槽处,因应力集中而产生裂纹。检修时,应把吊钩螺母卸下,清洗干净上边的污垢后,认真仔细查看,只要检修时提早发现该处裂纹,就可以避免由于突然断裂而造成严重后果。

（四）吊钩装置的检查

吊钩若使用不当极易损坏或折断,造成重大事故和经济损失,因此必须对吊钩经常进行检查,特别注意三个危险截面的检查(见图 3-44),发现问题,及时处理,吊钩装置的检查见表 3-3。

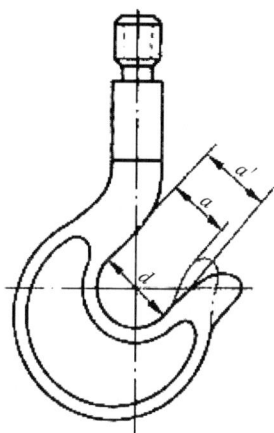

图 3-43 钩口变形

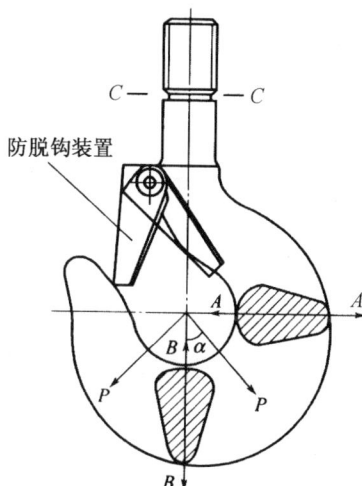

图 3-44 吊钩危险截面

表 3-3 吊钩装置检查表

项目	检查时间与方法
吊钩回转状态	定期用手转动,应轻巧灵活
防脱钩装置	用手检验,确认可靠
滑轮	应有防护罩,转动时应无异常声响
螺栓、销	定期检查,应无松动、脱落
危险断面磨损	按国家标准定期检查,危险断面磨损量不超过原尺寸的10%
裂纹	半年进行一次磁粉探伤
吊钩开口度	必要时进行及时检查,开口度不能超过原尺寸的15%
螺纹	卸去螺母,检查有无裂纹
轴承及轴瓦	不得有裂纹和严重磨损

还应当经常检查吊钩螺母或其他连接方式的零件是否有松脱或被切断的情况,防止吊钩自行脱落。还应检查吊钩尾部螺纹和吊钩螺母上的腐蚀情况,对经常接触腐蚀性气体、液体的吊钩装置,应涂抹润滑脂以防腐蚀。绝缘起重机所用吊钩上的绝缘垫、绝缘套等不得破裂,应经常检查,及时清除灰尘,潮湿后应立即烘干。定期向润滑点和铰接点加润滑脂,吊钩螺母下边的推力轴承处更应注意加油。

(五)吊钩报废标准

(1)吊钩表面有裂纹。

(2)危险断面磨损达原尺寸的10%。

(3)开口度比原尺寸增加15%时。

(4)扭转变形超过10°时。

（5）危险断面或吊钩颈部产生塑性变形。

（6）钩柄腐蚀后的尺寸小于原尺寸的90%。

（7）吊钩磨损后有补焊。

（8）尾部螺纹根部有裂纹。

（9）片式吊钩衬套磨损达原尺寸的50%，应报废衬套。

（10）板钩防磨板磨损达原尺寸的50%，应报废防磨板。

（11）片式板钩上有侧向变形，当变形的弯曲半径大于板厚的20倍时，必须更换钩片。

三、抓斗

（一）抓斗的种类与工作原理

抓斗是一种自动的取物装置，它的抓取与卸料动作由起重机司机操纵，不需要辅助人员协助，因而避免了繁重的人力劳动，同时也节省了辅助时间，大大提高了装卸生产率。典型抓斗的构造如图3-45和图3-46所示。抓斗主要用于装卸大量的散粒物料，也有用于抓取圆木的抓斗（见图3-47）。抓斗广泛应用于矿山、冶金厂、港口、车站、煤场及其他散粒物料仓库。

抓斗的缺点是自重大，一方面抓斗依靠自重挖入货堆，不能太轻，另一方面，自重太大减小了有效起重量，这方面尚需进行许多研究工作。

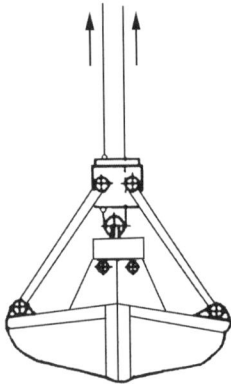

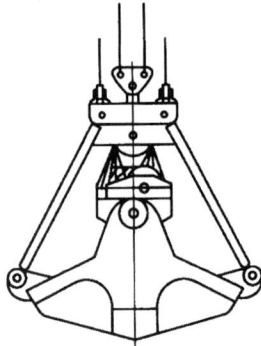

图3-45 双绳抓斗　　　　图3-46 四绳抓斗　　　　图3-47 圆木抓斗

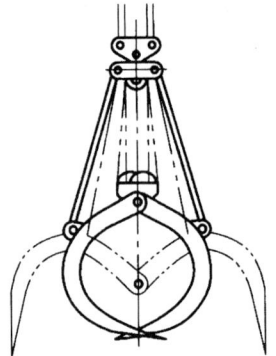

1. 抓斗的种类

根据抓取物料的不同，
抓斗可分为矿石抓斗、煤炭抓斗、粮食抓斗等。但通用的抓斗则根据抓取物料的密度 ρ 分为轻型抓斗（$\rho<1.2\ \text{t/m}^3$）、中型抓斗（$\rho=1.2\sim2.0\ \text{t/m}^3$）、重型抓斗（$\rho=2.0\sim2.6\ \text{t/m}^3$）及特重型抓斗（$\rho>2.6\ \text{t/m}^3$）。

根据抓斗开闭方式不同可分为单绳抓斗（见图3-48）、双绳抓斗（见图3-45）及马达抓斗（见图3-49）。最常用的是双绳抓斗，它需要配备专门的双起升机构，其生产率高。单绳抓斗可以用于单起升机构，但结构与操作复杂，生产率低，用于兼运成件物品及散粒物品的起重机。马达抓斗不需要专门的双起升机构，自身带有闭合机构，但需附设电缆卷筒，它的特点是抓取能力大。

根据颚板数目的不同,抓斗可分为双颚板抓斗和多颚板抓斗(或多爪抓斗,见图3-50)。多颚板抓斗颚板数为三个以上,多数为六个。多颚板抓斗装卸大块矿石及废钢铁效果较好。

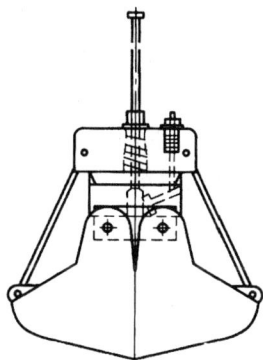

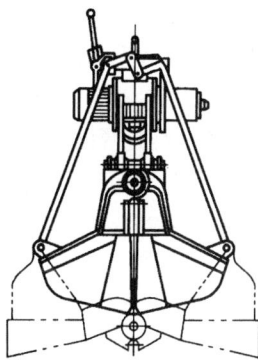

图3-48 单绳抓斗　　　　图3-49 马达抓斗　　　　图3-50 多爪抓斗

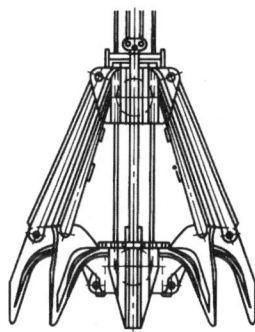

2. 双绳抓斗工作原理

双绳抓斗由头部、撑杆、颚板及下横梁组成(见图3-45)。抓取及卸料动作分别利用两个卷筒(起升卷筒和开闭卷筒)及两根钢丝绳(起升绳与开闭绳)来操纵的。起升绳系在抓斗的头部,开闭绳以滑轮组的形式绕于头部和下横梁之间,构成开闭滑轮组。

抓斗以张开状态,在自重作用下,颚板插入料堆[见图3-51(a)],开动开闭卷筒,提升开闭绳,使两颚板合拢,抓取物料[见图3-51(b)]。当抓斗完全闭合时,立即开动起升卷筒,这时起升卷筒与开闭卷筒共同旋转[见图3-51(c)],将满载抓斗提升到适当高度。当抓斗移动到卸料点上方时,向下降方向开动开闭卷筒[见图3-51(d)],起升卷筒停止不动,在物料与下横梁重力作用下,抓斗张开卸料,卸料完毕,抓斗以张开状态进入下一个循环。

双绳抓斗的起升绳与开闭绳常常成双布置,这样使得抓斗工作时更为稳定,同时钢丝绳较细,可使卷筒与滑轮直径减小,这时共有四根绳,称为四绳抓斗。

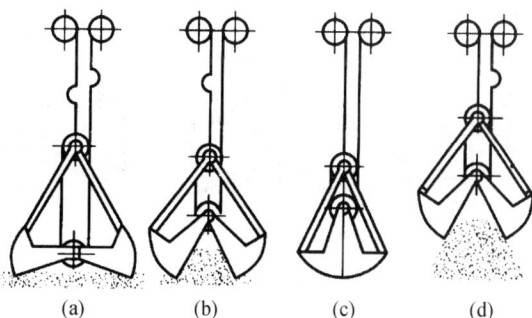

(a)　　　　(b)　　　　(c)　　　　(d)

图3-51 双绳抓斗工作原理

3. 单绳抓斗的工作原理

单绳抓斗用于只有一个起升卷筒的普通起重机上。单绳抓斗由头部、撑杆、颚板及下横梁组成。只有一根钢丝绳,轮流担负起升绳与开闭绳的任务,任务转换时,必须将抓斗落在料堆上,使钢丝绳处于松弛状态,再通过特殊的锁扣装置来实现。不同形式的单绳抓斗就有不同结构的锁扣装置。

图 3-52 所示钢丝绳适当位置固定一钢球,抓斗头部装了一个钢叉,卸料时[见图 3-52 (d)],先将抓斗落在待卸料堆上,放松钢丝绳使球体卡在钢叉中,然后将钢丝绳提升,由于球体以下部分的钢丝绳是松弛的,在物料与下横梁重力作用下抓斗打开,进行卸料,卸料完毕,再次将抓斗以张开状态落在待抓料堆上,抓斗在自重作用下挖入料堆,此时使钢球从钢叉内脱离,提升钢丝绳,抓斗合拢,继续提升抓斗并落到待卸料堆上,放松钢丝绳使球体卡在钢叉中,再提升钢丝绳,使抓斗打开,重复卸料、抓取循环。

钢球卡入与脱离钢叉需要有辅助人员帮助,否则,要求司机有很高的操作技能,掌握钢丝绳摆动规律,才能运用自如。钢球卡入与脱离钢叉均须将抓斗落在料堆上,在钢丝绳松弛状态进行,完成一个循环的时间比双绳抓斗长,因而装卸效率较低。

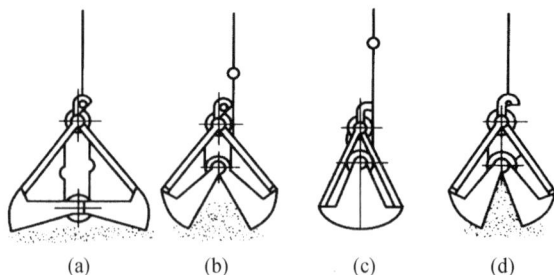

图 3-52 单绳抓斗工作原理

图 3-53 所示为一种不需要辅助人员帮助的单绳抓斗的构造简图。下横梁制成两部分,由挂钩实现两者的分与合。抓取物料时,张开的抓斗落于物料之上,下横梁上部落下,挂钩将它钩住,钢丝绳即作为闭合绳上升,抓取物料[见图 3-53(a)]。卸料时,只将抓斗落于物料堆上,继续松绳,挂钩被弹簧张力拉开,下横梁上部脱开上升到顶,这时钢丝绳仍作为起升绳卸去物料[见图 3-53(b)],卸完情况如图 3-53(c)所示。

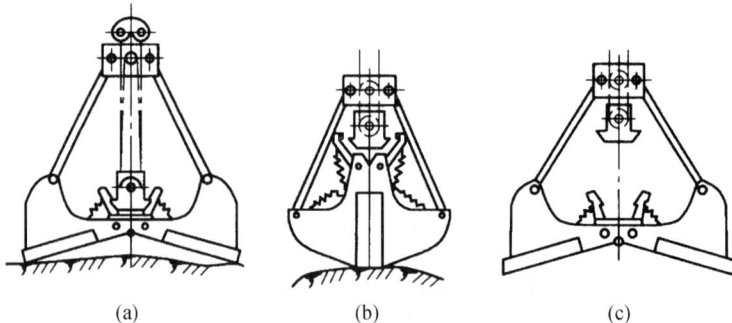

图 3-53 单绳抓斗

4. 马达抓斗的工作原理

马达抓斗本身带有开闭机构,它的样式繁多,我国主要采用图 3-49 所示的形式,其原理是把标准电动葫芦装到抓斗上作为开闭机构。马达抓斗可以看作将开闭卷筒移到抓斗本身上去,由于马达抓斗在闭合时不再像双绳抓斗那样受开闭绳向上的拉力,抓斗自重全部都起挖掘作用,因而抓取能力大,最适用于抓取矿石等难抓的物料。

近年来随着液压传动技术的发展,越来越广泛地采用液压抓斗,其优点是结构紧凑。图 3-54 所示为一种液压抓斗的简图。

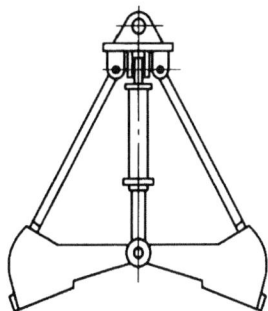

图 3-54　液压抓斗

（二）双绳（四绳）抓斗的构造

图 3-45 所示为双绳抓斗的构造简图。如前所述,抓斗由头部、撑杆、颚板及下横梁四部分组成,在头部装有上滑轮及闭合导向装置,在下横梁上装有下滑轮。

1. 撑杆与头部的连接

如果将撑杆与头部按图 3-55（a）所示简单地铰接起来,头部就没有稳定的位置,因为它构成了一个四连杆机构,具有一个自由度。为使头部稳定,应消除该自由度。图 3-55（b）所示为采用低副连杆来消除该自由度。图 3-55（c）所示为采用高副啮合来消除该自由度。也可将销钉插入长孔中,如图 3-55（d）所示。还可采用将一个铰点固定的方法来消除该自由度,如图 3-55（e）所示,但其缺点是此固定铰点处与撑杆受弯矩作用,并使得头部也略有偏斜。

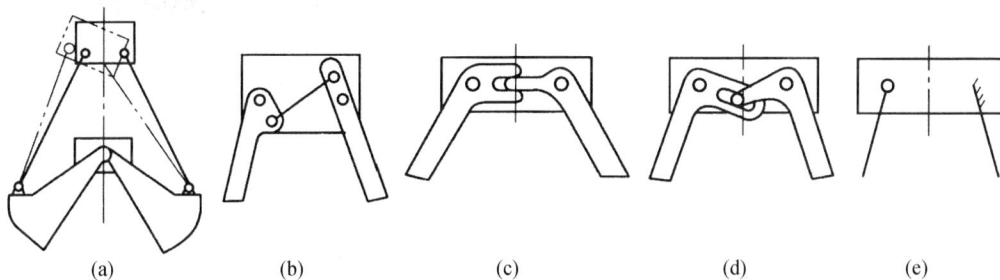

(a)　(b)　(c)　(d)　(e)

图 3-55　撑杆与头部的连接

2. 颚板与下横梁的连接

颚板与下横梁的连接和撑杆与头部的连接一样,如果简单地把两个颚板与下横梁铰接起来,就有闭合不佳的可能性[见图 3-56（a）],这时也多了一个自由度。通常采用两个扇形齿轮来消除该自由度[见图 3-56（b）],这样将两个颚板联系起来,能保证它们严密闭合。简单地消除多个自由度的方法就是把两个铰点合为一个铰点,与剪刀的形式相同[见图 3-56（c）]。

3. 头部（上）滑轮及下横梁滑轮的布置

上、下滑轮的轴如果布置成平行的,那就要求上、下滑轮的轴不能距离太近,否则钢丝绳就会产生较大的偏斜角,导致钢丝绳的磨损加剧。较好的方法是把下滑轮偏斜一个角度,使钢丝绳在上升和下降的过程中都不产生较大的偏斜,如图 3-57 所示。

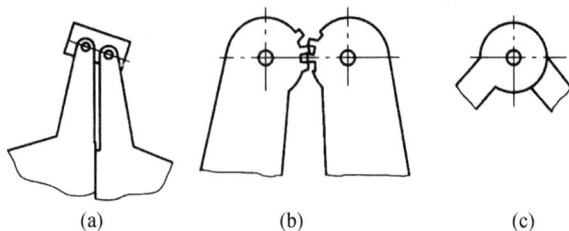

(a)   (b)   (c)

图 3-56　颚板与下横梁的连接

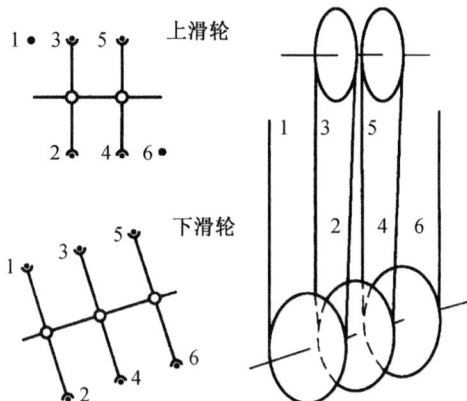

图 3-57　开闭滑轮组的布置

4. 四绳抓斗钢丝绳的平衡

双绳抓斗常制成四绳形式,即两根起升绳和两根闭合绳。为使两根绳的张力相等,常采用均衡滑轮和均衡杠杆,如图 3-58 所示。

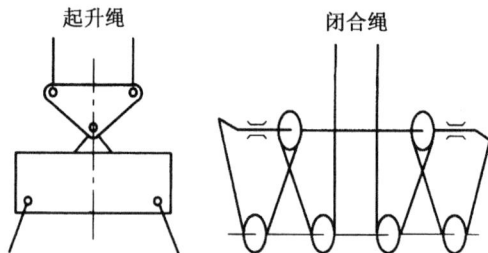

图 3-58　均衡杠杆

5. 闭合绳的导路

闭合绳穿过头部时应有良好的导路以减轻磨损。可采用耐磨材料制成的导筒,更好的方法是采用导辊,如图 3-59 所示。

6. 颚板

颚板是由钢板制成的,为增强刚性,其边缘用厚钢板进行加强。刃口最好用 ZGMn13 高锰钢制成,通过热处理使它得到奥氏体组织,具有高的韧性与耐磨性。热处理时加热到 1 060~1 100 ℃,放水中骤冷。用于抓取小颗粒松散材料时,刃口板也可用 65Mn 制成,淬火后硬度达到 55~60HRC。刃口一般是平直的,只有当抓取难抓的物料,如大块物料或坚实料堆时,才装上高锰钢爪。钢爪可以采取焊接固定的形式,也可以采取可拆卸的形式。抓取

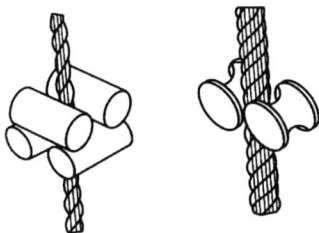

图 3-59 导辊

粮食的抓斗,有时为了避免泄漏,刃口制成搭接工形式[见图 3-60(a)和图 3-60(b)]或采用密封垫的形式[见图 3-60(c)]。

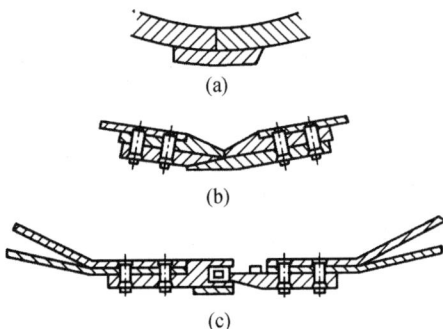

(a)

(b)

(c)

图 3-60 搭接的刃口

7. 撑杆

抓斗的撑杆是受压杆件,因此应有足够大的截面尺寸。由于撑杆的自重对于抓取性能是比较有利的,因此通常采用实心圆钢或方钢制成,在力求减轻自重的前提下,也可以采用厚壁管或由两块角钢或槽钢焊接成方管。

(三)影响抓斗抓取能力的因素

1. 抓斗自重的影响

抓斗抓取的能力是依靠抓斗的自重产生的。抓斗的抓取过程与铁锹挖土的过程相似,施加于铁锹上的力越大土就挖得越多。由于操作司机不能通过钢丝绳对抓斗施加作用力,抓斗对物料的垂直压力只能依靠抓斗自重,抓斗自重越大,其抓取量也大。因此,抓斗的自重是影响抓斗抓取能力的主要因素。

设计抓斗时必须保证有足够的自重,不同的物料需要不同的抓斗自重。密度大与难抓的物料,如大块矿石与坚实料堆,需要自重大的抓斗;而粮食和煤则需要较轻的抓斗;现有的抓斗如果要抓取更重、更难抓的物料,则可以在抓斗上附加重物。

抓斗各部分的自重对于抓取能力的影响程度是不同的。理论与实践都指出:头部与撑杆的自重最有效,颚板次之,加大下横梁自重效果最差,颚板自重在铰点附近部位也同头部与撑杆一样,是最有效的,因为它们都有强烈促进抓斗闭合的作用,设计时,应力求把自重分配到最有利于提高抓取能力的部分上去。虽然头部自重对于提高抓斗抓取能力很有效,但它使得抓斗重心提高,容易使抓斗在工作中翻倒,影响生产,因此,最合理的分配是把自重尽量放在颚板与撑杆的铰接点附近。附加重物时,也应加在此部位。双绳抓斗的自重分配:头部 22%、撑杆 15%、颚板 45%、下横梁 18%。

自重分配对于抓取能力的影响,在开闭滑轮组倍率较小时比较明显,随着滑轮组倍率的增加,其影响越来越小。对于马达抓斗,其抓取能力完全由抓斗总自重决定,自重的分配对于抓取能力无任何影响。

2.开闭滑轮组倍率的影响

增大开闭滑轮组的倍率可以降低开闭绳在抓取过程中的张力,使挖掘压力增大,从而提高抓斗的抓取能力。对于同样的抓取自重,如果增大滑轮组的倍率,就可以减轻抓斗的自重。增大滑轮组倍率的不良后果是增加了开闭时间与开闭绳的行程,同时使钢丝绳的磨损加剧。因此要确定合适的滑轮组倍率,应当综合考虑各种情况;如果设计时有使抓斗最轻的要求,可以先从强度出发设计抓斗,然后再从最轻自重出发确定滑轮组的倍率。

3.抓斗最大开度的影响

图 3-61 所示为一个模型抓斗在不同最大开度时的抓取曲线与抓取量。可以看出,在某一限度内增大开度可以提高抓取能力,当开度过大时,抓取深度急剧降低,抓取能力反而减小。这时,在抓斗闭合的最后阶段,由于已抓取的物料所产生的阻力增加,使闭合绳张力急剧增大,甚至将抓斗提起,使刃口离开料堆,反而吐出了原先已经刮集的物料,只有当料堆很薄时才适于采用开度很大的抓斗。收集舱底剩余物料的耙集式抓斗的一个特点就是开度很大。

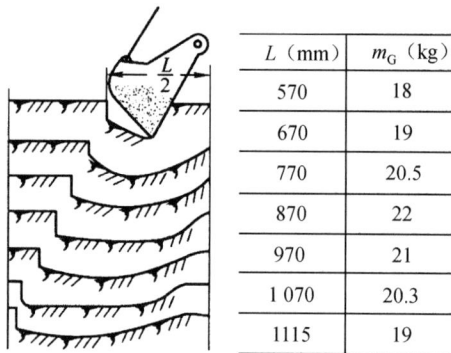

L(mm)	m_G(kg)
570	18
670	19
770	20.5
870	22
970	21
1 070	20.3
1115	19

图 3-61　最大开度对抓取量的影响

4.物料性质的影响

物料的密度、块度与内摩擦系数对于抓斗的抓取量有很大的影响。密度大、块度大与内摩擦系数大的物料是最难抓取的,因而抓取量最低。一方面是由于这种物料阻碍抓斗的刃口向深处挖掘,另一方面由于闭合过程中阻力也大,使闭合绳张力增大,从而降低挖掘压力,使抓取深度减小。

如前所述,对于难抓取的物料,即密度大、块度大或内摩擦系数大的物料,例如大块矿石,应当采用重的抓斗,并且选用较大的开闭滑轮组倍率;对于容易抓取的物料,例如粮食,则采用自重较轻、开闭滑轮组倍率较小的抓斗。

对于大块物料或坚实的物料,平直的抓斗刃口不易切入,通常装上钢爪以提高抓取能力,最好采用多颚板(多爪)抓斗。

5.颚板形状的影响

根据对不同的抓斗进行的试验,推荐对于细粒的、内摩擦系数小的物料采用圆底抓斗

[见图3-62(a)]。对于大、中块及内摩擦系数大的物料采用平底抓斗[见图3-62(b)]，因为对于这种物料应尽量减少其在抓取过程中的内部运动，以减少抓取阻力。颚板刃口的后角 α 通常取为 $10°\sim15°$。后角太小，颚板背部会与物料相碰，阻碍抓斗向深处插入；后角太大，闭合阻力增加，导致抓取能力降低。对于干燥物料，α 取较小值；对于潮湿物料，α 取较大值，以减少抓取过程中的抽空作用。

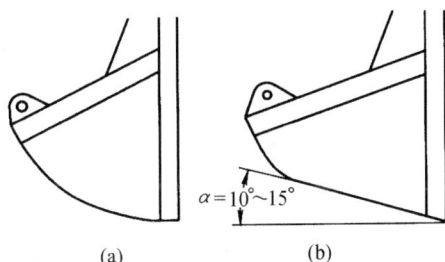

图 3-62 抓斗颚板形状

6. 颚板宽度 B 或 $\psi=B/L$ 的影响

宽度较窄的抓斗可以较容易地插入物料。但窄抓斗两侧壁的阻力相对来说较大，因而太窄的抓斗也使抓取能力降低。确定抓斗宽度 B 或 $\psi=B/L$ 的原则是：对于块度大的物料及坚实的料堆，应取较小值；对于松散物料，宜取较大值，一般取 $\psi=0.45\sim0.55$，也有研究人员建议可以尝试将 ψ 值增大到 $0.7\sim0.75$。

7. 操作方法

将抓斗以高速落于料堆上，可以帮助抓斗插入物料，从而提高抓取能力。但这种作用只是对于抓斗不易插入的物料才有显著的效果，例如大块物料、坚实的料堆以及结有坚实硬壳的料堆。对于松散物料，抛掷速度对抓取能力影响不大，虽然在最初阶段抓取得较多，但在后一阶段刃口又向上退出，使得抓取量增加甚少。

较大的投掷速度对抓斗各构件的强度和刚度会有不利的影响，引起抓斗过早的损坏，这是应该注意的。

在抓取物料时，将开启的抓斗落到堆尖上，有计划地抓取堆尖，并在抓取过程中注意形成新堆尖。这样，由于抓斗抓取物料时受到的外壁阻力小，可以提高抓取量。

(四)双绳抓斗的其他型式

上面介绍的双绳抓斗是应用最广泛的结构形式，双绳抓斗还有很多种结构形式。

1. 闭合机构不同的双颚板抓斗

(1) 短撑杆式抓斗

如图 3-63 所示，这种抓斗的特点是颚板的闭合压力大，常用于冶金工厂抓取矿石等。

(2) 耙集式抓斗

如图 3-64 所示，这种抓斗具有较大的开度，适用于抓取堆集薄层的物料，例如船舶舱底。为了不使抓斗刮伤舱底，在抓取时应将抓斗悬挂在起升绳上，即"头部"不动，在闭合过程中，刃口的移动轨迹近似为水平的直线。耙集式抓斗的各连杆尺寸就是根据上述要求设计的。耙集式抓斗的抓取能力也比较大，多用于船舶卸货。它的缺点是开度大，不适于一般用途。

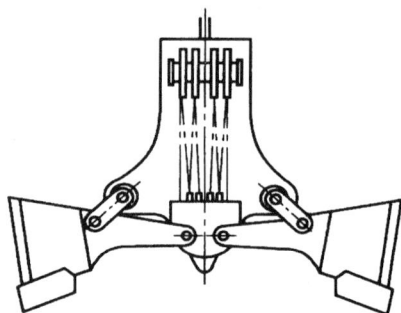

图 3-63　短撑杆式抓斗

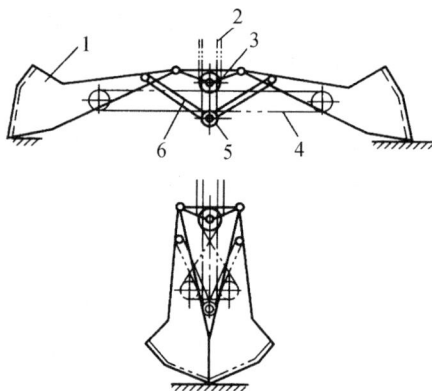

图 3-64　耙集式抓斗

1—颚板;2—支持绳组;3—横梁;4—开闭绳组;5—头部;6—撑杆

(3)剪式抓斗

如图 3-65 所示,这是目前在我国各港口正在试制的一种新型抓斗。它的特点是颚板的闭合力逐渐增大,在闭合终了时最大,适于增大 L 的抓斗。用增大 L 的抓斗抓取散碎物料,抓取物料的自重可达抓斗自重的 1.5 倍。抓取大块物料时,初始抓取能力较低,因此效果较差。

关于抓斗各部分自重对于闭合力矩的影响,除了前面对撑杆抓斗所述的规律外(即头部、撑杆及与其连接的颚板自重最有利;颚板其次;下横梁最差,本身并无闭合能力),剪式抓斗有一种更加不利的自重,即闭合滑轮及剪臂的自重,这些自重对于闭合力矩来说是负值,它们产生的力矩不是闭合力矩,而是张开力矩。

为了减少开闭绳的磨损,将闭合绳直接由开闭滑轮引入(见图 3-66),这样不仅减少了摩擦损失,而且还增大了闭合力矩。在起重机的起升高度允许时,这样做是非常有利的。

剪式抓斗起升绳的固定点应适当选定。若将抓斗悬于起升绳上并开动开闭卷筒时,两刃口的移动轨迹近似为一水平圆弧。这种抓斗的开度很大,实际上也是一种耙集式抓斗,最适于卸船之用。其缺点与耙集式抓斗相同,颚板开度过大,不适于一般用途。

(4)不对称抓斗

如图 3-67 所示,从构造分析来看,这种抓斗是撑杆抓斗与剪式抓斗的混合,两种形式各有一半。这种抓斗的特点是增大了两滑轮闭合时的运动距离,从而增强了颚板的闭合力。

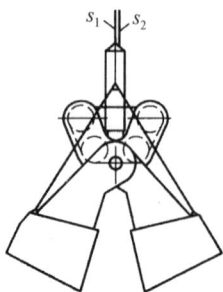

图 3-65　剪式抓斗

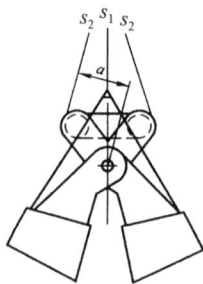

图 3-66　闭合绳直接绕入的剪式抓斗

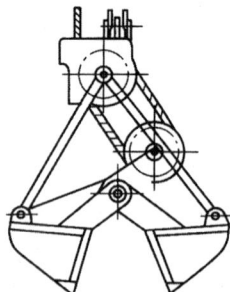

图 3-67　不对称抓斗

2. 多颚板抓斗（多爪抓斗）

如果颚板数目为三个以上,则刃口成尖形的爪状,这种抓斗通常又称为多爪抓斗。爪尖角度 $\delta \leq 360/n$, n 为爪数,最常见的是 $n=6$。多颚板抓斗适于抓取一般双颚板抓斗不易插入的物料。采用多颚板抓斗装卸大块矿石及废钢等物料可以得到较好的效果。

图 3-50 所示为刚性多颚板抓斗($n=6$),它的所有颚板都与下承梁铰接在一起,各颚板的开闭程度总是一致的,在夹运特大块物料时,可能有某些颚板完全不受力。对于一般块度的物料,各颚板的受力仍相差不多,目前主要采用这种构造简单的刚性多颚板抓斗。

图 3-68 所示为挠性连接的多颚板抓斗。下滑轮组的每一滑轮分别装在每一颚板的头部,开闭绳依次绕过这些滑轮,各颚板刃口的受力情况相似,但各颚板的开闭程度不同。这种抓斗可以多爪同时抓持不规则形状的特大块物品,经过改进的此类抓斗已用于生产,其效果良好。

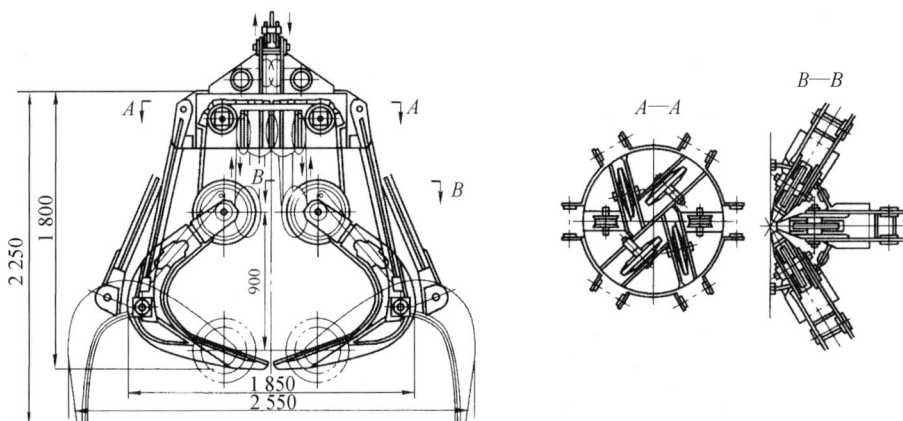

图 3-68　挠性连接的多颚板抓斗

(五)抓斗的检修

(1)刃口检验。因为刃口材料多用高锰钢制造,焊接工艺不良易产生脆裂,因此要求每班检查,发现裂纹要停止使用并进行修理,以防发生崩飞。有较大变形和严重磨损的刃口应修理或更新。在更新刃口时,要采用经过试验证明能保证焊接质量的焊条与焊接工艺进行焊接,并对焊缝进行严格的质量检查。

(2)销轴关节磨损。销轴关节一般每半月检查一次。销轴磨损超过原直径的 10%,衬套磨损超过原厚度 20% 则应更新。

(3)钢丝绳按其报废标准及时更换。

(4)对颚板、撑杆、上承梁、下横梁以及耳板孔销等,要检查焊裂和变形,一般是校正后再进行焊补。校正要求不太高,但要保证传动机构工作灵活可靠。

(5)对滑轮和滑轮轴检查其有否裂纹和缺口;滑轮槽底的磨损量超过 5 mm、槽壁磨损量超过 1.5~2 mm 时需要更换。滑轮轴的磨损量不允许超过公称直径的 3%,并保证润滑油能贮藏轴孔间隙中。

(6)抓斗闭合时,两水平刃口和垂直刃口的错位差及斗口接触处的间隙不得大于 3 mm,最大间隙处的长度不应大于 200 mm。

(7)抓斗张开后,斗口不平行差不得超过 20 mm。

（8）抓斗起升后，斗口对称中心线与抓斗垂直中心线，无论在抓斗张开或闭合时，都应在同一垂直面内，其偏差不得超过 20 mm。

（9）注意抓斗的润滑，抓斗在使用中发现有声响，说明运动机构缺少润滑油，应及时加油润滑。

四、集装箱吊具

集装箱吊具是装卸集装箱的专用索具，它通过其上面四角的旋锁与集装箱的顶角配件连接，由司机操作或自动控制旋锁的开闭作业。集装箱吊具的品质与可靠性，直接影响着岸桥的整机性能。

（一）集装箱吊具的型式

集装箱吊具按其结构特点，可分为 4 种型式。

1. 固定式吊具

固定式吊具也称整体式吊具，它只能装卸一种规格的集装箱。它无专用动力装置，是通过钢丝绳的升降带动棘轮机构驱动旋锁转动，从而以钢丝绳机械运动的方式实现自动开闭旋锁。这种吊具结构简单、重量轻，但使用不便，一般用于多用途门座起重机和普通门座起重机上（见图 3-69）。

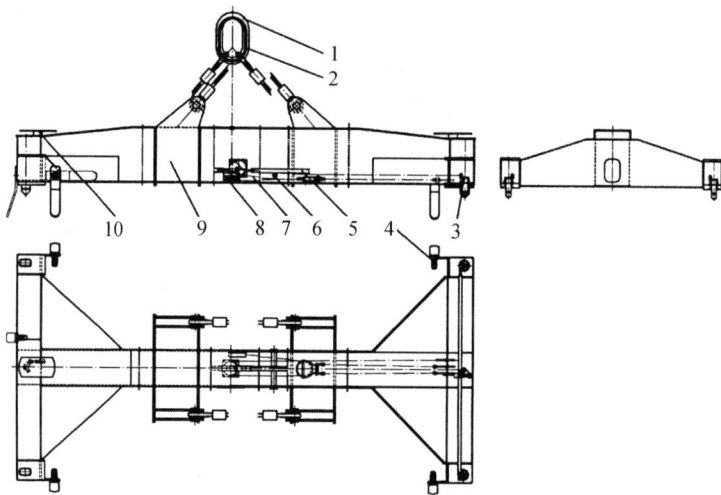

图 3-69　固定式吊具

1—吊索；2—吊环；3—旋锁箱总成；4—导板装置；5—连杆总成；6—托辊总成；7—牵引系统；8—驱动机构；9—吊架；10—旋锁指示器

2. 主从式吊具

主从式吊具也称组合式吊具。这种吊具由上下两个吊具组合而成。一般上吊具为 20 ft 集装箱作业，下吊具为 40 ft 集装箱作业。在上吊具上装有动力装置。当起吊不同规格的集装箱时，只要装上或卸下下吊具即可。主从式吊具与固定式吊具相比，它使用方便，但重量较大，如图 3-70 所示。

3. 子母式吊具

子母式吊具也称换装式吊具。这种吊具在其专用吊梁上装有动力系统，用来驱动下面吊具上的各种机构。在吊梁下可换装 20 ft、40 ft 等多种规格集装箱固定吊具。与主从式吊具比较,它自重较轻,但更换吊具花费的时间较长,如图 3-71 所示。

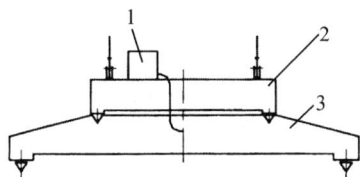

图 3-70　主从式吊具

1—液压动力站;2—20 ft 吊具;3—40 ft 吊具

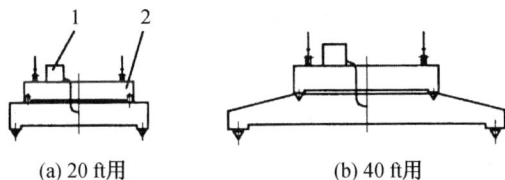

(a) 20 ft用　　　　　　　　(b) 40 ft用

图 3-71　子母式吊具

1—液压动力站;2—吊梁

4.伸缩式吊具

伸缩式吊具是通过液压传动驱动伸缩链条或油缸(目前也有不使用液压而是用电机直接驱动),使吊具通过自动伸缩改变其长度,以适应装卸不同规格的集装箱。伸缩式吊具虽然重量较大,但长度调节方便,操作灵活,通用性强,生产效率高,因此目前世界上的集装箱专用机械大都采用这种吊具(见图 3-72)。

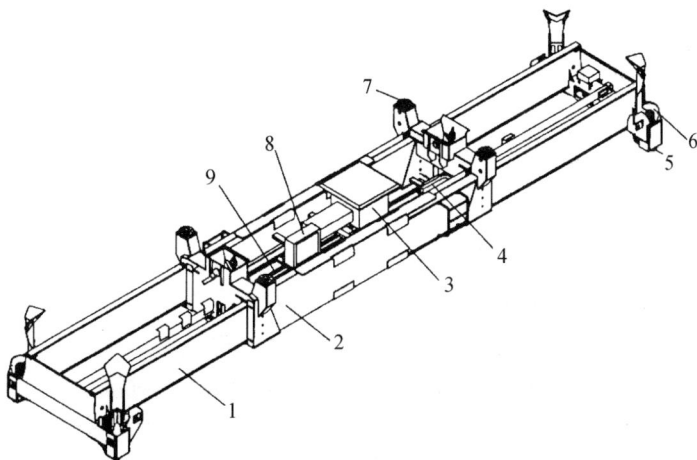

图 3-72　伸缩式吊具

1—伸缩梁结构;2—底梁主结构;3—液压系统;4—输缆(管)装置;5—旋锁机构;6—导板机构;
7—前后倾装置;8—电气系统;9—伸缩机构

(二)固定式吊具的构造

固定式集装箱吊具由传动机构(见图 3-73)、牵引机构、连杆机构、旋锁机构、固定导板和结构件等组成。其工作原理如下:当挂在起重机吊钩上的牵引钢丝绳张紧时,带动一套传动机构转动,传动机构带动连杆运动使旋锁闭锁。该传动机构是一个每次能旋转 180°的棘轮装置。当牵引绳松弛时,牵引机构中的一根复位弹簧使驱动机构的下转盘复位;当牵引钢丝绳再次张紧时,又带动该套驱动机构转动使旋锁开锁。每套 40 ft 固定吊具的连杆由于较长,故在连杆下各有一套托辊装置,承受连杆的重量并确保连杆的灵活运动。旋锁机构连杆上的一个曲柄按比例将驱动机构的 180°转动转化成旋锁的 90°转动,从而实现了吊具的自动开/闭锁动作。机械联锁装置确保了只有在吊具完全着箱后,旋锁才能实现开闭锁动作。吊具四角的 4 个固定导板方便了操作者的快速对箱。在吊具的两端分别装有一套开闭锁指示器,向司机提示旋锁的开闭锁状态。

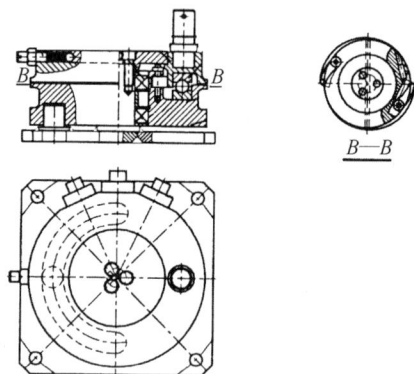

图 3-73　传动机构

(三)伸缩式吊具构造

目前,按照装卸集装箱的方式来划分,伸缩式吊具可分为单箱吊具和双箱吊具两大类;按照使用功能来划分则有标准吊具、带前后倾吊具、侧移和回转吊具、旋转和调心吊具、电动吊具等。下面以伸缩式吊具为例进行介绍。

1. 标准吊具

标准伸缩式吊具由钢结构、旋锁机构、伸缩机构、导板机构、前后倾斜机构(可选是否装在吊具上)等组成。

(1)钢结构

吊具的钢结构是吊具的承载构件,由主梁和伸缩梁两部分构成。伸缩梁结构被嵌套在主梁的两根"Ⅲ"形梁中。在伸缩驱动力的作用下,它可以在"Ⅲ"形梁中滑动。伸缩梁与端部横梁用焊接方式替代传统的螺栓联接方式,这样就可避免因螺栓松动而引起的螺栓断裂现象。"Ⅲ"形梁和端部横梁采用薄板冷弯成两个"["形后再对接拼焊。这种结构能大大减少焊缝。由于结构件被固定在工装胎架上焊接成形,所以焊后无须校正就能保证加工形位公差要求。另外,为了提高起重量和减轻吊具的自重,吊具的结构件广泛采用国际先进的特高强度钢板制造。

(2)旋锁机构

如图 3-74 所示,吊具的 4 个旋锁,采用悬挂方式支承,通过旋锁螺母支承在推力关节轴承上。该轴承由轴承钢制造,能承受较大的轴向冲击力,完全适应于集装箱吊具大负荷、高冲击、露天作业的恶劣工况。轴承座上开有润滑油槽,以保证支承面能得到良好的润滑。推力关节轴承的上半部球形支承面作用在凹球面上,允许在较大范围内摆动,从而使吊具旋锁在空间实现了全方位的"浮动"。这样,吊具旋锁在吊集装箱时仅承受纯拉力,而且使旋锁更容易被插入集装箱上的角配件孔中。这种"浮动"旋锁也能装卸略有变形的集装箱。

位于吊具四角的顶销被用来检测吊具是否完全着箱,或吊具在空中是否吊着集装箱。

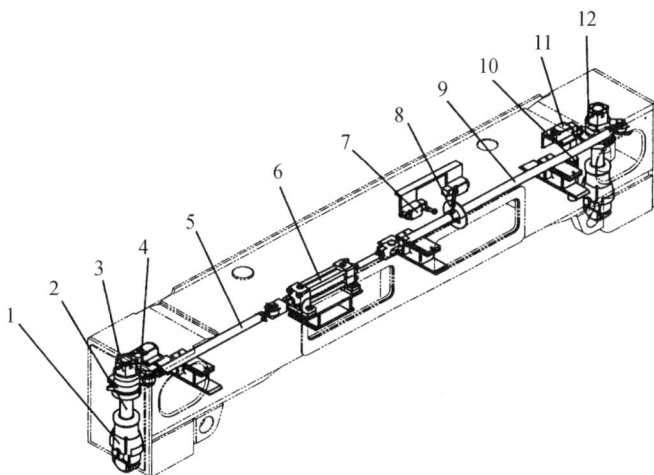

图 3-74　旋锁机构

1—旋锁衬套;2—旋锁;3—旋锁螺母;4—推力关节轴承;5—连杆Ⅰ;6—旋锁油缸;7—开闭锁限位开关;
8—限位撞块;9—连杆Ⅱ;10—顶销;11—顶销限位开关;12—转柄

为了确保作业安全,吊具旋锁除了电气联锁外,还装有机械联锁装置(见图3-75)。当吊具将集装箱吊至空中时,若电气联锁失灵或司机误操作,机械联锁装置保证旋锁机构绝对不发生转动。其原理如下。在旋锁机构的转柄上开有两个半圆形缺口:当吊具与集装箱脱离或吊着集装箱时,顶销上部的顶销撞块正好卡在转柄的缺口处,阻止转柄的转动,防止吊具的旋锁在吊着集装箱时的误转动;当吊具落在集装箱上时,顶销上的顶销撞块在高度方向上离开了转柄的缺口,转柄可转动,实现开闭锁动作。

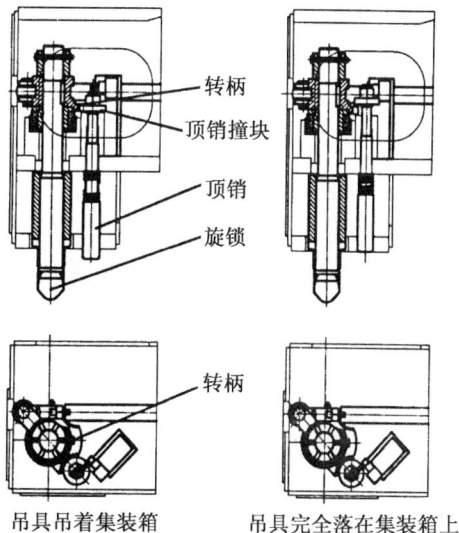

吊具吊着集装箱　　　吊具完全落在集装箱上

图 3-75　机械联锁装置

吊具两端的端梁内各有一套由油缸推动的曲柄连杆机构,每套机构驱动两个旋锁动作。它们被安装在箱形端部横梁内,不会受到外力破坏,具有很高的可靠性。

开（闭）锁限位开关也被安装在端部横梁里面,通过检测连杆上感应块的两个位置来检测开（闭）锁状态。

箱形端梁的内侧开有安装检修孔,并用耐油橡胶板遮盖,以防水、防尘。另外,利用装在旋锁系统液压回路中的减压阀减小工作压力,以减小油缸的推力。在正常工作状况下,由吊具下的空载集装箱所产生的摩擦阻力大于油缸的驱动力,从而保证空中吊箱时不会出现开锁现象。

（3）伸缩驱动机构和减磨装置

如图 3-76 所示,吊具伸缩动作靠油马达和减速箱驱动链轮链条传动实现。当伸缩梁在伸缩运动过程中接触到限位开关时,即发出信号并切断伸（缩）电磁阀电源,使油马达停止转动,吊具定位于设定的 20 ft、40 ft 或 45 ft 位置,并在司机室的显示屏上显示吊具的伸（缩）长度。

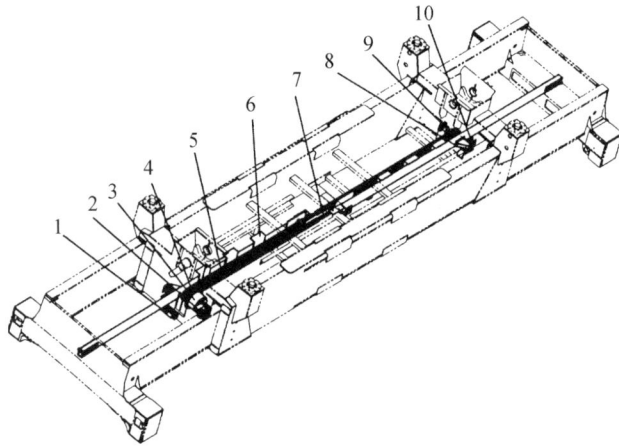

图 3-76 伸缩驱动机构

1—20 ft 缓冲块;2—伸缩油马达;3—伸缩减速器;4—主动链轮;5—滚子链;6—伸缩推杆;7—张紧装置;
8—伸缩限位开关;9—从动链轮;10—45 ft 缓冲块

在伸缩链条的两边各有一套张紧和缓冲装置（见图 3-77）。该装置中装有专用碟形弹簧,用以吸收一部分来自伸（缩）方向的冲击能量。

除了在液压系统中有过压卸荷保护外,还可采用摩擦式驱动链轮来保护吊具的伸缩机构。当吊具所受的外力大于摩擦链轮的设计力矩时,该链轮产生滑转,以吸收冲击能量,达到保护机械和液压部件的目的（见图 3-78）。

在伸缩梁和"Ⅲ"形梁的滑动面之间装有特制的减磨垫块,以减小伸缩梁动作时的摩擦阻力。用于制作垫块的减磨材料具有较高的强度,能够承受伸缩梁传递到"Ⅲ"形梁的挤压和冲击载荷。

（4）导板机构

如图 3-79 所示,导板分别安装于吊具的 4 个角上。导板工作可靠,能帮助司机快速对位集装箱,以提高装卸效率。导板分活动导板和固定导板两大类。活动导板主要用于与岸桥相配的吊具上;固定导板则多用于与轮胎式集装箱龙门起重机或轨道式集装箱龙门起重机相配的吊具上。

122

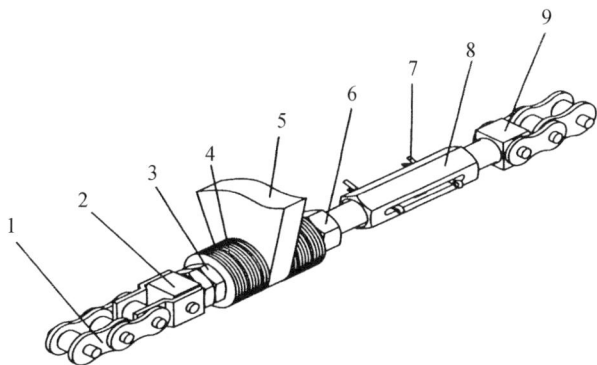

图 3-77　张紧和缓冲装置

1—伸缩链条;2—螺杆Ⅰ;3—螺母;4—碟形弹簧;5—推杆耳板;6—锁紧螺母;7—开口销;
8—调节螺母;9—螺杆Ⅱ

活动导板有三种驱动形式:

①用摆动油缸实现导板的摆动;

②往复式油缸推动扇形齿轮;

③液压油马达驱动扇形齿轮。

导板的摆动幅度为180°,导板下压时的扭矩不小于 2 400 N·m。导板抬起后,其外形尺寸不得超出集装箱的边界尺寸。由于 4 组导板具有独立的驱动装置,因此它们可按司机的操纵指令,同时动作或成对或单独动作。固定导板通过螺栓或销轴等固定在吊具端梁的两端。

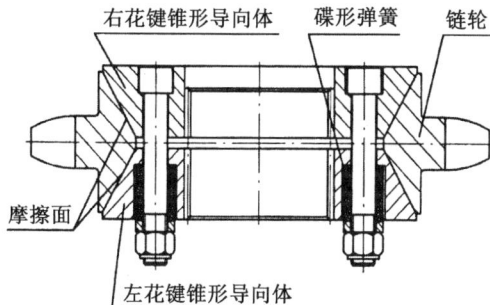

图 3-78　摩擦式驱动链轮

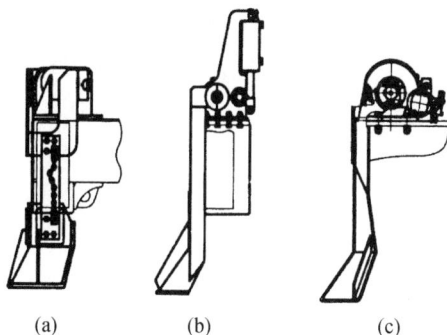

(a)　　　　　(b)　　　　　(c)

图 3-79　导板机构

（5）前后倾装置

如图 3-80 所示，作为一种可选择的设备，前后倾装置可安装在集装箱吊具上，用于岸桥在装卸中小型集装箱船舶时的快速对箱。它是在吊具和上架之间装有 4 个前后倾油缸，通过海侧的两个油缸伸（缩）和陆侧的两个油缸缩（伸）来实现前后倾动作。吊具空载时，前后倾范围为±5°。

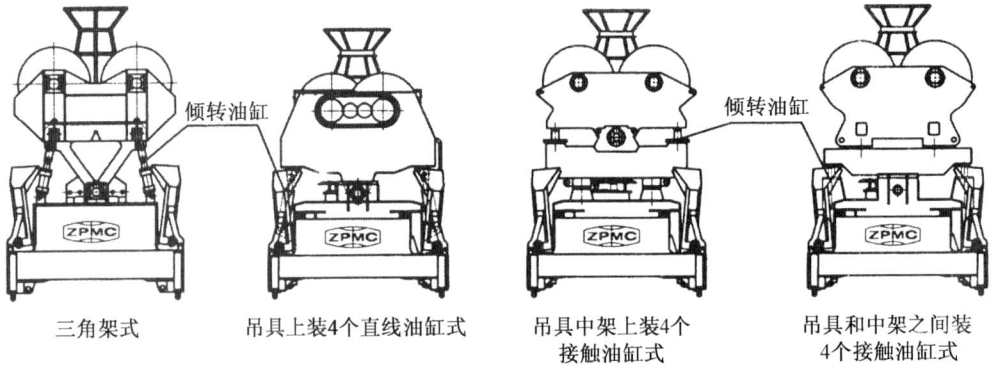

三角架式　　吊具上装4个直线油缸式　　吊具中架上装4个接触油缸式　　吊具和中架之间装4个接触油缸式

图 3-80　吊具前后倾 4 种形式

（6）伸缩定位装置

如图 3-81 所示，当吊具受到较大外力冲击时，吊具伸缩位置会发生微动而影响正常装卸作业，因此在吊具底梁主结构上安装了一套伸缩定位装置。该定位装置由液压油缸、定位销、限位开关等组成。其工作原理是：当吊具伸缩至 20 ft、40 ft、45 ft 位置时，定位液压油缸推动定位销插入焊于伸缩推杆相应位置上的定位孔中，并由限位开关提供其动作的信号。伸缩动作开始前，首先将定位销退出并使限位开关作用，发出定位销退出到位信号，然后才开始伸缩动作；伸缩到位后，伸缩位置限位发出到位信号，再延时若干秒，定位销才插入推杆定位孔中，以锁定吊具伸缩梁，从而确保 4 个旋锁吊点处于正确位置。

限位开关的作用是：

①着箱检测。检测吊具的每一个旋锁是否进入集装箱锁孔，并可与旋锁动作联锁。

②开/闭锁检测。检测吊具的旋锁是否到达全开/全闭锁位置，并与起升机构联锁确保安全。

③伸缩位置检测。检测伸缩梁是否在所要求的 20 ft/40 ft/45 ft 位置，并与旋锁动作联锁，以便确保吊着箱子时不做伸缩动作。

④伸缩定位销状态检测。检测定位销是否插入定位孔中，并可与伸缩动作联锁。限位开关与起重机的操作系统构成了一套完备的安全联锁保护。

（7）液压系统

吊具的伸缩、旋锁、导板、倾斜、水平旋转、挂舱保护等运动均用液压传动。

（8）电气控制系统

吊具上所有的用电设备和受控元件均通过一个密封的电控箱，采用专用多芯插头/插座与吊具电缆相接，既可靠又便于更换吊具。为防止箱中电气元件的松动，在接线箱的固定位置上加装了减振垫。

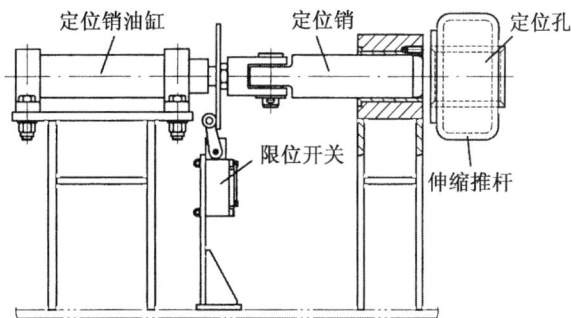

图 3-81 伸缩定位装置

（9）安全联锁

具备以下 3 个条件,才能实现安全联锁:

①仅当 4 个旋锁全部正确地插入箱孔时,才能进行旋锁的开锁或闭锁动作。当吊具将集装箱吊离地面时,旋锁不能有任何动作,为此,除电气、机械联锁保护外,此时旋锁锁头上部的方榫卡入集装箱的角孔内,保证了旋锁不转动。

②仅当 4 个旋锁全部处于全开锁或全闭锁位置时,起升机构才允许动作。

③当起吊集装箱时,伸缩梁不允许有伸缩动作(只针对单箱吊具而言)。

2. 旋转调心吊具（见图 3-82）

可实现平面旋转运动的吊具称为旋转吊具。有些岸桥、轨道龙门起重机和多用途门机需用旋转吊具(一般回转角度±200°就可满足要求,不需大于 360°)。旋转调心吊具的下部为一个伸缩式吊具,在其上部配置了一个调心装置和旋转装置。

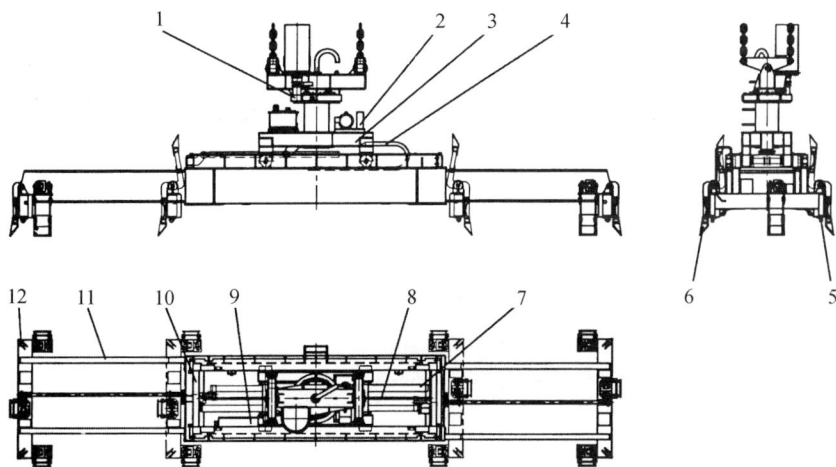

图 3-82 旋转调心吊具

1—旋转装置;2—液压系统;3—调心装置;4—输缆(管)装置 1;5—旋锁机构;6—导板装置;7—输缆(管)装置 2;
8—伸缩机构;9—电气系统;10—底梁结构;11—伸缩梁;12—导向角轮

（1）旋转装置

旋转装置由旋转支承和驱动机构组成。在旋转装置上装有均力平衡梁,以保证起重机4 根钢丝绳均衡受力。吊具的旋转部分与非旋转部分通过一个回转支承相连。电动机或液压马达驱动减速器和主动小齿轮,带动吊具做旋转运动。采用起重机上的 PLC 控制吊具的旋转角度(如采用编码器测速及变频调速等技术),则能够使吊具的旋转角度严格跟随起重机的旋转角度,从而保证集装箱始终作平行移动,以提高装卸效率。限位开关可发出左右 0°、左右终点位置信号,以提示司机吊具的旋转方向和位置。

(2)调心装置

当吊具由于旋转运动而发生重心偏移时,调心装置能够自动或按司机操纵指令进行行程±800 mm 的调心运动,以保持吊具的水平状态。这个运动由一个液压油缸驱动调心小车的移动来实现。调心小车上的 4 个车轮(也可用 4 块抗磨板)支承住吊具底梁结构,承受来自吊具的拉力。4 个限位开关发出左右零位和左右终点位置信号,以提示司机吊具的移动方向和位置。旋转部分的电缆和液压软管通过输缆链与吊具相连。

(3)导板机构

旋转调心吊具用摆动油缸驱动导板摆动,其摆动幅度为 180°。6 个导板中,2 个位于海侧,2 个位于陆侧,左右端梁中部各 1 个。导板下压时的扭矩不小于 2 400 N·m。由于 6 组导板具有独立的驱动装置,因此它们可按司机的操纵指令同时动作或成对及单独动作。同时加长型的导板结构及 6 个导板的布置方式能帮助司机尽快稳定吊具的扭摆,快速将旋锁插入集装箱角孔中,以提高装卸效率。

3. 固定式双 20 ft 箱吊具(见图 3-83)

固定式双 20 ft 箱吊具即一次能同时装卸两个 20 ft 集装箱,双箱吊点装置不可水平移动的伸缩式吊具,与单箱吊具相比,大大提高了装卸效率。伸缩固定式双 20 ft 箱吊具是在标准吊具的基础上,在主框架的中部增加 4 套独立的旋锁机构及其相应的结构件,从而在保留标准吊具原有全部功能的基础上,增加了同时装卸两只 20 ft 集装箱的功能。

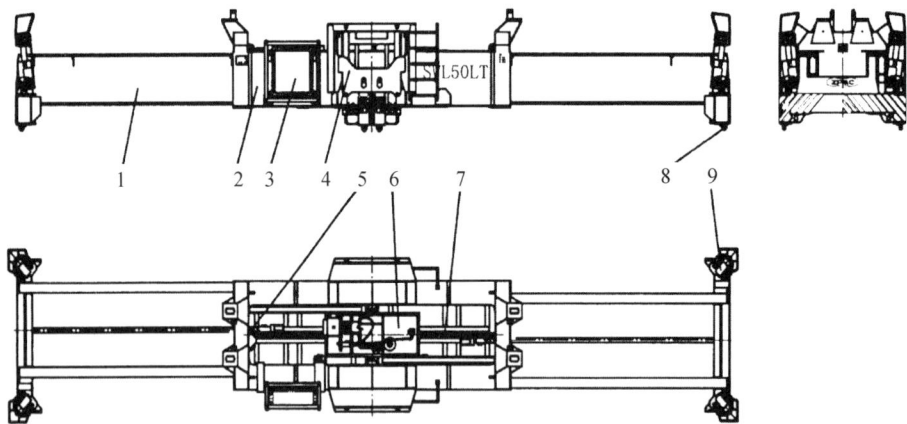

图 3-83 固定式双 20 ft 箱吊具

1—伸缩梁结构;2—底梁主结构;3—电气系统;4—双箱吊点装置;5—输缆(管)装置;6—液压系统;7—伸缩驱动;8—转销驱动;9—导板装置

(1)双 20 ft 箱吊具中部吊点装置

如图 3-84 所示,双 20 ft 箱吊具中部吊点装置也称中间旋锁装置,由 4 只旋锁箱、4 套独立的旋锁机构和两套垂直提升装置组成。在每套提升装置上装有 4 块减磨块,起导向和减磨作用。由于中间 4 只旋锁箱分别由油缸驱动作垂直升降运动,因此 4 个中间旋锁吊点能始终保持准确的位置尺寸。在中间旋锁箱的销轴连接处有 60 mm 的垂直浮动间隙,从而能在两只 20 ft 集装箱的吊点高度落差多达 60 mm 的情况下,同时起吊两只 20 ft 集装箱。中间旋锁箱的支点处采用关节轴承,从而提供了其自由浮动的条件。即使这两只 20 ft 集装箱中间四个角配件相对平面位置有偏差时,也能有效地保证中间 4 只旋锁准确地插入集装箱的角配件孔中。另外,中间旋锁箱的垂直提升高度达 420 mm,当提升至最高处时,可以使中间旋锁装置处于底梁主结构的上部,保证吊具在吊单只超高箱时避免与中间旋锁装置发生干涉,从而更好地保护中部旋锁机构和集装箱。

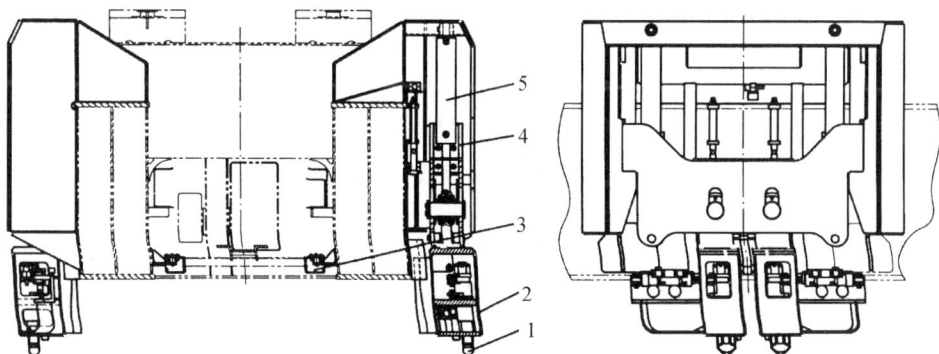

图 3-84 双箱中部吊点装置
1—旋锁机构;2—中间旋锁箱;3—误吊感应装置;4—减磨块;5—中间提升机构

只有当中间 4 只旋锁箱全部下降到位时,吊具才能同时装卸两只 20 ft 的集装箱;只有当中间 4 只旋锁箱全部被提起到位时,才能装卸单只 20 ft 或 40 ft 的集装箱。为了正确区分吊具下是两个 20 ft 还是 1 个 40 ft 的集装箱,吊具上还装有一套由红外线光电感应开关组成的双 20 ft 箱检测装置(称为"误吊感应装置")。该装置发出的信号除使驾驶员能正确判断即将起吊的集装箱是双 20 ft 箱还是单箱外,同时还与起重机的控制系统一起组成了一套电气安全联锁保护程序:当吊具下是 40 ft 单箱而吊具的中间 4 只旋锁箱全部处于下降位置(吊 2 只 20 ft 集装箱状态)时,吊具起升到安全高度时会自动停止下降,以防止损坏集装箱和旋锁;反之,当吊具下是两只 20 ft 集装箱而中间的 4 只旋锁未下降到位(吊 1 尺 40 ft 集装箱状态)时,除了停机外,还发出讯号告诉驾驶员发生了误动作,从而能有效地避免事故的发生。还可根据用户的要求,采用机械联锁装置,它与电气联锁一起,确保中间 4 只旋锁的可靠动作。而且装卸双 20 ft 箱时,中间 4 只旋锁与两端的 4 只旋锁动作是联锁的,即只有当 8 只旋锁全部插入集装箱的角配件孔后,8 只顶销限位开关发讯,才允许做开闭锁动作。

(2)液压系统

吊具上的液压系统是在原有标准吊具的基础上,增加了操作中间旋锁装置和中间旋锁箱的功能,即能控制吊具的伸缩、旋锁、导板动作和中间旋锁箱的升降动作。

(3)电气控制系统

在标准吊具的基础上,固定式双 20 ft 箱吊具增加了用于中间旋锁开/闭锁检测、中间顶销着箱检测和中间旋锁箱升降位置检测的限位开关,以及误吊感应装置(该装置只有在 2 个 20 ft 集装箱之间有间隙时才起作用)。

除了标准吊具的限位开关外,固定式双 20 ft 箱吊具上的专用限位开关分别用于:

①中间旋锁箱升降位置检测。检测双 20 ft 箱吊具的中间 4 只旋锁箱及旋锁机构是否处于上升/下降位置,它们与伸缩位置信号及起升机构联锁,确保只有在 40 ft 位置时才能吊载双 20 ft 箱。

②双 20 ft 箱检测装置。4 个红外线光电感应开关被安装于吊具的中部并与吊具伸缩位置信号联锁,仅当吊具处于 40 ft 位置时,该开关才起作用(要注意,若两个 20 ft 箱靠在一起,中间无间隙或间隙很小的特殊情况时,光电难以鉴别)。

若中间旋锁箱处于下降位置,检测到中间有间隙且是双 20 ft 集装箱,起升机构才能升降;检测到中间有间隙,且是 40 ft 开口箱,起升机构应停止下降;检测到中间无间隙(单 40 ft 箱),起升机构应停止下降。

若中间旋锁箱处于上升位置,检测到中间有间隙且是双 20 ft 集装箱,起升机构停止起升;检测到中间有间隙,且是 40 ft 开口箱,能够起升;检测到中间无间隙(单 40 ft 箱子),则起升机构才能继续动作。

该双箱检测装置有一旁路开关,当遇特殊情况,如维修或光电开关失灵等,允许强制跳过这一检测装置,使起升机构仍能动作,但人必须正确判断,以免误动作。

4. 可移动式双 20 ft 箱吊具(见图 3-85)

可移动式双 20 ft 箱吊具的结构形式与固定式双 20 ft 箱吊具基本相同,只是在其基础上增加了一套中间吊点装置的平移机构。该平移机构在吊箱或不吊箱情况下均可平移;同时对液压系统做了相应的改进,电气上增加了可移动式双 20 ft 箱吊具控制系统等。它既能装卸单个集装箱(20 ft,40 ft,45 ft 集装箱),又能装卸 2 个在一定范围中变动间距的 20 ft 集装箱。以下仅介绍其与固定式双 20 ft 箱吊具的不同之处。

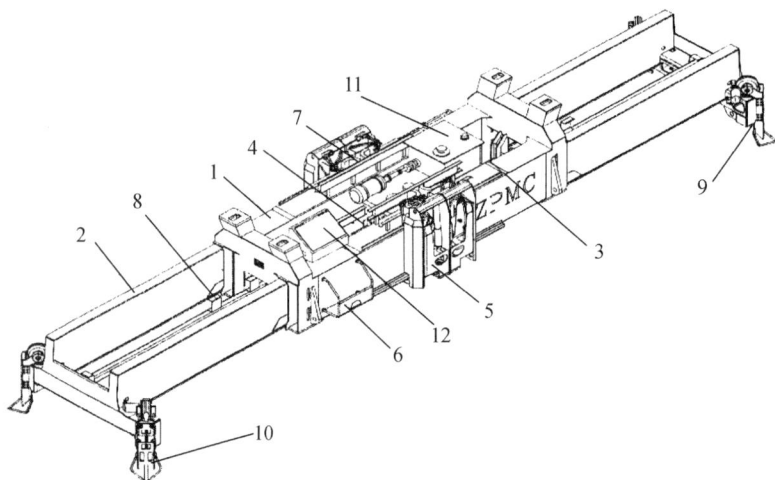

图 3-85 可移动式双 20 ft 箱吊具

1—底梁主结构;2—伸缩梁结构;3—输缆(管)装置 1;4—双箱移动机构;5—中间吊点装置;6—梯子;
7—输缆(管)装置 2;8—伸缩机构;9—旋锁机构;10—导板机构;11—液压系统;12—电气系统

(1)机械部分

可移动式双 20 ft 箱吊具是一个全焊接的结构装配件,一对伸缩梁被嵌套在中部底梁内,并可在特制的抗磨块上滑动。为了减小带载伸缩摩擦力,在伸缩梁的尾端上部装有支承滚轮,在吊具的主梁滑道上装有4个中间移动架,且每个中间移动架内装有一套可上下运动的中间旋锁箱,每个中间旋锁箱均与一个液压升降油缸相连。当中间旋锁箱处于上升位置时,可进行单箱作业;当中间旋锁箱处于下降位置时,则可进行双20 ft箱作业。一对强力液压油缸分别与左右两个下推杆相连,而该两个下推杆又通过连接板与左右两对中间移动架分别相连。在液压油缸的推动下,中间移动架连同中间旋锁箱即可做向外和向内的相对运动,同时外伸梁也做相应的伸缩,这样吊具就能装卸在设计范围内的任意位置的两个20 ft集装箱,同时也实现了带载的平移运动。

可移动式双20 ft箱吊具与固定式双20 ft箱吊具的主要区别在于其特殊的伸缩机构。该吊具的伸缩驱动系统由双20 ft箱移动和常规伸缩驱动两套机构组成:常规伸缩驱动机构由液压马达、减速机、链轮链条传动、张紧装置、伸缩位置限位开关、上下推杆对位限位、上推杆、上下推杆挂钩装置等组成;双20 ft箱移动机构由双20 ft箱移动油缸、下推杆、连接板、减磨块、40 ft零位置及标准位置限位开关、45 ft极限位置限位开关等组成。

当吊具在做正常的伸缩运动时,上下推杆处于脱钩状态。液压马达驱动减速器及链轮链条,与上推杆相连接的链条推动伸缩梁做伸缩运动。这时的伸缩运动相当于普通吊具的伸缩运动。当吊具在做带载的双20 ft箱伸缩运动时,其运动机理如下:司机将吊具转至双20 ft箱作业状态,双20 ft箱控制程序自动将伸缩梁定位至40 ft位置,然后自动将液压系统由正常压力转至高压,并控制两个伸缩油缸将中部的移动架置于40 ft标准位置,这时上下推杆对位限位发出信号,允许挂钩油缸动作进行挂钩,然后允许中间升降油缸动作,放下4个中间旋锁箱装置,以便进行双20 ft箱(40 ft位置状态)作业。司机将吊具转至单箱作业状态时,则做相反顺序的动作;当吊具在做带载的双20 ft箱伸缩运动时,双20 ft箱吊具控制程序自动将液压系统由正常压力转至高压。两个强力推力油缸推或拉中间移动架做双20 ft箱平移运动,同时正常伸缩驱动系统中的液压马达通过一个装在其上的旁路阀来实现空转;当移动至45 ft或40 ft零位位置时,双20 ft箱吊具控制程序自动切断液压油缸的压力回路,使之停止移动。

另外,在中部两个强力推力油缸内装有定位直线位移传感器,因此在40~45 ft范围内任意的位置双20 ft箱吊具控制程序均能控制并记忆其位置。移动式双20 ft箱吊具中共设有2个任意位置的记忆功能,这样司机就能对两个非标准放置的20 ft集装箱位置进行记忆,当再次对该位置进行作业时,吊具就能自动伸缩到该位置,实现自动定位功能,提高效率。

(2)电气部分

电气部分目前主要有两种通信方式:①使用普通的点对点方式。这种方式是需要在吊具上安装一套自成体系的电控系统用来统一指挥单/双20 ft箱切换、联锁、驱动和记忆等复杂动作;②使用AS-I BUS和CAN BUS两线制通信方式。使用这种方式的可移动双箱吊具和点对点可移动双箱吊具在动作方面完全一样。它们的区别是:两线制吊具PLC控制部分安装在整机上而不是安装在吊具上,吊具上仅仅只有可远程控制的两线制I/O模块,所有的限位开关和电磁阀等的I/O信号都只通过两根信号线传输到整机上的AS-I BUS网关或CAN BUS网关,再由此网关传输给整机的PLC。两线制吊具与点对点吊具相比其优点在于:所有模块到电气箱使用一根两芯电缆连接,电缆数量大大减少,吊具成本降低;吊具工况恶劣,PLC安装在整机上后就能避免被震坏;在司机室或电气房能够监控到吊具上的每个信号点,对于操作和维修比原先更方便了。而它的缺点是各家公司的两线制吊具兼容性较差。

（3）液压部分

与固定式双 20 ft 箱吊具相比,可移动式双 20 ft 箱吊具液压系统有如下特点:

①动力源采用一个恒功率变量柱塞泵。这种泵在低压时输出大流量,高压时则输出小流量。这就适应了可移动式双 20 ft 箱吊具的特殊工况:当吊具空载时,推力油缸负载小,工作压力较低而流量大,使平移速度加快;满载时,工作压力升高,流量减小,使平移速度减慢。

②在该种吊具上设有用电磁阀切换的二级控制压力。低压系统为旋锁油缸、导板摆动油缸或油马达,伸缩油马达、中间提升油缸、上下推杆挂钩油缸提供动力;高压系统则单独驱动两个中间推力油缸,以克服带载移动时的摩擦力。低压压力设定值为 10 MPa,高压压力设定值为 17 MPa。

③当吊具不做任何动作时,油泵压力通过其上的卸荷阀减小至 2 MPa 并以零排量工作。这样就减小系统发热且节约能源,实现低压待命控制。

④可移动式双 20 ft 箱吊具上采用了一个流量分配马达,其内部机械连接的两个齿轮保证了输入两个油缸的液压油流量相等,且这种马达的分流精度很高,从而使两对中间移动架实现向内或向外的精确同步移动。

在伸缩液压马达上装有一个平衡溢流阀,其压力设定值可调。当吊具做平移运动时,链轮驱动液压马达旋转,使液压马达过载卸荷,液压油流回油箱。这种方法具有最佳的控制过载效果。

(四)吊具上架

为了方便吊具的维修和保养,集装箱岸桥一般采用一个吊具上架与吊具相连接。上架和吊具的连接既可以用 4 个锁销,也可以用 2 个插销或 4 个插销。通过吊具上架可实现吊具的快速更换和前后倾运动以及设置起重机的松绳保护。

1. 普通型吊具上架（见图 3-86）

吊具上架一般由结构件、滑轮组、储缆框和旋锁机构等组成。起升钢丝绳通过小车上的滑轮与吊具上架上的 4 个滑轮相连。该 4 个滑轮旁装有防护块以防钢丝绳脱槽。上架上的储缆框用于吊具电缆的收放与存储,储缆框内装有一个玻璃钢制锥形导向体,它使吊具电缆按单一方向有规则地盘绕。在储缆框的入框处一般有一个尼龙导向圈,以减小电缆的出入框阻力。吊具上架上有两套手动旋锁机构,通过旋锁与吊具相连(也可采用插销)。吊具上架的旋锁通过旋锁螺母支承在一个座套上,在该座套上平面开有润滑油槽,以保证支承面能得到良好的润滑。座套由青铜制成,能承受较大的轴向冲击力。固定式护套用于保护旋锁和起导向作用。在旋锁机构的手柄上安装有两个限位开关,它与电控系统一起组成了安全保护信号,确保只有当完全开锁或完全闭锁时,才能做起升动作。吊具上架的主梁采用工字形梁,使整个上架结构具有足够的强度和抗扭刚度。

由于种种原因,有时需要吊具上架能做平移运动。现已生产有沿大车方向和沿小车方向做平移运动的两种上架。

2. 沿大车运动方向做平移运动的吊具上架（见图 3-87）

这种吊具上架在岸桥大车行走方向能做平移运动。在这个方向上,当吊具与集装箱之

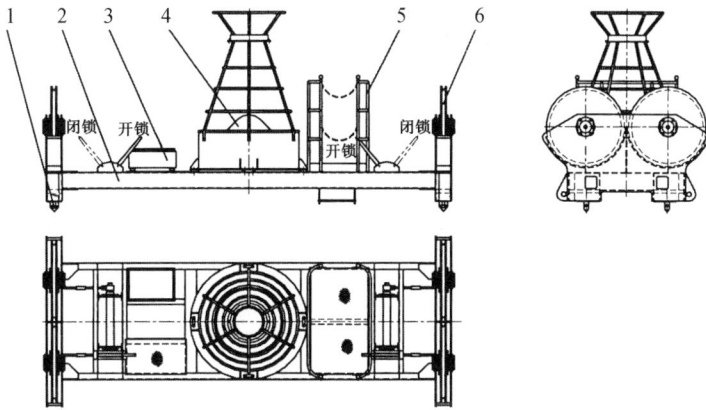

图 3-86　吊具上架

1—旋锁机构;2—上架结构;3—电气系统;4—储缆框;5—护栏;6—滑轮装置

间有小偏差时,不需起动大车行走机构,就能实现很好的对箱,从而提高了装卸效率;同时还能够调整集装箱的过分偏载。

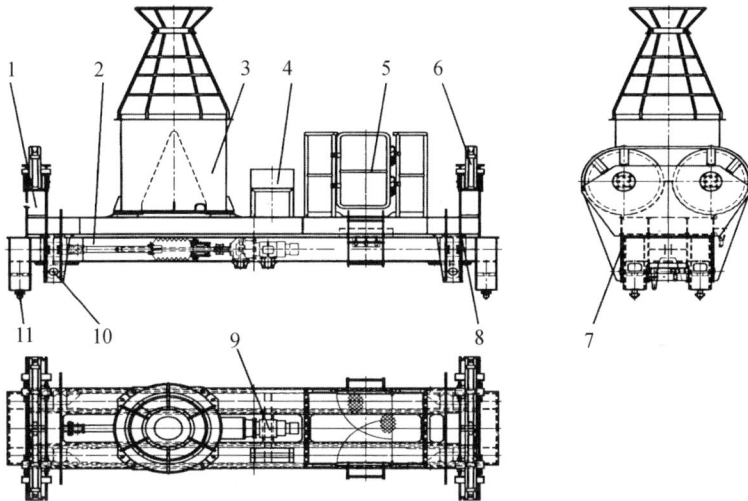

图 3-87　沿大车运动方向做平移运动的吊具上架

1—主梁结构;2—移动架;3—储缆框;4—电气系统;5—护栏;6—滑轮装配;7—侧向减磨块;8—垂直减磨块;9—驱动机构;10—滚轮装配;11—旋锁机构

　　该吊具上架分为可动和不可动两部分,并配有驱动机构。上架上部为静止的滑轮架,滑轮、电气箱、储缆框、梯子平台等装配于其上。上架下部为可微动的伸缩架,并装有旋锁机构。只要启动电机,滑轮架和伸缩架之间就能实现相对平移运动。滚动轮通过内嵌轴承装配在固定于滑轮架耳板之间的轴上,滑轮架和伸缩架的上面和侧面均装有减磨块,起减磨和导向作用,以避免伸缩架和滑轮架卡死。驱动机构采用传动效率较高的滚珠螺杆。传动螺母固定在滑轮架上,螺杆、电机、摆线针轮减速器等装配在伸缩架上。电机工作时,螺杆相对螺母运动,推动伸缩架相对滑轮架运动。电机尾端部带有制动器,以保证上架的精确定位。伸缩架能以 25 mm/s 的速度伸缩,移动距离为 ±150 mm。在伸缩架和滑轮架上分别装有撞块和限位开关,当达到中位及最大行程时,可发出制动信号,以防止伸缩架和滑轮架相撞。

3. 沿小车运动方向做平移运动的吊具上架（见图3-88）

这种吊具上架在岸桥小车行走方向能做平移运动,上架分为可动和不可动两部分。上架上部为固定的滑轮架,上架下部为可微动的伸缩架,并装有旋锁机构。伸缩油缸的一个支点与滑轮架相连,另一个支点与伸缩架相连。在油缸的推动下,滑轮架和伸缩架之间就能实现前后相对平移运动。伸缩架能以28 mm/s的速度伸缩,移动距离为±200 mm。在伸缩架和滑轮架上分别装有撞块和限位开关,当达到中位及最大行程时,可产生信号并断电,使电磁阀回中以防止伸缩架和滑轮架相撞。在液压系统中,装有两个调速阀,从而保证左右两个推力油缸的同步运动。

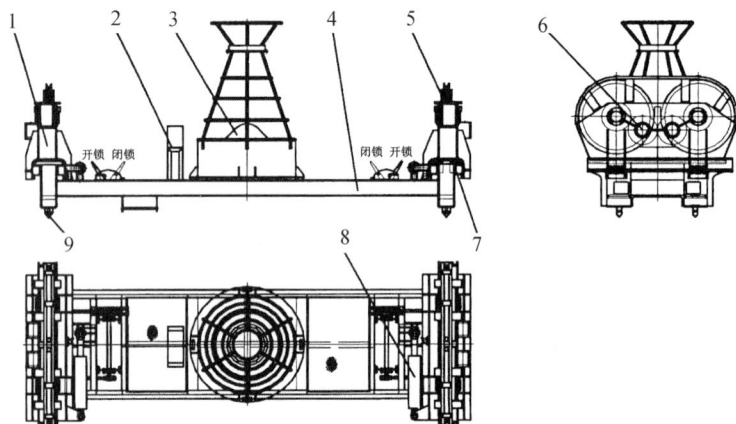

图3-88　沿小车运动方向做平移运动的吊具上架

1—滑轮架结构;2—电气系统;3—储缆框;4—连接架结构;5—滑轮装配;6—减摇装置;7—滑块装置;8—差动油缸和液压系统;9—旋锁机构

4. 八绳式吊具上架（见图3-89）——双向平移和实现平面回转的装置

为适应双小车岸桥和全自动轨道式场桥的作业要求,该吊具上架可沿大车和小车方向做平移运动,且能旋转。由上架结构、下架结构、四根连杆、三个液压油缸、四个吊点结构等组成。电气箱、储缆框等安装于上架结构上。岸桥上的八根钢丝绳通过八个锁具螺旋扣与相应吊点相连。这种吊具上架因具有八根起重钢丝绳,故被称为八绳上架。八绳上架具有良好的防摇性能。由于在其原吊点位置采用了钢丝绳直接与吊具上架连接,同时在吊具上架中部增加了两个吊点,替代了原来通过滑轮连接钢丝绳的方式,这样就在前后左右四个平面上形成了四个钢丝绳等腰倒八字形。这四个钢丝绳等腰倒八字形始终两两处于同一平面内,所以对整个吊具上架具有极佳的刚性防摇作用,在操作过程中能有效地防止吊具上架可能产生的任意方向的偏摆,使司机能平稳快速地装卸集装箱。

八绳上架是在满足普通吊具上架的各种功能的基础上,增加了水平移动和平面回转功能,因而:

①当吊具与集装箱在大车及小车运动方向位置有偏差时,不需要启动大车和小车行走机构,而是通过上架的平移就能实现很好地对箱;

②起重机能够带载做平面旋转运动,从而极大地提高了装卸效率。

八绳上架能根据司机的指令实现自动工作。其工作原理如下:在八绳上架的中部和两

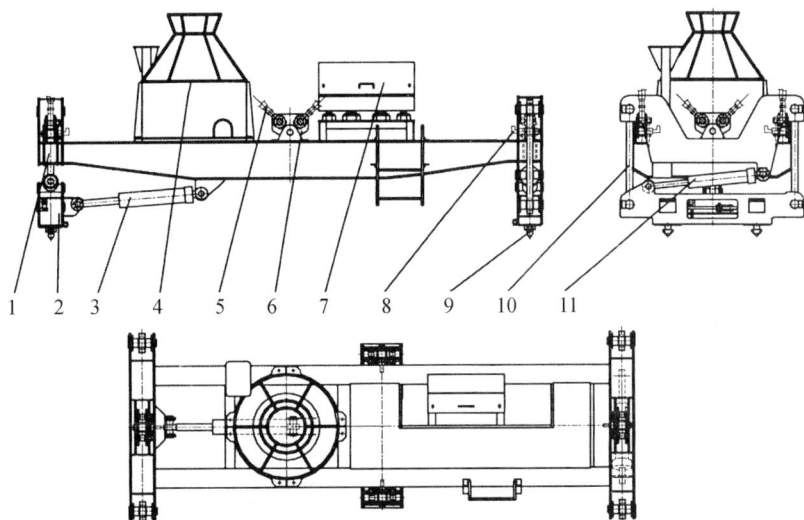

图 3-89　八绳式吊具上架

1—上架结构；2—下架结构；3—油缸Ⅰ；4—储缆框；5—锁具螺旋扣；6—吊点结构；7—电控系统；8—重量传感器；9—旋锁机构；10—连杆；11—油缸Ⅱ

侧，共配有三只油缸，分别连接上下架结构。下架结构通过旋锁或插销与吊具连接。其左右平移（大车行走方向）距离为±250 mm，通过一个中部油缸的伸缩实现；前后平移（小车运行方向）距离为±200 mm，通过左右两只油缸的同时同向伸缩实现。而水平回转，则是通过左右两只油缸同时相反的伸缩运动来实现的，其转动角度范围是±5°。三个油缸内部都装有直线位移传感器，用于判别和控制活塞杆的移动距离和移动方向。八绳上架的四个吊点处，均安置有重量传感器，用于随时检测四个吊点的受力状况和集装箱的载荷变化情况，并实时反馈给岸桥的 PLC。为实现八绳上架上的三只油缸的动作，在上架上安装有相应的三组液压控制元件和调速阀，调速阀保证了左右两只油缸的同步运动。液压动力源则取自与之相配的吊具上的液压动力站。相应的电气控制系统安装在岸桥上。直线位移传感器和重量传感器的模拟量信号通过八绳上架上的两线模块，以 AS-I 两线制通信方式通过岸桥上的两线数转模模块传输给岸桥的 PLC，PLC 则根据司机发出的指令和直线位移传感器信号来控制油缸的动作；同时对收到的重量传感器的信号进行处理后，将八绳上架下面的具体吨位数据显示于司机室的显示屏上。这类上架目前适合用于双小车岸桥的门架小车中，也广泛用于场桥上。

5. 双 40 ft 集装箱吊具上架（见图 3-90）

目前，在常规的港口集装箱岸桥上，其吊具一次只能起吊一个 40 ft 集装箱（或两个 20 ft 集装箱）。随着集装箱运输的飞速发展，研发高效的双 40 ft 集装箱岸桥已成为当今世界各港口、起重机制造商和专业研究单位共同面对的重要课题。双 40 ft 集装箱岸桥的关键技术之一就是双 40 ft 吊具上架，包括海侧上架和陆侧上架两部分，他们既可分开作为单个上架使用，也可连接在一起作为双 40 ft 上架使用。所以它能携带两个双 20 ft 可移动式伸缩吊具，使起重机实现双 40 ft 集装箱作业（或 4 个 20 ft 集装箱或 1 个 40 ft 加 2 个 20 ft 集装箱作业）。而且海陆侧上架在完全脱开后，又可实现一个吊具装卸一个 40 ft 或两个 20 ft 集装箱的作业工况。

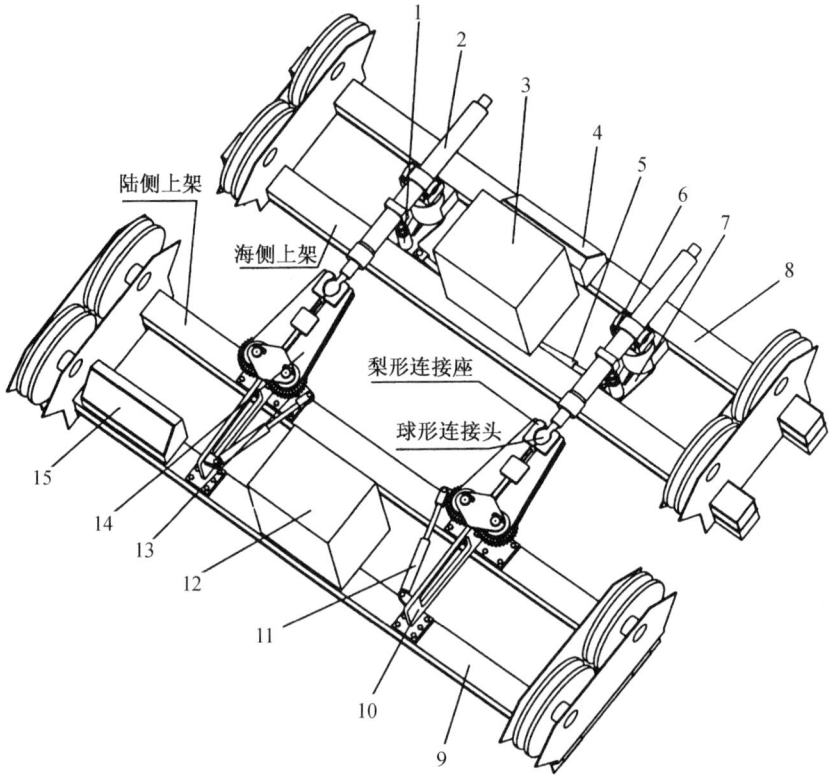

图 3-90　双 40 ft 集装箱吊具上架

1—顶升油缸;2—离合油缸;3—海侧液压站;4—海侧电气系统;5—侧移油缸;6—转动架;7—转臂;8—海侧上架结构;
9—陆侧上架结构;10—支座;11—钳臂油缸;12—陆侧液压站;13—传动齿轮;14—钳臂;15—陆侧电气系统

其工作原理如下:海侧上架由顶升油缸、离合油缸、海侧液压站、海侧电气系统、侧移油缸、转动架、转臂、海侧上架结构等组成;陆侧上架由陆侧上架结构、支座、钳臂油缸、陆侧液压站、传动齿轮、钳臂、陆侧电气系统等组成。其中的顶升油缸为二级活塞式直线油缸,当做两上架的连接动作时,侧移油缸使离合油缸处于与海侧吊具上架中心线平行位置,顶升油缸向上托起离合油缸至水平位置,离合油缸同时向外伸出,此时陆侧上架上的钳臂油缸驱动钳臂,传动齿轮则保证了每对钳臂的同时相对转动。当钳臂上的对分式梨形连接座抱住装于离合油缸活塞杆头部的球形连接头时,海侧上架与陆侧上架即实现了快速联接,反之则实现了快速脱离。当两上架连接信号到位以后,司机就可以进行两个上架之间的各种动作操作了。在海侧上架上的离合油缸和侧移油缸内分别安装了直线位移传感器,用于对油缸移动位置进行精确定位。双 40 ft 上架电气部分主要通过 AS-I 两线来进行通信,所有的开关量和模拟量信号都通过 AS-I 两线模块传输到司机室的 PLC,司机对上架操作的所有指令也都是通过 AS-I 两线模块输出驱动上架上的电磁阀。

当海侧上架与陆侧上架实现了联接后,电控系统即自动使二级活塞式顶升油缸的第一级油缸活塞处于浮动状态,同时第二级阻尼活塞能随离合油缸的上下摆动而有阻尼地运动以满足海侧上架与陆侧上架的高差要求。装于离合油缸和侧移油缸内的直线位移传感器可以分别控制离合油缸的伸缩长度和转臂的转动角度。这样他们和岸桥的起升机构一起工作即可实现海侧上架与陆侧上架之间的间距变化、高低错位、左右(大车方向)错位、两个吊具的不平行(呈八字)、两个吊具倾转、两个吊具的脱开和联接等操作(见图 3-91)。这种双 40 ft 上架结构合理、操作方便,能满足作业时两个 40 ft 集装箱前后左右等不同摆放位置的要求。

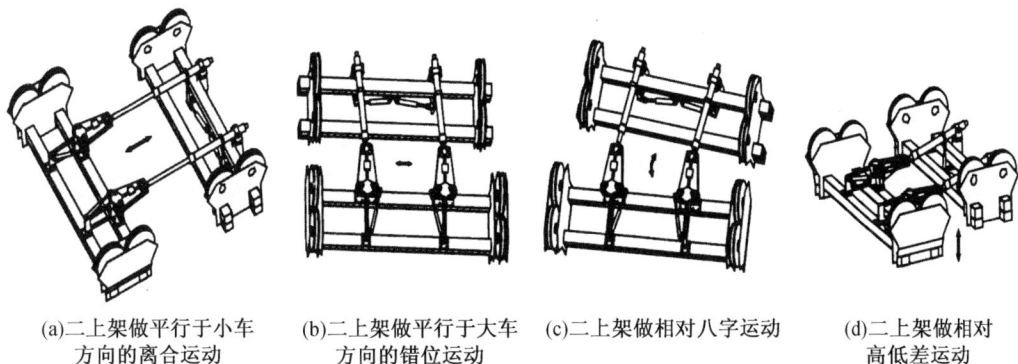

(a)二上架做平行于小车　　(b)二上架做平行于大车　　(c)二上架做相对八字运动　　(d)二上架做相对
　方向的离合运动　　　　　方向的错位运动　　　　　　　　　　　　　　　　　　高低差运动

图 3-91　双 40 ft 集装箱吊具上架的运动示意图

另外,当陆侧上架钳臂上的两个对分式梨形连接座分别抱住海侧上架离合油缸上的两个球形连接头时,该钳臂式双 40 ft 吊具上架处于双 40 ft 工作状态。当起重机发生故障时,如其中一个吊具上架受到一定的外力后,球形连接头能从对分式梨形连接座中脱出,从而能有效地保护设备免遭损坏。

6. 三个 40 ft 集装箱吊具上架(见图 3-92)

三个 40 ft 吊具上架系统是一个可吊双 40 ft 集装箱的剪式上架和一个常规上架连同所配的三个吊具集成创新而成。岸桥海侧的一套起升系统配备了单起升双 40 ft 的剪式上架,该剪式上架配有两个吊具。岸桥陆侧的一套起升系统配备了一个常规上架。剪式上架上装有两个可调节平衡的平衡架,每个平衡架下连有一个吊具。通过剪式连接系统的油缸的伸缩使两个平衡架作分离、收拢和八字运动,从而实现两个箱位的间距调整。剪式上架上还配有使两个平衡架在大车方向调整箱位的油缸,该油缸的伸缩实现了剪式上架下的两个吊具在大车方向的错位运动。剪式上架还可满足两个吊具高低差的作业需要。

另外,常规吊具上架与剪式上架之间设有快速联接装置,该装置可使剪式上架和常规上架在空中快速连接和脱开,实现单常规上架或单剪式上架作业,由于剪式上架完全合拢后,也可实现一个吊具的作业,因此该系统能方便快速地进行三个 40 ft、双 40 ft 或单 40 ft 集装箱作业。该快速联接装置的油缸伸缩实现了剪式上架与常规上架之间的分离、收拢、八字运动。常规上架上还配有使其与剪式上架间在大车方向调整箱位的油缸,该油缸的伸缩实现了两组上架下的吊具在大车方向的纵向错位运动。剪式上架、常规上架与岸桥起升机构一起工作还可满足各吊具间高低差的作业需要。

综上所述,三台吊具(或集装箱)彼此之间实现了吊具与吊具之间(箱与箱之间)的间距离及各种姿态(错位、八字、高低、倾转等)的调整,满足了三个 40 ft 集装箱全方位的作业需要。这种三个 40 ft 吊具上架结构合理、操作方便,可按用户需要任意地选择以下作业模式:

(1)单吊具作业模式。将剪式上架锚定在小车架下,使用陆侧吊具单独作业,此时可以吊一个 40 ft 集装箱或两个 20 ft 的集装箱。

(2)双 40 ft 吊具作业模式。将陆侧常规上架锚定在小车架下,使用海侧剪式上架单独作业,该剪式上架下能挂两个吊具,此时可以吊两个 40 ft 集装箱或一个 40 ft 集装箱加两个

三个吊具处于收拢状态　　　　　　两个吊具处于收拢状态

三个吊具处于收拢状态

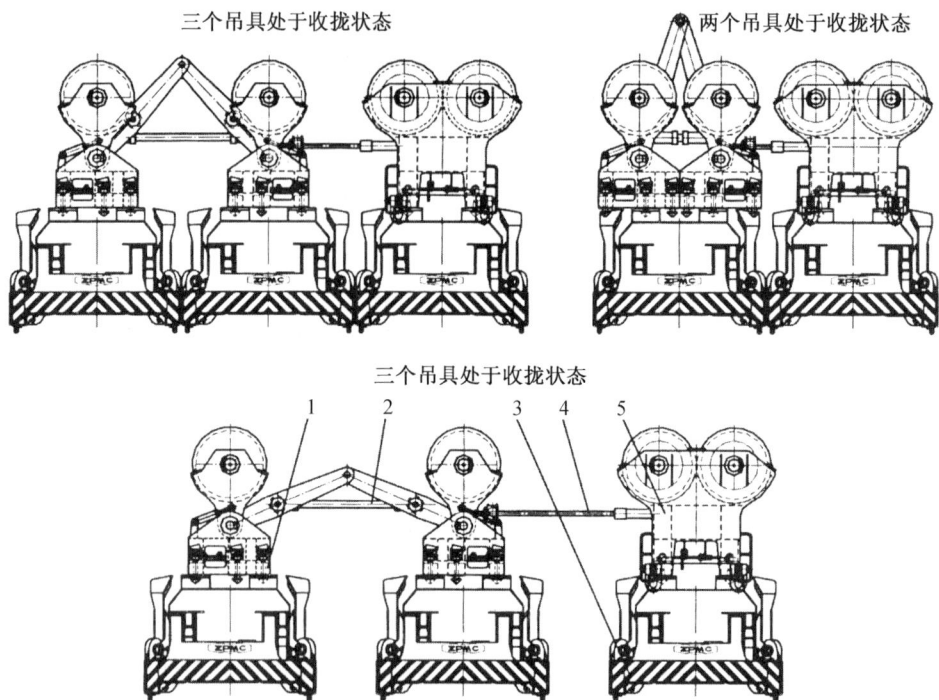

图 3-92　三个 40 ft 集装箱吊具上架

1—平衡架；2—剪式连接系统；3—吊具；4—快速联接装置；5—陆侧上架

20 ft 集装箱的组合，也可吊四个 20 ft 集装箱。

在陆侧常规上架下挂一个吊具，将剪式上架并拢后挂一个吊具，可以吊两个 40 ft 集装箱或一个 40 ft 集装箱加两个 20 ft 集装箱的组合，也可吊四个 20 ft 集装箱。

（3）三个 40 ft 吊具作业模式。在陆侧常规上架下挂一个吊具，剪式上架下挂两个吊具。可以吊三个 40 ft 集装箱或六个 20 ft 集装箱，或两个 40 ft 集装箱加两个 20 ft 集装箱的组合，也可吊一个 40 ft 集装箱加四个 20 ft 集装箱的组合。

（五）吊钩横梁

吊钩横梁是集装箱岸桥的辅助索具（见图 3-93），它主要用于装卸件杂货。

吊钩横梁一般由吊钩、吊钩螺母、推力轴承、横梁和承载结构件组成。为了方便系物，吊钩用止推轴承支承在横梁上，可以绕垂直轴线旋转。在吊钩螺母上用止动板来防止其松动。同时，吊钩螺母可以防止灰尘进入止推轴承。吊钩尾部采用梯形螺纹，吊钩钩身采用梯形的断面形状，它受力合理，制造也较容易。在吊钩头部还装有弹簧自动复位的安全封口板装置，以防系物绳自动脱钩。钩头有单钩和双钩两种形式可供选择。一般单钩多用于中小起重量的岸桥上，双钩虽然制造较单钩复杂，但双钩受力条件好，钩体材料能得到充分利用，所以一般多用于较大起重量的岸桥上。吊钩横梁的结构件要求具有足够的强度和刚度，其与吊具上架的连接既有锁销式又有插销式。同时为了方便安放和运输，在吊钩横梁上还装有支腿和叉槽。

（六）超高架

超高架挂接在吊具上，是用来吊装那些 ISO 标准的开顶式集装箱或具有标准集装箱角

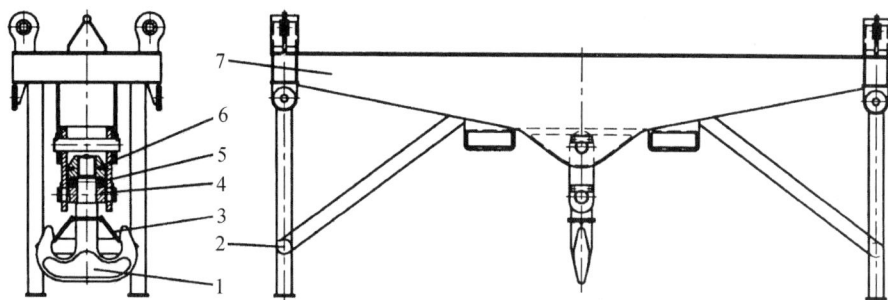

图 3-93 吊钩横梁

1—吊钩;2—腿;3—安全封口板装置;4—横梁;5—推力关节轴承;6—吊钩螺母;7—横梁结构

配件和尺寸,但是装有超高货物的框架式集装箱的附属构件,图 3-94 超高架具有自动挂钩的特点,其挂钩装置完全是机械式的,不需要液压和电气控制。在吊具和底架的辅助下,超高架通过自动弹簧式挂钩装置挂接在吊具上后就可进行作业。在装卸过程中,岸桥司机可以快速、安全地使吊具与超高架相连或分离。

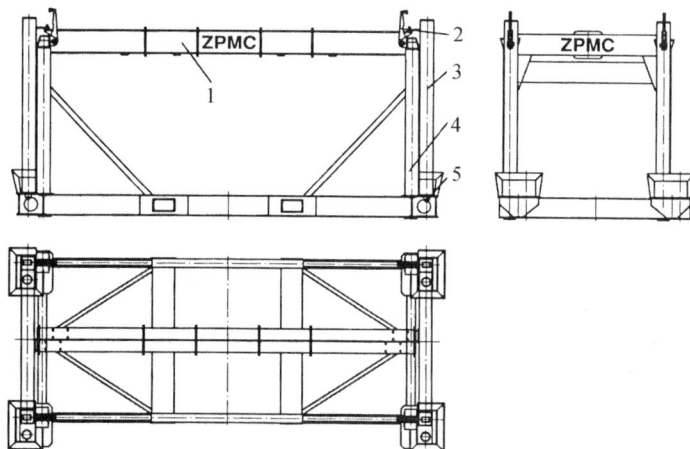

图 3-94 超高架

1—导管;2—挂钩装置;3—移动架;4—超高架底架;5—旋锁机构

超高架的所有动作都要靠吊具的驱动才能完成。岸桥的吊具控制着超高架的开锁、闭锁以及伸缩等动作,超高架只是跟随吊具动作。当超高架的旋锁进入超高集装箱的角配件孔内时,吊具的旋锁就会通过超高架的转销套及连杆转动超高架的旋锁从而使超高架的旋锁锁住超高集装箱,主起升机构方可起升,将集装箱吊起;同样当超高集装箱被吊到位时,吊具的旋锁就会转动超高架的旋锁,使超高架的旋锁与超高集装箱脱开,完成卸箱动作。

在超高架上具有两个机械联锁装置:

(1)自动弹簧式挂钩装置中的限位盘防止出现挂脱钩的误动作;

(2)旋锁机构中的机械联锁装置防止旋锁的误开闭锁动作。

超高架是附属件,不使用时,可搁放在超高架底架上。为了能够使用叉车移动其位置,在超高架底架上开有与叉车叉子相配的插口。

(七)吊具自动定位系统

随着现代科学技术的迅速发展,以及对集装箱装卸效率越来越高的要求,目前世界上主要的吊具制造商均推出了自己的智能型吊具。所谓智能吊具,即在吊具上安装专门的PLC装置,来控制吊具的运动及对整个吊具进行在线动态监控。这种专门的PLC装置还能和岸桥的电控系统或地面上相关计算机进行通信和数据交换。智能吊具的一个很重要的特点,是其上有一套伸缩自动定位系统。

对于一般的吊具,如吊具的伸缩梁位置发生了偏移,岸桥司机需用手动操作的方式重新予以定位。而吊具自动定位系统则专门用于吊具伸缩梁的准确定位,且可在吊具受强烈外力冲击伸缩梁位置偏移的情况下,自动地调节吊具的长度,使伸缩梁回到原来的位置,从而保持司机所选的吊具伸缩长度值。自动定位系统目前有两种形式:

1. 由绝对位置编码器和程序逻辑组成

绝对位置编码器通过联轴器直接安装在从动链轮轴上,用来检测从动链轮轴的旋转角度,并将此角度值信号不断地传输给吊具上的PLC。PLC一般安装在吊具的主电气接线箱内。它有必要的程序逻辑来控制吊具的伸缩动作和伸缩长度,接受发自于司机的吊具伸缩位置信号并控制液压阀上的伸或缩电磁线圈,从而实现吊具的伸缩运动。它的精确定位操作始终贯穿在集装箱装卸的全过程中,也即是能始终保持伸缩梁的正确位置。由于绝对位置编码器检测信号的精度高,而且是完全自动调节,所以司机不必担忧吊具伸缩位置的偏离问题,这样集装箱装卸作业效率可明显提高。

PLC根据预先设定伸缩位置和伸缩梁现行位置首先决定运动方向,并开通电磁阀驱动伸缩梁运动,然后根据机械惯性在接近目标位置时用点动操作方式使伸缩梁迅速达到目标位置。其中,程序中的提前量、点动时间、间隔时间均可在程序中预先设定,无须操作人员的干预。

伸缩控制程序有两种操作模式:直接模式和伸/缩模式。通过接线箱内的选择开关可选择其中的一种模式。在直接模式中,司机选择吊具的伸缩位置,自动定位系统则将吊具直接移动至所希望的位置。在伸/缩模式中,自动定位系统则将吊具由一个位置逐步地移至另一个位置。移动的方向由司机操纵伸和缩按钮或选择开关来决定。

2. 由限位开关和程序逻辑组成

在吊具的20 ft、45 ft位置各使用一个限位开关,在40 ft位置使用两个限位开关。当吊具处于20 ft或45 ft位置被外力撞偏时,控制程序中只要没有接到来自司机的指令,那么它就会判断原先在什么位置,然后重新伸缩回到原来的位置;而当吊具在40 ft位置被外力撞偏时,因为需要有两个40 ft限位都到位才表示在吊具处于40 ft位置,因此控制程序可以根据是哪个限位没有信号来判断该做伸动作还是缩动作。这种自动定位方式简单实用、维修方便,是目前吊具上主要使用的自动定位方式。

(八)吊具电缆动力张紧装置

由于集装箱岸桥的起升高度和速度不断地提高,以往所采用的在吊具上架上装电缆储缆框的方法已很难适用。大量实践证明,当起升高度和速度超过一定值时,就会出现电缆反转和出框的情况,严重地影响岸桥的性能和正常工作。因此在岸桥上用吊具电缆动力张紧装置来替代电缆储缆框。吊具电缆动力张紧装置有单排多层式(见图3-95)和多排单层式(见图 3-96)两种。主要由动力部分、减速传动部分、集电器、电缆卷筒、吊具电缆固定装置等组成。动力部分一般有力矩电机、磁滞联轴器和直接力矩控制器(DTC)等几种形式。

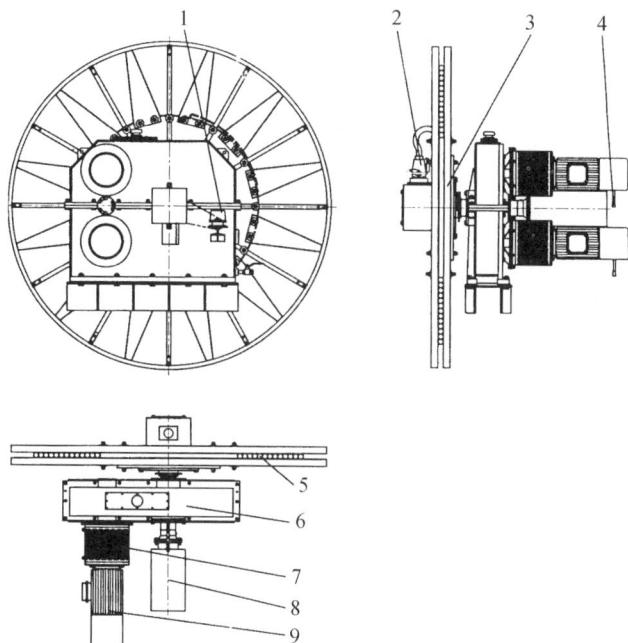

图 3-95 单排多层式吊具电缆张紧装置
1—凸轮限位开关；2—插头插座；3—卷盘；4—制动器；5—电缆；6—减速器；7—磁滞联轴器；8—滑环箱；9—变频电机

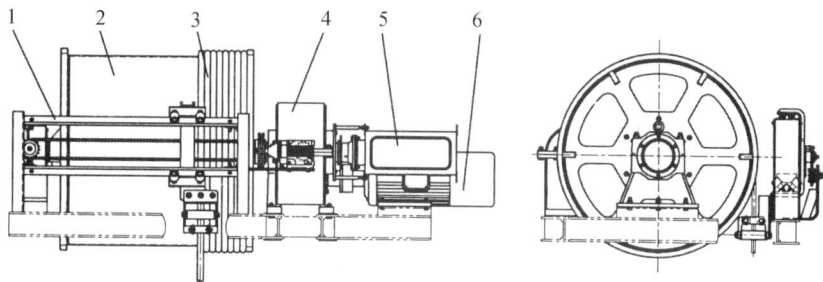

图 3-96 多排单层式吊具电缆张紧装置
1—排缆机构；2—卷筒；3—电缆；4—减速器；5—滑环箱；6—变频电机

1. 动力部分

(1)力矩电机式电缆卷筒

力矩电机式电缆卷筒是利用力矩电机的堵转特性来驱动电缆卷筒。力矩电机是三相异步电动机的一个特殊品种，具有独特的机械特性。与一般的异步电机不同，力矩电机的最大转矩发生在堵转附近，其稳定运转的范围比较大，从同步转速一直到堵转都能稳定运转。当负载增加时，电动机的转速能自动降低。它采用了特殊的转子结构，其转子有较大的阻抗，能有效地限制堵转电流。同时力矩电机一般带有强迫风冷，因此允许长期地运行于低转速区域，和在规定时间内处于堵转状态。

收缆时，力矩电机运行于电动机状态，驱动卷筒收缆；放缆时，力矩电机运行于倒拖状态,靠外力将电缆从卷筒上拉出来。而此时力矩电机的力矩则起阻尼作用,使吊具在下降时电缆不会松弛而始终保持张紧状态。

设计时,将力矩电机处于堵转时的输出力矩作为额定计算力矩;选用时可根据电缆规格、卷筒直径和安装高度,计算出满盘时的卷绕力矩,以此来选配力矩电动机;停机时,则靠制动器制动电缆卷筒。

制动器的调节,要使断电时抱闸且能支持住卷筒不自转,即电缆不自坠。如果调得太紧,制动时的冲击太大,易损坏电缆。制动器一般用电磁制动器,因为这种形式的制动器断电后能迅速抱闸,能充分保证电缆始终保持张紧状态。而液压推杆式制动器由于从断电到制动器抱闸有滞后时间,这样就不能保证电缆始终张紧,到下次启动时,由于启动瞬间力矩电机处于轻载,瞬间速度很快,产生较大冲击,易损坏电缆。

由于力矩电机是利用了电机的堵转特性,当吊具下降时,电缆倒拖电机,此时电机的旋转方向和其输出力矩方向是相反的。这样,力矩电机产生很大的热量,影响其使用寿命。所以力矩电机式电缆卷筒一般只能用于起升速度较小,电缆较轻的吊具电缆张紧装置上。同时由于种种原因,制动器的制动力常常发生变化,从而导致制动力矩变化而影响正常工作,因此不推荐采用。

(2)磁滞联轴器

如图 3-97 所示,磁滞联轴器是一种具有综合优良性能的传动装置。电动机带动一个用永磁材料制成的感应盘,感应盘正对着一个与减速机的输入轴相连的磁盘。该磁盘由数块块状的永久磁铁用环氧树脂浇注固定在铝制外壳内,然后与感应盘装配好后一起充磁,从而形成了一个闭合磁路。磁盘上的每块磁铁都有一个强大的磁场,它们会在感应盘上的对应位置上感应出相应的 S-N 极。在感应盘和磁盘之间没有刚性联接而仅有一点空气隙,一旦此 2 个盘之间有一个相对速度滑差,感应盘即变化磁性以保持和磁盘有一个同步转动的趋势,从而产生一个阻力矩。试验表明,该阻力矩基本上独立于滑差速度,所以这种磁滞联轴器在运动或静止状态都能传递力矩。一经调整好,它的输出力矩就能在很宽的范围内基本保持恒定。

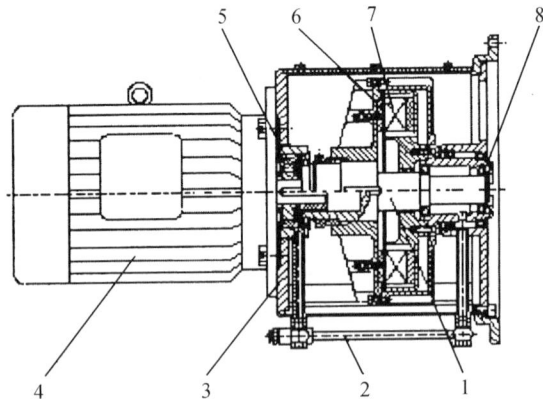

图 3-97　磁滞联轴器

1—输入轴;2—润滑油管;3—壳体;4—电动机;5—超越离合器;6—感应器;7—磁盘;8—输出轴

当吊具起升时,感应盘和磁盘的运动方向一致。设计时选取电机的转速始终高于减速器高速轴的输入转速,也即电机做正功卷取电缆;当吊具下降时,电机失电停转,而磁滞联轴器中的一个超越离合器阻止了电机的反转,只要负载力矩超过磁滞联轴器的调定磁滞力矩时,感应盘与磁盘之间就产生滑差。这时电缆卷筒反转,允许吊具电缆下降,磁滞联轴器的磁滞力矩则做负功起阻尼作用。因此,这种形式的电缆卷盘可以正转、反转或停转且能始终产生一个拉紧电缆的力。而当岸桥停机时,超越离合器则阻止了感应盘反转所造成的电缆下坠,使电缆始终能保持张紧状态。

磁滞联轴器的外壳采用具有良好的热传导性能的铝合金制成,且在该外壳上有大面积的散热片,使工作中切割磁力线所产生的热量能迅速散去,保护轴承等零件不受热量的影响。为了防止轴承烧坏,将轴承安装在远离感应盘的地方,并加装了润滑油嘴,在使用中定期注入润滑脂,使轴承、花键等零件得到良好的润滑。实践证明,对于一般速度的电缆卷筒,此结构在 $-15 \sim 40 \ ℃$ 的环境中能长期连续工作。

与其他联轴器相比,磁滞联轴器传动结构简单。因为是非接触式的,无磨损现象,体积小、重量轻,因而惯性小。它允许采用普通的三相鼠笼式电机或气动马达作为动力。对于不同规格的电缆、卷绕长度和机型,只要增加或减少驱动动力头的数量即可,每只磁滞联轴器的输出扭矩还可以调节,所以它机动灵活、适用性强。由于通用化、标准化程度高,可以减少备件及维修保养费用。

磁滞联轴器的异常稳定和独立于外界参数的力矩特性,使之能非常好地适用于吊具电缆的张紧。这种型式的吊具电缆动力张紧装置允许全天候和连续工作,而且整个装置中除了卷筒外只有极少数零件在旋转,因此总体上保证了其安全可靠。该联轴器作为一个力矩限制器,防止了电缆的过分拉伸。磁滞联轴器采用了柔性的传动方式,工作时电缆卷筒无突然跳动现象,从而保证了电缆有较长的工作寿命。在断电的情况下,磁滞联轴器的磁滞力矩依然存在,不需要设专门的停车制动器,也不需要单独的电气控制系统。由于它有这些优点,因此是一种比较理想的动力张紧方式。

变频磁滞联轴器以变频电机取代原普通电机,用电磁制动器来取代单向轴承,并使电机转速随卷盘转速的变化而相应变化,即两磁盘间只保持很小的滑差,这样就可大大地减少发热量,同对又不影响磁滞联轴器其他性能的发挥。

(3)直接力矩控制装置(DTC)

直接力矩控制式电缆卷筒是采用力矩控制器(交流变频器或可控硅整流器),根据吊具电缆各种实际变化着的参数如吊具的瞬时加减速度、吊具所处的位置和电缆的单位重量对标准鼠笼式电机实现精确的速度和力矩控制,从而达到张紧吊具电缆的动力收放装置。根据有关的统计,随着输出力矩的增大,直接力矩控制式电缆卷筒的制造成本在大幅度降低。因此这种型式的控制装置主要用于大型的电缆卷筒(输出力矩为 $2\ 000 \sim 5\ 000 \ N \cdot m$)中,近年来随着该装置性能价格比的不断提高,这种系统也已被设计用于中小型电缆卷筒装置中,如吊具电缆动力张紧装置中。

这种类型电缆卷筒的动力部分一般由直接力矩控制驱动器、尾部带电磁制动器的标准三相鼠笼式电机等组成。在直接力矩控制式电缆卷筒中,控制驱动器根据卷筒卷绕时各种变化着的参数,如电缆的单位重量、电缆在卷筒上的卷绕量、吊具的加速度和减速度及停止的位置等,并比较设定的参考信号值,计算出电机最佳的输出扭矩和速度值,并同时给出信号打开电机尾部的制动器。由于电机的驱动力矩可以从 $0 \sim 100\%$ 无级调节且是一个连续值,因此这种系统既无起升机构突然起动时所严生的冲击现象,也无起升机构减速时所产生的电缆过度松弛现象。当断电或停机时,则由制动器制动住电机以防止电缆下坠,从而使电缆始终能保持张紧状态。对应于不同的起升高度,控制驱动器采用 $0\sim10$ V 的模拟信号来加以连续记录,这样系统就可以对电缆的张力进行不断的修正。因此直接力矩驱动式电缆卷筒允许一个几乎是恒定的拉力作用在电缆上且使电缆上的拉力最小,从而延长了电缆的寿命,且使整个电缆卷绕系统的可靠性得到了提高。

控制驱动器不仅通过一个逻辑电路来控制和管理整个电缆卷绕系统,而且还能与起重机的电控系统进行通信联系,储存或发布信息,使之成为整机控制的一部分。

由于直接力矩控制式吊具电缆卷筒中无柔性机械传动环节,因此对整个系统中的机械和电控传动的可靠性提出了更高的要求。

2. 集电器(见图 3-98)

电缆卷筒要做旋转运动,电缆必须经过卷筒滑环箱才能被引到有关的用电设备中。电缆卷筒滑环箱一般安装在室外,要考虑集装箱岸桥长期工作在海边盐雾空气环境中,操作时起重机不可避免地要发生振动和冲击,所以电缆卷筒的集电器在结构上应采取防水、防振、密封等严格的工艺措施。

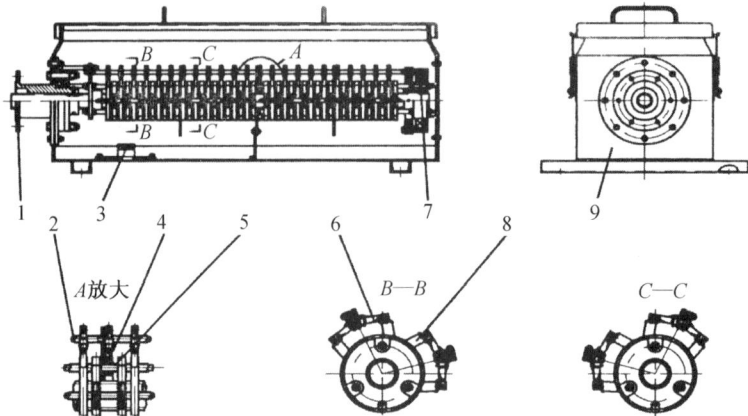

图 3-98　集电器

1—连接法兰;2—固定杆;3—电缆进口;4—滑环;5—绝缘套;6—碳刷架;7—轴承;8—炭刷;9—集电器罩

滑环有动力滑环和通信控制滑环等。设计时,各滑环的电容量选择不仅要满足其对工作电流的要求,而且各环之间的绝缘距离和漏电距离也应符合有关的国际电气标准或标书的特殊要求;使用的绝缘材料应有足够的电气机械性能和介电强度,应使用适当的炭刷弹簧,其压力与所选炭刷材料的允许压力相适应;滑环导电表面应有足够的光洁度,碳刷与滑环表面装配前应该经过研磨,以保证两者之间有良好的接触。装配完毕的集电器应转动灵活,并要按有关国际标准进行耐压试验,合格后才能装机使用。

3. 电缆卷筒

电缆卷筒有单列多层式卷筒和单层多列式卷筒两种。为了保证电缆的弯曲寿命,一般卷筒的直径至少是吊具电缆外径的 25 倍以上。

在单层多列式卷筒上,为保证电缆正确地卷绕在卷筒上而不发生重叠现象,在卷筒上面应焊有光滑的导向螺旋槽。为了减轻电缆的拖拉力,当吊具在最低点时卷筒上还应存留有 3 圈固定圈的电缆余量;当吊具处于最高点时,在卷筒的端面与最后一圈电缆之间至少要留有一个电缆直径的余量。在单列多层式卷筒上，为保证电缆正确地卷绕在卷筒上而不会发生电缆互相挤压或与卷筒相摩擦的现象，卷筒的宽度在内圈一般要大于电缆外径的 10%（但最多大于电缆直径 4 mm）；在最外圈应大于电缆外径 2~3 mm。

卷筒结构件应有足够的强度和刚度，一般采用不锈钢材料制造或采用对普通钢材热浸锌工艺制造，以保证其在海边盐雾空气中不会发生锈蚀现象。所有接触电缆的地方应进行修磨，不得有任何尖刺棱角等容易损伤电缆的缺陷存在。在电缆的出口处应装有牢固的电缆固定装置；在电缆进入滑环处应装有密封填料函以保证该处的密封性。

4. 电缆连接附件

为了减缓吊具电缆动力张紧装置起动时对电缆的突加拉力，保护电缆不致因突加载荷而被拉坏，延长其使用寿命，一般在吊具上架上装有电缆固紧装置。其原理如下：

（1）松紧绳式电缆缓冲连接装置

如图 3-99 所示，在电缆外加套一个特制的电缆网套，网套尾部有环与两个卸扣相连。吊具上架上的两个吊耳也与另两个卸扣相连。在该 4 个卸扣之间分别装有两根两端带悬铃的松紧绳，一旦有一载荷突然施加于电缆上时，松紧绳即会被拉长，从而保证电缆所受拉力始终小于其许可值。而在正常工作状况下，该电缆固紧装置则起固定电缆的作用。该连接装置的缺点：松紧绳易老化拉断，寿命较短。

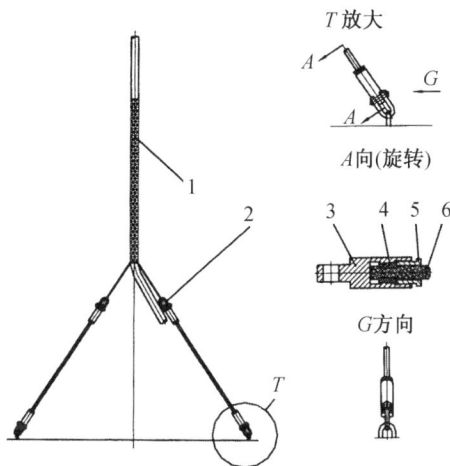

图 3-99　松紧绳式电缆缓冲连接装置
1—电缆网套；2—卸扣；3—悬铃；4—锥套；5—锁套；6—松紧绳

（2）卷筒式电缆缓冲器

如图 3-100 所示，卷筒式电缆缓冲器安装在吊具上架上，与吊具电缆卷筒配合使用。该缓冲器由电缆出口固定架、压板、导向轮、机架、缓冲装置、轴承座、卷筒等组成。它的主要功能如下：

①缓冲电缆所受冲击力，使电缆张力不超过电缆的许用拉力值，从而保护电缆，延长电缆使用寿命；

②若遇到吊具挂舱等突发事故时，卷筒能转动一定的角度，使预绕在卷筒上的部分电缆放出，从而避免电缆在挂舱时过度受拉，起到挂舱保护作用。

这种卷筒式电缆缓冲器在吊具升降过程中，可使电缆保持张紧状态，避免电缆因松弛

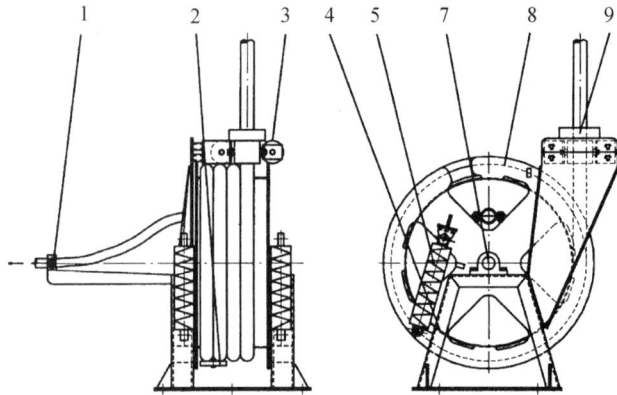

图 3-100　卷筒式电缆缓冲器

1—电缆出口;2—压板;3—导向轮;4—机架;5—缓冲弹簧;6—卷筒电

缆入口;7—轴承座;8—卷筒;9—电缆进口处

而被异物钩坏。但在实际使用中发现:其缺点是电缆导入口容易磨电缆、缓冲弹簧受扭后易断等。

(3)摆臂式电缆缓冲器

如图 3-101 所示,摆臂式电缆缓冲器完全克服了前面两种电缆缓冲装置的缺点,实践证明它具有很高的可靠性。

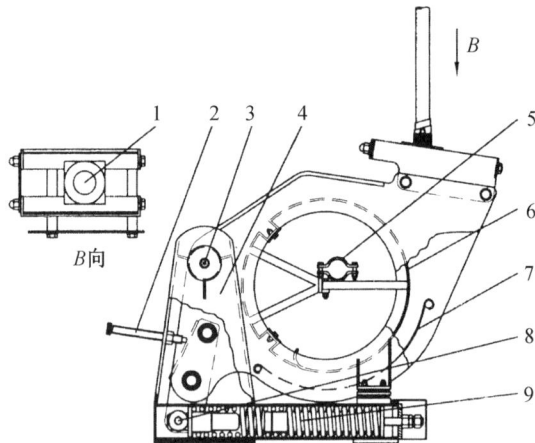

图 3-101　摆臂式电缆缓冲器

1—防磨滑块;2—顶起丝杆;3—铰点;4—卷筒机座;5—电缆卡

箍;6—卷筒体;7—电缆防磨板;8—滚轮;9—缓冲弹簧装置

摆臂式电缆缓冲器的工作原理是:当吊具升降时,缓冲卷筒可随电缆的升降作上下摆动,弹簧和阻尼器的作用使得摆动变得比较平缓,从而有效地保护电缆免遭过度的冲击、拉伸,防止电缆出现断芯、磨损等情况。摆臂式缓冲器具有如下优点:缓冲行程大于卷筒式电缆缓冲器,更有利于保护电缆。工作时弹簧沿水平方向压缩、展出,不受扭力,不会产生断裂的现象。且因润滑条件较好不至生锈,延长了弹簧的使用寿命,近乎免维护。与电缆摩擦的各部位采用了特殊的结构设计及相应的抗磨材料。从而减少了电缆的磨损,提高了电缆的使用寿命。有多种电缆出线方式可供选择,并能使带插头的电缆通过缓冲器,方便电缆的更换。

(九)无缆遥控吊具

目前岸桥上吊具与母机之间的动力和通信传输都是通过一根垂缆来实现的。垂缆本身价格昂贵,且存在着当起升速度超过一定值时,就会出现电缆不能平顺地入框从而发生电缆出框甚至被钩住拉断的情况发生,严重影响了起重机的性能和正常工作。而改为吊具电缆卷筒来实现电缆的收放,则要在起重机的小车上增加一套复杂的机械装置和几十组滑环,增加维护工作量。因此解决该问题的根本方法就是采用无电缆的吊具。

无电缆吊具利用了集装箱机械在起升和小车运动时,吊具上架上的两组滑轮的旋转动能,并将其转化为液压能和电能。从而使吊具上建立起一个蓄能式动力源。该蓄能式动力源除了驱动吊具上的所有动作外,还可为遥控装置、电磁阀、信号灯等提供电源。吊具与起重机之间信号通信则采用遥控来实现,这样就省去了吊具垂缆。

吊具上架的滑轮上装有一套机械传动装置和一个双向柱塞式液压油泵。这样当起重机在做起升下降或小车运动时,起升钢丝绳通过摩擦力驱动滑轮旋转,并通过上述机构来驱动双向液压油泵工作。

无缆遥控吊具的液压系统主要由泵源、蓄能器、油马达发电机等部分组成。其主要功能如下:

(1)蓄能。本系统由吊具滑轮带动油泵,由油泵输出压力油向蓄能器充油。

(2)发电机发电。当油泵输出的压力油向蓄能器充压到足够时,油马达带动发电机向电瓶充电。

(3)发电机停止发电。如压力低于一定值时,则发电机停止发电。

(4)油压过低报警。当系统压力过低时,压力继电器发讯断开。此时,发出油压过低报警,除吊具开闭锁动作外,不允许做其他动作。

(5)应急操作。应急操作包括使用应急泵和手动泵两种。

(6)电网充电。这样能保证蓄电池在起重机不工作时仍有足够的能量。

司机室和吊具之间的控制和反馈信号不通过吊具垂缆传输,而是通过无线通信的方式传输。无线遥控技术最大的问题就是抗干扰和可靠性,集装箱岸桥最重要的也是安全性和可靠性。德国 HBC 的遥控系统均配备自动关闭功能,在发射器传送信号被中断或干扰的情况下,接受系统将自动关闭;17 位地址码仅用一次,绝无重复,避免系统间的干扰和错误指令,双 CPU 提供双解码器冗余和分集技术,以保证在任何非正常状态下实现自动关闭。接收器中包括 4 套自动监视电路(WATCH-DOG),其中 2 个对已接收的发射信号和已解码的数字信号进行纠错,另外 2 个进行自检,从发现出错到操作停止仅需 0.55 s。HBC 采用极窄的频带调频接收系统,仅允许通过所需频率。在同频干扰情况下,采用同步技术后,可以通过改变发射器使用频率(此时接收器频率同步跟随),使遥控系统恢复正常工作。

抗震性能也是这套系统能否安装在吊具上的关键,因此,这套系统安装了特殊的弹簧抗震底座,进行了抗震试验,结果它顺利通过了 1 000 次 30 g 的带电工作试验。

该系统为双向遥控系统,共 2 个单元,每一个单元各有 16 点输入和 16 点输出。信号输入系统采用内部 24 V 直流电源,信号输出系统采用 4 A 继电器输出,外部供给电源。将其中一个安装于司机室吊具控制柜侧面,接收来自吊具上的各种限位信号,输出到 PLC 智能模块和控制台上的指示灯(包括吊具开闭锁信号,顶销信号,20 ft 及 40 ft 信号等),同时把控制台上的各种控制命令发射到吊具上。另一个安装于吊具上架上,这样对更换吊具也没有什么影响。所有吊具和上架上的限位信号通过固定频率的无线电波段发送出去,由司机室同频率的接收器接收,转换成具体的开关量信号。同样,吊具上架上的接收器接收司机室发射器发送的无线电波段,转换成开关量信号驱动特定的电磁阀中间继电器,最终驱动吊具的各个电磁阀,实现吊具动作。

这个系统的传输距离可达 500 m,远大于岸桥的起升高度,而且实际操作上与吊具电缆没有什么区别。经过几年的试用,未出现任何问题,证明这套系统的性能是可靠的,在岸桥上试用是可行的。

无电缆吊具的成功设计和制造具有深远的意义,这是因为省去了吊具垂缆后,使集装箱岸桥能适应全天候的作业工况,而且其起升高度将得到增加,同时其可靠性将得到进一步的提高。它的先进性和经济性是显而易见的。

单元五　制动装置

一、概述

(一)制动技术概念与分类

起重机械是通过各种机构(如起升、大车和小车运行、回转和臂架俯仰等机构)协调运动来完成物料搬运作业的,具有间歇动作、频繁正逆运动、经常起动和制动的工作特征,因此,制动技术与装置是保证起重机械正常运行和安全工作的关键环节,是起重机械的重要组成部分。所谓制动,就是对运动物体(机构)施加一个与原运动方向相反的阻力(或阻力矩),从而使其减速或停止运动的过程。达到系统制动目的的装置称为制动器。根据所施加阻力(或阻力矩)的性质,制动可分为机械制动、电气制动和液力制动等。

1. 机械制动

通过机械装置向运动物体(机构)施加制动力或制动力矩,从而使其减速、停止运动或支持(维持)不动的制动过程称为机械制动,广泛应用于各种起重机械。机械制动属于直接接触式制动,主要采用各种机械式制动装置来进行,如各种形式的鼓式(盘式或带式)制动器、阻尼制动装置等。由于机械制动常伴有能量热转换过程,为了改善系统的制动性能,减少摩擦副的发热及磨损,提高制动系统的安全性和可靠性,最好采用电气制动与机械制动组合的制动系统,前者用于机构的减速制动阶段,后者主要用于机构的停车制动和支持制动阶段。

2. 电气制动

通过改变输入电动机的电流参数,使其进入发电制动状态,产生与机构转动方向相反的、起阻碍作用的电磁转矩,从而形成电气制动。电气制动有多种形式,包括能耗制动、反接制动、再生-反馈制动以及专门制造的电气制动装置(如涡流制动器、变频调速装置等)。

电气制动属于非直接接触式制动,多用于机构减速制动、调速制动(如重物恒速下放)以及水平停车制动等场合。由于电气制动不具有支持制动功能,并且不能应用在失电状态,因此,起重机械上的电气制动应与机械制动组合使用。

3.液力制动

通过液力偶合器、离合器等组成的液力装置,或各种液压泵、液压阀等组成的液压装置,利用液体(油、水等)介质及装置所产生的流体阻尼(如黏滞阻尼、涡流阻尼等)进行能量转换(机械能转换为液压能及热能),从而形成与运动系统运转方向相反的、起阻碍作用的阻尼(制动)力矩的制动过程称为液力制动。液力制动主要用于减速制动或调速制动(如重物恒速下降)等场合。由于泄漏等因素的存在,液力制动一般不具有支持制动功能(液压缸驱动除外)。若系统需要支持制动功能,则可采用液力制动与机械制动组合的制动系统。液力制动的应用常见于流动式起重机。

比较上述三种制动类型,机械制动具有安全可靠,功能齐全,装置简便廉价,适应面广,便于生产和使用等优点,故各类起重机械上广泛使用着各种类型的机械制动器。另外,随着起重机械和制动技术的不断发展,将越来越多地采用各种形式的复合制动方式(不同制动类型组合、双制动组合及安全制动组合等)形成制动系统,如冶金起重机和港口起重机上广泛使用机械制动和电气制动组合的制动系统。

(二)机械制动在起重机械中的作用

机械制动器(见图 3-102)通常由制动器机架、上闸装置(包括杠杆系统)、松闸装置、制动摩擦副、附件等组成。制动机架与工作机构的固定部分相连,制动摩擦副的一部分安装在制动机架上,另一运动部分与工作机构传动轴系相连。当机构工作时,松闸装置动作,使摩擦副的接触面相互脱离,机构传动系便可正常运转;当机构需要制动时,电动机断电,与电动机联动的松闸装置解除工作状态,同时上闸装置迅速动作,使摩擦副的一对接触面接触并压紧,产生足够大的、与运动方向相反的摩擦力矩——制动力矩,从而消耗系统机械能,减速停车,直到停止运动,完成机械制动过程。

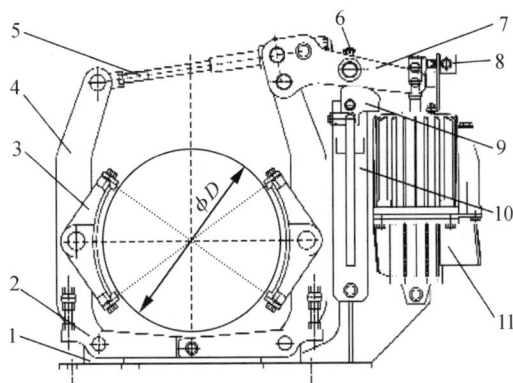

图 3-102 常闭鼓式制动器

1—底座;2—退距均等装置;3—制动瓦;4—制动臂;5—制动拉杆;6—弹簧拉杆;7—三角杠杆;8—限位开关;9—手动释放装置;10—制动弹簧组件;11—推动器

在起重机的各个机构中,制动器几乎是不可缺少的组成部分。起升和变幅机构必须装设可靠的制动器,以保证吊重能悬停空中和臂架维持固定位置。运行与回转机构也需要制动器使其按要求停车。露天工作的轨行式起重机,其制动器还能起到抗风防滑作用。某些流动式起重机的起升机构还利用制动器实现物品无动力可控下降。因此,在设计或选用起重机械上的制动器时,应充分关注制动器在机构中的作用(制动功能)以及特殊要求等。综合起重机械上不同类型的制动器,其作用总体上表现为以下四个方面:

1. 减速及停车制动

通过制动系统消耗机构运动的机械能(动能和位能),从而使机构以相应的制动减速度(制动时间或行程等)实现减速及停车(机)制动,如各工作机构的就位停车等。减速及停车制动可由制动器(或电气制动、液力制动)来完成。减速及停车制动系统的设计准则应以实现相关制动性能(如合适的制动减速度、制动时间、制动路程和制动温升等)为主要原则。

2. 支持制动

停车后的工作机构利用制动器的制动力(制动力矩)防止其在位能性外力(重力、下滑力和风力等)的持续作用下产生不必要的运动,从而使机构较长时间维持静止不动状态即为支持制动,如重物悬停、臂架保持固定位置、起重机等在露天风载荷或坡道载荷作用下停止不动等。支持制动常采用与电动机联动的常闭式或综合式机械制动器组成自动动作的单制动系统或双(多)制动系统来实现。在单独实现支持制动功能时,制动器没有吸收能量。

3. 落重调(限)速制动

在某些特殊情况下,起升机构可以控制制动器的制动力矩与载重力矩相平衡,同时吸收位能,从而使载重以可调控(或限定)的速度无动力下降,即为落重调(限)速制动,如某些汽车或轮胎式起重机、淬火起重机、内河码头抓斗卸船起重机等的无动力重物可控下放。落重调(限)速制动常采用综合式可操纵制动器与离合器并用的形式布置在起升机构末端的起升卷筒上,所需制动力矩较大。

4. 紧急安全制动

在安全性要求特别高的使用场合,为了防止某些紧急状况或特定气象状况出现而发生后果非常严重的特殊事故(如重物坠落、整机被风吹跑等),需在相应机构低速轴末端专门装设有别于工作制动器的失效保护制动器,以实现事故状态下最后的紧急安全制动。如吊运钢包等高温液体(或易燃易爆危险品、放射性物品以及非常重要的物品等)的起升机构、岸边集装箱起重机起升和臂架俯仰机构、浮式起重机锚机机构(需防止航行中脱锚事故)等,应在起升卷筒上专门装设紧急安全制动器。紧急安全制动属于包括减速停车制动阶段的支持制动,常采用综合式操控的制动器。由于低速轴制动具有非常大的制动力矩,从既保证系统可靠性又不损坏相关零部件的角度出发,紧急安全制动系统应经常进行动作正常性检验,但不宜进行满负荷试验。另外,沿海港口上的起重机为防止大风吹袭而在车轮上装设的防风制动器,也可视为紧急安全制动器。

起重机械各工作机构中的制动系统视实际需要,可能会具有上述一种或多种制动作用,因而装设的制动器类型和数量也应与其相对应。

(三)起重机械对制动系统的要求

1. 起重机械的制动要求

动力驱动的起重机械(液压缸驱动的除外),其起升、变幅、运行、回转机构都应装设可靠的制动装置;当机构要求具有载荷支持作用(功能)时,应装设机械常闭式制动器;变速机构换挡到中间位置时,制动器或其他装置应能自动地支持住物品;对于需要控制下降制动距离的起重机,其制动距离(控制器转回零位后,从制动器断电至物品停止时的下滑距离)一般可控制为不大于 1 min 内稳定起升距离的 1/65。

无防风装置的室外运行机构,应选择常闭式制动器,以起到防风制动作用。另外,起重机械在以下特定情况时也可不装设制动器:

(1)机构由做直线运动的液压缸驱动,锁闭油路能可靠地制动机构;

(2)在运行、回转机构的传动装置中设有自锁环节,且能确保不会发生超过额定应力运行的特殊场合;

(3)不受风力和坡道分力作用的桥式起重机的手动运行机构;

2. 起重机械对制动器的性能要求

起重机械对制动器的性能要求主要包括制动性能、安全可靠性、控制性能三个方面,具体要求如下:

(1)制动系统安全可靠,具有机构所需要的制动功能和足够的制动力矩。

(2)制动过程平稳,释放和闭合动作应符合机构的相关匹配要求。

(3)在规定的制动工况下,制动力矩稳定性好,工作可靠。

(4)制动衬垫应有与机构制动工况相适应的耐温性能,耐磨性好,使用寿命长,调整与更换方便。

(5)制动器受力构件具有足够的强度和刚度。

(6)常闭式制动器制动弹簧一般要求为压缩式弹簧,制动力矩应便于调整和检查。

(7)宜具有与起重机械技术和控制要求相适应的制动器附加功能。如对自动化控制水平较高的大型、专用起重装卸机械,制动器应具有释放联锁保护和故障显示功能、退距和力矩自动补偿功能、制动衬垫磨损极限报警功能和手动释放功能等。

(8)宜具有良好的人机工效,安装方便,使用可靠;另外,制动器制动衬垫起着保证制动力矩的重要作用,其性能与质量、寿命与可靠性、自动补偿性与更换方便性等应引起特别关注。

3. 制动器的装设要求

制动器是起重机械重要的安全部件和安全装置,应特别关注制动器的作用与合理配置问题。为减小制动力矩和制动器规格,降低制造成本,同时又提高制动系统可靠性,尽可能将工作制动器安装在机构的高速轴上(减速器输入轴端)。如出于安装布置方便性考虑,某些场合下也有将制动器安装在减速器的中速轴上,例如需要浸入油中的重载制动器。有些电动葫芦为了减轻发热与磨损,其制动器就装设在减速器箱体内。如果起升机构通过制动器和离合器实现落重调速制动,制动器应安装在低速轴的卷筒上,以确保安全。在特殊情况下装设的紧急安全制动器,则应尽可能装在低速轴上,如将紧急安全制动器装设在低速轴的卷筒上,以防传动系统断轴时物品坠落。

(四)起重机械制动器分类

不同种类的起重机械上可以见到各类机械摩擦式制动器,但其常用的主要类型相对比较固定,多属于工业制动器范畴,目前已实现高度的标准化、通用化和系列化。

1. 根据制动器主要作用分类

制动器按照此分类可分为减速及停车制动器、支持制动器、落重调（限）速制动器、紧急安全制动器。前两项也统称为工作制动器，是起重机械正常工作状况下根据运动状态需求而装设的制动器，一般选用通用标准制动器即可。紧急安全制动器是为防范某些紧急状况和特殊事故而装设的失效保护制动器，其在正常工作状况下应处于常开状态而不参与工作制动。

2. 根据制动器驱动装置类型分类

制动器按照此分类可分为电力液压制动器、电磁制动器、液压制动器、气动制动器。

3. 根据制动器结构形式分类

制动器按照此分类可分为鼓式制动器（见图 3-102）、盘式制动器（见图 3-103、图 3-104）、带式制动器（见图 3-105）、蹄式制动器（见图 3-106）。

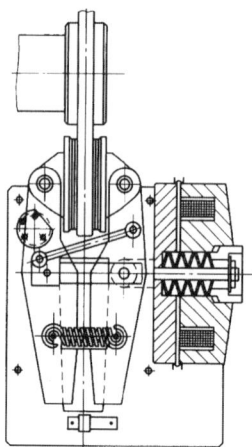

图 3-103　钳盘式制动器

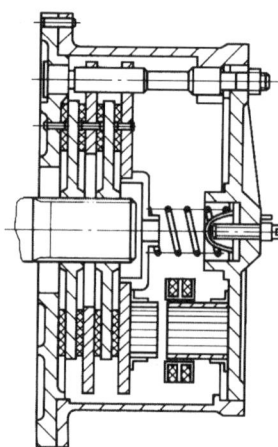

图 3-104　多盘式制动器

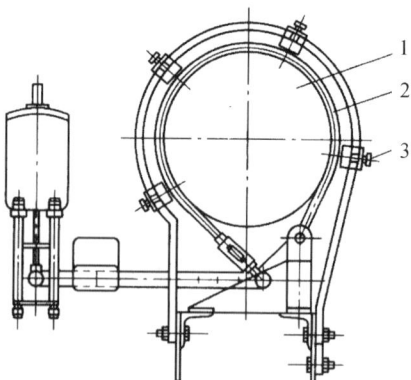

图 3-105　带式制动器
1—制动轮；2—制动带；3—限位螺钉

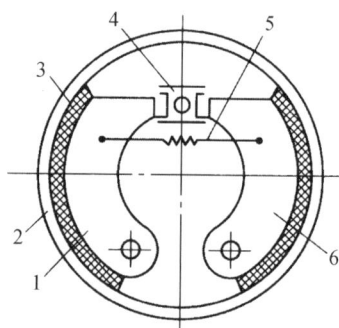

图 3-106　蹄式制动器
1—领蹄；2—制动鼓；3—摩擦衬片；4—轮缸；
5—回位弹簧；6—从蹄

其中，鼓式、带式和蹄式制动器均属于径向作用式制动器，盘式制动器属于轴向作用式制动器；鼓式、盘式和带式制动器均属于外抱式制动器，蹄式制动器属于内胀式制动器。

鼓式制动器构造简单，制造与安装都很方便，成对的瓦块压力互相平衡，使制动轮轴不受弯曲载荷,广泛应用在起重机械上。

盘式制动器的上闸力是轴向力,可使其轴不受弯曲载荷,摩擦零件钳式瓦块或圆形摩擦盘(单盘或多盘、实心盘或空心风道盘、干式或湿式等)形状均是平面,摩擦面易于磨合,能够容忍较高的"热计算"温度,其优点是对同直径制动盘可采用不同数量的制动块以达到不同的制动力矩。

带式制动器制动带包角很大,产生的制动力矩较大,同样制动力矩下可以比鼓式制动器结构更紧凑。其缺点是制动带的合力使其轴受到弯曲载荷。带式制动器适用于对构造紧凑性要求高的起重机械,例如汽车起重机。另外,也可用于装在卷筒端部上的安全制动器。

另外,圆锥式制动器只需要较小的尺寸与轴向压力就可以产生相当大的制动力矩,常用于电动葫芦上或带涡流制动器的电动机上,使结构非常紧凑,如图3-107所示。

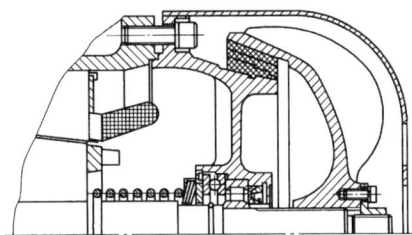

图3-107 圆锥式制动器

4. 根据制动器工作状态分类

(1)常闭式制动器

常闭式制动器在机构失去驱动力时应处于抱闸状态,即上闸闭合力使上闸装置闭合并向机构施加制动力矩;而在机构驱动装置驱动时(机构工作)应处于松闸状态,即松闸装置动作解除制动。起重机械一般多采用常闭式制动器,尤其是需要支持制动作用的场合(如起升机构等),必须采用常闭式制动器以确保安全。

(2)常开式制动器

机构不需要制动时,常开式制动器经常处于松闸状态,只有在机构需要制动时司机才根据实际需求操纵制动器进行抱闸。常开式制动器一般不具有支持制动作用,可用于起重机械的运行和回转机构。

(3)综合式制动器

综合式制动器是常闭式与常开式的综合体,既具有常开式可以任意操纵控制的特点,又具有常闭式安全可靠的长处,通常表现为机构通电工作时为常开式,可通过操纵系统随机制动,机构断电不工作时,制动器抱闸成为常闭式。图3-108所示为用于运行机构的一种综合式制动器,当起重机工作时,电磁铁通电将重块抬起,使制动器松开而利用操纵杠杆可以随意进行制动;当起重机不工作时,切断电源,电磁铁将重块释放,制动器上闸以防起重机滑动。另外,起重机械上使用的大多数常开式制动器都会通过备有专门机构使其带有综合式的性质,如门座式起重机回转机构制动器采用常开式,但一般都备有专门机构,起重机不工作期间再将制动器锁紧。

制动器的上闸闭合力大多数可由圆柱形弹簧或碟形弹簧、液压装置、重力(上闸冲击大,少用)以及人力等产生,制动器的松闸装置常用电动推杆、电磁铁、液压装置、人力(少

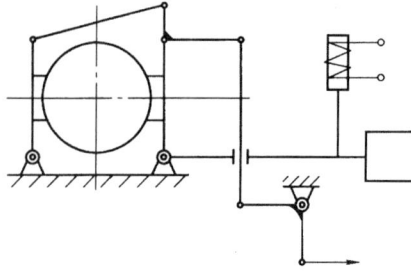

图 3-108　综合式制动器

用)等。

5. 根据制动器动作方式分类

（1）自动作用式制动器

自动作用式制动器的上闸与松闸都是自动进行的,常与驱动装置(电动机等)联动,从而保证机构具有更高的安全性。由于调定后的制动力矩在制动过程中基本不变,当用于载荷变化范围较大的机构时,制动欠平稳。起重机械上常用的自动作用形式为电动推杆、电磁铁、液压装置等。

（2）操纵式制动器

操纵式制动器的制动时机(上闸与松闸)、制动力矩大小是人为控制的,其制动力矩能在较大范围内改变,适用于载荷变化范围较大、制动平稳性要求较高的场合,如需要载重准确就位的回转机构等。操纵方法常用手柄或足踏板,传动方式可为机械式(如拉索或刚性杠杆与连杆)、液压式(见图 3-109)或气动式。

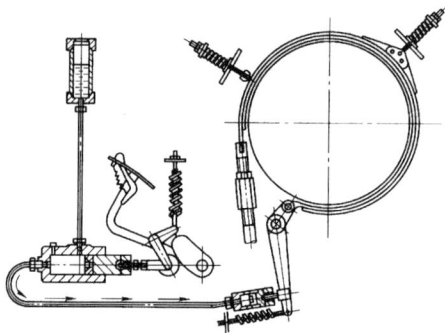

图 3-109　液压操纵式带式制动器

（3）综合作用式制动器

综合作用式制动器在通电正常工作时为操纵式,在断电时为自动作用式以保证系统安全。图 3-108 所示的制动器就是此种意义上的综合作用式制动器(表现为多重特点)。

另外,按制动器在机构中布置位置可分为高速轴制动器(布置在减速器输入轴上)和低速轴制动器(布置在减速器输出轴或卷筒轴上);按制动器松闸装置的行程可分为短行程制动器(松闸行程小于 5 mm)和长行程制动器(松闸行程大于 20 mm);按电源种类可分为交流型和直流型;有时也可按摩擦材料的类型进行分类。

二、起重机械常用制动器的构造特点

（一）电力液压制动器

所谓电力液压制动器,是指以电力液压推动器为驱动装置的一大类工业制动器,在起重机械的各工作机构高速轴上使用最多,常见类型包括鼓式、盘式、带式等不同的对偶件结构形式,以及常闭式、常开式等不同的作用方式,各种类型的制动器一般为立式安装方式,特殊情况下也可采用卧式安装方式。

1. 常用电力液压制动器组成及工作原理

常用电力液压制动器由制动机架(制动臂、底座等)、杠杆机构(制动拉杆、弹簧拉杆、三角杠杆等)、电力液压推动器、制动瓦块(匹配制动轮盘)以及附件(松闸退距均等装置、松闸退距补偿装置、手动释放装置、制动衬垫磨损限位开关等)组成,如图3-102和图3-110所示。其中,常闭式时电力液压推动器为松闸装置、制动弹簧为上闸装置,而常开式时电力液压推动器则为上闸装置,弹簧为松闸装置。

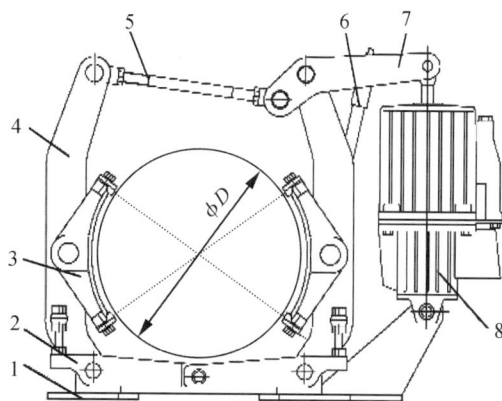

图 3-110　常开式电力液压鼓式制动器

1—底座;2—退距均等装置;3—制动瓦;4—制动臂;5—制动拉杆;6—弹簧拉杆;7—三角杠杆;8—推动器

常闭式电力液压制动器的工作原理[推动器为松闸装置,见图3-102和图3-111(a)]为:当机构断电停止工作时,其电力液压推动器也同时联动断电(或延时断电),并停止驱动,松闸推力消除,则受压缩的制动弹簧的弹簧力通过杠杆机构由两侧制动臂传递到制动瓦块上,使制动覆面产生规定的压力并建立规定的制动力矩,从而起到制动作用;当机构通电工作时,推动器同时联动通电驱动,其迅速产生的足够大推力通过杠杆机构迫使制动弹簧进一步压缩,制动臂向两侧外张,使制动瓦块制动覆面脱离制动轮(盘),消除制动覆面的压力和制动力矩,停止制动作用。

常开式电力液压制动器的工作原理[见图3-110和图3-111(b)]为:电力液压推动器为上闸装置,其工作逻辑性与常闭时相反,即机构断电,推动器同时通电,机构通电,推动器同时断电。

另外,当电力液压制动器采用卧式安装时(见图3-112),其底座为支承架和安装支架形式,此时的常开式制动器常带有手动装置(上闸用),以实现支持功能。

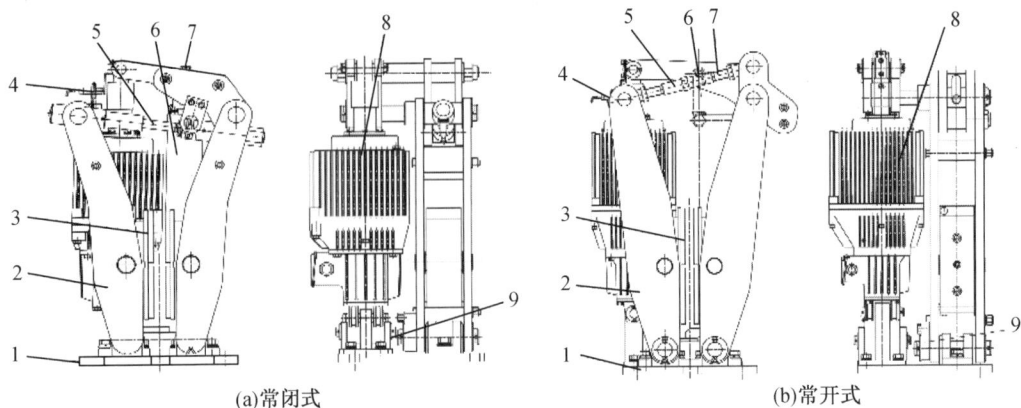

(a)常闭式　　　　　　　　　　　　　　　　(b)常开式

图 3-111　电力液压盘式制动器

1—底座；2—制动臂；3—制动瓦；4—限位开关；5—制动拉杆 6—复位弹簧组件；7—三角杠杆组件；8—推动器；9—退距均等装置

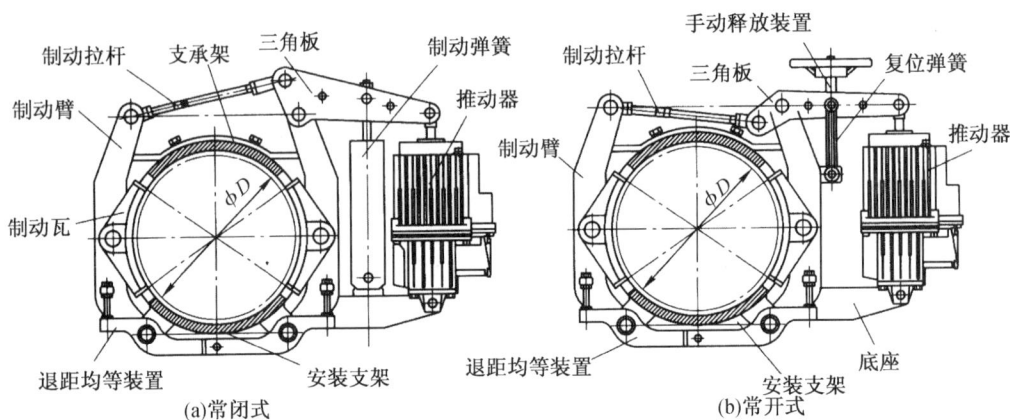

(a)常闭式　　　　　　　　　　　　　　　　(b)常开式

图 3-112　卧式安装电力液压鼓式制动器

2. 电力液压制动器结构

（1）制动轮（盘）

制动系中的制动轮（盘）既可与联轴器形成一体，也可单独安装在传动轴上。制动轮（盘）按其结构特征可分为 A 型（可与连接轮毂一体）和 B 型（可与连接轮毂拆分）两类，如图 3-113 所示。

若制动轮（盘）采用含有片状石墨珠光体组织的球墨铸铁时，则具有良好的耐磨性和滑动性。但制造工艺较为复杂，价格较高。根据材料的不同，调质处理的硬度在 250~320HBW，硬化层深度为 2~3 mm。硬度较小的钢质材料在摩擦中易于变形而形成沟槽，并会在摩擦衬料中嵌入金属微粒，从而造成严重磨损和摩擦系数的急剧变化。而采用耐热钢和合金铸件时可不进行热处理。

制动轮（盘）所有表面均应通过切削加工成形，否则应进行动平衡实验以避免振动。为了避免磨合期间制动衬垫磨损太多，制动覆面的表面粗糙度值取为 $Ra\ 3.2\ \mu m$，其余表面应不大于 $Ra\ 25\ \mu m$。加工后的制动轮（盘）不应有裂纹、夹渣、夹砂冷隔和缩孔等影响使用性能的缺陷。制动轮（盘）的直径应根据制动力矩和制动衬垫的许用比压等因素来确定，而制

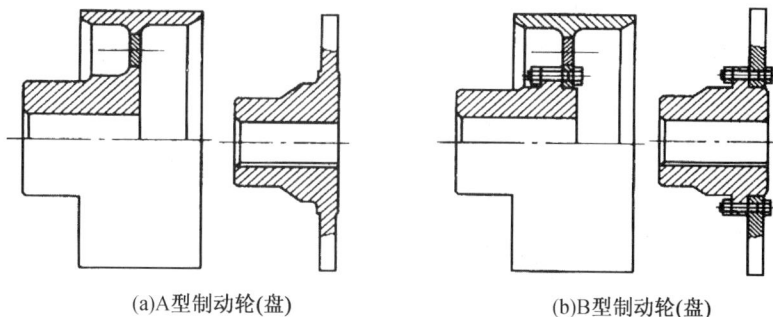

(a)A型制动轮(盘)　　　　　　(b)B型制动轮(盘)

图 3-113　制动轮(盘)

动轮宽度通常要比制动瓦块宽度大 5~10 mm。

（2）制动瓦块

鼓式制动瓦块与制动臂架常采用铰接式连接［见图 3-114(a)］,当制动器安装高度略有误差时,通过制动瓦块绕铰点的回转,使其仍能很好地与制动轮密切配合,避免了固定式瓦块连接经常出现一端接触磨损的现象［见图 3-114(b)］。但活动性强的铰接瓦块松闸后,在自重作用下有贴向制动轮的趋势,故应采取一些措施以限制瓦块的自由转动。常用附设弹簧垫圈(或顶定器)来增加阻力。盘式制动瓦块与制动臂架也采用铰接式连接。

鼓式制动瓦块通常采用铸铁材料。为便于加工圆弧面,瓦块包角取值略小于 $360°/n$（$n=4$ 或 5,包角为 70° 或 88°）,如图 3-115 所示。

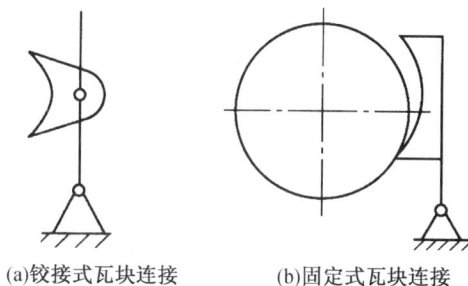

(a)铰接式瓦块连接　　　　　(b)固定式瓦块连接

图 3-114　鼓式制动瓦块与制动臂架的连接

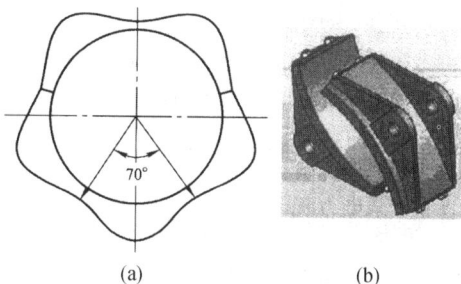

(a)　　　　　　　(b)

图 3-115　鼓式制动瓦块及包角

增大瓦块包角可以增加制动力矩,但同时会减小散热区间,并使瓦块下端松闸间隙变小。图 3-116(a)所示为直臂架时极限情况的最大包角,其最大包角 A 点的松闸运动轨迹在制动轮的切线方向上,此时 A 点的松闸间隙为零;若要继续增大包角,则应将制动臂下铰点

(固定铰点)向内移动形成弯制动臂,如图3-116(b)所示。需要注意的是,采用弯制动臂时,两瓦块制动压力不完全相等,其合力将使制动轮轴承受一些附加弯曲载荷。

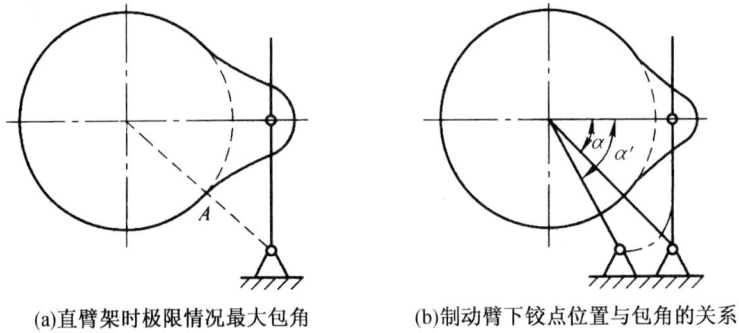

(a)直臂架时极限情况最大包角　　　　(b)制动臂下铰点位置与包角的关系

图3-116　鼓式制动瓦块与制动臂架形式和下铰点间的关系

(3)制动衬垫

起重机械上的制动器采用带有摩擦衬料的制动瓦块。制动衬垫既能增大摩擦系数,同时又能减少对制动轮(盘)的磨损。

对制动衬料的要求有:

①摩擦系数大且恒定。

②容许高的工作温度,一般材料摩擦系数当温升到某极限温度时急剧下降且磨损加快。

③耐磨。

④不伤制动轮。

⑤容许比压力大。

⑥有适当的刚性,刚性大的材料要求的松闸行程较小,但缓冲作用差,使上闸时的载荷增大。

⑦导热性好。一般摩擦材料导热性都不好,为了提高导热性能,有的制动材料中加入一些导热性能好的材料,如铜丝或铜末。

⑧有适当的挠性以便于弯曲,以适合瓦块圆弧,否则,应制成定型产品。

天然摩擦材料基本上没有工业实用意义。有机化合类摩擦衬料,如石棉橡胶类、石棉树脂类等,其中的有机成分限制了所能承受的最高温度(一般为200～250 ℃),但其工艺简便、价格便宜,过去曾广泛使用。石棉材料因环保问题将影响其今后的应用。半金属复合类摩擦衬料,如酚醛树脂类或石棉树脂类金属纤维增强复合摩擦材料等,其制作工艺较复杂,但性能较好,许用工作温度较高(250～350 ℃),符合环保要求,故其应用正逐渐增多。

烧结复合类摩擦衬料,如粉末冶金、金属陶瓷、碳/碳复合摩擦材料等,由于不含有机成分,许用工作温度高(650 ℃以上),性能优良,价格较高,特别适于高速重载的工作场合,此类材料的广泛应用主要取决于产品价格。粉末冶金和金属陶瓷是以金属元素(铁或铜)为主体,添加增大摩擦系数的组元(二氧化硅、三氧化二铝、碳化硅、石棉等),以及减少磨损的润滑组元(石墨、二硫化钼、金属硫等),按规定比例混合均匀后在钢制模具中压制成形,然后在保护气氛下烧结在钢制背板上,可以制成圆形、方形或梯形等多种形状,应用前景较好。碳/碳复合摩擦材料性能优异,但价格昂贵,至今很少用于起重机械中。

除烧结复合类摩擦衬料外,其他类型的摩擦衬料与瓦块的固定方式通常可以采用铆接、胶合和夹持等方法。铆接方法[见图 3-117(a)]通常用铝铆钉或软钢空心铆钉将衬料和瓦块铆接在一起,其工艺简便易行,衬料利用率约为 50%。采用胶合(冷粘或热粘)的方法可以大大提高衬料利用率,延长更换衬料的周期,但其制造工艺比较复杂,需连同瓦块一起更换。夹持方法[见图 3-117(b)]采用带有凹槽滑道的瓦块,将制动衬垫胶合在 2.5~3 mm 的薄钢板上,并将其沿瓦块凹槽插入,两端用压板及螺栓固定即可,其安装工艺及更换非常简便。

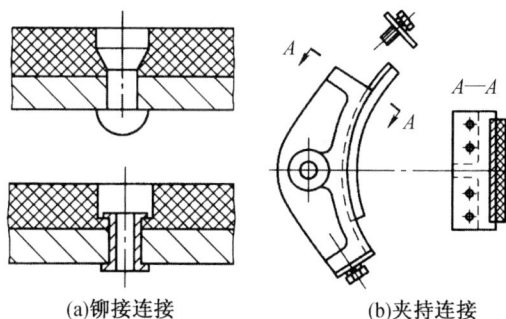

(a)铆接连接　　　　　(b)夹持连接

图 3-117　制动衬料与瓦块的连接

(4)制动臂

制动臂是制动器执行机构(包括杠杆系统)的主要组成部分,是主要的承力构件之一。制动臂可用铸钢(不允许用铸铁)或厚钢板(钢板叠合)制造。虽然工字形截面的铸钢制动臂(见图 3-131)承载截面比较合理,但制造费工、费料,自重大;矩形截面的钢板制动臂承载能力大,制作方便,自重轻。制动臂可制成直臂(见图 3-108)或弯臂(见图 3-118)的形状,主要由下部铰点的位置来决定。制动臂的危险截面为制动块铰轴孔处,而制动臂上的铰轴孔群也是失效的关键部位。现在常用组合钻孔(或专用夹具)的加工工艺以及镶嵌自润滑摩擦材料等方法来提高其传动效率。

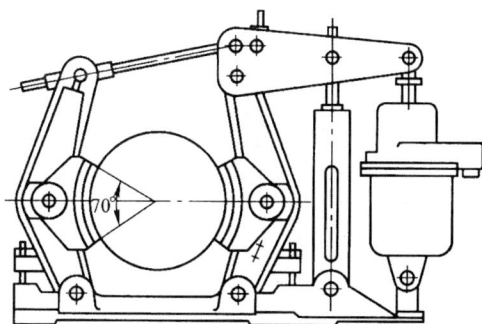

图 3-118　鼓式制动器(铸钢制动臂)

(5)驱动装置

常闭式制动器的上闸驱动装置包括制动弹簧、液动或气动装置、重力等形式,其中制动弹簧是最常见和最主要的驱动形式。鼓式、电力液压盘式,以及采用杠杆驱动的中小型钳盘式制动器,宜选用两端磨平的压缩式圆柱螺旋弹簧(GB/T 2089—2009);直驱型(杠杆比为 1)的大、中制动力常闭式液压钳盘式制动器一般选用 Ⅱ 类(有支承面)对合组合式碟形弹簧组(GB/T 1973—2005);常开式制动器复位弹簧(松闸作用)一般选择拉伸圆柱螺旋弹簧,但常开圆盘式或液压钳盘式制动器多采用两端磨平的压缩螺旋弹簧。制动弹簧一般选用 60Si2MnA(YB/T 5318—2006)或 50CrVA(YB/T 5318—2006)合金弹簧钢丝,复位弹簧一般选用冷拉碳素弹簧钢丝(GB/T 4357—2009)或 60Si2MnA 合金弹簧钢丝。

常闭式制动器松闸驱动装置包括电力液压推动器、各类电磁铁、液动或气动装置、人力等,其性能的好坏在很大程度上决定了制动器整体性能的优劣,其中电力液压推动器是应用最普遍的松闸装置。

电力液压推动器(也称电力液压推杆)的构造如图 3-119 所示:电动机通电带动离心泵叶轮转动,将两侧液压缸中的液压油吸入下部油腔,所产生的压力推动活塞及活塞杆,带动推杆及连接头向上运动,完成松闸动作;断电后,在上闸弹簧及活塞自重的作用下使推杆向下运动,弹簧完成上闸动作。液压推动器动作灵敏且平稳,无噪声,推力恒定,性能稳定,能耗低,允许操作频率高(每小时 1 200 次),动作时间可调节,工作可靠,寿命长,适应范围广,体积小、自重轻,价格便宜。液压推动器还可用于单向直线运动的驱动装置(如输送机械的张紧等),可以垂直、水平或在中间任意位置安装,但应注意不要使推杆承受横向力。常开式制动器的上闸与松闸驱动原理与常闭式相反。

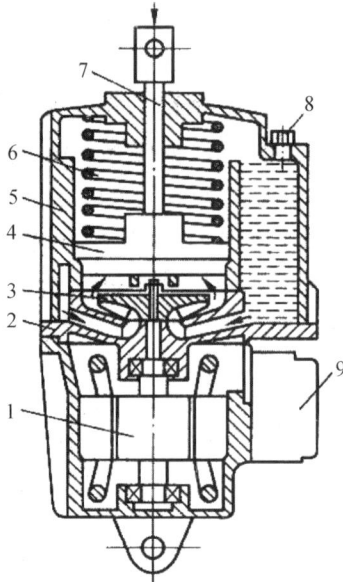

图 3-119　电力液压推动器

1—电动机;2—隔套;3—离心泵叶轮;4—活塞;5—油缸;6—弹簧;7—推杆;8—注油螺塞;9—接线盒

(6)松闸间隙调整、衬料磨损自动补偿与其他附件

松闸间隙(退距 s)是指制动器正常松闸状态时制动瓦块与制动轮(盘)间的距离,其值过小会导致制动瓦块与制动轮(盘)不能完全分离,甚至出现不能完全松闸的现象;过大则可能引起较大的上闸冲击。确定松闸间隙最小值时通常应主要考虑制动衬垫弹性(与厚度有关)、制动轮旋转时的摆动、轴的挠度以及热膨胀等影响因素,松闸间隙最大值约为 $\varepsilon_{max} = 1.5\varepsilon_{min}$。

松闸间隙及调整包括三个方面：

①应保证松闸器的实际行程(通常小于额定行程)能够满足松闸要求,这样就保证了两侧松闸间隙的和为规定值。

②两侧的松闸间隙应相等,最简单的方法就是可调整调整螺钉[见图 3-120(a)]。还可做成图 3-120(b)所示的结构,两侧弹簧刚度、弹簧力相等,因此两侧弹簧的压缩量必然相等,这样也就保证了两侧的松闸间隙相等。正确的平衡位置可通过两侧的调整螺钉进行调整。

③随着制动衬垫的磨损,松闸间隙会越来越大并达到 ε_{max},调整工作可手动或自动进行。为了减小维护工作量,制动器越来越多地采用自动补偿装置进行松闸间隙的自动调整,如采用单向轴承[见图 3-120(c)]。

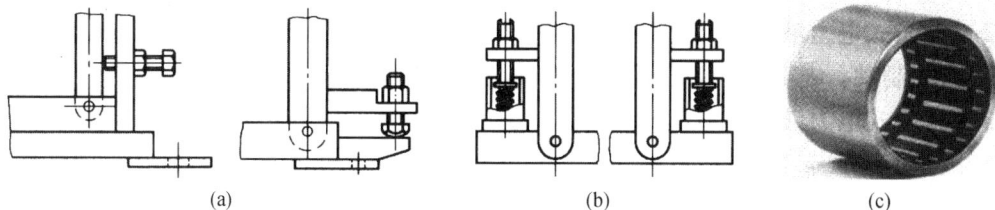

(a)　　　　　　　　　(b)　　　　　　　　　(c)

图 3-120　松闸间隙及调整

3. 电力液压制动器其他功能

在确定制动器功能需求时,除了规格参数和制动力矩外,有些机构对制动器还可能提出一些特殊功能需求。制动器的特殊功能指的是制动器必备的基本功能以外的功能,主要包括：

（1）自动补偿功能

制动器在工作过程中,当制动衬垫出现磨损导致制动瓦退距增大和制动力矩减小时,应能够自动对制动瓦退距和制动力矩进行补偿,保持制动瓦退距和制动力矩的基本恒定。

（2）手动释放(制动)功能

机构在工作过程中出现失电或其他故障停机时,需要采用手动释放装置释放(常闭式)制动器或使制动器处于制动(常开式)状态。

（3）释放状态发信和联锁功能

对于常闭式制动器,当机构需要驱动时,首先要检测制动器是否正常释放,只有制动器释放正常并发信后,机构控制系统方可使机构驱动电动机接电驱动。如果制动器未正常释放,机构未得到正常释放发信(故障状态),机构控制系统应能自动锁住对应驱动机构电动机(联锁),同时可在监视系统记录并显示故障状态。

（4）衬垫磨损极限发信和联锁

当制动衬垫磨损到极限状态时,制动器发信报警,或由机构控制系统自动锁住对应驱动机构电动机(联锁),同时可在监视系统中记录并显示故障状态。

4. 电力液压制动器特点

（1）动作特性优异

释放时间为 0.25~0.6 s,闭合时间为 0.15~0.3 s;动作平稳,闭合时的动力冲击系数为 1.1~1.25,对机构的冲击较小。

（2）驱动控制非常简单

由三相交流电动机直接驱动,在一般应用中无中间控制环节;电动机接线无相序要求,维护工作较少,可基本免维护,运行和维护成本(使用成本)低。

（3）具有不过载特点

电力液压推动器的输出为液力,液力的大小由推动器内部电动机参数和内部离心泵等结构参数决定,当出现外载过载时不会传递至其驱动电动机,驱动电动机也不会出现因外载过载而过载的现象,具有自保护性,所以具有可靠性高和寿命长等特点。

5. 电力液压制动器应用

电力液压制动器由于具有优良的动作性能和使用维护简便、寿命长等优点,广泛应用于各种起重运输机械中,其主要应用如下:

（1）常闭式电力液压鼓式制动器广泛应用于各种起重机械和装卸机械的各种机构高速轴制动。

（2）常闭式电力液压盘式制动器主要应用于各种大中型起重机械和港口装卸机械的各种机构高速轴制动,尤其在大功率和超大功率驱动机构中被广泛应用。

（3）常开式电力液压鼓式和盘式制动器主要应用于要求制动可控的起重机大车运行和小车运行以及门座式起重机等的回转机构等惯性负载类机构的制动。

（4）常闭卧式电力液压鼓式制动器主要应用于各种中小型门座起重机回转机构高速轴制动。

（5）常开卧式电力液压盘式制动器主要应用于各种大中型门座起重机回转机构和大车运行机构高速轴制动。

（二）液压制动器

液压制动器主要用于大中型起重机主起升机构、臂架俯仰机构低速轴的紧急安全制动,或大、中型卷扬提升机驱动机构的工作制动和紧急制动以及缆车和缆索起重机驱动机构的安全制动。制动器使用液压驱动释放,碟形弹簧施力制动,其结构如图 3-121 所示。其工作原理如下:当液压站中的压力油通过电磁阀的控制进入制动器油缸,液压油进一步压缩碟形弹簧并同时推动活塞杆带动两制动臂外张,制动力矩消除;电磁阀失电复位时,液压油在弹簧力的作用下回流至液压站油箱,同时弹簧力经活塞杆通过制动臂施于制动盘上,建立规定的制动力矩。

（三）QGZ-P 型惯性常闭制动器

这种制动器具有制动器和联轴器两种功能。它能手动打开、动态防风、应力释放、行走(回转)制动,用于门座起重机、堆料机、取料机、卸船机等设备的大车运行机构和回转机构的制动。其中 QCZ-PDOIT 型制动器为卧式安装;QGZ-PC3TL 型制动器为立式法兰封闭连接,与电动机、减速器成一体组成惯性制动减速电动机(三合一)驱动装置。

1. 工作原理

（1）QGZ-PD 型制动器的工作原理

如图 3-122 所示,电动机的转矩经过花键轴 4 带动花键套 5 和主动顶 41 旋转,主动顶与从动顶 39 相互作用的凹凸螺旋面在产生相对角位移的同时产生相对轴向位移,压缩制动弹簧 48,使作用在内制动环 18 和摩擦片 19 之间的压紧力(制动力)消除,解除制动;这时,

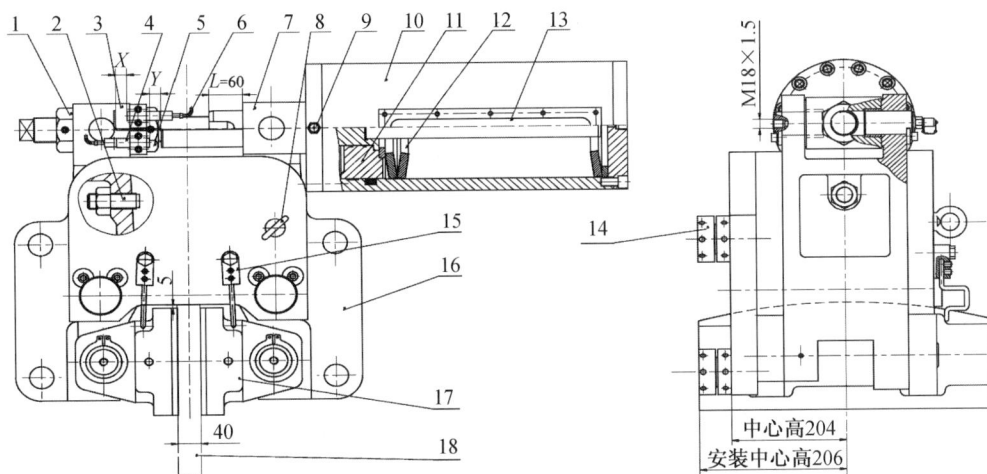

图 3-121　液压盘式制动器

1—锁紧螺母；2—退距均等调整螺栓；3—制动臂 A；4—开闸指示开关；5—调整螺母；6—衬垫磨损指示开关；7—制动臂 B；8—吊环螺栓；9—排气、测压两用接头；10—液压缸；11—活塞；12—碟刀弹簧组件；13—观测窗；14—安装中心调整螺母；15—瓦块随位装置；16—制动器底座；17—制动瓦；18—制动盘

两凹凸螺旋面紧密贴合，传递电动机转矩，起到联轴器的作用。电动机断电，停止输出转矩，主动顶与从动顶之间的凹凸螺旋面的相互作用力消失，制动弹簧扩张，迫使顶压盘 1 和花键套 5 复位，内制动环和摩擦片压紧，实现制动。

（2）QGZ-PC3TL 型制动器的工作原理

如图 3-123 所示，电动机的转矩经花键轴 5 带动花键套 6 旋转，花键套 6 上的主动顶与从动顶 19 相互作用的凹凸螺旋面在产生相对角位移的同时产主相对轴向位移，从而带动上摩擦锥 9 轴向位移，压缩制动弹簧 4，同时支撑弹簧 13 使摩擦锥环 10 浮动，使上摩擦锥 9、下摩擦锥 11 分别与摩擦锥环 10 脱离，解除制动；这时，两凹凸螺旋面紧密贴合，传递电动机转矩，起到联轴器的作用。电动机断电，停止输出转矩，两凹凸螺旋面的相互作用力消失，制动弹簧扩张，迫使上摩擦锥复位，使上、下摩擦锥压紧摩擦锥环，实现制动。

2. 性能特点

QGZ-P 型惯性制动器在起动时不带摩擦负载，操作频率不受限制，但也不能太高；其摩擦材料磨损均匀，并可进行补偿调节；在停电或电动机不能正常工作时，可用手动打开装置解除制动，便于机械进行挪位及维修；当机械在作业时遭遇阵风的突然袭击，可实现动态防风制动。

三、起重机械常用制动器的使用与维护

（一）电力液压鼓式制动器的使用与维护

1. 制动行程的确定

起重机在额定负荷下运行时，当制动器发生制动作用后，在惯性的作用下，还会继续运动一段距离，这段距离叫作制动行程，俗称溜车或溜钩距离，从起重机的安全和工作要求出发，必须有一段溜车或溜钩距离。制动行程对起重机的工作和安全十分重要。如果制动力矩过大，则制动距离过小，制动太猛，将造成冲击振动或吊钩游摆，容易损坏金属结构与机

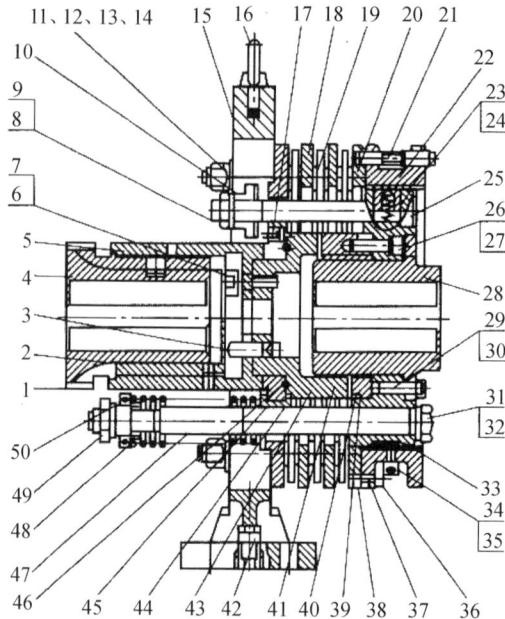

图 3-122 QGZ-PDOIT 型惯性制动器

1—顶压盘;2、17—油杯;3—圆锥销;4—花键轴;5—花键套;6、26、34—内六角螺钉;7、9、13、27、30、32、35、36—弹簧垫片;8—螺母;10—调节螺母;11—支撑杆;12—螺母;14—垫圈;15—支撑座;16—吊环螺钉;18—内制动环;19—摩擦片;20—多孔内制动环;21—止动销;22—外制动环;23—补偿块;24—补偿块弹簧;25—打开间隙拉杆;28—从动轴套;29、37—螺栓;31—螺母;33—从动盘;38—卡夹;39—从动顶;40、43—密封圈;41—主动顶;42—手动打开螺钉;44—防尘套;45—钢球;46—拉杆套;47—拉杆;48—制动弹簧;49—螺母;50—弹簧垫

械零部件,如果制动力过小,则制动距离过大,不能准确停车定位,影响工作效率,还可能发生事故。因此,必须调整制动器的制动力矩,对于起升机构,起吊物在下降制动时的制动距离(控制器在下降速度最低挡稳定运行,拉回零位后,从制动器断电至物品停止时的下滑距离)不应大于 1 min 内稳定起升距离的 1/65。

在吊钩挂负荷的情况下,制动器承受着负荷所产生的全部转矩,不仅无法调好,而且一旦制动力矩调得过小或不慎使制动器松开,便会造成重物坠落事故。

双制动的起升机构,其制动器应分别调整,在调整其中一台时,将另一台松闸,每一台制动器都应能有效实施制动。

2. 液压推杆鼓式制动器的调整(参照图 3-102)

起重机的制动器在使用过程中,应按规范经常进行调整,才能保证起重机各机构的动作准确和安全,调整主要有三个方面:调整工作行程、制动力矩和间隙。由于制动器在使用中,瓦块的摩擦衬料和各个铰销都会逐渐磨损,推杆工作行程因此增大,工作不可靠,必须经常检查调整。为使制动器产生需要的力矩,需要调整主弹簧长度。摩擦衬料与制动轮的间隙如太小,松闸以后,制动轮可能被拖带,这样既浪费动力,又加速摩擦片的磨损,如过大,则推杆工作行程要增大,行程大,推力减小,不能松闸。制动衬垫与制动轮的接触面积不应小于 70%。

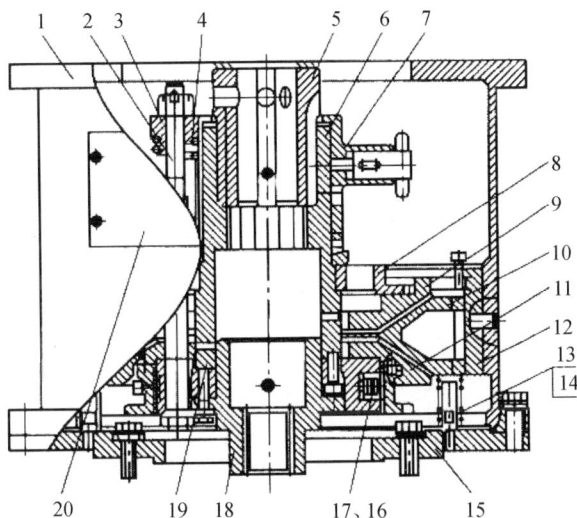

图 3-123　QGZ-PC3TL 型惯性制动器

1—支撑筒；2—拉杆；3—弹簧垫；4—制动弹簧；5—花键轴；6—花键套；7—保开压筒；8—垫板；9—上摩擦锥；10—摩擦锥环；11—下摩擦锥；12—内齿轮；13—支撑弹簧；14—弹簧支撑；15—底板；16—补偿块；17—补偿块弹簧；18—从动联轴器；19—从动顶；20—侧盖

（1）调整推杆工作行程的长短

在保证制动块最小的退距的情况下，液压推杆的行程越小越好，其调整方法是：松开锁紧螺母，转动斜拉杆，使推杆的行程符合要求，然后再将螺母锁紧。

（2）调整主弹簧长度

松开锁紧螺母，用扳手夹住拉杆的方头，旋动螺母，使主弹簧压缩或伸长，就能调整制动力矩的大小，调整完毕后，锁紧螺母。

（3）调整瓦块与制动轮间隙

首先使推杆上升到最高位置，松开自动补偿器的锁紧螺母。旋动调整螺钉，使制动瓦块与制动轮之间的间隙符合要求。

3. 制动器的检查

制动器的检查分为班检、周检和月检。

（1）班检

班检包括交接班检查和每班工作时间内不少于一次的检查，检查制动衬垫与制动轮的抱合情况是否良好，制动轮是否过热，制动衬垫磨损是否过大；各活动关节是否灵活，销轴及卡板和开口销等有无损坏，各处螺母是否拧紧。制动是否可靠。

（2）周检

每周润滑一次，主要检查制动衬垫的磨损值，各销轴磨损量、衔铁冲程、制动器弹簧和动力矩等。

（3）月检

月检是对各处间隙、各零件磨损值、制动力矩等进行全面的检查。

4. 制动器零件的修理和报废标准

制动器的零件出现下述情况之一时,其零件应更换或制动器报废:

(1)驱动装置

推动器电动机绕组烧损、推动器推力达不到松闸要求或无推力均应更换。

(2)制动弹簧

弹簧出现塑性变形且变形量达到弹簧工作变形量的 10% 以上;弹簧表面出现 20% 以上的锈蚀或有裂纹等缺陷的明显损伤。

(3)传动构件

制动臂或杠杆弯曲不严重时应加热后校直,校直后应检查有无裂缝,如发现裂缝或严重变形应更换;主要摆动铰点出现严重磨损,并且磨损导致制动器驱动行程损失达原驱动行程 20% 以上时,均应调换。调换前,先修整销轴孔,恢复其圆度,然后测量孔径,配制销轴。销轴是用 45 号钢制造并经过热处理,表面硬度为 HRW40。轴孔直径磨损超过原直径 5% 时也应更换。

(4)制动衬垫

铆接或组装式制动衬垫的磨损量达到衬垫原始厚度的 50%;带钢背的卡装式制动衬垫的磨损量达到衬垫原始厚度的 2/3 倍;制动衬垫表面出现炭化或剥脱面积达到衬垫面积的 30%;制动衬垫表面出现裂纹或严重的龟裂现象。

(5)制动轮报废的情况

制动轮出现下述情况之一时,应报废:影响性能的表面裂纹等缺陷;起升、变幅机构的制动轮,制动面厚度磨损达原厚度的 40%,其他机构的制动轮,制动面厚度磨损达原厚度的 50%;轮面凹凸不平度达 15 mm 时,如能修理,应重新车削加工,再进行淬火,恢复原来的表面硬度,最后磨光,才能使用。

(6)油污清洗

制动轮圆周表面沾染油污,应用煤油清洗。

5. 鼓式制动器常见故障及处理

(1)制动器已合闸,但刹不住重物

在起升机构中,制动器已合闸,但刹不住卷筒上钢丝绳所起吊的重物;在运行机构中,可能出现断电后滑行距离较长,其原因及排除方法如下:主弹簧松动或损坏,需要调整或更换主弹簧;制动衬垫过度磨损,需要更换制动衬垫;杠杆系统传动关节卡住或制动杠杆锁紧螺母松动,应检查消除卡住现象,润滑传动关节,调整锁紧螺母;制动器液力推力器推动力不够,需检查和调整液压推动器;制动轮表面有油,或制动轮、制动瓦两侧间隙不均匀或单面接触,需擦洗制动轮,调整相应螺钉和弹簧使间隙均匀。

(2)制动器制动失效

制动臂销轴的卡板或开口销损坏,销轴振落;制动瓦的销轴因开口销松动而窜出,使制动瓦块脱落;制动瓦衬或制动轮过度磨损;主弹簧螺母松退,制动力矩减小或消失,或主弹簧调得太紧,弹簧压力调得太大;传动关节被咬死。

(二)电力液压盘式制动器的使用、维护与调整

1. 跑合运行

在更换新制动衬垫、制动盘后或首次安装使用前,制动器必须进行跑合,否则铭牌所标

制动力矩值将不能保证。跑合前必须检查：制动器安装是否正确并符合要求；推动器的型号、电压、频率（查看铭牌）、接线是否符合要求；制动器的调试是否达到调试要求；制动弹簧的工作长度是否符合要求；制动盘表面及制动衬垫的表面是否清洁、无油污。一切正常后，方可按如下步骤进行跑合：

（1）首先进行25~30次的空载跑合，即不加负载（平移机构不限制），被制动机构驱动电机速度从低速开始逐渐至额定转速，制动器制动25~30次。

（2）在50%的制动负荷（平移机构不限制）下，驱动电机按步骤（1），操作制动器20~25次，并观察制动状态是否稳定（即每次的制动距离基本一致）。如制动状态稳定，即可进行满载试车10~15次。

（3）如满载试车跑合时，每次的制动距离符合要求且基本一致，制动器才可正式投入使用，否则继续按（1）（2）的顺序跑合运行直至符合要求为止。

在跑合运行时，制动器每制动5次应停止至少半分钟，确保制动衬垫及制动盘温度不会过高（大于350℃），随时检查衬垫与制动盘贴合状况、螺纹连接件是否松动、开关信号是否正常、声音是否正常。跑合运行正常后，即可正式投入使用。

2. 手动释放

手动释放装置用于在紧急情况或安装、维修时打开制动器，如突然停电而需要放下起吊的货物时，使用时只需朝上抬起手柄既可，如感觉吃力可使用加力杆套在手柄上操作（要插上安全销，防止加力杆滑出）。手动释放装置处于工作状态时，制动器将不能正常制动，制动器正常工作时不能操作手动释放装置，手动释放制动器用于落下起吊的货物时，必须控制下降速度，以防制动温度过高，损伤制动衬垫。

3. 电力液压盘式制动器的维护

（1）制动器每隔1~3天（视实际情况）应检查一次，检查内容如下：

①推动器工作行程（即瓦块退距）是否正常；

②自动补偿装置是否有磨损，补偿套、紧定螺钉是否松动；

③制动弹簧工作长度是否有变化；

④限位开关碰板或感应器是否松动，位置是否正确；

⑤制动盘和制动衬垫表面是否有油污；

⑥制动盘两侧工作表面的磨损都不得超过1 mm，否则应更换制动盘；

⑦制动衬垫的磨损情况，若制动衬垫有效磨损厚度<3 mm时，应更换，每换一次都应重新调整和跑合；

⑧紧急刹车时制动盘可能会出现一些带颜色的斑点，若出现较严重的裂纹，应更换制动盘。

（2）在使用过程中应及时检查下列情况：

①操作中是否出现制动时间和制动距离异常增长的情况；

②机构使用过程中是否出现制动盘超速的情况；

③限位开关的动作是否准确正常；

④制动盘和制动衬垫是否存在持续高温（350℃以上）或有冒烟现象。如出现异常现象，均应停车检查，查明原因，排除故障后方可使用。

（3）制动器在运输、存储、安装、使用过程中，可能会损坏油漆。如发现应及时补漆，否

则会降低构件表面的防腐性能。如果对制动器及相关部件进行补漆,严禁以下部位被污染:

①各铰接点;

②制动盘及制动衬垫摩擦表面;

③自动补偿装置及推动器的推杆表面;

④轴的表面。

(4)制动器中各铰点均加装自润滑复合轴承,在使用过程中不需要加油润滑。

(5)制动器使用一段时间以后,制动衬垫会磨损减薄,当衬垫的有效磨损厚度(磨材厚度)小于3 mm时,应予以更换(见图3-124),更换方法如下:

①先用手动释放装置或给推动器通电打开制动器,然后将弹簧工作长度(制动力矩)调至最小处,拆下紧定螺栓,卸下补偿套,然后反时针旋转退距调整螺母(不要将制动拉杆从螺套中完全拧出),将制动器打开至最大开度位置;

②将衬垫的连接螺栓拧下,用手拿住衬垫(借助把手眼)并掰向制动盘一侧,将衬垫掰离联接键;

③然后向上抽出被换衬垫;

④检查新的制动衬垫,摩擦表面是否清洁,如不清洁,请清洗干净(用砂纸或酒精),从上往下插入新的衬垫至安装位置;

⑤将制动衬垫键槽对准连接键并镶嵌进去;

⑥用连接螺栓把衬垫连接到制动瓦块上并紧固。装好新的制动衬垫,检查、跑合和试运行后才可使用。

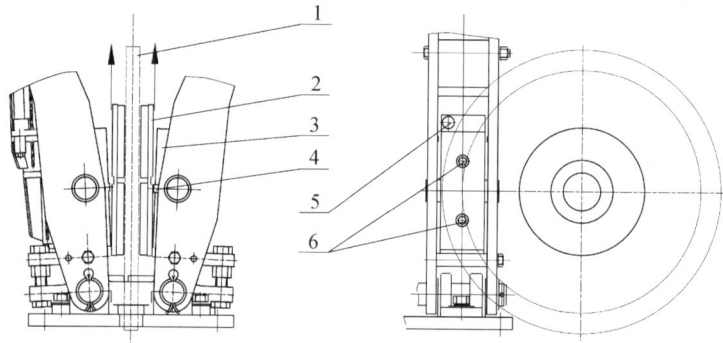

图3-124 制动衬垫更换

1—制动盘;2—制动衬垫;3—制动瓦块;4—连接键;5—把手眼;6—连接螺栓

(6)制动器采用先进的Ed系列推动器,出厂时,已经注好了液压油。如按S3-60%断续工作制,推动器在工作5 000 000次或累积10 000 h后才需要大修或整机更换。

4.电力液压盘式制动器的调整

制动器的调整包括制动力矩的调整、瓦块退距(推动器补偿行程)的调整和退距均等、行程开关的调整等。制动器的各项调整在初装时(使用前)和更换新的摩擦衬垫后必须进行。在使用过程中如无异常现象,一般无须调整。

(1)制动力矩调整

制动器的额定(最大)制动力矩一般在出厂时已调定,用户可根据实际需要在额定值和

50%额定值范围(标尺范围)内选择一个合适的力矩值。制动力矩值与弹簧工作长度成线性反比关系。调整方法为:用扳手顺时针旋转力矩调整螺母时,弹簧工作长度变短,制动力矩增大,反之,减小。

(2)瓦块退距(推动器补偿行程)调整

瓦块退距与推动器的工作行程成线性正比关系。Ed1250 及其以上规格的推动器,在推杆护套旁边设置了行程指示标尺,推动器的工作行程必须在两条绿色线(含绿色线)之间。此系列制动器均带有磨损自动补偿装置,瓦块退距(推动器工作行程)出厂时已设定好。只有在初次安装或更换新的制动衬垫后,或在使用过程发现异常时进行调整。

调整方法如下:单独给推动器通电(或用手动释放装置)打开制动器,顺时针旋转退距调整螺母 3~5 圈后闭合制动器,观察并测量此时推动器的补偿行程,如符合规定则停止调整;否则继续重复以上步骤,直至符合要求为止。

(3)两侧瓦块退距均等的调整

如图 3-125 所示,打开制动器(通电或用手动释放装置),观察制动衬垫与制动盘的间隙。如发现两侧不均等,则拧松间隙小一侧的锁紧螺母,顺时针旋转调整螺栓,边拧边观察,至两侧间隙均等后停止旋转,并拧紧锁紧螺母。此装置为退距自动均等装置,调整好后在使用过程中无须调整。

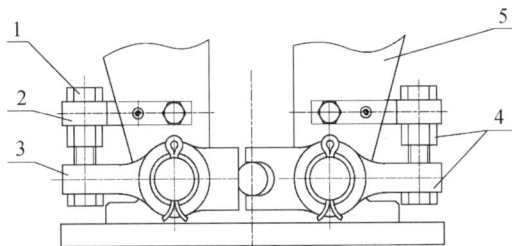

图 3-125 瓦块退距均等的调整

1—调整螺栓;2—连接板;3—均等杠杆;4—上、下锁紧螺母;5—制动臂

(4)两侧衬垫与制动盘平行的调整

打开制动器(通电或用手动释放装置),观察制动衬垫与制动盘是否是图 3-126(a)所示一样的倒八字。如是的话,则用橡皮锤敲击制动瓦块上部,使衬垫上部靠近制动盘[见图 3-126(b)]。将制动器打开闭合(通电或用手动释放装置)2~3 次,在自动随位装置的作用下,制动衬垫与制动盘自动平行[见图 3-126(c)]。

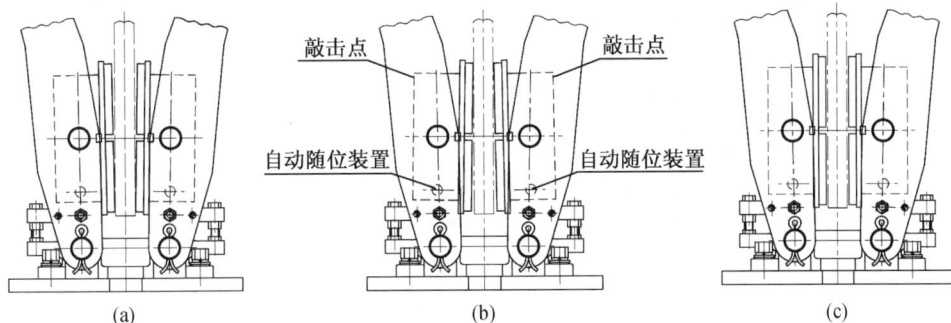

图 3-126 两侧衬垫与制动盘平行的调整

（5）行程开关的调整

制动器根据用户要求,可装设各种行程开关或感应式接近开关用于连锁保护或信号、故障显示。加装的开关在制动器出厂前已调整好,在使用前应进行相关检查并按主机要求配接相应的软电缆,如发现不正常,请按下述方法进行调整（下文中不涉及的开关无须调整）。注意:此项调整在其他所有调整完成后进行。

①机械式行程开关的调整

如图 3-127 所示:

i. 开闸（释放）限位开关调整:用内六角扳手将开关摇臂紧定螺钉拧松,将摇臂调整至一个合适角度后再锁紧螺钉即可。

ii. 手动释放限位开关调整:方法同 i。

ii. 衬垫磨损极限限位开关调整:制动器在正常闭合状态下（制动衬垫为未磨损的衬垫）,行程开关 7 的碰头与碰板 8 之间的距离 A 应符合产品说明书的规定。如不符合可旋转碰板进行调整,调整完后拧紧锁紧螺母。

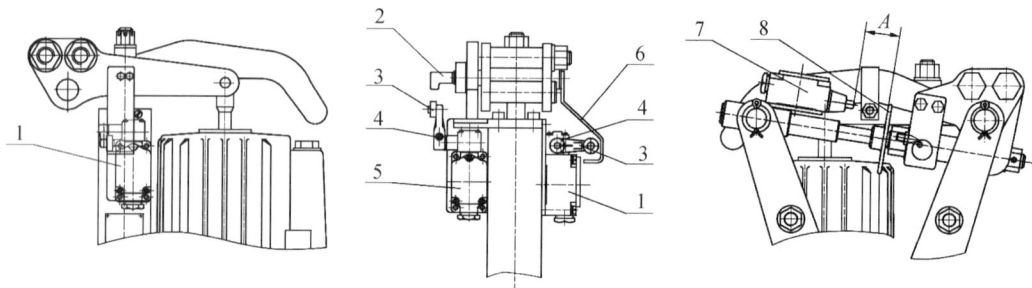

图 3-127　机械式行程开关的调整

1—释放限位开关;2—手动释放限位开关碰板;3—开关摇臂;4—紧定螺钉;5—手动释放限位开关;6—释放限位开关碰板;7—衬垫磨损极限开关;8—磨损极限位开关碰板

②感应式行程开关的调整

如图 3-128 所示,释放（开闸）感应开关调整:在制动器释放状态,用卡尺测量开关头至感应器间的距离,应该为 4 mm 左右,否则拧松开关座上的两个锁紧螺钉（不要拆下）,前后移动开关,使之符合要求,最后拧紧锁紧螺钉。

（三）液压制动器的使用、维护与调整

1. 液压制动器的使用

（1）制动器在使用前请进行如下检查:

①制动器的安装是否正确并符合要求;

②制动器的调试是否达到调试要求;

③制动盘表面及制动衬垫的表面是否清洁,无油污。检查一切正常后,方可进行试车跑合。

（2）制动器试车跑合。制动器在使用前必须进行动态试车跑合,步骤如下:

①按正常工作状态无负荷运行制动 10～20 次（主电机和制动盘一起运行,下同）,如有异常,排除之后再试直至正常;

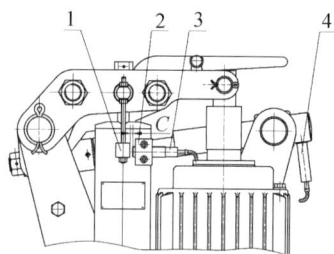

图 3-128　感应式行程开关的调整

1—感应器;2—开关座;3—释放感应开关;4—衬垫磨损极限感应开关

②50%额定负荷下制动10~20次,观察制动状态是否稳定且每次制动距离基本一致,如制动状态稳定,可进行额定负荷下的制动3~5次;

③在进行试车跑合中,应随时检查:衬垫与制动盘贴合状况;制动盘温度不应超过350 ℃;螺纹连接件是否松动;限位开关动作是否正常;制动、运转声音是否正常;液压系统是否渗漏。试车运行正常后,制动器才可正式投入使用。

2. 液压制动器的维护

(1)制动器每隔3~7天应做如下检查:

①制动盘和制动衬垫表面是否被污染;

②制动盘制动表面的磨损量不得超过1 mm,否则应更换制动盘;

③当制动衬垫的有效磨损厚度(磨材厚度)小于3 mm时,必须更换新的制动衬垫;

④螺纹连接件是否松动;

⑤液压系统是否泄漏;

⑥限位开关动作是否正常;

⑦退距是否有变化。如发现异常,必须停车,排除问题或重新调整后才可再投入使用。

(2)更换制动衬垫。当制动衬垫的磨材厚度小于3 mm时必须更换(衬垫总厚度20 mm,其中钢底板厚11 mm),步骤如下:

①开启液压站,通入液压油,打开制动器,如制动器开度不够,可适当调高液压站压力,使制动器至最大开度位置(注意:最大压力不得超过10 MPa,否则可能会损坏碟形弹簧);

②将制动瓦整体拆下,将衬垫紧固螺栓拧松,然后取出衬垫;

③检查新的衬垫,是否有油污和扭曲变形,如表面不清洁,必须用干净抹布清除干清;

④将制动衬垫键槽对准连接键并镶嵌进去;

⑤拧紧衬垫紧固螺栓,装回制动瓦组件,关闭液压站,使制动器闭闸,装好新的制动衬垫后,再进行调整、检查、跑合和试运行,一切正常后可投入使用。

3. 液压制动器的调整

在初装时(使用前)和更换新的摩擦衬垫后必须进行以下调整:

(1)夹紧力的调整

用电控操作或手动泵将制动器打开,松退锁紧螺母,向制动臂方向旋转调整螺母(见图3-121件5)一定距离,再将制动器闭合,观察活塞杆(无螺纹段)露出油缸端面长度尺寸$L=60$ mm(见图3-121)时,夹紧力便达到额定值,停止旋转调整螺母,将锁紧螺母(见图3-121件1)并紧。

(2)瓦块随位的调整

为确保在开闸时两制动瓦块能完全脱离制动盘,制动器在两瓦块上设置了弹簧式瓦块随位机构。调整时先将制动器打开,用手掰动制动瓦,观察其是否松紧适度(正常情况下,开闸时随位装置使制动衬垫表面与制动盘贴合面保持平行,太松容易跑偏,太紧不能自动随位),若不正常,则调整随位调节螺栓(见图3-121件2),直到合乎要求为止。

(3)退距均等的调整

打开制动器,观察两边制动瓦与制动盘的间隙是否一致,若不一致,则调节退距调整装置使其相等。调节方法是:先拧松退距调整装置的锁紧螺母(两侧),那边间隙大,则将这一边调整螺栓往里紧(或将另一边调整螺栓往外退),然后让制动器开闭3~5次,观察两边退距是否均等,如不符合要求,则重复上述步骤,直至相等为止,最后并紧两侧锁紧螺母。

(4)行程开关的调整

制动器上安装有开合闸指示开关(见图 3-121 件 4)和一个衬垫磨损指示开关(见图 3-121 件 6)。此两开关为交流两线式接近开关,触点常开,电源电压 DC 12~300 V,触点容量 3~4 mA;电源电压 AC 20~250 V、50/60 Hz 时,触点容量 3~4 mA。行程开关的调整主要是调节其对应位置,方法如下:拧松开关座上的两个锁紧螺钉(不要拆下),使开关可前后移动,用卡尺测量 X、Y 尺寸,使其符合产品说明书的要求。如不符合则移动开关至达到要求为止,最后拧紧锁紧螺钉。

(四)QGZ-P 型惯性常闭制动器的使用、维护与调整

1. 惯性制动器的安装

开箱后,取出制动器及装箱文件,检查有无缺损。阅读使用说明书后,进入安装程序。

(1)检查主动轴与从动轴的公称尺寸及偏差,并与制动器的花键轴、从动联轴节轴孔公称尺寸及偏差进行对照。本产品的配合公差除用户有具体要求外,均采用过盈配合。

(2)拆下支撑座,将摩擦片装入从动部分的内制动环之间,压缩拉杆弹簧至极限,然后将从动部分装到从动轴上。

(3)安装时,如果从动轴为直轴就必须采用煮油热装,并只允许用紫铜棒垫在从动联轴节内孔台阶面上敲击送进。从动轴为锥轴时,安装后应在轴端螺纹处加上防松垫,并紧定锁紧螺母。

(4)松开并卸下拉杆弹簧,将顶压盘和保开压筒套入拉杆后装上拉杆弹簧,再将支承座上的支撑杆穿入摩擦片对应孔内(长圆孔应放置在下方),同时调整支承座,使其内圆与内制动环,顶压盘外圆周之间间隙均匀后,压紧拉杆弹簧,然后移动支承座使其 A 面与顶压盘 B 面处在同一平面上,即可将支承座固定在安装底板。

(5)顶压盘与从动顶凹凸螺旋面之间的轴向间隙,即空程,设计要求为 2~3 mm,一般在出厂时已经调整好。如用户自行调整时,可通过调节外制动环来实现。安装时操作步骤如下:

①放松拉杆弹簧至略有预紧力,将外制动环向后旋至摩擦片松动,此时在主弹簧力作用下,顶压盘与从动顶的凹凸螺旋面将会紧贴在一起,即无空程状态;

②向内旋外制动环至与摩擦片贴合,松开拉杆弹簧,当外制动环再向内旋时,即产生空程。外制动环之内螺纹牙距为 3 mm,当外制动环与摩擦片贴合后再向内旋进 2/3 圈至 1 圈时,即可保证 2~3 mm 空程。

(6)将花键轴装到主动轴上,如果主动轴为直轴,就必须煮油热装,安装要求使用紫铜棒,不允许直接敲击外端面。使用保开功能的产品,安装时应将延时保开装置上的插杆拔出。

(7)将电机置于电机安装底座上,轴向移动电机使花键轴插入花键套筒的内花键中,花键轴的外圆周上有一刻线,使保开压筒的小外端面与刻度线在同一垂直平面上,就可保证 6~8 mm 的轴向间隙。然后调整电机位置,检查周向间隙是否均匀,同时旋转制动器一周以上,如转动自如灵活,则可抽出辅助垫板,预紧电机地脚螺栓。

(8)适当调整主弹簧压力(略小于额定压力),固定从动部分后,手动扳转花键轴,花键套应可在花键轴上滑动,松开花键轴后,花键套及顶压盘也应能在主弹簧压力作用下自由复位。将制动器每转动120°重复上述操作步骤,如无异常,即可将电机地脚螺栓紧固,将主弹簧压力调整至与额定制动力矩对应值(见说明书参数表)。

2. 惯性制动器的空程调整

（1）方法一

放松拉杆弹簧至略有预紧力,将外制动环向后旋至摩擦片松动,此时在拉杆弹簧力作用下,顶压盘与从动顶的凹凸螺旋面将会紧贴在一起,即无空程状态。向内旋外制动环至与摩擦片贴合,松开拉杆弹簧,当外制动环再向内旋时,就会产生空程。外制动环的内螺纹牙距为3 mm,当外制动环与摩擦片贴合后再向内旋进2/3圈至1圈时,就可以保证2~3 mm空程。

（2）方法二

为了能直观地调整空程,本产品出厂时在顶压盘和内制动环的外圆周上按120°均布有三组刻度,可通过测量两零件刻度线之间的偏移距离,来调整外制动环间接确定空程。无空程时,顶压盘与从动顶凹凸螺旋面之间没有周向间隙,顶压盘与内制动环外圆周上的刻度线重合。有空程时,旋转顶压盘可在不产生轴向位移的情况下左右转动,当顶压盘旋转到周向间隙消除时,两刻度线偏移距离符合如下数据相对应的数值,则空程为2~3 mm,否则应调整外制动环。

产品型号	00#	01#	02#	03#	04#	05#
偏移值（mm）	7~10.5	8~11.5	8.5~12.5	9~13.5	10~14.5	11~15.5

3. 惯性制动器轴向间隙的调整

花键套端面与花键轴中部的台阶面间的间隙为6~8 mm,是为制动器工作时,解除制动而预留的轴向行程,必须在安装时予以保证。调节时,使花键轴轴面上的一圆圈刻线与保开压筒的外端面处于同一垂直平面上,就保证了6~8 mm的轴向间隙。当没有一圆圈刻线时,就使花键轴中部的台阶面与保开压筒的外端面处于同一垂直平面。

4. 惯性制动器制动力矩的调整

用户可对照如下数据相对应的拉杆弹簧压缩量进行调整,以达到调整制动力矩的目的。切记调整后将拉杆螺母锁紧,防止使用中松脱而发生事故。

产品型号	00#	01#	02#	03#	04#	05#
压缩量（mm）	6	9	7	10	8	10

5. 惯性制动器摩擦片的更换

拧下支撑杆的紧固螺母,用铜棒从有螺纹端敲出支撑杆,敲击时应注意不要敲坏螺纹。根据成对更换的原则按原来的位置把新摩擦片组安装到制动环之间,摩擦片圆孔一端朝上安装,长圆孔一端朝下安装。用铜棒重新敲紧支撑杆,拧上紧固螺母即可。

6. 惯性制动器的维护与保养（润滑）

（1）制动器属安全性部件,用户应根据使用环境,使用频率和产品使用说明书的要求,做好定期维护,保养工作。

（2）定期检查制动器上各紧固件是否松动、失效。检查周期一般是新装后三天,连续使用一个月或闲置后再次使用前。如有异物卡入制动器内或零件损坏等现象发生,应将制动器打开将异物取出并更换已损坏的零件。

(3)每月一次对延时保开装置相对运动部分及支承杆与摩擦片配合处加注润滑油脂,但应避免溅到摩擦片上。

(4)每月一次在外制动环上油孔处滴注润滑油。

(5)每季检查一次空程,保证空程为 2~3 mm。

(6)每半年在顶压盘和从动顶凹凸螺旋面啮合处,花键轴与花键套配合处加润滑脂。

(7)拉杆与内制动环的相对运动部位可以点注少量的润滑油。

(8)加注润滑油时油量应适量,以能起到润滑作用为限,注油过量,可能溅到摩擦片上。

(9)在进行维护作业时一定在停车状态下进行,以保障安全。

(10)注油完毕,用手动装置从两个方向将制动器打开、闭合 3~5 次,使油充分润滑到位。

(11)当摩擦材料厚度≤1 mm 时,必须更换新摩擦片并重新调整空程。

(12)摩擦片工作面上不得有油脂,以免影响制动效果。

维护作业完毕,应盖好防护罩。

7. 惯性制动器常见故障排除

(1)制动器打不开或打开不闭合可能的原因与解决方法:安装同轴度超差,调整同轴度;花键轴与花键套间无间隙,调整电机与制动器的相对位置以保证6~8 mm 间隙;主、从动轴轴向窜动过大,检修电机,减速机;空程过大,按相关说明旋出外制动环,使空程达到 2~3 mm;电机少相或烧坏,检修电机或电器线路;齿轮箱、电机机座松动,紧固地脚螺栓;支承座与顶压盘干涉,调支承座位置;主弹簧压紧力过大,调整主弹簧压紧力至适当值。

(2)制动不同步可能的原因与解决方法:传动齿轮磨损严重,侧隙过小,检修减速机;轨道不平行、轨道弯曲、沉降或门机、桥吊腿变形,检修轨道、门腿。

(3)动力矩严重不足:主弹簧压紧力不够,调整主弹簧压紧力;无空程,通过旋进外制动环,使空程达到 2~3 mm。

单元六　起重机专用减速器

一、起重机专用减速器类型

由于起重机是周期性工作,承受间歇性载荷,起升机构和非平衡臂架变幅机构使用的减速器,齿轮单面受载,运行机构和回转机构的减速器是双面受载,而且起动制动时的惯性力较大,因此,起重机所用减速器有别于通用减速器。

(一)QJ 型减速器系列

QJ 型减速器系列主要用于起重机的起升机构、运行机构和变幅机构。减速器的箱体为焊接结构,外形美观,自重轻,单位重量传递的扭矩较大,立式和卧式减速器统一于一种结构型式,从而减少了产品种类,有利于组织生产。QJ 型减速器的工作条件为:齿轮圆周速度不大于 15 m/s;高速轴转速不大于 1 500 r/min;工作环境温度为−25~45 ℃;可正反两向旋转;输出轴瞬时最大扭矩允许为额定扭矩的 2.7 倍。

1. 结构型式

QJ 型减速器的结构型式分为:R 型(二级)、S 型(三级)、RS 型(三级速比、二级安装型式)三种,如图 3-129 所示。

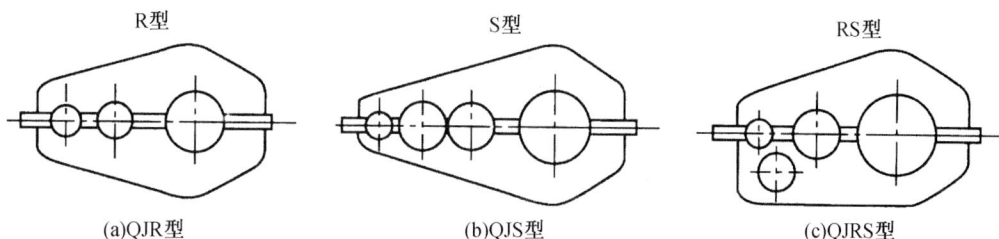

图 3-129　QJ 型减速器的基本结构型式

2. 装配型式

根据减速器的输入轴和输出轴的位置关系,QJ 型减速器装配型式分为 I~IX 共 9 种装配型式,如图 3-130 所示。

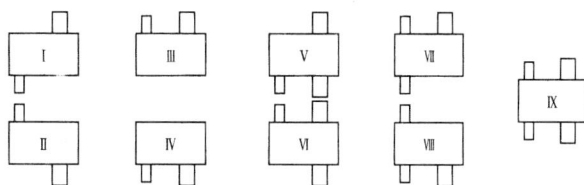

图 3-130　QJ 型减速器的装配型式

3. 安装型式及润滑方式

减速器的安装分卧式(W)和立式(L),也可偏转一定角度(±α)安装,如图 3-131 所示。卧式减速器采用油浴润滑,立式减速器和大型卧式减速器采用喷油润滑。

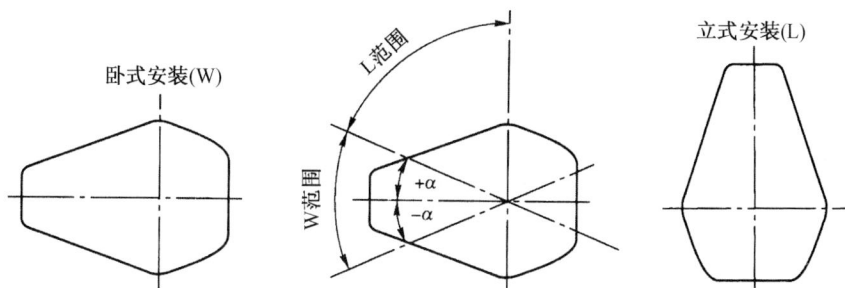

图 3-131　QJ 型减速器安装型式

4. 支承型式

QJ 型减速器的支承型式采用三支点支承,如图 3-132 所示,X、Y、Z 分别为支点,如若是铸造箱体,就是常规的底座支承型式,并标注"D"。

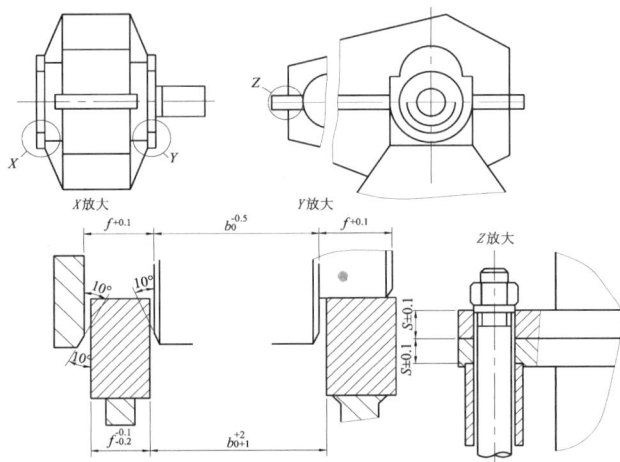

图 3-132　QJ 型减速器三支点支承型式

5. 名义中心距

QJ 型减速器最末级减速两齿轮中心之间距离为名义中心距,输入输出轴之间的距离称为总中心距。

6. 公称传动比

QJ 型减速器的公称传动比共 14 种,实际传动比与公称传动比的允差不大于±4%。

7. 轴端型式

QJ 型减速器的输入轴均采用圆柱轴伸,平键连接,如图 3-133 所示。低速轴端有三种型式:P 形(圆柱轴伸,平键连接)、"H"形(圆柱轴伸,花键连接)、C 形(齿轮轴端)。

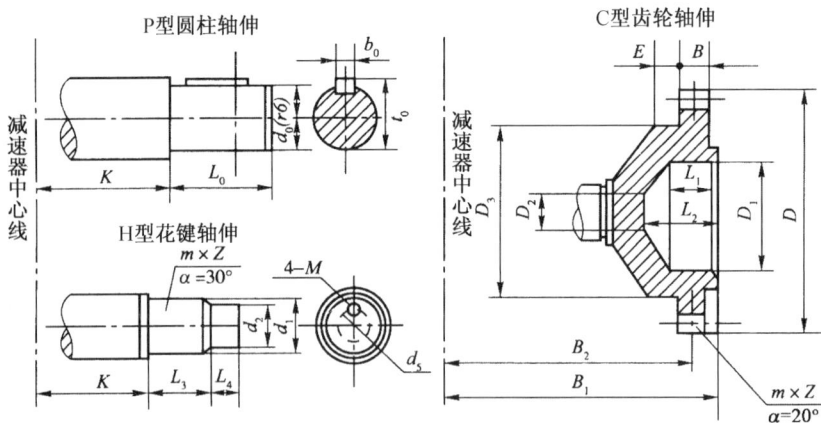

图 3-133　QJ 型减速器低速轴伸型式及尺寸图

8. QJ 型减速器型号标注

例如 QJRS 560-40 VIPW:

(1)QJ——起重机专用减速器;

（2）RS——结构型式是二、三级结合型；

（3）560——名义中心距为 560 mm；

（4）40——公称传动比为 40；

（5）VI——装配型式为第六种；

（6）P——输出轴端型式平键圆柱轴端；

（7）W——安装型式是卧式。

9.QJ 型减速器的承载能力

减速器理论承载能力是机构工作级别为 M5 时的承载能力，若用于其他工作级别时，应按公式进行折算。

（二）QJ-D 型减速器

此种减速器是在 QJ 型减速器的基础上派生出来的。箱体是带底座的铸铁箱体，外形与安装尺寸与 QJ 型不同，而齿轮参数与 QJ 型完全相同，刚性良好，更符合我国传统的起重机减速器安装方式，便于推广使用。在新的起重机系列中正在逐渐取代 ZQ 型减速器。

（三）QJ-L 型、QJ-T 型减速器

QJ-L 型和 QJ-T 型减速器是起重机用立式减速器，QJ-L 型为底座式，QJ-T 型为套装式，主要用于桥架型起重机小车运行机构、门式起重机和门座起重机大车运行机构中。

1.QJ-L 型立式减速器

QJ-L 型减速器为三级传动的立式底座式减速器。共有 6 种装配型式，如图 3-134 所示。高速轴和低速轴都采用圆柱形轴伸，平键连接。

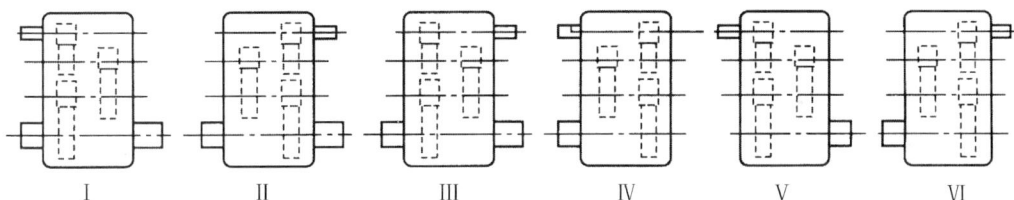

I　　　　II　　　　III　　　　IV　　　　V　　　　VI

图 3-134　QJ-L 型减速器装配型式

2.QJ-T 型立式减速器

QJ-T 型减速器是三级传动的立式套装式减速器。共有 4 种装配形式，如图 3-135 所示。高速轴采用圆柱形轴伸，平键连接；低速轴采用空心式轴套，锥形轴孔，平键连接。

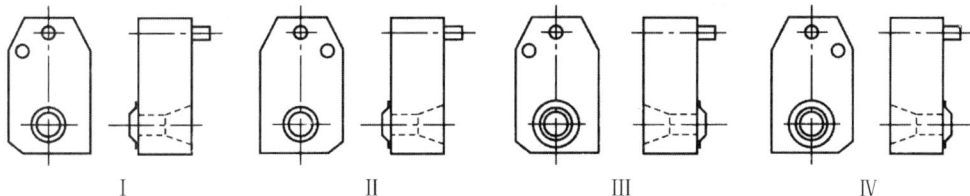

I　　　　　　II　　　　　　III　　　　　　IV

图 3-135　QJ-T 形减速器装配型式

（四）QS 型起重机用"三合一"减速器

QS 系列"三合一"减速器是由减速器、制动器和电动机组成一体的驱动装置（见图 3-136）。减速器采用硬齿面传动，其结构型式按电动机轴中心线与减速器输出轴中心线

的相对位置可分为平行轴式(QS、QSE 型)和垂直轴式(QSC 型)两种。减速器的输出轴孔套装在车轮轴上,箱体上的力矩支撑孔吊挂在起重机的端梁上。这种安装方式比传统减速器的安装方式减少了由于走台和主梁振动给齿轮啮合带来的不良影响。整个机构体积小,重量轻、组装方便,在起重机的运行机构中得到广泛应用。

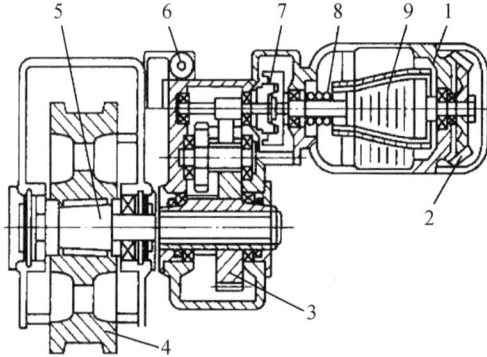

图 3-136 "三合一"减速器运行机构

1—锥形电动机;2—锥形制动器;3—减速器;4—车轮;5—车轮轴;6—
扭力矩支承;7—联轴器;8—压力弹簧;9—锥形转子

QS 系列减速器的工作条件:齿轮圆周速度≤20 m/s;输入轴转速≤1 500 r/min;工作环境温度:-40~45 ℃;可正反两个方向运转。

1. 型号说明

机座号为 10(中心距为 200 mm),公称传动比为 25 的三级传动平行轴式三合一减速器标记为:减速器 JB/T 9003—2004 QSS 10-25(YZRE113-4)。

(1)QS——起重机"三合一"减速器;

(2)S——三级减速;

(3)10——机座号;

(4)25——公称传动比;

(5)YZRE113-4——配套电动机型号。

2. 结构形式

QS 型减速器采用渐开线圆柱齿轮、圆弧齿轮和圆锥齿轮传动,配用带制动器的绕线电动机或带制动器的笼型电动机驱动,其结构型式按电动机轴心线与减速器输出轴中心线的相对位置,可分为平行轴式(QS、QSE 型)和垂直轴式(QSC 型)两种。QS 型减速器分别驱动的安装型式如图 3-137 所示,其中平行轴式减速器按传动级数又可分为二级传动(QSE 型)和三级传动(QSS 型)平行轴式减速器。

3. 安装型式

减速器与运行车轮轴的连接方式主要为渐开线花键和锁紧盘式,并通过减速器上力矩支撑孔保持平衡,可按分别驱动和集中驱动配置。安装型式如图 3-137 和图 3-138 所示。

4. QS、QSE 及 QSC 系列减速机输出轴的连接型式

QS、QSE 及 QSC 型减速机输出轴的连接型式有渐开线花键空心轴(标准输出型式)(见图 3-139)、平键空心轴(见图 3-140)、锁紧盘空心轴(见图 3-141)和实心平键轴等。

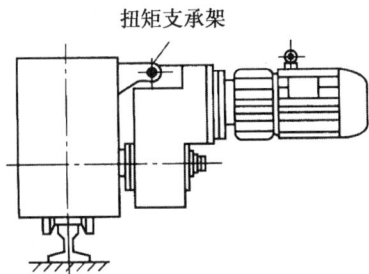

图 3-137　QS 型减速器分别驱动的安装型式

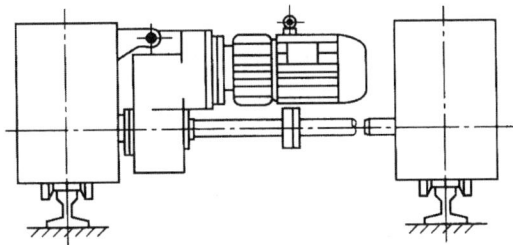

图 3-138　QS 型减速器集中驱动的安装型式

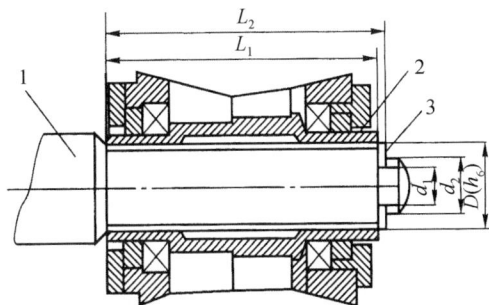

图 3-139　渐开线花键空心轴连接尺寸图

1—车轮轴;2—减速器花键套;3—轴用弹性挡圈

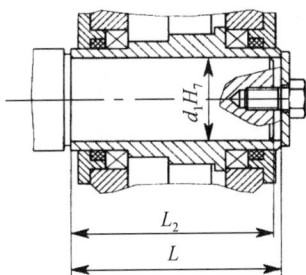

图 3-140　平键空心轴联接尺寸图

(五)行星齿轮减速器

GJW 型和 JQ 型行星齿轮减速器用于高速液压马达驱动的起升机构。减速器作为独立部件装在卷筒的内腔,减速器的输入轴经多片盘式制动器与高速液压马达相连。减速器的输出轴与卷筒固接。减速器用于各种液压驱动的臂架起重机的起升机构和钢丝绳滑轮组

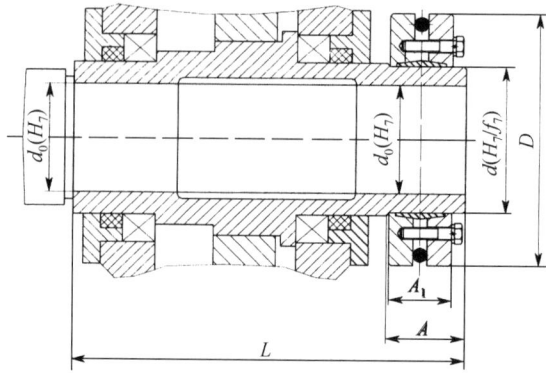

图 3-141　锁紧盘空心轴

变幅的变幅机构,在其他各种提升、牵引的卷扬设备中,也获得广泛应用。

　　减速器连同卷筒的传动原理如图 3-142 所示。GJW 型和 JQ 型减速器的传动原理相同,都由两级 2Z-X 行星齿轮传动构成(根据用户对传动比的要求,也可制成单级或三级的 2Z-X 传动),二级行星传动的传动比为 25~79。两个内齿轮固定在基座上,末级行星传动的行星架与卷筒连接。GJW 型减速器连同制动器及卷筒的外形及尺寸如图 3-143 所示。

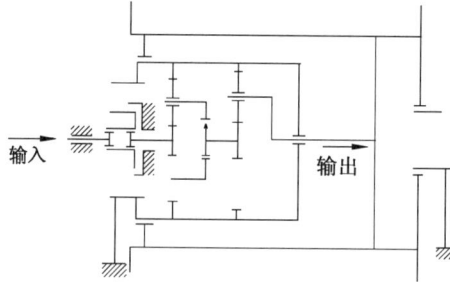

图 3-142　GJW 型和 JQ 型减速器传动原理

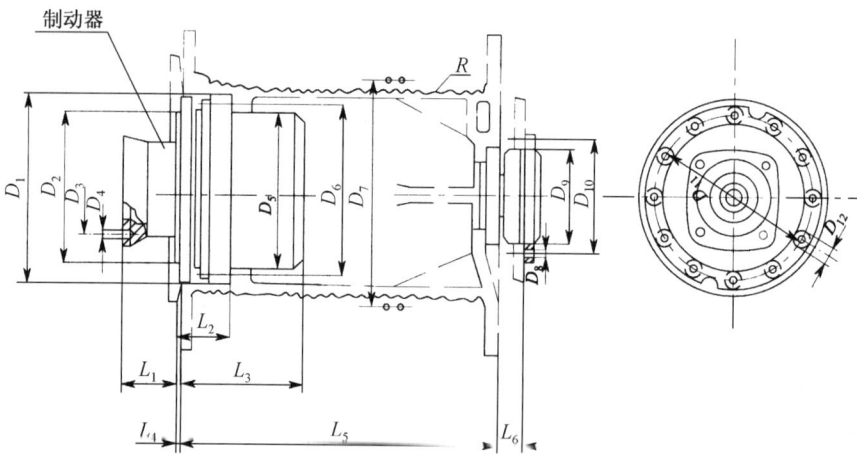

图 3-143　GJW 型减速器外形及尺寸

二、减速器的使用和维护

(一)减速器的维护和安全检验要点

(1)经常检查地脚螺栓,不得有松动、脱落和折断。

(2)每天检查减速器箱体,特别是轴承处的发热不能超过允许温升。如果温度超过周围空气温度 40 ℃时,检查轴承是否损坏,是否缺少润滑脂,负荷时间是否过长,有无卡住现象等。

(3)检查润滑油液面高度。减速器要灌注适量的润滑油,油量过多会产生泄漏、增加阻力,还会产生油的温升;油面低于油标最小刻度要及时补充油液,未设油标的油面以达到齿轮直径的 1/3 为度;采用强迫润滑,在启动后要确保润滑油喷出,注意查看压力表或油压开关;采用飞溅润滑的轴承,每次拆洗重装时,应注入适量的(约占轴承空间体积的 1/3)钙钠基润滑脂。

润滑油应定期检查更换,新安装的减速器第一次使用时,在运转 10~15 天以后,须更换新油。以后应定期(2~3 个月)检查油的质量状况,发现不符合要求时应立即更换,一般至少每半年换油一次。不同牌号、不同等级或不同工厂生产的润滑油均不能混合在一起使用。在化验油质量时,若遇到下列情况之一必须及时换润滑油:润滑油中异物含量超过 2%;润滑油中金属磨料超过 0.5%;润滑油中含水量超过 2%。

(4)察听齿轮啮合声响。正常状态下其响声均匀轻快,噪声不超过 85 dB(A)。噪声超高或有异常撞击声时,要开箱检查轴和齿轮有无损坏。

(5)时常检测齿轮磨损情况,齿厚磨损量不能超过规定数值。

(6)检查油温。减速器内油温不应超过 65 ℃。

(7)用磁力或超声波探伤仪检查减速箱轴,发现裂纹应及时更换。

(8)壳体不得有变形、开裂现象。

(二)减速器在使用中常出现的问题及处理

1. 接触精度不够

新装的一对齿轮,啮合没有达到图样中规定的接触长度和高度,此时,如果节圆附近有 1 条或 2 条以上均匀的接触线,即认为是可以的,待载重跑合后,会逐渐达到规定的接触精度。

2. 产生连续的噪声

噪声往往是由于齿顶与齿根相互挤磨而引起的声音,将齿顶的尖角用细锉倒钝即可。

3. 产生不均匀的噪声

产生不均匀的噪声主要原因是斜齿的齿斜角(螺旋角)不对或箱体两侧的对应孔距不同,使齿的接触偏在齿端部,这种情况一般不好再修复,应报废。有时是因组装时箱体孔中落进了脏物,垫在滚动轴承的外圈上或用圆锥滚子轴承时锥面未顶紧,也会产生这种噪声,只要认真检查清除后,噪声即可消失。

4. 产生断续而清脆的撞击声

产生这种情况主要是啮合的某齿面上有疤或黏有脏物,应用细挫或油石挫磨掉即可消除。

5. 发热

减速器箱体发热(特别是各轴承处),如果温度超过周围空气温度 40 ℃,绝对值超过 80 ℃时应停止使用,检查轴承是否损坏,齿轮或轴承是否缺乏润滑油脂,负载持续时间是否太长,旋转是否有卡住等情况。有时是因顶圆锥滚子轴承的调整螺钉旋得太紧,致使锥面间没有游隙而造成。选用圆锥滚子轴承的减速器的端盖上都设有调整螺钉,在安装和使用中应注意调整。调整方法是先把调整螺钉拧紧,再往回旋转,旋转的角度应根据螺纹螺距而定,螺距为 2 mm 时可旋回 30°,螺距为 1 mm 时可旋回 60°,使调整螺钉在轴向上移动 0.1~0.2 mm 为宜,调好后再用止动垫片固定好。

6. 振动

检查与主动轴、被动轴和连接的部件(如电动机、卷筒组、车轮组等)的轴线是否同心,是否松动;检查底座或支架的刚度是否足够,对出现的问题进行调整、修复、加固后即可消除。

7. 减速器漏油

减速器漏油情况不是很多,但最常见的是主动、从动轴的密封处漏油,尤其是主动轴密封圈处漏油最为严重;闷盖与箱体连接处漏油;沿减速器箱体的开合面处漏油;沿减速器上面的视孔盖处漏油;沿减速器底部的放油孔处漏油。

减速器漏油的改进措施有:

(1)密封圈压盖采用易拆卸式结构。

(2)密封圈采用开口结构。

(3)输入轴轴承处回油孔要适当加大。

(4)对减速器壳体进行时效处理,可防止壳体变形,避免沿箱体开合面处漏油。目前有三种时效方法,一是自然时效;二是人工时效;三是振动时效。可根据工厂条件进行选择和处理。

(5)在减速器底座的合箱面上铸造出或加工出一条环形油槽,且有多个回油孔与环形油槽连通。在减速器工作时,一旦有油渗入开合面,将会进入环形油槽,再经回油孔流入油箱内,润滑油不会沿接合面漏到减速器壳体外面。

(6)组装减速器时,在接合面上涂一层密封胶(如硅橡胶密封胶),可有效地防止开合面处漏油。

(7)减速器油位过高,不仅增加齿轮搅动油的功率损失,润滑油飞溅也会严重增加漏油机会,而且还导致油温不断升高,特别是夏季,环境温度高,会使油温增加,润滑油黏度下降,降低润滑性能,增加油的流动性和漏失量直接影响齿轮和轴承的润滑效果,降低使用寿命。为此,在使用时必须保持正常的油位高度。

(8)在视孔盖处和放油孔处加装密封垫,且拧紧螺栓。

(9)加大输出轴的回油孔,可防止输出轴漏油。

(10)改进透气帽和检查孔盖板。减速器内压大于外界大气压是漏油的主要原因之一,如果设法使机内、机外压力均衡,漏油就可以防止。减速器虽都有透气帽,但透气孔太小,容易被煤粉、油污堵塞,而且每次加油都要打开检查孔盖板,打开一次就增加一次漏油的可能性,使原本不漏的地方也发生泄漏。为此,制作了一种油杯式透气帽,并将原来薄的检查孔盖板改为 6 mm 厚,将油杯式透气帽焊在盖板上,透气孔直径为 6 mm,便于通气,实现了均压,而且加油时从油杯中加油,不用打开检查孔盖板,减少了漏油机会。

单元七　联轴器

一、联轴器的轴孔型式与键槽型式

（一）联轴器的轴孔型式及其代号

联轴器轴孔型式有长圆柱形轴孔（Y 型）、有沉孔的短圆柱形轴孔（J 型）、圆锥形轴孔（Z 型）和有沉孔的长圆锥形轴孔（Z1 型）等四种（见图 3-144）。其中圆柱形轴孔型式加工容易,应用较广泛,但 Y 型仅限用于长圆柱形轴伸的电动机轴端。由于这种轴孔一般采用过渡配合或过盈配合,因此装拆有些不便,而且经过多次装拆后,过盈量减少会影响配合性质。圆锥形轴孔依靠轴向压紧产生过盈配合,装拆较方便而且能保证半联轴器与轴有良好的同轴度,因此适用于载荷较大和工作时有冲击或反向转动的场合,但是圆锥形轴孔制造较困难。

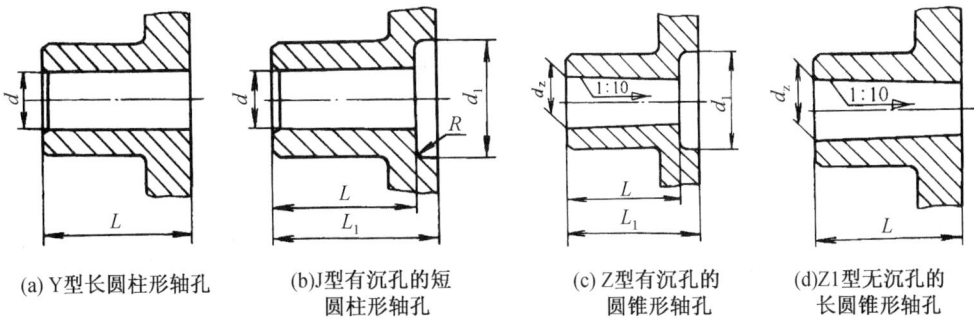

(a)Y型长圆柱形轴孔　(b)J型有沉孔的短　　(c)Z型有沉孔的　(d)Z1型无沉孔的
　　　　　　　　　　圆柱形轴孔　　　　圆锥形轴孔　　　长圆锥形轴孔

图 3-144　联轴器的轴孔型式

（二）联轴器轴孔的键槽型式及其代号

联轴器与轴主要采用键连接,联轴器的键槽对圆柱形轴孔有 A 型［见图 3-145(a)］、B 型［见图 3-145(b)］和 B1 型［见图 3-145(c)］,以及普通切向键键槽 D 型［见图 3-145(e)］。对圆锥形轴孔有 C 型［见图 3-145(d)］。此外,也可采用花键连接和过盈连接等。

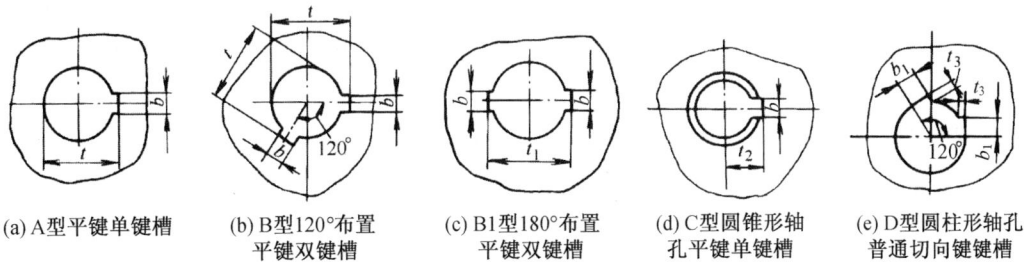

(a)A型平键单键槽　(b)B型120°布置　(c)B1型180°布置　(d)C型圆锥形轴　(e)D型圆柱形轴孔
　　　　　　　　　平键双键槽　　　平键双键槽　　　孔平键单键槽　　普通切向键键槽

图 3-145　联轴器轴孔的键槽型式

(三)联轴器的标注

例如:LT3 弹性套柱销联轴器,主动端 Y 型轴孔,A 形平键单键槽,直径 $d = 16$ mm,孔长 $L = 42$ mm,主动端 Z 型有沉孔的长圆锥形轴孔,C 型圆锥形轴孔平键单键槽,直径 $d = 18$ mm,孔长 $L = 52$ mm,标注为:

$$\text{LT3 联轴器} \frac{\text{YA16} \times 42}{\text{ZC18} \times 52} \text{GB/T 4323—2002}$$

横线上方分别表示主动端轴孔型式、键槽型式、孔径、孔长,横线下方分别表示从动端的轴孔型式、键槽型式、孔径、孔长。其中,YA 可以省略不写,Z 型有沉孔的长圆锥形轴孔、Z1 型无沉孔的长圆锥形轴孔只与 C 型圆锥形轴孔平键单键槽配套。

二、起重机常用联轴器的种类及特性

联轴器主要用来联接两根同轴线布置或基本平行的转轴,传递扭矩同时补偿少许角度和径向偏移,有时还能改善传动装置的动态特性。半联轴器有时可以兼作制动轮。起重机常用的联轴器有齿轮联轴器、梅花形联轴器、弹性柱销联轴器、尼龙柱销联轴器、万向联轴器、耦合器(液体联轴器)等。

(一)CL 型全(双)齿联轴器

全齿联轴器的左右两侧半体由内齿圈法兰壳和带外齿的半联轴器(轴套)组成(内外齿数相同)。当外齿采用椭圆球面的鼓形齿顶时(中心在齿轮轴线上),其齿侧间隙大,并能改善角位移状态下的齿宽接触状况,可提高承载能力和使用寿命。鼓形齿轴线角偏差为 $\theta \leq 1°30'$,径向位移偏差为 $0.026A$(A 为齿圈中心线间距),如图 3-146 所示。直齿轴线角偏差为 $\theta \leq 30'$,径向位移偏差为 $0.4 \sim 6.3$ mm,其补偿能力低于鼓形齿。

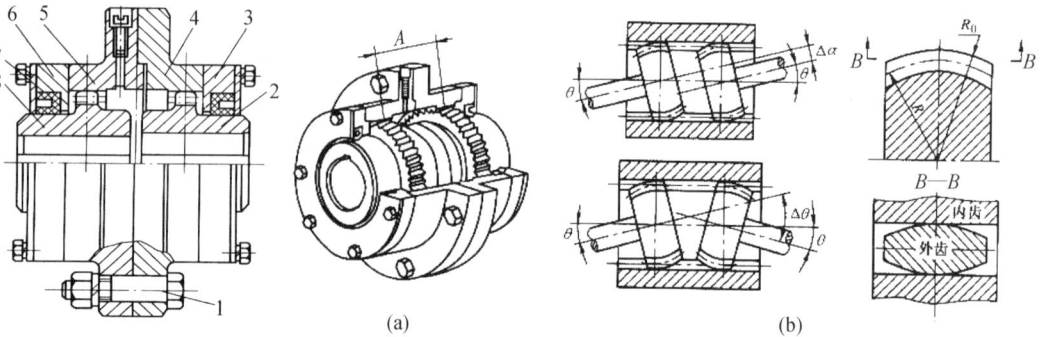

图 3-146 全齿联轴器

1—联接螺栓;2、8—外齿套;3、6—密封盖;4、5—内齿圈;7—橡胶密封圈

全齿联轴器径向尺寸小、承载能力大、调速范围广、坚固耐用、工作可靠,对径(轴)向及角度误差都有一定的补偿能力,常用于重载工况。但其构造复杂、质量大、制造费工、成本较高,不能缓冲减振,使用寿命与安装质量(接触状况)有关,并需要密封和经常润滑(两轴产生相对角位移后,内、外齿作周期性轴向滑动,会形成齿面磨损)。另外,由于全齿+联轴器的外壳是浮动的,因而使用中最好不要选用带制动轮(盘)的形式。

(二)CLZ 型半齿联轴器

半齿联轴器由一个全齿联轴器半体(内、外齿啮合)和一个法兰式刚性轴套半体零件组成,通过成对布置,与浮动轴一起使用,并且齿连接端应与浮动轴柱形轴端连接,方能起到增大连接补偿作用的效果,如图 3-147 所示。半齿联轴器的特点与全齿联轴器相似,但构造相对简化,适用于两转轴布置间距较远及补偿能力要求较大的场合。另外,半齿联轴器的刚性半体还可兼作制动轮(盘),并应安装在减速器高速轴端。

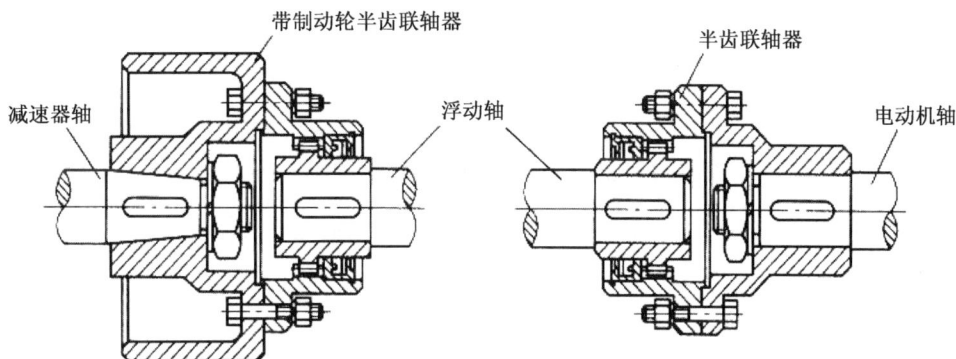

图 3-147　成对布置的半齿联轴器和浮动轴

(三)ML 型梅花型弹性联轴器

梅花型弹性联轴器由两个带有若干凸爪的半联轴体和置于其间的梅花形弹性元件等组成,弹性元件一般为聚氨酯或铸型尼龙,如图 3-148 所示,其轴线角偏差为 $1°~2°$,径向位移偏差为 $0.5~1.8$ mm,轴向位移偏差为 $1.2~5.0$ mm。

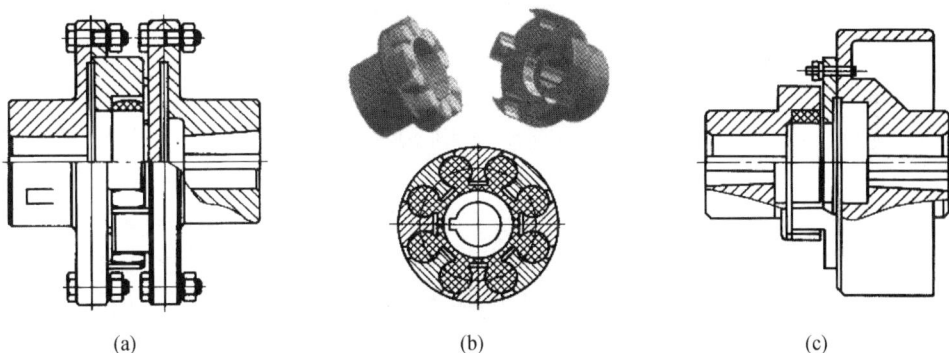

(a)　　　　　　　　　(b)　　　　　　　　　(c)

图 3-148　梅花形弹性联轴器

梅花型弹性联轴器具有结构合理、简单,承载能力较强,减振缓冲,补偿两轴相对偏移量较大,规格品种齐全(可带制动轮),零件少、易加工,无须润滑,工作温度为 $-35~80$ ℃,使用维护方便等特点,适用于中小起重量和中等工作级别的场合,对于重载或频繁起动、制动场合应特别注意其弹性元件寿命引发的不利影响。

(四)浮动轴(或补偿轴)

对于结构受载变形较大的场合(如桥式起重机等)以及制造安装误差较大的场合,在电动机和减速器之间常设置一根无外支座支承的中间传动轴,其两侧柱形轴端与一对(半齿或梅花等)联轴器相连并能沿轴向微窜动,故称此轴为浮动轴或补偿轴(见图3-147),此时,电动机轴和减速器轴都应带有轴端固定装置。

采用浮动轴的连接方案具有下列特点:

(1)提高轴系补偿能力,允许较大的制造安装误差及变形,设置浮动轴相当于增大了A值(见图3-146),轴越长其补偿能力越大,故其长度不宜过短,一般不小于500 mm,否则补偿作用不大。但轴的自重也会增大联轴器所承受的径向载荷,影响联轴器的使用寿命,因此,较长的浮动轴可采用空心形式。

(2)方便机构布置,能空出适当的安装维修操作空间,便于装拆和更换零部件。

(3)匀称、美观,并可使机构零部件自重引起的轮压均衡分布。

(4)增加了轴系的零部件数量和转动惯量,也增加了联轴器的扭转弹性。

(5)设计时除通常的强度、刚度要求外,还应进行浮动轴临界转速校核,以免传动系共振而造成损害。

(五)万向联轴器

万向联轴器(见图3-149)可以代替浮动轴连接不在同一轴线的两轴,并可靠地传递转矩和运动,其最大的特点是:其结构有较大的角向补偿能力,结构紧凑,传动效率高。不同结构型式的万向联轴器两轴线夹角不相同,一般在5°~45°之间。常用于起重机大车和小车运行机构的低速传动。万向联轴器若用于起升机构高速轴系时(如大型铸造起重机),可以省去常用的浮动轴和联轴器,但应选用较大的安全系数,并对其进行高等级的动平衡检测。

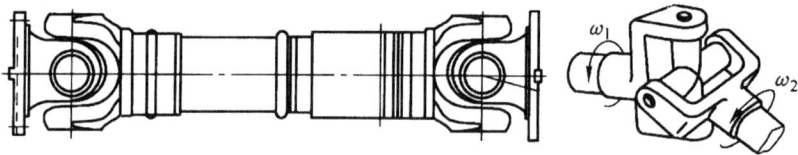

图3-149 十字轴式万向联轴器

目前起重机械上常用的万向联轴器有SWP型、SWC型和SWF型等。SWP型万向联轴器的承载构件尺寸较小、成本较低、制造维护简便,适用于中等载荷和冲击较小的场合。SWC型为整体叉头和主/副轴承结构,制造安装精度要求较高(否则会影响主/副轴承受载的均衡性),其实际承载能力仅略高于SWP型。SWF型采用整体叉头、径向/推力轴承、卡板固定等结构,承载能力大,工作可靠,安装方便,寿命长,适用于重载和冲击的场合。

(六)其他联轴器

弹性套柱销联轴器[见图3-150(a)]利用一端套有弹性套(橡胶材料)的柱销,装在两半联轴器孔内,通过柱销组受剪及预紧产生摩擦来传递转矩,其结构简单(可带制动轮),能缓冲减振,装拆更换弹性元件不需移动两联轴器,但承载能力和补偿能力较小,寿命很低(弹性元件极易损坏),适用于高速、中小载荷及冲击振动不大的场合(小型起升、运行机构等)。

弹性柱销联轴器[见图3-150(b)]的弹性元件(柱销)一般选用尼龙6,有微量补偿两轴线偏移能力,弹性元件工作时受剪切,工作可靠性极差,仅适用于要求很低的中速传动轴系,不适用于可靠性要求较高的工况,不宜用于低速承重及具有强烈冲击和振动较大的传动轴系,对于径向和角向偏移较大的工况,以及安装精度较低的传动轴系亦不应选用,起重机械的起升机构绝对不能使用。

轮胎式联轴器[见图3-150(c)]具有很高的弹性,补偿两轴相对位移的能力较大,并有良好的阻尼,而且结构简单、不需润滑、装拆和维护都比较方便。其缺点是承载能力不高、外形尺寸较大,随着两轴相对扭转角的增加使轮胎外形扭歪,轴向尺寸略有减小,将在两轴上产生较大的附加轴向力,使轴承负载加大而降低寿命。轮胎联轴器高速运转时,轮胎外缘由于离心力的作用而向外扩张,将进一步增大附加轴向力。为此,在安装联轴器时应采取措施,使轮胎中的应力方向与工作时产生的应力方向相反,以抵消部分附加轴向力,达到改善联轴器和两轴承的工作条件。

液力耦合器[见图3-150(d)]以液体作为工作介质,通过泵轮和涡轮将机械能和液体的动能相互转化,从而连接原动机与工作机械实现动力的传递,是一种柔性的传动装置,能消除冲击和振动,当载荷过大而停转时输入轴仍可转动,不致造成动力机的损坏,当载荷减小时,输出轴转速增加直到接近于输入轴的转速,使传递扭矩趋于零。但也存在效率较低、高效范围较窄等缺点。

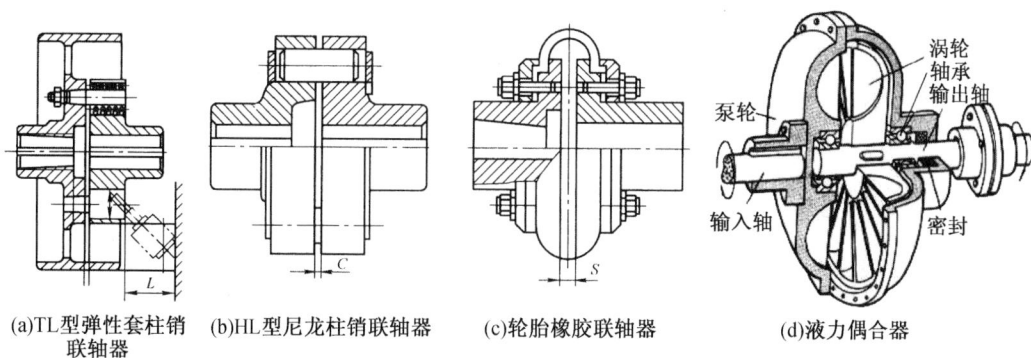

(a)TL型弹性套柱销联轴器　(b)HL型尼龙柱销联轴器　(c)轮胎橡胶联轴器　(d)液力偶合器

图 3-150　其他联轴器

(七)卷筒联轴器(见起升机构相应内容)

三、联轴器的基本要求及检查事项

(一)对联轴器的基本要求

联轴器的连接要牢固,连接螺栓及连接键不准松动,转动中的联轴器径向跳动和端面跳动,在视觉观察时不应有明显的感觉,用仪表测量时,不能超出极限。

(二)联轴器的安全使用和检查

(1)连续工作产生的扭矩不能超过额定扭矩。否则联轴器可能会受到损坏,或可能对使用联轴器的系统造成不利影响。

(2)如果听到非正常噪声,请立刻停止旋转机械工作。检查机械的偏差、轴是否相互接触干涉、螺栓是否松脱等。

(3)联轴器不允许有超过规定的轴心线歪斜和径向位移,以免影响其传动性能。

(4)联轴器的螺栓不得有松动、缺损。

(5)联轴器的键应配合紧密,不得松动。

(6)联轴器不允许有裂纹存在,如有裂纹则需更换。

（7）不要触碰长期工作的联轴器以防高温烫伤。

（8）齿式联轴器发生传动噪声增大或进行设备大、中修时应拆开检验,重点检查下列各项:

①联轴器连接螺栓孔磨损严重时,机构开动会发生跳动,甚至切断螺栓,因此,螺栓孔磨损严重又无法修复时应报废。

②齿厚磨损超过原齿厚的15%～20%时应报废。起升机构和非平衡变幅机构为15%,其他机构为20%。

③平键槽磨损后,键易松动,甚至脱落。可在轴上原键槽转过90°或180°的位置上,重开新键槽,或者在键上加不超过垫厚15%的垫。不准补焊键槽,起升机构键槽不准修理。

④联轴器任一部分有裂纹时均应报废,有断齿时应报废。

⑤齿式联轴器定期润滑,一般2～3个月加润滑脂一次。

⑥齿宽接触长度不得小于70%,其轴向窜动量不得大于5 mm。

⑦密封圈老化损坏要及时更换。

（9）弹性柱销联轴器橡胶圈损坏时,应及时更换,如果柱销及孔被挤坏产生振动时,应将半体旋转一个角度重新钻孔,更换标准新柱销,不准将原孔扩大配换新柱销。

（10）带有润滑装置的联轴器要检查油封是否完好,润滑油是否变质,是否有油渗漏。出现上述问题,应更换密封或润滑油。润滑油缺少时应及时补充。

（三）齿轮联轴器的齿轮迅速磨损的原因及其提高使用寿命的措施

（1）安装精度差、两轴的偏移大,内外齿啮合不正,局部接触应力大。

（2）缺乏良好的润滑,齿轮联轴器的齿是一种无相对运动的啮合形式,由于安装误差的存在,两轴产生相对角位移后,内、外齿作周期性轴向滑动,会形成齿面磨损,齿面上的油脂被挤去后,不及时添加就无法自行补充,严重时,使用很短的时间就会磨损到报废标准。由于整个齿圈上的齿被磨尖、磨秃,电动机虽然在转动而工作机构却不动。特别是带制动轮齿轮联轴器,因为制动轮摩擦发热时温度很高,也破坏了齿的润滑,使齿的磨损特别严重。

（3）违反操作规程,经常反车制动,加速了轮齿的破损。

提高齿轮联轴器使用寿命的关键措施就是要提高各部件安装精度,加强日常检查和定期润滑,同时还要遵守操作规程,提高操作技术。

复习思考题

1. 钢丝绳有哪些特点? 钢丝绳的用途有哪些?
2. 简述钢丝绳的制作过程并说明各过程对钢丝绳选用的影响。
3. 如何正确选用钢丝绳结构?
4. 同向捻钢丝绳与交互捻钢丝绳各有什么特点? 各用于什么场合?
5. 线接触绳有哪些型式? 各有什么特点? 如何选用?
6. 绳芯有哪些作用? 有哪些种类?
7. 钢丝绳断裂的主要原因是什么?
8. 钢丝绳的主要破坏形式有哪些? 如何提高钢丝绳寿命?

9. 标记为："钢丝绳 22 6×36WS-FC 1770 U sZ GB 8918—2006" 的含义是怎样的？

10. 试述滑轮的作用和分类。

11. 对滑轮绳槽槽形的要求是什么？为什么？

12. 滑轮组按功用可以分成哪两种？起重机上常用的是哪一种？

13. 单联滑轮组和双联滑轮组分别用于什么类型的起重机？为什么？

14. 如何计算滑轮组的倍率？如何选择滑轮组的倍率？

15. 在桥式起重机上常采用什么形式的卷筒？它常与什么类型的滑轮组相配？为什么？卷筒与减速器低速轴采用什么样的连接方式？有什么特点？

16. 卷筒的作用是什么？卷筒绳槽有什么作用？

17. 钢丝绳在卷筒上固定的方法常用的有哪些？为什么要在卷筒上留有 2～3 圈安全圈？

18. 吊钩的种类？分别适用于什么场合？

19. 试述吊钩装置的组成？吊钩装置有哪些型式？各有什么特点？

20. 双绳抓斗主要由哪些部分组成？试述双绳抓斗的工作原理。

21. 影响抓斗抓取能力的因素有哪些？抓斗各部位的重量是如何影响抓斗抓取能力的？

22. 制动器有哪些分类？起重机械常用哪种制动器？

23. 鼓式制动器主要由哪些部分组成？试述常闭鼓式制动器的工作原理。

24. 起重机上常用的减速器主要有哪些？标记为："减速器 QJR-D560-20VIPW" 的含义是怎样的？

25. 短钩型吊钩组由哪几部分组成？其中吊钩是什么形式？适用于什么场合？

26. 门座起重机起升机构和回转机构各采用何种形式的制动器？这些制动器采用什么形式的松闸器？为什么？

模块四

港口起重机主要机构

单元一　起升机构

一、起升机构的基本原理

(一)起升机构的组成

起升机构主要由驱动装置、传动系统、卷绕系统、取物装置、制动系统、安全和辅助装置等组成。驱动装置可以是电动机、内燃机、液压马达等;传动系统由联轴器、浮动轴、减速器(或变速器)等部件组成;卷绕系统包括钢丝绳、卷筒组、定滑轮和动滑轮组成的滑轮组等部件;取物装置可以是吊钩、抓斗、电磁吸盘、挂梁、集装箱吊具等;制动系统为安装在不同位置上的各种类型的工作制动器和安全制动器等。另外,还应根据工作需要装设各种安全和辅助装置,如起升(下降)高度限位器、起重量限制(指示)器、起重力矩限制器、称量装置、速度限制器(包括编码器)、排绳装置等。

电动机通过联轴器与减速器相连,减速器输出轴上装有卷筒,卷筒上的钢丝绳(绕过导向滑轮)引到起重滑轮吊钩组,制动器装在高速轴上靠近减速器一侧。电动机的正反转,使卷筒将缠绕在其上的钢丝绳卷进或放出,吊钩及悬挂物品则实现一定速度的升降运动。当重物到达目的地时,电动机断电,制动器上闸使系统停止运动并卸放重物(或将吊钩及重物悬停支持在空间某一高度位置)。当滑轮吊钩组上升到最高极限位置时,起升高度限位器自动切断电源,制动器抱闸使吊钩停止上升,从而保证起升系统安全。

(二)起升机构的工作速度

起升机构的工作速度包括起升速度和下降速度,通常多采用起升速度来表征机构的速度能力(高速/中速/低速/微速)。起升速度的大小与起重机械的起重量、工作级别、起升高度以及使用要求等因素密切相关,对于起升高度较大或装卸效率较高的起升机构,除适当提高主起升速度外,还常要求起升机构具有轻(空)载快速升降功能。用于安装维修场合的起升机构,在选用较低起升速度时,还常要求具有微速或调速功能。某些流动式起重机、内河码头小型起重机等,出于提高效率、减轻自重、节能降耗等目的,其起升机构有时可采用落重制动的方式实现无动力可控下降或落钩(操纵式或综合式制动器装设在卷筒上)。但应注意,在起升机构中,不宜采用无控制的物品自由下降方式。

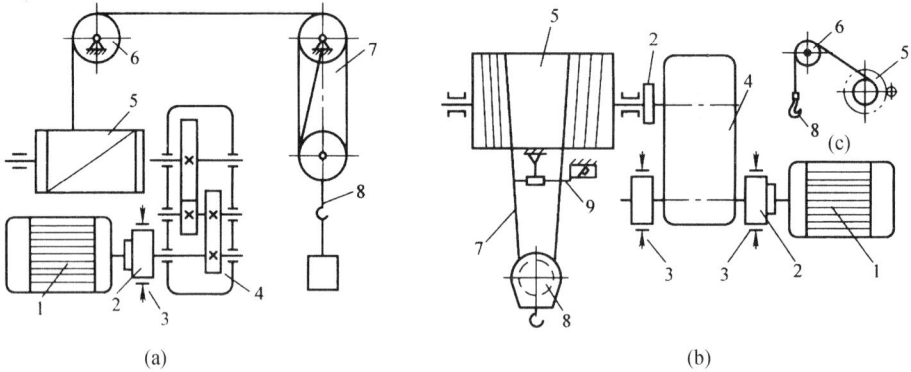

图 4-1　卷扬式起升机构传动简图

1—电动机;2—联轴器;3—制动器;4—减速器;5—卷筒(单联/双联);6—导向滑轮;7—滑轮组;8—吊钩组;9—起升高度限位器

(三)起升机构的型式

起升机构的类型及总体布置很大程度取决于工作参数与驱动装置、取物装置、主传动方式、卷筒布置方式等主要部件及其变化形式。

1. 主/副起升机构

除起升速度、工作级别以外,起重量是影响起升机构组成形式的主要参数。为了提高吊运轻载货物(或作辅助性工作)时的起升速度和工作效率以及节能降耗等,当起重量在10 t以上时,一般常设主/副(两个)起升机构(俗称主钩/副钩),如图4-2所示,但两者一般不能同时工作(要求同时工作时应特别注明)。设计中出于减少规格、优化系列和便于生产的目的,主/副起升机构常采用构造基本相似的独立驱动形式,但可通过变化两者的倍率和速度等因素进行系列匹配。

2. 双/多卷扬起升机构

对于需要双卷扬相互配合共同完成搬运工作的某些特殊用途起重机,如双绳抓斗起重机,可装设两个独立的(构造相近或相同)并能同时动作的起升机构(注意此处有别于主/副钩),如图4-3所示。另外,对于起重量要求很大的场合,常采用多吊点、多卷扬形式,其吊运工作的稳定性、均衡性、安全性以及多驱动同步性等特殊要求,也会影响起升机构的布置和型式。

3. 取物装置的变化

起升机构按其所配备取物装置的不同可分为吊钩式(见图4-1)、抓斗式(见图4-3)、电磁吸盘式(见图4-4)、两用及多用式(吊钩、抓斗、电磁吸盘等)、吊梁式、夹钳式、集装箱吊具等类型。

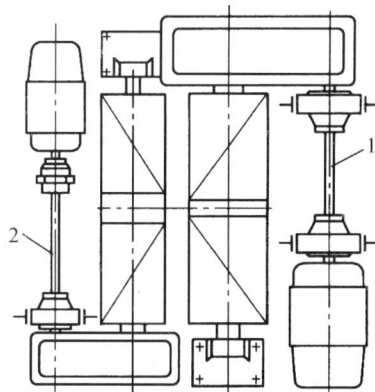

图 4-2 主/副起升机构(有浮动轴)

1—主钩;2—副钩

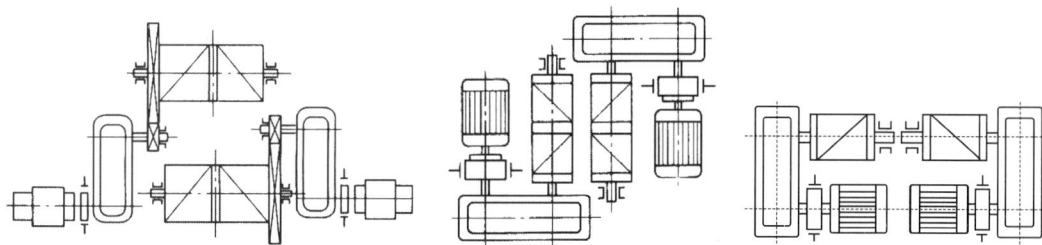

图 4-3 抓斗起重机双卷筒起升机构

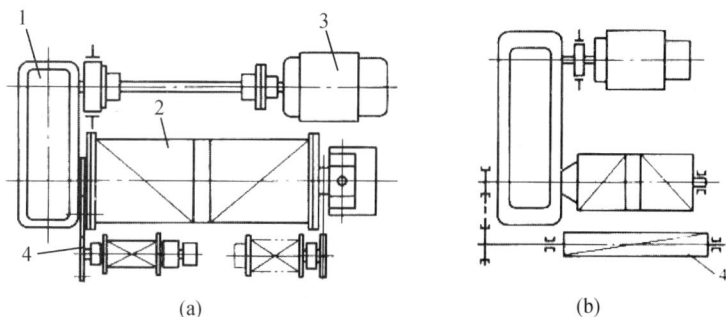

(a) (b)

图 4-4 带电缆卷筒的起升机构

1—减速器;2—卷筒;3—电动机;4—电缆卷筒

4.主传动及卷筒布置方式的变化

起升机构按主传动方式(驱动装置和卷筒轴线间关系)的特点可分为平行轴线式(见图 4-1)、垂直(交叉)轴线式(见图 4-5)和同轴线式(见图 4-6),其中按卷筒布置型式特点还可分为单卷筒单轴式(见图 4-1)、双卷筒单轴式[见图 4-7(a)]和双卷筒双轴式[见图 4-7(b)]。

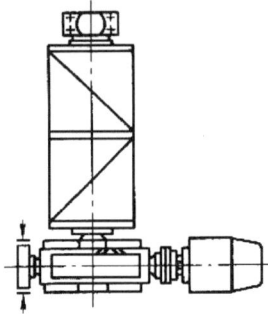

图 4-5　垂直轴线布置的起升机构

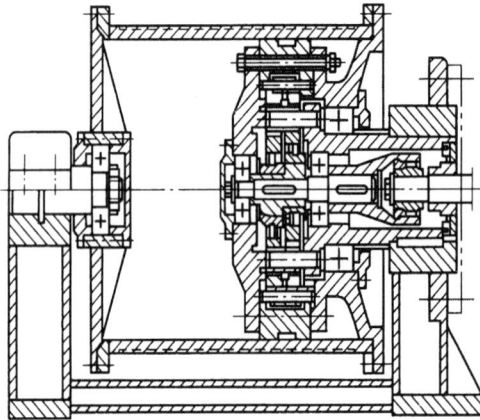

图 4-6　同轴线布置的起升机构

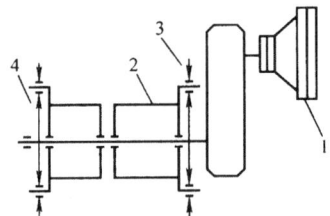

(a)单轴式

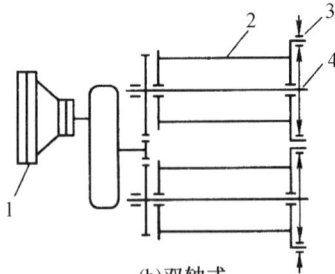

(b)双轴式

图 4-7　双卷筒(主/副)起升机构

1—液压马达；2—卷筒；3—制动器；4—离合器

二、起升机构的布置方案

(一)平行轴线式布置

当起升主传动采用标准的闭式两/三级渐开线圆柱(圆弧)齿轮减速器时,或再辅以圆柱齿开式传动,可以使机构形成平面展开的平行轴线式(或并列)布置,具有简单易行、布置匀称、分组性和标准化好、安装维护方便、应用广泛等特点。缺点是整体布置不够紧凑。

1.吊钩起重机

在图4-1所示的方案中,卷筒轴一端通过齿轮联轴器与减速器的输出轴直接连接,使结构紧凑,制造、安装分组性好,卷筒轴受力静定。选用减速器时,减速器中心距应满足电动机和卷筒的平面布置尺寸。卷筒较长时,在减速器和电动机之间也可装一根浮动轴,使布置匀称且增强补偿性能。

在图4-8所示方案中,减速器与卷筒之间增加了一对开式齿轮传动,通过两个半联轴器和一根浮动轴连接。这种传动形式适用于传动比、中心距、起重量很大不能满足要求的起升机构中。

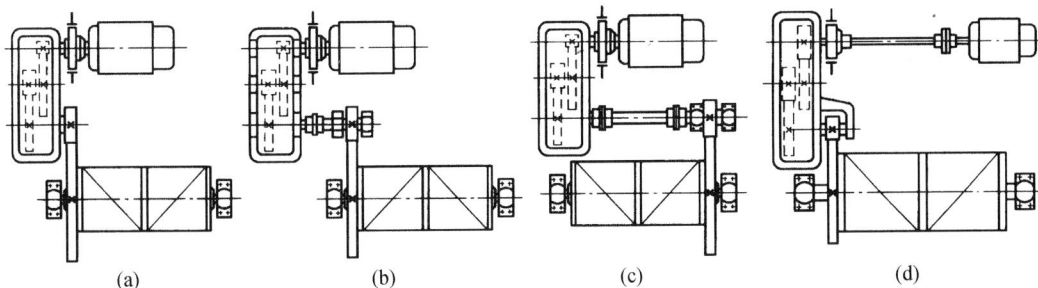

(a)   (b)   (c)   (d)

图4-8 带开式齿轮传动的起升机构

图4-2是有主/副(两个)起升机构的布置方式,也有装置采用电动葫芦作为副起升机构,这样,机构布置更加紧凑。

对于大中型重载起升机构,出于降低拖动系统总转动惯量、改善起动性能、提高可靠性等因素的考虑,在可能的条件下,选用双电动机并采用两个单联卷筒拖动同一个负载(总功率相同,同轴连接),如图4-9所示。

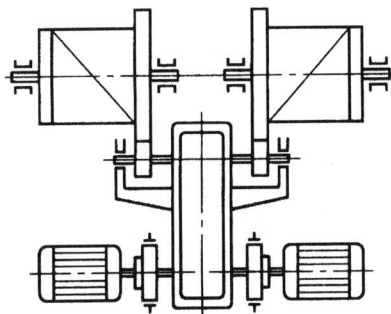

图4-9 门座起重机双电机双卷筒起升机构

在上述起升机构布置方案中,各部件(电动机、制动器、减速器、卷筒)都有各自的支座,而这些支座又分别固定在一个公共的底座上,形成一个多支点支承结构。为了保证这些部件的轴线相互对中,要求底座具有足够的刚度,从而使底座的自重增大。

近年来,随着高速电动机和减速器制造技术的发展,在国内外开发了起升机构三点支承结构形式(见图4-10)。在这种形式中,卷筒轴的一端为悬臂外伸花键轴,电动机和制动器直接安装在减速器的箱体上,减速器的低速轴制成一个内花键轴套,将其套装在卷筒的花键轴上,即减速器为悬挂式,通过渐开线花键将电动机的转矩传给卷筒轴。

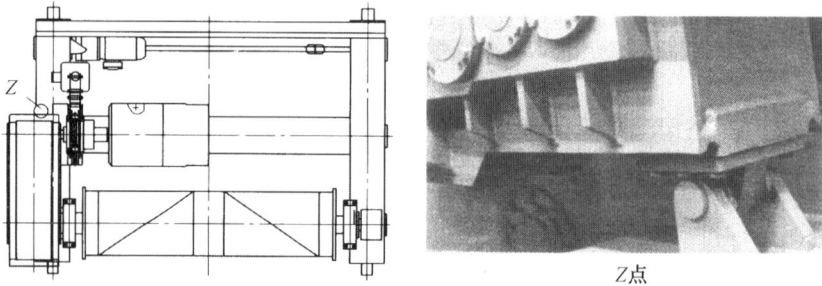

图 4-10 三支点支承的起升机构布置

卷筒支承在两个轴承座上,即为两个支点。为了防止反作用力矩使减速器绕低速轴旋转,在减速器高速轴一侧的箱体下方另设一个支承,从而形成了三点支承结构。在减速器的支承点还可安装测力传感器,用来检测起升载荷大小,实行超载保护。

在三点支承结构中,由于支承状态是理想的简支状态,改善了减速器箱体的受力;方便了各部件的安装、定位,以及减速器低速轴密封圈的更换;而且采用高速电动机后,电动机的性能得到了改善,外形尺寸与重量减小;另外,各部件的支座、底座的刚度要求降低,自重减小,使起升机构的重量也减轻了很多。

2. 抓斗起重机

由于单绳抓斗自身具有锁扣装置来实现开闭与升降功能的转换,马达抓斗和液压抓斗自身带有专门的开闭机构,这些抓斗的升降动作均可采用单卷筒-单驱动型式来实现,其起升机构的构造与通用起升机构相同,马达抓斗起升机构只需在通用起升机构的基础上增设电缆同步装置即可。对于效率高、使用广泛的双绳(四绳)抓斗而言,从其工作原理来看,则需配备专用的特种起升机构——独立双卷筒分别驱动的起升机构,其中一个是专供起升绳用的升降卷筒(升降机构),另一个则是专供开闭绳用的开闭卷筒(开闭机构)。而双绳抓斗的驱动部分又可分为双电动机驱动、单电动机驱动等形式,单电机驱动因操作复杂、装卸效率低极少应用。

(1)常规双绳抓斗起升机构

本方案由两套完全相同的普通起升机构组成(两台电动机分别独立驱动两个卷筒),其中一套实现抓斗升降动作,另一套实现抓斗开闭动作,如图4-3所示,两套机构利用电动机自动均衡作用与司机及时地同步操作,共同完成双绳抓斗的装卸作业,具有通用、简单、可靠等特点,是双绳抓斗最常用的传动方案。

(2)带差动开关的双绳抓斗起升机构

若双绳抓斗从闭斗抓取物料的末期到开始起升抓斗时能实现同步转换,就能避免出现抓斗撒料(提前)或开闭绳过载(滞后)等不利状况,而单纯依靠司机的经验和熟练操作,则很难获得最理想的同步转换动作,最好能装设专门装置来实现此动作的自动同步转换。

图 4-11 所示为装设在两个卷筒末端的自动同步转换装置——差动转换开关,差动机构的一端为丝杠,另一端为螺母,均由各自的卷筒带动,当两卷筒同步运动时,丝杠与螺母由于转速相同而没有相对转动(丝杠没有轴向运动),因而抓斗开度不变。在抓斗开闭过程中,螺母与丝杠有相对运动(丝杠有轴向位移),其行程大小能准确地反映抓斗的开闭程度,当抓斗完全开闭时可以瞬间接通起升电动机。另外,差动转换开关中通常还装设有丝杠螺母式起升高度限位器以控制起升行程(上升或下降终点开关),其中丝杠由起升卷筒带动。

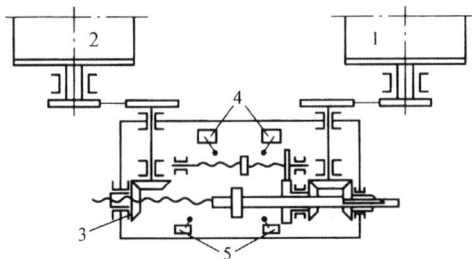

图 4-11 差动转换开关
1—起升卷筒;2—闭合卷筒;3—差动机构;4—起升高度限位器;5—电动机开关触头

(3)带同步装置的双绳抓斗起升机构

独立驱动双绳抓斗的自动均衡作用对于满斗起升过程是非常有利的,但对于行程较长的开斗下降过程则会产生不利影响。

当抓斗处于开斗(空斗)下降时,起升绳承受由空斗自重产生的张力,而开闭绳处于松弛状态使抓斗开斗。起升绳的下降速度较快,开闭绳的下降速度较慢,由于电动机的自动均衡作用(软特性),从而使开闭绳产生张力逐渐收紧,张开的抓斗会慢慢闭合起来,若下降距离较大,当抓斗到达料堆时就会半闭合甚至全闭合,影响抓斗生产率。为此,可在两台绞车之间装设电气式或机械式同步装置以解决此问题。图 4-12 所示为装设了机械式同步装置——电磁离合器(高速轴或低速轴)的独立驱动双绳抓斗起升机构。

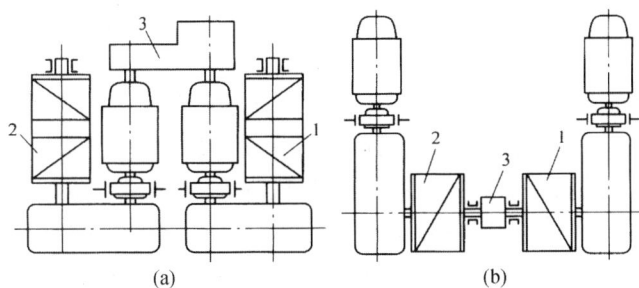

图 4-12 带同步装置的双绳抓斗起升机构
1—升降机构;2—开闭机构;3—机械同步装置

(4)采用行星齿轮减速器的双绳抓斗起升机构

此类双绳抓斗起升机构具有操纵方便、成本高、自重大等特点,用于生产率高的场合。图 4-13 所示为起升(主)电动机带动起升卷筒并通过行星减速器同时带动开闭卷筒,开闭电动机通过行星减速器的运动叠加原理驱动开闭卷筒实现附加的抓斗开闭动作。起升电动机使抓斗升降,开闭电动机使抓斗开闭,两种动作可任意叠加,可在抓斗升降过程中根据需要,同时进行抓斗的开或闭,从而大大提高了生产率。由于抓斗的升降动作与开闭动作完全分离,两者之间不会产生自动均衡作用,因此,在空斗下降过程中也不会产生上述的自动闭斗现象。同理,在满斗起升过程中,起升绳与开闭绳之间也可能出现张力很不均衡的现象,为此,可将开闭机构制动器的制动转矩限定在某一数值(调整制动弹簧使其恰好产生相当于钢丝绳总张力一半左右的制动力矩),当抓斗进入抓取物料的结束阶段时,开闭绳总张力可能近似达到最大值,在关停开闭电动机后,利用制动打滑原理可使开闭绳总张力下降到所限定的数值,以保证开闭绳与起升绳间的张力大致相等。

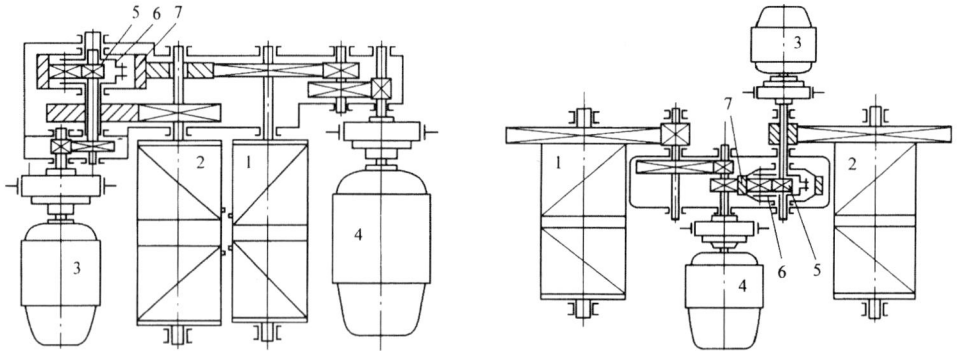

图 4-13　采用行星齿轮减速器的双绳抓斗起升机构

1—起升卷筒;2—闭合卷筒;3—开闭电动机;4—起升(主)电动机;5—太阳轮;6—行星轮架;7—齿轮

(二)垂直轴线式布置

在要求紧凑或为了尽量减少噪声、提高传动平稳性等场合,起升机构有时也采用蜗杆(或锥齿轮)减速器,从而构成垂直相交轴线式布置形式,如图 4-5 所示。蜗杆蜗轮传动具有尺寸紧凑、传动比大、质量小、效率低、寿命短、磨损严重并需要考虑散热措施等特点,一般只适用于小型或特定类型起升机构。

(三)同轴线式布置

起升主传动部分如采用行星齿轮减速器,如普通 3K 行星传动、摆线针轮行星传动、渐开线少齿差行星传动等,就能构成同轴线式布置形式。

当采用电动机、减速器和卷筒呈直线顺序排列的构造时,由于行星传动的齿轮是围绕着中心轴线构成圆筒形布置,故可将行星传动部分置于卷筒内部(见图 4-6)或旁侧,带制动器的凸缘型电动机通过法兰盘直接装在减速器箱体上,形成组合式结构的起升机构,如图 4-14 和图 4-15 所示。液压马达也可实现类似连接,多用于流动式起重机上。国内常见的起重电动葫芦,采用电动机、卷筒、减速器和制动器呈直线顺序排列的构造(见图 4-19)。

起升机构同轴线式布置的方案具有传动比大,效率高,构造紧凑,质量小,分组性及组装性好,横向尺寸较小,便于布置,易于实现紧凑的系列模块化,占用跨度空间小(对桥架类而言),有利于提高作业区域利用率等特点,是轻量化方案的发展热点之一。但对加工精度和安装要求较高,设备安装与维修保养稍有不便。

桥架型起重机有时可采用同轴线布置的标准电动葫芦作为起升机构或副钩,近来也出现了采用同轴线式布置方案的系列化、模块化起升机构。

另外,同轴线式布置的方案还能改变起重小车的形式。图 4-16 所示为 T 形三支点小车

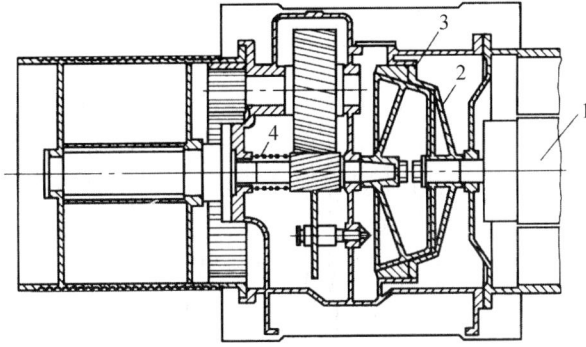

图 4-14　组合式(同轴线)结构的起升机构

1—电动机;2—离合器;3—制动器;4—复位弹簧

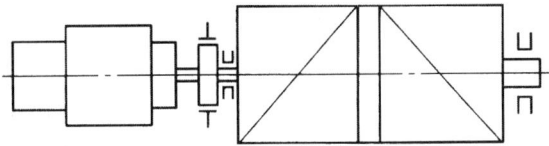

图 4-15　同轴线结构布置

方案,电动机下方的一个车轮与另一侧轨道的两个车轮构成三支点的支承形式,避免了四支点小车的"三条腿着地"现象。

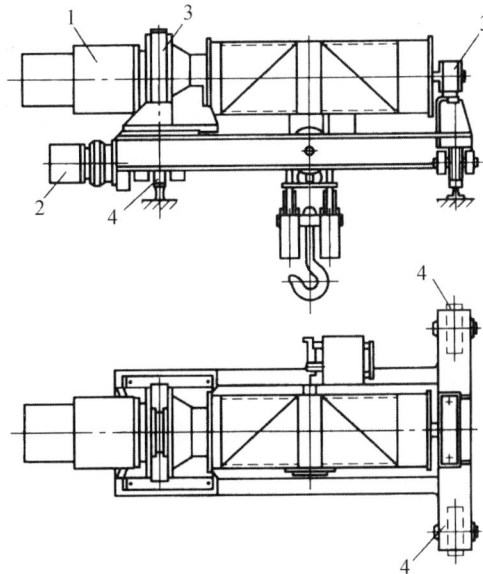

图 4-16　T形三支点小车方案

1—起升电动机;2—运行电动机;3—轴承座;4—车轮

三、起升机构的构造

(一)起升驱动装置

1. 电动机

起升机构通常采用带有底脚的电动机(卧式安装),具有布置灵活方便、适用范围广等特点。但对支承平台(车架)刚度要求高,自重较大,支承底座机械加工以及安装复杂,还要考虑传动连接补偿性等问题。为了简化和改善传动连接,减小小车架变形的不利影响,有时也采用带凸缘端盖(悬挂)电动机,如图4-17所示。

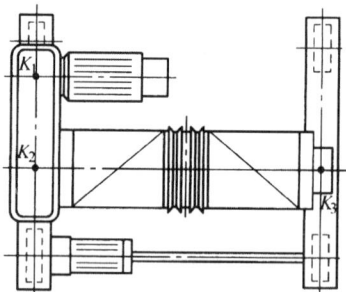

图4-17 带凸缘端盖(悬挂)电动机的起升机构

2. 液压马达

可采用高速液压马达或低速大转矩液压马达。高速液压马达具有可靠性高、寿命长、质量和体积小、容积效率高、成本低、适用性广等特点,但同功率下转速高而转矩小,使用中一般应通过标准减速器(减速增矩)后再带动起升卷筒。近年来,大起重量的流动式起重机常采用同轴线布置的液压卷筒,即将行星减速器和多盘式制动器置于卷筒内腔。低速大转矩液压马达一般不需中间减速装置而直接带动起升卷筒,具有传动简单紧凑、起动性能好、对油的失纯敏感性小等特点。但其转速稳定性较差,容积效率较低,体积与质量都较大,适用于大起重量的液压起升机构。

(三)高速轴端的连接

由于制造安装误差、支承平台(车架)受载变形等会造成传动连接不同心、中心轴线偏差等问题,并将严重影响传动轴系的连接可靠性。因此,起重机械(尤其是桥架型起重机)一般采用具有补偿性能的联轴器及匹配相应构造(如浮动轴)等方法,从轴向、径向和偏转角度方向进行连接偏差补偿。常用的联轴器形式有齿式联轴器、梅花形弹性联轴器、弹性套柱销联轴器、万向联轴器等。

对于结构受载变形较大的场合(如桥式起重机等)以及制造安装误差较大的场合,设计起升机构的高速轴系时,在电动机和减速器之间常设置一根浮动轴。

(四)起升制动系统

起升制动系统在机构中身兼传动部件和安全装置两项职能,从而成为不可或缺的重要组成部分,其主要功能包括减速及停车制动、支持制动、落重调(限)速制动、紧急安全制动等。起升机构一般都会要求依次或同时实现至少两种以上的功能,以满足机构制动功能的需求以及保证制动的安全可靠。

从工作状态来看,应选用常闭式制动器;从操作情况来看,应选用自动作用式制动器;从工作职能来看,可采用单一制动与组合制动的形式,并宜优先选用组合(复合)制动;从制动装置构造来看,可选用鼓式、盘式等制动器。

1. 单工作制动器系统

(1)普通起升机构

对于起重量较小和工作级别较低的普通起升机构,制动系统常采用单工作制动器(即一套制动器),为了减小所用制动器尺寸及其制动力矩,减少支持制动系所涉及的相关环节、改善制动轮的受力状况,提高系统的安全可靠性等,制动轮通常优先装设在减速器的高速轴上(根据机构布置需要,尽量选用带制动轮的联轴器安装在电机侧,安装空间受限时,可在双输入端的减速器的另一侧安装制动轮),如图 4-18 所示。此种布置可使其前端连接元件的破坏不影响制动功能,同时还可免除支持位能性负载(如悬吊货物)时,对前端连接件(尤其是弹性元件)的持续载荷作用,使联轴器能在电动机断电后完全卸载。对于转动惯量较大的工作机构(如运行机构等),此方案可使联轴器承受较小的惯性力矩作用。因为电动机转子的转动惯量比运行机构质量的转动惯量小得多,从而减小联轴器的惯性载荷。

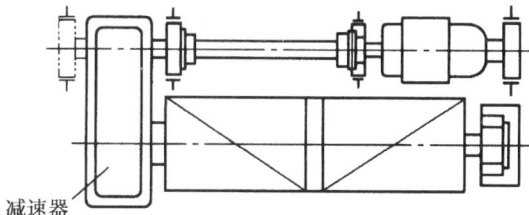

减速器

图 4-18　起升机构单工作制动器布置

(2)电动葫芦

电动葫芦等某些起升机构为了简化结构、布置紧凑、外形美观、安装方便等,将制动器(锥盘式或全盘式)放在电动机尾部与减速器、卷筒集成为一体,如图 4-19 所示,此时,应做好维修设计,注意制动热量对电动机发热的影响。

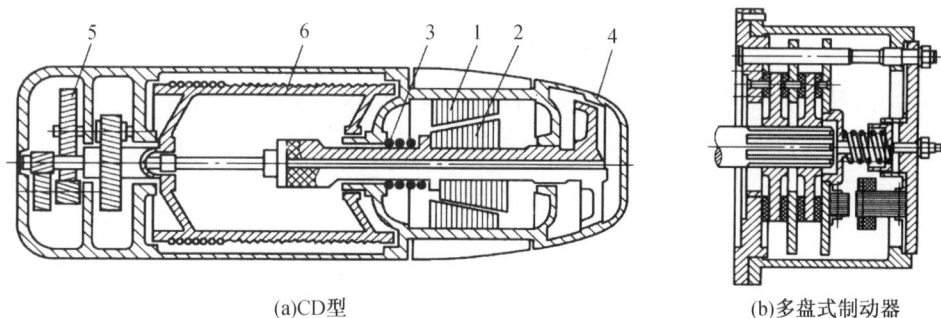

(a)CD型　　　　　　　　　　　　　　　(b)多盘式制动器

图 4-19　钢丝绳电动葫芦

1—定子;2—转子;3—弹簧;4—锥形制动器;5—减速器;6—卷筒

(3)液压起升机构

中小型轮胎式起重机通常使用高速液压马达经减速器带动卷筒运动,液压马达与制动器(逻辑上)的协同工作通过液压系统来保证实现,如图 4-20 所示。

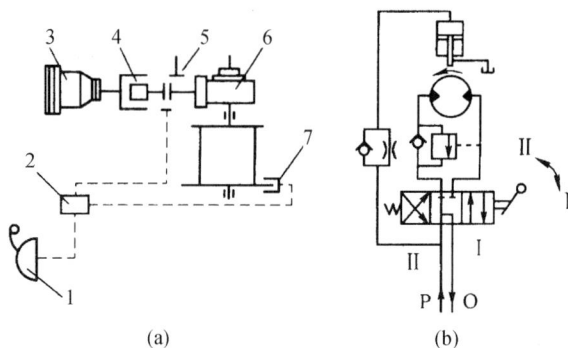

图 4-20 液压起升机构

1—操纵台;2—控制盘;3—电动机(液压马达);4—电磁离合
器;5—高速制动器;6—减速器;7—低速制动器

提升重物时(操纵阀手柄置于位置Ⅰ):液压油依次进入液压马达和制动器液压缸,液压马达驱动卷筒带动重物上升,此时逻辑上应保证液压马达具有一定转矩后再松开制动器(延迟动作:制动油路中装有单向阻尼阀,使制动液压缸进油滞后于液压马达转动),从而避免过早松闸而出现位能负载带动液压马达反转的滑降现象。

悬停重物时(操纵阀手柄置于中位):液压泵卸荷使液压马达停止工作,单向阀使制动器回油路不受阻碍并通向油箱,制动器在弹簧作用下迅速上闸制动,避免滑降现象。

重物下降时(操纵阀手柄置于位置Ⅱ):下降回油路中装有单向顺序阀,以保持油路中具有一定的压力,从而使下降运动平稳并起限速作用。

当制动失灵或液压管路破裂时,单向顺序阀在下降回油路中还能起到限速锁止作用,为了防止液压马达漏油过多而导致重物突然下降,可在液压回路中采用 K 型换向阀(或增加其他补油装置),以保证卷扬液压马达的补油。

2. 双(多)工作制动器系统

对于吊运熔融金属等危险物品,或大起重量、工作级别高以及其他特定要求(如机构能搭载维修人员升降)等的场合,起升机构的高速轴上常要求装设两个工作制动器。

第二个工作制动器的安装位置应优先装设在减速器高速轴的另一端,或浮动轴另一侧联轴器上(见图 4-18 中位置 2、3),尽量不要装在电动机尾部轴端(见图 4-18 中位置 4)。若选用涡流制动电动机[见图 4-21(a)],虽能实现减速停车、调速等控制制动,但会显著增大机构的总转动惯量,还应装设超速保护开关,以防止低速时,电磁制动力矩快速消减而产生的安全问题。

当起升机构采用两套彼此有刚性联系的绞车系统方案时,一般推荐每套装设 2 个(共 4个)工作制动器,如图 4-21(b)所示。特定场合下也可每套装设 1 个(共 2 个)工作制动器,如图 4-21(c)所示。但需要注意,两种方案的制动可靠性与制动安全系数的取值不同。

M7 及以上级别的起升机构中,由于频繁进行制动能量与发热能量的转换,致使制动轮(盘)温度升高甚至严重发热,有可能导致与其同为一体的柔性联轴器的弹性体工作性能降低,或内部润滑油脂稀释外泄,污染制动面,降低制动性能,加剧传动磨损等。另外,热量传递还可能引起相关制动盘、联轴器、传动轴等部件轴向热变形,进而影响松闸间隙,严重时

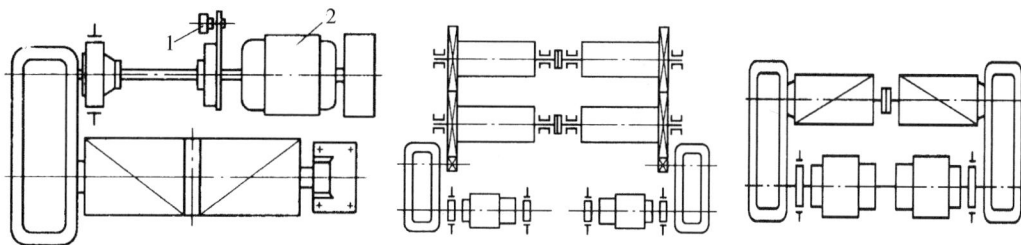

图 4-21 双(多)工作制动器系统
1—超速保护开关;2—涡流制动电动机

甚至使盘式制动器不能完全打开而造成制动失效。因此,在工作级别较高的重载场合中,应该慎重考虑是否采用带制动轮(盘)的联轴器。

3.紧急安全制动系统

对于安全性要求特别高(如岸边集装箱起重机)的起升机构,除应按规定装设工作制动器外,还应尽可能地在低速轴系末端(如卷筒上)装设紧急安全制动装置起安全制动作用,以防止卷筒轴之前传动系一旦损坏而出现事故。紧急安全制动器常为液压制动器,安装位置如图 4-22 所示,并应在机构失效或传动装置损坏导致物品超速下降达到 1.5 倍额定速度前自动起作用,此时机构中相关部位应能承受这个最大制动载荷的作用而不被破坏。

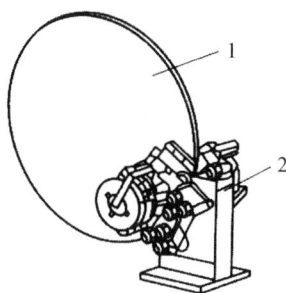

图 4-22 紧急安全盘式制动器
1—制动盘;2—制动器

(五)低速轴端的连接

1.单卷筒单轴式

起升机构低速部分采用单个卷筒(单联或双联)装在单一轴上(或多卷筒各自分别装在单一轴上并保持同步运动)的布置形式,称为单卷筒单轴式。此方案结构简单,便于布置,适应性强,是最基本和最常见的卷筒布置形式,应用较为广泛。

按卷筒轴支承构造还可分为长轴支承和短轴(半轴)支承。卷筒长轴支承多为转轴筒支承,安全性较高,但自重较大,铸造和焊接卷筒都可使用长轴支承。卷筒短轴(半轴)支承皆为悬臂承载,可设计成定轴式或转轴式,多用于焊接卷筒。采用短轴可减轻自重、降低成本。

(1)两轴端用柔性联轴器直接相连的方案

卷筒支承在长轴上并通过两侧轴承座独立支承构成卷筒组,中间采用柔性联轴器形式(如全齿联轴器、梅花形弹性联轴器等)与减速器的输出轴端连接,如图 4-23 所示。

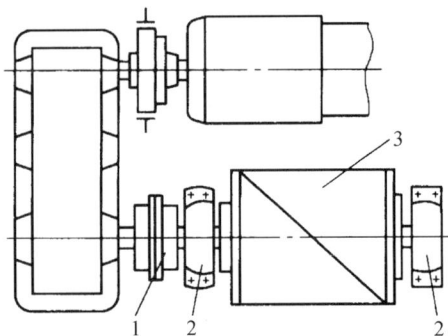

图 4-23　臂架类起升机构常用方案

1—柔性联轴器；2—轴承座；3—卷筒

此传动连接方案的原理简洁、清晰，具有调位补偿性且分组性好，可适应机架变形所产生的不利影响并减小安装调试的难度，支承与传力结构合理可靠，尤其适合于传递向上方提拉的径向载荷。但卷筒轴向尺寸较长，轴向布置松散、自重较大。

此方案特别适用于臂架类起重机钢丝绳向上引出的场合，此时钢丝绳中出现的斜向张力载荷可由左右两个轴承座直接承受，故可直接选用标准减速器。轴的支承选用自动调心（调位）滚动轴承。

（2）卷筒联轴器连接的方案

为了改善上述连接方案的不足，从传动连接原理的设计上可以把低速联轴器和轴承座（见图 4-23 中件 1 和件 2）合为一体，即将卷筒轴铰支在减速器输出轴上，从而形成卷筒联轴器直接连接的方案。

①方案一

专用齿形卷筒联轴器，如图 4-24 所示。减速器的齿轮输出端 1 内有喇叭口内腔、外有外齿轮，与固定于卷筒内腔的内齿连接盘 2 组成具有补偿能力的齿形卷筒联轴器。卷筒长轴 6 采用球面调心轴承 3 分别铰支于减速器输出端的喇叭口内腔和轴承座 5 中。减速器通过联轴器以及铰制螺栓 4 将转矩直接传递给卷筒，卷筒轴只是转动心轴（有弯矩无转矩）。调心轴承 3（双列调心滚珠轴承或球面滑动轴承 8）配用合适的固定挡板装入输出端内腔，工作时内、外圈同步转动（滚动体相对静止，故也可采用球面滑动轴承）。齿式联轴器的外侧装有剖分式密封盖，以防止灰尘进入和内部润滑油流出。卷筒轴右侧末端可连接螺杆式起升高度限位器（十字轴式连接或齿轮传动）。输出轴惰轮 7 用于取物装置需单独供电时，使电缆卷筒与钢丝绳卷筒保持同步升降。图 4-4（a）表示的是齿轮传动布置形式（也可改用链传动），而图 4-4（b）表示的是在减速器另一侧输出齿轮传动的形式。

此方案为封闭式传动方案，轴向结构紧凑，连接可靠，调位补偿性和分组性好，传动功率较大，安装维修较方便，应用广泛。但减速器输出端构造复杂，承受径向载荷的能力有限，在中小型起重机中应用最广泛。

②方案二

专用鼓形齿卷筒联轴器，如图 4-25 所示。减速器输出轴与带鼓形外齿半联轴器的轴套 3 过盈连接，带内齿圈的外轴套 1 与卷筒法兰相连，两者组合构成一种新型挠性鼓形齿卷筒联轴器，其转矩传递能力较直齿提高 50% 以上。承载环 2 与外轴套 1 的弧形接触构成径向

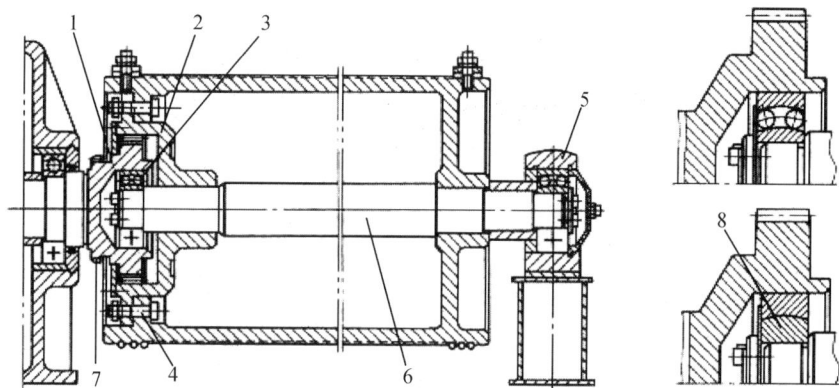

图 4-24　专用齿形卷筒联轴器方案

1—减速器齿轮输出端；2—内齿连接盘；3—调心轴承；4—铰制螺栓；5—轴承座；6—卷筒长轴；
7—输出轴惰轮；8—球面滑动轴承

自动调位球面轴承(省去原有的径向支承装置)，能承受较大径向载荷。采用卷筒短轴支承可减轻自重。

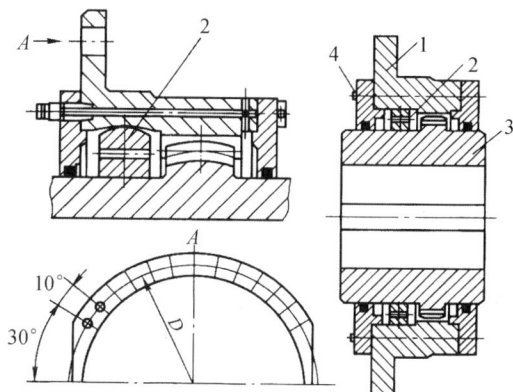

图 4-25　专用鼓形齿卷筒联轴器方案

1—外轴套；2—承载环；3—轴套；4—螺栓

此方案的特点为：结构紧凑，工作稳定可靠，传递转矩和承受径向载荷较大，调位补偿性能好等，可以配用普通轴伸的减速器，成本低，安装使用方便，中小型起重机中使用较多。

③方案三

专用鼓形滚子卷筒联轴器(花键轴和鼓形滚子铰支)，如图 4-26 所示。联轴器轮毂 3 通过花键(或平键)与减速器输出轴相连，轮辐 1 与卷筒采用中间法兰连接或嵌入式凸台直接连接。鼓形滚子(滚柱) 2 均布于轮辐和轮毂间的圆形凹槽内，可沿圆周传递切向力，即转矩。滚子球面接触副(180°范围内)兼有径向自动调位轴承的功能，并能承受较大的径向载荷。卷筒采用短轴支承。

此方案构造紧凑，支承静定，调位补偿性和分组性好，传递转矩和承受径向载荷能力强，便于安装。应特别注意防止滚子被轴向力挤出而出现连接失效现象。

④方案四

球铰式卷筒联轴器方案，如图 4-27 所示。卷筒通过法兰与外球铰套 1 相连，内球铰头 2

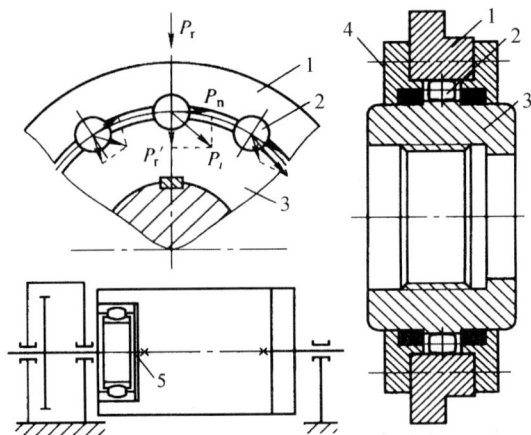

图 4-26　专用鼓形滚子卷筒联轴器方案

1—轮辐；2—鼓形滚子；3—轮毂；4—螺栓；5—短轴

通过花键与减速器输出轴相连,两者组合构成一种新型的球铰式卷筒联轴器。其最大特点是承载能力大,转动灵活,允许轴线偏斜角 β 达 $3°\sim6°$（安装精度越高,寿命越长）。利用包容在内部球面间的特殊键能安全、可靠地传递工作转矩。球铰支承弧面能承受很大的径向载荷,其值受限于减速器轴,通常不需验算。卷筒短轴支承,其连接方式承受轴向载荷的能力强于其他卷筒联轴器。球铰式卷筒联轴器适用于起重量大,卷筒长,补偿性要求高的场合。

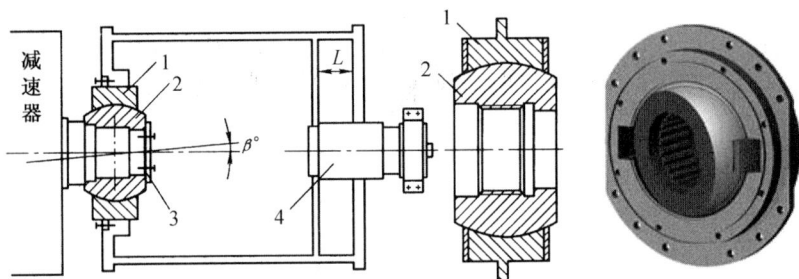

图 4-27　球铰式卷筒联轴器方案

1—外球铰套；2—内球铰头；3—轴端固定；4—短轴

卷筒联轴器方案应注意的问题:

第一,卷筒联轴器的轴向力以及轴向固定问题。由于起重机大车（或小车）起制动时将对卷筒产生轴向惯性冲击作用,以及卷筒工作时其上钢丝绳张力轴向分力作用等,都可能使卷筒轴上出现轴向力。但是,从连接原理和安全性来讲,方案二和方案三的卷筒联轴器都不能承受和传递太大的轴向载荷,否则可能造成传动连接失效（如联轴器脱离减速器轴,滚子脱出联轴器等）,有时甚至会导致严重事故。因此,此类方案应设计成由卷筒轴承座独自承受轴向力的形式。另外,所有与卷筒联轴器相连的部位（见图 4-27 中件 3）以及联轴器本身都应进行牢固的轴向固定;轴向紧固螺栓除应有足够直径和数量以外,还应提高其性能等级（不低于 10.9 级）,按规定的预紧力矩拧紧并采取可靠的防松措施,如钢丝全螺栓联锁固定、加厌氧胶固定等。

第二,卷筒联轴器的安装定位问题。卷筒联轴器安装时应保证轴向定位准确,否则卷筒安装误差及结构变形等所形成的综合水平位移将会破坏联轴器的轴向限位,造成传动连接失效。鼓形滚子卷筒联轴器的轴向安装误差应小于其允许轴向补偿量;球铰式卷筒联轴器由于不能补偿轴向位移,在设计和制造时其卷筒轴承座处需解除轴向约束,建议在轴承两端各留 3 mm 左右的间隙。

(3)输出轴附加式齿轮传动方案

当传动比、中心距、起重量等很大时,可用附加开式齿轮传动或串级连接等方案。

①普通低速轴附加开式齿轮传动

该方案的低速连接原理类似于两轴端用柔性联轴器相连的方案,适于齿轮圆周速度较低的情况,故大齿轮布置在靠近卷筒的最后传动级中,如图 4-8 所示。

减速器附加开式齿轮的方案应力求支承(受力)合理、构造简单,同时还应考虑小齿轮沿齿宽方向受力不均所导致的磨损、减速器悬臂轴端传动受载变形等问题,故小齿轮一般可采用直接悬臂安装形式[见图 4-8(a),径向载荷较大]或独立轴承座双点支承[见图 4-8(b)、图 4-8(c)]以及支承在减速器箱体上[见图 4-8(d)]等安装形成。

图 4-28 所示为开式齿轮变速传动的方案,同轴双联小齿轮可沿轴向滑动,分别与卷筒两端的齿轮啮合以得到两种卷筒转速的机械变速。

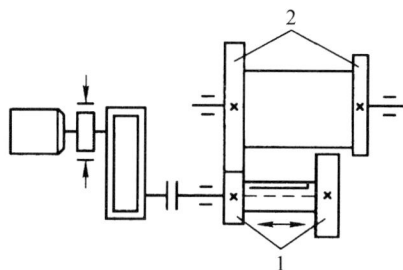

图 4-28 开式齿轮变速传动

1—双联滑动小齿轮;2—左、右大齿轮

②特殊的开式传动

对于大起重量的起升机构,也可采用特殊布置形式的减速器附加开式传动的方案,以降低起升速度。图 4-29 所示为单电动机-四联卷筒(双对双联)-双层卷绕的造船门式起重机起升机构。

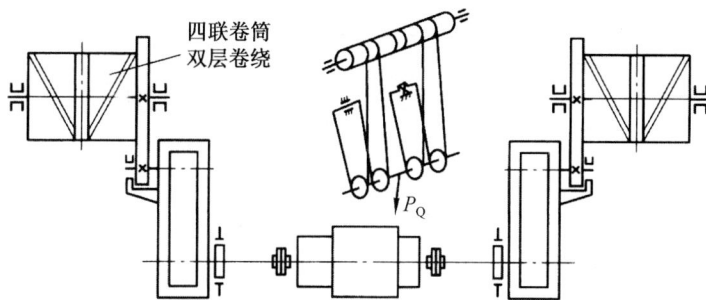

图 4-29 造船门式起重机起升机构

当起升机构采用双卷扬方案时,常需解决双卷扬同步问题。其双卷扬的减速器既可通过开式齿轮低速同步[见图 4-30(a)],也可通过齿轮平级传动(传动比为 1∶1)制成双减速器一体化的形式[见图4-30(b)],并将减速器壳体与车架制成一体。此方案实际上已演化为双卷筒双轴式的类型。

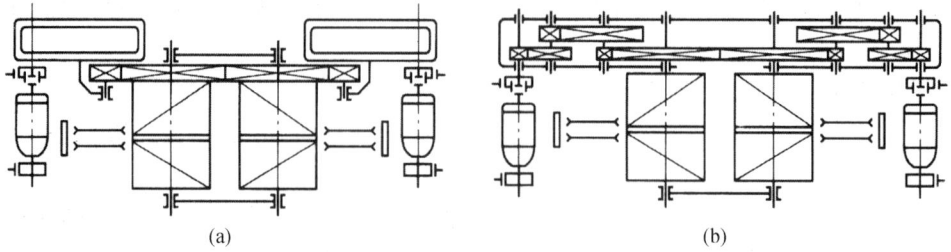

(a)   (b)

图4-30　双卷扬的铸造起重机起升机构

③串级传动

大起重量的起升机构有时还可采用多个减速器的串级传动(见图4-31)。

④开式大齿轮与卷筒的连接

如图4-32所示,螺栓沿圆周均布使卷筒端面凸缘与大齿轮轮辐贴合压紧。为承受圆周剪切力并传递转矩,可采用铰制孔螺栓、高强度螺栓以及螺孔铰配抗剪套筒(粗制螺栓)等形式,并按规定的预紧力矩拧紧。卷筒轴采用两个独立轴承座双点支承的形式(受弯矩作用的转动心轴)。

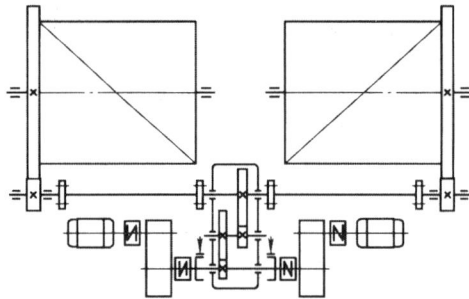

图4-31　1 400 t 浮式起升机构串级传动(1/2)

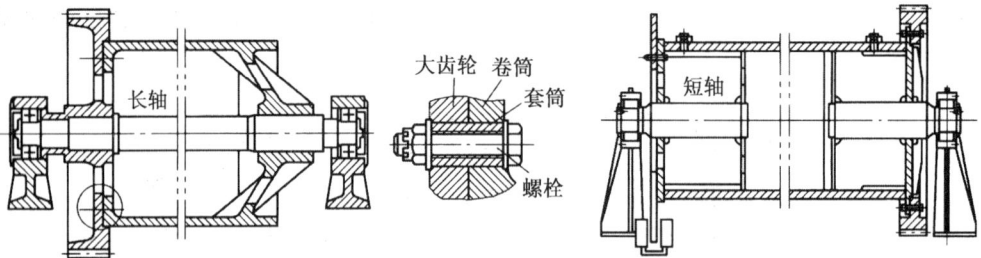

图4-32　常见开式大齿轮与卷筒的连接方式

(4)两轴直接刚性相连的连接方案

一些中小起重量的起升机构,为了缩短卷筒与减速器的轴向尺寸并进一步简化连接和支承形式,在满足制造安装精度或结构支承刚度、所需补偿性能等要求时,减速器与卷筒间可采用平键或花键直接刚性连接,或两轴合一的同轴传动形式,此时应注意支承结构超静定以及承受载荷较大等问题。

①卷筒轴与减速器轴直接刚性连接方案

如图 4-33 所示,减速器输出轴以平键(多为双键)或花键的形式与卷筒轮辐直接刚性连接,并支承卷筒一侧,卷筒另一侧采用短轴形式(转轴或定轴)支承在轴承座上。

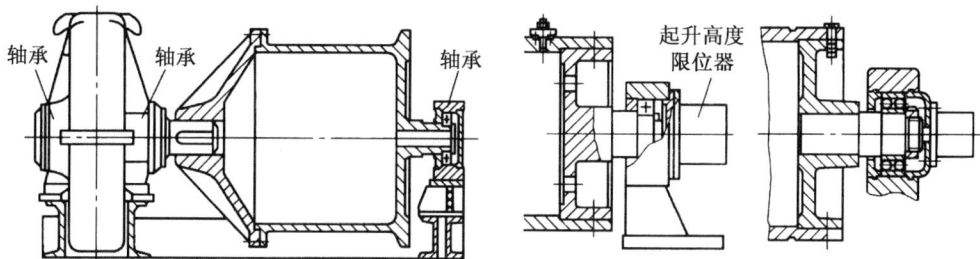

图 4-33　转轴式短轴卷筒与减速器轴刚性悬臂连接方案

此种连接支承形式构造简单,但形成了超静定轴线支承结构(三轴承共支一轴线),从而使其寿命与制造安装精度和机架支承刚度等密切相关,一般很少使用。

②摇摆减速器刚性连接方案

如图 4-34 所示,为减小直接刚性连接形成超静定支承的影响,过去曾采用摇摆减速器刚性连接的方案。减速器输出轴采用平键形式与卷筒过盈配合形成直接刚性连接,而其靠近卷筒一侧的底座用钢球或纵向圆柱轴销与车架铰接,另一侧底座用缓冲弹簧支承,使减速器可沿轴销轴线作少许摆动以释放超静定的约束,使其在垂直平面形成静定支承结构,弥补安装误差及变形等对刚性连接的影响。卷筒另一侧采用短轴式支承,自位调心轴承应当允许轴向游动。

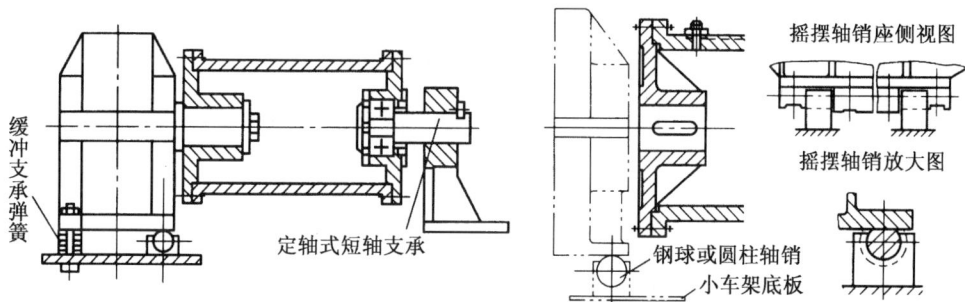

图 4-34　摇摆减速器式短轴刚性连接方案

此方案构造简单,但在具有低速轴补偿性能的同时,会使高速传动轴系上零部件工作状况变差,对偏摆补偿系统的制造安装精度要求较高,适应性较差。

(5)两轴合二为一(通轴)的连接方案

①减速器通轴的连接方案

如图 4-35 所示,将标准系列减速器输出轴延长为通轴,连接卷筒,并用单侧轴承座支承,则低速轴线形成大尺寸三支点超静定支承结构[见图 4-35(a)],若去掉减速器输出侧中间轴承只保留密封,则为静定简支结构[见图 4-35(b)]。通轴承受较大的弯矩和转矩作用,构造笨重且寿命较短。通轴减速器不能单独装配和试运转,制造和系列化困难,分组性和适应性差。采用超静定支承时对制造安装精度、车架以及支承的刚度要求较高,仅用于小型起升机构,此时,整个传动装置应在制造厂装配在同一加工好的刚性底座上。

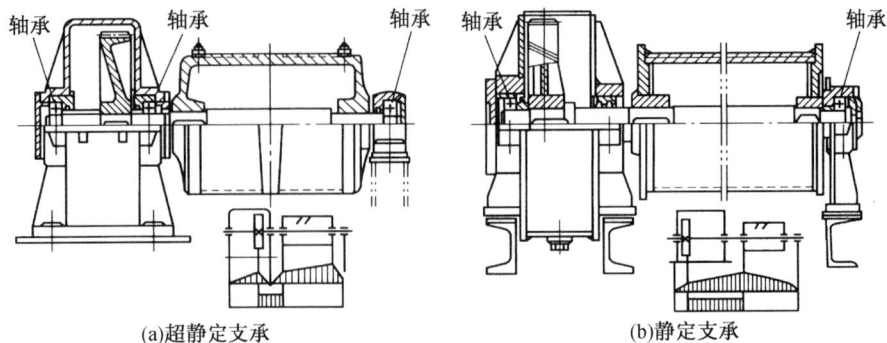

(a)超静定支承   (b)静定支承

图 4-35　减速器通轴的连接方案

②卷筒通轴的连接方案

如图 4-10 所示,卷筒通轴且卷筒两侧采用轴承座支承,减速器通过低速内花键与卷筒长轴连接固定,并形成悬臂悬挂形式,高速端(Z 点)支承与 QJ 型三支点减速器相同,卷筒轴同样承受较大的弯矩和转矩作用。此方案连接简单,在支承受力形式、部件标准化、分组性等方面都比较合理。但应注意高速端支承结构制造安装精度要求较高,以及悬挂减速器质量不宜太大等问题。

(5)带低速摩擦离合器的连接方案

卷筒与减速器还可采用摩擦离合器的连接形式,如图 4-36 所示。

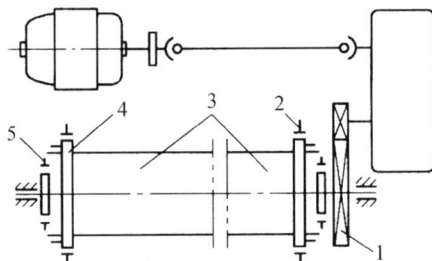

图 4-36　带低速摩擦离合器的双卷筒单轴式连接方案

1—开式齿轮;2—外带式制动器;3—主/副卷筒;4—内
胀式摩擦离合器;5—操纵离合器用的小带式制动器

2.双卷筒单(同)轴式

起升机构采用集中驱动的方法使装在同一根轴上的两个独立卷筒能实现各自运动的布置形式称为双卷筒单(同)轴式起升机构[见图 4-7(a)]。在流动式起重机上,为满足提高生产率,扩大使用范围,以及进行辅助工作等要求,常采用一台主动机集中驱动控制两个同轴卷筒(双卷筒单轴式,图 4-36),如大中型轮胎式起重机,装有主、副吊臂时的主/副起升机构(副钩可更快速地吊运轻载货物),或要求具有吊钩、双绳抓斗互换功能(两用),或履带式起重机利用副起升机构进行塔架的升降或安装工作等。与两个独立驱动的单卷筒单轴式起升机构相比,双卷筒单轴式少了一套驱动装置和传动系统等,其构造更为紧凑,便于整个机构布置;但轴向尺寸较长且每个卷筒的长度和承载能力受限,影响其容绳量和工作能力。

集中驱动的双卷筒单轴式通常采用两侧轴承座独立支承、通过开式齿轮传动连接减速器的方案,如图 4-37 所示,主/副卷筒 3 分别采用滚动轴承支承在卷筒轴 2 上,卷筒轴与开式齿轮 7 以平键连接并随其转动,卷筒两外侧挡板凸缘分别为外带式制动轮与内胀式胀带鼓 8。主/副卷筒与轴可以独立转动或共同转动,通过胀紧内胀式摩擦离合器 4 可使轴带动卷筒转动(升或降),通过货物重力和外带式制动器又能实现卷筒可控下放转动(此时轴不转动)。

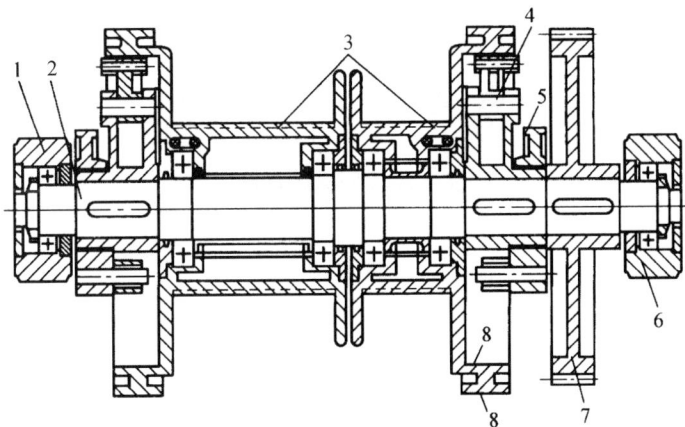

图 4-37 双卷筒单轴式装配图

1、6—轴承座;2—卷筒轴;3—主/副卷筒;4—内胀式摩擦离合器;5—操纵离合器的小胀带轮;
7—开式齿轮;8—外带式制动轮与内胀式胀带鼓

内胀式摩擦离合器的结构如图 4-38 所示,传动块 10 与卷筒轴 2 以键连接,小胀带轮 5 空套在传动块的轮毂上,传动块与小胀带轮之间用互相铰接的拉杆 1 和撑杆 3 铰接,内胀带 4 的两端用销轴分别与连块 9 和传动块 10 铰接,并借限位杆 14 作为支承。当机构起升货物时,松开卷筒外带式制动器并使大齿轮带动卷筒轴及卷筒轴上传动块转动,同时,拉紧小胀带轮操作手柄,小胀带轮便滞后于卷筒轴旋转(小胀带轮就是一个小带式制动器,图中没有表示出小胀带轮上的制动器及杠杆系统),从而使撑杆将内胀式摩擦离合器上的胀带胀开,与卷筒胀带鼓内壁贴紧,迫使卷筒与卷筒轴同方向旋转,使货物起升。当机构需要停止起升(或下降)时,只要将小胀带轮操作手柄松开,这时内胀带在螺杆 12 上的回位弹簧张力作用下与卷筒内壁脱开,同时使卷筒外壁上的外带式制动器动作,使卷筒停止转动。当机构使货物下降时,利用卷筒上的外带式制动器,实现货物落重可控下放,其速度可用外带式制动器控制,以适应港口快速装卸的要求。

3. 双卷筒双轴式

双卷筒双轴式的起升机构是采用集中驱动的形式,使配置于同一台减速器上的两个卷筒(轴线平行或并列)能实现相应的运动,可弥补单轴式方案的缺陷,相应增大卷筒长度、数量及容绳量,但应注意卷绕系统的偏角问题,以避免钢丝绳脱槽或绕乱。此类方案通常会具有开式齿轮传动、高/低速同步装置等典型连接特征,主要用于单钩起重量或起升高度较大的场合,如图 4-39 所示[或见图 4-9、图 4-21(b)、图 4-30(b)和图 4-31]。

另外,双卷筒双轴式起升机构还可用于臂架型起重机的主/副钩[见图 4-7(b)],其主/副卷筒上(外侧)分别装有离合器和制动器,以实现主/副钩的独立动作或货物落重可控下放。

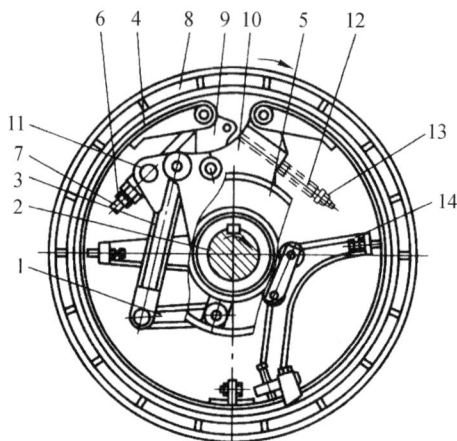

图 4-38　内胀式摩擦离合器

1—拉杆；2—卷筒轴；3—撑杆；4—内胀带；5—小胀带轮；
6—连杆螺母；7—连杆；8—卷筒胀带鼓；9—连块；10—传动
块；11—销轴；12—螺杆；13—调节螺母；14—限位杆

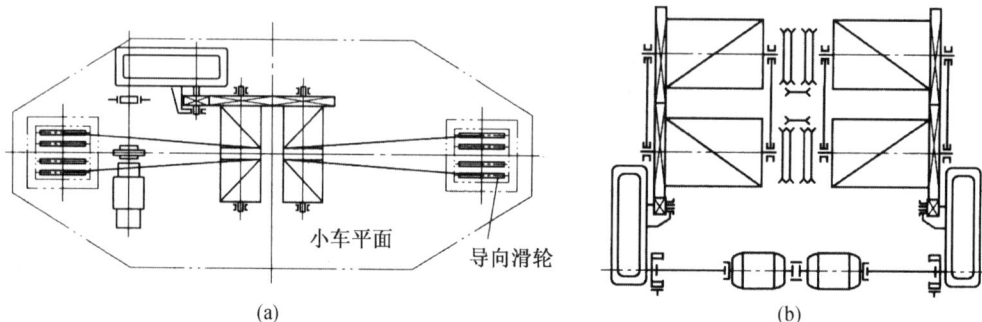

(a)　　　　　　　　　　　　　　　　　(b)

图 4-39　大起重量双吊点起升驱动系统

4.双卷筒的其他形式

当起升机构采用双卷筒的卷扬方案时,还可采用同一套驱动装置同时驱动双卷筒的方案,如图 4-40(a)所示,其构造简单,卷筒的容绳量可增加一倍,以适应较大起升高度或较大起升倍率的需要,但机构整体外形尺寸较大。图 4-40(b)为定滑轮组与卷筒同轴的布置形式。

四、特殊的起升机构构造

(一)带变幅补偿装置的起升机构

工作性变幅的中小型臂架型起重机常采用绳索补偿法来实现变幅过程吊重(近似)水平移动。图 4-41(a)为滑轮组补偿法,图 4-41(b)为圆锥卷筒补偿法。

(二)桥式抓斗卸船机的起升卷绕系统

图 4-41(c)所示为牵引小车式双绳抓斗起升卷绕系统,从图中可以看出,牵引式小车系统由一个主小车和一个中间辅小车组成。在小车运行过程中,当主小车移动一段距离 S 后,中间辅小车向主小车的移动方向运行 $S/2$ 距离,这样就保证了在抓斗起升机构不动作

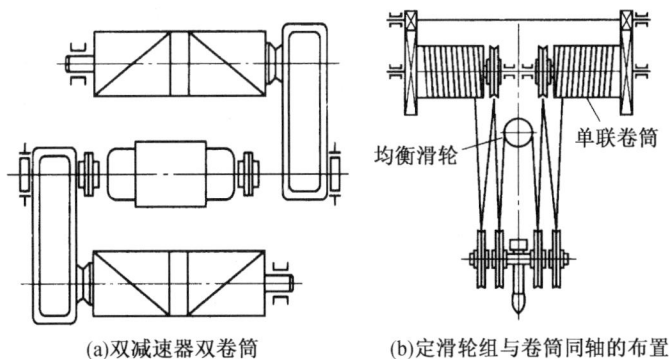

(a)双减速器双卷筒　　　　(b)定滑轮组与卷筒同轴的布置

图 4-40　特殊的双卷筒起升机构

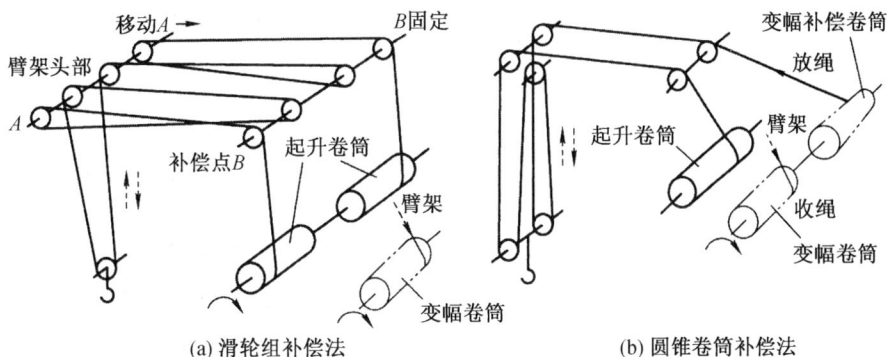

(a) 滑轮组补偿法　　　　　(b) 圆锥卷筒补偿法

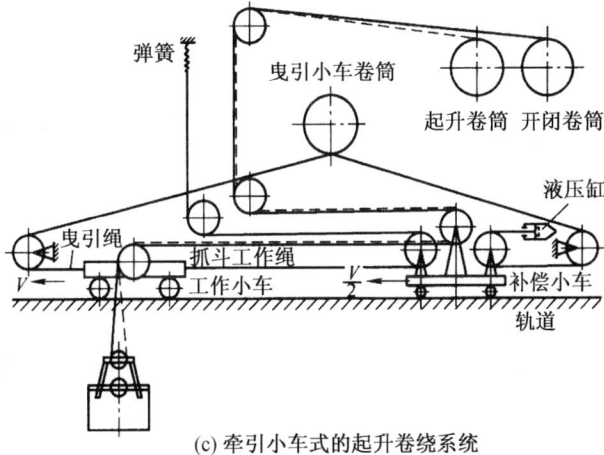

(c)牵引小车式的起升卷绕系统

图 4-41　特殊的起升卷绕系统

时抓斗在小车水平运行过程中保持高度不变,即抓斗不因小车的水平运行而升降。目前,在许多桥式抓斗卸船机上采用四卷筒牵引小车形式。即在差动行星减速器的差动作用下,将抓斗开闭、起升和小车运行机构结合到一起。取消了原来牵引小车的牵引机构和钢丝绳的张紧机构。用四卷筒牵引小车,使钢丝绳缠绕系统更加简单,减少了维护保养工作量。

四卷筒牵引小车钢丝绳缠绕系统如图 4-42 所示。其主要工作原理是:当两个开闭卷筒反向旋转而两个起升卷筒不动时,实现抓斗开闭;当开闭卷筒与起升卷筒同时反方向旋转时,实现抓斗升降;当开闭卷筒与起升卷筒均同方向旋转时,小车就左右运行。四卷筒牵引小车传动机构如图 4-43 所示。机构分别由 2 台起升电动机 4、2 台开闭电动机 3、1 台小车运行电动机 5 和 2 台差动行星减速器 9、10 组成。当小车运行电动机不转时,电动机轴端的制动器 8 就制动,使差动行星减速器的内齿圈 B 固定,若此时起升电动机 4 也不动,抓斗开闭电动机 3 驱动,则通过差动行星减速器太阳轮 A 输入扭矩,行星架 X 输出扭矩,因行星架和卷筒轴是用联轴器连接的,所以就可使两只开闭和起升卷筒反向旋转实现抓斗开闭。同理,抓斗开闭和起升卷筒分别反向旋转,实现抓斗起升和下降。

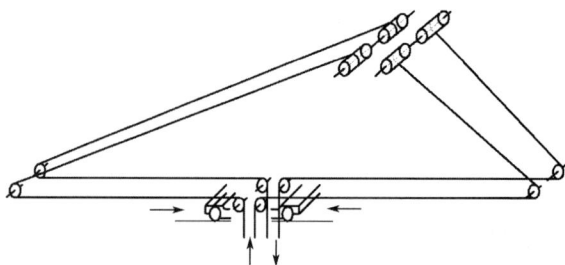

图 4-42　四卷筒牵引小车的起升卷绕系统

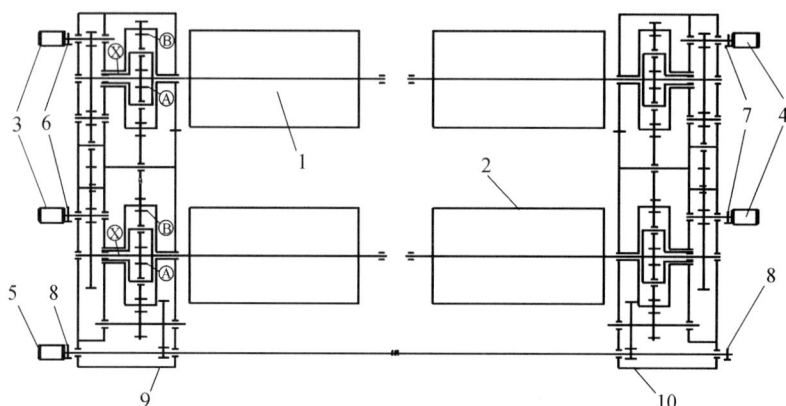

图 4-43　四卷筒牵引小车传动机构

1—开闭卷筒;2—起升卷筒;3—开闭电动机;4—起升电动机;5—小车运行电动机;6—开闭制动器;7—起升制动器;8—小车运行制动器;9—开闭减速器;10—起升减速器

当小车运行时,抓斗开闭和起升电动机不转,其制动器制动,太阳轮 A 固定,小车运行电动机通过差动行星减速器内齿圈 B 输入扭矩,行星架 X 输出扭矩,开闭和起升卷筒同方向旋转,实现小车左右运行。

当开闭、起升和小车电动机同时驱动时,差动行星减速器可同时实现抓斗垂直起升和小车水平的复合运动。

(三)岸边集装箱起重机起升卷绕系统

图 4-44 所示为岸边集装箱起重机起升卷绕系统,从图中可以看出,一组钢丝绳既起升集装箱,又牵引小车运行,两组钢丝绳分别从各自的卷筒引出,经过导向滑轮,绕过小车滑轮和吊具上架滑轮后,再回到小车并固定系结。

起升与小车驱动的交流变频电机,平行布置在差动减速器的一侧(见图 4-45)。起升电机与小车电机是由电控系统分别控制。当起升电机转动时,两个卷筒的转动分别是图 4-44

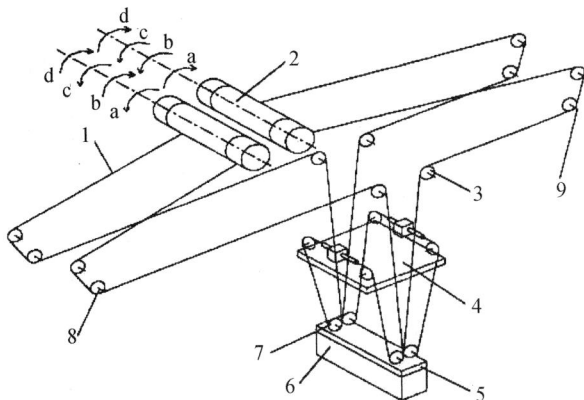

图 4-44 起升与小车运行钢丝绳缠绕系统
1—钢丝绳；2—卷筒；3—小车滑轮；4—小车；5—吊具上架；6—集
装箱；7—上架滑轮；8—海侧改向滑轮组；9—陆侧改向滑轮组

所示的 a 和 b 情况，使集装箱（吊具）作起升和下降运动。当小车电机转动时，两个卷筒的
转动分别是图 4-44 的 c 和 d 情况，使小车向海和陆侧方向运动。起升电机和小车电机同时
运转时，出现 a+c（起升的同时小车向海侧运动），或 a+d（起升的同时小车向陆侧运动），或
b+c（下降的同时小车向海侧运行），或 b+d（下降的同时小车向陆侧运行）。通过差动减速
箱对运动的叠加，使集装箱作升降运动的同时做水平运动。

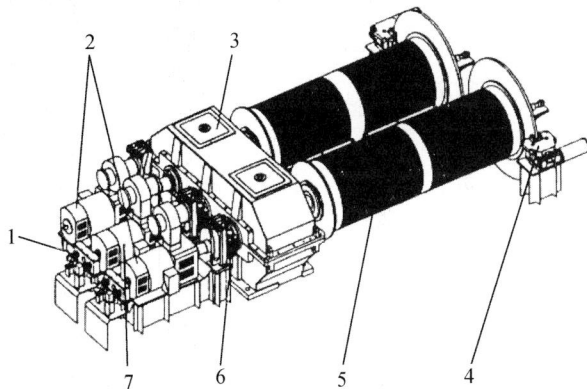

图 4-45 起升和小车驱动机构布置
1—安全保护和信号装置；2—起升电动机；3—差动减速箱；4—低速级制
动器；5—钢丝绳卷筒；6—高速级盘式制动器；7—小车电动机

集装箱的起升、下降运动和小车运动是靠差动减速箱传动叠加完成的。差动减速箱由
小车电动机输入轴、起升电动机输入轴、行星轮系、过渡齿轮副、支承轴承等部分及驱动卷
筒的输出轴组成，如图 4-46 所示。由图可以看出，差动减速箱的小车驱动端的输入轴与小
车电动机相连，通过过渡齿轮副和行星轮系的外齿圈啮合，并带动两个卷筒。差动减速箱
的起升驱动端的输入轴与起升电动机相连。通过过渡齿轮副和行星轮系的行星轮啮合，并
带动两个卷筒。当它们同时以各自所需的速度输入不同的转速时，行星轮系就将它们按一
定速度比进行叠加，并在两个卷筒上输出相应的转速和扭矩。

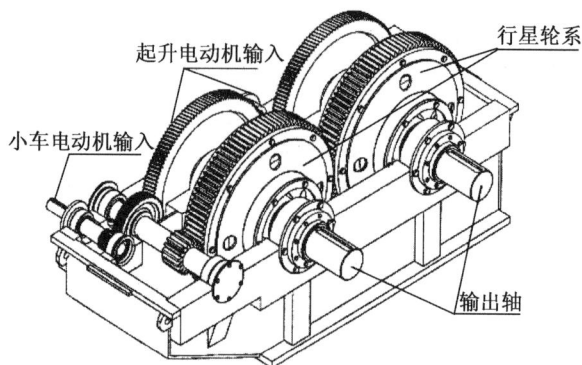

图 4-46　差动减速器

(四)双/多层卷绕系统

1.绳端固定于卷筒中部的双联双层卷绕系统

对于一般的双联双层卷绕系统,可将钢丝绳绳端固定于卷筒中部并向两侧沿绳槽缠绕第一层,当钢丝绳绕满卷筒碰到挡板侧壁时,在绳张力水平分力的指向作用下,并配合卷筒挡板处的平滑过渡构造,使得钢丝绳开始向卷筒中部反向缠绕第二层,如图 4-47 所示。此方案构造简单,适用于不频繁使用的场合。但应注意反向钢丝绳偏斜角不能大于 3°,否则将出现上层排列不整齐现象并加剧钢丝绳磨损。

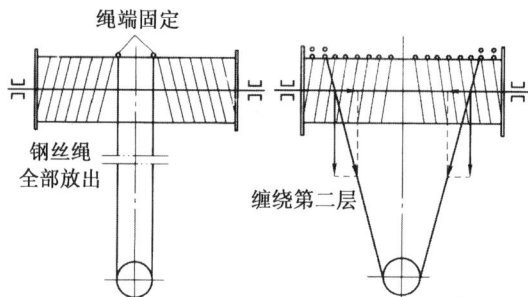

图 4-47　普通双层卷绕系统

2.绳端固定于卷筒端部的同向四联(双-双联)双层卷绕系统

本方案可采用两组双联滑轮组 A_1 和 A_2 交叉布置复合而成,如图 4-48(a)所示。每个双联滑轮组的两个绳头用压板分别固定在卷筒两侧,则从卷筒上共有四个分支引出。用 A_1 和 A_2 的一个分支分别卷绕在卷筒的左右两段并缠绕在卷筒槽上形成第一层绳,同时用 A_2 和 A_1 的另一分支分别缠绕在卷筒的左右两段,形成第二层绳。已铺好的第一层(内层)钢丝绳为第二层(外层)卷绕的绳槽,A_1 和 A_2 形成内外交叉缠绕、内外层钢丝绳同时卷绕的四联双层卷绕系统。为避免两绳相互碰撞磨损,可将两固定滑轮错开一定距离或角度。此方案简单易行,不需要导绳装置而实现双层排列齐整,可减轻绳间磨损,卷绕效果较好,常用于起升高度小于 50 m 以下的中小型起重机上。但由于倍率较小使卷筒承受载荷增大(倍率增大将导致系统复杂),同时速比也要增大。

本方案还可采用两组双联滑轮组同侧布置复合而成,如图 4-48(b)所示。底层钢丝绳一头固定于卷筒一侧端部,通过滑轮组后其另一头仍固定于卷筒同侧端部。底层另一钢丝绳按同样方法绕过另侧滑轮组并双双固定于卷筒另侧端部。第二层绳均以同侧第一层绳为导槽,由此形成四联双层卷绕系统。为了平衡钢丝绳张力,每组定滑轮都应铰接在支架上。

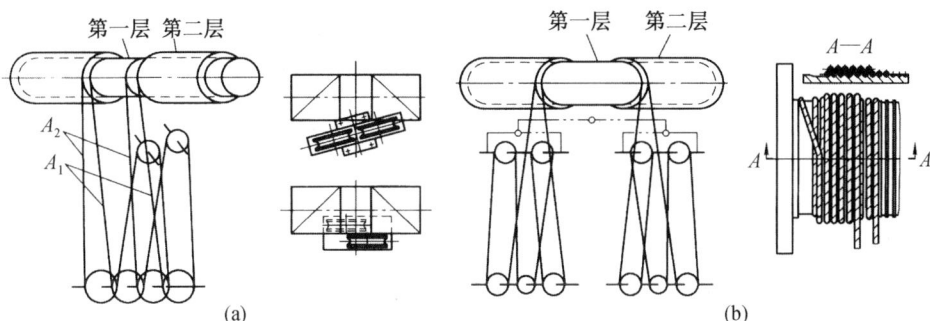

图 4-48 同向四联(双-双联)双层卷绕系统方案

3. 采用排（导）绳装置的多层卷绕系统

对于多层卷绕的场合,为使钢丝绳在卷筒上有序、整齐地排列,通常需采取以下措施:卷筒开螺旋绳槽,以保证第一层钢丝绳有序排列;采用一般或特殊排(导)绳装置;采用压绳器,如图 4-49 所示,压辊为圆柱形或圆锥形(包括两侧对称的圆锥形),并可装设乱绕报警装置。

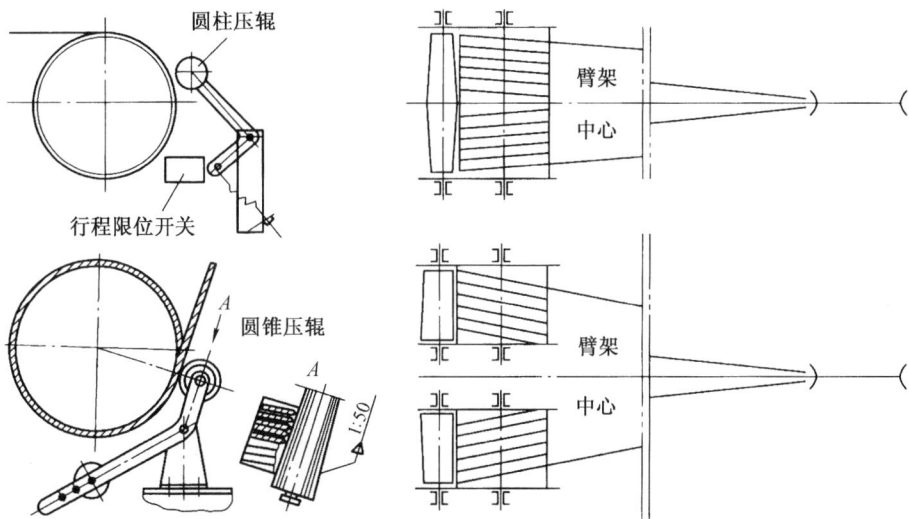

图 4-49 压绳器

4. 大起升高度的卷绕系统

当桥架型起重机起升高度超过 20 m(臂架类为 40 m)时,其卷绕系统设计一般需采取适当的方案综合考虑各因素,以解决容绳量较大的问题。

（1）加大卷筒直径、长度或数量

增加卷筒直径或数量会带来机构尺寸增大、布置困难等问题,增加卷筒长度可能导致绳偏角增大,以致出现绳脱槽、磨损增加、绳槽破坏等现象。

（2）减小滑轮组倍率

对机构外形尺寸受限的场合更为有利，但同时导致出现卷筒承载力增大、系统速比增加等局限性。

单元二　变幅机构

一、变幅机构概述

变幅机构是起重机用来改变幅度的机构。根据工作要求的不同，变幅机构的主要作用是：

（1）通过改变幅度来改变取物装置的工作位置，以调整起重机的起重能力；或者适应装卸路线的需要；或者提高非工作状态下的起重机通过能力。

（2）通过改变幅度使吊载的物品以起重机回转中心线为中心作径向水平移动，扩大起重机的作业范围，提高工作的机动性。

按工作性质可分为非工作性变幅机构和工作性变幅机构。非工作性变幅机构也称调整性变幅机构，它在装卸作业前、取物装置没有吊取载重的前提下改变幅度，使取物装置调整到适于起吊载重的位置，在载重吊运过程中，幅度不再改变。因此，其变幅次数少，变幅时间对起重机的生产率影响小，一般采用较低的变幅速度。由于是不带载重变幅，变幅阻力和变幅驱动功率的消耗也都比较小。工作性变幅机构可使载重沿起重机的径向作水平移动，以扩大起重机的服务范围，提高工作机动性。这种变幅可在吊取载重条件下进行，其变幅过程是起重机工作循环中的主要工序之一，这类变幅机构称为工作性变幅机构。其主要特征是变幅频繁，变幅速度对装卸生产率有直接影响。所以在这类变幅机构中，一般应采用较高的变幅速度，以提高装卸生产率。工作性变幅机构在构造上较为复杂，但工作性能则显著改善。例如采用载重水平位移及臂架自重平衡系统，可减少变幅阻力、降低变幅功率。

按变幅方法可分为运行小车式变幅机构和摆动臂架式变幅机构。运行小车式变幅机构有自行式和绳索牵引式两种，在具有水平臂架的起重机上，依靠小车沿臂架往返运动来改变起重机的幅度。绳索牵引式［见图 4-50（a）］驱动装置与起升机构驱动装置相似，不随小车运行，所以小车自重轻，可减轻臂架的受载，起制动不会打滑，速度较快，可减小臂架的结构尺寸与自重，应用较广。自行小车式的驱动装置与有轨运行机构相似，驱动装置安装在小车上，随小车运行，自重较大，使臂架承受较大的弯矩，增大了臂架结构尺寸和自重。运行小车式变幅机构主要用于工作性变幅，如岸边集装箱起重机、桥式抓斗卸船机等。摆动臂架式变幅机构，通过臂架在垂直平面内绕其铰轴摆动来实现起重机的幅度改变，按其结构可分为平衡式与非平衡式。平衡式臂架变幅机构采用各种载重升降补偿方法和臂架平衡系统，使变幅过程中物品重心沿水平线或近似水平线的轨迹移动，臂架系统的合成重心高度不变或变化很小，这样，减小了变幅机构的驱动功率，提高了装卸效率，但臂架结构复杂。平衡式臂架变幅属于工作性变幅，以提高装卸作业效率为目的的起重机多是工作性变幅起重机。非平衡式变幅机构在变幅过程中,臂架的重心和取物装置及其所载的物品会随着幅度的改变而发生不必要的升降(见图 4-51),这样增加了变幅驱动功率,也对装卸工作带来了不便。因此,这种变幅方式主要用于调整性变幅,属于非工作性变幅,常用于不需带载变幅的汽车起重机、轮胎起重机和桅杆起重机。

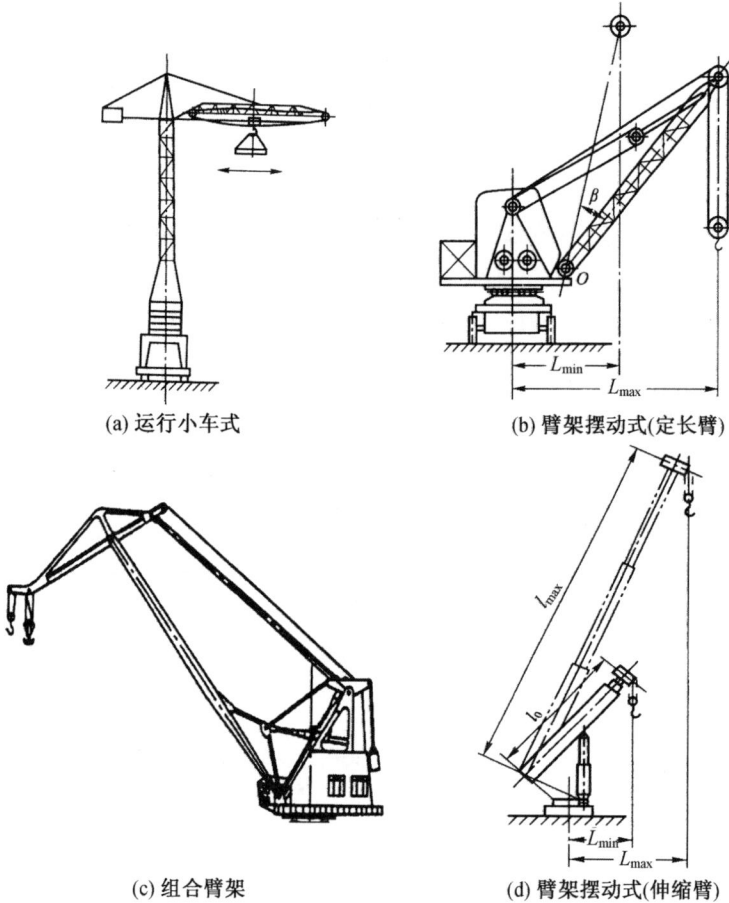

(a) 运行小车式

(b) 臂架摆动式(定长臂)

(c) 组合臂架

(d) 臂架摆动式(伸缩臂)

图 4-50 变幅方法分类

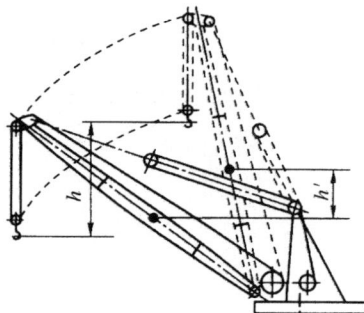

图 4-51 变幅时物品和臂架重心变化

摆动臂架式变幅机构采用定长臂架或伸缩臂架。定长臂架有简单臂架[见图 4-50(b)]和组合臂架[见图 4-50(c)],臂架结构有桁架结构和实腹结构。伸缩臂架[见图 4-50(d)]

采用箱形结构,由基本臂和若干节伸缩臂组成,臂架伸缩时,虽然幅度随之改变,但伸缩臂架的主要目的是使流动式起重机在作业时伸出臂架以取得较大的起升高度,在行驶时收回臂架以取得较小的外形尺寸,改善其机动性,所以,不能当作变幅使用。

二、载重水平位移

在利用臂架摆动进行变幅的工作性变幅机构中,为了使物品在变幅过程中沿着水平线或近似水平线的轨迹移动,要采用物品升降补偿装置。实现载重水平位移的方法有多种,但归纳起来有两种类型:绳索补偿法和组合臂架法。

(一)绳索补偿法

绳索补偿法的特点是:在变幅过程中,臂架摆动引起的物品升降依靠起升绳卷绕系统中及时放出或收进一定长度的起升绳来进行补偿,从而使物品在变幅过程中能沿着水平线或近似水平线的轨迹移动。常用的绳索补偿法有:滑轮组补偿法、滑轮补偿法、连杆-滑轮组补偿法、卷筒补偿法等。

1. 滑轮组补偿法

图 4-52 表示利用补偿滑轮组使物品水平变幅的工作原理。在起升绳卷绕系统中增设了一个补偿滑轮组。当臂架从位置 Ⅰ 摆动到位置 Ⅱ 时,物品和取物装置随着臂架端点的升高而上升 H;又由于补偿滑轮组内每根钢丝绳长度从 l_1 缩短到 l_2,则经过臂架端点的导向滑轮放出起升绳$(l_1-l_2)a_b$,使物品和取物装置下降。如果在变幅过程中的各个位置处,由于臂架端点升高而引起的物品上升值等于或大致等于因补偿滑轮组缩短而引起的物品下降值,则物品将沿着水平线或近似水平线的轨迹移动。

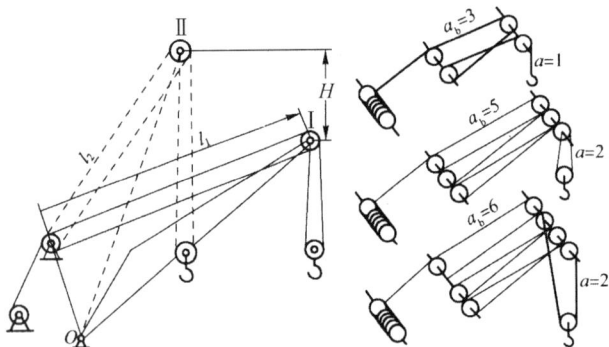

图 4-52　滑轮组补偿法原理图

滑轮组补偿法的优点是:采用直臂架,构造简单,臂架受力比较有利;容易获得较小的最小幅度。缺点是:起升绳较长,绕过较多的滑轮,钢丝绳磨损快;小幅度时因起升绳悬挂长,使物品偏摆大;物品只能沿着近似的水平线移动。这种补偿形式主要用于小起重量的起重机。

2. 滑轮补偿法

图 4-53 表示利用补偿滑轮使物品实现水平变幅的工作原理。从起升卷筒引出的起升绳,经过装在摆动杠杆上的导向滑轮 B,再通过臂架端点滑轮 A 与取物装置相连。摆动杠杆通过拉杆和臂架连接。在变幅过程中,若臂架端点由 A 移动到 A',升高 H,导向滑轮则由 B

移动到 B',由于补偿导向滑轮位置的改变,引起的卷筒到臂架端点之间的起升绳长度的变化,能补偿物品随着臂架端点的移动引起的升降,则物品就沿着水平线移动。

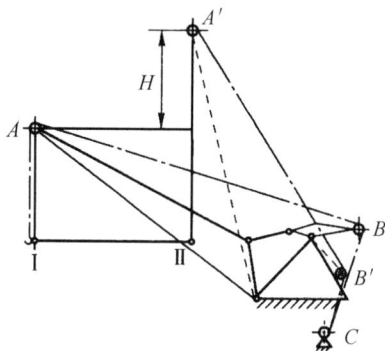

图 4-53　滑轮补偿法工作原理

与滑轮组补偿法相比,滑轮补偿法的起升绳总长度短,绕过的滑轮数目少,起升绳磨损小;但臂架受到较大的弯矩,难以获得较小的最小幅度,导向滑轮 B 与卷筒 C 之间要有足够的距离,才能起到理想的补偿作用。这种补偿方法可以用在吊钩起重机和抓斗起重机上。

3. 连杆-滑轮组补偿法

如图 4-54 所示,补偿滑轮组沿着垂直导轨移动,连杆连接补偿滑轮组的动滑轮与臂架尾部,连杆的长度与臂架的尾长相等。在变幅过程中,保持 $\dfrac{H_1}{H_2} = \dfrac{l_1}{2l_2}$,如果采用连杆-滑轮组补偿时,满足式 $aH_1 = a_bH_2$,即 $\dfrac{a_b}{a} = \dfrac{H_1}{H_2} = \dfrac{l_1}{2l_2}$,则物品沿水平线移动。

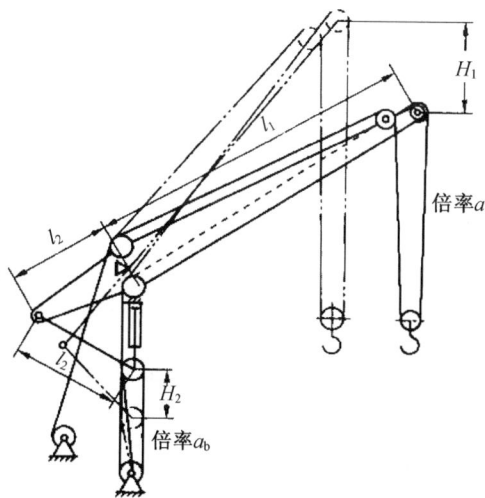

图 4-54　连杆-滑轮组补偿法工作原理

在转柱式回转支承装置中,把补偿滑轮组布置在转柱内,由液压缸推动补偿滑轮组的动滑轮,使臂架摆动变幅。若将动滑轮与臂架平衡对重布置在一起,则变幅机构的结构很紧凑。并且臂架铰点位于回转中心线上,因此能得到较小的最小幅度,多用在安装用门座起重机上。

4. 卷筒补偿法

如图 4-55 所示,补偿卷筒与变幅卷筒同轴,并一起转动(有时不同轴而通过齿轮或链轮传动)。起升绳一端固定在起升卷筒上,另一端固定在补偿卷筒上。在变幅过程中,若变幅卷筒收进(放出)钢丝绳使臂架端点升高(下降),则补偿卷筒放出(收进)一定长度的起升钢丝绳,补偿因臂架摆动引起的物品上升(下降)。如果采用恰当设计的曲线形补偿卷筒,则物品可沿水平线移动。从制造工艺方面考虑,补偿卷筒常制成圆锥形或鼓形,可以使物品沿近似的水平线移动。

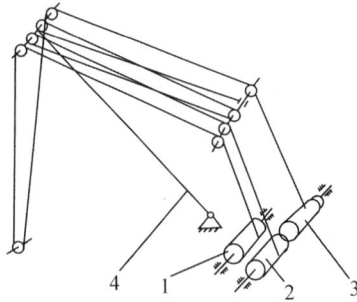

图 4-55　卷筒补偿法绕绳系统
1—起升卷筒;2—变幅卷筒;3—补偿卷筒;4—臂架

如上所述,各种绳索补偿法的共同缺点是:起升绳长,绕过的滑轮数多,加速了钢丝绳的磨损;小幅度时物品悬挂长度长,偏摆也大。优点是:采用直臂架,结构简单,重量轻。

(二)组合臂架法

组合臂架法的特点是:在变幅过程中,依靠组合臂架端点沿水平线或近似水平线的轨迹移动,从而使物品在变幅时不发生升降或升降很小。常用的组合臂架法有四连杆式组合臂架、平行四边形组合臂架。

1. 四连杆式组合臂架

图 4-56 表示采用刚性拉杆的四连杆式组合臂架的工作原理。臂架系统由臂架、直线象鼻梁和刚性拉杆三部分组成,连同机架构成一个平面四连杆机构。

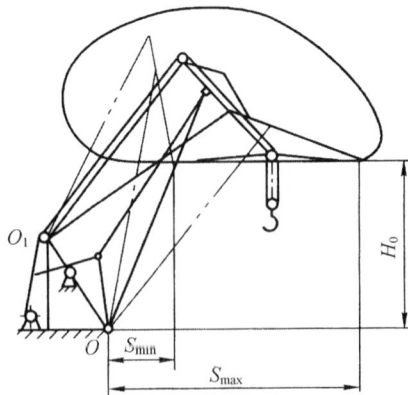

图 4-56　四连杆式组合臂架的工作原理

在四连杆机构中,臂架摆动时,象鼻梁端点的运动轨迹是一条双叶曲线。如果臂架系统的尺寸选择得合适,则在有效幅度范围内,双叶曲线可以接近于一条水平线,即在变幅过程中,象鼻梁端点将沿接近水平线的轨迹移动。当起升绳平行于拉杆或臂架及象鼻梁的轴线布置并从象鼻梁端点引出时,则可实现物品的水平变幅。

四连杆式组合臂架的系统刚性好;起升绳悬挂长度短,物品偏摆现象减轻;起升绳短、磨损小;起升滑轮组倍率的大小对补偿没有影响;臂架下的有效空间大。其主要缺点是:臂架结构复杂、自重大;变幅时物品不能严格地沿水平线的轨迹移动。

这种方案在港口和造船用的门座起重机上应用最多。

2. 平行四边形组合臂架

图 4-57 表示的是平行四边形组合臂架的工作原理。臂架、象鼻梁、拉杆和连杆组成平行四边形。刚性拉杆与象鼻梁的长度相等,连杆与臂架下部分的长度相等。刚性拉杆的支点与臂架下铰点在一条垂直线上,臂架下铰点又可沿垂直导轨上下移动。这样,可保证象鼻梁端点在变幅过程中沿水平线移动。如果将起升绳沿臂架系统构件的轴线布置,并从象鼻梁的端点引出,则理论上可实现物品严格地沿水平线的轨迹移动。

平行四边形组合臂架主要的缺点是结构复杂,臂架受到的弯矩较大。在带斗门座起重机上采用这种形式的组合臂架。

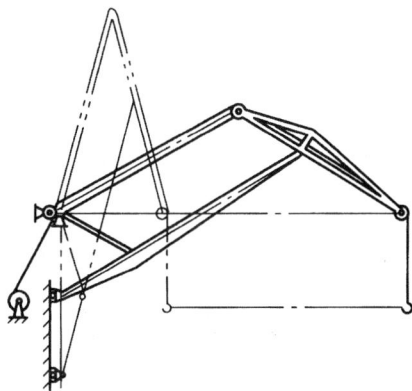

图 4-57　平行四边形组合臂架的工作原理

三、臂架自重平衡

在臂架摆动进行变幅的工作性变幅机构中,为了在变幅过程中使臂架的重心不发生升降或升降很小,通常采用臂架系统自重平衡的方法,臂架系统的自重要用对重加以平衡。对重或是直接装在臂架的尾部,或是通过杠杆系统或挠性件与臂架连接。

(一)尾重平衡法

将对重直接布置在臂架尾部的延长端上,使臂架重力 P_b 和对重重力 P_d 的合成重心在臂架铰轴点 O 上,如图 4-58 所示。当臂架摆动时,对重随着升降,但臂架系统的合成重心不发生升降并始终位于臂架铰轴点上,所以在理论上达到自重完全平衡,但对整个回转部分的平衡不利。另外,对重力臂的长度受到起重机整体布置的限制,因而对重重量大;对重的布置也对起重机整体稳定性和回转部分的稳定性不利。这种方法目前应用较少。

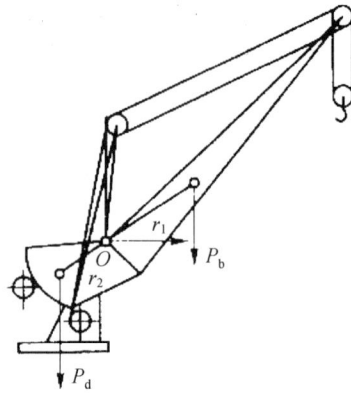

图 4-58 尾重法臂架平衡原理

(二)移动重心平衡法

图 4-59(a)表示杠杆-摆动对重平衡法的工作原理。对重与臂架分离,采用杠杆联系,组成非平行四边形的四杆机构。根据臂架系统自重对杠杆铰点的力矩等于活对重重力对杠杆铰点 O_1 的力矩这一基本原理设计,所以在变幅过程中,臂架系统的合成重心沿水平线的轨迹移动。

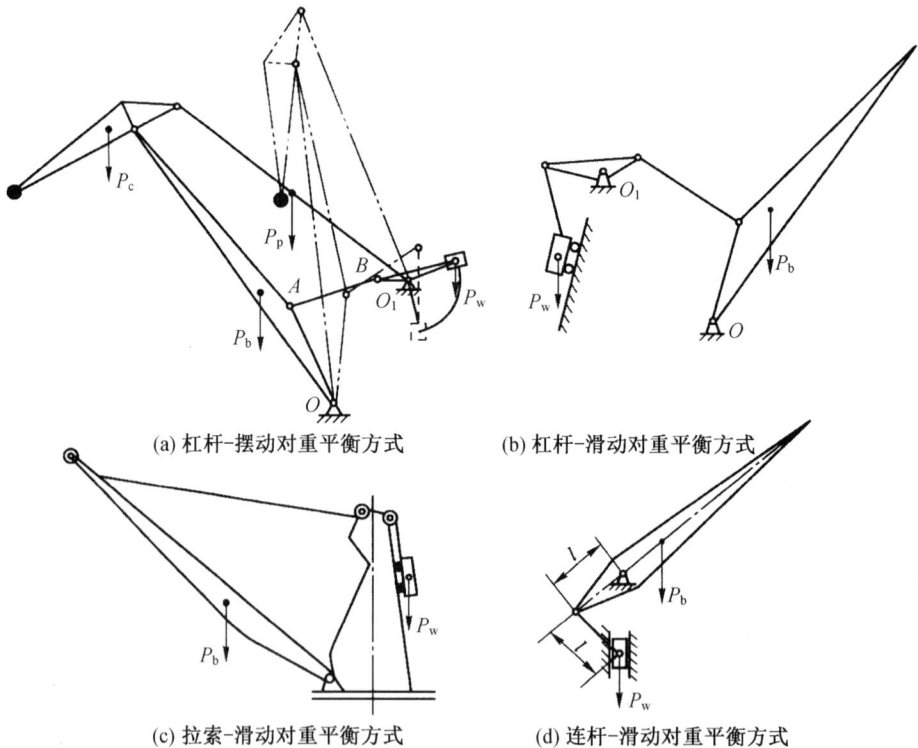

(a)杠杆-摆动对重平衡方式

(b)杠杆-滑动对重平衡方式

(c)拉索-滑动对重平衡方式

(d)连杆-滑动对重平衡方式

图 4-59 移动重心平衡原理

由于采用了杠杆系统,在臂架摆动角度不变时,对重臂的摆角显著增大,从而增加了对重的升降高度,减轻了对重的重量;对重又布置在机房的后部,这样有利于提高起重机的整体稳定性;并且这种方案在总体布置上也比尾重法方便,因此在目前应用最普遍。但是在变幅过程中,合成重心不能严格地沿水平线的轨迹移动,很难达到自重完全平衡。

图 4-59(b)表示杠杆-滑动对重平衡方式。对重通过连杆与摆动杠杆相连。变幅时,对重在倾斜的轨道上下移动,使臂架系统的合成重心沿水平线移动。这种平衡方式的对重重心低,起重机尾部尺寸小。

图 4-59(c)表示拉索-滑动对重平衡方式。对重通过拉索与臂架的头部相连接。变幅时,若对重沿适当形状的轨道上下滑动,在变幅的各个位置都能达到完全平衡。这种平衡方式构造简单,尾部半径小,但拉索容易磨损。

图 4-59(d)表示连杆-滑动对重平衡方式。对重通过连杆与臂架尾部相连,并使连杆长度与臂架尾部长度相等。变幅时,对重在转柱的垂直导轨中上下滑动,使臂架系统的合成重心沿水平线移动。这种平衡方式结构紧凑,但构造比较复杂。

(三)无对重平衡法

图 4-60 是自重平衡的臂架系统。其中图 4-60(a)图是单臂架,臂架下铰点为一台小车,可沿着垂直的导轨上下移动。利用椭圆规原理,在变幅过程中,臂架重心沿水平线或近似水平线的轨迹移动而不需要平衡对重,大大减轻了起重机回转部分的重量。

图 4-60(b)是平行四边形组合臂架。臂架、象鼻梁、拉杆和连杆组成一个平行四边形,臂架下铰点也为一台小车,可沿着垂直导轨上下移动。变幅时,拉杆的重心和连杆的重心做圆周运动,臂架的重心和象鼻梁的重心作椭圆运动,这四个杆件的合成重心沿水平线移动。因此,这个系统也不需要平衡对重。但是这种臂架系统构造复杂,臂架受力情况不好,一般很少应用。

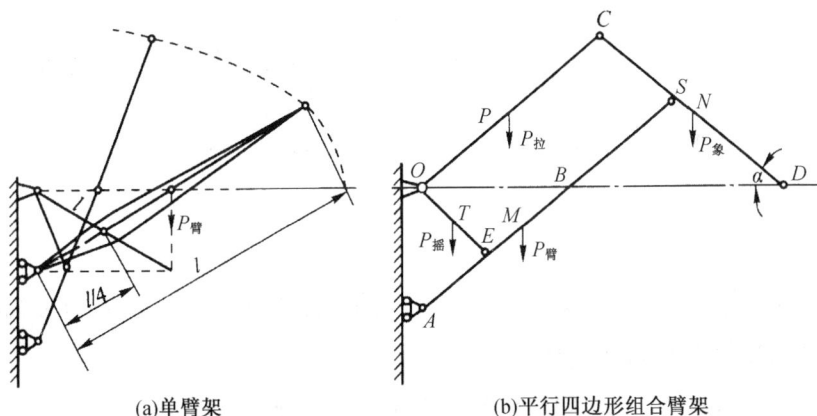

(a)单臂架　　　　　　　　　　(b)平行四边形组合臂架

图 4-60 无对重平衡法工作原理

四、变幅驱动装置

(一)绳索滑轮组变幅驱动装置

在图 4-61 所表示的绳索滑轮组变幅传动形式中,变幅钢丝绳通过臂架和人字架之间的滑轮组,引入变幅卷筒。依靠变幅卷筒的转动,放出或卷入钢丝绳,使臂架绕其铰轴摆动,达到变幅的目的。

电动机、减速器、制动器、卷筒等传动装置放在机房内,布置方式与起升机构相似。绳索滑轮组变幅传动装置的零部件与起升机构通用,常取变幅钢丝绳与起升钢丝绳的规格型

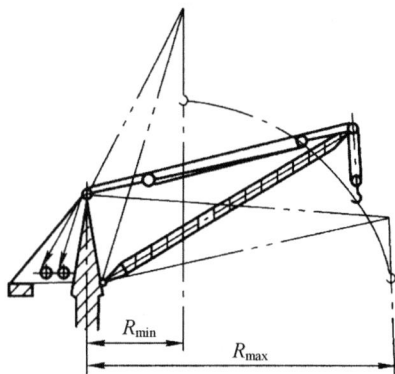

图 4-61　绳索滑轮组变幅驱动装置

号相同。但是变幅钢丝绳所受到的载荷较大,所以变幅滑轮组的倍率通常比起升滑轮组大。

　　绳索滑轮组传动装置的结构简单、自重轻、臂架受力好。但由于传动件中的钢丝绳是挠性件,只能受拉力,不能受压力,在小幅度时,若受到向后的风力或货物骤然落下,使臂架向后弹回,臂架有可能发生向后倾倒的危险,应采用臂架防后倾装置,如图 4-62 所示。

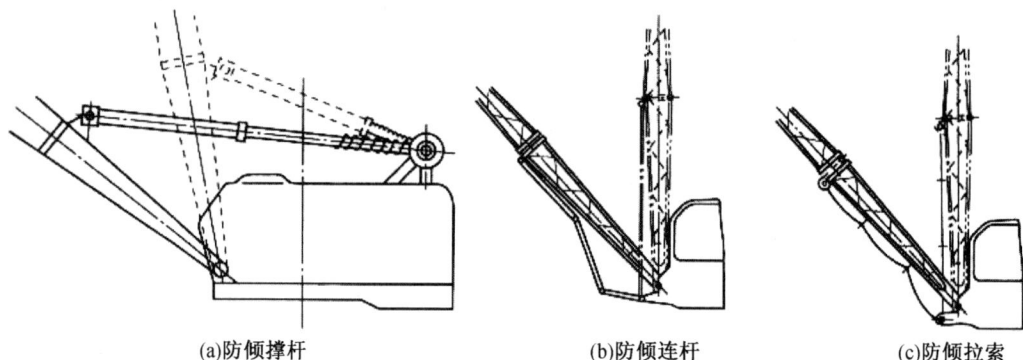

(a)防倾撑杆　　　　　　　(b)防倾连杆　　　　　　　(c)防倾拉索

图 4-62　臂架防后倾装置

　　这种驱动形式一般用于没有平衡对重的单臂架起重机上,用于非工作性变幅机构。

(二)曲柄连杆变幅驱动装置

　　图 4-63 所示为曲柄连杆变幅驱动装置,减速器输出轴驱动曲柄 360° 旋转,带动连接对重平衡梁的连杆摇摆,使臂架绕其下铰轴摇摆(俯仰)。曲柄连杆机构的优点是能自动限制变幅极限位置,工作可靠,但变幅速度很不均匀,电动机与曲柄间所需传动比大,因而使装置尺寸和自重增大。这种形式只用于旧式的中小型起重机,现已很少采用。

(三)齿条变幅驱动装置

　　如图 4-64 所示为齿条变幅驱动装置的典型结构。臂架俯仰时,驱动臂架摆动的齿条既绕驱动小齿轮轴线转动,又在驱动小齿轮上往返移动。减速器低速轴通过齿式联轴器与驱动小齿轮相连,小齿轮转动,带动齿条往返运动,为了保证齿轮与齿条正确的啮合,齿条运动限制在上压轮和下托轮之间,上压轮、下托轮和小齿轮都装在可绕小齿轮轴线摆动的摇架上,上压轮、下托轮安装在偏心轴上,通过调整偏心轴改变齿条与小齿轮之间距离,使齿

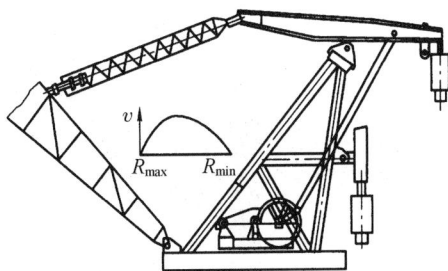

图 4-63　曲柄连杆变幅驱动装置

条分度线与小齿轮分度圆相切。为了保证工作中臂架扭动时齿条与小齿轮在齿宽方向也能正确啮合,齿条与臂架连接的铰轴安装了调心轴承。若要求的变幅传动比很大时,在减速器与小齿轮之间可再加一级开式齿轮传动。

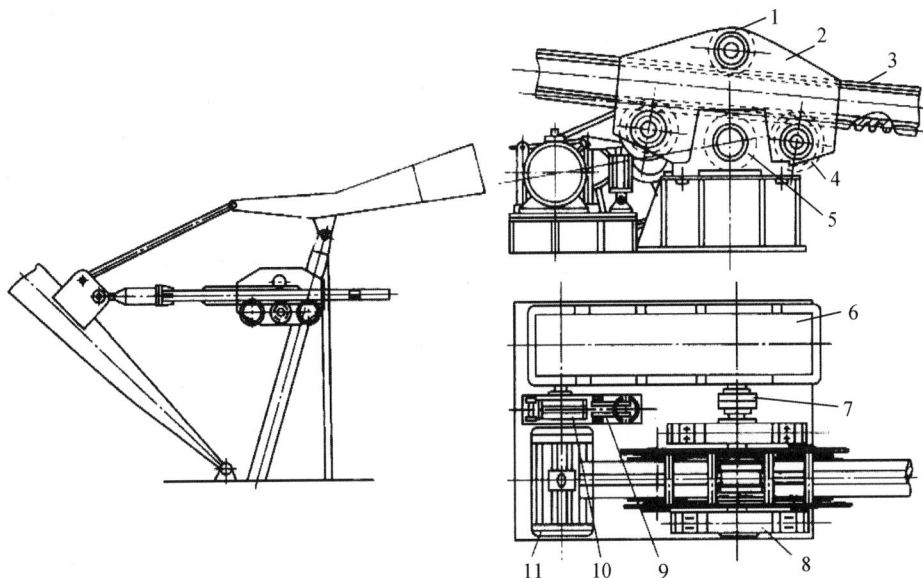

图 4-64　齿条变幅驱动装置

1—上压轮;2—摇架;3—齿条;4—下压轮;5—小齿轮;6—减速器;7—联轴器;8—支座;9—制动器;
10—制动轮;11—电动机

大型起重机变幅齿条的模数很大,当渐开线齿形加工有困难时,常制成针齿条,小齿轮也改为摆线齿轮。当变幅推动力很大时,可采用双齿条,并通过均衡装置与臂架连接。

齿条驱动的效率高,结构紧凑,安装方便,能承受双向载荷。但齿条的工作条件差,易磨损;在启制动时有冲击,运行不平稳,所以,在齿条与臂架连接的一端常装有缓冲器,在制动装置中可采用双级延时制动。为了限制臂架的变幅行程,防止发生臂架超程坠落,要安装终点开关及弹性缓冲止挡器。这种驱动形式在工作性变幅机构中广泛应用。

(四)螺杆变幅驱动装置

图 4-65 是螺杆变幅驱动装置图。电动机通过减速器和传动齿轮带动螺母套筒转动,使螺杆前后移动,再由螺杆推动臂架摆动,改变起重机的幅度。

螺母连同其传动装置与电动机布置在能绕水平和垂直轴线摆动的支架上,以适应在变

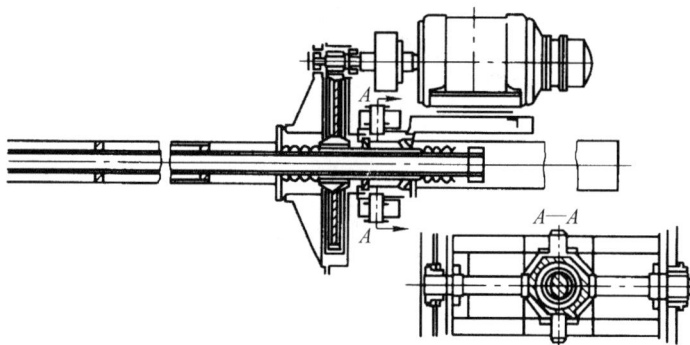

图 4-65 螺杆变幅驱动装置

幅过程中螺杆的摆动;补偿螺杆的变形、螺杆螺母传动的间隙和安装误差;使螺杆螺母很好地啮合;避免螺杆受到额外的弯曲。螺杆的螺纹可以是单头、双头或多头。单头螺纹的螺杆结构紧凑,但传动效率低,一般用于非工作性变幅;为了提高传动效率,在工作性变幅机构中,多采用双头螺纹的螺杆传动。

螺杆螺母传动可以获得较大的传动比,因此在所有的机械式驱动结构中,螺杆传动装置的外形最小,重量最轻;螺母与螺杆轴向间隙极小,传动均匀准确,变幅运动最平稳。但是螺杆传动的效率低;加工精度要求较高;对润滑要求也高;螺母的螺纹磨损后不易检查。为了改善润滑条件,在螺杆的外面安装可以伸缩的密封套筒,采用强制油润滑,并防止润滑油的泄漏。为了提高传动效率,也可以采用滚珠螺杆替代普通的螺杆。

如图 4-66 所示,当螺杆、螺母相对运动时,滚珠沿着滚道和螺母上的回珠孔循环运动,以滚动摩擦代替普通螺杆螺母传动中的滑动摩擦,传动效率大大提高,因此滚珠螺杆多采用单头螺纹。但由于滚珠螺杆、螺母的滚道都必须经过淬火处理,而且起重机上用的螺杆长度又长,所以因螺杆材料选择、热处理和加工的技术的局限,滚珠螺杆的质量难以保证,目前使用较少。

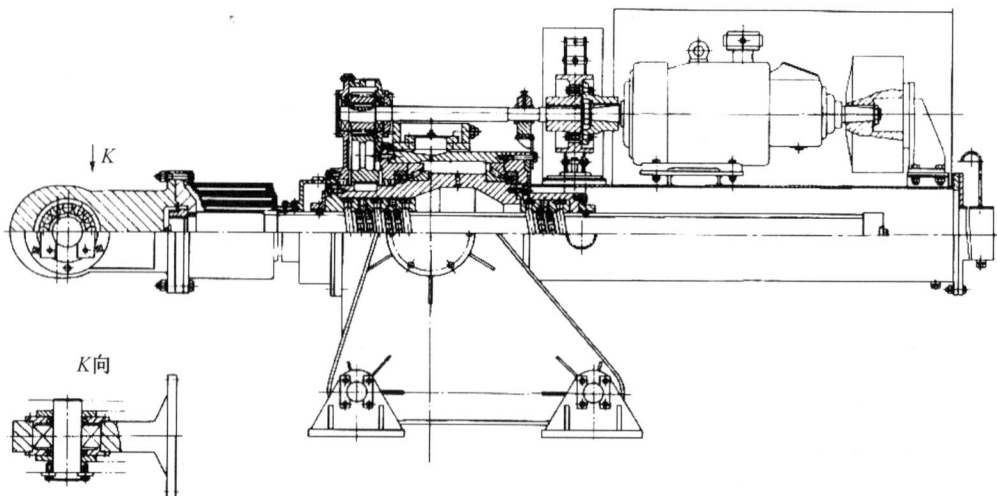

图 4-66 滚珠螺杆变幅驱动装置

近年来,随着与国外技术交流的增加,吸收和引进了许多国外的先进技术,使普通螺杆传动的设计和制造技术不断提高。在我国自行设计的各种型号的门座起重机和带斗门座起重机上多次采用螺杆传动变幅机构,使用效果很好。为了安全起见,螺杆传动也要设置可靠的安全装置,以防止臂架超程脱落。

(五)液压缸变幅驱动装置

在图 4-67 所示的变幅传动装置中,电动机带动液压泵从油箱吸油,增压后的压力油经过管路和阀来控制液压缸的活塞杆作伸缩运动。液压缸安装在机座上,活塞杆与对重杠杆铰接。通过对重杠杆和连杆带动臂架摆动,实现变幅。由于活塞的行程有限,液压缸只能布置在靠近对重杠杆铰点处,所以活塞杆对对重杠杆铰点的作用力臂小,活塞杆受力大。为了满足在工作性变幅机构中传动件能双向受力的要求,液压系统要保证活塞杆可能交替承受拉力和推力。

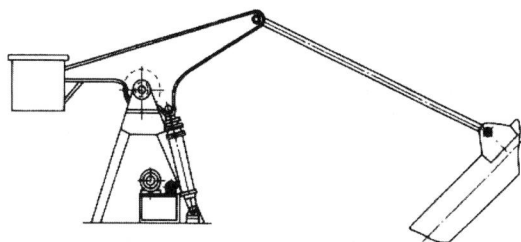

图 4-67   液压缸变幅驱动机构

液压缸变幅驱动装置的结构最紧凑,自重最轻,布置方便,运动平稳,而且可以实现无级调速。但液压元件的制造精度和密封防漏的要求高。由于液压元件的内部泄漏,要使臂架长时间地保持在某一个幅度位置,还必须安装闭锁装置。

以上各种驱动装置,常常制成双联推动方式,以减小推动元件的尺寸,这时应考虑采用均衡装置。如果推动元件仅与臂架上的一点连接,则按图 4-68(a)的布置方式;如果推动元件与臂架上的两点连接,则采用图 4-68(b)、图 4-68(c)的布置方式。

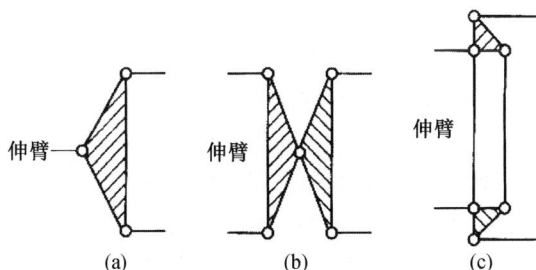

图 4-68   驱动元件与臂架的连接方式

为了减缓变幅起动或制动时的冲击并消除振动,常在机构与臂架之间的连接构件上装设弹簧或橡胶缓冲器与减振装置。缓冲装置的结构除了能够短时间地存储能量之外,还可通过橡胶变形或工作的节流发热吸收部分冲击能量,起消振作用。

单元三　回转机构

一、回转机构概述

回转机构是起重机的主要工作机构之一。它的作用是使起重机回转部分相对于非回转部分绕起重机的回转中心线旋转,在水平平面内沿圆弧弧线运移物品,当与起升、变幅、运行机构配合动作时,能将货物运送到起重机工作范围内的任何地方。

起重机的回转运动,是回转部分相对于不回转部分的运动,必须有一套能承受回转部分重量,保证回转部分稳定,并使回转部分相对于不回转部分做回转运动的装置,而这个装置是由两个部分组成的:

(1)产生动力并传递动力的驱动装置;

(2)支承回转部分的重量,防止回转部分倾覆,连接回转部分与不回转部分的支承装置。

任何起重机要做回转运动都必须具有这两个部分,所不同的仅仅是结构型式。

图4-69为QL16B轮胎起重机。其回转部分由臂架、人字架、机器房、司机室等组成(转台以上),不回转部分由轮胎、底盘、支腿组成。回转部分和不回转部分的连接、对中、防止回转部分的倾覆及支承回转部分的重量都是由一个交叉滚子轴承实现,它是回转支承装置;机器房内的柴油机经直流发电机、直流电动机将动力传给回转驱动装置,驱使行星小齿轮绕大齿圈做圆周转动,使起重机做回转运动,这就是回转驱动装置。

图4-70为M10-33门座起重机。它的回转部分由机器房、转柱、臂架、人字架等组成,不回转部分由门架、运行台车等组成。由装在机器房里的立式电动机,通过行星齿轮减速器,驱动行星小齿轮。小齿轮与固定在支承圆环外侧的大齿圈相啮合,并使小齿轮沿大齿圈做圆周转动,从而实现回转部分的运动。

门架的结构型式为交叉式门架,是由两片箱形截面的刚性架交叉组成的空间结构。其顶部是一个箱形截面的支承圆环,圆环的内侧装有环形轨道,用来支承安装在转柱上的水平滚轮,为上支承装置,在转柱下部与门架中部的水平交叉十字梁上装有向心轴承和推力轴承(或向心推力球面滚子轴承),为下支承装置。该门座起重机的支承装置的形式与轮胎起重机的不一样,但所起的作用与交叉滚子轴承完全相同。

二、回转支承装置的类型与构造

回转支承装置的作用是将回转部分支承在固定的机架上,使之不下落或翻倒,并起到对中作用,以保证回转部分具有确定的运动。从运动学的观点来看,它提供所要求回转运动的约束;从受力方面来看,它应能承受起重机各种外载荷作用下所引起的垂直力、水平力和倾覆力矩。

回转支承装置按其结构特点可分为柱式回转支承装置和转盘式回转支承装置两大类。柱式回转支承装置包括转柱式和定柱式两种。转柱式回转支承是立柱和回转部分一起回

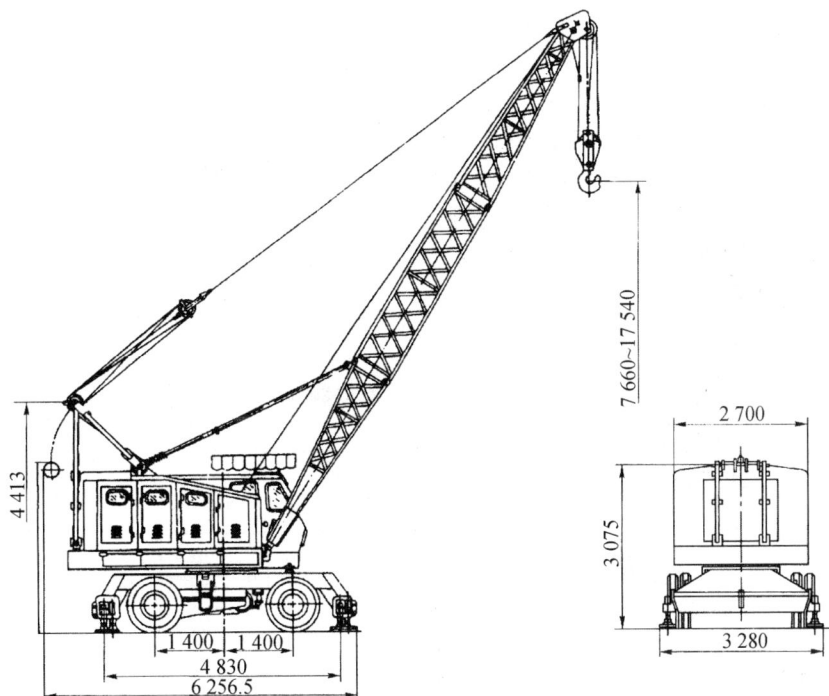

图 4-69　QL16B 轮胎起重机

转;定柱式回转支承装置中的立柱是固定的,其回转部分通过上下支承装置支持在立柱上。转盘式回转支承装置包括支承滚轮式、支承滚子式和大型滚动轴承式三种形式,三种形式各有不同的特点。滚动轴承式支承装置具有结构紧凑、回转阻力小、成组性好等优点,其使用范围已越来越广泛。

(一)柱式回转支承装置

柱式回转支承装置主要由一个立柱、两个水平支承和一个垂直推力支承组成,根据立柱是否固定可分为定柱式和转柱式两种。

1.定柱式回转支承装置

定柱式回转支承装置的特点是立柱固定在基础上,如门座起重机的门架上、浮式起重机的浮船上、固定式起重机的地基基础上,其回转部分通过上下支承支持在立柱上。图4-71 所示为定柱式回转支承装置结构简图,该装置由定柱 1、回转部分 2、上支承 3 和下支承4 等组成。

图 4-72 所示是定柱式回转装置上支承的构造。上支承承受回转部分的自重和水平力。图 4-72(a)所示的结构采用推力轴承和自动调心滚动轴承,推力轴承支承在一个球面垫上,使它具有自位的性能,球面垫的球面应与自位径向轴承的球面同心。当受力不大时,也可采用一个向心推力球面轴承,如图 4-72(b)所示。

定柱的下部直径较大,下支承承受水平力,通常做成滚轮形式,滚轮一般装在回转部分,其布置要适应起重机的抗倾覆力矩,如图 4-73 所示。当向前向后的倾覆力矩不相等时,采用图 4-5 所示的布置方式。图中每个支点有两个滚轮,装在均衡梁上,用于支承力较大的情况。定柱式回转支承装置如果布置得当,可以降低整台起重机重心,但"钟罩"占用太大

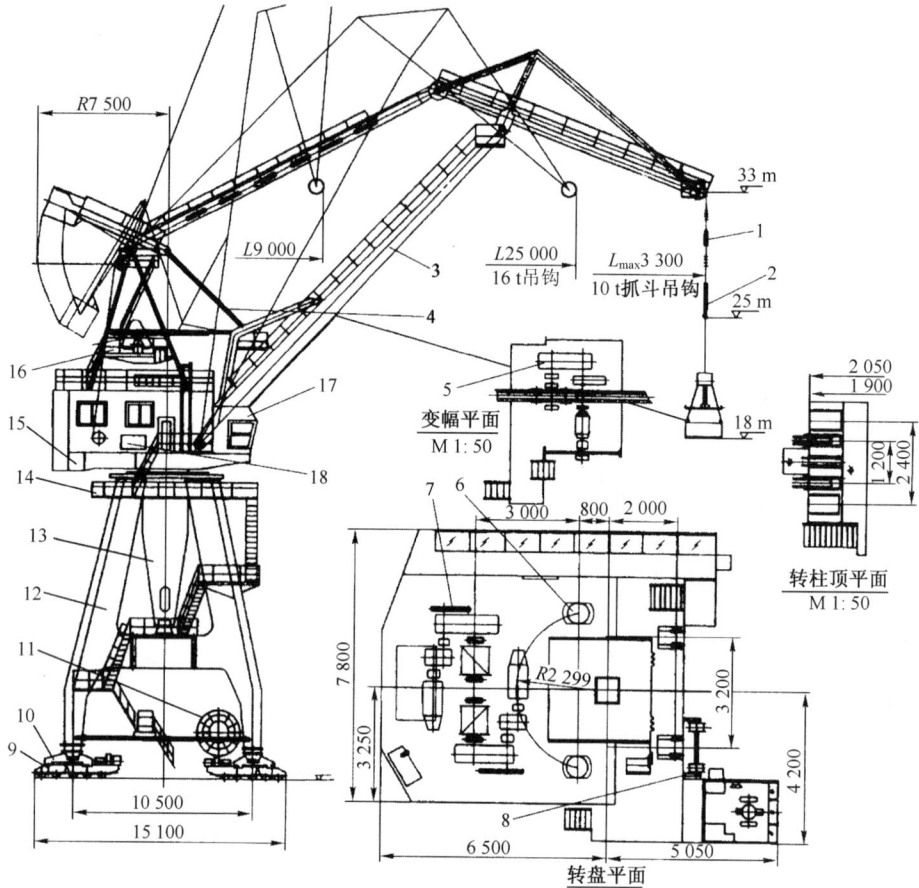

图 4-70   M10-33 门座起重机

1—吊具;2—吊钩;3—起重臂系统;4—变幅平衡系统;5—变幅机构;6—回转机构;7—起升机构;8—抓斗稳定器;
9—夹轨器;10—五轮行走机构;11—电缆卷筒;12—门架;13—转柱;14—梯子平台;15—转盘;16—变幅驱动装置
平台;17—司机室;18—机器房

空间,使回转部分的尺寸变大,占用太大的机房空间,常用于浮式起重机,有时也用于固定式起重机。

2.转柱式回转支承装置

转柱式回转支承装置的结构特点是起重机回转部分与转柱连接成一体,一起回转。港口门座起重机、港口浮式起重机大多采用这种回转支承装置,图 4-74 所示为转柱式回转支承装置结构简图。在转柱式起重机中,回转部分(包括物品在内)的全部重力通过转柱传给下支座,而回转部分的倾覆力矩则由上、下支承作用于转柱的水平反力来平衡。因此,上支承的作用相当于一个径向轴承,下支承的作用相当于一个推力兼径向轴承。

上支承由于尺寸较大,较少采用大直径的径向滚动轴承,一般都在转柱上装设水平滚轮,在门架上方支承圆环的内侧装有环形滚道,水平滚轮的数目和布置形式视上支承的受力情况而定,常取 3~8 个。用 3 个滚轮时,臂架方向装两个,后面装一个;用 6 个滚轮时,臂架方向装两个,后面装两个;用 8 个滚轮时,每个转柱角装两个,每 2 个用均衡台车连接,以保证与滚道接触良好,受力均衡(见图 4-75)。滚轮的形式可以做成圆柱形或腰鼓形,后者与滚道接触状况较好,也便于安装。为了调整因安装误差和滚道、滚轮磨损所出现的间隙,

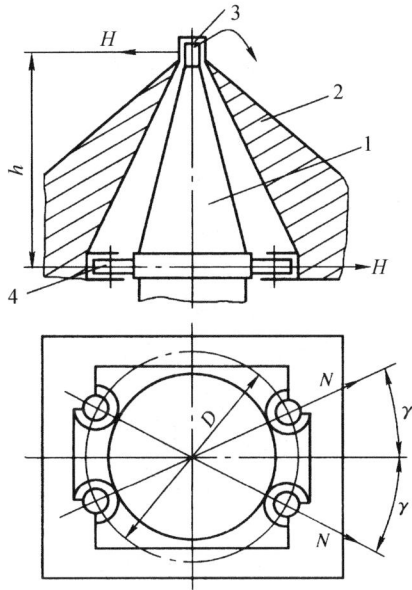

图 4-71　定柱式回转支承装置结构简图

1—定柱;2—回转部分;3—上支承;4—下支承

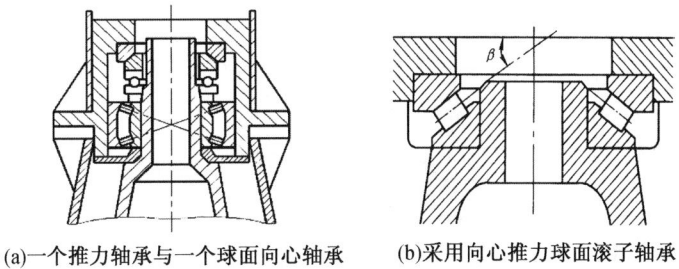

(a)一个推力轴承与一个球面向心轴承　　(b)采用向心推力球面滚子轴承

图 4-72　定柱式回转支承装置的上支承构造

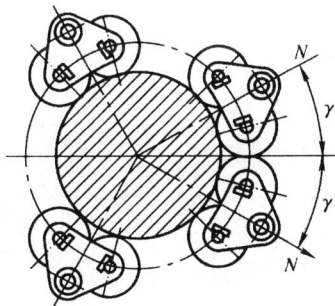

图 4-73　定柱式回转支承装置的下支承构造(滚轮式)

通常将水平滚轮的滚动轴承装在偏心轴套上,如图 4-76 所示。轴套与滚轮心轴用键连接,通过转动心轴即可调整滚轮与滚道之间的间隙。

下支承由于承受垂直力 F_V 和水平力 F_H,当 $F_V/F_H > e$ 时(e 为轴承 e 值),可选用推力调心滚子轴承来承受垂直力 F_V 和水平力 F_H,这种下支承的典型结构如图 4-77(a)所示。当 $F_V/F_H < e$ 时,必须同时采用向心推力轴承和调心滚子轴承,其结构简图如图 4-77(b)所示。

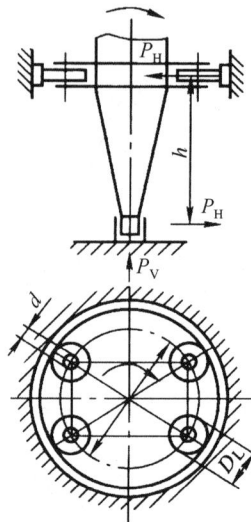

图 4-74　转柱式回转支承装置结构简图

图 4-75　带台车的水平滚轮组

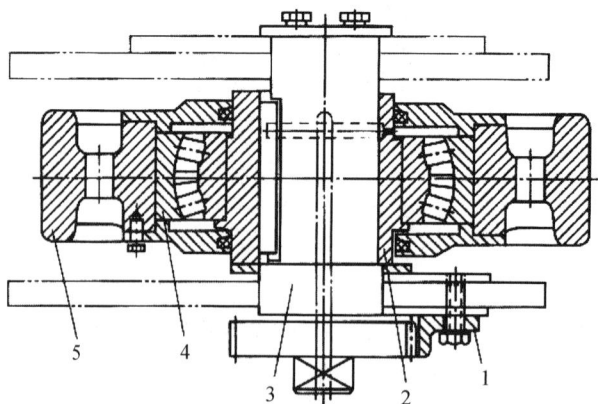

图 4-76　水平滚轮结构图

1—防转齿块;2—偏心衬套;3—水平滚轮轴;4—滚动轴承;5—水平滚轮

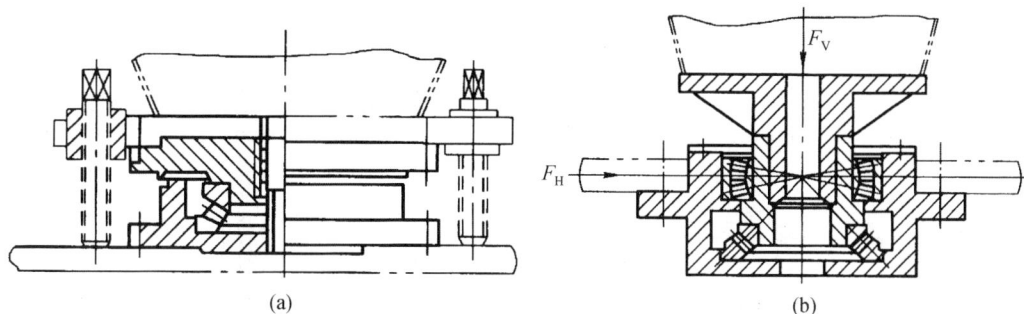

图 4-77　转柱式回转支承装置的下支承结构简图

为了补偿制造、安装误差及工作变形,应确保支座的调位作用,在结构处理上必须保证两个轴承的调位中心重合,并使推力轴承只承受轴向力,径向轴承只承受径向力。为此,应使推力轴承外径处的配合比径向轴承处的配合松一些。

上、下支承都是承受大载荷的部件,必须有可靠的密封润滑装置以保证良好的工作条件。此外,还必须考虑在不拆去起重机转动部分的条件下,对上、下支承进行装拆维修。

转柱式回转支承装置结构简单,制造方便,适用于起升高度与工作幅度较大,而起重机高度又没有严格限制的场合。

(二)转盘式回转支承装置

转盘式回转支承装置的类型很多,其共同特点是没有很高的立柱,起重机的回转部分装在一个大转盘上,转盘通过滚动体(滚轮、滚子、滚珠或滚柱)支承于固定的基础上,转盘和回转部分一起回转。

1. 滚轮式回转支承装置

图 4-78 所示是滚轮式回转支承装置构造简图。起重机回转部分支承在滚轮上,滚轮可以在圆形轨道上滚动,轨道安装在机座上,用中心轴枢来对中,回转部分的自重通过滚轮、轨道传递到机座上,水平力通常由中心轴枢或水平轮承受[见图 4-78(a)]。滚轮可分为圆柱形踏面或圆锥形踏面[见图 4-78(b)],工作中为防止回转部分倾覆常采用垂直反滚轮[见图 4-78(c)]。小型起重机也有将车轮装在槽形轨道两翼缘之间的[见图 4-78(d)],使它起正滚与反滚的作用,其缺点是车轮与轨道磨损后形成大间隙,使车轮在轨道之间产生冲击。

滚轮式回转支承装置是转盘式回转支承装置中承载能力最小的一种,其车轮难以准确安装,主要用于小起重量的起重机。

2. 滚子式回转支承装置

图 4-79(a)所示是滚子式回转支承装置简图,图 4-79(b)、图 4-79(c)所示为滚子构造图。起重机回转部分的载荷通过许多尺寸较小的圆锥或圆柱形滚子传递到机座上。转动部分的环形轨道通常做成前后两段圆弧形,机座上装有圆形轨道,滚子在上、下环形轨道之间滚动。

滚子式回转支承装置和滚轮式回转支承装置均装有中心轴枢,用来承受水平力并起对中作用,上机电缆也从中心轴中心穿过,接入中心集电器,当倾覆力矩很大且又不加装反滚装置时,中心轴枢还起着防止倾覆的作用。图 4-80 所示即为这种中心轴枢的构造简图。

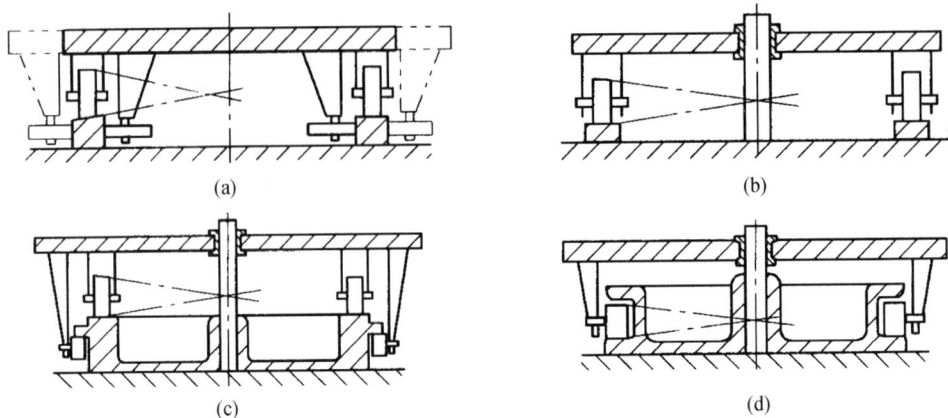

图 4-78　滚轮式回转支承装置构造简图

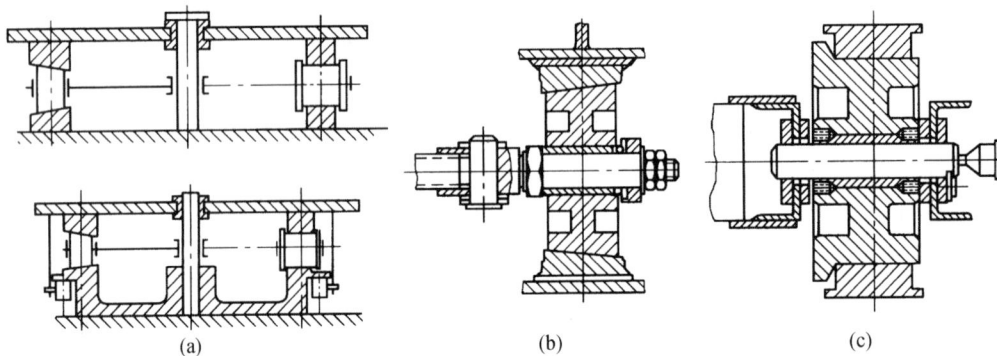

图 4-79　滚子夹套式回转支承装置简图

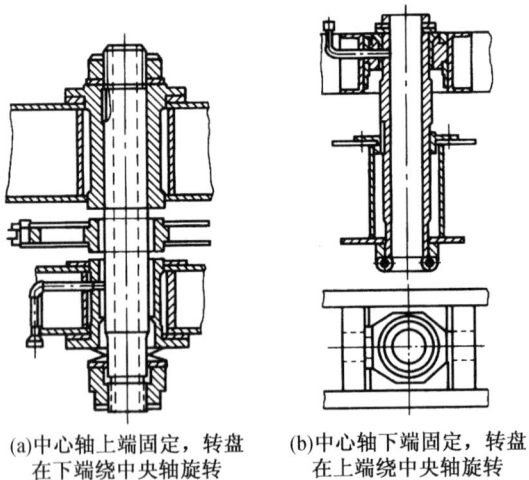

(a)中心轴上端固定，转盘　　　(b)中心轴下端固定，转盘
在下端绕中央轴旋转　　　　　在上端绕中央轴旋转

图 4-80　回转机构中心轴枢构造简图

　　对于起重量大的大型起重机,滚子式回转支承装置可以采用多排滚子的方式。这种回转支承装置的优点是结构紧凑,重心位置低,整个回转部分稳定性高,制造和安装也相对简单。但是多排滚轮受力分布比较复杂,不但各排滚轮支反力总和分布不均匀,而且同一排轨道上各滚轮的支反力分布也不均匀,造成有些滚轮承载过大,而有些滚轮几乎不受力。

为避免这种现象的发生,许多起重机在设计中采用轨道预变形技术,最终实现轮压均衡。

上述两种支承装置的回转部分的稳定性是靠装于转台的平衡重以及专门的稳定装置来实现的。

支承装置的滚轮和滚子可制成圆柱形或圆锥形的踏面,如图4-81所示。圆柱形的滚轮和滚子沿圆弧滚道滚动时,由于踏面内外侧各点的线速度大小不等,必然会产生滚动踏面与滚道间的滑动。这种滑动引起了附加回转阻力,并加快了滚轮和滚道的磨损,所以圆柱滚轮只适用于大直径的圆弧滚道。采用圆锥形踏面的滚子(滚轮),既可消除滑动,又保持了踏面宽度,不过对轮子有轴向力作用,因此应装设推力滚动轴承,以减少轴向力所引起的摩擦,此时,轨道也应是圆弧斜面轨道,为简化滚道的制造,可采用平面轨道来代替锥面轨道,但滚轮支承架须保持轮轴的倾斜位置。圆锥形的滚轮和滚子对制造和安装要求精确,并保证圆锥顶点重合于回转中心线。

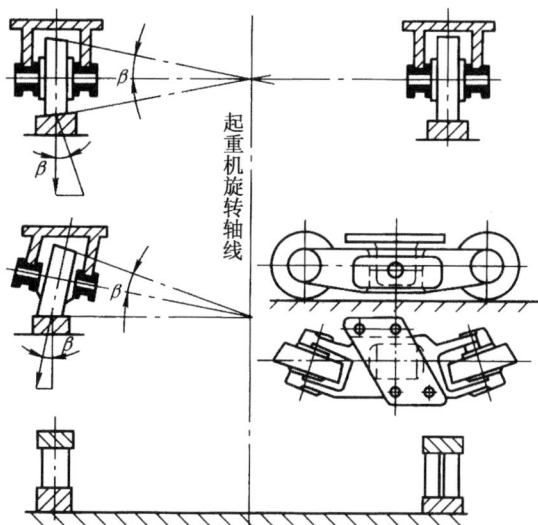

图4-81　滚轮和滚子

滚子式支承装置的滚子可以是带轮缘的或无轮缘的。采用双轮缘滚子时,隔离圈为具有刚性的内外环,借助轮缘的导向作用,可不再用拉杆将隔离圈与中心轴枢相连。这种装置主要应用于配合圆柱轮面的大直径轨道,但实践证明此种方式不是很可靠。

无轮缘滚子的轮轴若直接与中心轴枢的轴套相连,这时隔离圈只有一个内环,这个内环实际上由固定节距的链片组成。无轮缘滚子的中心轴由于滚子踏面有横向滑动产生偏斜力矩而附加摩擦。由于圆柱滚子(滚轮)工作时带有滑动,因此要求淬火以使踏面达到足够的硬度,相应的轨面也应具有抗磨性能,同时必须对轨面加以润滑。

3. 滚动轴承式回转支承装置

滚动轴承式回转支承装置是目前国内外广泛采用的一种支承装置。这种回转支承装置是一个大型的滚动轴承,能承受垂直力、水平力和倾覆力矩。装置中的滚柱或滚珠可以选用一般滚动轴承中标准规格尺寸的滚动体。为保证支承装置的正常工作,对固定轴承座圈的基础要求具有一定的刚度。

滚动轴承式回转支承装置的优点是结构紧凑,装配与维护简单,密封及润滑条件良好,轴向间隙小,工作平稳,消除了大的冲击,回转阻力小,磨损小,寿命长,轴承中央可以作为通道,为起重机的总体布置提供一定程度的方便性。其缺点是对材料与加工工艺要求高,成本较高,损坏后修理不便,对与它连接的金属结构的刚度有较高的要求,以免由于结构变形使滚动体与滚道卡紧或使载荷分布极度不均匀,导致轴承早期损坏。

起重机的回转部分固定在大轴承的回转座圈上,而大轴承的固定座圈则与机座(门座)用螺栓连接。轴承座圈的滚道应经过淬火和磨削,以保证滚道表面的硬度、精度和表面粗糙度。通常将内齿圈或外齿圈与其中一个座圈做成一体。

为满足不同的使用要求,滚动轴承式回转支承装置有多种类型,根据滚动体的形状可分为滚珠式(见图4-82)与滚柱式(见图4-83),根据滚动体的列数可分为单列式、双列式和三列式。

图4-82(a)所示为单排四点接触球回转支承,它由内外两个座圈和一排钢球组成,结构紧凑、重量轻,钢球与圆弧滚道四点接触,能同时传递轴向力、径向力和倾覆力矩。该类回转支承的承载能力较小。图4-82(b)所示为双排异径四点接触球回转支承,具有三个座圈,钢球和隔离块可直接排入上下滚道,根据受力状况,安排了上下两排直径不同的钢球,上滚道的钢球直径较大,上下圆弧滚道的承载角都为90°,能承受很大的轴向力和倾翻力矩,其轴向、径向尺寸都比较大,结构坚固,承载能力较大。图4-83(a)所示为单排交叉滚柱式回转支承,由内外两个座圈和一排1:1交叉放置的滚柱组成,轴向力、径向力和倾覆力矩都是通过滚柱与座圈之间的线接触传递的。其结构紧凑、重量轻、制造精度高,装配间隙小,对安装精度要求高。图4-83(b)所示为三排滚柱式回转支承,它由内外三个座圈和上、中、下三排滚柱组成,上下及径向滚道各自分开,使得每一排滚柱的负载都能确切地加以确定,能够同时承受各种载荷,上、中、下三排滚柱根据受力大小做成不同的直径,可以独立或组合承受轴向力、径向力和倾覆力矩。该类回转支承的承载能力大,抗冲击能力强,是四种形式中承载能力最大的一种。

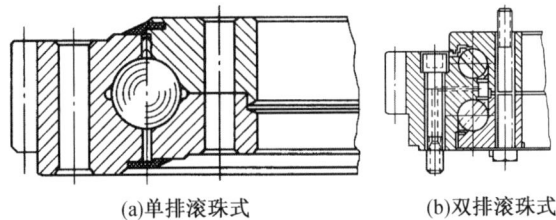

(a)单排滚珠式   (b)双排滚珠式

图4-82 滚珠式回转支承装置

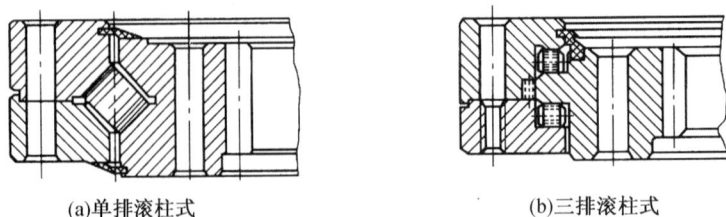

(a)单排滚柱式   (b)三排滚柱式

图4-83 滚柱式回转支承装置

回转轴承的座圈刚性很差,安装时会产生变形,工作过程中由于外载荷的作用也会产生变形,从而使滚动体的最大载荷显著增加,因此安装时,应采取必要的措施来保证台架有足够的平面度和刚度。连接螺栓必须具有足够的预紧力,其预紧力应达到螺栓材料屈服极限的 0.5~0.7 倍。使用中应保证良好的润滑,润滑剂可采用二硫化钼与润滑脂的混合剂,工作 50~100 h 后可加油一次。

三、回转驱动装置的主要形式与构造

(一)回转驱动装置的主要形式

根据起重机的用途和构造,回转驱动装置可以按两种方案布置:驱动部分装在起重机回转部分上,最后一级大齿圈(或针轮)安装在不回转部分的机架上,在港口起重机的回转机构中,绝大多数采用这种形式;驱动部分装在起重机非回转部分上,最后一级大齿圈(或针轮)则安装在起重机回转部分上,在一些大型的定柱式起重机、塔式起重机中有时采用这种形式。

根据所用原动机、减速器及回转驱动元件的不同,常用回转驱动装置可归纳为以下几种:

1. 电动回转驱动装置

(1)卧式电动机与蜗轮减速器传动

如图 4-84(a)所示,为了防止回转机构过载,在蜗轮与输出轴之间装有摩擦传动的极限力矩联轴器,当外部阻力矩超过设定时,极限力矩联轴器打滑,终止驱动力矩的传递,对电机、机构传动零件与金属结构起到安全保护作用。极限力矩联轴器的设置应尽可能靠近驱动小齿轮。这种传动方案的优点是结构紧凑,传动比大,但效率低,常用于要求结构紧凑的中小型起重机。

(2)立式电动机与立式圆柱齿轮减速器传动

如图 4-84(b)所示,这种传动方案的优点是平面布置紧凑,传动效率高,维护容易。

(3)立式电动机与行星减速器传动

如图 4-84(c)所示,这种传动方案采用行星齿轮传动、摆线针轮传动、渐开线少齿差或谐波传动等。行星传动具有传动比大,结构紧凑等优点,是起重机回转机构较理想的传动方案。

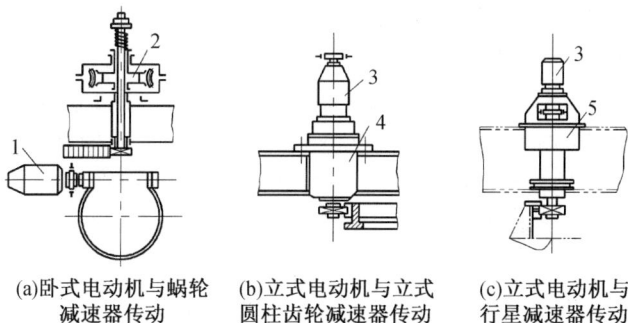

(a)卧式电动机与蜗轮　　(b)立式电动机与立式　　(c)立式电动机与
减速器传动　　　　圆柱齿轮减速器传动　　行星减速器传动

图 4-84　电动回转机构的传动方案

1—卧式电动机;2—带极限力矩联轴器的蜗轮减速器;3—立式电动机;4—立式圆柱齿轮减速器;5—行星减速器

2. 液压回转驱动装置

(1)高速液压马达与蜗轮减速器或行星减速器传动

高速液压马达与蜗轮减速器或行星减速器传动在传动型式上与电动机驱动基本相同(见图4-84)。液压驱动的小起重量起重机,通过液压回路和换向阀的合适机能,可以使回转机构不装制动器,同时保证回转部分在任意位置上停住,并避免冲击。高速液压马达的驱动型式,在汽车式、轮胎式起重机上应用广泛。

(2)低速大扭矩液压马达回转机构

如图4-85所示,低速大扭矩液压马达的转速在0~100 r/min的范围内,因此,可以直接在油马达轴上安装回转机构的小齿轮,如马达输出扭矩不满足传动要求,可以加装一级机械减速装置。该型式在一些小吨位汽车起重机上有所应用。有的不装制动器,也可以在液压马达输出轴上加装制动器。

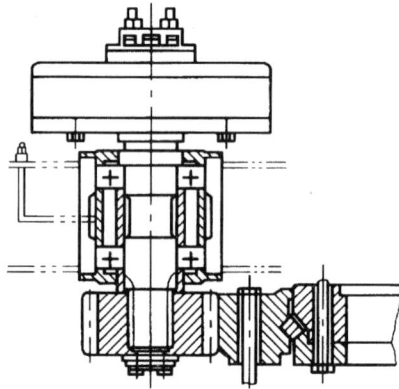

图 4-85　液压马达驱动的回转机构

采用低速大扭矩液压马达可以省去或减小减速装置,因此机构很紧凑。但低速大扭矩液压马达成本高,使用可靠性不如高速液压马达,加之可以采用结构紧凑、传动比大的行星传动或蜗轮传动,高速液压马达在起重机的回转机构中使用广泛。

(二)回转驱动的其他问题

1. 回转机构宜采用脚踏式可操纵的常开式制动器

操纵方式可为杠杆式、油控式或气控式。由于风力和回转部分的惯性所引起回转阻力矩变化范围很大,且转动惯量大,采用常闭式制动器会产生制动过猛或不足,导致取物装置与载重摆动幅度过大,稳钩时间过长,影响生产安全与装卸作业效率。采用可操纵式常开制动器,司机可以根据经验控制上闸力的大小,使制动平稳,停车准确。当遇到强风时,还能自动回到顺风位置,减小倾覆危险。为了防止起重机在停车后自行转动,应备有锁紧装置。

2. 回转驱动机构的传动系统中通常装设极限力矩限制器

为了避免剧烈起动和制动以及因操作不当而使臂架碰到障碍物时,防止机件及结构件超载损坏,在回转驱动机构的传动系统中通常装设极限力矩限制器,使传动系统中有摩擦连接存在,当传递的力矩过大时,极限力矩联轴器的摩擦面开始滑动,起到安全联轴器的作用。

摩擦面的构造形式有两种:圆锥形摩擦接合面和圆盘形多片式摩擦接合面。其基本原理都是通过弹簧压力在传动装置的摩擦面之间产生一定的摩擦力矩,若回转阻力矩小于极限摩擦力矩,则不打滑,如超过该值则产生打滑(见图 4-86)。

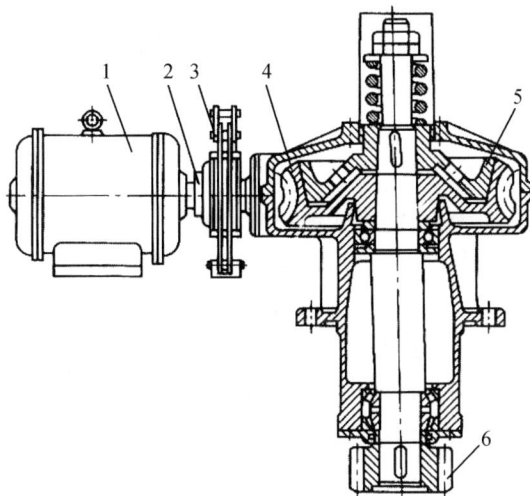

图 4-86　采用蜗杆减速器的回转驱动装置

1—电动机;2—联轴器;3—制动器;4—蜗杆减速器;5—极限力矩联轴器的上锥形摩擦盘;6—行星齿轮

带圆锥形摩擦盘的蜗轮空套在输出轴上,而上锥形摩擦盘则用平键连接在输出轴上。正常工作时,蜗杆的转矩通过蜗轮的圆锥形摩擦盘与上锥形摩擦盘间的摩擦力矩传给输出轴,带动小齿轮转动;当需传递的转矩超过极限力矩联轴器所能传递的转矩时,上下两个锥形摩擦盘间开始打滑,以此来限制所要传递的转矩,起到安全保护作用。

摩擦面间的压紧力靠压缩弹簧产生,弹簧力的大小按所传递力矩的需要用螺母来调节,所产生的摩擦力矩应为所在传动轴的起动转矩的110%,为了尽可能保证摩擦面间的摩擦系数比较稳定,应对摩擦面进行充分、良好的润滑,最好浸在油里,否则应附设一个柱塞泵,由轴上的凸轮带动,对摩擦表面注油润滑。靠弹簧压力来调节摩擦力矩不易准确做到,而且摩擦系数还随着许多因素而变化,所以这种极限力矩联轴器工作不一定可靠,故有的电力驱动的起重机用电气保护措施来防止回转机构过载。

极限力矩联轴器必须装在蜗杆蜗轮啮合副之后,这样才能起到有效的保护作用。

3. 注意合理确定回转驱动小齿轮的位置

在确定回转机构在转台上的布置位置时,应考虑回转支承装置的间隙对于回转驱动小齿轮与大齿圈啮合的影响。当小齿轮装在前后位置时,回转支承装置的间隙会影响啮合的顶隙和中心距。当小齿轮装在左右位置时,回转支承装置的间隙会影响啮合齿轮的齿侧间隙。当采用针轮传动时,由于它对中心距变化敏感,且当齿宽不大时对齿侧间隙不敏感,故宜沿臂架方向左右布置。当采用渐开线齿轮传动时,则宜布置在前后位置。如果采用间隙不大的滚动轴承式回转支承装置,小齿轮的布置位置则主要根据总体布置方便的原则而定。

4. 大中型起重机中常采用两套相同的回转驱动机构同时驱动

在大中型起重机中,为不使回转驱动小齿轮的齿圈尺寸过大,回转轴承均衡受载,改善机构起制动性能,常采用两套相同的回转驱动机构同时驱动。目前广泛采用立式电动机驱动,其结构紧凑,布置方便。

单元四　运行机构

一、运行机构概述

在起重机械的四大机构中,运行机构既能使整机(或起重小车)做水平运动,以实现货物的水平运移或调整工作位置,同时,还能将作用在机器上的全部载荷传递到下部支承或基础。除俯仰臂架的固定式起重机以外,各种类型的起重机械都会设置运行机构。桥架型起重机、可移动的水平臂架塔式起重机等通常还会配有两种形式的运行机构,即负责整机整体移动的大车运行机构和能使起重小车在起重机械上运动的小车运行机构。因此,运行机构运转状况的优劣,将直接影响起重机械水平运动的工作性能以及整机的安全使用。

(一)运行机构的类型

1. 按工作性质分类

(1)工作性运行机构

此类运行机构主要用来实现货物的水平运动,具有带载重运行作业的特点,其工作级别较高,如桥式、门式、塔式起重机等的大车(或小车)运行机构。

(2)非工作性运行机构

此类运行机构主要用来调整起重机工作位置,具有不带载重运行作业的特点,其工作级别较低,如港口门座起重机和岸边集装箱起重机等的大车运行机构,流动式起重机的运行机构大多也属于非工作性运行机构。

2. 按行走形式分类

(1)有轨运行机构

此类运行机构通过装设在起重机或载重小车上的钢轮在专门铺设的钢轨上运动来完成起重机或起重小车的水平移动。负载能力大,运行阻力小,生产率高,制造与维护方便,多采用电力驱动,运行费用低,低碳环保,应用非常普遍。受轨道的限制,作业范围有限,不需要频繁变换工作场地的起重机基本上都是有轨运行机构。要求转场作业时,需要设置专门的设施(如过轨用的专门轨道等)和装置(如顶升装置、旋转装置等),故费时费力,结构较为复杂。过去港口常用的轮胎式集装箱龙门起重机(RTG)从低碳环保,提高生产率和效益角度出发,越来越多地被轨道式集装箱龙门起重机(RMG)代替。

(2)无轨运行机构

此类运行机构采用通用轮胎或工程机械履带在普通道路(或路面)上运动。它具有机动性高,速度快,调度性好,可随车编队快速转移和快速投入工作,使用方便灵活,作业范围广,适应性强等特点。但其承载能力较小,运行费用较高,多属于非工作性质,常用内燃机驱动,对环境有污染。无轨运行的起重机特别适用于作业地点不固定的场合,如汽车式、轮胎式、履带式起重机等。

无轨运行机构的理论及构造与道路车辆类似,可参照相关教材,本书只讨论有轨运行机构。

3.按运动原理分类

（1）自行式运行机构

此类运行机构把运行驱动装置等都装设在可运行部分上，其运行驱动力依靠运行工作装置（如车轮、轮胎、履带等）与轨面（或路面等）之间的黏着力来进行驱动，黏着力的大小受驱动轮轮压与黏着系数乘积的限制，否则将打滑而不能运行。自行式运行机构驱动功率大、工作级别高、构造较为简单、布置简便、易于使用和维护，是起重机械常用的运行驱动方式。

（2）牵引式运行机构

此类运行机构把运行驱动装置与运行部分分开布置，运行驱动装置通常被安放在某一特定位置上，其运行驱动通过卷绕系统钢丝绳的牵引来实现。牵引式运行机构的运行部分自重相对较轻，运行驱动力（牵引力）不受摩擦力限制，但组成牵引系统的附件较多（需要增加专门的卷绕系统），需设置专门的驱动装置空间，钢丝绳磨损较大，寿命短，运行阻力较大，效率低，维护成本高，适用于要求减轻运行部分自重、运行速度较高、坡度较大、高加速度、高生产率等的场合，如带有较长前伸臂或移动载荷自重对整机影响比较明显的塔式起重机、抓斗卸船机、岸边集装箱起重机的小车运行机构。

（二）运行机构的组成

运行机构主要用于水平运移物品或调整起重机工作位置，以及将作用在起重机上的载荷传递给基础。根据运行机构所属各零部件的不同功用，运行机构一般可由运行支承装置、运行驱动装置、运行安全装置等组成。

1.运行支承装置

运行支承装置的主要作用是承受起重机或起重小车的自重和外载荷，并将这些载荷传递给运行基础或基座（土木建筑或金属钢梁），同时保证其实现规定的运动。对于有轨运行式起重机，其运行支承装置主要包括均衡装置（台车）、车轮与轨道等；对于无轨运行式起重机，其运行支承装置主要为轮胎或履带装置以及底盘（车架、悬架、转向桥）等。

2.运行驱动装置

运行驱动装置用来驱动起重机或起重小车在专门铺设的轨道上（或普通道路上）运行。它主要包括主动机部分（电动机或内燃机）、减速器及传动部分、制动器等，对于无轨运行还有转向装置等。牵引式运行驱动系统与起升机构基本类似，而自行式电动运行驱动系统与起升机构则非常相近，只要将具体的工作装置互换（起升卷筒换成车轮）即可。

3.运行安全装置

运行安全装置用来保证起重机或起重小车的安全行驶，包括行程限位装置、缓冲装置、防碰撞装置、防脱轨及清扫装置、抗风防滑装置（如夹轨器、锚定装置）、风速监测装置（风速仪）、安全供电装置以及大跨度时的自动纠偏装置等。

二、有轨运行支承装置

由于有轨运行在性能和经济上具有许多优势，从而成为起重机械通常首先采用的运行方案，但起重机械的有轨运行在大轮压、低速度、直线运行与纠偏等方面有别于交通运输有轨运行。起重机械的有轨运行支承装置主要包括均衡装置、车轮与轨道等，其主要作用是承受载荷、传递载荷并引导起重机或起重小车实现规定的运动。

(一)均衡装置(均衡台车)

由于起重机械自重和起升载荷较大,车轮数量较少会使车轮、轨道、基础等承受超过其承载能力的载荷,通常需要增加车轮数量。为使起重机械在每一支承点下的所有车轮均匀受载,常采用均衡装置(均衡台车)。

均衡装置是以杠杆原理来分配载荷从而使各车轮轮压均等的装置,其构造原理如图4-87所示,其中,一般把能均衡两个车轮上的载荷的基本形式作为基本单元,称为均衡台车,如图4-87(a)所示。

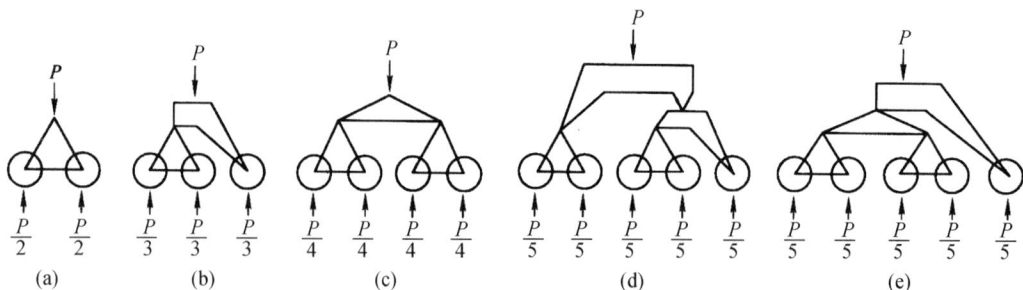

图 4-87　均衡装置构造原理

均衡装置通常包括符合杠杆分力原则的均衡梁、均衡台车和车轮组、铰轴等。在均衡梁和均衡台车上,通过设置转动铰轴(或摆动关节)来构成各部分之间的相互连接。铰轴一般采用止动挡板/螺栓来组成轴端固定。2轮均衡台车和4轮均衡装置的构造如图4-88所示,其他形式的均衡装置如图4-89所示。

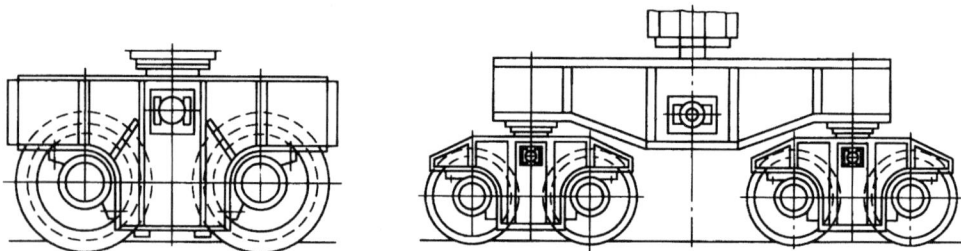

图 4-88　2 轮均衡台车和 4 轮均衡装置的构造示意图

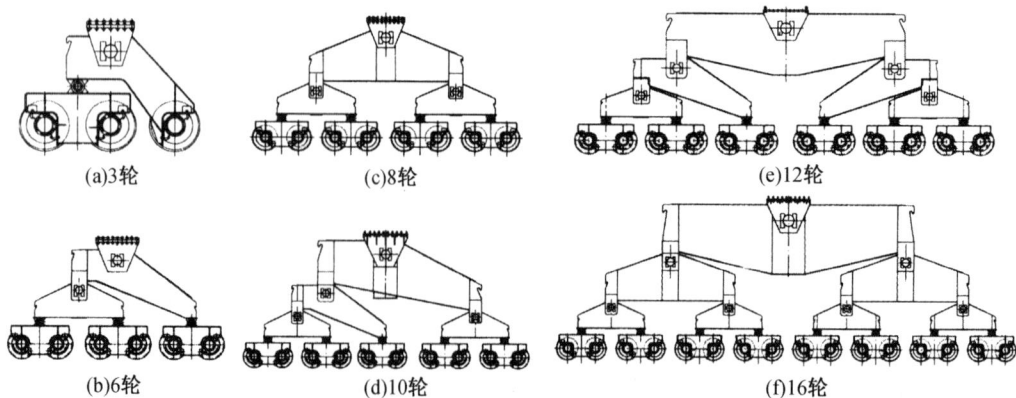

(a)3轮　　(c)8轮　　(e)12轮

(b)6轮　　(d)10轮　　(f)16轮

图 4-89　3~16 轮均衡装置的构造示意图

对于车轮数目很多的超大型起重机械,为了缩短单列车轮的排列长度,往往采用并列双轨道的布置方案,此时就会出现双轨 4 轮的均衡台车,其上部的均衡铰点采用球铰,明显有别于单轨 2 轮均衡台车上的水平转轴铰,如图 4-90 所示。

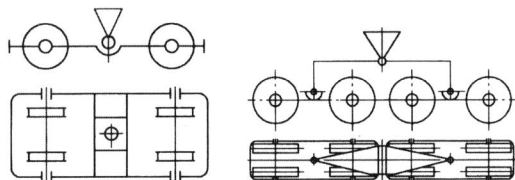

图 4-90　双轨 4 轮均衡台车和双轨 8 轮均衡装置原理

有轨运行支承装置通常都是沿直线铺设的轨道运行的,对于某些特殊场合的起重机(如港口门座起重机调整码头泊位等),由于实际作业需要或工作场地自然条件限制等,有时也会要求起重机能够在曲线轨道上运行,此时就应采用绕竖直轴线旋转的均衡台车或均衡装置,如图 4-91 所示。

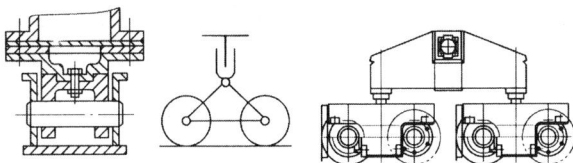

图 4-91　绕竖直轴线旋转的均衡台车和均衡装置

对于需要把起重机从一条直线轨道移到另一条直角相交的直线轨道上时,支腿与均衡装置之间也应采用绕竖直轴线旋转的构造,如图 4-92 所示,在直角顶点处先将整机结构顶升后再将均衡装置旋转到另一条直线轨道上。装卸桥的司机室有时会悬挂在起重小车上,当起重小车运行速度较高(大于 120 m/min)时,其运行支承装置与小车相应部分之间应装设缓冲减振装置(见图 4-112)。

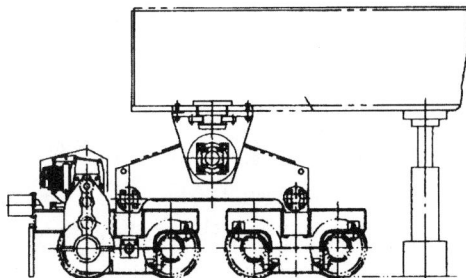

图 4-92　支腿与均衡装置绕竖直轴线旋转的构造

(二)轨道

1. 对轨道的基本要求

轨道既是支承起重机或运行小车上全部载荷的承载构件,也是保证实现起重机或小车正常运动的导行元件,并且应将所承受的全部载荷有效地传递给轨道的支承基础。为了确保正常地实现轨道的基本职能,从而对其提出如下基本要求:

(1)轨道顶面应具有适当的宽度,以承受车轮的挤压作用。

（2）轨道底面应具有足够的宽度，以减轻对铺设基础的比压，并考虑对其固定问题。

（3）轨道断面应具有适当的高度以及良好的截面抗弯模量和刚度，以使轮压能在适当的长度范围内均衡地扩散至基础，并保证其实现正常支承间距条件下的轮压传递。

（4）轨道应尽可能地选用专门轧制的型钢轨道或标准型钢，材料通常选用含碳锰硅量较高、含磷硫量较低的钢材，使其具有足够的强度和冲击韧度，顶面应具有足够的硬度（热处理）以抵抗磨损。

（5）轨道应便于铺设与安装，且易于调整、校准和拆卸更换，设计时还应考虑环境温度变化引起的变形补偿要求、焊接后的直线度与平整度要求等。安装好的轨道应牢牢地紧固于所铺设的基础上，当起重机工作时，轨道不能有横向和纵向的移动。

2. 轨道的形式、构造与材料

起重机械上常见的轨道按其构造可分为 QU 型起重机专用钢轨、P 型铁路钢轨、方钢、工字钢等，如图 4-93 所示。

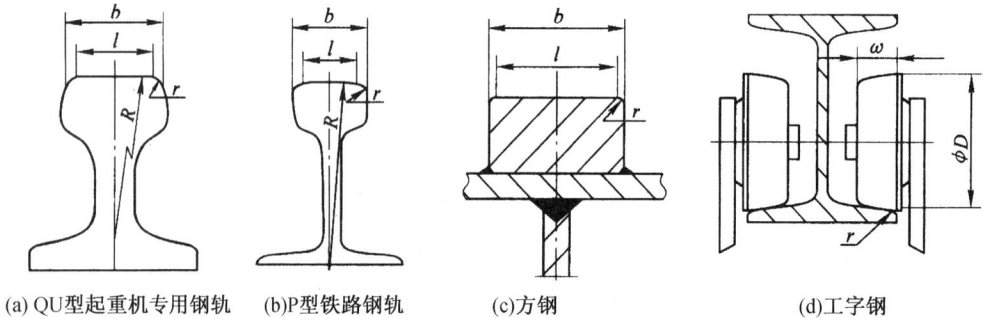

(a) QU型起重机专用钢轨　(b)P型铁路钢轨　(c)方钢　(d)工字钢

图 4-93　起重机械上的轨道

QU 型和 P 型轨道的典型材料为 U71Mn 钢，轨顶头部均为一曲率半径为 R 的圆弧，故也称为凸顶轨道。P 型轨道规格以单位长度质量（kg/m）区分，QU 型轨道规格以轨顶宽 b（mm）区分。此类型轨道底部平面具有一定的宽度，以增大与基础的接触面，其截面为工字形，具有较大的抗弯能力，且起重机专用钢轨承载能力更大，两者皆广泛应用于各种类型的有轨运行起重机械上。方钢轨道主要采用 Q275 钢，轨顶上部是平直线形，底部宽度（同顶部）、抗弯截面系数和刚度等与前两种轨道相比小很多，故其承载能力较小，可用于支承基础为钢结构的场合。另外，小型葫芦式起重机的承载梁常选用标准型号的工字钢（Q235钢等），而其下翼缘则可作为电动葫芦小车的运行轨道之用。

按车轮踏面与轨道顶面接触的形式可分为线接触与点接触，不言而喻，线接触时可有更大的承载能力。圆柱或圆锥形踏面的车轮匹配凸顶轨道时，在理论上可认为初始接触在一点上（点接触），但考虑车轮挤压变形以及轨顶磨损等因素的影响，实际上会形成一定范围的线接触。而圆柱形踏面的车轮与平顶轨道的初始接触线在理论上可认为就是一条直线（线接触）。实际中综合考虑制造精度、安装误差以及工作中受载后的结构变形（如桥式起重机的桥架）等因素引起的车轮轴线偏斜，则会使车轮的接触状况恶化，有时甚至出现只接触轨道边缘一点的极端情况（见图 4-94），从而改变挤压应力的分布，导致局部产生很大的挤压应力。经验证明，圆形凸顶轨道的构造能够适应车轮轴线这种不可避免的倾斜，与平顶轨道相比，采用凸顶轨道的车轮寿命更长，因此，专用轨道大多制成圆弧形凸顶，而如何准确地计算其有效接触长度是非常重要的设计环节。

若轨道的铺设基础为刚度较大的金属结构(如铺设在偏轨箱型梁主腹板之上)时,可对轨道底面面积与截面抗弯模量等提出较低的要求,此时对于运行工作级别不很大、使用不频繁、车轮磨损不太严重的运行装置,可直接使用方钢(或扁钢)轨道,并采用施焊固定的方法使其与金属结构构成有效的共同受力体。

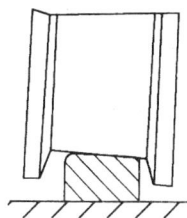

图 4-94　线接触车轮倾斜

在多数情况下,起重机轨道的铺设基础为混凝土,此时对轨道既要求具有足够的底面尺寸以减小挤压应力,也要求截面具有足够的截面抗弯模量。

3. 轨道的选用

由于轨道与车轮一般应具有相应的尺寸匹配关系,故轨道型号的初步确定应与车轮一道配选,轨道型号与车轮直径、材料的匹配关系还直接决定了其承载能力(轮压)的大小,应按工作级别、运行速度、吊重自重比(P_Q/P_G 或 P_Q/P_{GX})等因素确定所选轨道—车轮系统的承载能力(轮压)。

4. 轨道的铺设安装与固定

轨道的铺设安装(包括拼接)与固定是实现有轨运行式起重机械正常水平运行、避免产生"啃轨"现象的关键环节之一,轨道铺设安装后的跨度(轨距)偏差、高度偏差、接头偏差、直线度等技术要求应符合相关标准要求。运行距离较长的轨道应进行拼接,可采用焊接(焊接轨)和拼接(钻孔轨)的对接工艺。

除了考虑伸缩缝处的变形影响外,起重机钢轨均采用焊接长轨方案,这是确保整机平稳运行、减少冲击、延长使用寿命的有效措施。钢轨焊接长度以厂房(或地基)伸缩缝为界,且应按区段从一端至另一端逐个顺序进行。钢轨焊接可采用铝热焊或电弧焊,目前,广泛采用电弧对接封闭焊工艺,此种方法不开坡口,焊接角变形小,生产效率高,但对焊接工艺及操作技术要求较高。施焊时的钢轨端接头间隙为 18~22 mm,轨腰两侧用胎模夹持固定(见图 4-95),先在较高温度(250~350 ℃)下预热,然后采用封闭焊工艺由下而上 S 形多层连续堆焊,中间不停顿、不出焊渣,一次到顶成形,焊后加热保温退火,以消除焊接内应力,冷却后打磨平整并采用超声波检测(UT)或磁粉检测,以避免出现焊肉夹杂、未熔合、未焊透、气孔、蜂窝和裂纹等缺陷,从而使轨道接头部位满足与母材等强度、踏面等硬度及整体平直度等要求。

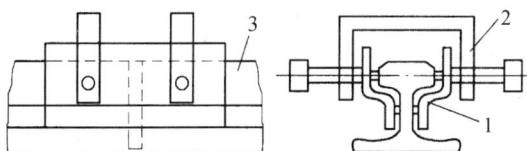

图 4-95　钢轨对接封闭焊
1—胎模;2—夹具;3—钢轨

钢轨接头采用拼接工艺时,如图 4-96(a)所示,要求接头为直角边或 45°斜边。而斜边接头能使车轮在接头处实现平稳过渡。正常接头的缝隙为 1~2 mm。若在寒冷地区冬季施工或安装时气温低于常年环境温度 20 ℃以上时,还需考虑温度对缝隙的影响,缝隙值(包括正常缝隙）一般可为 4~6 mm/10 m。

轨道的铺设安装与固定应考虑运行机构起（制）动、室外防风固定和防倾覆等因素。运行机构起（制）动时会产生纵/横方向作用力，当大小车同时制动时，轨道还将承受斜向推力。轨道安装的高度差也会增加较低侧轨道所承受的横向力。当设有夹轨器时，防风夹轨器会对轨道产生很大的作用力。另外，轨道铺设和固定还应综合考虑安装可靠性、更换方便性等问题。轨道铺设安装的承轨基础梁一般可为混凝土预制梁和钢结构梁，而其上的轨道固定常用可拆卸法，如图 4-96（b）所示，尽量少用永久固定（焊接/铆接）。

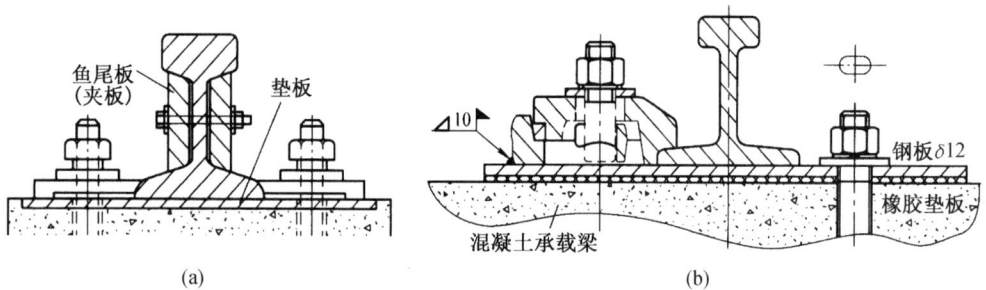

图 4-96　钢轨的拼接与可拆卸式压板固定

混凝土预制承轨基础梁必须留有预埋件，以便放置安装地脚螺栓。考虑到混凝土预制精度以及减振缓冲、螺栓连接防松等问题，可在轨道下方放置钢制衬垫板（开调整长孔）及工业用橡胶板衬垫（8~12 mm）。轨道在混凝土预制梁上的固定方法可视具体条件不同采用压板固定法［见图 4-96（b）］以及焊接−螺栓联用固定法［见图 4-97（b）］等。不论采用哪种固定方法，每根钢轨接头处的混凝土都必须填实，尤其是铺有枕木时。

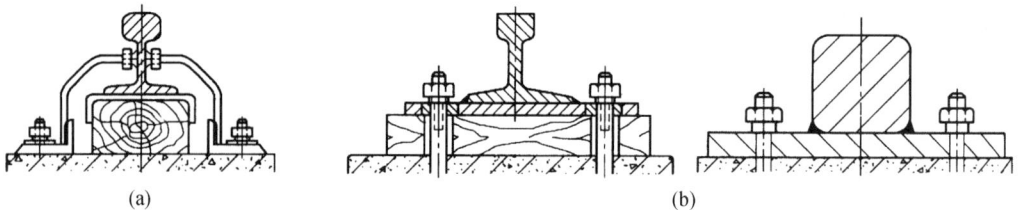

图 4-97　混凝土预制梁轨道的铺设

轨道在钢结构梁上的固定方法如图 4-98 所示。图 4-98（a）所示为 S 形压板固定法，间距约为 700 mm，装配省工，但拆卸比较麻烦，拆卸时应当用铲除的方法去掉压板，不宜用气割，以免钢梁发生下挠等永久变形。图 4-98（b）至图 4-98（j）所示为采用组合式螺栓压板固定，适用于重级及超重级工作类型，这些方法在安装尺寸大小、孔对轨道削弱影响、螺栓安装及紧固方便性、缓冲减振（3~6 mm 厚橡胶垫）等方面各有不同。其中，图 4-98（h）所示为回转装置圆轨道的固定方法。图 4-98（k）和图 4-98（l）所示为永久固定法，当采用连续焊缝时，轨道面积可以计入钢梁，此类方法适用于轻级及中级工作类型的轨道磨损不太严重的情况。图 4-98（m）所示为在轨道腰部钻孔后用钩形螺杆进行固定连接的方法。

需要注意的是，轨道与钢结构梁上表面的间隙应用轨道压板消除，以使轨底紧密接触。定位焊接轨道压板时，应沿跨度均匀分布、同时对称施焊，以使钢结构梁受热导致下挠的曲线均匀对称，其下挠量应计入对最终拱度的影响。另外，应按设计要求预紧所有螺栓。

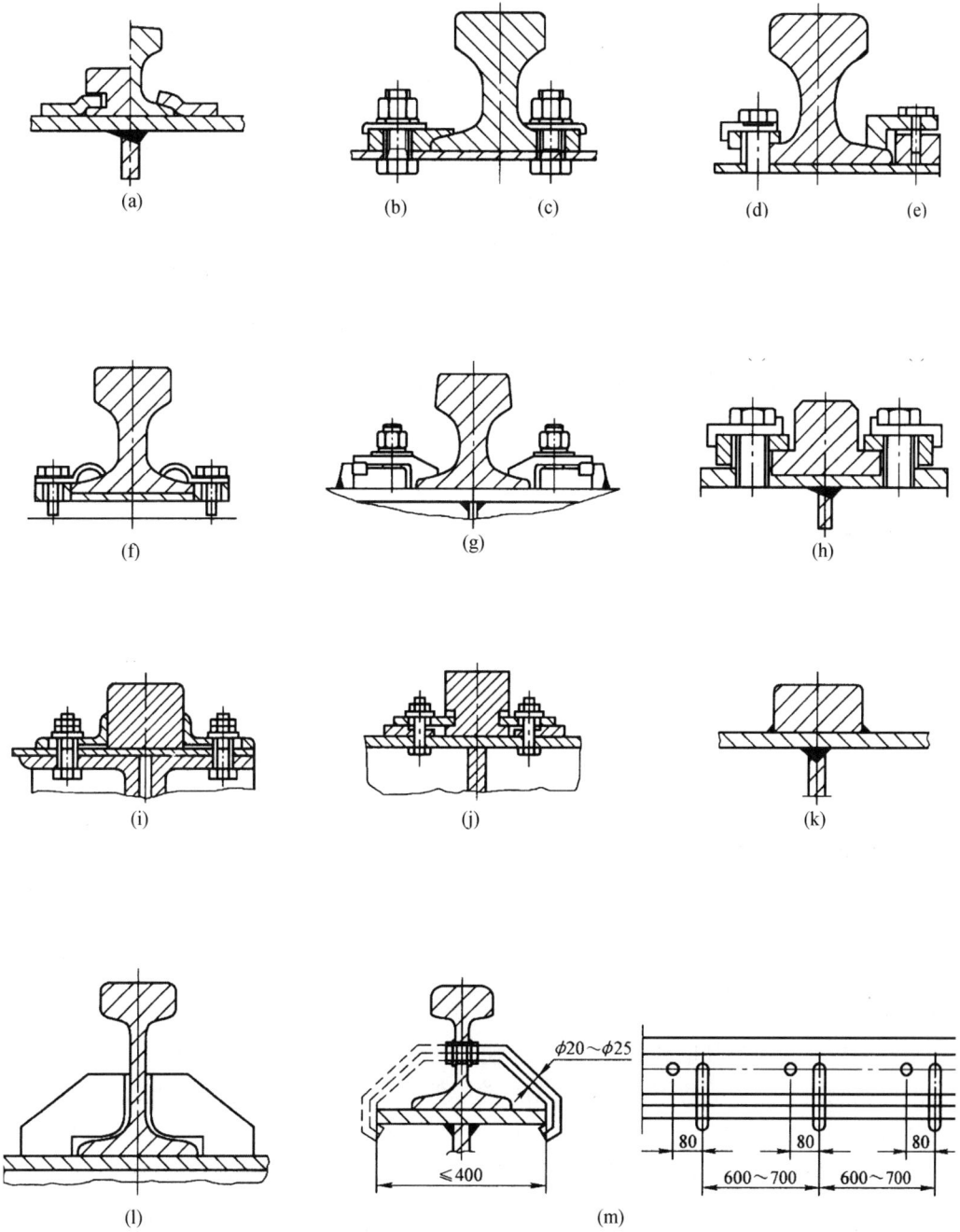

(a)　　(b)　　(c)　　(d)　　(e)　　(f)　　(g)　　(h)　　(i)　　(j)　　(k)　　(l)　　(m)

图 4-98　钢梁上钢轨的固定方法

5.轨道端部止挡

运行轨道的终点应装设牢固的轨道端部止挡装置(共四处),如图4-99所示,以防止起重机或起重小车从两端出轨造成严重事故。轨道端部止挡装置与行程开关间的位置以及运行速度、安全尺长度、制动距离等应匹配设计,止挡高度应与缓冲器的高度相适应。

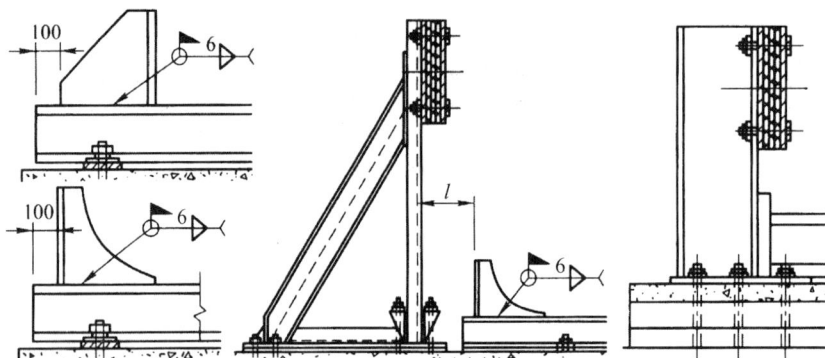

图4-99　轨道端部止挡装置

(三)车轮与车轮组

1.车轮的作用

车轮既是系统运行的支承和导行构件,也是实现系统运动的工作装置。车轮踏面起着支承并传递吊重载荷、自重载荷(或水平载荷)的作用,而车轮踏面、轮缘与轨道的配合又能引导起重机或起重小车沿轨道顺利运行(无轮缘车轮则由水平轮导行),轮缘还有防止车轮脱轨的作用。因此,车轮是起重机械重要的零部件之一。

2.车轮的类型

(1)按材料与制作工艺分类

①铸造车轮

国内起重机械上的车轮多采用铸钢工艺制造,其材料一般为ZG340-640以上,负荷较大的车轮常采用ZG50SiMn、ZG55CrMn、ZG50MnMo等合金铸钢。对于工作级别不高、车轮轮压不大、运行速度较小、无冲击(人力驱动)的场合,也有采用铸铁车轮的情况(其踏面硬度要求为180~240HBW)。

②锻造(模锻或轧制)车轮

与铸造相比,锻造(模锻或轧制)工艺能使车轮自身力学性能得到很大提高,从而具有更大的承载能力和更长的使用寿命。轧制车轮不低于60钢,锻造车轮不低于55钢(车轮踏面直径$D \leq 400$ mm)、60钢(车轮踏面直径$D > 400$ mm)。小尺寸车轮一般用不低于55钢(包括50Mn、65Mn)的圆钢棒料直接加工而成,大负荷及大尺寸车轮则用优质钢或合金钢锻造(轧制)而成,其材料包括50Mn、65Mn或42CrMo等。从合理利用钢材的角度出发,对于更大尺寸的车轮,采用由专业制造厂专门轧制合金材料轮毂的工艺是较有发展前途的方法。

③耐磨塑料车轮

随着材料工业的发展,现已出现耐磨塑料车轮。耐磨塑料车轮具有自重轻、耐磨损等特点,但较低的承载能力、静载蠕变特性等使其应用局限于无轮缘、小轮压或导向轮,在起重机械中应用较少。

（2）按踏面形状分类

①圆柱形踏面

车轮踏面一般都制成圆柱形,既能适应主(驱)动轮的要求,也能用于从动轮,制造工艺简便。

②圆锥形踏面

圆锥形踏面制造工艺较复杂,用于特定场合,如工字梁下翼缘上的小车车轮(多数情况下锥度不匹配)、环形轨道的运行车轮以及集中驱动的桥架型起重机大车车轮等。后者采用锥形主动轮-凸顶轨道配合来改善导向特性,使车体在运动中能自动走直,克服跑偏,以消除两侧主动车轮因滚动直径偏差而产生的跑偏啃轨现象。

集中驱动主动轮采用圆锥形踏面纠偏效果明显,其自动纠偏调整过程如图 4-100 所示,主动轮大端置于轨道内侧(正锥布置),当由于某种原因导致左侧车轮超前时,车轮与轨道接触点所在半径减小,线速度降低,逐步落后于右侧车轮,导致右侧车轮超前,右侧车轮与轨道接触点所在半径减小,线速度降低,逐步落后于左侧车轮,就这样左右两轮交替超前,摇摆前进,只要车轮与轨道之间有足够的间隙,就不会产生跑偏啃轨现象。在实际运行中,非驱动轮会有横向移动,将使车体的这种摇摆现象逐渐减小,最后自动调整为两侧主动车轮的滚动直径几乎相等,起重机处于近似直线运动状态。

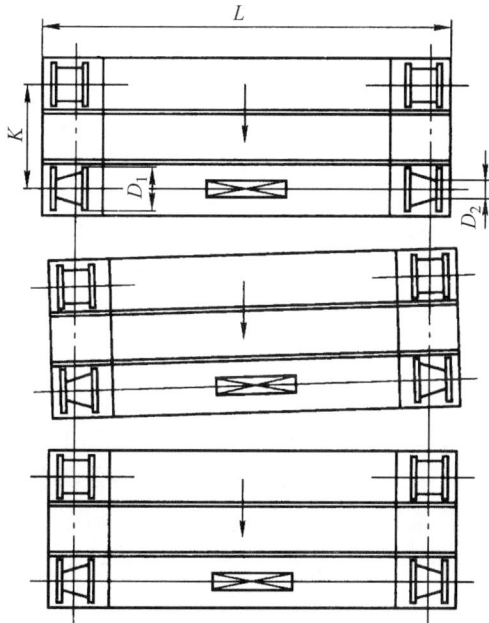

图 4-100　圆锥形踏面主动轮自动纠偏

主动车轮正锥布置自动纠偏时,从动轮的布置方案有三种:圆锥车轮正锥布置、圆柱形车轮、圆锥形车轮反锥布置,如图 4-101 所示。其中,圆锥车轮正锥布置[见图 4-15(a)]效果最差,圆锥车轮反锥布置[见图 4-101(c)]运行最平稳,自动走直的效果最好,可使同一侧端梁上的车轮具有相同的滚动直径,并能实现所有车轮均与轨道接触。

需要注意的是,集中驱动圆柱形车轮是利用轮缘与轨道侧面接触产生摩擦阻力阻碍车轮前进实现强迫纠偏(啃轨)。

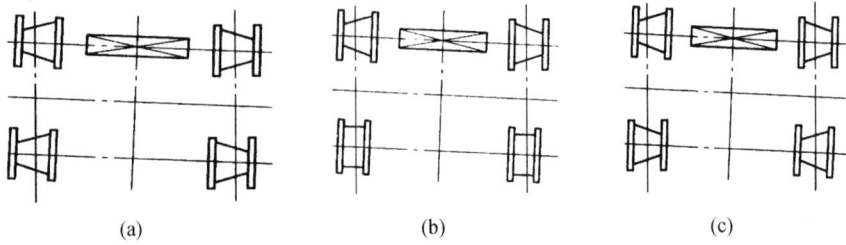

图 4-101　自动纠偏的圆锥形踏面主动轮—从动轮布置方案

③鼓形(圆弧形)踏面

鼓形(圆弧形)踏面制造复杂,用于特定场合,可以避免附加摩擦阻力与磨损。

与工字梁下翼缘斜面轨道匹配的直线运行车轮,当采用圆锥踏面车轮时,由于车轮大小端圆周速度不同从而产生附加阻力与磨损。采用鼓形(圆弧形)踏面车轮即可实现纯滚动以避免此问题,如图 4-102 所示。其中,图 4-102(c)所示方法在原理上可行,但制造安装麻烦。

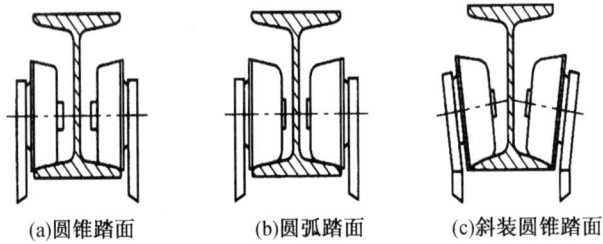

(a)圆锥踏面　　(b)圆弧踏面　　(c)斜装圆锥踏面

图 4-102　工字梁下翼缘上运行的车轮

与环形轨道匹配的运行车轮,如图 4-103 所示。当采用圆锥形踏面车轮-锥面轨道(两者锥度相匹配)、圆弧形踏面车轮-平面轨道、圆柱形踏面车轮-凸顶轨道的匹配时,车轮环状运行过程中为纯滚动。若采用圆柱形踏面车轮-平面轨道匹配时,车轮环状运行过程中不是纯滚动,会产生附加摩擦阻力与磨损。理论上,除锥度相匹配的情况以外,环形运动的车轮-轨道匹配如能形成点接触状态时,即能形成纯滚动,避免环形运动中的附加摩擦与磨损,如鼓形踏面车轮-平面(或凸顶)轨道、圆柱形踏面车轮-凸顶轨道等。但严格意义上的绝对点接触在实际应用中是不存在的。因此,除锥度相匹配的情况以外,其他方案多用于轨道直径较大、车轮较窄、工作级别较低、运行速度较小的情况。

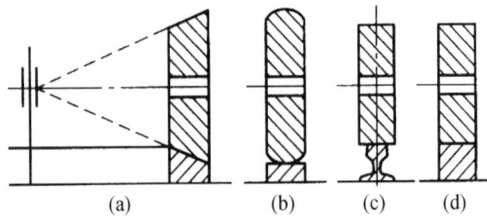

图 4-103　环形轨道上运行的车轮

（3）按轮缘分类

①双轮缘车轮

如图 4-104(a)所示,任何情况下(大车或小车)均可采用双轮缘车轮。而采用双轮缘车轮-水平导向轮的匹配组合[见图 4-105(a)]可以提高系统的安全性、纠偏能力和耐磨损能力。

②单轮缘车轮

如图 4-104(b)所示,小型起重设备或小轨距的起重小车,其跨度小、车架刚度大、运行速度低、不易脱轨,可采用单轮缘车轮(车轮踏面直径 $D \leqslant 500$ mm)并将轮缘端安置于轨道外侧。

③无轮缘车轮

如图 4-104(c)所示,系统设有水平导向轮、旋转轴颈侧面导向等专用导向装置时,可采用无轮缘车轮,以减少附加摩擦阻力。图 4-105(b)所示为无轮缘车轮-水平导向轮的匹配组合,水平轮应能通过中心转轴和偏心轴套的设置来调整与轨道侧面的间隙。

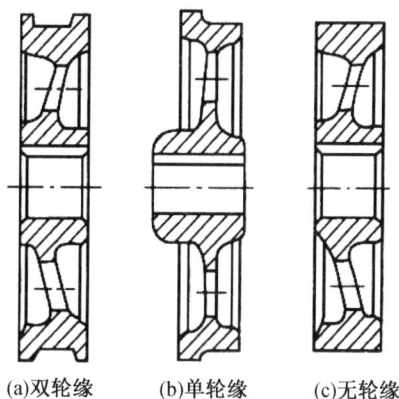

(a)双轮缘　　(b)单轮缘　　(c)无轮缘

图 4-104　车轮的轮缘

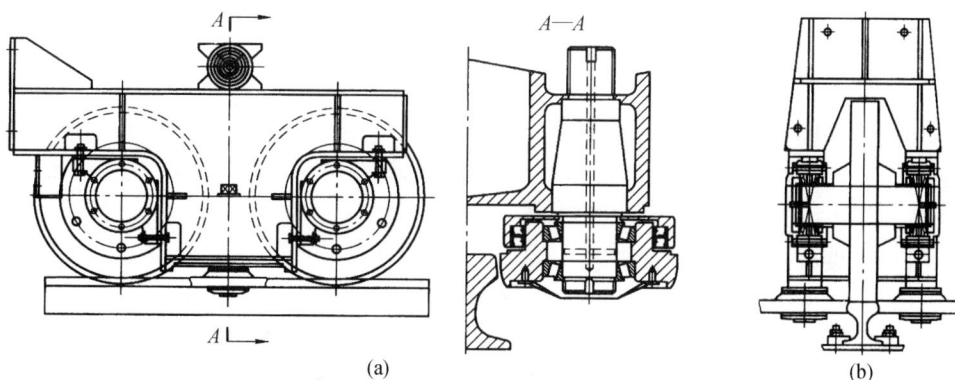

图 4-105　水平导向轮

由于车轮自身制造偏差、车轮组及起重机装配误差、轨道安装质量等因素的影响,起重机在运行中经常产生偏斜、跑偏和滑移,车轮轮缘将承受由此产生的水平侧向力。当偏斜运行严重时,水平侧向力可能很大。车轮轮缘(无轮缘时采用水平轮或其他替代装置)在正常使用状态下起到导行和承受水平侧向力的作用,否则就易发生脱轨事故。

3. 车轮组及其安装

考虑到车轮制造、安装和维修的方便以及系列化生产的要求,通常把车轮、轴、轴承、轴承箱等组装成车轮组。根据车轮轴的构造特点,车轮组可分为主动车轮组和从动车轮组,而车轮组又可分为转轴式和定轴式。车轮既可通过滚动轴承直接装设在车轮轴上,也可通过滚动轴承-中间滑配抗转轴套一起支承在车轮轴上(便于更换轴承)。转矩既可通过轴传递到车轮,也可通过与车轮固定的齿圈传递给车轮,而从动车轮轴为心轴。另外,某些情况下车轮还可采用直接压配紧固在轴上,此时轴承支承在车轮轴两端。

车轮组中的滚动轴承应优先选用自动调心球面滚子轴承(多为两个并列安装),以容忍较大的安装误差与车架变形,并能承受冲击载荷。在高的径向力和轴向力情况下,也可采用圆锥滚子轴承,但应保证轴承安装后具有合适的轴向游隙,同一轴承箱中并列安装两个圆锥滚子轴承时更应关注此问题。安装滚动轴承时,通常在轴承箱中充满润滑脂或利用油嘴及一条润滑油槽引到两列轴承之间的空隙中进行润滑,在环境污染较大的场合还可采用集中润滑。

在重载、低转速、工作级别不高的场合,车轮组轴承也可采用滑动轴承(黄铜或青铜轴瓦)。但滑动轴承的运动阻力会随滑动速度在较大范围内变化,此时还应注意滑动轴承的固定(防止轴瓦侧移)和润滑问题。另外,在不存在使用寿命问题的条件下,车轮组也可采用塑料轴瓦的滑动轴承。如果车轮组装入了非金属轴承,应注意在电控系统中装设专门的接地线回路。

车轮组是运行支承装置的基本构件和易损件,除考虑承载、导行、防脱轨等作用外,还应考虑其与车架的安装方式,以解决安装、调试、维护、更换等问题。

角型轴承箱是桥架类起重机常用的车轮组安装形式[见图4-106(d)和图4-106(e)],利用调整垫片对设置在弯板上的两个定位板进行水平和垂直方向的调试,即分别调试车轮轴线在垂直面内与轨道的平行度、水平面内与轨道的垂直度,从而使车轮轴线与轨道保持垂直且平行(异面)的关系,调试结束后应将定位板焊接在弯板上固定。这种方案原理简单,制造、安装、调整过程都很简便,不需要大型加工设备。但构造较复杂,零件多,安装精度较难保证(取决于工人的技术水平和责任心)。

为了提高车轮组的安装精度(消除人的影响因素),便于安装、维修和更换,还可采用45°剖分轴承箱的车轮安装形式,如图4-107所示,利用机械设备在车架上同时直接加工剖分轴承箱的相关安装尺寸,安装车轮时只需紧固轴承箱即可。本方案的缺点是需要大型加工设备对车架进行机械加工,工艺比较复杂。

在门式起重机和门座起重机的大车运行台车上,车轮组也可采用定轴的安装方式[见图4-106(a)和图4-106(c)],考虑安装精度和减小车轮组自重,对于小型起重机,可采用在车架上直接镗孔组装车轮的方案[见图4-106(b)],同样需要在车架上直接进行镗孔加工。

另外,在繁重条件下使用的起重机,为避免起重机偏斜运行时,轮缘与轨道侧面接触,增加摩擦阻力,加剧轮缘磨损,可采用带水平导向轮的车轮组(见图4-105)。

4. 车轮的寿命与损坏

车轮是起重机械中最易磨损的零件之一,其常见的损坏形式包括踏面剥落、压陷、早期磨损以及轮缘的磨损和塑性变形等。若车轮表面热处理的淬硬层深度较浅(4~5 mm),而其承受的最大切应力点的深度超过该淬硬层时,踏面上就会出现大片的剥落(压碎)现象。

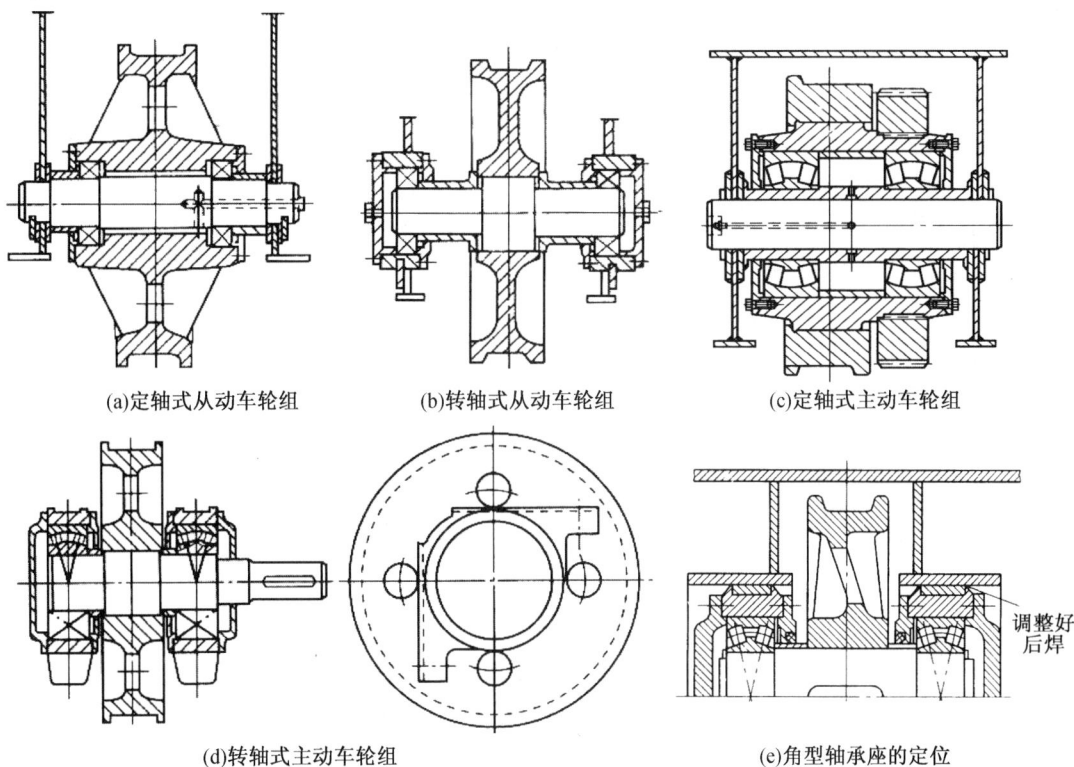

(a)定轴式从动车轮组　　　(b)转轴式从动车轮组　　　(c)定轴式主动车轮组

(d)转轴式主动车轮组　　　　　　(e)角型轴承座的定位

图 4-106　车轮组结构形式

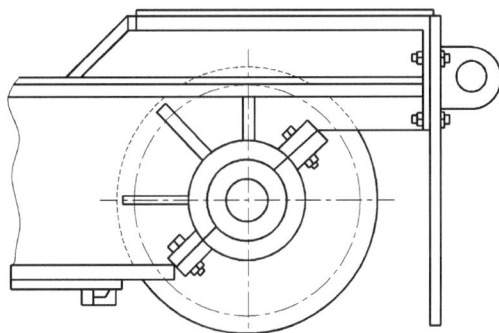

图 4-107　45°剖分轴承箱

铸造车轮踏面层下可能存在疏松、缩孔、砂眼等缺陷,当踏面接触应力较大时,就可能会出现压陷(凹坑)现象。若车轮不进行表面热处理,其踏面的硬度值较低,受载后极易产生局部塑性变形进而出现鳞片状磨屑,导致出现早期磨损现象。如设计不当使制动力矩过大而导致制动打滑时,车轮会在轨道上局部磨损出现不圆或踏面深沟等现象。当车轮、轨道以及两者的安装精度超过规范要求时,会造成车轮啃轨而使轮缘磨损较为严重,甚至能使轮缘产生塑性变形,导致其与轨道接触部分的表面因冷作硬化而呈现出鳞片状剥落现象,轮缘磨损超过其厚度的 50%时,就应停止使用,否则可能导致脱轨事故的发生。

统计数据表明:若车轮整体表面淬火质量较高、车轮踏面淬硬层较深时,不会产生疲劳剥落现象,车轮踏面的寿命一般情况下可达 5~10 年。轮缘的磨损通常会比踏面严重,啃轨越严重轮缘磨损越快,其寿命仅为 1 年左右,甚至可降低为若干月(如 6 个月)。车轮的使用寿命是实现轻量化设计的关键点,因此,提高车轮的使用寿命是很有意义的。通过对车轮构造、材料等的研究,以及加工方式、热处理等制造工艺的不断改进,可以使起重车轮具有较为合理的踏面和轮缘结构、稳定的硬度范围(300～380HBW)、合理的淬硬层硬化梯度及较高的最内点硬度值等,都会使车轮的使用寿命得到提高。

由于有轨运行的偏斜和滑移,导致车轮轮缘和轨道在 70%～80% 的行程中相互摩擦。除合理设计以外,轮缘寿命主要取决于运行机构对其导行特性的要求、轮轨系统的质量、运行距离、使用维护等因素。而由于轮缘磨损导致车轮报废的现象应引起足够的重视,适当提高轮缘的高度(如对 P43 级以上的轨道,将轮缘高度增加 10～20 mm),将会增大轮缘与轨道侧面的接触面积而使接触应力降低,车轮耐磨性可提高 25%～30%,但轮缘增大后可能引起啃轨加剧。通过改善轮缘与轨道侧面的润滑状况(如使用轮轨涂油器等)可成倍地提高其使用寿命,但不能污染轨顶与车轮踏面,否则会降低其黏着系数,导致打滑。

三、有轨运行机构的典型构造

(一)主动轮的数目与布置形式

起重机械正常运行时应具有足够数目的主动轮(驱动轮),而主动轮占总轮数的比例及其布置形式应按保证有足够的驱动附着力、防止起动或制动时打滑等原则来确定。一般情况下,主动轮可取为车轮总轮数的一半(1/2 驱动);运行速度小、加速度小的运行机构,主动轮的数量可为总轮数的 1/4(1/4 驱动);而运行速度高、起动要求迅速的场合(如装卸桥小车,$v \approx 200$ m/min),则可能需要全部车轮作为主动轮(全轮驱动)。

除主动轮数目以外,足够的驱动附着力还与主动轮的合理布置有关。在部分驱动的运行机构中,主动轮的布置形式应能保证其在任何情况下均能具有足够的总驱动轮压,从而保证足够的驱动附着力;否则可能会出现主动轮因驱动轮压不足而打滑,从而使车轮的使用寿命降低,更严重的情况可能导致起重机长期不能起动,使车轮强烈磨损。

部分驱动形式下的主动轮布置有以下四种:

1. 单边布置

如图 4-108(a)所示,此布置形式下的驱动力及其传动不对称,只用于轮压本身不对称的场合,如半门座起重机和半门式起重机。

2. 对面布置

如图 4-108(b)所示,此布置形式能够保证主动轮压之和不依起重小车的位置而变化,主要用于桥架型起重机,不宜用于旋转的臂架类起重机(臂架转到从动轮侧时的主动轮压很小)。

3. 对角布置

如图 4-108(c)所示,此布置形式在轨道铺设平整时能够保证主动轮压之和基本上不随臂架的位置而变化,主要用于臂架型旋转起重机。

4. 四角布置

如图 4-108(d)所示,此布置形式可以保证主动总轮压不变,适用于大中型起重机械。

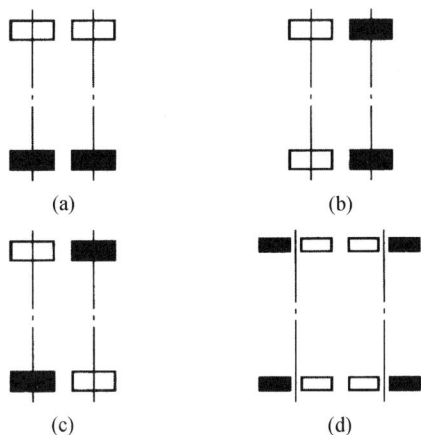

图 4-108　部分驱动时主动轮布置

（二）主动轮的驱动方式

1. 集中驱动

由一台电动机通过传动装置驱动两边轨道上的主动轮。这种驱动方式可以减少电动机、传动装置的数量,但增加了复杂的传动轴系统(包括传动轴、轴承、联轴器等),给安装、维修带来不便。当金属结构变形时,还会对运行传动产生不利影响。起重机跨度越大,这种不利影响越突出。另外,当两边主动轮直径相差较大时,起重机会偏斜运行,造成车轮轮缘与轨道侧面接触,发生啃轨。因此,集中驱动主要用于小车运行机构、小跨度的桥式起重机大车运行机构中。

2. 分别驱动

每个支点上的一个或一组主动轮由一套电动机、减速传动装置驱动。这种驱动方式分组性好,安装与维修方便,但增加了电动机、减速传动装置的数量。由于电动机、减速器的布置位置靠近车轮,金属结构的变形对传动的影响小。分别驱动时,由于两边主动轮直径的加工、车轮组的装配和轨道的安装误差以及电动机转速不同步等原因,会使两侧轨道上的车轮不同步运行,引起车轮的跑偏、啃轨,加剧车轮与轨道的磨损,增大运行阻力,严重时会影响起重机安全工作。对于金属结构刚度较大的门座起重机、桥式起重机和小跨度门式起重机,基本上可以实现强制性同步运行;而对于跨度大、结构刚度较小的起重机应装设运行偏斜指示器和偏斜运行限制器来保证车轮的同步运行。当前,分别驱动广泛应用于起重机运行机构。

（三）自行式小车运行机构的典型构造

1. 双主梁小车运行机构

（1）集中驱动

①立式减速器分组式布置

当起重小车的运行轨距较小时,其运行机构通常采用 1/2 主动轮-对面布置-集中驱动、立式减速器(垂直面内平行轴线)、低速轴与联轴器的分组式传动方案如图 4-109 所示。

电动机通过联轴器与固定在小车架上的立式减速器高速端相连,减速器低速端通过联轴器与传动轴驱动车轮运行;联轴器多选用具有补偿性能的全齿式联轴器、梅花形联轴器、

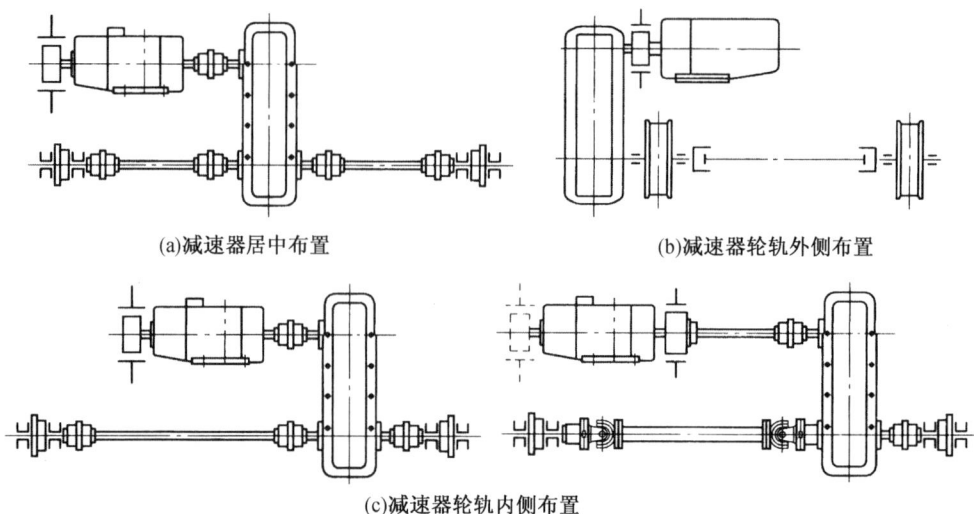

(a)减速器居中布置　　　　　　　　　　(b)减速器轮轨外侧布置

(c)减速器轮轨内侧布置

图 4-109　立式减速器分组式布置的小车运行机构简图

半齿式联轴器(配浮动轴)等,以补偿小车架受载后的变形以及加工、装配等形成的制造误差;考虑安装与维护方便性,制动器多安装在电动机轴上(外侧或内侧)。

　　按减速器与轮轨间位置可分为居中、轮轨内侧、轮轨外侧等布置形式。常用立式减速器居中(车架中心)布置方案,其低速轴系两侧对称,传动转矩各为 1/2,能减小传动与运行误差的不利影响,便于布置与制造,但传动零部件较多、自重较大。立式减速器轮轨内侧布置方案,可简化低速轴系连接并增大浮动轴长度,适用于小车轨距较大、制造安装误差及受载变形等综合补偿要求较高的场合,使用万向联轴器的效果更好。立式(或套装)减速器轮轨外侧布置方案,便于在走台上进行安装维护,其内侧低速轴系可采用半齿式联轴器-浮动轴或万向联轴器或通轴(车轮分别悬臂支承在轴承外侧)等传动形式,并承受全部工作转矩,匹配设计与布置较困难,还对走台空间安全等产生不利影响。

　　②"三合一"减速器成组式布置

　　从简化和紧凑传动、减轻自重、方便布置等方面考虑,单小车运行机构还可采用 1/2 主动轮-对面布置-集中驱动,并将电动机-制动装置-减速器合为一体的"三合一"成组式传动方案,如图 4-110 所示,"三合一"减速器多为内花键套筒输出,带花键的车轮轴可直接插入套筒,传递距离较远的车轮则采用联轴器与浮动轴(或万向联轴器)等连接形式。

　　"三合一"成组式传动方案常采用套装式安装结构。带有制动器的电动机输出轴直接与减速器高速轴(孔)花键连接,而减速器的低速花键(或平键)孔与车轮轴形成套装式传动结构,即车轮轴直接套装在减速器低速轴孔上;减速器上方与车架应形成铰轴式力矩支承孔弹性缓冲安装,从而构成套装式安装结构的稳定安装平面;此方案可简化传动链,但制动力矩的调整与系统维修不便,对系统的可靠性要求更高。另外,"三合一"减速器常采用渐开线圆柱/圆弧/锥齿轮传动(或渐开线少齿差、摆线针轮等行星传动),安装形式分为卧式(平行/垂直)和立式,轴端固定可用锁紧盘,并通过力矩支承孔(或底座式、输出轴法兰等)形式来保持减速器整体平衡。

　　(2)分别驱动

　　大型化的发展趋势使得起重小车的轨距(跨度)越来越大,小车运行机构也可采用分别

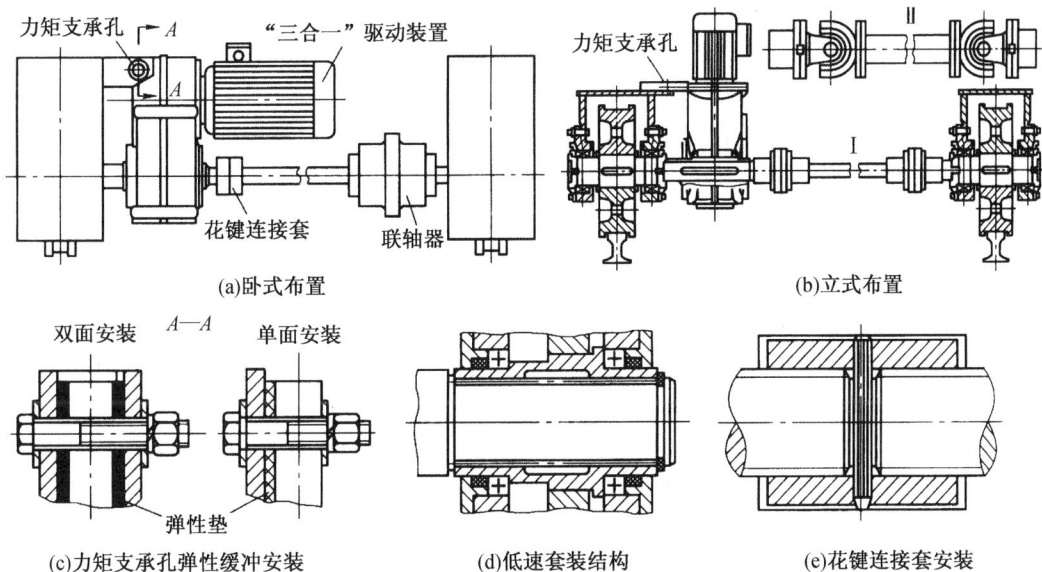

力矩支承孔 A "三合一"驱动装置

花键连接套 联轴器

(a)卧式布置

力矩支承孔 II

I

(b)立式布置

双面安装 A—A 单面安装

弹性垫

(c)力矩支承孔弹性缓冲安装 (d)低速套装结构 (e)花键连接套安装

图 4-110 集中驱动的"三合一"小车运行机构

驱动形式,以简化传动链,提高系统可靠性,其构造形式与大车运行机构类似。图 4-111 所示为分别驱动-成组式布置-卧式或立式"三合一"的小车运行机构(1/2 主动轮-对面布置或四角布置、全轮驱动)。

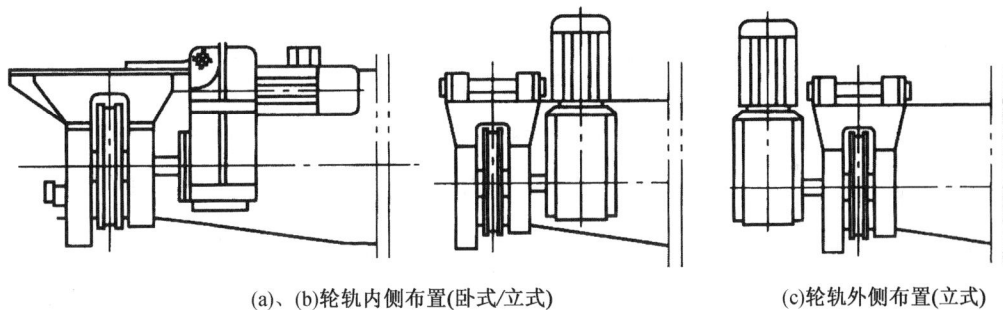

(a)、(b)轮轨内侧布置(卧式/立式) (c)轮轨外侧布置(立式)

图 4-111 分别驱动的"三合一"小车运行机构

(3)特殊形式

装卸桥的小车运行速度很高($v \geqslant 120$ m/min),其上常悬挂有司机室,为保证具有足够的运行起动和制动能力(不打滑),常采用全部主动轮、前后对称布置两套小车运行机构的分别驱动形式,而每侧又为分组式集中驱动构造,并采用水平导向轮减轻偏斜运行和"啃轨"磨损,如图 4-112 所示;安装运行机构的车体部分与主车体之间应采用柔性连接构造(装设弹性缓冲减振装置和转动铰),从而减轻因加速度变化和动载冲击导致人员不适感,并减缓车架受载变形对机构传动性能的影响。

(4)其他

工程实践中,对工作级别较高的起重机,还可以考虑采用手动、半自动、全自动等方式对轮轨进行润滑(涂油/石墨等)。图 4-113(a)和图 4-113(b)所示为一种全自动涂油装置。当轮轨处于良好的润滑状态时,可以减少运行阻力,减轻轮缘和轨道的磨损(由常见的"毛

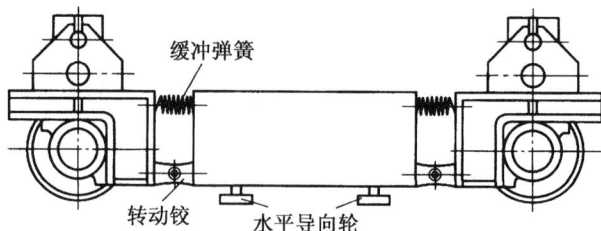

图 4-112　装卸桥小车运行的特殊构造

边磨损"改善为良好的"镜面"状态),延长轮轨使用寿命,降低维修费,提高系统安全性,但应注意避免污染轨道上表面。

对于分别驱动的交流变频岸边集装箱起重机小车运行机构,有时会在驱动车轮前面装设两个(非接触测量)传感器,如图 4-113(c)所示,以实现轮轨之间运行情况的实时监测及导行控制。通过传感器可以检测出两侧轮缘轨道间的距离及差异,并将信号反馈到变频控制系统从而实现两侧车轮的速度同步控制(加速或减速)及轮缘与轨道间隙控制,减轻轮缘与轨道碰撞摩擦,避免出现运行打滑现象。

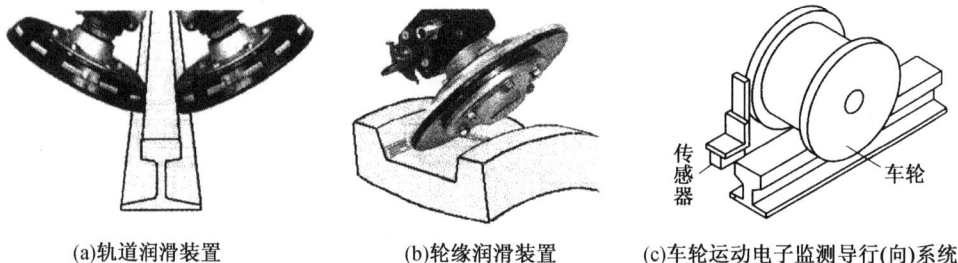

(a)轨道润滑装置　　　　(b)轮缘润滑装置　　　(c)车轮运动电子监测导行(向)系统

图 4-113　轮轨润滑及电子监测导行(向)系统

在车轮最前端,通常应装设排障板或清扫装置,前者用于推除轨道上可能的障碍物,后者采用毛毡刷、尼龙刷等清除轨道上的异物(灰尘、油污、金属碎屑等),防止车轮压上,延长车轮寿命,避免打滑。采用不锈钢金属刷清扫装置或专用滚轮接地装置[见图 4-114(a)和图 4-114(b)]能通过轨道-主梁接地放电,以免车体因积蓄静电而导致危险。

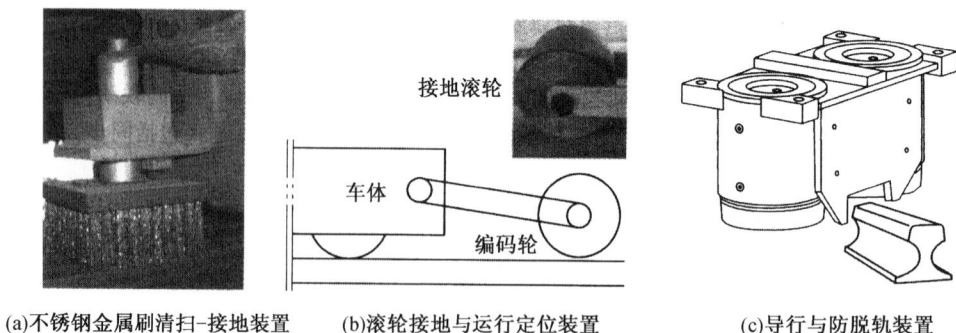

(a)不锈钢金属刷清扫-接地装置　　(b)滚轮接地与运行定位装置　　　(c)导行与防脱轨装置

图 4-114　轨行式清扫、接地、运行定位与防脱轨装置

当需要实现运行机构自动定位功能时,可采用增量编码装置[见图 4-114(b)中的编码轮]来准确计量车轮转数(运行距离);为消除计量系统的累计误差,还需沿轨道设置专用的固定标识点位,通过红外传感器等方式来精确检测校核车体的准确运行位置,还应尽量避免出现车轮打滑或"爬行"情况造成测量误差。运行机构也可采用条形码定位系统。吊运危险品的特殊场合,车体上应装设导行装置(水平轮等)和防脱轨装置[见图4-114(c)]。

2. 单主梁小车运行机构

(1)电动葫芦运行机构

通常将电动葫芦沿横向轨道移动的运行机构称为横行机构(或运行小车),葫芦运行小车按轨道支承特点可分为悬挂型小车和支承型小车,应用较多的为悬挂型小车。

①悬挂型葫芦运行小车

悬挂型葫芦运行小车按常见的驱动方式可分为手拉小车、链轮小车(手拉链动)和电动小车三种基本形式,其与电动葫芦可采用刚性连接(直线轨道)或铰接连接(曲线轨道),其中电动小车的应用最为普遍(用按钮开关操纵)。

葫芦电动小车通常由电动机、减速装置、制动装置和车轮组等组成,如图4-115所示。电动机均为笼型全封闭结构,分为圆柱形转子和圆锥形转子(带制动),其绕组可为单绕组(单速)或双绕组(双速),目前多采用2/8级双速电动机。运行制动装置多采用平面盘式制动器,以满足制动平稳、避免滑移等要求。车轮组安装于工字钢下翼缘上,车轮均为单轮缘,驱动车轮末级开式齿轮驱动,轮缘制齿,直径一般较小(160/153 mm、200 mm),踏面为曲面,以适应工字钢下翼缘斜面轨道,材料采用45钢锻造或高强度球墨铸铁。减速装置多为一开一闭的渐开线直齿二级传动,即减速器通过开式齿轮驱动齿边车轮(驱动轮)。采用1/2主动轮时可形成单边驱动、对边驱动、全轮驱动,如图4-116所示。

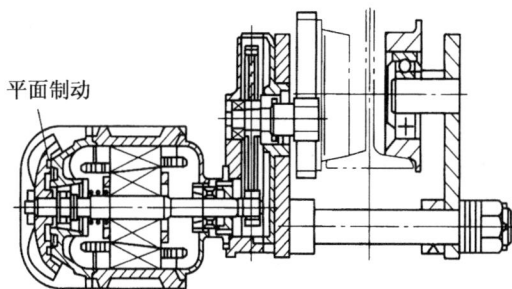

平面制动

图 4-115　葫芦电动小车(单边驱动)

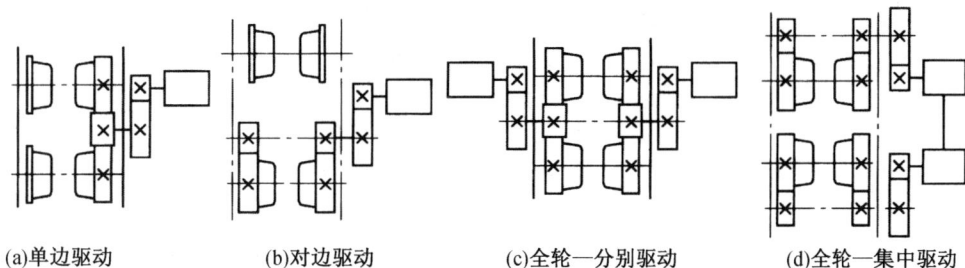

(a)单边驱动　　　　(b)对边驱动　　　　(c)全轮—分别驱动　　　　(d)全轮—集中驱动

图 4-116　悬挂型葫芦电动小车的驱动方式

由于常见的通用悬挂型小车与电动葫芦采用上下布置方案,在厂房净空高度方向所占尺度较大,在厂房高度受限情况下会影响有效起升高度。通过改变电动葫芦与悬挂型小车的位置关系,使其形成左右布置、另侧增设对重的方案,能从净空高度方向缩减尺寸形成低净空型悬挂电动小车,如图 4-117 所示。

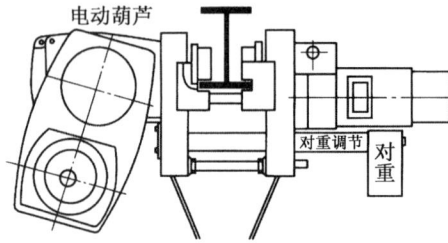

图 4-117　低净空型悬挂电动小车

近年来,国外出现了通过增设反滚轮支承系统的低净空型悬挂电动小车,如图 4-118 所示。低净空型设计理念与紧凑化、模块化等技术相结合,对实现桥式起重机轻量化具有一定的技术借鉴意义。

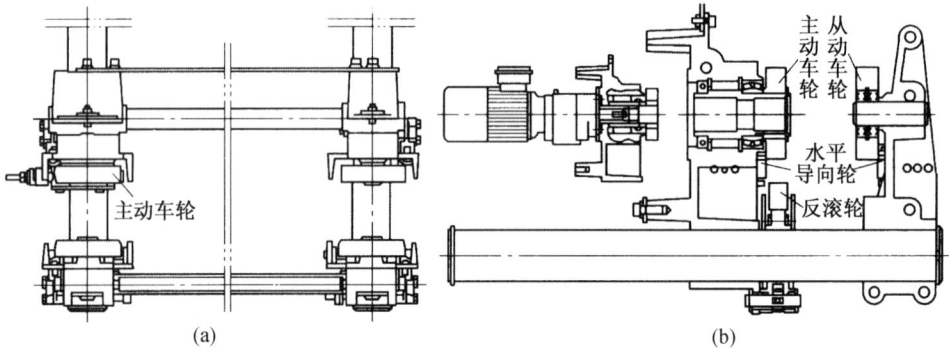

图 4-118　无对重的低净空型悬挂电动小车

②支承型葫芦运行小车

支承型葫芦运行小车采用电动葫芦悬伸于箱型主梁外侧、水平反滚轮式水平反滚轮支承系统的布置,可最大限度地增加吊重的起升高度,如图 4-119 所示。

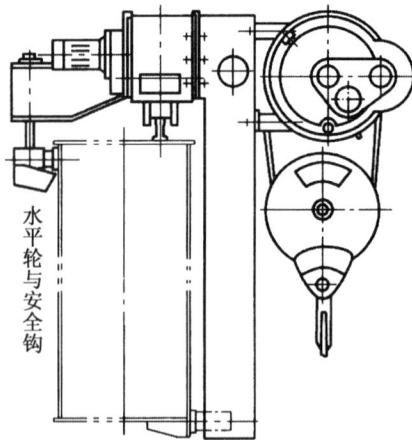

图 4-119　支承型葫芦运行小车

(2)反滚轮式运行机构

相对双梁起重小车而言,单梁起重小车自重偏心和吊重偏置的构造,使其除了具有主轮轨系统以外,还应设置辅助轮轨系统(即反滚轮系统),以承受垂直载荷与偏心扭矩载荷的组合作用,而主梁也应采用箱型封闭结构。单梁起重小车按辅助轮轨支承特点可分为垂直反滚轮式和水平反滚轮式,如图 4-120 所示。

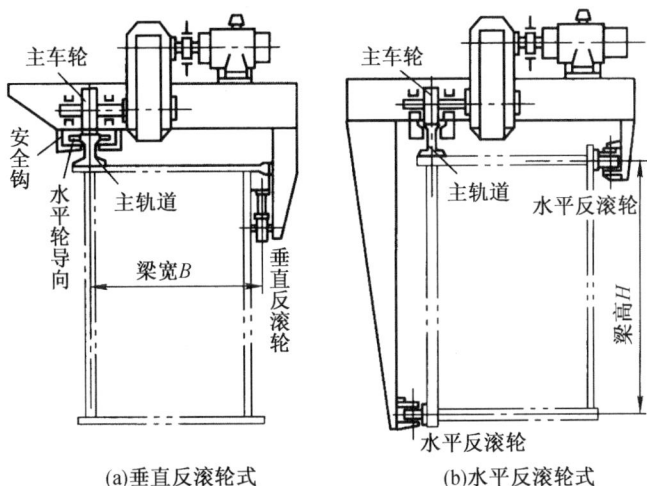

(a)垂直反滚轮式   (b)水平反滚轮式

图 4-120 单梁小车运行机构简图

单梁小车的主轮轨系统由垂直主车轮(水平轴线)、单侧布置的主轨道、安全钩等组成。主车轮一般为双轮缘,为了增强导行能力、减小轮缘摩擦阻力,也可采用水平轮导向装置(此时主车轮可无轮缘)。另外,主轨道两侧及反滚轮旁还应设置安全钩,以防止单梁小车脱轨倾覆而引发事故。

单梁小车的辅助轮轨系统主要用来承受偏心扭矩载荷,通常由垂直反滚轮或水平反滚轮以及方钢轨道等组成。反滚轮多采用无轮缘车轮结构,而方钢轨道则固定在经过适当加强的主梁盖板或腹板上。

垂直反滚轮单梁小车的偏心扭矩载荷由主车轮-垂直反滚轮所形成的力偶系来平衡,其力臂为主轨道和垂直反滚轮轨道间的距离(梁宽 B),主车轮所承受的轮压较大(垂直载荷与力偶载荷之和),故精度要求高,加工和装配工作量大,运行也不及双梁小车平稳,适用于起重量为 5~20 t 的起重机。

水平反滚轮单梁小车的偏心扭矩载荷由两套水平反滚轮所形成的力偶系来平衡,力臂为水平反滚轮两轨道间的距离(梁高 H),故其轮压较小,且不并入主轨道;主车轮仅承受吊重和小车自重载荷(无力偶载荷),轮压相对于垂直反滚轮式也较小;水平反滚轮单梁小车受力合理但构造复杂,适用于起重量为 32~50 t 的起重机。

单梁小车运行机构常采用单点驱动(小型)或单侧分别驱动,而减速器一般采用立式套装结构。

(四)绳索牵引小车运行机构的典型构造

绳索牵引小车运行机构驱动装置装设在起重小车的外部,靠钢丝绳牵引实现小车运行,如图 4-121 所示。小车运行时为了使绳索保持一定的张紧力,不致因绳索松弛引起小车的冲击或绳索脱槽,可采用弹簧或液压张紧装置。由于驱动装置不装在小车上,因此不存在驱动轮打滑问题,这对于坡度大、高速运行的小车具有实际意义。牵引小车一般采用普通卷筒驱动[见图 4-121(a)],也可采用卷筒驱动的牵引绳卷绕形式[见图 4-121(b)],小车行程较大时也可采用双摩擦卷筒或驱绳轮驱动。

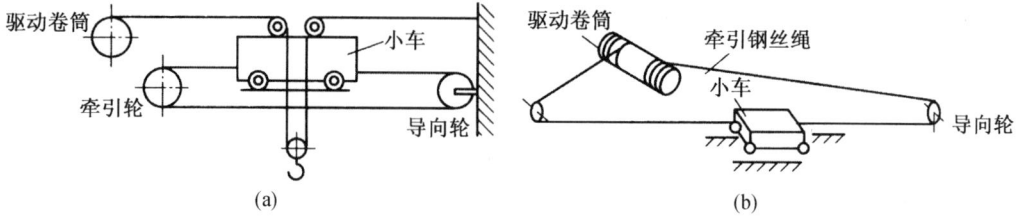

图 4-121　绳索牵引小车运行机构

绳索牵引式小车运行机构的传动效率较低,工作频繁时,钢丝绳磨损比较严重,因而只用于运行坡度较大或减轻小车自重很必要的场合,如岸边集装箱起重机、桥式抓斗卸船机等,其绳索牵引小车运行原理与结构参见起升机构。

(五)大车运行机构的典型构造

1.桥式起重机大车运行机构

(1)桥式起重机大车运行机构集中驱动

图 4-122(a)是桥式起重机低速轴集中驱动的传动简图。电动机、减速器安装在桥架的中央,减速器输出轴通过较长的低速传动轴带动两边的主动轮转动。这种传动方案虽然传

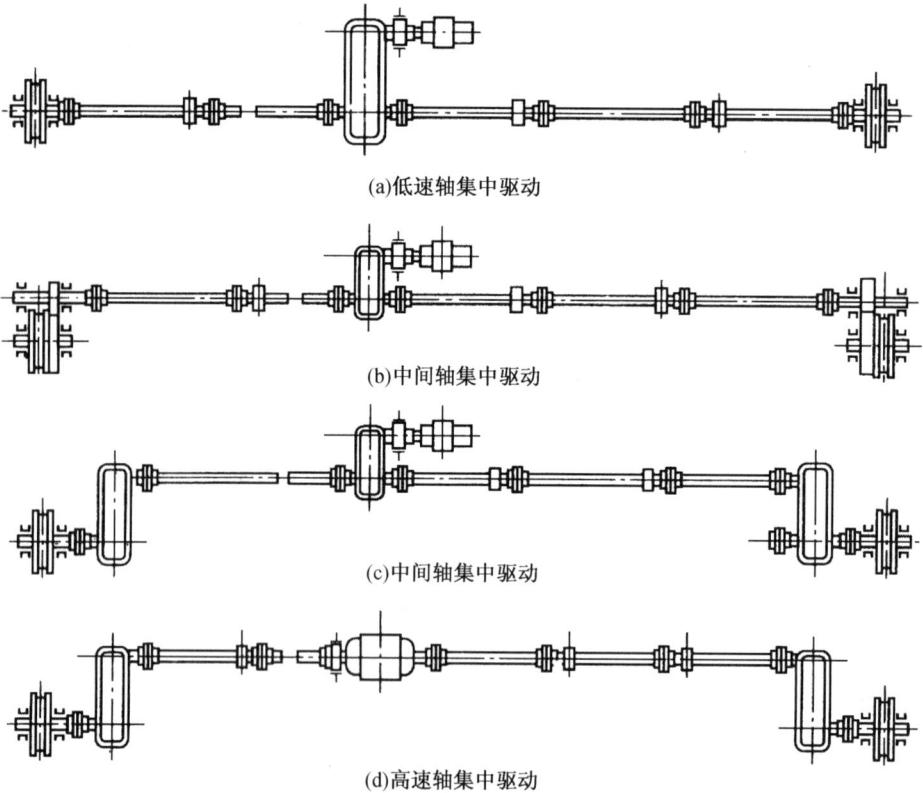

(a)低速轴集中驱动

(b)中间轴集中驱动

(c)中间轴集中驱动

(d)高速轴集中驱动

图 4-122　集中驱动布置方式

动轴所受到的扭矩较大,传动轴和联轴器等的重量也大,但对传动轴系统的加工、安装的精

度要求低,所以在跨度<16.5 m 的桥式起重机上应用。

图 4-122(b)所示的中间轴集中驱动的传动方案中还采用了开式齿轮传动,使传动系统复杂,维修保养麻烦,寿命较短,目前很少采用。

图 4-122(c)所示的中间轴集中驱动的传动方案中采用三个减速器,传动装置复杂,目前也很少采用。

图 4-122(d)所示的高速轴集中驱动的传动方案中因为传动轴转速太高,对传动轴系统的加工、安装要求高,工作可靠性差,目前很少采用。

(2)桥式起重机大车运行机构分别驱动

桥式起重机大车运行机构常采用分别驱动的方式,如图 4-123 所示。其中图 4-123(a)、图 4-123(b)、图 4-123(c)三种布置方案之间的差别是电动机、减速器和车轮之间的连接方式不同。在图 4-123(a)中,为了补偿电动机与减速器、减速器与车轮之间的安装误差,采用了两根较长的浮动轴。图 4-123(c)是无浮动轴的布置方式,结构紧凑,但安装精度要求高。图 4-123(b)设置了一根浮动轴,具有一定的安装误差补偿作用,结构也较紧凑,是目前应用较多的方式。

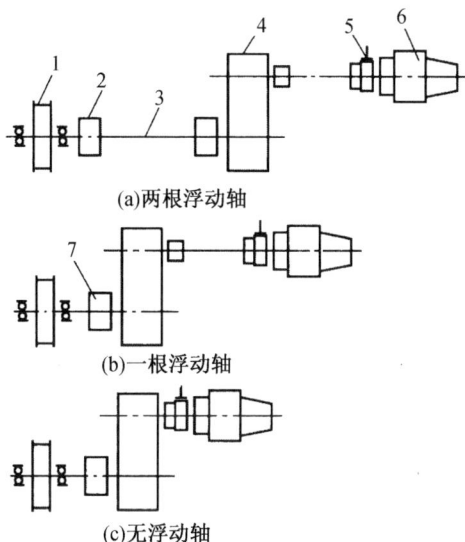

图 4-123　分别驱动布置方式

1—车轮;2—CLZ 型齿式联轴器;3—浮动轴;4—卧式减速器;
5—制动器;6—电动机;7—CL 型齿轮联轴器

在中小型桥式起重机大车运行机构中,已经相当广泛地采用将电动机、制动器和减速器三者合为一体的"三合一"驱动装置,如图 4-124 所示。这种装置结构紧凑、质量小、组装性好、不受桥架走台变形的影响,维修时可整台更换,是一种有发展前景的驱动装置。

2. 轮轨地面布置的大车运行机构

在场地或码头前沿运行的大车,其轮轨系统均设置于地面基础之上,运行机构均采用分别驱动并安装于轨道两侧的下横梁上。另外,此类大车运行还应考虑紧凑布置的要求,以尽可能减少对有效空间的占用,例如沿下横梁长度方向布置、立式套装减速器、垂直方向布置等。

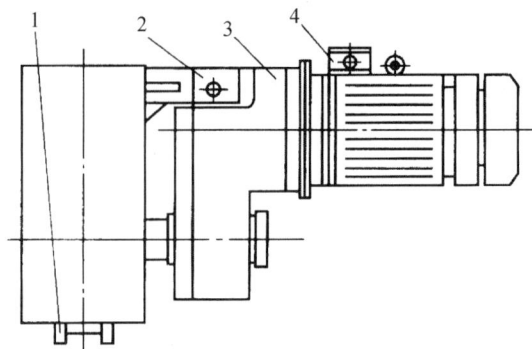

图 4-124 "三合一"驱动装置

1—车轮;2—连接架;3—减速器;4—带制动器的电动机

(1)卧式减速器布置方案

轮轨地面布置的大车运行机构可采用卧式电动机-卧式齿轮(或蜗杆)减速器-齿轮(或链轮)末级开式传动,安装于下横梁盖板之上,如图 4-125 和图 4-126 所示,末级大齿轮(或链轮)固定于主动轮上带动其运转,主动轮轴受载形式好(不承受运动转矩作用),但开式传动的密封润滑性较差,适用于中小机型。

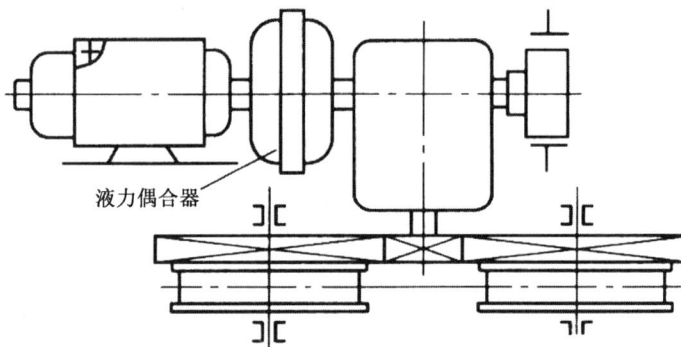

图 4-125 卧式蜗杆减速器大车运行机构(带液力偶合器)

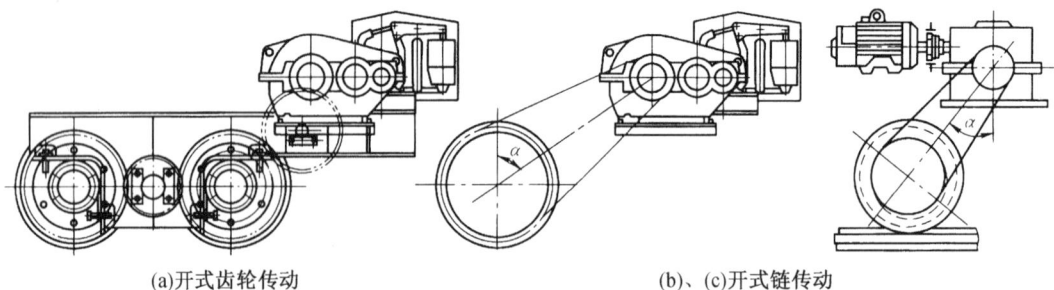

(a)开式齿轮传动   (b)、(c)开式链传动

图 4-126 卧式减速器大车运行机构

在电动机与减速器之间串接限矩型液力偶合器,可实现平稳起制动,减轻传动系统的冲击和振动,提高使用寿命和可靠性;同时,此方案还可将原来的起重用绕线电动机 YZR 改换为 Y 系列通用笼型电动机并直接起动。

从传动系统形式来看，采用齿轮传动效率高，但电动机与齿轮减速器连接所占用的横向尺寸较大，改用蜗杆减速器可实现沿下横梁长度方向布置，占用空间小但传动效率较低；与齿传动相比，链传动的布置较方便，对安装精度要求低，但应注意尽量加大两链轮中心线与铅垂线的夹角 α，以避免链条磨损伸长、重力下垂等导致的脱链事故。

（2）立式减速器分组式布置方案

轮轨地面布置的大车运行机构常采用电动机-立式减速器（齿轮或蜗杆）-低速联轴器（或套装）的传动方案，立式减速器安装于下横梁侧边，而电动机与制动器可安装于下横梁盖板之上，如图 4-127 所示。此类结构紧凑，无开式传动，使用寿命长；标准立式齿轮减速器-低速联轴器的组合占用横向空间较大，改用低速套装或标准立式蜗轮减速器套装方案等均可简化传动连接、紧凑横向尺寸。

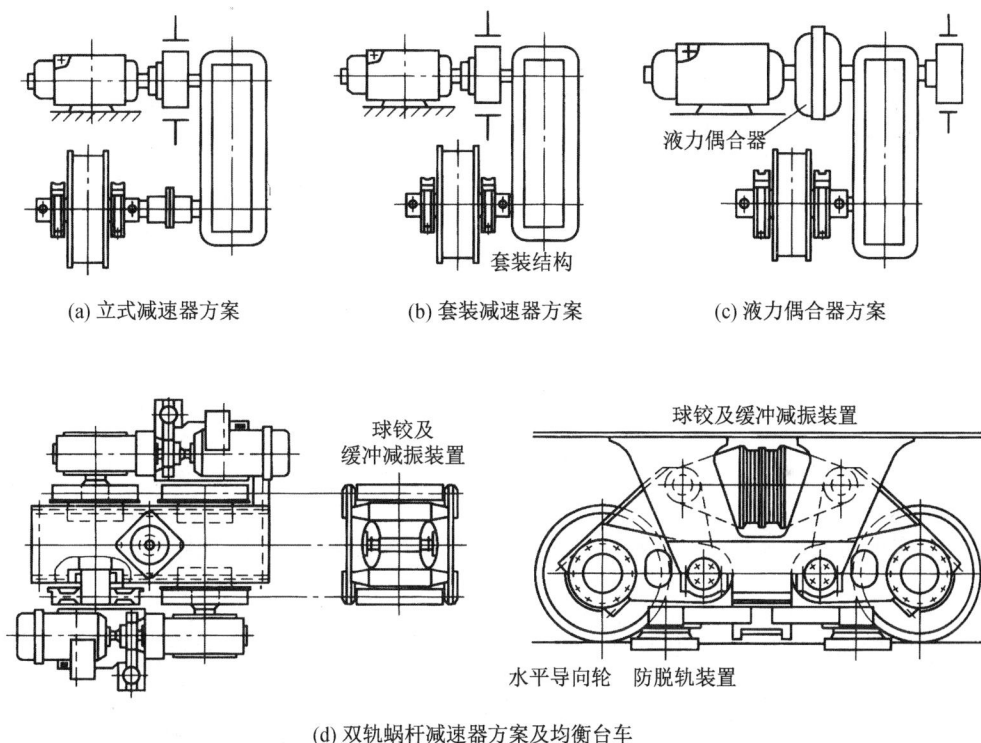

| (a) 立式减速器方案 | (b) 套装减速器方案 | (c) 液力偶合器方案 |

(d) 双轨蜗杆减速器方案及均衡台车

图 4-127 立式减速器分组式布置大车运行机构

（3）成组式布置方案

轮轨地面布置大车运行机构越来越多地采用"三合一"成组式布置方案，此类减速系统既可采用摆线针轮等行星传动形式，也可采用行星传动、齿轮（或蜗杆）组合传动形式，使其输入-输出轴系形成平行布置、垂直布置（立面或水平面）等方式，电动机可水平或立式安装，其中垂直轴线布置所占用的横向空间小，如图 4-128 所示。

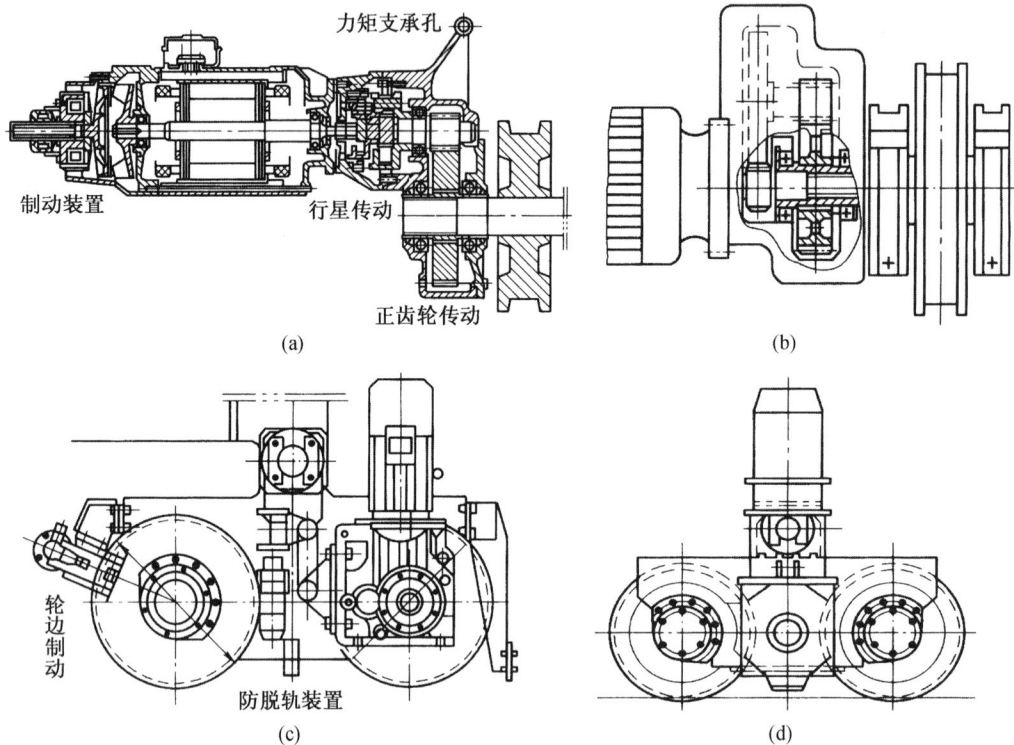

图 4-128 "三合一"成组式布置大车运行机构

复习思考题

1.起升机构是由哪几部分组成的？常用何种形式的制动器？单工作制动系统中,制动器通常安装在什么位置？为什么？

2.桥式起重机、门座起重机起升机构采用双卷筒时的布置方式有何异同点？为什么？

3.起升机构上常采用什么类型的减速器？如何选择减速器？

4.变幅机构的主要作用是什么？汽车起重机、塔式起重机各采用什么方法来改变幅度？从工作性质上它们又是属于何种变幅机构？各有什么特点？

5.变幅过程中实现载重水平位移与臂架自重平衡有什么意义？

6.实现载重水平位移的滑轮组补偿法的原理与特点是什么？

7.实现载重水平位移的四连杆式组合臂架的原理与特点是什么？

8.实现臂架自重平衡的杠杆-摆动对重平衡法的原理与特点是什么？

9.请简述齿条变幅驱动装置的主要结构与特点是什么,如何实现齿条与驱动小齿轮任何时候总是正确啮合？

10.轮胎起重机的变幅机构的作用是什么？为什么轮胎起重机一般不带载变幅？

11.为什么要在门座起重机上安装杠杆-摆动对重？阐述杠杆-摆动对重臂架自重平衡方式的结构、工作原理、工作过程。

12. 轮胎起重机的变幅机构为什么可以采用绳索滑轮组驱动装置？试分析其组成、工作过程及在使用中应注意的问题。

13. 在 M10-25 门座起重机上为什么可采用液压缸变幅驱动装置？分析液压缸传动的工作过程、传动特点及传动过程中应注意的问题。

14. 回转机构起什么作用？由哪些装置组成？各起什么作用？

15. 滚动轴承式回转支承装置有什么特点？

16. 转柱式回转支承装置中如何保证转柱中心的垂直度？

17. 回转驱动装置中为什么要设置极限力矩限制器，其工作原理是什么？如何调整。

18. 为什么起重机回转速度一般很低？为什么回转机构一般设置常开式制动器？

19. 为什么很多起重机回转机构常采用两套回转驱动装置？

20. 有轨运行起重机的运行支承装置由哪几部分组成的？为什么要采用台车？其工作原理是什么？

21. 牵引式有轨运行与自行式有轨运行的工作原理有什么不同，各有什么特点？分别使用在什么场合？

22. 门式起重机、桥式起重机、门座起重机的主动轮分别采用何种主动轮布置方式？为什么？

23. 起重小车运行机构采用何种驱动形式？阐述这种驱动形式的传动过程、传动特点。

24. 阐述卧式电动机-立式减速器传动、卧式电动机-蜗杆减速器传动的传动过程、传动特点，这两种传动方式适用何种类型的起重机？

25. 集中驱动和分别驱动各适用于什么场合？各有什么特点？

26. 简述运行驱动装置的组成及作用。

27. 有轨运行机构对轨道有哪些主要要求？

模块五

港口起重机的安全

单元一　安全工程基本原理概述

一、事故与安全基本概念

（一）事故、危险及危险源和危险因素

事故是指人们在进行有目的的活动过程中，突然发生违反人们意愿并可能使活动停止，同时可能造成人员伤亡、财产损失以及危害环境的意外事件。事故有自然事故和人为事故之分。自然事故是指由自然灾害造成的事故，如地震、洪水、旱灾、山崩、滑坡、龙卷风等引起的事故。人为事故是指由人为因素而造成的事故，这类事故既然是人为因素引起的就能够预防。事故往往由危险引发，并使人类正常的生产、生活活动处于危险状态。

危险是指一种潜在状态，其发生可能造成人员伤害、职业病、财产损失、作业环境破坏等。从某种意义上讲，危险意味着存在危险源和危险因素。危险源（危险的根源）是指系统中存在的、可能发生意外释放的能量或危险物质。现实中往往把拥有或产生能量（或危险物质）的能量源、物质源及其载体都视为危险源。危险因素是指导致事故发生的各种原因和因素，还包括能使约束能量的措施失效、破坏的因素等。

由此可见，危险源的存在是可能发生事故的前提条件，它决定了事故后果的严重性。危险因素是可能发生事故的触发条件，决定了事故发生的可能性。危险源所拥有的能量越大，且环绕危险源的危险因素越多，越频繁出现，则事故发生的可能性越大，事故后果越严重，系统就越危险。事故的发生是危险源和危险因素共同作用的结果。

事故具有偶然性和必然性、因果性和规律性、潜伏性和突发性、复杂性和难预测性等特点。偶然性反映了事故的发生是随机的,容易引起人的侥幸心理而产生忽视行为,必然性表明人的任何侥幸心理都可能导致严重的事故和后果。因果性反映了事故与危险源及危险因素的内在联系并表现出事故的发生具有某些规律,从而成为人类研究事故规律的前提条件,并使人们预防和控制同类事故成为可能。潜伏性是造成人类容易忽视危险源和危险因素的存在从而引发事故的主要原因。突发性指事故发生前没有任何征兆,突然发生使人措手不及,一般破坏性较大。复杂性和难预测性反映了事故内外相连、错综复杂的本质,是安全工作中遇到的最大难题,说明了安全工作的长期性、艰巨性和复杂性。在人类对事故发生(发展)规律缺乏充分认识之前,只有综合考虑事故的各种特性,并采取积极有效的对症措施,才能做到防患于未然。

(二)安全与系统安全

所谓安全,就是指不受威胁,没有危险、危害、损失。安全是人类在生产过程中,将系统的运行状态对人类的生命、财产、环境可能产生的损害控制在人类能接受水平以下的状态。

1.安全与危险相对立的概念

包括预知危险和消除危险两个基本含义,两者都是获得安全的必由途径且缺一不可,强调了人的主动性与安全的内在关系,由此已形成一种安全技术——危险控制技术。

2.安全与能量的概念

安全对能量和危险物质进行有效的约束,因此,限制和约束能量以及广义的隔离屏蔽技术是安全技术的重要分支。

3.安全与多重属性

强化安全的成果性(弱化依附性),安全不仅是一种目的,更应该是成果和获得成果的手段,强调后者突显了人的积极主动性和良好的安全成果观。

4.安全与系统安全

安全具有系统性,在功能、效率、时间、费用等约束条件下,实现人员和设备等所受损害及损害风险为最小值。总之,从广义上讲,安全是预知人类活动各个领域固有(或潜在)的危险,并为约束能量和消除危险而系统地采用各种技术、方法、手段和行为防止灾害的总称。港口起重机安全一定是一种系统安全。

二、事故致因理论概述

事故致因理论(模式)是研究事故及其因果关系,阐明事故发生(发展)过程和规律,以及预防方法和对策的理论,是一定生产力发展水平下的产物并与不同生产力发展阶段相适应,对于人们认识事故本质并指导事故调查、分析、预防及责任者处理等有重要作用。

(一)海因里希事故因果连锁理论

海因里希事故因果连锁理论的核心思想是:人员伤害不是一个孤立事件,而是一系列原因事件相继发生的结果。

1.遗传及社会环境

遗传因素及社会环境是造成人的性格上缺点的原因,遗传因素可能造成鲁莽、固执等不良性格;社会环境可能妨碍教育、助长性格上的缺点发展。

2. 人的缺点

人的缺点是使人产生不安全行为或造成机械、物质不安全状态的原因,它包括鲁莽、固执、过激、神经质、轻率等性格上的先天缺点,以及缺乏安全生产知识和技能等后天缺点。

3. 人的不安全行为或物的不安全状态

所谓人的不安全行为或物的不安全状态是指那些曾经引起过事故,或可能引起事故的人的行为,或机械、物质的状态,它们是造成事故的直接原因。例如,在港口起重机的吊荷下停留、不发信号就启动机器、工作时间打闹或拆除安全防护装置等都属于人的不安全行为;没有防护的传动齿轮、裸露的带电体、或照明不良等都属于物的不安全状态。

4. 事故

事故是由于物体、物质、人或放射线的作用或反作用,使人员受到伤害或可能受到伤害的、出乎意料的、失去控制的事件。坠落、物体打击等使人员受到伤害的事件是典型的事故。

5. 伤害

直接由于事故而产生的人身伤害。

用多米诺骨牌来形象地描述这种事故因果连锁关系(见图5-1),一颗骨牌被碰倒了,则将发生连锁反应,其余的几颗骨牌相继被碰倒。如果移去连锁中的一颗骨牌,则连锁被破坏,事故过程被中止。海因里希认为,企业安全工作的中心就是防止人的不安全行为,消除机械的或物质的不安全状态,中断事故连锁的进程从而避免事故的发生。

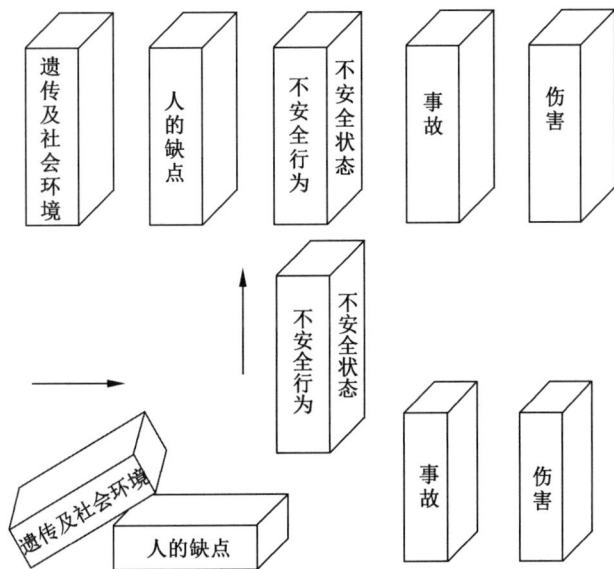

图 5-1　海因里希事故因果连锁示意图

(二)能量意外释放(转移)理论

能量意外释放(转移)理论认为,事故是一种不正常(或不希望)的能量(或危险物质)的意外释放或转移。人受伤害的原因是某种能量向人体的转移,因此,各种形式的能量(或危险物质)的意外释放(转移)是构成伤害事故发生的直接原因。预防伤害事故的发生,应当防止能量或危险物质的意外释放和转移,防止人体与过量的能量或危险物质接触。

防止能量转移的方法有许多:如限制能量,包括限制转动部件的速度、用低电压设备、用无危险性的溶剂等;防止能量释放,如密封、绝缘、用安全带等;在人与能量之间加屏蔽,如防火门、防爆墙、防护栏杆及警示牌示等;缓慢释放能量,如安全阀、爆破膜等;在能量上设置屏蔽,如在机器转动部位加防护罩,安装消声器等。

(三)人−物轨迹交叉理论

近几十年比较流行的是"人−物轨迹交叉理论"。该理论的基本思想是:伤害事故是许多相互关联的事件按顺序发展的结果。这些关联事件可概括为:人的因素——不安全行为;物的因素——不安全状态,两者运动轨迹在各自独立的发展过程中顺序延伸。当两类因素运动轨迹在时间、空间上相接触(交叉)时,就会发生事故造成伤害。伤害事故的预防为:避免人的不安全行为和物的不安全状态同时、同地出现。

人−物轨迹交叉理论强调人的因素、物的因素在事故致因中占有同样重要的地位。形成人不安全行为的原因有:人的生理、遗传、经济、文化、培训等因素;人的生理和心理状况、知识和技能情况、工作制度、人际关系等因素。涉及物的不安全状态的原因有:设计和制造过程以及标准缺陷等方面的基础原因;使用和维护保养等方面的管理原因。

三、安全管理的原理与原则

(一)预防原理与原则

1. 预防原理的含义

安全管理工作应当以预防为主,即通过有效的管理和技术手段,防止人的不安全行为和物的不安全状态出现,从而使事故发生的概率降到最低,这就是预防原理。

安全管理以预防为主,其基本出发点源自生产过程中的事故是能够预防的观点。除了自然灾害以外,凡是由于人类自身的活动而造成的危害,总有其产生的因果关系,探索事故的原因,采取有效的对策,原则上说能够预防事故的发生。由于预防是事前的工作,因此,正确性和有效性就十分重要。生产系统一般都是较复杂的系统,事故的发生既有物的原因,又有人的原因,事先很难估计充分。有时,重点预防的问题没有发生,但未被重视的问题却酿成大祸。为了使预防工作真正起到作用,一方面要重视经验的积累,对既成事故和大量的未遂事故进行统计分析,从中发现规律,做到有的放矢;另一方面要采用科学的安全分析、评价技术,对生产中的人和物的不安全因素及其后果做出准确的判断,从而实施有效的对策,预防事故的发生。

2. 运用预防原理的原则

(1)偶然损失原则

事故发生的后果(人员伤亡、健康损害、物质损失等),以及后果的大小如何,都是随机的,是难以预测的。反复发生的同类事故,并不一定产生相同的后果,这就是事故损失的偶然性。

对于人身事故,美国学者海因里希根据调查统计,得出重伤(包括死亡)、轻伤和无伤害事件发生的概率之比为 1∶29∶300。也有事故发生没有造成任何损失,但若再次发生完全类似的事故,会造成多大的损失,只能由偶然性决定而无法预测。

根据事故损失的偶然性,可得到安全管理上的偶然损失原则,即无论事故是否造成损失,为了防止事故损失的产生,唯一的办法是防止任何事故再次发生。

（2）因果关系原则

事故是许多因素互为因果连续发生的最终结果。一个因素是前一因素的结果,而又是后一因素的原因。事故的因果关系决定了事故发生的必然性,即决定了事故或迟或早必然要发生。掌握事故的因果关系,发现事故发生的客观规律,砍断事故因素的环链,就消除了事故发生的必然性,就可能防止事故的发生。

（3）3E 原则。

造成人的不安全行为和物的不安全状态的主要原因可归纳为技术原因、教育原因、身体和态度的原因、管理的原因等四个方面。针对这四个方面的原因,可以采取三种防止对策,即工程技术（Engineering）对策、教育（Education）对策和法制（Enforcement）对策。

技术对策是运用工程技术手段消除生产设施设备的不安全因素,改善作业环境条件,完善防护与报警装置,实现生产条件的安全和卫生。教育对策是提供各种层次的、各种形式和内容的教育和训练,使职工牢固树立"安全第一"的思想,掌握安全生产所必需的知识和技能。法制对策是利用法律、规程、标准以及规章制度等必要的强制手段约束人们的行为,从而达到消除不重视安全、违章作业等现象的目的。

（4）本质安全化原则

本质安全化原则来源于本质安全化理论。其指一开始就实现本质上安全,就可以从根本上消除事故发生的可能性,从而达到预防事故发生的目的。所谓本质实现安全化指的是设备、设施或技术工艺含有内在的能够从根本上防止发生事故的功能。

安全工程作为一项系统工程,涉及人-机-环境各方面,本质安全化应当不仅局限于设备、设施,而应扩展到安全工程的人-机-环境系统,实现人员的本质安全化、设备的本质安全化和作业环境的本质安全化。

（二）强制原理与原则

1. 强制原理的含义

采取强制管理的手段控制人的意愿和行动,使个人的活动、行为等受到安全管理要求的约束,从而实现有效的安全管理。一般来说,管理均带有一定的强制性。管理是管理者对被管理者施加作用和影响,并要求被管理者服从其意志,满足其要求,完成其规定的任务。不强制便不能有效地抑制被管理者的自由个性,不能将其调动到符合整体利益和目标的轨道上来。

安全管理需要强制性是由事故损失的偶然性、人的"冒险"心理以及事故损失的不可挽回性所决定的。安全强制性管理的实现,离不开严格合理的法律、法规、标准和各级规章制度,这些法规、制度构成了安全行为规范。同时,还要有强有力的管理和监督体系,以保证被管理者始终按照行为规范进行活动,一旦其行为超出规范的约束,就要有严厉的惩处措施。

2. 运用强制原理的原则

（1）安全第一原则

安全第一就是要求在进行生产和其他活动的时候把安全工作放在一切工作的首要位置。当生产和其他工作与安全发生矛盾时,要以安全为主,生产和其他工作要服从安全。

安全第一原则可以说是安全管理的基本原则,也是我国安全生产方针的重要内容。贯彻安全第一原则,就是要求所有领导者要高度重视安全,把安全工作当作头等大事来抓,要把保证安全作为完成各项任务、做好各项工作的前提条件。在计划、布置、实施各项工作时首先想到安全,预先采取措施,防止事故发生。该原则强调:必须把安全生产作为衡量企业工作好坏的一项基本内容,作为一项有"否决权"的指标,不安全不准进行生产。

(2)监督原则

为了促使各级生产管理部门严格执行安全法律、法规、标准和规章制度,保护职工的安全与健康,实现安全生产,必须授权专门的部门和人员行使监督、检查和惩罚的职责,以揭露安全工作中的问题,督促问题的解决,追究和惩戒违章失职行为。

安全管理带有很强的强制性,只要求人们自动贯彻实施安全法则,而缺乏强有力的监督系统去监督执行,则法规的强制威力是难以发挥的。随着社会主义市场经济的发展,企业成为自主经营、自负盈亏的独立法人,国家与企业、企业经营者与职工之间的利益差别,在安全管理方面也有所体现,表现为生产与安全、效益与安全、局部效益与社会效益、眼前利益与长远利益的矛盾。企业经营者往往容易片面追求质量、利润、产量等,而忽视职工的安全与健康。在这种情况下,必须建立专门的监督机构,配备合格的监督人员,赋予必要的强制权力,以保证其履行监督职责,才能保证安全管理工作落到实处。

四、事故预防的危险控制技术

(一)危险控制的目标和类型

由安全工程原理可知,危险控制的目标包括以下三个基本层次:控制危险源和危险因素,形成本质安全化;降低事故发生频率;降低事故严重程度并控制损害。

危险控制可分为宏观控制和微观控制两大类。宏观控制是指运用系统原理对整个系统实行危险控制,其手段主要包括法制手段(政策、法令、规章)、经济手段(奖、罚)和教育手段(长期、短期、学校、社会等)。微观控制是指运用系统原理对具体危险源实行危险控制,其手段主要为工程技术手段和管理措施。两种控制互相依存和补充,缺一不可。

(二)危险控制技术

微观危险控制的工程技术手段主要体现在设计视角,其六种具体方法按措施等级顺序分别为:消除危险、预防危险、减弱危险、隔离危险、危险联锁、危险警告。措施等级越高,危险控制效果越好,故应优先采用高等级措施。

1. 消除(根除)危险

避免事故发生最根本的方法就是消除(根除)危险,从根本上杜绝危险或将危险控制到无害化程度来达到系统的根本安全,即实现本质安全化。如采用无害工艺技术、以无害物质代替有害物质、装设安全制动器等。

2. 预防危险

当现阶段难以做到完全消除危险时,应进入预防危险阶段,可采取的预防性技术措施包括:安全系数法;故障最小化(优选目标之一),即增大安全阈,用可靠性技术降低故障率,在线安全监测监控体系,设备的修复和报废等;故障-安全设计,即通过合理的故障技术设计(包括部分或全部中断生产,或使系统处于低能量状态等),使系统自动避免进入可能造成能量意外释放的危险状态,从而保证系统安全,如电气系统中的熔断器、行程开关及工作原理等。

3. 减弱危险

在无法实现消除和预防危险时,可采取减弱危险的措施,如薄弱环节设计(接受小损失设计)、能量缓冲装置、以低毒物质代替高毒物质、避雷装置、减振装置等。

4. 隔离危险

把人员与危险源和危险因素从时间和空间上进行隔离,包括物理屏蔽和空间分离两种措施。物理屏蔽措施更为可靠和常见,如实物隔离(安全罩、防护屏、隔离操作室)、人员(个体)防护设备(防毒服、防护面具)、逃逸和营救设计(事故发生时的自救装置)、安全距离、遥控作业等。

5. 危险联锁

系统自动防止逻辑不相容事件(在不正确的时间上或错误的顺序等)发生从而终止危险进一步发展,包括闭锁、锁定、联锁,通称为联锁。联锁是最常用的安全方法之一,特别是在机电设备上常和隔离措施并用。

6. 危险警告

危险警告包括视觉告警和听觉告警(最好两者组合),如发光、信号灯、旗帜和彩带、标志和标记、符号和告警词语、发声、音乐、警铃、提示语等。

五、事故预防的防失误控制技术

防失误控制技术主要针对人的失误行为。人的失误是指人的某种失常行为,其结果已偏离规定目标或超出可接受界限并产生不良后果。人的不安全行为往往表现为当事人在系统中直接引发事故的错误行为,一般可以看作是人失误行为的特例。由于引发人失误的因素非常复杂,因此防止人失误是一项非常困难的工作,除教育、训练(矫正行为)等方法外,应尽可能优先采取技术措施防止人失误(其目标与危险控制时间)。

(一)用机器(或装置)代替人

由于机器是在人们规定的约束条件下运行,自由度较少,容易按人们的意图去运转,与人相比,机器的运转可靠性较高。对于简单重复的一般操作行为,人的失误概率为 $10^{-2} \sim 10^{-3}$,若用机器或装置代替人操作,则机器故障率(一般为 $10^{-4} \sim 10^{-6}$)远远小于人的失误概率。因此,在人容易失误的地方,优先采用机器(或装置)等自动技术代替人的操作,既可提高工作效率、减轻人的劳动强度,又可有效地避免或减少人的失误。

(二)采用冗余系统

含有冗余元素的系统称为冗余系统。采用冗余系统是提高系统可靠性的有效措施,也是提高人的可靠性、防止人失误的有效措施。防失误冗余系统主要有两人并行操作(一人操作一人监视,如果一人失误另一人可以纠正);人-机并行(人的缺点由机器来弥补,机器发生故障时由人员发现,并采取适当措施来克服);机-机并行(两套装置同时作用,一套装置失效另一套装置还能作用);审查(在时间比较充裕的场合通过审查可以发现失误、纠正失误)等措施。

(三)耐失误设计

耐失误(防失误)设计是通过精心设计,使得人员操作时不能发生失误或不易发生失误,若发生人员失误,也能使系统自动正确动作而不致产生严重后果,一般可包括:利用器物不同形状或尺寸防止连接操作失误;利用联锁装置防止误操作;使人失误无害化;采用紧急开关装置;采取强制措施使人员不能行为失误等。

(四)良好的人机工效

操作系统的设计与人的体力、体形和功能联系起来,使得人的操作更能够与人相适应,而不是要求人适应这些因素,使员工减少操作失误,提高工作效率与工作安全。

(五)警告

警告是提醒人们注意的主要技术措施,它提醒人们注意危险源的存在和一些操作中必须注意的问题。根据所利用的感官不同,警告分为:视觉警告、听觉警告、气味警告、触觉警告和味觉警告。

六、事故预防的本质安全化原理

(一)本质安全的概念

本质安全是指对生产系统已知危险源进行预先辨识、评价、分级,进而对其进行消除、减小和控制,当人员操作失误时,设备、系统能够自动保证安全;当设备、系统发生故障时,能够安全停止运转;生产制造过程中使用的物料对人体健康不产生影响,使事故始终处于受控状态。广义的本质安全是"人-机-环境-管理"这一系统表现出的安全性能。简单来说,就是通过优化资源配置和提高其完整性,使整个系统安全可靠。

本质安全理念认为,所有事故都是可以预防和避免的:一是人的安全可靠性。不论在何种作业环境和条件下,都能按规程操作,杜绝"三违",实现个体安全。二是物的安全可靠性。不论是在动态过程中,还是在静态过程中,物始终处在能够安全运行的状态。三是系统的安全可靠性。在日常安全生产中,不因人的不安全行为或物的不安全状况而发生重大事故,形成"人机互补、人机制约"的安全系统。四是管理规范和持续改进。通过规范制度、科学管理,杜绝管理上的失误,在生产中实现零缺陷、零事故。体现本质安全思想的内容主要集中在:

(1)系统安全性主要依靠系统自身内部(非系统之外的附加方法)来主动实现。

(2)该系统中人对机、物、环境系统具有良好的自适应性。

(3)尤其是构成系统的机、物、环境应对人具有良好的安全宜人性,甚至出现人失误等错误操作时,机、物、环境系统也能自动避免事故灾害的发生,保障生命、财产的安全。

在现实生产、生活中不可能获得绝对的本质安全,人们只可能实现与当前社会、科技、经济等发展水平相适应的系统本质安全化。

(二)港口起重机系统本质安全化设计

人类经过自身努力可以实现与其所处社会、经济、科技等相适应的系统本质安全化。除了提高从业人员的本质安全化素质以外,港口起重机本质安全化的源头应主要体现在设计,即体现于港口起重机"全寿命"的各阶段,包括设计、制造、安装、调试、使用、维护(包括故障诊断)、拆卸、运输、监督监查、报废及处理等,还应考虑机器系统的各种状态,包括正常作业状态、非正常状态和其他一切可能的状态。总之,港口起重机设计是系统安全的源头。

港口起重机本质安全化设计包括:牢固树立本质安全化设计理念(思想);实行本质安

全化系统设计;关注动力源、材料和制造工艺的本质安全性;设计本质安全的操纵控制系统;设计和建立可靠而有效的内部安全防护系统;履行安全人机工程的系统设计要求;施行科学而严密的安全管理设计;建立本质安全的监督监察制度体系。

(三)本质安全化根本原则

1.本质安全系统建立原则

安全先于经济;设计先于使用;可行设计措施不能推给用户施行,不能轻易使用遗留信息代替设计技术手段来解决安全问题;设计缺陷不可轻易用信息弥补,现有技术手段不能解决的设计缺陷应作为遗留风险通知用户。

2.本质安全设计技术优先顺序原则

直接安全技术措施——系统设计中能直接解决安全问题的技术措施,即本质安全技术(不包括使用专门的安全防护装置)。

间接安全技术措施——建立专门的安全防护系统;指示性安全技术措施——遗留风险信息通知用户(文字、符号等);附加预防技术措施(紧急状态及使用过程),如紧急开关、逃逸装置、装卸搬运、人员进入及退出等。

3.用户可采取的安全措施

这些安全措施包括:劳动防护、作业场地与环境安全及安全管理等。

单元二 港口起重机安全系统构建

一、港口起重机与起重的安全特点

港口起重机是用来对物品进行起重、输送、装卸或安装等作业的机械设备,其特殊的功能和结构形式,使港口起重机和起重作业方式本身具有以下安全特点:

(1)势能高,动能大,能量积聚;货种繁多,形态各异(有时甚至是危险品);高空悬吊,空间运动过程复杂而危险。

(2)金属结构体形高大,工作机构构造复杂,四大机构多维运动,庞大结构整体移动,拥有大量形状不一、运动各异的可动零部件,全系统危险点多而分散,增加安全防护难度。

(3)长时间带重载覆盖作业场地、设施和人员,空间移动范围大,加大危险的影响范围。

(4)机上机下群体作业,多道工序顺次组合,多人参与协调工作,动作信息交流困难,相互配合难度很大,无论哪个环节出问题,都可能发生意外。相关作业人员直接接触暴露的活动部件,潜在许多偶发的危险因素。

(5)作业环境复杂多变,地面设备多而杂乱,人员集中、场地限制、气候影响以及现场多伴有热、电、燃、爆等多种危险因素,都对设备和作业人员形成较大的安全威胁。

综上所述,港口起重机和起重作业所涉及的危险因素多,影响范围大,凸显了其安全工作的重要性和难度。相关人员在港口起重机设计、制造、安装、使用和维护保养等所有环节上稍有疏忽,都可能酿成重大的人员伤亡和损害事故。

二、起重安全事故类型

(一)重物坠落

重物超载、吊具破(损)坏、绳扣断裂、物件捆绑不牢、挂钩不当、意外脱钩、电磁吸盘突然失电、起升(变幅)机构主要零部件故障或损坏(特别是制动器失灵、钢丝绳断裂、相关安全防护装置失效等),都可能引发吊运重物坠落的危险事故。另外,处于系统高位置的无防护非固定物体以及系统零部件破坏后掉落等,也可能引发重物坠落的危险事故。

(二)金属结构破坏、垮塌、失稳倾覆

(1)由于操作不当(如超载、臂架变幅或回转过快等)、支腿未找平或地基沉陷等原因,使倾覆力矩增大,导致港口起重机倾覆。

(2)由于风载荷或坡度载荷等作用,港口起重机沿倾斜路面或轨道发生不应有的位移。

(3)使用不当(超载、运动干涉、相关安全防护装置失效)以及安装过程失稳等,会导致金属结构破坏、坠臂、倒杆或支腿垮塌等。

(三)夹挤和碾轧

由于港口起重机可运动部分与其他固定物之间缺少足够的安全(隔离)距离,使所吊重物及运行或回转的金属结构对人员造成夹挤;运行机构操作失误或制动器失灵引起溜车对人员造成碾轧伤害等。

(四)人员高处跌落

港口起重机自身高度大多超过安全防护临界高度(2 m),相关安全防护装置缺失(不当或失修)以及违规操作等,都可能使相关人员在正常操作、高处维护检修、拆装以及安全检查等环节面临从距离地面2 m以上的高处坠落的危险。

(五)触电

在输电线附近作业的港口起重机,其任何组成部分或吊物,若与高压带电体距离过近,感应带电或触碰带电物体等,都可引发触电伤害。另外,电动港口起重机上的相关人员也有可能发生触电事故。

(六)其他机械危险

相关人员身体与港口起重机运动零部件接触引起的绞、碾、戳等伤害,液压港口起重机液压元件破坏形成高压液体喷射所造成的伤害,系统运动中飞出物件的打击伤害以及港口起重机碰撞等。

(七)由物料导致的危险损害

搬运高温及液体金属,易燃易爆、毒化、腐蚀性以及其他有害物等危险品时,由于物料的物理、化学特性可能会导致相关人员烫伤、腐蚀、吸入粉尘、中毒等的伤害。

三、起重安全事故特性

(一)事故高发性且趋于大型化、群体化、恶性化

随着起重机大型化和行业高速增长趋势以及普遍而广泛的应用,国内起重行业进入事

故高发期,事故率显著增加,重大、特大事故时有发生,单起事故有时就会涉及众多人员,甚至造成群死群伤的惨状,并经常伴随大面积设备、设施的损坏和环境污染破坏。

(二)事故的突发性和集中性

起重事故多数会在没有预警情况下突然发生,特别是重物坠落和金属结构倾覆垮塌,有时甚至没有避让空间或逃离通道。另外,港口起重机可能会出现在同一设备上集中发生多起不同性质伤害事故的现象,这在其他类型机械中是不常见的。

(三)事故影响严重性

起重事故可能导致人员伤害和设备损失(坏),经济损失严重、社会影响恶劣。居事故之首的重物坠落,一旦发生往往会伤及相关人员,造成伤亡严重的恶性事故。位居事故第二的金属结构垮塌、失稳倾覆事故,也会造成极其严重的、甚至灾难性的后果。

(四)事故发生环节的全面性

港口起重机"全寿命"期各阶段的所有环节都可能发生事故,其中起重作业中发生的事故最多。

(五)事故发生具有行业特点

起重事故发生主要集中在建筑、冶金、机械和交通运输等行业,这与上述行业拥有起重设备数量多、使用频率高、作业复杂、作业条件恶劣等有关。

(六)事故类型与港口起重机类型相关

起重伤害事故统计表明,居前三位的伤害事故是重物坠落、金属结构失稳垮塌、夹挤和碾轧。重物坠落是各种港口起重机共同的易发事故。另外,桥式起重机的夹挤事故、汽车式起重机的倾覆事故、塔式起重机的倒塔折臂事故、室外有轨运行式起重机的失稳倾覆事故以及大型港口起重机的安装事故等都具有典型性。

(七)事故伤害涉及的人员范围广且集中

起重事故中司索工、起重工等直接相关人员受到伤害的比例最高,其中安全素质和安全意识低下的群体是事故高发群体。

四、港口起重机构造与安全

(1)港口起重机各工作机构(包括驱动装置)及取物装置,几乎集中了港口起重机所有的可动零部件,它们功能不同、类型繁多、形状复杂、正反交替、时动时停等,通过彼此协调动作,共同完成物品的空间移动,是港口起重机正常工作的危险区域(使相关人员的健康面临被危害的风险)。

(2)港口起重机各机构的危险程度不同。起升机构实现重物垂直方向的移动,是最直接和重点的危险区。运行、回转、变幅等机构实现物品的水平移动,工作区域面积大,涉及人员多、环境复杂等,是港口起重机上又一重点危险区。

(3)起升机构中的制动器、卷绕系统和取物装置等直接与作业对象发生联系,并需要作业人员介入,再加上取物装置与吊运物品构成联系,从而使操作区范围扩大,并不断变化成为机械伤害的高发区,也成为安全防护的重点和难点。

(4)运动着的庞大金属结构上的作业人员及司机室内的工作人员,面临着坠落、夹挤碾压、紧急状态逃生等潜在危险,是应该关注的另一个危险区。

(5)移动式支承装置的安全防护应比固定式更应引起注意。

(6)操作控制系统是作业人员最容易发生操作失误的一个环节,应加以重视。

(7)某些港口起重机的辅助机构对起重机的正常工作和移动非常重要,同样应加以重视。

(8)港口起重机与作业环境之间的关系也是一个应重视的环节。

(9)为了实现港口起重机及其各部分的安全工作,必须科学地设置门类齐全的安全防护装置,这是构建港口起重机安全系统的一个重点环节。

五、港口起重机安全管理体系

根据《中华人民共和国特种设备安全法》,港口起重机属于涉及生命安全、危险性较大的特种设备。国内特种设备安全技术管理的法规体系分为法律、法规、规章、规范、标准五个层次。涉及港口起重机的主要法规和规范为《中华人民共和国特种设备安全法》《特种设备安全监察条例》《起重机械安全监察规定》以及《起重机械安全技术监察规程——桥式起重机》(TSG Q0002—2008)、《起重机械制造监督检验规则》(TSG Q7001—2006)、《起重机械安装改造重大维修监督检验规则》(TSG Q7016—2016)、《起重机械定期检验规则》(TSG Q7015—2016)等。

六、港口起重机安全技术体系

除特种设备相关法律法规外,港口起重机安全技术体系的建立更多体现在标准层。港口起重机主要相关标准有《起重机设计规范》(GB/T 3811—2008)和《起重机械安全规程 第1部分:总则》(GB 6067.1—2010)以及其他各种相关标准等。

《起重机设计规范》(GB/T 3811—2008)中设有引言、范围、规范性引用文件、分级、起重机的计算载荷与载荷组合、结构、机械、电气、整体抗倾覆稳定性和抗风防滑、安全性、安全和附录等,对起重机设计及安全技术进行了系统规范。其中,为了反映政府加强安全管理的要求,顺应规范起重安全的社会呼声,针对起重机械和起重作业的安全特点、事故类型及特性、设备构造以及本质安全化理论与设计等,系统地汇集了有关起重机械系统安全相关内容,专门编制了"第9章 安全"部分,体现了"安全第一、预防为主"的安全理念。

《起重机械安全规程》(GB 6067—2010)由以下七部分组成:总则、流动式起重机、塔式起重机、臂架起重机、桥式和门式起重机、缆索起重机、轻小型起重设备。其中,总则部分共有19章:范围,规范性引用文件,金属结构,机构及零部件,液压系统,电气,控制与操作系统,电气保护,安全防护设置,起重机械的标记、铭牌、安全标志、界限尺寸与净距,起重机操作管理,人员的选择、职责和基本要求,安全性,起重机械的选用,起重机的设置,安装与拆卸,港口起重机的操作,检查、试验、维护与修理,起重机械使用状态的安全评估等。

《起重机械安全规程》(GB 6067—2010)系统规范了起重机械"全寿命"期各阶段的安全技术与安全管理,其总则部分相关章节直接由《起重机设计规范》(GB/T 3811—2008)"第9章 安全"内容引入。

单元三　港口起重机安全设计

一、安全设计及计算

港口起重机应按设计规范的相关规定进行结构、机械、电气、整体抗倾覆稳定性和抗风防滑安全性等的设计和计算。设计人员不仅要关注港口起重机使用功能设计,还应关注其自身本质安全化设计,这样才能满足安全使用的要求。港口起重机本质安全化设计与生产制造、运输安装、使用维护、监督检测等"全寿命"诸多环节有关,只有在系统设计之初就进行全面通盘的考虑,才能获得良好的本质安全效果,从而达到系统本质安全化目的。

二、标记、铭牌和安全标志

(1)港口起重机应有标记、铭牌和安全标志。

(2)港口起重机的规格标记应符合下列要求:

①额定起重量(或额定起重力矩),应永久性地标明在从地面容易看清的地方。

②额定起重量随幅度变化的起重机,应设有明显可见的额定起重量随幅度变化的曲线或表格;不同幅度区间有不同额定起重量的,各幅度区间及其对应的额定起重量应永久性地标明并明显可见;由制造商提供的操作说明书应该对不同幅度的起重量做出更详细说明。

③如果港口起重机配备有几个起升机构,则应分别标明每个起升机构的额定起重量;由制造商提供的操作说明书应指明这些起升机构是否可以同时使用。

(3)每台港口起重机都应在适当的位置装设铭牌,铭牌应至少标明制造商名称、产品名称和型号、主要性能参数、出厂编号和制造日期等。

(4)每台港口起重机应在其上适当的位置或工作区域设有明显可见的文字、安全警示标志,如"起升物品下方严禁站人""臂架下方严禁停留""作业半径内注意安全""未经许可不得入内"等;在港口起重机的危险部位应有安全标志,安全标志应符合《安全标志及其使用导则》(GB 2894—2008)和《起重机 安全标志和危险图形符号 总则》(GB 15052—2010)的规定;安全标志的颜色应符合《安全色》(GB 2893—2008)的规定。

三、界限尺寸和净距

(1)在最不利位置和最不利装载条件下,港口起重机的所有运动部分(吊具和其他取物装置除外)与建筑物的净距规定如下:距固定部分不小于0.05 m;距任何栏杆或扶手不小于0.10 m;距出入区不小于0.50 m(出入区是指允许人员进出的所有通道,但工作平台除外)。

(2)具有水平滚轮或带轮缘车轮导向的桥式起重机等,考虑其沿轨道运行时可能产生一定的偏斜,其侧方与外部固定部分的间隙尺寸不应小于0.08 m。

(3)起重机各运动部分的下界限线与下方的一般出入区(从地面或从属于建筑物的固定或活动部分算起,工作或维修平台及类似物除外)之间的垂直距离不应小于1.7 m,与通常不准人出入的下方的固定或活动部分(例如棚顶、加热器、机械部分和运行在下方的起重机等)及与栏杆顶部的垂直距离不应小于 0.5 m。

(4)起重机各运动部分的上界限线与上方的固定或活动部分(例如起重小车的最高处与房顶结构最低点、下垂吊灯、下敷管道或与运行在其上方的起重机的最低点)之间的垂直距离,在保养区域和维修平台等处不应小于 0.5 m;如果不会对人员产生危险,这个距离可以减小到 0.1 m。

(5)起重机上任何部件与高压输电线的最小距离为 1.5 m(电压<1 kV);3 m(电压为 1~35 kV);0.01(v-50)+3 m(电压≥60 kV)。

四、司机室

起重机司机室除应符合《起重机 司机室 第 1 部分 总则》(GB/T 20303.1—2006)的规定外,还应满足以下要求:

(1)当臂架俯仰摆动或臂架及物品坠落会影响司机室安全时,司机室不应设置在起重臂架的正下方。

(2)当存在坠落物砸碰司机室的危险时,司机室顶部应装设有效的防护。

(3)在室外或在没有暖气的室内操作的起重机(除气候条件较好外),宜采用封闭式司机室。在高温、蒸汽、有尘、有毒或有害气体等环境下工作的起重机,应采用能提供清洁空气的密封性能良好的封闭司机室。在有暖气的室内工作的起重机司机室或仅作辅助性质工作、较少使用的起重机司机室,可以是敞开式的;敞开式司机室应设高度 $h \geqslant 1$ m 的护栏。

(4)除极端恶劣的气候条件外,在工作期间,司机室内的工作温度宜保持在 15~30 ℃。长期在高温环境工作的司机室内应设降温装置,底板下方应设置隔热板。

(5)司机室应有安全出入口。当司机室装有门时,应防止其在起重机工作时意外打开。司机室的拉门和外开门应通向同一高度的水平平台。司机室外无平台时,一般情况下门应向里开。流动式起重机司机室回转门应向外开,滑动门应向后开。

(6)司机室的窗离地板高度不到 1 m 时,玻璃窗应做成不可打开的或加以防护,防护高度不应低于 1 m。司机室地板上装有玻璃的部位也应加以防护。司机室底窗和天窗安装防护栏时,防护栏应尽可能不阻挡视线。

(7)司机室地板应用防滑的非金属隔热材料覆盖。

(8)用于司机室工作面上的照度不应低于 30 lx。

(9)重要的操作指示器应有醒目的显示,并安装在司机方便观察的位置。指示器和报警灯及急停开关按钮应有清晰永久的易识别标志。指示器应有合适的量程并应便于读数。报警器应具有适宜的颜色,危险显示应用红灯。

五、通道和平台

(1)起重机上所有操作部位以及要求经常检查和保养的部位(包括臂架顶端的滑轮和运动部分),凡离地面距离超过 2 m 的,都应能通过斜梯(或楼梯)、平台、通道或直梯到达,梯级的两边应装护栏;不论起重机在什么位置,通道、斜梯(或楼梯)、平台都应有安全出入口。如臂架可放到地面或人员可到达的部位进行全面直接检查,或者设有其他构造能进行直观检查时,则臂架上也可以不设置通道。

（2）起重机处在正常工作状态下的任何位置时，人员应能方便安全地进出司机室。

如果起重机在任何位置，人员不能直接从地面进入司机室，且司机室地板离地面的高度不超过 5 m，司机室内配备有合适的紧急逃逸装置（例如绳梯）时，则司机室进出口可以限制在某些规定的位置。

如果起重机在任何位置，人员都不能直接从地面进入司机室，以及司机室的地板离地面的高度超过 5 m 时，起重机应设置到达司机室的通道。对于桥式起重机等，如能提供适当的装置使人员方便安全地离开司机室，则司机室进出口可以限制在某些规定的位置。

一般情况下应通过斜梯或通道，从同司机室地板一样高且备有栏杆的平台直接进入司机室。平台与司机室入口的水平间隙不应超过 0.15 m，与司机室地板的高低差不应超过 0.25 m。只有在空间受到限制时，才允许通过司机室顶部或地板进入司机室。

（3）斜梯、通道和平台的净空高度不应低于 1.8 m。运动部分附近的通道和平台的净宽度不应小于 0.5 m。如果设有扶手或栏杆，在高度不超过 0.6 m 的范围内，通道的净宽度可减至 0.4 m。固定部分之间的通道净宽度不应小于 0.4 m。

起重机结构件内部很少使用的进出通道，其最小净空高度可为 1.3 m，但此时通道宽度应增加到 0.7 m。只用于保养的平台，其上面的净空高度可以减到 1.3 m。

（4）工作人员可能停留的每一个表面都应当保证不发生永久变形。

（5）通道和平台表面应防滑，地板上的单个孔洞和间隙的尺寸不应使直径为 20 mm 的球体穿过，且孔隙长度等于或大于 200 mm 时，其最大宽度为 12 mm。

（6）通道离下方裸露动力线的高度小于 0.5 m 时，应在这些区域采用实体式地板。当通道靠近动力线时，应对这些动力线加以保护。

六、斜梯和直梯

凡高度差超过 0.5 m 的通行路径应做成斜梯或直梯。高度不超过 2 m 的垂直面上（例如桥架主梁的走台与端梁之间），可以设踏脚板，踏脚板两侧应设有扶手。

（一）斜梯

（1）斜梯的倾斜角不宜超过 65°，在特殊情况下，倾斜角也不应超过 75°（超过 75°时按直梯设计）。

（2）斜梯两边应设置栏杆。两边栏杆的间距：主要斜梯不应小于 0.6 m；其他斜梯可取为 0.5 m；斜梯的一侧靠墙壁时，只在另一边设置栏杆，栏杆高度不小于 1 m。

（3）梯级的净宽度不应小于 0.32 m，单个梯级的高度宜取为 0.18~0.25 m，斜梯上梯级的进深不应小于梯级的高度，连续布置的梯级，其高度和进深均应为相同尺寸。

（4）梯级踏板表面要防滑。

（二）直梯

（1）直梯两边撑杆的间距不小于 0.40 m，两撑杆之间梯级宽度不应小于 0.30 m，梯级的间距应保持一致，宜为 0.23~0.30 m，梯级离开固定结构件至少应为 0.15 m，梯级中心 0.1 m 范围内应能承受 1.2 kN 的分布垂直力而无永久变形。

（2）人员出入的爬越孔尺寸，方孔不宜小于 0.63 m×0.63 m，圆孔直径宜取为 0.63~0.80 m。

（3）高度 2 m 以上的直梯应有护圈，护圈从 2.0 m 高度起开始安装，护圈直径宜取为 0.6~0.8 m。护圈之间应由三或五根间隔布置的纵向板条连接起来，并保证有一根板条正对着直梯的垂直中心线。相邻护圈之间的距离：当护圈设置三根垂直板条时，不应大于 0.9 m；当护圈设置五根垂直板条时，不应大于 1.5 m；安装了纵向板条的护圈在任何一个 0.1 m 的范围内应可以承受 1 kN 的分布垂直力，不允许有永久变形。

（4）除非提供有其他合适的把手，直梯的两边撑杆至少要比最上一个梯级高出 1.0 m，当空间受限制时，此高出的高度也不应小于 0.8 m。

（5）装在结构内部的直梯，如果结构件的布置能够保证直径为 0.6 m 的球体不能穿过，则可不设护圈。

（6）直梯每 10 m 至少应设一个休息平台。如果空间不够，可将平台设置于直梯的旁边。

（7）直梯的终端宜与平台平齐，梯级终端踏板或踏杆不应超过平台平面。

（8）如梯子在平台处不中断，则护圈也不应中断，但应在护圈侧面开一个宽为 0.5 m、高为 1.4 m 的洞口，以便人员出入。

七、栏杆

（一）安装部位

在起重机上的以下部位应装设栏杆：用于起重机安装、拆卸、试验、维修和保养且高于地面 2 m 的工作部位；通往离地面高度 2 m 以上的操作室、检修保养部位的通道；在起重机上存在跌落高度大于 1 m 的危险通道及平台。

（二）设置要求

（1）栏杆上部表面的高度不低于 1 m，栏杆下部有高度不低于 0.1 m 的踢脚板，在踢脚板与手扶栏杆之间有不少于一根的中间横杆，它与踢脚板或手扶栏杆的距离不得大于 0.5 m。对净高不超过 1.3 m 的通道，手扶栏杆的高度可以为 0.8 m。

（2）在手扶栏杆上的任意点任意方向应能承受的最小力为 1 kN，且无永久变形。

（3）栏杆允许开口，但开口处应有防止人员跌落的保护措施。

（4）在沿建筑物墙壁或实体墙结构设置的通道上，允许用扶手代替栏杆，这些扶手的中断长度（例如为让开建筑物的柱子、门孔）不宜超过 1 m。

八、液压系统

（1）液压系统应有防止过载和冲击的安全装置。采用溢流阀时，溢流阀的最高工作压力不得大于系统最大工作压力的 1.1 倍，同时不得大于液压泵的额定压力。

（2）系统中应防止系统背压对制动器的意外控制和损坏零部件。

（3）液压系统中，应有防止被物品或臂架等部件作用，使液压马达超速的措施或装置，如平衡阀。

（4）平衡阀与变幅液压缸、伸缩臂液压缸、顶升液压缸和液压马达的连接应是刚性连接。如果与平衡阀的连接管路过长，在靠近压力管路接头处应装设自动保护装置（防破裂阀），以避免出现任何意外的起升物品下降。

(5)液压系统工作时,液压油的最高温升不得影响安全性能。液压系统应在合适部位设置排气装置。

(6)液压系统中使用的蓄能器,应在其上或附近的明显处设置安全警示标志。应在标志或使用说明书中标明蓄能器的预定压力和充填介质的充气量。

(7)液压钢管及其终端部件,爆破压力与工作压力的安全系数应不小于2.5。

(8)液压软管及其终端部件,爆破压力与工作压力的安全系数应不小于4。

(9)液压缸的端口和阀(例如保护阀)之间的焊接或装配连接件,爆破压力与工作压力的安全系数不小于2.5。

(10)对于工作压力超过5 MPa和/或温度超过50 ℃,并位于起重机操作者1 m之内的液压软管,应加装防护安全措施。

九、电气安全要求

(1)起重机电源滑触线通常采用型钢、铜质刚性滑触线或安全滑触线,根据起重机运行环境及运行速度进行选择。滑触线应布置合理,与周围设备应有足够的安全距离,或采取安全防护措施,当人靠近时不会意外触及。物品(或吊钩)摆动时,不得碰触到滑触线。

(2)供电系统中有触电危险的主滑触线应涂有安全色,并在适当的位置装设安全标志或表示带电的指示灯。

(3)起重机应有指示总电源分合状况的信号,必要时还应设置故障信号或报警信号。信号指示应设置在司机或有关人员视力、听力可及的地点。

十、控制和操纵的安全与布置

(一)一般原则

(1)控制与操纵系统的设计和布置应能避免发生误操作的可能性,保证在正常使用中起重机能安全可靠地运转。

(2)应按人机工效学有关的功能要求设计和布置所有控制手柄、手轮、按钮和踏板,并保证有足够的操作空间,最大限度地减轻司机的疲劳,将发生意外时对人员造成的伤害和财产损失的可能性降至最小。

(3)控制与操作系统布置应使司机对起重机工作区域及所要完成的操作有足够的视野。

(4)尽可能地将操纵杆(踏板或按钮等)布置在司机手或脚能方便操作的位置。操纵装置的运动方向也应尽可能地设置得适合人的肢体的自然运动。例如,脚踏控制装置应采用向下的脚踏力操作而不能用脚的横向运动触碰操作。

(5)用来操纵起重机控制装置所需的力应与使用此控制装置的使用频度有关,应随机型变化并按人机工效学来考虑。

(6)应设置紧急情况下可迅速断开总动力电源的红色急停按钮。急停按钮应是非自动复位式的,并设置在司机操作方便的地方。

(二)司机室控制装置的操纵

(1)控制器的操作方向应与其所控制对象的运动方向一致或者合乎逻辑关系。

（2）合适的操作方向是指起重机司机面向控制器时,操纵控制器时手的动作方向和所产生的效应要协调,采用手柄控制操作时的手柄方向与起重机运动的关系如表 5-1 所示,采用手轮控制操作时的手轮旋转方向与起重机运动的关系如表 5-2 所示。

表 5-1　手柄方向与起重机运动的关系

机构	机构运动方向	手柄方向
起升机构、变幅机构	起升、向里变幅	向着司机(手柄向后)
	下降、向外变幅	离开司机(手柄向前)
回转机构	向左回转	手柄向左
	向右回转	手柄向右

表 5-2　手轮旋转方向与起重机运动的关系

机构运动方向	手轮旋转方向
起升、向里变幅、向右回转	顺时针旋转
下降、向外变幅、向左回转	逆时针旋转

（三）司机室控制装置的布置与标识

（1）控制装置的位置设计,应在使其接通一个或几个控制装置时,一般不会无意识地再接通另外的控制装置。

（2）当操纵装置较多时,起重机主要的控制与操纵装置宜安排在司机座位的右侧。在布置了以手操纵控制器为主要操纵装置的情况下,可以安排脚踏操纵控制器。

（3）在每个控制装置上,或在靠近它的位置处,应贴上文字标志或符号以区别其功能,清晰地表明所操纵实现的港口起重机的运动方向。

（四）其他控制

（1）对于采用多个操作控制站控制一台港口起重机的同一机构(如司机室操纵和地面操纵),应具有互锁功能,在任何给定时间内只允许一个操作控制站工作。应装有显示操作控制站工作状态的装置。每个操作控制站均应设置紧急停止开关。

（2）采用无线遥控的起重机,港口起重机上应设有明显的遥控工作指示灯。

（3）采用无线控制系统(例如无线电、红外线)应符合下列要求:

①应采取措施(如钥匙操作开关、访问码)防止擅自使用操作控制站;

②每个操作控制站应带有一个预定由其控制的一台或数台港口起重机的明确标记;

③操作控制站应设置一个起动起重机上的紧急停止功能的紧急停止开关;无线控制系统对停止信号的响应时间间应不超过 550 ms;

④当检测不到高频载波或收不到数据信号时,应实现被动急停功能,应在 1.5 s 之内切断通道电源;当通道的突发噪声干扰超过 1 s 或在 1 s 内检测不到正确的地址码时,应切断通道电源。

十一、起重机的使用维护文件

（1）起重机设计者或起重机制造商应向用户提供《起重机操作手册》,指导用户安全使用起重机,其内容应符合《起重机 起重机操作手册 第1部分 总则》(GB/T 17909.1—1999)的规定。

(2)起重机设计者或制造商应向用户提供《起重机维护手册》,指导用户对起重机进行正常的维护保养,其内容应符合《起重机 起重机维护手册 第1部分 总则》(GB/T 18453—2001)的规定。

十二、起重机的有效使用期

起重机都是按一定的理论寿命即设计预期寿命进行设计的,但起重机设计预期寿命并不完全等同于起重机的有效使用期。

起重机是有设计预期寿命和实际使用寿命的一种设备,在实际使用中,起重机不能也不应该长时间无节制地永久使用下去。

对起重机的有效使用期产生有害影响的主要因素是:疲劳现象、磨损、腐蚀、操作、装配和拆装时的偶发事故、超载、保养不良等。

单元四 港口起重机的安全防护系统及设置要求

一、港口起重机安全防护装置类型

(一)按归属部分(或区域)分类

港口起重机的组成和构造十分复杂,机上不同部分或区域可能存在的危险(危险源和危险因素)不尽相同,故不同归属部分的安全防护装置的类型及防护要求也不同。

1. 起升(变幅)机构的安全防护系统

该系统主要针对的是起重物坠落的事故类型。超载,吊具损坏,物件捆绑不牢,挂钩不当,电磁吸盘突然失电,起升机构的零件故障、损坏(特别是制动器失灵、钢丝绳断裂)等都可能引发起重物坠落。起升(变幅)机构的安全防护装置包括起重量限制器、起重力矩限制器、行程限制器、防脱钩装置、钢丝绳防脱槽装置和断绳保护装置等。另外,对起升机构的防护要求又使得安全装置经常形成冗余配置,如双制动、双重双向限位等。

2. 运行(回转)机构安全防护系统

该系统主要针对的是夹挤、碰撞和碾轧、失稳倾覆等事故类型。其安全防护装置包括行程限位器、偏斜指示和限制器、极限力矩限制器、轨道清扫器、缓冲器及轨道端部止挡、防风装置、栏杆等。对运行(回转)机构的防护要求应考虑工作期间和非工作期间两种状态。

3. 金属结构部分的安全防护系统

该系统主要针对的是金属结构破坏、垮塌、失稳倾覆、人员高空跌落等事故类型。引发这类事故的原因有:

(1)操作不当、支腿未找平或地基沉陷等,导致起重机倾覆。

(2)坡度或风载荷作用,使起重机沿倾斜路面或轨道发生不应有的位移。

(3)金属结构破坏,导致坠臂、倒杆、主梁或支腿垮塌等。金属结构上的安全防护装置包括幅度指示器、防止吊臂后倾装置、防风锚泊装置、底座水平仪、风速仪、防倾覆安全钩、支腿伸缩锁定装置和回转锁定装置等。

（4）电气部分的安全防护系统主要针对的是配电系统、电动机、供电线路、错相和断相、零位和失压、异常失电、超速、行程限位、接地、避雷、触电、空中障碍、照明、舱门开关以及其他控制部分等。电气保护一般应具有自动性、联锁、警告和一触即发等功能。

另外，还应针对物料导致的危险、飞出物体伤人及其他机械电气危险等事故类型建立防护系统，其安全防护工作原理主要是隔离和屏蔽、联锁、警告等，包括危险物隔离及防护、栏杆、防护罩、导线滑线防护板、检修吊笼、登机信号、舱口安全装置等。

（二）按防护对象物（危险源和危险因素）分类

港口起重机安全防护装置按防护对象物可分为防止超载的安全防护装置、限制运动行程和特定位置的安全防护装置、防止港口起重机危险运动的安全防护装置、防止港口起重机处于危险状态的安全防护装置、防止其他危险因素的安全防护装置、电气系统安全保护装置、港口起重机的安全防护警示。

安全防护装置的防护对象物（危险源和危险因素）不同，其所针对的事故类型、频发性、严重性、防护要求和防护原理等都会不同，并且在港口起重机上的装设要求也不相同。

二、港口起重机安全防护原理及设置要求

针对港口起重机及起重作业安全和事故特点，在港口起重机上积极配置不同类型且功能齐全的主动安全防护系统是实现本质安全化的主要技术措施之一。港口起重机安全防护装置按系统安全级别的要求可分为"应装"和"宜装"两个等级，按具体防护对象物（危险源和危险因素）的不同可分为七大类。

（一）防止超载的安全防护装置

1.起重量（起升载荷）限制器

除试验状况下，正常工作的起升机构不允许吊运超过额定起重量的货物，否则可能引发重物坠落、金属结构垮塌、港口起重机倾覆等严重事故。因此，工作中有超载可能的起升机构应设置起重量限制器。

起重量（起升载荷）限制器功能设置为：当实际起重量超过95%额定起重量时，起重量限制器宜发出报警信号；当实际起重量为100%～110%额定起重量时，起重量限制器应自动切断起升动力源并上闸制动停车，从而避免超载所引发的各种危险，但应允许机构做物品下降运动。

起重量（起升载荷）限制器按工作原理可分为机械式、电子式等，机械式的综合误差不应大于8%，电子式的综合误差不应大于5%。

（1）机械式超载限制器

机械式超载限制器的种类较多，大体有杠杆式、偏心轴式和弹簧式三种。

杠杆式超载限制器，如图5-2所示，主要由杠杆、弹簧及限位开关等组成。在正常的起重作业中，杠杆随吊重的增加而产生顺时针的转动以达到平衡。当吊重达到额定起重量时，杠杆上的撞杆触动与起升机构线路联锁的限位开关，使机构断电，停止工作，从而起到超载限制作用。

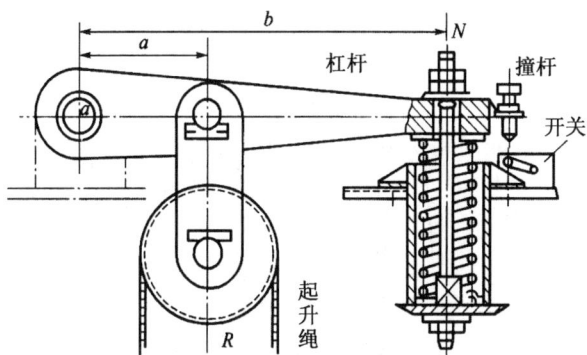

图 5-2　杠杆式超载限制器

偏心轴式超载限制器主要由偏心轴、滑轮、杠杆、弹簧、限位开关等组成,如图 5-3 所示。它也是靠钢丝绳的合力对偏心轴产生偏心力矩使杠杆转动压缩弹簧,触动限位开关而起到超载保护作用。

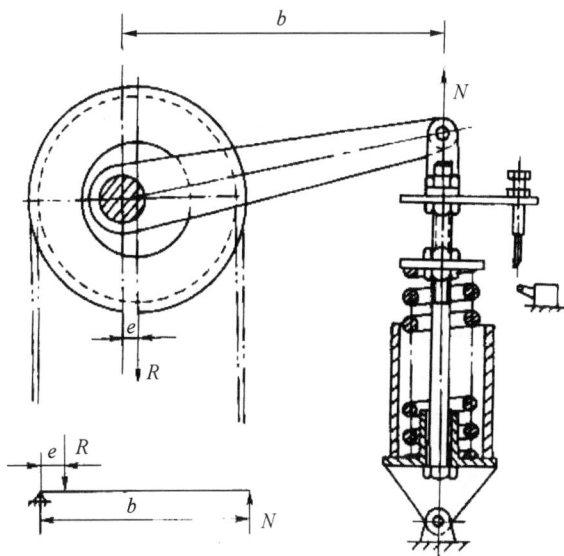

图 5-3　偏心轴式超载限制器

弹簧式超载限制器如图 5-4 所示。主要由两个导向滑轮、一个可浮动的支持滑轮、支架、弹簧、行程开关等组成。起升绳从导向滑轮上方与支持滑轮下方穿过。起吊重物时,张紧的起升绳对浮动的支持滑轮产生向上的作用力,在正常起重作业中,此力与装在支架上的弹簧力相平衡,随着重量的增加,弹簧的压缩量相应增大,起重量达到规定值时,撞杆触动开关,起升机构断电。

机械式超载限制器构造简单,但是体积和重量较大,精度较低。

(2)电子式超载限制器

电子式超载限制器克服了机械式超载限制器体积大、重量大、精度低等缺点,并可以随时显示起吊物品的重量,因而在起重机上被广泛应用。主要由载荷传感器、电子放大器、数字显示装置、控制仪表等组成一个自动控制系统。图 5-5 是一种电子式超载限制器的工作原理框图。起重机上的电子式超载限制器常用的传感器有筒式和环式两种,如图 5-6 所示。

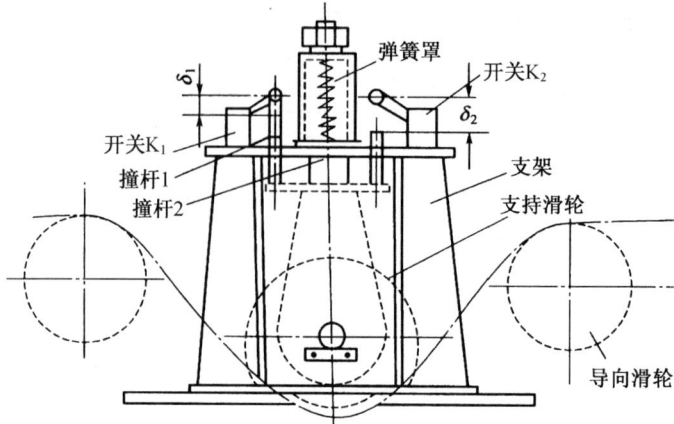

图 5-4　弹簧式超载限制器

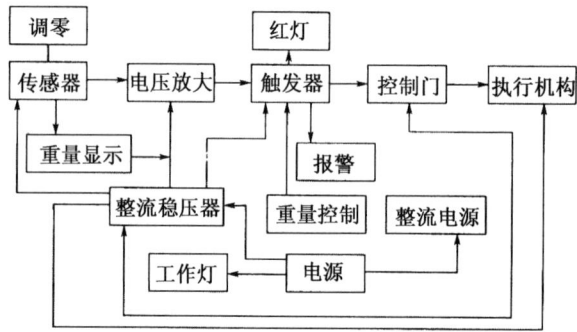

图 5-5　电子式超载限制器工作原理

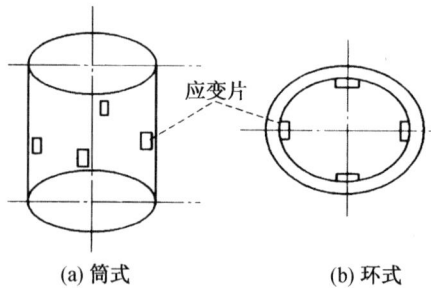

图 5-6　传感器

传感器用弹性较好的合金钢制成,表面贴有 4 片电阻应变片,并构成电桥回路,其作用是将载荷(力信号)的变化转换为电信号的变化。起重机吊重物时,载荷传感器的金属筒或环受载荷作用发生变形。贴在上面的应变片也随之变形,电阻值发生变化,于是,原来经过调零的电桥失去平衡,输出端上出现与所受载荷成正比的微弱电压信号,并将信号送入电压放大器。经放大器处理后即可从显示仪表上看到起吊重物的重量,当载荷超过规定数值时,触发器即动作,红灯闪亮并报警。当载荷超过额定起重量时,即自动切断起升机构的电源。

载荷传感器按受载方式有压力传感器与拉力传感器之分,并有不同的安装方式。当采用压力传感器时,需要采用图 5-7(a)所示的安装方式,即把压力传感器安装在定滑轮轴下。这种方式需要起重机的结构具有容纳压力传感器的间隙。当采用拉力传感器时,应采用图 5-7(b)所示的安装方式,即把拉力传感器安装在从均衡滑轮下绕入的钢丝绳上,将钢丝绳和拉力传感器用夹头紧固连接,不允许产生滑动。

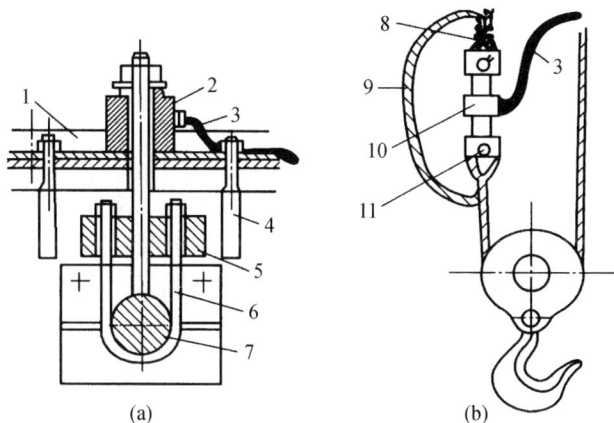

图 5-7　传感器的安装方式

1—槽钢;2—压力传感器;3—电缆;4—立板;5—连块;6—U 形拉杆;
7—定滑轮轴;8—绳夹;9—钢丝绳;10—拉力传感器;11—钢丝绳夹头

　　超载限制器安装后,需要对应报警的额定起重量进行标定。其方法是在起重机上吊挂与报警重量相当的载荷,并吊离地面,待载荷静止后旋动仪表面板上"重量控制"旋钮,直至发出声光报警信号为止,再调整数字显示仪表的电位器,使仪表显示出与实际起重量相等的数值。用同样方法标定额定起重量,使港口起重机超载时能切断起升电路电源。各电位器旋钮调整完毕即应锁紧,并用油漆封住,不做专门调整时,不准旋动旋钮。

2. 起重（载重）力矩限制器

　　臂架型港口起重机是用起重(载重)力矩特性来反映载荷状态的,额定起重量随工作幅度变化而改变,臂架型港口起重机都应设置起重(载重)力矩限制器。

　　起重力矩限制器功能设置为:当实际起重量超过实际幅度所对应的起重量的额定值的95%时,起重力矩限制器宜发出报警信号;当实际起重量大于实际幅度所对应的额定值但小于110%的额定值时,起重力矩限制器应自动切断不安全方向(上升、幅度增大、臂架外伸或这些动作的组合)的动力源并上闸制动停车,但应允许机构做安全方向的运动。

　　起重力矩限制器按工作原理可分为机械式、电子式等,其综合误差不应大于10%。

　　(1)机械式起重力矩限制器

　　机械式起重力矩限制器的种类很多,下面以杠杆式起重力矩限制器为例介绍机械式起重力矩限制器的工作原理,如图 5-8 所示,起重量的限制是通过导向滑轮 3 和拉杆 5、水平杆8 和限位开关 6 来实现的。起重量增加时,起升钢丝绳对导向滑轮的合力增大并使角形杠杆 4 顺时针转动,拉杆 5 带动水平杆 8 绕支点抬起,撞块 7 上移;当起重量增大到限定数值时,撞块 7 即触动限位开关 6,机构断电,停止工作。

　　幅度的限制是通过活动平衡重 9 在水平杆上改变位置来实现的。当幅度增大时,固定在吊臂上的曲线导板 12 使角形杠杆 11 顺时针转动,通过连杆 10 把活动平衡重 9 往左推动,这时限位开关只允许起重机吊较小的载荷;反之,幅度变小时,平衡重往右移动,限位开关允许起重机吊较大的载荷。如果将曲线导板 12 的导槽形状设计成满足起重机特性曲线要求的形状,就可以实现全部变幅过程的起重力矩限制。

机械式起重力矩限制器的优点是使用寿命较长、受作业环境影响较小;缺点是体积和重量较大、灵敏度差、精度较低。

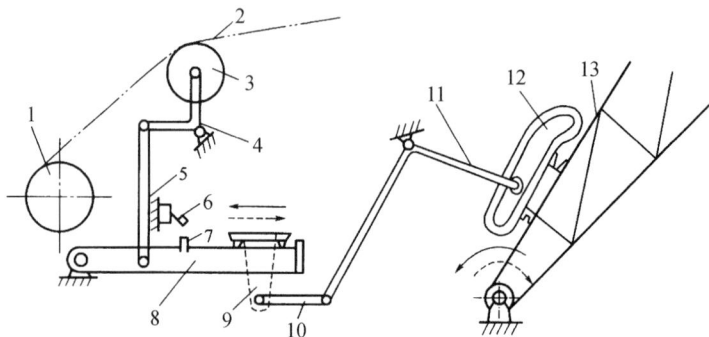

图 5-8　杠杆式起重力矩限制器

1—起重卷筒;2—起升绳;3—导向滑轮;4、11—角形杠杆;5—拉杆;6—限位开关;7—撞块;
8—水平杆;9—活动平衡重;10—连杆;12—曲线导板;13—吊臂

(2)电子式起重力矩限制器

电子式起重力矩限制器的一般原理如图 5-9 所示。起重量和幅度分别由图中的两条线控制,一条线是由压力传感器将力信号转换为电信号,经过电子仪器处理和显示读数后送入电子乘法器;另一条线是由余弦电位器将幅值的变化信号转换为电信号,经过电子仪器处理和显示读数后也送入电子乘法器,电子乘法器便自动将送来的两组信号进行运算得出力矩 QR,再将此力矩值与 KR 相加,即可在读数表上输出一个反映起重机实际载荷(力矩)的值。这样的力矩信号由仪器自动与额定起重力矩进行比较,若超载,继电器就会自动切断工作机构电源,起到保护作用。

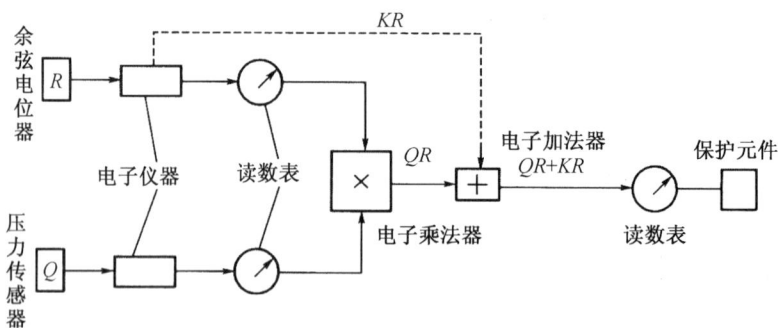

图 5-9　电子式起重力矩限制器原理框图

电子式起重力矩限制器上一般都设有额定载荷转换器,其功能是随时显示出与输入信号相对应的额定载荷信号,并与起重机工作时的实际载荷进行比较,给出结果。额定载荷转换器是通过模拟起重机的特性曲线做成的。

电子式起重力矩限制器克服了机械式起重力矩限制器的缺点,因而被广泛应用在各类起重机上。

3. 极限力矩限制装置

当臂架型起重机械臂架回转阻力矩大于设计规定力矩值时,有可能造成使臂架折断、回转机构零件过载、电机烧毁等严重事故。因此,对于有自锁功能的回转机构或臂架回转中可能发生碰触钩挂周围固体物时,回转机构应设极限力矩限制装置,以保证当回转运动受到阻碍时,能由此力矩限制器发生的滑动而起到对超载的保护作用。

极限力矩限制装置也属于超载保护安全装置,其工作原理大多是摩擦传动原理,使系统内的摩擦元件在超载时发生滑动(出现打滑现象),从而切断回转机构后部分的动力输入,使臂架旋转运动停止而起保护作用。另外,系统中的摩擦传动也能使回转机构的起制动过程比较平稳。极限力矩限制装置包括极限力矩联轴器和极限力矩限制器。

(二)限制运动行程和特定位置的安全防护装置

行程限位器是用来限制各机构运动超过其范围的一种安全防护装置,一般由执行机构和触发装置两部分构成。港口起重机的工作机构对运动行程有要求时,应设置行程限位器。

1. 起升高度限位器

起升机构均应装设起升高度限位器,当取物装置上升到设计规定的上极限位置时,应能立即切断起升动力源。在此极限位置的上方,还应留有足够的空余高度,以适应上升制动行程的要求。在特殊情况下,如吊运熔融金属,还应装设防止越程冲顶的第二级起升高度限位器,第二级起升高度限位器应分断更高一级的动力源。需要时,还应设下降深度限位器;当取物装置下降到设计规定的下极限位置时,应能立即切断下降动力源。上述运动方向的电源切断后,仍可进行相反方向运动(第二级起升高度限位器除外)。

上升极限位置限制器的功能是当取物装置上升到上极限位置时,能自动切断上升的动力源,使之停止上升,以防止发生起重物继续上升,拉断钢丝绳导致重物坠落事故。下降极限位置限制器的功能是当吊具下降到下极限位置时,能自动切断下降的动力源,以保证钢丝绳在卷筒上的缠绕圈数不少于设计规定的安全圈数。因此,凡有可能造成吊具下降到低于下极限位置工作的起重机,均应装设下降极限位置限制器。

上升极限位置限制器主要有重锤式、螺杆式和压绳式。

(1)重锤式

重锤式上升极限位置限制器由限位开关和重锤组成。其安装形式,用在桥架型起重机上的如图 5-10(a)所示;用在动臂式起重机上的如图 5-10(b)所示。在图 5-10(a)中,重锤 3 挂在拉绳 2 上,并与碰杆 7 连接在一起,当吊钩起升到上极限位置时,使碰杆 7 上移并托起重锤 3,偏心重锤 6 即在重力作用下打开限位开关 1,使起升机构断电。安装这种限位器时,要注意将碰杆放成水平,如果下斜角太大,当空钩起升摆动时,有可能使吊钩摆到竖杆下端,继续上升时将竖杆顶弯而重锤仍未抬起,造成断绳事故。平时要经常检查和润滑限位器碰杆与竖杆的铰轴,防止锈死。

(2)螺杆式

图 5-11 是螺杆式起升高度限位器结构图。螺杆式起升高度限位器由方头螺杆 2、螺母 4、固定导杆 3、螺栓 5、限位开关 6 和壳体 1 等组成。螺杆的方头套在卷筒轴端的方孔内,卷筒旋转时,螺杆 2 随着转动,与螺杆啮合的螺母 4 由于固定导杆 3 的导向作用,沿螺杆轴向移动。当卷筒卷入钢丝绳使取物装置上升到极限位置时,螺栓 5 与限位开关 6 接触,切断电

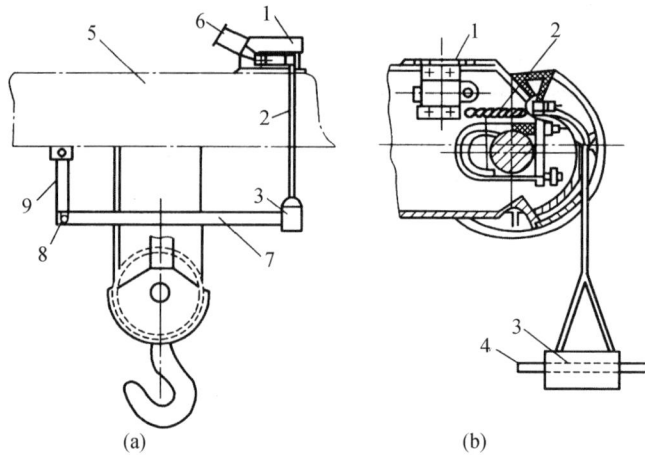

图 5-10　重锤式起升高度限位器

1—限位开关；2—拉绳；3—重锤；4—挡板；5—小车架；6—偏心重锤；7—碰杆；8—铰轴；9—竖杆

源，达到控制起升高度的目的。若在螺杆的左侧也装限位开关，则当取物装置下降到极限位置时，螺栓与左侧限位开关接触，同样切断电源，达到控制下降深度的目的。螺杆式起升高度限位器可起双向行程保护。

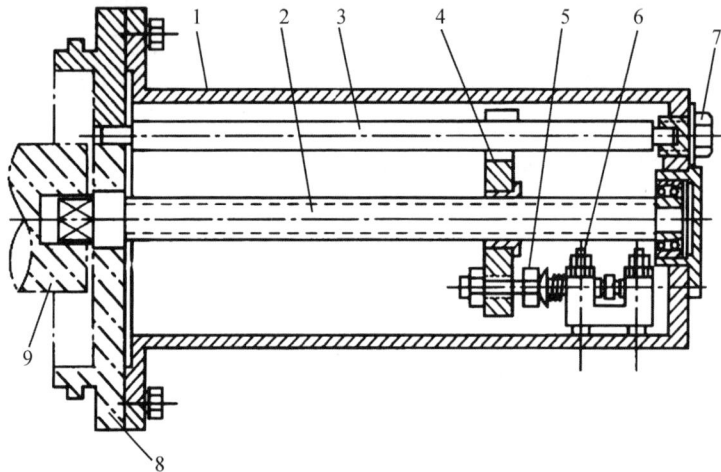

图 5-11　螺杆式起升高度限位器

1—壳体；2—方头螺杆；3—固定导杆；4—螺母；5—螺栓；6—限位开关；7—螺塞；8—卷筒端盖；9—卷筒轴

（3）压绳式

图 5-12 为压绳式起升高度限位器。起升绳 1 卡在小滑轮 2 的槽中，小滑轮套在光杆 3 上并能沿光杆轴向移动。在光杆两端安装着起升限位开关 4、下降限位开关 6。当起升货物时，钢丝绳卷入卷筒并自左向右在卷筒上排列，同时拖动小滑轮沿光杆自左向右移动。当起升到极限位置时，小滑轮碰到起升限位开关 4 的推杆，使常闭触头打开，切断电源，电动机停止上升运动。同样，当下降货物时，钢丝绳绕出卷筒并沿卷筒自右向左移动，同时拖动小滑轮沿光杆也自右向左移动。当下降到极限位置时，小滑轮碰到下降限位开关 6 的推杆，也使常闭触头打开，切断电源，电动机停止下降运动。压绳式起升高度限位器可以实现双向行程保护。

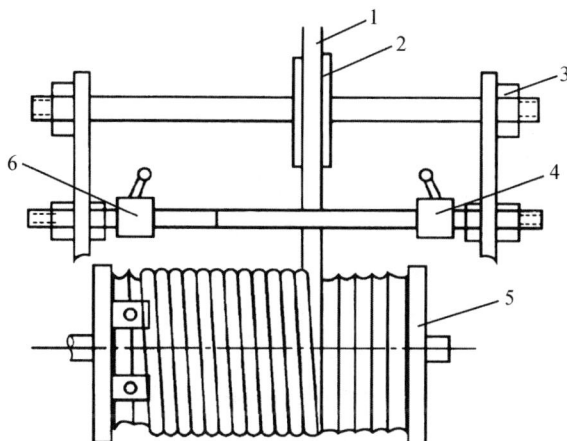

图 5-12 压绳式起升高度限位器

1—起升绳;2—小滑轮;3—光杆;4—起升限位开关;5—卷筒;6—下降限位开关

2.运行机构行程限位器

运行机构行程限位器由安全撞尺和行程限位开关组成,装设在规定的轨道极限位置旁。起重机和起重小车应在每个运行方向装设运行机构行程限位器,在达到设计规定的极限位置时自动切断前进方向的动力源。在运行速度较高(如大于 100 m/min)或停车定位要求较严的情况下,宜根据需要装设两级运行机构行程限位器,第一级发出减速信号并按规定要求减速,第二级应能自动断电并停车。如果在正常作业时起重机经常到达运行的极限位置,则司机室的最大减速度不应超过 2.5 m/s^2。

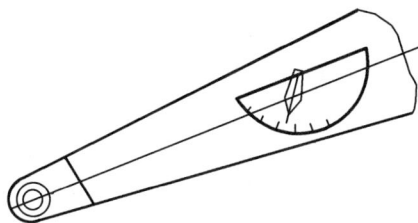

图 5-13 重力摆针刻度盘式幅度指示器

3.幅度指示器和幅度限位器

如图 5-13、图 5-14、图 5-15 所示,幅度指示器和幅度限位器功能设置为:具有变幅机构的港口起重机,应装设幅度指示器(或臂架仰角指示器)。对于动力驱动的动臂变幅港口起重机(液压变幅除外),应在其臂架俯仰行程的极限位置处装设臂架低位置和高位置幅度限位器。对于采用移动小车变幅的塔式起重机,应装设幅度限位装置以防止可移动的起重小车快速到达其最大幅度或最小幅度处;最大变幅速度超过 40 m/min 的起重机,在小车向外运行且当起重力矩达到额定值的 80%时,应自动转换为低速运行。

4.特定位置锁定(限制)装置

(1)回转锁定装置

需要时,流动式起重机及其他回转港口起重机的回转部分应装设回转锁定装置,以使上车部分在整机运行过程中保持在固定位置不动。

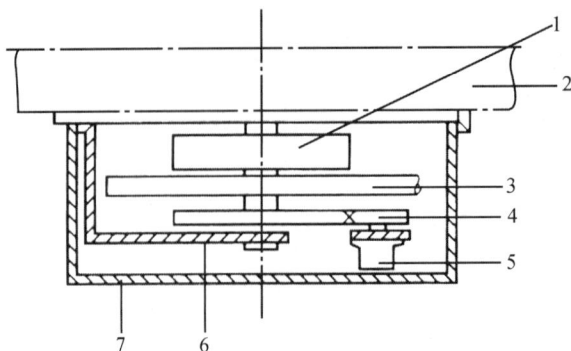

图 5-14　臂架长度检测器构造图

1—发条盒;2—臂架;3—卷线盘;4—齿轮副;5—多圈电位器;6—支架;7—外壳

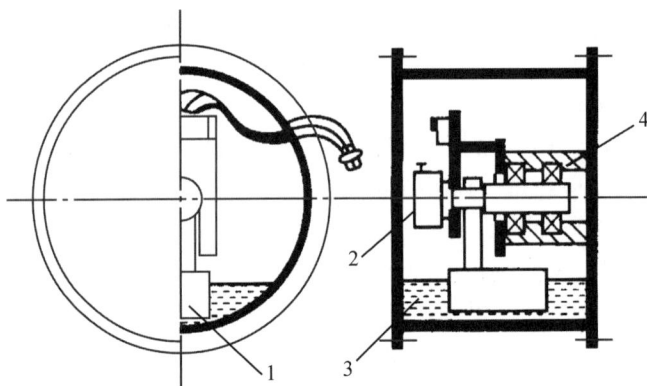

图 5-15　臂架角度检测器构造图

1—重锤;2—电位器;3—硅油;4—轴承

（2）支腿回缩锁定装置

工作时利用垂直支腿支承作业的流动式港口起重机,其垂直支腿伸出定位应由液压系统实现,并保证港口起重机作业中支腿承重时不发生"软腿"回缩现象。另外,还应装设支腿回缩锁定装置,使支腿缩回后能可靠地锁定,以防止港口起重机在运动状态下支腿自行伸出而引发事故。

（三）防止港口起重机危险运动的安全防护装置

1. 防止臂架向后倾覆及向前脱落的装置

具有臂架俯仰变幅机构(液压缸变幅除外)的港口起重机,尤其是在挠性卷绕变幅驱动装置的港口起重机上,应装设防止臂架后倾的装置(其工作原理主要是机械式,例如一个带缓冲的机械式止挡块等),当出现变幅机构行程开关失灵故障时,或工作在"抬头区"时,能阻止臂架在高位置发生向后倾覆。具有螺杆和齿条等变幅驱动机构的港口起重机,应在变幅齿条和变幅螺杆的末端装设带缓冲的端部止挡式防脱装置,以防止臂架在低位置发生坠落。

2. 防碰撞装置

当两台或两台以上的起重机或起重小车运行在同一轨道上时,应装设防碰撞装置。在发生碰撞的任何情况下,司机室内的减速度不应超过 5 m/s^2。

常见的防碰撞装置类型(工作原理)有机械式(行程限位开关)(见图5-16)、激光式、超声波式、电磁波式、红外线式等。为了防止运行速度较高的轨行式港口起重机在轨道上运行时与同一轨道上邻近的港口起重机或其他物体发生碰撞,防碰撞装置应能在设定危险距离范围内自动发出警报进而切断电路使其减速至停止运行,避免相互碰撞引发意外事故。

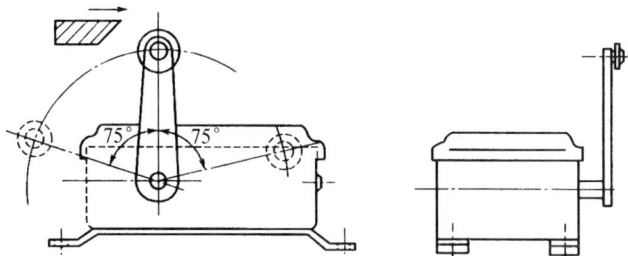

图 5-16 行程限位开关

3. 缓冲器及端部止挡装置

缓冲器及端部止挡装置是通过弹性介质吸收运动系统碰撞动能并转化为弹性势能,从而减缓碰撞冲击,防止脱轨倾覆的安全防护装置。常用的缓冲器类型为木材式、弹簧式、橡胶式、聚氨酯式、液压式以及复合式等。下面主要介绍其中几种。

(1)橡胶缓冲器

橡胶缓冲器如图5-17(a)所示,具有结构简单、制造方便、可以用于防爆场所等优点,但是缓冲能力小,一般只用于运行速度不大于 50 m/min 的起重机上,不宜用于环境温度过高或过低的场所,适用温度在−30~50 ℃范围内。使用这种缓冲器时应注意防止松脱,应经常检查橡胶是否老化,如有老化变质现象,应及时更换。

(2)聚氨酯泡沫塑料缓冲器

聚氨酯泡沫塑料缓冲器中的变形体是用聚氨酯材料经过适当的配方处理制成的,在缓冲过程中可以消耗40%能量,反弹小;有良好的压缩性和回弹性,可压缩到50%以上,卸载5 min 后的恢复率不小于95%,由于材料的微孔结构,使其缓冲容量随碰撞速度的增加而加大。聚氨酯泡沫塑料缓冲器结构简单、工作时无噪声、体积小、寿命长、维护方便、适用的环境温度为0~+60 ℃,所以应用广泛。

(3)弹簧缓冲器

弹簧缓冲器如图5-17(b)所示,具有结构简单、维修方便和不受环境温度影响等优点,因此,目前应用最为广泛。但是,由于它在缓冲过程中,撞击的动能大部分转化为弹簧的压缩势能,在吸能结束后,会产生反弹力作用在起重机上,使起重机向相反方向运动,这对起重机零件有损伤。因此弹簧缓冲器宜用于运行速度50~120 m/min 的起重机上。

(4)液压缓冲器

液压缓冲器的构造如图5-17(c)所示。碰撞时,弹簧 2 使活塞 6 压缩油缸 3 中的油,被压缩的油经过芯棒 5 和活塞 6 底部的环形间隔流入储油腔,从而吸收撞击产生的动能并转化为热能,因此不会有反弹作用。芯棒的设计形状可以保证油缸里的压力在缓冲过程中恒定,即可达到匀减速缓冲,使起重机在最短的距离内停住。当起重机或小车离开时,复位弹簧 4 使活塞 6 恢复原位,油液流回工作腔,撞头 1 和弹簧 2 也都恢复原位。弹簧 2 也具有一定的缓冲功能,可以吸收活塞与起重机或小车碰撞的部分能量。

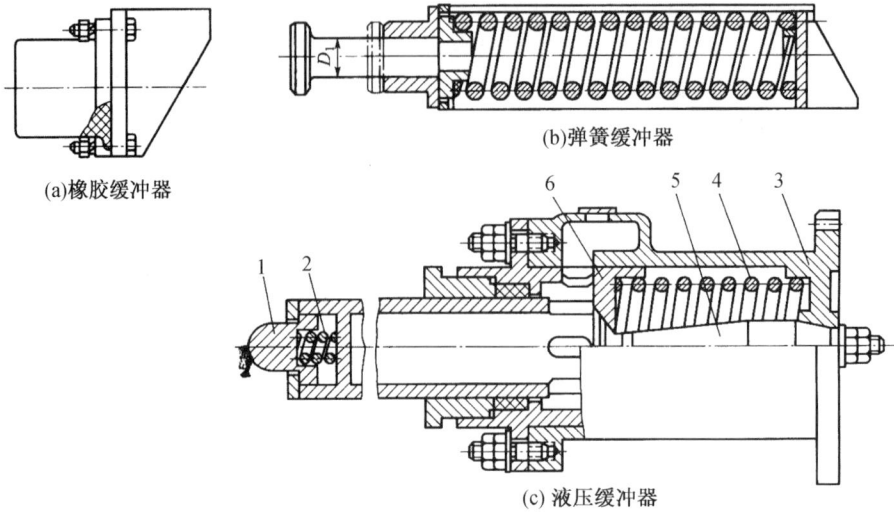

(a)橡胶缓冲器

(b)弹簧缓冲器

(c)液压缓冲器

图 5-17　缓冲器

1—撞头;2—弹簧;3—油缸;4—复位弹簧;5—芯棒;6—活塞

　　液压缓冲器与弹簧缓冲器比较,具有无反弹作用、缓冲力恒定、吸收能量大、缓冲行程短(为弹簧缓冲器的一半)、外形尺寸小等优点。因此适用于碰撞速度大于 120 m/min 或碰撞动能大的起重机。它的缺点是构造复杂、维修不便、油缸密封要求较高和受环境温度影响大等。

　　(5)轨道端部止挡

　　轨道端部止挡的功能是防止起重机因轨道倾斜和大风吹等原因自行滑动,或因起重运行惯性等滑出轨道尾端造成脱轨倾翻事故。图 5-18 所示的轨道端部止挡,它由两根 12#槽钢用螺栓 1 夹紧在钢轨上,槽钢上端装有缓冲橡胶圈 4,下端装有三块长短不一的钢板组成梯形缓冲板 7,这种止挡可以承受较大的惯性冲击力,结构简单、装拆方便。

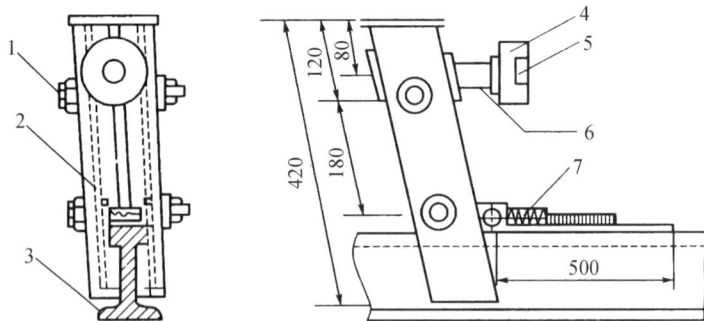

图 5-18　轨道端部止挡

1—螺栓;2—加强板;3—钢轨;4—缓冲橡胶圈;5—紧固螺栓;6—圆管缓冲架;7—缓冲板

　　4.偏斜指示器或限制器

　　大跨度门式起重机和装卸桥等两侧支腿,经常由于金属结构和车轮轨道等制造安装误差、传动系统运动偏差、载荷或驱动力不均衡等原因造成起重机偏斜运行,严重的偏斜运行可能导致起重机啃轨并使相关结构和机构部分受到损坏。因此,跨度大于 40 m 的门式起重机和装卸桥应装设偏斜指示器或限制器。当两侧支腿运行不同步而发生偏斜时,偏斜指示器和限制器能向司机指示出偏斜情况,在超过设定的允许偏斜值时,应能使运行偏斜自动得到调整和纠正,以控制在允许值内。偏斜指示器和限制器一般有凸轮式、电动式等。

（1）凸轮式偏斜调整装置

凸轮式偏斜调整装置如图 5-19 所示。主要由固定在柔性支腿上的转动臂、拨叉、凸轮和四个开关组成。当起重机运行偏斜时,柔性支腿与桥架发生相对转动,固定在柔性支腿上的转动臂,通过叉子带动凸轮转动,凸轮又使布置在它周围的四个开关(见图 5-20)动作,控制电动机的开停和转向。当起重机向前运行发生偏斜时,开关 K 就开始动作,并发出信号提醒司机注意。如果刚性支腿超前,凸轮顺时针转动,开关 K 动作,当起重机的偏斜量在允许范围时,凸轮的转动角度小于 β_1,斜偏电动机不起作用,允许起重机继续偏斜,当偏斜量超过允许值(一般为 5L/1 000,L 为跨度)时,凸轮转过角度等于 β_1,开关 K_1 动作,接通斜偏电动机,并通过运行机构中行星齿轮装置,使柔性支腿超前,刚性支腿滞后时,凸轮逆时针转动,开关 K 动作,当偏斜量超过允许值时,K_2 动作,接通纠偏电动机,使柔性支腿一边的运行速度减慢,直至两条支腿平齐为止。如果起重机向后运行,各个开关及斜偏电动机的动作恰好与向前运行时相反。

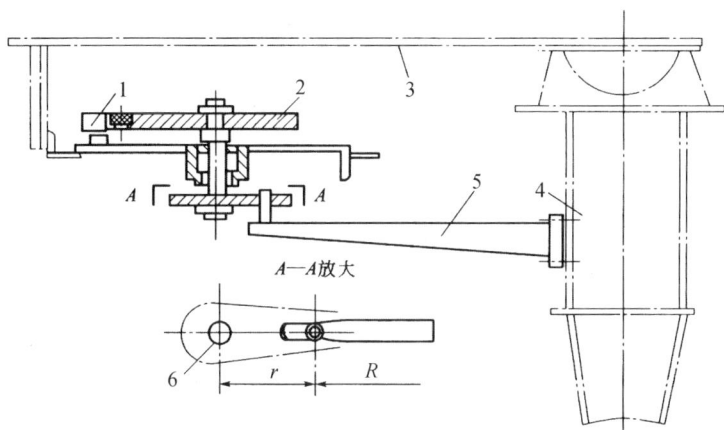

图 5-19　凸轮式偏斜调整装置结构简图
1—开关;2—凸轮;3—桥架;4—柔性支腿;5—转动臂;6—拨叉

纠偏电动机能使柔性支腿的速度增加或减少 10% 左右,调整速度的能力是有限的。如果纠偏速度不能适应偏斜的发展速度或者纠偏开关失灵,就会使起重机的偏斜量越来越大。因此需要设置安全开关 K_3,即当偏斜量达到结构允许的极限值(一般为 7L/1 000,L 为跨度)时,开关 K_3 动作,使超前支腿的运行机构断电,等两条支腿平齐后重新接触。

安装这种偏斜调整装置时,应注意检查原起重机的几何尺寸,特别是车轮处的对角线是否符合设计要求,如有偏差应进行纠正后再安装。安装后要将各连接螺栓紧固,并注入不易流失和变质的润滑油,严防松脱和位移,否则都会影响偏斜的调整。接电气线路时要反复检查,如果接错,纠偏电动机的旋转方向与需要的方向相反,反而会加剧偏斜,造成更大危险。

（2）电动式偏斜调整装置

图 5-21 是电动式偏斜调整装置的安装位置图。两个电动式偏斜调整装置 2 布置在同

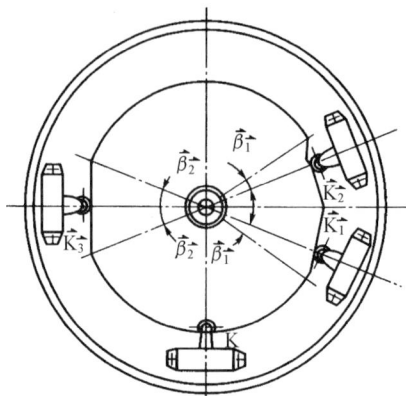

图 5-20 凸轮控制开关布置

一侧大车轨道 1 上,并通过线路联系起来。其滚轮 4 直接顶在轨道侧面。而正常运行的起重机与轨道单侧间隙是一定的,正常运行时,两个偏斜调整装置里面的铁芯有相同的位移量,电桥平衡;当起重机偏斜时,两个装置里铁芯的位移量也不相同,从而破坏了电桥的平衡,发出信号,并通过与纠偏机构联锁构成偏斜调整装置。

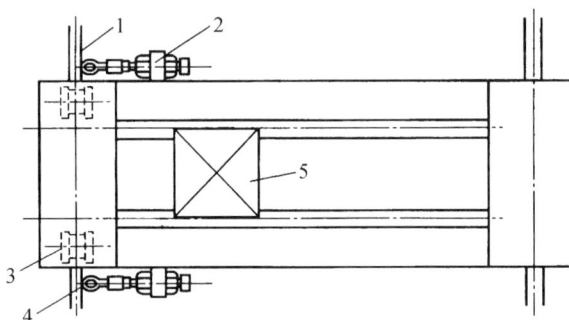

图 5-21 电动式偏斜调整装置

1—大车轨道;2—偏斜调整装置;3—车轮;4—滚轮;5—小车

5. 轨道清扫器

当物料或其他物品有可能积存在轨道上成为运行障碍时,在轨道上行驶的起重机和起重小车,在台车架(或端梁)下面和小车架下面应装设轨道清扫器,其扫轨板底面与轨道顶面之间的间隙一般为 5~10 mm。

(四)防止港口起重机处于危险状态的安全防护装置

1. 抗风防滑装置

(1)国家标准的相关规定

《起重机械安全规程》(GB 6067—2010)对抗风防滑装置有如下规定:

①室外工作的轨道式起重机应装设可靠的抗风防滑装置,并应满足规定的工作状态和非工作状态抗风防滑要求。

②工作状态下的抗风防滑装置可采用制动器、轮边制动器、夹轨器、顶轨器、压轨器、别轨器等,其制动与释放动作应考虑与运行机构联锁并应能从控制室内自动进行操作。

③起重机只装设抗风制动装置而无锚定装置的,抗风制动装置应能承受起重机非工作

状态下的风载荷;当工作状态下的抗风防滑装置不能满足非工作状态下的抗风防滑要求时,还应装设牵缆式、插销式或其他形式的锚定装置。起重机有锚定装置时,锚定装置应能独立承受起重机非工作状态下的风载荷。

④非工作状态下的抗风防滑设计,如果只采用制动器、轮边制动器、夹轨器、顶轨器、压轨器、别轨器等抗风制动装置,其制动与释放动作也应考虑与运行机构联锁,并应能从控制室内自动进行操作(手动控制防风装置除外)。

⑤锚定装置应确保在下列情况下起重机及其相关部件的安全可靠:起重机进入非工作状态并且锚定时;起重机处于工作状态,起重机进行正常作业并实施锚定;起重机处于工作状态且在正常作业,突然遭遇超过工作状态极限风速的风载而实施锚定时。

(2)抗风防滑装置的类型

室外工作的轨道式起重机,迎风面积很大,为了防止被大风吹走造成起重机倾倒事故,必须装设抗风防滑装置。制动器、轮边制动器、夹轨器、顶轨器、压轨器、别轨器等均可起到抗风防滑的作用。下面介绍夹轨器、压轨器和锚定装置等三种类型的常见抗风防滑装置。

①夹轨器

夹轨器是应用最广泛的一种抗风防滑装置。按其作用的原理不同,分为非自动作用与自动作用两种。

非自动作用的夹轨器有手动的与电动的两种形式。手动防风夹轨器有垂直螺杆[见图5-22(a)]和水平螺杆[见图5-22(b)]之分,都是利用丝杠来产生夹紧力的。当摇动手轮时,丝杠转动并通过螺母带动两个钳臂夹紧或脱开轨道。手动夹轨器具有构造简单、结构紧凑、维修方便和成本低等优点,但操作费时费力、夹持力较小,不能应对突然来的暴风,只适用于安装在中小型起重机上。

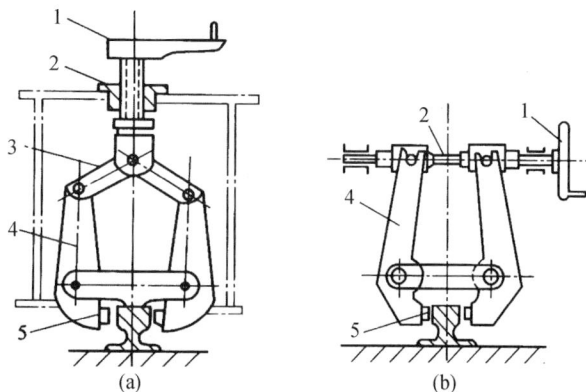

图 5-22　手动防风夹轨器
1—手轮;2—丝杠;3—连杆;4—钳臂;5—钳口

电动和手动两用夹轨器由电动机、圆锥齿轮、螺杆、夹钳等组成。当电动机转动时,螺杆带动螺母压缩弹簧,使夹轨器夹紧,并通过电气联锁停止运行机构。宝塔形弹簧的作用在于保持夹钳的持力,以防松弛。如若松弛夹钳,应使螺母退到一定位置,触动终点限位开关后,运行机构方可通电运行,起到保护作用。这种两用夹轨器虽然采用了电动机,但若电源出了故障,就不能夹紧,而必须改用手轮夹紧,因此,仍属于非自动类型的。

自动作用的夹轨器在起重机不运行或断电时能自动夹紧轨道,主要类型有弹簧式、重锤式和自锁夹板式等。图5-23所示为弹簧式自动夹轨器。它是利用弹簧1压迫连杆2,使钳口夹紧钢轨的。松闸时,开动卷扬装置,通过钢丝绳滑轮组5使弹簧压缩,带动钳臂脱开轨道4。这种夹轨器常常同风速风级报警器相联锁,当风力超过规定的值(一般6级风,沿海7级风)时,风速计发出警报并通过电气联锁切断起重机电源,夹轨器自动动作夹紧钢轨。

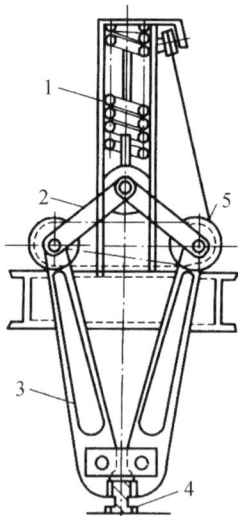

图5-23 弹簧式自动夹轨器

1—弹簧;2—连杆;3—钳臂;4—轨道;5—钢丝绳滑轮组

自动作用的夹轨器不需要外界电源即可夹紧钢轨,安全可靠,但构造复杂、体积和自重较大,通常安装在大型起重机上。

②压轨器

如图5-24所示,利用起重机的自重通过斜面作用,将带有摩擦衬垫的防滑靴(俗称铁鞋)压在轨顶上,从而防止起重机移动。当切断运动机构电源或外界电源中断时,防滑靴4缓缓落于轨顶,如果此时起重机被风吹动,经过一小段距离后,防滑靴即被压紧在轨道上将起重机锚固,当起重机需要运行时,预先将起重机后搬一小段距离,随后接通液压推杆1的电源将防滑靴提起,然后才能开动起重机运行机构。压轨器的抗风防滑能力受到起重机自重的限制。

③锚定装置

露天工作的起重机,当风速超过60 m/s(相当于10~11级风)时,必须采用锚定装置。锚定装置的主要有插销式、插板式、拉索式等形式。沿起重机轨道每隔一定的距离装一个锚定座(坑),在大风到来前,将起重机运行到附近的锚定座(坑)将插销(板)插入起重机与锚定座上的销(板)孔,即可将起重机锁定;拉索式锚定装置的钢丝绳通过螺旋扣的张紧,可将起重机牢牢地固定在基础上(见图5-25)。图5-26是防风自动地锚装置。带T形槽的锚定座和缓冲器装在轨道的尽头。起重机运行到轨道的尽头时,T形锚头进入锚定座并撞击缓冲器,缓冲器吸收起重机的部分动能,使起重机安全停止而不致翻倒。起重机开始工作时,由液压推杆、杠杆、滑轮、钢丝绳组成的提锚装置将T形锚头提起。

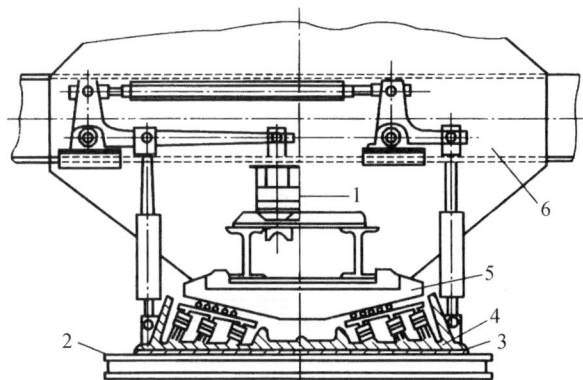

图 5-24　压轨器
1—液压推杆;2—轨道;3—衬垫;4—防滑靴;5—斜面;6—起重机横梁

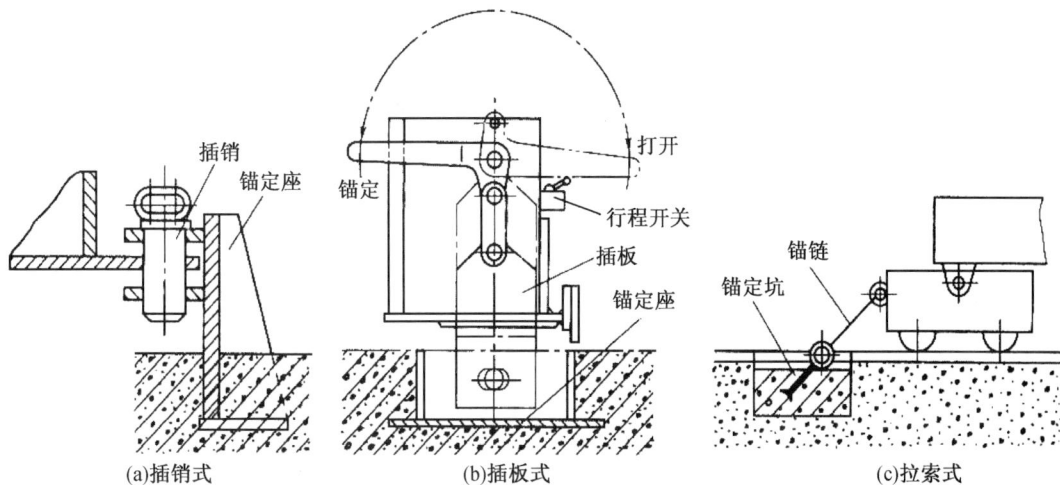

(a)插销式　　　　　　　　(b)插板式　　　　　　　　　(c)拉索式

图 5-25　锚定装置

2. 风速仪及风速报警器

对于在室外作业的高大起重机,应在起重机上部迎风处安装风速仪。同时,司机室内还应装有显示瞬时风速的风速报警器,当风力大于工作状态的计算风速设定值(内陆 5 级、沿海 6 级)时,应能发出报警信号。

3. 水平仪

利用支腿支承或履带支承进行作业的起重机,应在下车架或底座上装设水平仪(常用气泡式水平仪),用来检查起重机底座的倾斜程度并将其调整至水平状态。

4. 防倾覆安全钩

起重吊钩装在主梁一侧的单主梁起重机、有抗振要求的起重机及其他有类似防止起重小车发生倾覆要求的起重机,应装设防倾覆安全钩。

5. 防小车坠落保护

塔式起重机的变幅小车及其他起重机要求防坠落的小车(如铸造起重小车等),应设置使小车运行时不脱轨的装置,即使轮轴断裂小车也不能坠落。

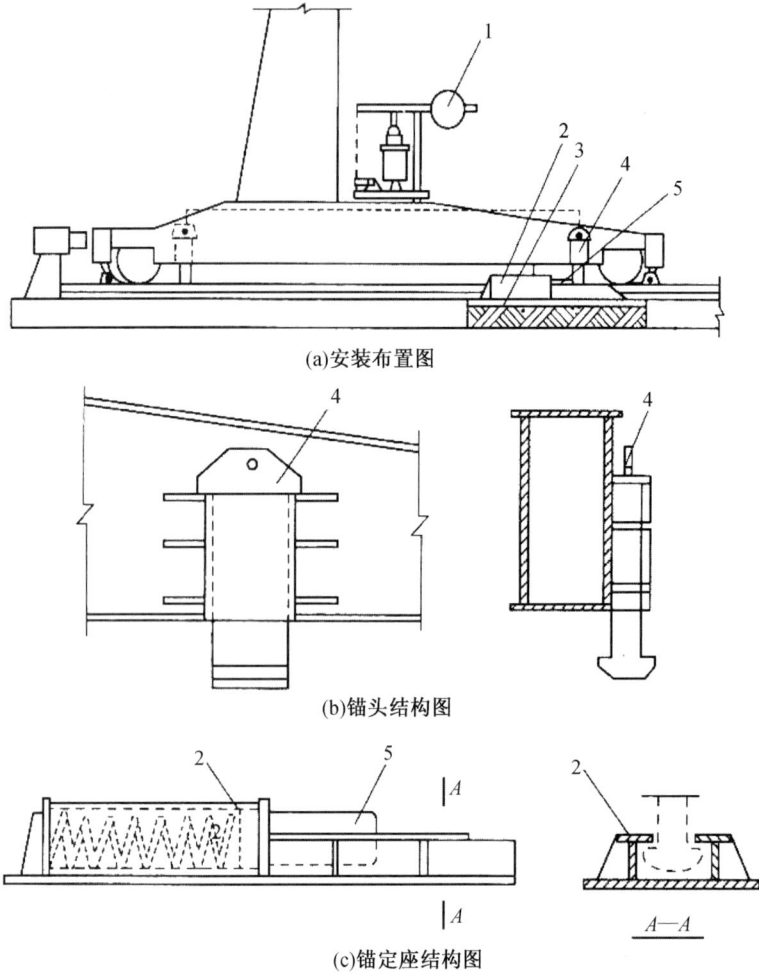

(a)安装布置图

(b)锚头结构图

(c)锚定座结构图

图 5-26 防风自动地锚装置
1—提锚装置;2—锚定座;3—基础;4—锚头;5—缓冲器

（五）防止其他危险因素的安全防护装置

1.起联锁保护作用的安全装置和措施

（1）进入桥式和门式起重机的门以及从司机室登上桥架的舱口门等,应能联锁保护。当门打开时,应断开由于机构动作可能会对人员造成危险的机构的电源。

（2）司机室设在起重机的运动部分上时,进入司机室的通道口,应能联锁保护。当通道口的门打开时,应断开由于机构动作可能会对人员造成危险的机构的电源。

（3）可在两处或多处操作的起重机,应有联锁保护,以保证只能在一处操作,防止两处或多处同时都能操作。

（4）当既可以电动驱动,也可以手动驱动时,相互间的操作转换应能联锁。

（5）夹轨器等制动装置和锚定装置应能与运行机构联锁。

（6）回转锁定装置应能与回转机构联锁。

（7）对小车在可俯仰的悬臂上运行而工作的起重机,悬臂俯仰机构与小车运行机构应能联锁,使俯仰悬臂放平后小车方能运行。

2. 防护罩

在正常工作或维修时,为防止异物进入或防止其运行对人员可能造成危险的零部件,应设有保护装置。起重机上外露的、有可能伤人的运动零部件,如开式齿轮、联轴器、传动轴、链轮、链条、传动带、带轮等,均应装设防护罩/栏。在露天工作的起重机上的电气设备应采取防雨措施。

3. 防止起重机零部件掉落的措施

设计上应采取有效措施防止起重机上的零部件在静止或运动时从空中掉落。

4. 导电滑触线的安全防护

(1)桥式起重机司机室位于大车滑触线一侧,在有触电危险的区段,通向起重机的梯子和走台与滑触线间应设置防护板进行隔离。

(2)桥式起重机大车滑触线一侧应设置防护装置,以防止小车在端部极限位置时因吊具或钢丝绳摇摆而与滑触线意外接触。

(3)多层布置桥式起重机时,下层起重机应采用电缆或安全滑触线供电。

(4)其他使用滑触线的起重机,对易发生触电的部位应设置防护装置。

5. 检修吊笼或平台

需要经常在高空进行自身检修作业的起重机,应装设安全可靠的检修吊笼或平台。

(六)电气系统安全保护装置

1. 电动机的保护

电动机应具有如下一种或几种保护功能,具体应由电动机及其控制方式来确定。

(1)瞬时动作或反时限动作的过电流保护,其瞬时动作电流整定值应约为电动机最大起动电流的 1.25 倍。

(2)在电动机内设置热传感元件。

(3)热过载保护。

2. 线路保护

所有线路都应具有短路或接地引起的过电流保护功能,在线路发生短路或接地时,瞬时保护装置应能分断线路。对于导线截面较小,外部线路较长的控制线路或辅助线路,当预计接地电流达不到瞬时脱扣电流值时,应增设热脱扣功能,以保证导线不会因接地而引起绝缘烧损。

3. 错相和断相(或缺相)保护

当错相和断相会引起危险时,应设置错相和断相保护。

4. 零位保护

起重机各传动机构应设有零位保护。运行中若因故障或失压停止运行后,重新恢复供电时,机构不得自行动作,应人为将控制器置回零位后,机构才能重新起动。

5. 失压保护

当起重机供电电源中断后,凡涉及安全或不宜自动开启的用电设备均应处于断电状态,避免恢复供电后用电设备自动运行。

6. 电动机定子异常失电保护

起升机构电动机应设置定子异常失电保护功能,当调速装置或正反向接触器故障导致电动机失控时,制动器应立即上闸。

7. 超速保护

对于重要的、负载超速会引起危险的起升机构和非平衡式变幅机构应设置超速开关。超速开关的整定值取决于控制系统性能和额定下降速度，通常为额定速度的 1.25~1.4 倍。

8. 接地保护

(1)起重机本体的金属结构应与供电线路的地线可靠连接。大车与小车的车轮、任何其他的滚轮或端梁连接采用的铰链均不能替代必需的导电连接，而应另外用专门的接地线将各部分结构件上的接地点连接。港口起重机的钢轨可连接到保护接地电路上，但它们不能取代从电源到港口起重机的保护导线(如电缆、集电导线或滑触线)。司机室与起重机本体接地点之间必须用双接地线连接。

(2)起重机所有电气设备的金属外壳、金属导线管、金属支架及金属线槽等均应可靠接地。宜采用专门设置的接地线，保证电气设备的可靠接地。

(3)接地线及用作接地设施的电导，一般不小于本线路中最大相电导的 1/2，向小车供电的接地线不小于小车上最大用电设备相电导的 1/2。

(4)严禁用港口起重机金属结构和接地线作为载流零线(电气系统电压为安全电压除外)。

9. 避雷保护

对于安装在野外且相对周围地面处在较高位置的起重机，应考虑避除雷击以免对其高位部件和人员造成损坏和伤害，特别是如下情况：

(1)易遭雷击的结构件，如臂架的支承缆索等。

(2)连接大部件之间的滚动轴承和车轮，如支承回转大轴承、运行车轮轴承等。

(3)为保证人身安全，起重机运行轨道应可靠接地。

10. 其他电气保护

(1)从起重机外部上下起重机的门应装设门开关，当人员上下起重机时，应断开运行机构电源；会发生人身安全的通道门也应装设门开关，门打开时应断开相应机构的电源。

(2)起重机上的电气控制设备中可能触及的带电裸露部分，应有防止触电的防护措施。

(3)当室外起重机的总高度大于 30 m，且周围无高于起重机顶尖的建筑物和其他设施，两台起重机之间有可能相碰，或起重机及其结构可能妨碍空运或水运时，应在其端部装设红色障碍灯，灯的电源不应受起重机停机影响而被切断。

(4)起重机应设单独的照明变压器。照明变压器应是隔离变压器，禁止采用自耦变压器。照明变压器二次侧一端应接地，照明线路总电源开关应设置断路器及漏电保护开关。

(5)安全照明电压不应超过 50 V。

11. 超载保护和行程限位器及指示器见本单元相关内容。

（七）港口起重机的安全防护警示

(1)报警装置。必要时，应在起重机上设置蜂鸣器、闪光灯等作业报警装置。流动式起重机倒退运行时，应发出清晰的报警音响并伴有灯光闪烁信号。

(2)安全防护警示相关内容见单元三相关内容。

复习思考题

1. 什么是事故、危险及危险源和危险因素？
2. 试述海因里希事故因果连锁理论、能量意外释放（转移）理论、人-物轨迹交叉理论。
3. 安全工程基本原理有哪些？简述之。
4. 什么是本质安全化？本质安全化根本原则是什么？
5. 起重安全事故类型有哪些？有什么特性？
6. 常见港口起重机安全装置有哪些？
7. 防风装置按原理分有哪些？

模块六

典型港口起重机

单元一　港口门座起重机

一、概述

港口门座起重机简称门机,是用于港口码头进行船舶和车辆货物装卸、转载作业的起重设备,属臂架型起重机。

根据其用途和工作特点可分为通用门座起重机(见图 1-12、图 4-70、图 6-1)、多用途门座起重机(见图 6-2)、带斗门座起重机(见图 6-3)和船厂门座起重机(见图 6-4)等,按照其臂架构造形式,可分为四连杆组合臂架门座起重机(见图 1-12、图 4-70、图 6-2、图 6-3)和单臂架门座起重机(见图 6-1、图 6-4)。

通用门座起重机多用于港口码头前沿或货场,采用吊钩进行件杂货装卸作业或采用抓斗进行散货的装卸作业。多用途门座起重机具有通用门座起重机所有功能,侧重于使用集装箱吊具进行集装箱装卸作业。带斗门座起重机与通用门座起重机相比,侧重于使用抓斗进行大宗散货的卸船作业。船厂门座起重机主要用于船舶制造与修理企业进行船舶结构组装和舾装设备的吊装作业,与港口装卸用门座起重机相比,工作速度较慢,使用等级较低,要求运行机构带载行走作业。

港口门座起重机的基本组成包括工作机构、金属结构、控制系统和辅助装置等。

门座起重机的主要工作机构有起升机构、变幅机构、回转机构和运行机构。装卸作业过程中,通过以上机构的协调动作,实现起吊货物在其有效工作幅度所形成的空心圆柱体空间范围内搬运货物。运行机构一般作为非工作性机构不带货物运行,主要用来调整起重

机在轨道方向的工作位置。

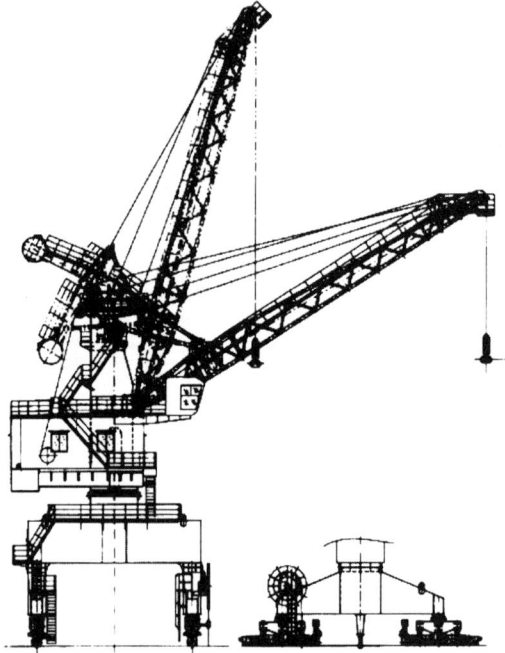

图 6-1　单臂架通用门座起重机

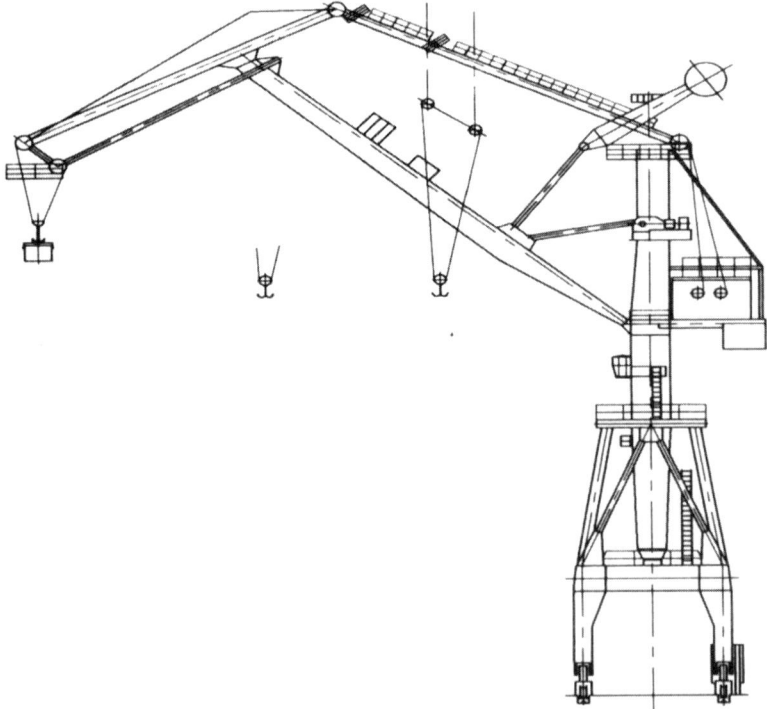

图 6-2　组合臂架多用途门座起重机

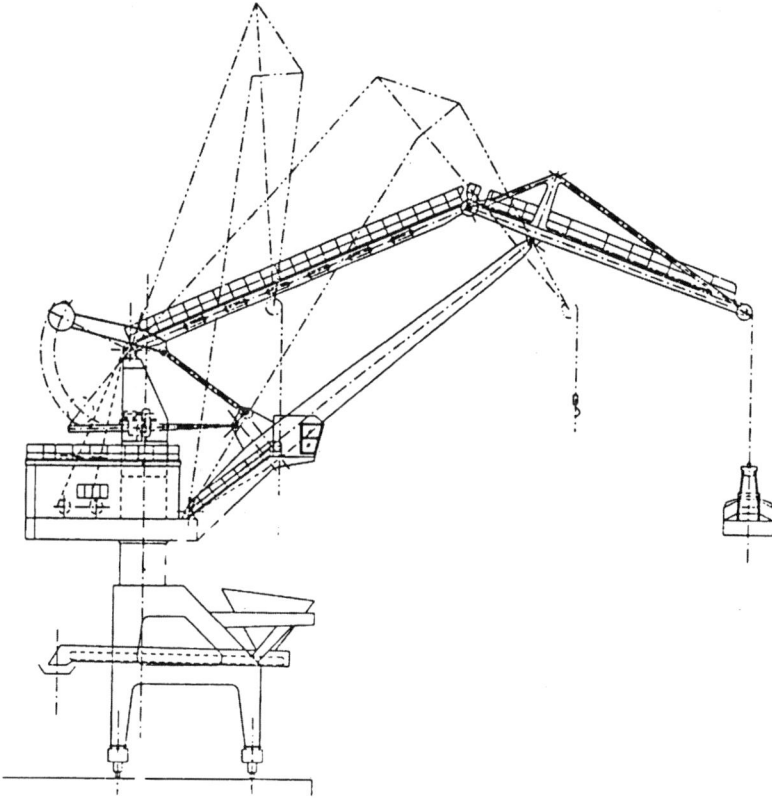

图 6-3 组合臂架带斗门座起重机

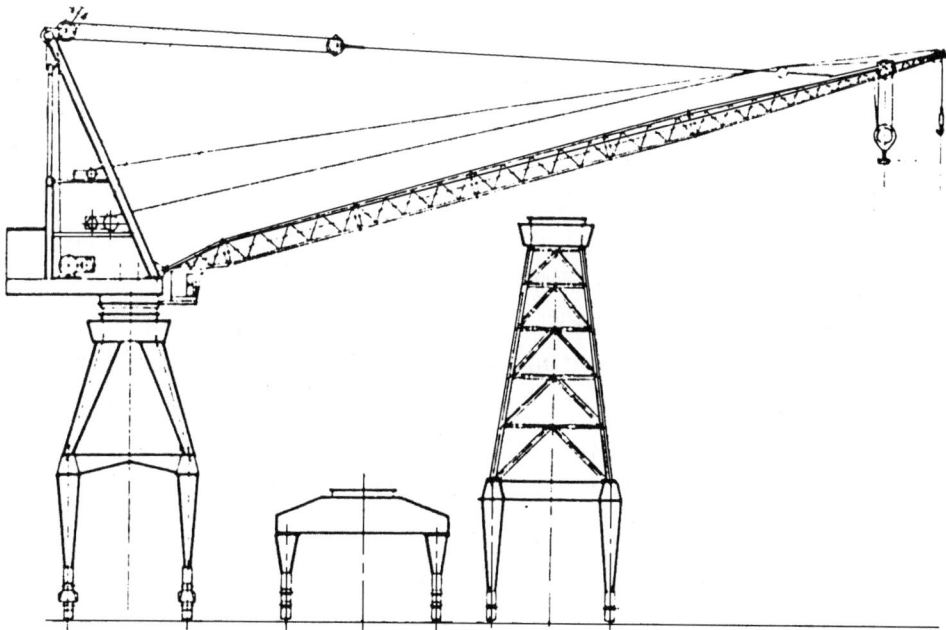

图 6-4 单臂架船厂门座起重机

港口座起重机的构造可分为两大部分,即上部回转部分和下部非回转部分。上部回转部分包括臂架系统、人字架及平衡系统、回转平台、以及安装在上面的起升机构、回转机构、变幅机构、机器房、操纵室等。臂架系统用来支承起吊货物的重量,实现货物变幅过程中,在臂架平面内近似走水平线。平衡系统用来平衡由臂架系统自重产生的对臂架下铰点的力矩。人字架用来支承变幅机构、平衡系统的自重并承受臂架系统和起升钢丝绳等传来的载荷。回转平台用来支承起升机构、回转机构、控制系统及机器房等装置的重量并承受由臂架、人字架及起升钢丝绳等传递的载荷。下部非回转部分包括门架、运行台车(包括车轮、驱动装置等)、抗风防倾覆装置以及其他安全装置。门架用来支承回转部分的全部重量并将承受的各种载荷通过台车传递到轨道及基础。

港口门座起重机的控制系统用来实现对各机构运行状态的控制,使其按照起重机司机所要求的工作目的实现对装卸货物的起吊和搬运。

港口门座起重机的辅助装置包括供电、防风、负荷检测和限制及吊钩等,用来保证起重机安全、正常地工作。

二、港口通用门座起重机

港口通用门座起重机主要用于港口码头或货场进行件杂货装卸或散货装卸作业。根据港口货物装卸及作业特点,通用门座起重机一般要求外形尺寸小,司机室视野开阔,具有足够的门架净空高度,应能充分满足港口码头的场地条件,适应船舶满载、空载作业以及地面车辆的通行要求。同时还应考虑多台起重机在同一舱口进行装卸作业的要求。通用门座起重机应选用适当的起重量、较高的工作速度,并配备可靠的安全装置。针对散装货物和件杂货物的装卸需要,应能方便地进行吊钩和抓斗互换作业并能兼顾其他取物装置作业。

(一)工作机构

1. 起升机构

起升机构是港口门座起重机最重要也是最基本的机构。它的工作性能好坏直接影响着整机的工作性能。起升机构主要由动力驱动装置、传动装置、钢丝绳卷绕系统、取物装置和制动装置等组成。根据需要,还可以装设各种辅助装置,如起升高度限位器(包括上升高度极限限位和下放深度极限限位)、起重量(或者起重力矩)限制器、速度限制器、排绳装置以及起重量显示、幅度显示、起重量累加器等。

由于港口通用门座起重机吊钩和抓斗作业频繁切换,设置了两套参数相同的能独立动作的单联或双联卷筒(见图4-3),用作吊钩作业时,两卷筒同时驱动,用抓斗作业时,其中一组用于卷绕抓斗的开闭绳,另一组用于卷绕抓斗的支持绳,当两组卷筒协同作业时,可使抓斗上升或下降,当两组卷筒独立工作时,可实现抓斗的张开和闭合。

起升机构一般由电动机驱动,包括直流电动机和交流电动机。直流电动机由于具有良好的适合起升机构工作要求的机械特性,使其成为高性能调速要求起升机构的首选驱动形式。但由于早期直流驱动系统的电动机和电气元件故障较多,控制系统复杂,加之直流电源的获得较困难等原因,随后逐渐被交流电动机驱动系统所取代,特别是变频调速技术的突破,使得交流驱动成为一种大趋势。随着现代科学技术的快速发展,早期直流驱动系统中的一些问题也已经得到了很好的解决,特别是在一些高性能调速要求的场合,直流驱动系统仍不失为一种好的选择。交流电动机驱动能直接从电网获取电能,操作简单,维护方便,电动机重量轻,系统工作可靠,在门座起重机起升机构中也被广泛采用。

起升机构的联轴器分高速轴联轴器和低速轴联轴器,用来实现机构运动和扭矩的传递。高速轴联轴器转速高,但传递扭矩小。对于带有制动轮的联轴器尤其要注意离心惯性力对减速机轴或电机轴的影响。起升机构的联轴器应该具有调整同轴度误差的功能,一般采用挠性联轴器。低速轴联轴器转速低但传递的扭矩大,应具有一定的抗过载能力。

起升机构的制动器分为工作制动器和安全制动器。工作制动器一般安装在减速器高速轴上,每一套独立的驱动装置至少要装设一个工作制动器。对于有特殊安全要求的起升机构,每套独立驱动装置应装设两个工作制动器且任何一个制动器失效另一个制动器仍能可靠工作。工作制动器应是常闭式的,制动轮或制动盘应装在与传动机构刚性连接的轴上。有特殊要求的门座起重机起升机构,可在钢丝绳卷筒上装设安全制动器。港口通用装卸门座起重机一般不装设安全制动器。

起升钢丝绳卷绕系统是传动系统的一部分,由钢丝绳、滑轮和卷筒等组成,实现旋转运动与升降运动的转换和动力的传递。使用中,应尽量避免钢丝绳反向弯折,卷筒、滑轮的卷绕直径与钢丝绳直径之比应满足规范要求,以减缓钢丝绳的疲劳损伤。钢丝绳在滑轮或卷筒上绕进或绕出时与绳槽之间的偏角是引起钢丝绳磨损、跳槽和乱绳的重要因素,因此其最大偏斜角必须受到限制。一般情况下钢丝绳绕进或绕出滑轮槽时,钢丝绳中心线和与滑轮轴垂直平面间的夹角不应大于 5°;钢丝绳绕进或绕出卷筒时,钢丝绳中心线偏离螺旋槽中心线两侧的角度不应大于 3.5°。

2. 变幅机构

港口门座起重机在变幅工作过程中,为了尽量减少所吊货物由于垂直位移造成的能量损耗以及提高操作准确性和安全性,要求所吊货物近似水平移动。对于单臂架门座起重机,货物水平位移通过绳索补偿来实现;对于四连杆组合臂架门座起重机,货物水平位移通过特殊的四杆机构来实现。港口门座起重机在变幅工作过程中,为了尽量减少臂架系统自重对臂架下铰点产生的阻力矩而造成能量损耗,通常采用臂架自重平衡系统,使得臂架及平衡系统各部分自重对臂架下铰点的力矩近似大小相等、方向相反、基本平衡。门座起重机的臂架自重平衡系统一般采用杠杆活配重方式,该系统由臂架、小拉杆、平衡梁和人字架构成的四杆机构组成,如图 6-5 所示。构成平衡梁三角形的边由与人字架连接的平衡梁铰点、与小拉杆连接的铰点、活配重中心三点的连线组成。通过对平衡系统的铰点位置尺寸及活配重重量进行合理设计选择,当臂架及平衡系统的力矩性能满足平衡要求时,可实现在有效幅度范围内变幅时,臂架系统及平衡系统各部分自重的合成重心将近似沿水平轨迹移动。

常用的变幅驱动形式有齿条驱动、液压缸驱动、螺杆驱动和绳索滑轮组驱动等。绳索滑轮组牵引驱动为柔性变幅驱动,仅用于中小起重量且没有平衡配重的单臂架门座起重机,以保证钢丝绳始终承受拉力。齿条、液压缸和螺杆驱动均为刚性变幅驱动,主要用于大中型门座起重机。现代港口装卸用门座起重机大多数采用齿条变幅驱动系统,一般由电动机、联轴器、制动器、减速器、齿条摇架和齿条总成等组成,制动器安装在减速器的高速轴上,根据工作要求,可设置双制动器或单制动器。安全保护装置有幅度检测器、限位器和超速保护限制器等。

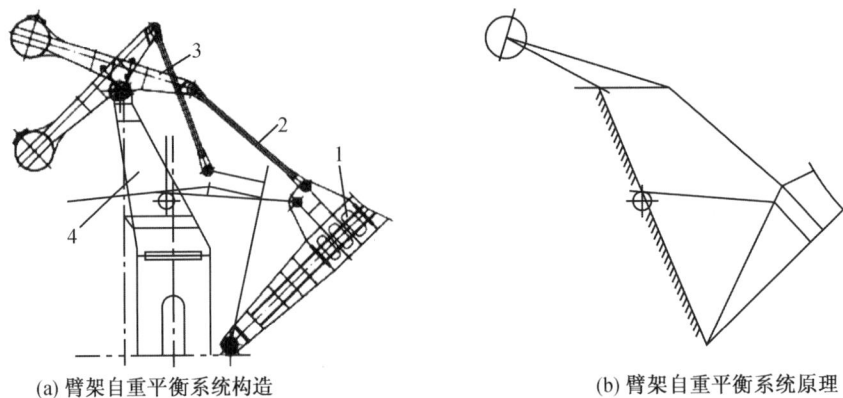

(a) 臂架自重平衡系统构造　　　　　　　　(b) 臂架自重平衡系统原理

图 6-5　门座起重机臂架自重平衡系统原理

1—臂架;2—小拉杆;3—平衡梁;4—人字架

3. 回转机构

回转机构使起重机在圆周方向作业,以达到在水平面内运移货物的目的。回转机构由回转支承装置和回转驱动装置两部分组成。

回转支承装置是回转部分最重要的承载构件,承受和传递回转部分所有的载荷,早期港口门座起重机多采用转柱式回转支承装置。由于滚动轴承式回转支承具有结构紧凑、安装维护简单、密封及润滑条件良好、回转阻力小、工作平稳等优点,在现代港口起重机中被大量使用。

港口通用门座起重机的回转驱动装置一般采用立式传动,为改善回转滚动轴承外圈齿轮的受力状况和回转机构的起制动性能,常采用两套性能一样的回转驱动装置对称布置于回转滚动轴承两侧。回转驱动装置一般包括电动机、极限力矩联轴器、制动器、减速器和驱动小齿轮等。回转机构驱动电动机一般选用绕线电动机或交流变频电动机。回转机构为大惯量工作机构,故在电动机与减速器之间设置极限力矩联轴器,以防止传动系统零部件过载。回转机构制动器可以为常开式,也可以为常闭式,相应的制动操作可以为脚踏液压缸式,也可以为电动液压推杆式。对于大型门座起重机多采用常开式制动、脚踏变频电动液压推杆操作,以改善制动器的操纵性能、减轻司机的工作疲劳。回转减速箱一般采用立式行星齿轮传动,以满足较大传动比和减少平面布置空间的要求。减速箱低速轴与行星小齿轮连接,工作过程中,低速轴和小齿轮受较大扭矩和径向载荷的作用,是回转传动系统中最易损坏和发生故障的部位,应确保其具有足够的强度和抗冲击能力。

4. 大车运行机构

港口门座起重机的运行机构一般为非工作性有轨运行机构,用来调整门座起重机的工作位置,以达到起重机能沿轨道方向移动到任意位置作业的目的,如有特殊要求,也可以考虑起吊部分载荷带载运行。运行机构由运行支承装置和运行驱动装置两部分组成。

运行支承装置用来支承起重机的全部自重,其通过铰接式平衡梁与台车架连接,将门腿腿压载荷传给所有车轮,并保证每个支承车轮载荷相等。根据运行轨道的状况和维修要求可在平衡梁上增设垂直铰轴,并在相应的部位设置维修顶升点。车轮一般采用双轮缘结构,车轮组有多种形式,如定轴式、转轴式、剖分式等等。定轴式车轮组的支承轴承具有更合理的承载结构和较长的使用寿命。为了使车轮能在弯道上行走,需在台车架之间设置垂直铰结构。

运行驱动装置由电动机、制动器、减速器及传动部件等组成,其传动方式有卧式传动和立式传动等。卧式电动机驱动系统为传统的门座起重机运行驱动方式,由卧式电动机、制动器、联轴器、卧式减速器和开式齿轮等组成。该系统为刚性传动,对门座起重机在工作过程中产生的动载适应性差,减速箱和齿轮传动系统及门座起重机钢结构故障相对较多。采用惯性制动器替换原有的制动器和联轴器,有效改善了传动系统的载荷状况,提高了门座起重机的动态防风能力。"三合一"减速电动机开式齿轮驱动系统是近些年广泛使用在门座起重机上的一种运行驱动方式,具有结构紧凑、安装方便、维护简单等优点。由于"三合一"减速器和电动机带制动器,采用浮动安装方式,使得整个传动系统成为柔性系统,从而对门座起重机在工作过程中产生的动载具有良好的适应性。"三合一"减速电动机闭式驱动系统利用了"三合一"传动结构紧凑的优点,将闭式减速器的输出轴直接与车轮轴相连接,取消了开式齿轮传动,从而提高了传动系统的可靠性和环保效果,减少了维护保养工作量。

(二)金属结构

通用门座起重机的金属结构是最重要的承载和传力构件,主要由臂架系统,人字架及平衡系统、转台、门架等组成。不同类型门座起重机的金属结构组成略有不同。合理选择各种金属结构的形式,对满足起重机的作业要求、降低自重、提高性能等都十分重要。

1. 臂架系统

门座起重机的臂架系统是用来承受和传递各种工作载荷,实现所吊货物在变幅工作过程中水平位移的结构系统。根据实现水平位移方式的不同,通常有刚性四连杆组合臂架系统和钢丝绳水平位移补偿单臂架系统两种结构形式。

(1)组合臂架系统

组合臂架系统通常用刚性四连杆系统,如图 6-6 所示。它是目前港口门座起重机普遍采用的形式,由象鼻梁、大拉杆和主臂架三部分组成。通过象鼻梁与主臂架、大拉杆与人字架之间的铰轴连接以及主臂架与转台、大拉杆与人字架之间的铰轴连接形成四连杆平面机构和以主臂架下铰点、大拉杆与人字架的连接铰点为支点的双摇杆机构。起升钢丝绳绕过布置在象鼻梁两端的滑轮组起吊货物。当进行变幅工作时,所起吊货物按象鼻梁头部的运动轨迹作近似水平移动。

象鼻梁是直接承受起吊载荷的构件,为简支悬臂结构。港口门座起重机的象鼻梁通常采用图 6-7 所示的桁架式结构,它由一根箱形主梁和一片或两片三角形桁架结构焊接而成。象鼻梁与主臂架相连的铰轴结构布置在象鼻梁主梁的下方,与大拉杆相连的铰轴布置在象鼻梁后方。

主臂架是四连杆系统中受力最复杂的构件,头部与象鼻梁铰接,根部与转台铰接,其在纵向平面和横向平面均承受较大的载荷作用。港口门座起重机的主臂架通常采用变截面箱形构件,在横向平面内,主臂架头部和根部均分叉成支腿,以满足水平刚度条件及构造布置要求。根据主臂架箱形结构的局部稳定性条件和构造要求,箱形体内设置有横隔板和纵筋等。图 6-8 所示为箱形实体式主臂架结构的构造形式。

门座起重机的大拉杆一般为实腹式箱形结构。按照连接布置的需要,其根部可以是单

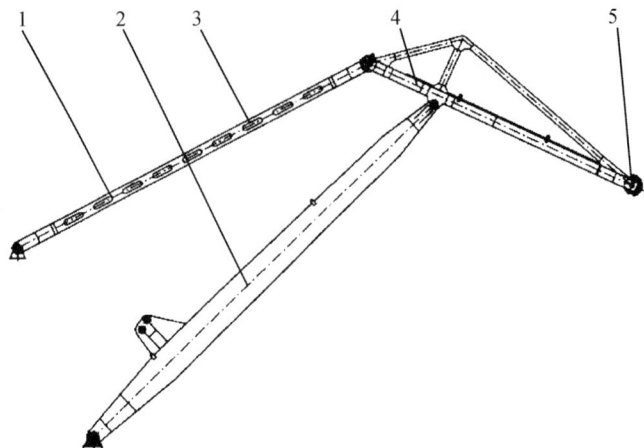

图 6-6　刚性四连杆组合臂架

1—大拉杆;2—主臂架;3—托辊;4—象鼻梁;5—滑轮组

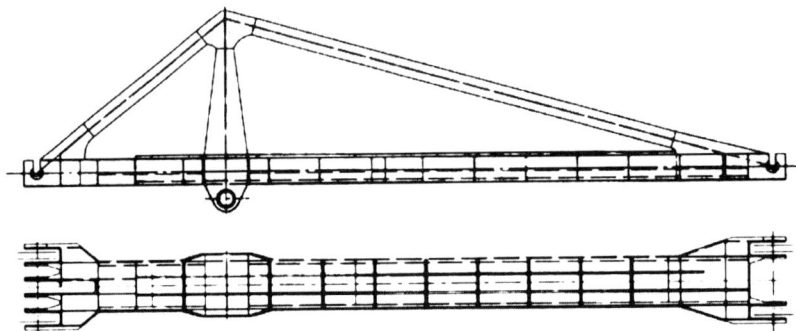

图 6-7　桁构式象鼻梁

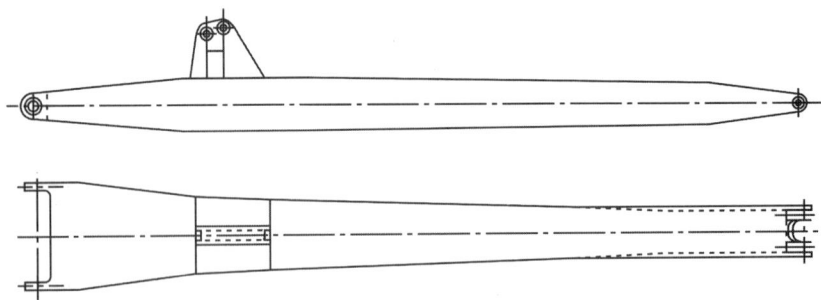

图 6-8　箱形实体式主臂架

叉耳板,也可分叉成双耳板结构。为了减少风振的影响,通常在大拉杆的箱形侧向腹板上沿轴线方向间隔地开一些长圆形的导流孔,如图 6-9 所示。

（2）单臂架系统

单臂架系统根据变幅驱动方式的不同,其构造有所不同。刚性变幅驱动单臂架系统采取臂架自重平衡,臂架下铰点支承在转台或立柱下部的铰座上,平衡系统的小拉杆及变幅

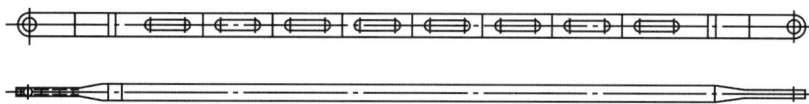

图 6-9 带导流孔的实腹式箱形大拉杆

驱动齿条与臂架中部相铰接。柔性变幅驱动单臂架系统没有臂架自重平衡,变幅驱动滑轮组的受力点位于臂架端部,它的变幅驱动采用了钢丝绳牵引,起升钢丝绳的缠绕方式和实现水平位移补偿原理与刚性变幅驱动单臂架系统相同。

采用刚性变幅驱动的单臂架为悬臂结构,如图 6-10 所示,该结构受力较复杂,一般采用钢管、型钢焊接成变截断桁架结构或由钢板焊接成箱形变截面结构,变幅拉点处截面最高,截面宽度从头部向根部逐渐增大。采用柔性拉索变幅驱动的单臂架为简支结构,如图 6-11 所示。可用钢板焊接成箱形结构或用型钢、钢管焊接成桁架结构。臂架中部是等高度的,靠近两端才逐渐缩小,并用钢板加固。臂架的宽度从头部向根部逐渐扩大。有时为了改善臂架的受力状况,将通过下铰中心的臂架轴线设计成稍微偏离截面中心线。

图 6-10 刚性变幅单臂架结构

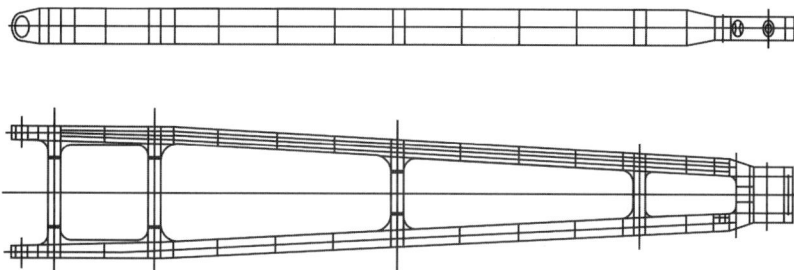

图 6-11 柔性变幅单臂架结构

2. 人字架及平衡系统

人字架及平衡系统是门座起重机中用来承受臂架系统传来的载荷、平衡臂架系统自重力矩的结构系统,其由人字架和平衡系统两部分组成,如图 6-12 所示。

(1)人字架

人字架是门座起重机受力最为复杂的结构件之一。对于刚性变幅的门座起重机,人字架顶部的横梁上设有大拉杆、平衡梁及导向滑轮的三组支座,在人字架中部横梁上设置了变幅驱动平台,人字架需要支承和传递由以上各部分施加的载荷。对于柔性变幅的门座起重机,人字架顶部的横梁上设有导向滑轮、补偿滑轮支座等,人字架需要支承和传递由各滑轮组施加的载荷。人字架按其侧面形状可分为桁构式、板梁式和立柱式等结构形式。

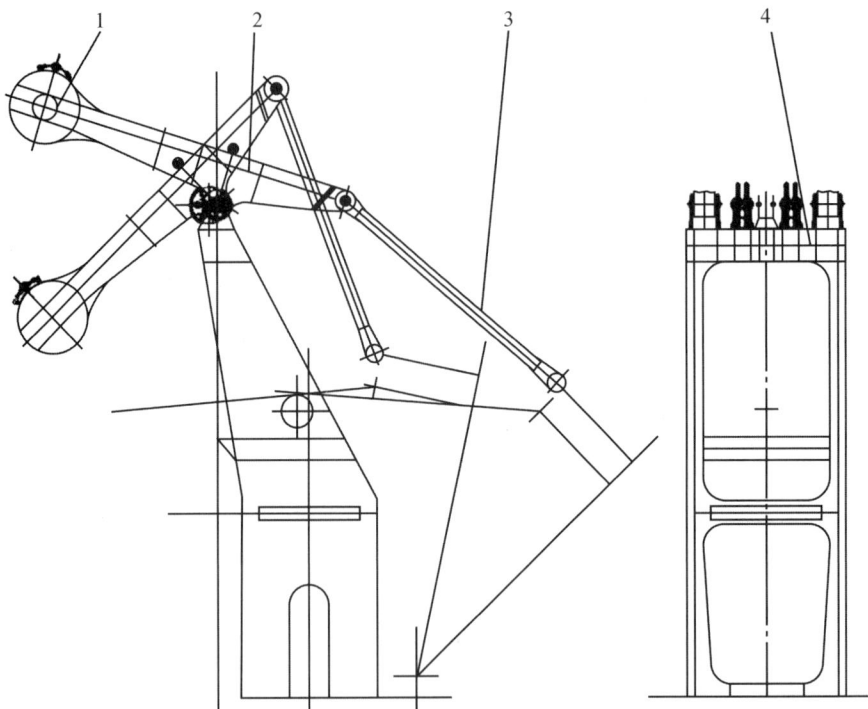

图 6-12　人字架及平衡系统

1—活配重;2—平衡梁;3—小拉杆;4—人字架

①桁构式人字架结构

图 6-13 所示是一种最典型的桁构式人字架结构。工作时,前撑杆受力较大,常采用截面较大的工字钢或焊接箱形结构,后拉杆采用管形结构或其他截面较小的构件,这种形式的人字架应用较为广泛。

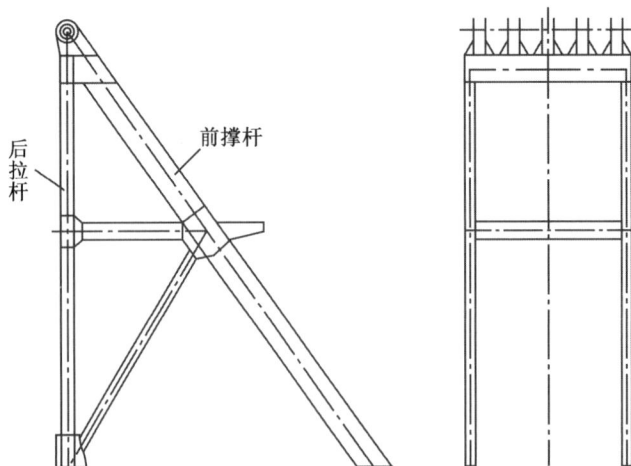

图 6-13　桁构式人字架

②板梁式人字架

图 6-14 所示是一种广泛应用于港口门座起重机的新型结构。这种人字架结构完全由

板材围成一个大的、空心的四棱柱。前后两片结构大面积镂空,左右两侧则基本为实腹式板结构,该结构构造简单,施工方便,容易采用自动焊接工艺制作。

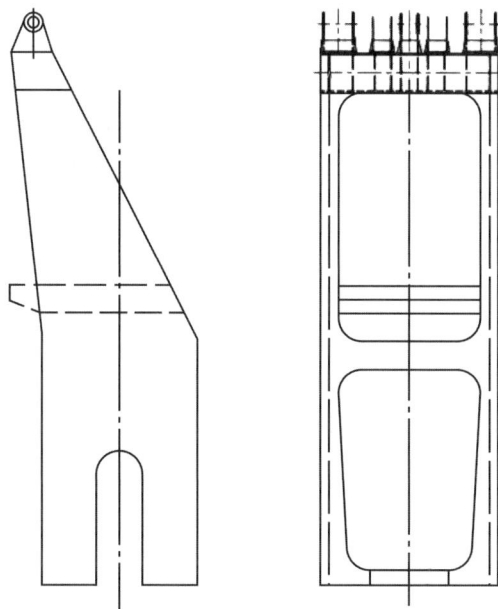

图6-14　板梁式人字架

③立柱式人字架

图6-15所示是一种对传统人字架进行简化处理后的新结构形式,广泛适用于单臂架门座起重机中。该结构可以做成箱形或完全筒体式,根据立柱所受弯矩由上到下呈线性增加的特点,设计为由上到下截面逐渐增大的变截面形式。

各种人字架下部通常与转台直接焊接,也可以采用螺栓或铰轴连接。

（2）平衡系统

根据门座起重机臂架系统的结构形式,衍生出了有臂架自重平衡和无臂架自重平衡两种平衡形式。大多数港口装卸门座起重机的臂架系统带有自重平衡,该系统通常采用杠杆活配重形式,由平衡梁、小拉杆和活配重组成。平衡梁支承在人字架顶部横梁上,拉杆通过铰点与平衡梁和臂架相连,与人字架一起形成平面四杆机构和以臂架下铰点、平衡梁后铰点为支点的双摇杆机构,在平衡梁的尾部设有活配重。

平衡梁一般采用箱形结构（见图6-16）,由于是起杠杆作用,其支承铰点处的结构受力最大,故在长度方向常做成变截面结构。

小拉杆是臂架和平衡梁之间的连接杆件,其构造有独立型和组合型。独立型小拉杆的连接铰点在同一纵向平面内,其受力为二力杆。组合型小拉杆的连接铰点不在同一纵向平面内,除了承受拉力外,还受弯矩作用。小拉杆可以用钢管、工字钢或焊接箱形等制作。

3. 转台

转台是门座起重机回转部分的基础,用来支承工作机构、电气设备、机器房、臂架系统及人字架等部件的重量载荷和其他载荷,并将回转部分的全部载荷传递给固定门架,因此它应有足够的强度和刚度。转台通常是由两根纵向主梁和若干根横梁并辅以一些面板和筋板组成的平面板架结构。纵向主梁和横梁通常设计为箱形或工字形截面,两根纵向主梁

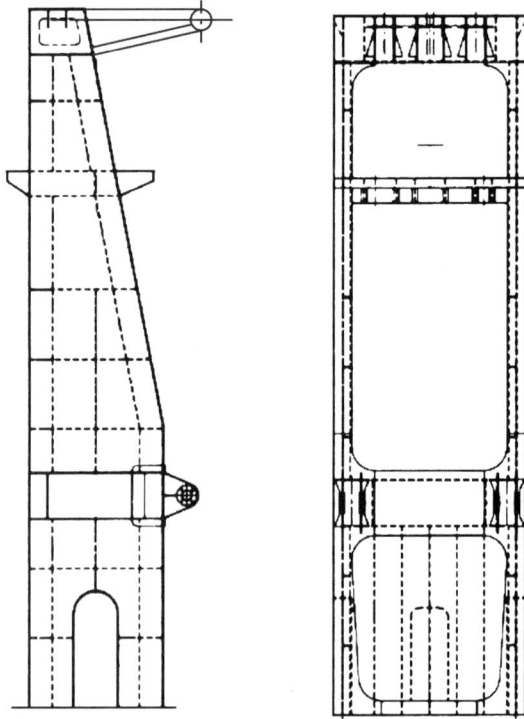

图 6-15　立柱式人字架

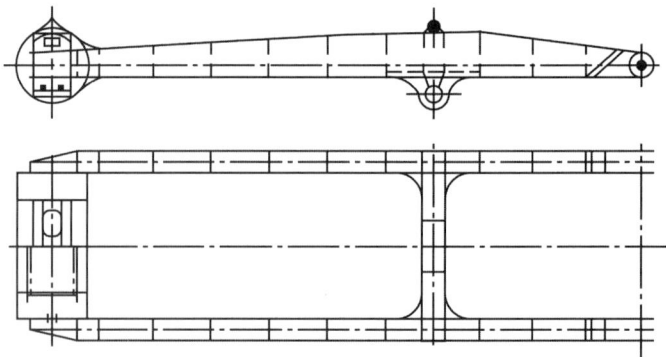

图 6-16　平衡梁结构

的中心距应尽可能地与臂架下铰点间距以及人字架横向间距相同或相近。转台尾部做成箱体,以便装载一定数量的固定配重,使起重机回转部分合成重心尽可能靠近回转中心。横梁和筋板的设置应根据转台上的机构和结构的安装位置来确定。对于安装回转轴承的转台,其下方通常有一节支承圆筒和一个连接法兰。支承圆筒应插入转台内部与转台焊接成一体,以加强连接的刚性和改善传力条件(见图 6-17)。对于转柱式门座起重机,转台下方配有连接下转柱用的箱体(见图 6-18),并用带拼接板的对接方式实现两者之间摩擦副的高强度螺栓连接。

4.门架

门架支承着门座起重机回转部分的所有结构,承受回转部分结构重量、物品重量、风力

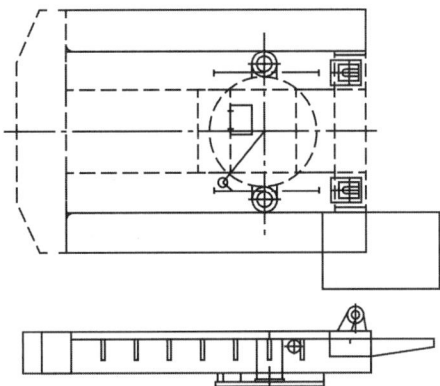

图 6-17　回转轴承式门座起重机转台

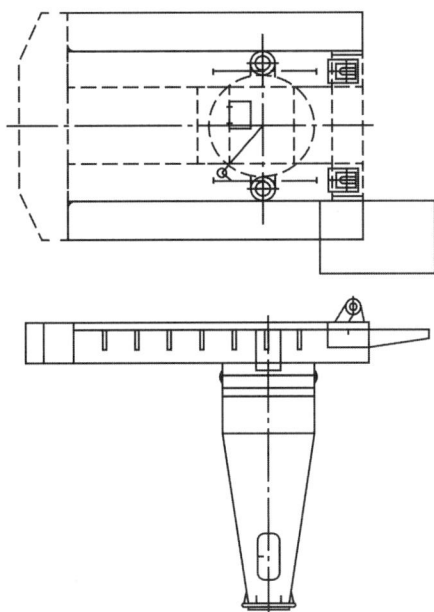

图 6-18　转柱式门座起重机转台

和各工作机构运动产生的惯性力及这些力产生的力矩的作用。为了保证门座起重机运行平稳,门架结构应具有较大的刚度。门架的结构形式主要有交叉式门架、八撑杆式门架和圆筒式门架。前两种门架用于转柱式门座起重机,后一种用于回转轴承式门座起重机。

(1)交叉式门架

交叉式门架(见图 6-19)是由两片平面刚架十字交叉连接而成的刚性架结构。其顶部是一个箱形支承圆环,圆环内侧有环形轨道,用于支承转柱上端的水平滚轮,门架的中部有一个十字横梁组成的平台,安装转柱下支承轴承箱,横梁和门腿的截面都是箱形截面。为增强门架的刚性,沿轨道方向用拉杆把同一侧轨道上的两条门腿连接起来。门腿与支承圆环之间采用法兰螺栓连接。这种门架制造安装方便,但自重较大。

(2)八撑杆式门架

八撑杆式门架(见图 6-20)的顶部仍然是一个内侧装有环形轨道的箱形支承圆环,支承圆环通过八根撑杆支承在下门架四角的门腿上。八根撑杆在前后左右各侧面形成两两对称的三角形桁架。八撑杆式门架是一种交叉刚架,自重较轻,但抗扭性较差。当门架的高度较大时,可采用双层八撑杆式门架。

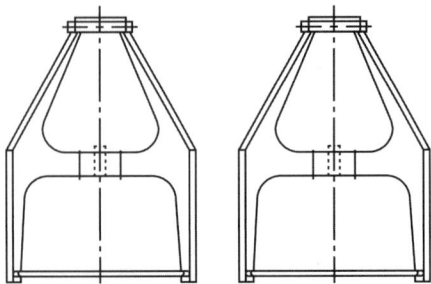

图 6-19　交叉式门架

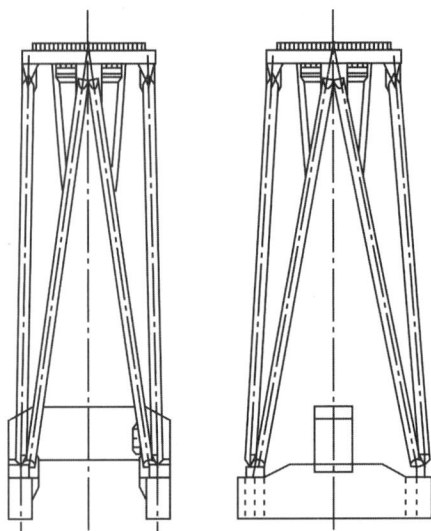

图 6-20　八撑杆式门架

（3）圆筒式门架

圆筒式门架(见图 6-21)的顶部是一个特制的圆环形法兰盘,对法兰盘的刚性要求很大,以确保上部大轴承的正常工作。门架的中部是个直圆筒,要求有足够的刚度。为了保证门架下部的净空高度,下门架通常采用主横梁结构形式,圆筒下端应插入下门架主梁的内部与主梁焊成一体。圆筒式门架自重较轻,风阻力小,外形美观,在港口门座起重机中得到广泛的应用。

（三）电气控制系统

门座起重机的电气控制系统主要由传动驱动系统、可编程逻辑控制器(PLC)、主令操作控制、安全保护、照明系统等组成。

1.传动驱动系统

在门座起重机上,调速性能较好的驱动系统,主要有直流驱动调速系统和交流变频调速系统。

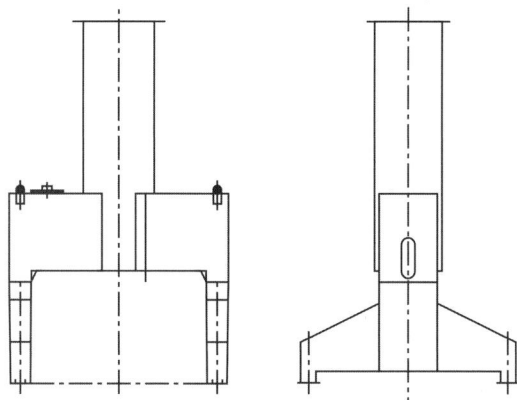

图 6-21 圆筒式门架

（1）直流驱动调速系统

由于直流电动机有良好的调速特性,所以早期的要求调速性能较高的门座起重机上,几乎都采用直流电动机驱动。直流电动机驱动调速系统分为发电机-电动机系统和晶闸管-电动机系统。

发电机-电动机系统的原理是交流电动机拖动直流发电机,直流发电机发出直流电供给需要调速的电动机。其调速是通过主令电位器改变励磁电流来改变直流发电机的输出电压大小而实现的。通过改变直流发电机的励磁方向,可以实现直流电动机的正反转运行。直流驱动调速系统存在控制复杂、效率低、运行噪声大、安装维护不方便等缺点,因而慢慢被晶闸管变流装置所取代。

晶闸管-电动机系统是由晶闸管变流装置直接给电动机供电的驱动调速系统。该系统通过改变晶闸管的触发脉冲控制角,从而改变输出电压的大小,实现平滑的调压调速。该系统具有体积小、低噪声、无污染、效率高等优点,目前广泛应用于门座起重机的直流驱动调速系统。

（2）交流变频调速系统

随着现代控制理论的发展、新型大功率电力电子元件和变频技术的日益完善,交流变频调速技术有了很大的进步。现代门座起重机上越来越多地使用了变频调速技术。该调速系统具有以下一些优点:与直流驱动调速系统相比,可以不选用价格昂贵、维护困难的直流电动机,而是选用更加经济、方便、节能的交流电动机;能实现无级调速,实现工作机构的平稳运行,减小机械振动和冲击;采用闭环矢量控制方式,可以实现位能恒负载下的零速抱闸,减小机械磨损和冲击,并能有效地防止重载溜钩现象。

变频器主要由整流器、滤波器、逆变器、制动单元、运算检测回路等部分组成。

①整流器

把工频电源变换为直流电源,其电功率的传送不可逆。

②滤波器

在整流后的直流电压中,含有脉动电压。此外,逆变器回路产生的脉动电流也会使直流电压波动。为了抑制这些电压波动,采用直流电抗器和电容器吸收脉动电压(电流)。

③逆变器

逆变器的作用是在所确定的时间内有规则地使各个功率开关器件导通、关断,从而将直流功率变换为所需电压和频率的交流输出功率。

④制动单元

异步电机在再生制动区域运行时,再生能量首先储存于电力电容器中,使直流回路电压升高。当起重机机械系统惯量所积蓄的能量比电容器能储存的能量大时,必须用可逆变流器把再生能量反馈到电网侧或制动单元上,把多余的再生功率消耗掉,以免直流回路电压的上升超过限值。

⑤运算检测回路

将外部的转速、转矩等指令同检测回路的电流、电压信号进行比较运算,以决定变频器的输出电压、频率。

2. 电源及控制部分

(1)电源

电源部分分为进线电源、动力电源、控制电源以及照明电源,其中进线电源又根据进线电压等级分为高压上机和低压上机两种。

①高压上机

对于整机容量较大的电气驱动系统,为了减少上机电缆截面尺寸,可以提高供电电压等级。整机进线电压通常为 6 kV 和 10 kV,由码头三相四线制高压电源经过高压电缆卷筒,送入机上高压开关柜,经机上高压变压器将 6 kV 或 10 kV 的电压变为 AC 400 V 的电压送入机上电源箱,再经中心受电器送入电气房中的低压电源柜。

②低压上机

对于容量较小的电气驱动系统,整机进线电压为 380 V,由码头三相四线 AC 380 V 电源经低压电缆卷筒,送入机上电源箱,经过柜中的换向开关引出,再经中心受电器送入电气房中的低压电源柜。

③动力电源

动力电源为门座起重机上的电动机提供电源。动力电源送入总断路器,经过总接触器送入各工作机构控制柜,如支持柜、开闭柜、旋转柜、变幅柜、大车柜(通常与起升柜同柜)等。该动力电源经过各机构对应的断路器,送入变频器或接触器来控制电动机,其中总断路器和总接触器安装在电源柜内。

④控制电源

控制电源为控制回路及 PLC 提供电源。动力电源送入电源柜后,在总断路器的上端头,将控制电源引入控制电源断路器,然后通过控制变压器,将 AC 380 V 转换为 AC 220 V 电源。该控制电源一部分提供给各个机构控制回路,另一部分提供给 PLC 或变频器。

⑤照明电源

动力电源送入电源柜后,在总断路器的上端头,将照明电源引入照明断路器,然后通过照明变压器,将 AC 380 V 转换为 AC 220 V 电源。设备上所有照明、插座、空调(部分)以及柜内风机、加热器的电源全部由该照明变压器提供。另外司机室扩音装置电源也由该变压器提供。(2)PLC

门座起重机电控系统的 PLC 主要由以下功能模块组成。

①中央处理单元

中央处理单元(CPU)是 PLC 的控制中枢。它按照 PLC 系统程序赋予的功能接收并存储从编程器键入的用户程序和数据。

②通信模块

目前,门座起重机的电控系统多采用 Profibus-DP 通信。PLC 和变频器利用该通信协议交换数据,PLC 向变频器发送控制字,给变频器启动、停止信号;PLC 向变频器发送速度字,给变频器速度指令,PLC 也可以通过状态字从变频器读取实际速度、转矩、电流、功率等电机参数。门座起重机还可以配置以太网模块,用于远程通信、CMS 监控系统等设备的连接。

③数字量输入模块

PLC 数字量输入模块用来采集外围的一些开关量信号,包括各种限位、断路器反馈点、接触器反馈点、各种按钮以及变频器的继电器输出(运行、故障信号)等。

④模拟量输入模块

PLC 模拟量输入模块主要用来采集一些模拟量信号,如温度信号、重量信号等。该模块的功能是将这些采集到的 4~20 mA 或 0~10 V 的电信号转换成数字量信号,参与 PLC 的逻辑控制。

⑤数字量输出模块

PLC 的数字量输出模块用来驱动中间继电器、各种指示灯等。输出类型一般为继电器输出。继电器输出模块可以看作一个开关,它可以通过通断来控制对应的输出中继,不同的是这个开关需要通过 PLC 逻辑程序来控制其通断。

(3)操作台

司机室操作台作为门座起重机控制命令的输入部分,其上安装有各机构操作手柄、按钮、指示灯、报警器等。所有的操作信号进入 PLC,由 PLC 根据逻辑程序发送控制命令给变频器,控制电动机的启动和停止,从而完成相应的命令动作。

3. 电控系统的功能

(1)起升机构

起升机构由两台变频器分别控制两台交流变频电动机进行起、制动运行。起升机构通过转换开关可实现支持机构单机构、开闭机构单机构、支持/开闭双机构、抓斗支持与开闭的切换操作,通过右联动台上的起升操作手柄,可实现抓斗开闭斗以及上升下降动作。由于起升机构为位能性负载,所以该机构采用闭环矢量控制,即与变频电动机同轴安装速度传感器(增量编码器),速度传感器脉冲信号送入变频器的编码器卡,实现速度闭环控制。闭环矢量控制可以实现电动机零转速时变频电动机以额定转矩输出,实现零速抱闸,防止重载溜钩。另外,利用增量编码器的脉冲数计算出开、闭机构的钢丝绳长度,可以实现抓斗的自动开闭斗功能;在抓斗闭斗时支持电动机切换到力矩控制,实现抓斗深挖功能;抓斗上升时,通过检测支持与开闭两台电动机电流的大小,判断电动机负载是否平衡,可以实现抓斗支持/开闭双机构的平衡功能。起升机构设置有上升、下降减速、终点限位和上升极限等限位开关。

(2)变幅机构

变幅机构为较大惯量工作机构,要求驱动系统具有良好的启动和制动调速特性,为此变幅电动机一般选用交流变频电动机,由一台变频器控制其起、制动。通过左联动台操作手柄可实现增幅、减幅操作。变幅制动器检测到电动机有频率输出时打开,检测到电动机零速时抱闸。变幅电动机配置一台同轴的增量编码器,通过该编码器做速度闭环控制,以提高电动机的低频转矩,提高电动机的控制精度。另外,在变幅机构上安装了一个多功能凸轮限位,通过感应凸轮限位的触点,实现变幅机构减速、停止等保护功能。在臂架下铰轴处设置了变幅增减幅极限限位开关。

(3)回转机构

回转机构一般配置两台变频器控制两台电动机进行启、制动运行。为了保证两台电动机工作时的力矩一致,一般采用主从电机控制。通过控制主电动机速度,并检测电动机的输出力矩,然后将其力矩信号传送给从电动机,从电动机跟随主电动机的力矩运行,达到两台电动机输出同样的力矩。回转机构制动器常用操作手柄控制、脚踏液压控制和脚踏电位器控制等方法。根据不同的制动装置而采用不同的控制方法。回转机构制动通常有三种:电制动(当要求回转制动时,回转操作手柄回零,则电动机按设定的制动力矩曲线施加电磁阻力矩从而使回转运动在设定的时间内停止)、脚踏液压制动(当要求回转机构制动时,回转操作手柄回零,司机脚踏制动踏板,推动液压制动总泵向制动分泵供油,制动器按脚踏的推力大小而提供相应的制动力矩)、变频制动(制动器根据脚踏输出的 4~20 mA 电流信号给出相对应的频率,控制变频液力推杆电动机的转速和推杆的行程,从而施加制动力矩,以实现回转制动)。在回转制动器变频器输出运行信号时,回转机构变频器基极封锁,停止输出,防止电动机堵转。回转机构通常设有回转锁定、回转锚定等保护装置。

(4)运行机构

运行机构为开环 V/F 控制,由一台变频器控制所有的行走电动机进行启、制动运行。运行机构与起升机构可以共用一个变频器,通过联动台旋钮来实现功能切换。机下通常设有一行走操作箱。运行机构设有前进、后退、防爬、锚定、电缆终端保护和行走警示等功能。

(四)辅助装置

为了保证门座起重机能正常和安全工作,除了必要的工作机构、金属结构和电气控制系统外,还需设置相应的辅助装置。门座起重机的主要辅助装置包括供电装置、超负荷限制装置和防风装置等。

1. 供电装置

门座起重机作为移动式生产设备,要求在工作过程中进行移动式供电,最常用的供电方式可归纳为两大类,即滑触线供电和卷绕软电缆供电。滑触线供电由于受现场工作条件限制,在港口门座起重机上很少采用,目前大多采用电缆卷筒卷绕软电缆移动供电。

供电电缆卷筒由驱动装置、卷缆装置和导缆装置等组成,按驱动装置的不同可分为配重式和动力式。

(1)配重式电缆卷筒

配重式电缆卷筒采用无动力驱动装置,如图 6-22 所示,其工作原理为:放缆时,通过门座起重机的大车运行将电缆从电缆卷盘 2 中拖出,配重系统 3 在升降架中升高并储存位能;收缆时通过配重系统 3 下降拖动电缆卷盘 2 卷绕,将电缆收入卷缆盘中。配重式电缆卷筒驱动装置的优点是其工作无须控制,卷筒的收、放缆与门座起重机的运行自适应;电缆在配重的作用下始终处于张紧状态,卷筒系统无须动力也无须制动,但配重的重量要设计合理,否则会造成电缆的拉断或早期损坏。

(2)动力式电缆卷筒

动力式电缆卷筒采用电动机驱动,为了满足门座起重机大车运行速度与电缆卷绕线速

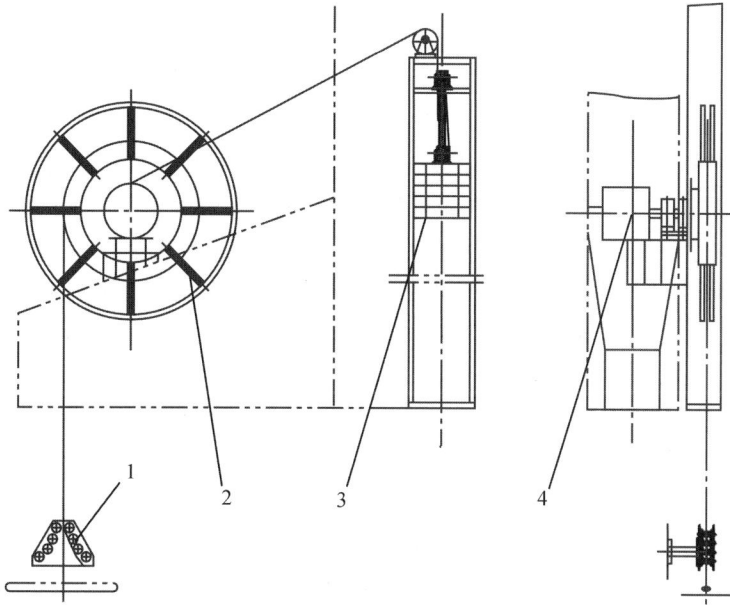

图 6-22 配重式电缆卷筒

1—导缆器;2—电缆卷盘;3—配重系统;4—集电滑环;

度同步,目前常采用磁滞式驱动装置、长期堵转力矩电动机驱动装置和变频电动机驱动装置,如图 6-23 所示。

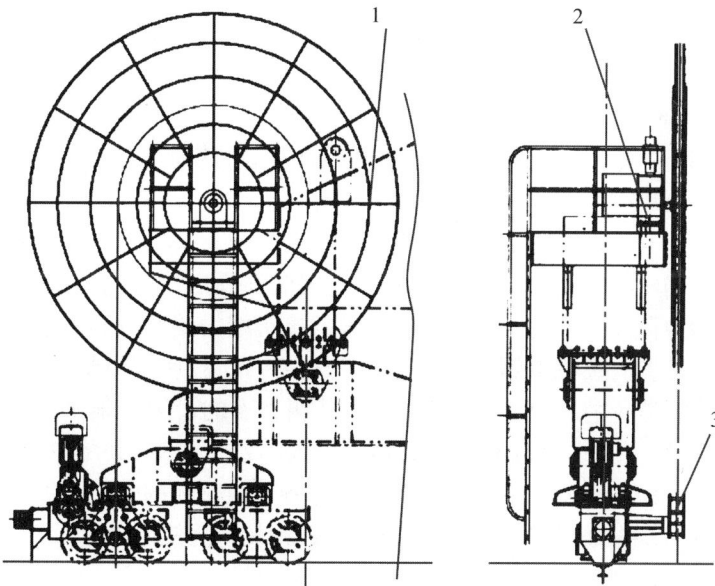

图 6-23 动力式电缆卷筒

1—电缆卷盘;2—驱动装置;3—导缆器

磁滞式驱动电缆卷筒的主要特征是在电动机与减速机之间安装有磁滞式联轴器,有滑差力矩限制功能。其工作原理为:放缆时,通过门座起重机的运行给电缆施加拖行张力,从而在电缆卷盘上产生相应的力矩,当该力矩超过磁滞式联轴器的滑差力矩时,将发生打滑,此时电缆将在具有一定张力的情况下从卷盘中被拖放出;收缆时,电动机通过磁滞式联轴器、减速器对卷盘施加力矩,驱动卷盘卷绕而卷取并收存电缆。磁滞式联轴器具有调节输出转矩的功能,可在一定范围内,调整系统的输出机械特性,满足电缆卷筒转速与转矩的要求。

力矩电动机驱动式电缆卷筒的动力部分和调速部分均由力矩电动机来承担。该电动机具有调速范围宽和较软的机械特性,电动机可以在其机械特性曲线上的任一点长期堵转并稳定运行,以保证电缆在转盘的相应半径上获得适当的卷绕速度和拉力。其工作原理为:卷缆时,电动机的输出力矩为动力,通过减速器驱动卷盘收取电缆;放缆时,通过门座起重机的大车运行给电缆施加拖行张力,电动机的输出力矩为阻力矩,以防止电缆快速拉离卷盘,从而保证放缆与门座起重机运行的同步性。停机时,长期堵转力矩电动机由自带的盘式制动器将电缆卷盘制动住,保证电动机在断电状态下电缆不会从卷缆盘上滑落。

变频电动机驱动式电缆卷筒是通过对变频电动机进行闭环调速控制,使其转速和输出力矩适应电缆卷筒卷缆、放缆和停车制动的工作要求,具有电缆在收放缆过程中的恒力矩功能、大车在运行过程中速度变化的电缆张紧功能、紧急或意外停车时制动器的打滑保护功能和停车状态下不发生电缆松弛和坠落的保护功能。

(3)导缆装置

导缆装置是电缆卷筒的辅助件,其作用是保证电缆卷筒放缆时能将电缆顺利导入电缆沟,以免造成电缆的脱钩、堆存或碰擦和损伤。导缆架还具有判断门座起重机大车运行方向和检测电缆松紧故障等信号控制功能。

2.超负荷限制装置

门座起重机在工作过程中为了防止超载事故发生,提高作业安全性,需要设置超载安全保护装置。门座起重机的超载保护装置由负荷信号检测装置和负荷限制器装置组成。起重机工作过程中,通过负荷信号检测装置检测负荷信号并传递到负荷限制器,经相应的数据处理后,通过 PLC 实现对起重机相关工作机构的控制,从而达到超载安全保护的目的。

(1)负荷信号检测装置

门座起重机的起升工作负荷一般通过检测钢丝绳的张力来确定,包括直接测力和间接测力方法。当起升钢丝绳有固定接头端时,可通过安装在固定接头端的拉力或压力传感器直接测取钢丝绳的载荷。对于起升钢丝绳没有固定接头端的单臂架和四连杆门座起重机,一般采用杠杆滑轮装置间接测取钢丝绳张力(见图6-24)。门座起重机超载保护的可靠性取决于负荷信号检测装置的检测精度和稳定性,其测力点的设置必须满足:在起重机工作过程中,被检测钢丝绳中心线对该测力点的相对位置不发生改变,并尽量保持被检测钢丝绳中心线与测力滑轮中心在同一平面内。钢丝绳寿命与钢丝绳的缠绕方式紧密相关,应尽量减少钢丝绳在测力滑轮处形成反向弯曲,以免降低钢丝绳的使用寿命。

(2)负荷限制器

负荷限制器是用来将测力装置检测到的信号进行处理并转化为对工作机构进行控制的信号,一般具有控制、监测、显示和报警等功能。负荷限制器由硬件和软件两部分组成,硬件主要包括显示仪表、处理器、信号盒和连接导线等,软件根据负荷限制器的功能要求进行编制。起升超负荷限制器信号处理装置的主要技术指标包括:模拟量输入通道、开关量输入通道、控制量输出通道,主机温度范围、综合精度和显示、报警、切换功能等。通过与幅

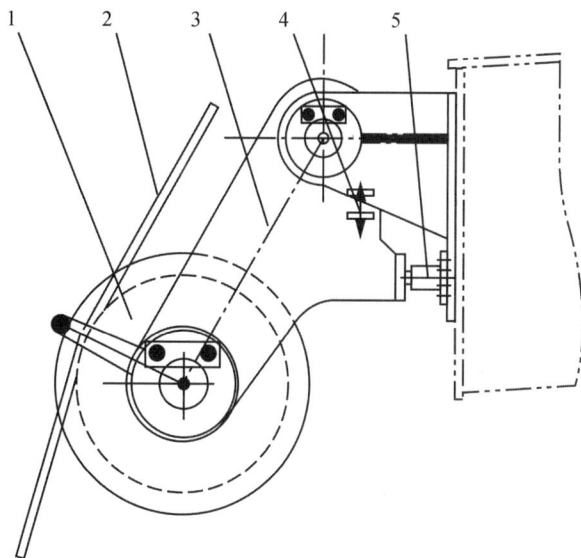

图 6-24　人字架杠杆滑轮测力装置
1—测力滑轮;2—测力钢丝绳;3—杠杆系统;4—锁紧装置;5—测力传感器

度检测信号相结合,起升负荷保护装置还可以实现对起重机整机力矩的限制控制,通过起重量与起升速度相结合实现对起升机构的恒功率控制。

3.防风装置

对于露天工作的门座起重机,为了防止在风载荷作用下造成起重机的滑移或倾覆等事故,必须装设可靠的防风装置。门座起重机的防风包括工作状态的防风和非工作状态的防风,其中工作状态的防风包括正常工作过程的防风和突发阵风的防风。门座起重机应针对不同防风状态,设置相应的防风装置。门座起重机正常工作状态和突发阵风的防风都属于动态防风的范畴,其设置的防风装置应能在起重机工作过程中自动发挥作用。目前常用的防风装置有:大车运行机构推杆鼓式或盘式制动器、大车运行机构惯性制动器、大车电动防风铁楔等。大车运行机构推杆盘式制动器、大车运行机构惯性制动器既有使起重机在运行过程中减速和停车的功能,又可自动对非运行状态的起重机施加制动力以阻止其在工作过程中受风载荷作用而移动。电动防爬器可以在起重机工作过中施加附加阻力以防止起重机发生非正常移动。门座起重机非工作状态的防风属于静态防风,其设置的防风装置应能防止起重机在非工作状态遭受暴风袭击时不发生滑移和倾覆。目前常用的装置有惯性制动器、轮边制动器、防风锚定装置和防风拉索等。

(1)惯性制动器

惯性制动器是一种基于惯性原理的新型无动力制动装置,主要安装在门座起重机的运行机构中。惯性制动技术是一项原创性发明,突破了传统的外力源(如电磁铁、电动液压推杆等)制动模式,其基本技术原理是由主动惯性力克服制动作用力以解除制动,与从动负载在运动体内部形成一个内力平衡系统,利用运动体自身的惯性力,通过特定的装置转换为对该运动体的制动力,惯性制动器根据惯性制动原理设计,融制动器、联轴器以及二者相互转换功能于一体,其构造为含有弹性联轴节、无附加制动力源装置、纯机械的盘式制动器结构,如图 3-122 所示。惯性制动器有以下工作特点:在停电或点动不能正常工作时,可以手动解除制动;在起重机作业遭遇突发阵风时,可以实现动态防风;在起重机旋转、起升或变幅机构启、制动时,可以通过大车运行机构的轻微晃动,释放传动系统的冲击载荷。

（2）轮边制动器

轮边制动器是一种直接对门座起重机大车从动车轮施加阻力的制动装置,有液压式和电子机械式两种形式。液压式为常闭式结构,设有大车传动系统动载释放功能,在门座起重机上较少采用。电子机械式轮边制动器是针对门座起重机工作特点开发的一种新产品,如图6-25所示,它由微电机、减速传动装置、具有单向逆止和分离功能的电磁保持器、滚珠丝杠副、凸轮增力机构、弹簧制动缸、制动夹钳和电控系统组成。工作时,由微电机1驱动减速传动装置3,使滚珠丝杠副4输出推力,通过凸轮增力机构5来消除制动弹簧作用力,将制动夹钳7松闸;松闸后,电机停止工作,由电磁保持器逆止减速传动装置2反转,维持松闸状态。制动时,电磁保持器2通电吸合分离保持器,减速传动装置3反转,由压缩的制动弹簧作用力使制动夹钳7上闸,产生制动作用。该防风装置采用了电子机械式驱动机构,可便捷地通过自动化控制手段来满足设备的各种防风工况要求,具有稳定可靠的防风效果。

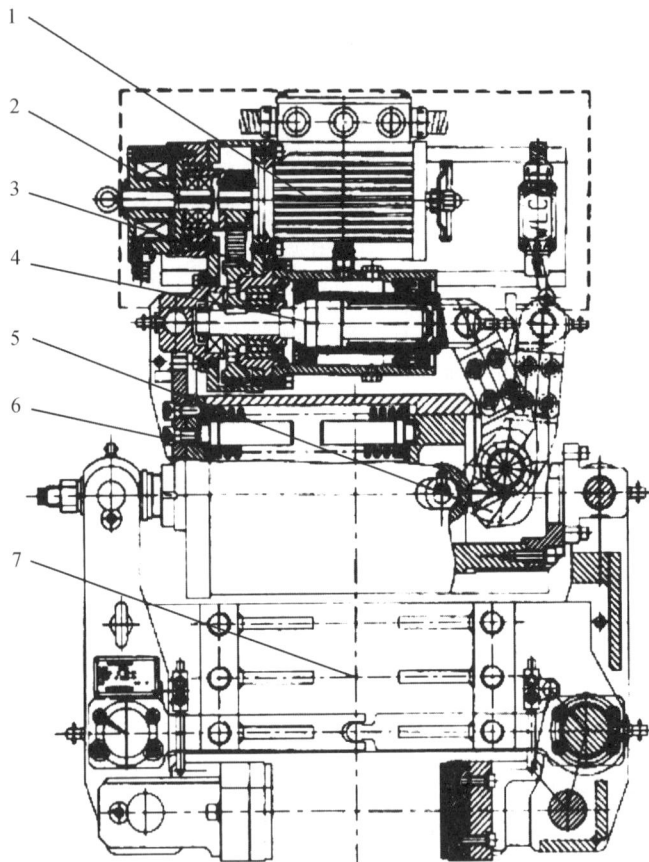

图6-25　电子机械式轮边制动器构造

1—微电机;2—电磁保持器;3—减速传动装置;4—滚珠丝杠副;5—凸轮增力机构;6—弹簧制动缸;7—制动夹钳

电子机械式轮边制动器采用夹钳结构,通过高性能的摩擦衬垫与轮缘侧面摩擦产生抗风阻力,具有非常稳定的摩擦性能和防风制动效果。它体积小,结构紧凑,安装简易,单台设备可设置多台轮边制动器,并且具有在紧急状态下,实施动态紧急制动的功能,使整机具有较高的防突发阵风的能力。

(3)电动防风铁楔

电动防风铁楔是直接用于门座起重机工作状态下动态防风和非工作状态下辅助防风的制动装置,安装在大车从动车轮架上。该装置主要由电动液压推杆驱动器、支承架、连杆机构和铁楔等组成,如图6-26所示。起重机运行时,电动液压推动器推动连杆机构将铁楔提起,使其与轨道分离,从而保证起重机正常行走;当起重机停止运行时,电动液压推动器断电使推杆缩回,通过连杆机构将铁楔放回轨道并插入车轮下。由于铁楔与起重机是浮动连接,当起重机受风力作用开始移动时,铁楔并不立即随之移动,此时车轮会滚上铁楔,滚动车轮对铁楔的压力逐渐增加,在铁楔与轨道之间形成摩擦力,从而起到制动作用。电动防风铁楔设有释放限位开关,具有联锁保护和手动释放功能,同时弹簧复位功能可避免断电后推动器动作不灵敏致使楔块不能及时复位问题。

图6-26 电动防风铁楔构造

(4)防风锚定装置

锚定装置是防止起重机在非工作状态风力作用下沿轨道滑移的重要防风装置。门座起重机的锚定装置一般安装在门架下方或大车运行台车上。锚定装置可采用插板结构或插销结构,锚定座预埋在码头表面上,锚定板或锚定销通过支承架与门座起重机本体结构相连。锚定板或锚定销的下放或提起可以通过人工手动操作或机械传动装置操作。为了防止起重机在锚定装置放下状态发生大车误运行,在锚定插板或锚定插销提起或放下的极限位置均设置有联锁保护限位开关。

(5)防风拉索

防风拉索是防止起重机在非工作状态风力作用下发生倾覆的重要防风装置。门座起重机防风拉索(见图6-27)的一端连接在门架端梁下方或大车运行台车上,另一端与预埋在码头面上的支座相连,通常在拉索之间设有张紧装置。防风拉索的张紧通过拉索张紧装置人工手动操作或电动机械操作。门座起重机在正常工作时,防风拉索可收起悬挂在门架端梁或大车运行台车上。

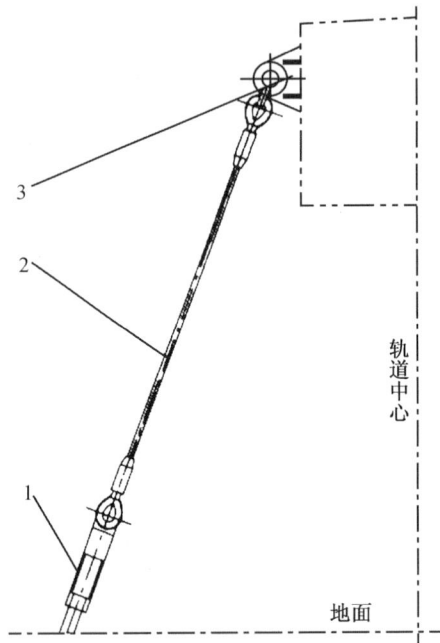

图 6-27　防风拉索装置
1—拉索张紧装置;2—拉索;3—连接耳板

三、带斗门座起重机

带斗门座起重机除具有通用港口门座起重机的起升机构、变幅机构、回转机构、运行机构和臂架系统、转盘、机房、人字架、门架等系统外,还具有卸料系统、输料系统及除尘系统等,是港口门座起重机的一种特殊类型。

带斗门座起重机通过起升机构、变幅机构、回转机构的联合动作,用抓斗从船舱内抓取散料提升至料斗上方卸料,散料通过料斗,经振动给料器送至机上皮带输送系统输送至地面皮带输送系统或卡车等其他运输设备。为了提高带斗门座起重机的生产率,作业时可以将旋转锁定,只通过起升机构和变幅机构两个机构的联合动作来完成卸料循环,所以带斗门座起重机有时又称门座式卸船机。

带斗门座起重机与通用门座起重机相比具有更高的起升速度和变幅速度,且空载起升、下降速度比额定载荷速度更高,结合伸缩漏斗和锁定旋转动作,带斗门座起重机比港口通用门座起重机具有更高的生产率。目前港口使用的带斗门座起重机起重量一般在 16~40 t,煤炭作业时的生产率为 500~1 000 t/h。带斗门座起重机可用于煤炭、矿石、粮食、木片等散货物的卸船作业。

(一)典型构造

港口带斗门座起重机的类型很多,结构形式多样,其转盘以上部分与通用门座起重机的结构基本相同,一般为四连杆臂架或单臂架结构形式,门架结构和卸料系统与通用门座起重机有很大的不同。带斗门座起重机的典型构造可根据料斗等接料系统的固定形式和所卸货种进行分类。

按接料系统的固定形式,带斗门座起重机可分为料斗固定式结构和料斗移动式结构。

料斗固定式结构的接料系统固定在门架梁顶部,由料斗结构、破拱装置、振动给料器、开闭斗门系统、溜筒、接料板、门架结构、梯子平台等组成整个料斗门架系统总成。该种带斗门座起重机的典型构造如图 6-3 所示。料斗移动式结构的带斗门座起重机的料斗接料系统固定在可移动的门架梁顶部或中部的伸缩梁上,由料斗结构、破拱装置、振动给料器、开闭斗门系统、接料板、门架结构、梯子平台、伸缩机构等组成整个料斗门架系统总成。伸缩梁由伸缩机构驱动,伸缩梁带动接料系统在门架顶部的轨道上移动,卸船时伸出码头前沿外侧,卸船结束后收回码头前沿内,避免与船舶靠泊时相碰。该种带斗门座起重机的典型构造如图 6-28 所示。

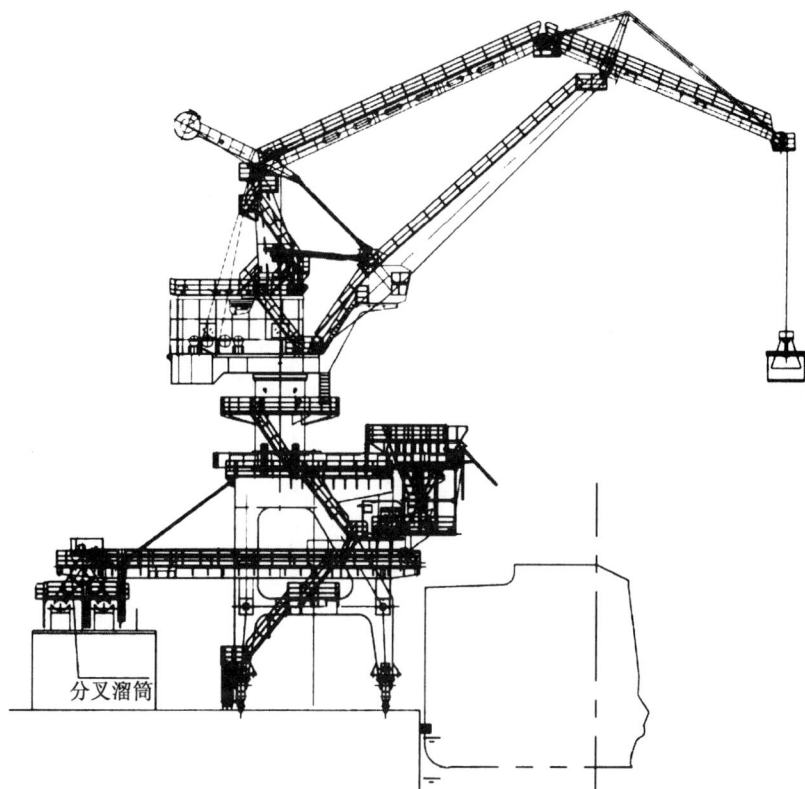

图 6-28　伸缩料斗带斗门座起重机

按卸料的货种,带斗门座起重机可分为煤炭带斗门座起重机、粮食带斗门座起重机、木片带斗门座起重机等。由于货种不同,其总体布置、接料系统、输送系统及除尘系统均不相同。

煤炭带斗门座起重机主要用于煤炭的卸船作业。抓斗抓起物料放入料斗,经振动给料机进入溜筒卸至机上带式输送机,再输送至地面输送系统或卡车等其他运输设备。机上带式输送机一般需设置防尘罩,料斗口处设置喷淋除尘装置。

粮食带斗门座起重机主要用于大豆、玉米、小麦等粮食类物料的卸船作业。机上输送机一般采用埋刮板输送机,抓斗抓起物料放入料斗,经振动给料机进入溜筒卸至埋刮板输送机,再输送至地面输送系统,或通过溜筒直接装车。埋刮板机为封闭结构,需要在埋刮板机的料斗出料口设置干式除尘装置,有条件时,在料斗上口也应装有干式除尘装置,以便有较好的抑尘效果。

木片带斗门座起重机主要用于造纸木片的装卸作业。造纸木片的密度小,流动性差,是带斗门座起重机作业对象中最为复杂的一种。一般用两条皮带输送机来完成送料过程:一条为料斗下口的接料带式输送机,一条为水平输送带式输送机。卸料过程是由专用木片抓斗抓起木片放入料斗,经接料带式输送机将落入料斗下口的木片,通过带式输送机运转输出,再经尾部溜筒卸至水平带式输送机,转送至地面输送系统。料斗上、下口可以设置干式除尘装置。

带斗门座起重机的料斗接料系统一般布置在海侧门腿上,考虑布置空间和散料安息角,尤其是有伸缩机构时,要考虑料斗缩回的空间,起重机回转中心与门架结构中心偏移2.5 m左右的距离。

早期的带斗门座起重机通常设有主/副两个司机室。主司机室设置在回转部分的转盘上,主要操纵抓斗的开闭、起升、下降、变幅、回转等主要动作。副司机室一般设置在门架中间部位靠近料斗出料口,主要控制料斗接料系统中料斗斗门的开度、振动给料器、破拱装置、输送机、分叉漏斗、料斗和输送机的伸缩以及整机的运行,副司机能清楚地观察到料斗卸料、输送机工作、出料以及整机的运行情况,并随时与主司机保持通信畅通,配合主司机完成整个卸料过程。

随着控制技术的发展,近些年来,带斗门座起重机趋向于只设置一个司机室,即将司机室布置在外伸的斜撑梁上,借助视频监控系统,所有操作均可在司机室内完成,在输送机旁还同时设有现场操作箱,必要时也可以现场操作。

(二)工作机构

带斗门座起重机的主要工作机构与普通门座起重机基本相同,但其起升速度通常高于通用门座起重机,一般为通用门座起重机的1.1~1.3倍。为了缩短工作循环时间,通常会设置空载高速下降,两种速度的改变通过变频调速实现。变幅速度比通用门座起重机高。回转机构在进行高效作业时可以不动作。

(三)金属结构

带斗门座起重机回转支承以上的结构与普通门座起重机相同。由于其工作的特殊要求,其回转支承下部的主要金属结构件,如门架结构、伸缩梁结构、料斗结构、输送机架,以及司机室等与通用门座起重机相比有较大差异。

1.门架结构

门架结构是整个带斗门座起重机的基础结构,为了保证起重机能安全和平稳工作,门架结构具有足够的强度和较好的刚性。

带斗门座起重机的门架结构类似于通用门座起重机,但又有其独特的部分。带斗门座起重机的门架结构一般为组合结构,基本由圆筒与下部门架组成。圆筒的高度根据起升高度、安全作业距离和料斗的布置要求确定。其下部门架一般比通用门座起重机的下部门架高,且多为偏心结构,即圆筒中心和下部门架中心不重合,一般圆筒中心偏向陆侧,以方便布置料斗。

门架下部有支承输送系统的横梁,上层平台有固定料斗的水平梁,在其上安装有轨道,便于固定料斗的伸缩梁在轨道上运行。

2. 伸缩梁结构

伸缩梁用来支承料斗及物料的重量。料斗固定在伸缩梁上,可以通过焊接方式直接焊接在伸缩梁上,也可以通过弹簧与伸缩梁连接,以达到缓冲的目的,减小对结构件的冲击。料斗与伸缩梁一起伸缩,作业时伸出,以减小变幅行程;不作业时,收回至码头前沿安全距离内,避免船舶靠岸时相碰撞。

3. 料斗结构

料斗主要承接、储存抓斗所抓散料并向输送系统连续均匀供料。料斗的外形结构根据实际需要设计,料斗上斗口长、宽方向的尺寸须满足抓斗开启时不撒料、不碰料斗壁及防尘设施的要求。在料斗上斗口,除靠海侧外的其余三侧均可设一定高度的抑尘挡板,挡板形式可以根据实际需要设置为直板或圆弧板。在料斗结构内侧易磨损部位设有耐冲击的耐磨衬板,与料斗主体以沉头螺钉固定,方便更换。

料斗侧板倾斜角是根据散料的堆积角设计的,以保证物料的自由流动。为了减小散料对料斗壁或料斗下口振动给料器的冲击,料斗上方设置有一层或两层的格栅或防冲击横梁,格栅上有一个活动的人孔门,方便维修人员维修,在料斗的周围,设有安全的人行道及栏杆,在料斗内设有简易步道,便于检查维修。

4. 输送机架

输送机架主要用来支承和安装皮带输送系统,一般采用梁式结构,布置在中间梁上,两侧设有安全走道。使用皮带作输送机时,中间须设有防止维修人员坠落的格栅平台。

5. 司机室

带斗门座起重机可以有主副两个司机室,也可以只有一个司机室。有主副司机室时,主司机室设置在回转部分的转盘上,副司机室一般设置在门架中间部位靠近料斗出料口处,主副司机配合完成整个卸料过程。一个司机室时,将司机室布置在转台外伸的斜撑梁上,以保证司机良好的操作视野,借助视频监控系统,所有操作均可在司机室内完成。在输送机旁同时设有现场操作箱,必要时也可以现场操作。

(四)辅助装置

带斗门座起重机的辅助装置主要有卸料系统、输送系统、除尘装置和摄像系统等。

1. 卸料系统

卸料系统一般由料斗、破拱装置、开闭斗门系统、振动给料器、接料板等主要部件组成,可伸缩的卸料系统还包括伸缩系统。伸缩式的卸料系统是指料斗及其与其固定的破拱装置、振动给料器、接料板、开闭斗门和溜筒,通过伸缩驱动可在门架轨道上移动。

(1)料斗

料斗主要是指料斗结构,包括耐磨板、格栅和防冲击横梁。

(2)破拱装置

破拱是防止物料在料斗堵塞而采取的措施。破拱方法很多,带斗门座起重机一般通过设计合理的料斗壁倾角、在料斗内安装格栅、斗壁上安装振动电动机来实现。

(3)开闭斗门系统

带斗门座起重机的料斗下方设有开闭斗门,一般采用电动控制闸门,可调节出料口的大小。电动控制闸门一般采用电动推杆或液压推杆,或电液推杆作为驱动,闸门可以是双半圆形,也可以是两个斗形,还可以是直板水平插入式或垂直插入式。具体采用哪种方式主要视物料的不同而选择不同的方式。

(4)振动给料器

料斗的出口、开闭斗门的下方,还设有振动给料器。斗门打开后,物料就直接流入振动给料器,通过振动电动机振动,不断将物料输送到溜筒或导料槽或埋刮板输送机,运行中可以通过振动电动机激振力和给料角度来调整给料量的大小。

(5)接料板

料斗水侧上方设有抓斗作业时可开启放下的接料板。接料板铰接在料斗前侧。接料板抬起一定角度时可作接料用,防止物料在装卸过程中撒落到船边与料斗之间的水中或码头上,收集的物料可随时回送到船舱里。不作业时放下呈垂直状态,驱动方式是卷扬机或者电动推杆。

2. 输送系统

根据不同的物料种类,料斗下方选择不同的输送系统。大豆、粮食类是埋刮板输送机,煤炭、木片是带式输送机。木片带斗门座起重机一般选择两条带式输送机;一条在料斗下方,作为接料带式输送机,一条在接料带式输送机的下方,进料口与接料带式输送机的输出料口连接,出料口与码头地面输送机连接。

根据用户后方的工艺路线不同,带斗门座起重机可以在门架跨内卸料,也可以在门架的后方陆侧卸料;可以是单点卸料,也可以是两点或多点卸料。固定式带式输送机最多只能是两点卸料,用分叉溜筒分别卸到不同的输送机上。移动式的带式输送机可以为多点料斗卸料,通过伸缩式带式输送机来实现。埋刮板机可以任意设置单点或多点卸料。

埋刮板采用链条传动,传动链条采用套筒滚子链,驱动装置包括电动机、减速机、带弹性联轴器的液力偶合器,大小传动链轮与驱动架等,全长设置防雨罩棚。在刮板上设有清扫装置,以保证物料在输送过程中能将输送机底部的物料干净地运走。卸料口设置清扫装置,能清扫牵引链条上的剩余物料。

3. 除尘装置

带斗门座起重机在各散料转接点均设有除尘装置。煤炭、矿石采用喷淋除尘,大豆、粮食、木片采用干式除尘。所集粉尘均回收到料斗或系统中。除尘装置与起升、变幅联锁,当抓斗在料斗上方卸料时,除尘装置自动工作并延时一段时间后关闭。

4. 摄像系统

带斗门座起重机由于自身带有料斗且为了缩短循环时间,料斗尽量伸出距离长一点,以便减少变幅行程,所以虽然在司机室可以登高远眺,但视线还是有影响。为了安全作业,司机可以随时观察到舱内、机房内、输送系统、各卸料口的状况,一般带斗门座起重机都配有一套摄像系统,以帮助司机安全操作,提高装卸效率。摄像系统可以根据港口的要求和经济实力来配备,但至少象鼻梁头部设置一套,其他如机房、卸料斗等位置可根据需要设置。

四、多用途门座起重机

多用途门座起重机是通用门座起重机的一种变型产品。它的基本构造和通用门座起重机相似,具有起升、变幅、回转、大车运行四大机构及臂架系统、人字架及平衡系统、转台和门架结构等。多用途门座起重机与通用门座起重机的最大不同点在于它拓展了装卸多种货物的功能,可按工作需要配置相应的吊属具,如集装箱吊具、吊钩、抓斗、电磁吸盘等,进行集装箱、件杂货、散货和废钢铁等货物的装卸作业。同时它解决了通用门座起重机进行集装箱装卸作业存在的集装箱摇摆与晃动、人工开吊具旋锁不安全、集装箱不易对位放置、效率低等问题,同时还考虑了快速更换不同属具的特殊要求。

(一)类型

为了满足不同场合和工况的工作需求,多用途门座起重机有多种类型。目前一般按其装卸货物的种类和臂架系统的结构形式分为两大类:

1. 按装卸货物种类分类

(1)装卸集装箱为主,兼顾重大件和杂货的多用途门座起重机。该类型起重机所用装卸属具为集装箱专用吊具和吊钩。可以采用一套双联卷筒起升机构,也可以采用两套具有同步功能的双联起升机构,来实现集装箱吊具和吊钩工况的装卸作业。

(2)以装卸集装箱为主,兼顾重大件、杂货和散货的多用途门座起重机。该类型起重机所用装卸属具为集装箱专用吊具、吊钩和抓斗。必须采用两套性能相同的双联卷筒起升机构。集装箱吊具或吊钩作业时,两套起升机构保持同步上升或下降运行;抓斗作业时,两绞车系统可以分别运行。

以上两种类型起重机的象鼻梁端部滑轮布置有所不同。为了装卸集装箱,一般采用四根起升钢丝绳,分四角与集装箱吊具连接。为此,象鼻梁端部滑轮分布于前后左右四处,相互之间有一定的距离。对于不使用抓斗的多用途门座起重机,象鼻梁端部前后四只滑轮的位置均为固定式。不管使用何种吊具,四根起升钢丝绳,两根通过前面左右两滑轮与吊具相连,另外两根通过后面左右两滑轮与吊具相连。对于需使用抓斗的多用途门座起重机,在象鼻梁端部装有四个滑轮,在其后下方滑轮动臂上固定着四个后滑轮。在吊运集装箱时,通过滑轮动臂后摆使两个后滑轮被拉起处于所需要的位置上。四根起升绳的内侧两根绳经过象鼻梁前面两内侧滑轮,再绕向因动臂后摆处于后下方的两滑轮,然后向下与吊具相连;两外侧起引绳经象鼻梁前端两外侧滑轮,向下直接和吊具相连。当使用吊钩或抓斗时,动臂和后滑轮一起向前摆动。四根起升绳均通过象鼻梁前端四只滑轮向下直接与吊钩或抓斗连接。

2. 按臂架系统结构形式分类

(1)四连杆组合臂架多用途门座起重机

四连杆组合臂架多用途门座起重机的臂架结构具有特别的构造形式,除了原有的通用门座起重机四连杆组合臂架的各种结构外,同时在象鼻梁下另设小四连杆机构,以保证四分支钢丝绳前后两两拉开且四个滑轮轴中心在变幅过程中实现水平位移。

(2)单臂架多用途门座起重机

单臂架多用途门座起重机的臂架系统结构简单,臂架端部钢丝绳滑轮的布置与通用门座起重机相同,可以方便地实现集装箱单点吊具、吊钩和抓斗的互换作业。

以上不同臂架系统的多用途门座起重机各自具有优缺点。四连杆组合臂架多用途门座起重机在变幅过程中,吊货钢丝绳的长度不随幅度位置的变化而变化,作业稳定,尤其在吊集装箱时,由于悬臂梁端部小四连杆与四个滑轮相互拉开距离,使集装箱及吊具的合成重心落在拉开的四个吊点范围内,吊具和集装箱比较平稳。但臂架系统复杂,整机自重大、造价高。单臂架多用途门座起重机结构简单、自身质量小、轮压低、造价省,其缺点是起升钢丝绳悬垂长度较大,且由于几乎同一切面内向下引出的起升钢丝绳与吊具相连接,吊具和集装箱的合成重心经常超出四个吊点连线范围之外,造成集装箱吊具易于摇摆晃动,集装箱作业时对位困难,作业效率较低等。

(二)机型特点

1. 多用途门座起重机与通用门座起重机相比较所具有的突出特点

(1)可配备20 ft和40 ft集装箱用伸缩式吊具或子母式吊具,并可在操纵室控制集装箱吊具旋锁的启闭、回转及导板的起落。

(2)变幅时,集装箱不仅能基本保持水平位移,而且吊具平面也基本能保持水平位移,从而有效减少变幅功率,有利于集装箱准确进出集装箱船货舱格栅导轨和堆码作业,提高作业效率。

(3)回转时,通过门座起重机吊具反向同步回转,可保证在装卸船或装卸车状态集装箱纵向轴线与起重机轨道平行,以利于集装箱对车对位。

(4)集装箱吊具回转时,起升钢丝绳呈立体几何的布置,从而能产生抵抗吊具回转的力矩,以减少吊具水平转摆,利于集装箱对位。

(5)在集装箱内货物装载重心出现偏移的情况下,起重机吊具具有重心自动调节的能力,从而不使集装箱产生过大偏斜。

(6)起升速度调速平稳,低速稳定性好,扁、制动平稳,避免吊具与集装箱或集装箱与集装箱之间的冲击。

(7)能迅速方便地更换集装箱吊具、吊钩和抓斗等。

2. 多用途门座起重机与岸边集装箱起重机相比所具有的特点

(1)能更好地适用于中小型多用途码头和中转站货场,而岸边集装箱起重机适用于大中型专用集装箱码头。

(2)定点装卸的范围为扇形面,服务面较广,而岸边集装箱起重机定点的装卸范围为直线,须靠大车频繁移动来扩大装卸范围。

(3)装卸作业时需操作起升、变幅与回转三个工作机构,而岸边集装箱起重机工作时,主要操作起升与小车运行两个工作机构,故多用途门座起重机操作较复杂,对司机要求更高。

(4)吊具要做大范围的回转运动,且吊具回转与起重机回转反向同步,而岸边集装箱起重机搬运集装箱时,吊具不做回转运动,一般只需做±5°水平回转微调。

(5)装卸集装箱时,为了保持吊具做水平位移,要增设附加机构,而岸边集装箱起重机不需要。

(6)司机的视野不及岸边集装箱起重机好。

(7)自动化程度比岸边集装箱起重机低,操作比岸边集装箱起重机更复杂。

(8)可实现装卸集装箱、件杂货和散货的多用途装卸作业,岸边集装箱起重机一般只能对集装箱和件杂货作业,用途单一,如增加其他作业功能则操作复杂、成本也高。

(9)造价和基础土建费用都比岸边集装箱起重机的费用低,但装卸效率不如岸边集装箱起重机高。

（三）工作机构

1.起升机构

（1）起升机构的工作要求

多用途门座起重机与通用门座起重机的起升机构大致相同，但为了满足其多用途作业功能，对起升机构的性能提出了相应的要求。

当多用途门座起重机以装卸集装箱为主、兼顾散货时，则应具有两套既可以单独又能联动的起升机构。为了提高生产效率，也要求起升机构的满载起升（下降）速度与空载起升（下降）速度不同，一般满载为空载速度的2倍左右，同时还可以采用恒功率调速控制，即在功率不变的情况下，可根据不同的起重量自动匹配相应的起升速度。为了集装箱对位的需要，起升机构应具有微调性能以及完善的安全保护系统。

（2）起升机构的布置要求

多用途门座起重机的布置与通用门座起重机的布置基本相同，其吊钩、抓斗和其他吊属具的功能要求完全相同，只是集装箱吊具作业时，要求起升机构具有良好的同步性。为了方便不同货物装卸时机构的操作，一般不采用通过离合器进行刚性同步的方法，目前均采用编码器位置检测，由电气控制实现两套起升机构的同步。

2.变幅机构

（1）变幅机构的工作要求

多用途门座起重机的变幅机构与通用门座起重机的大致相同，属工作性机构。在变幅过程中要求货物作近似水平移动。但由于多用途门座起重机的功能要求不同，特别是需要适应四绳吊点分离的集装箱吊具装卸作业，因此变幅时要保持集装箱吊具水平移动，仅依靠原四杆机构还不能实现此要求，需在原四杆机构的基础上，添加附加装置，如小四连杆机构，称其为吊具水平补偿装置。

（2）吊具水平位移补偿

①单臂架系统的吊具水平位移补偿

单臂架式多用途门座起重机的起升钢丝绳通过布置在臂架端部同一轴心线上的四个滑轮排成一线，再通过吊钩一点与集装箱吊具连接，因而不存在变幅时造成吊具平面倾斜的问题。但如果集装箱内货物偏载造成集装箱倾斜时，只能依靠吊具自身装设的重心自动调节装置使集装箱保持水平，为了防止在起重机自身回转时吊具的扭摆，可采用加大臂架端部同一轴心线上的四个滑轮间距的办法来解决。

②组合臂架固定滑轮式的吊具水平位移补偿

四连杆组合臂架多用途门座起重机在不要求装卸散货的情况下，可采用固定滑轮式吊具水平补偿装置。其起升钢丝绳通过臂架系统象鼻梁前端的四个滑轮与集装箱吊具连接，四个滑轮对称安装在象鼻梁左右前后四处，如图6-29所示。

象鼻梁端部4个滑轮用滑轮支架分两排固定在象鼻梁的前端，起升钢丝绳通过四个端部滑轮与集装箱吊具连接，前后排的滑轮中心间距一般约为2 m，由于四连杆组合臂架杆件尺寸不能达到端部前后排滑轮都做水平位移的要求，亦即不能达到集装箱吊具平面的水平位移要求，可采用补偿滑轮的方法解决这一问题。

③小四连杆式吊具水平位移补偿

组合臂架多用途门座起重机在要求装卸散货的情况下，通常采用小四连杆式吊具水平

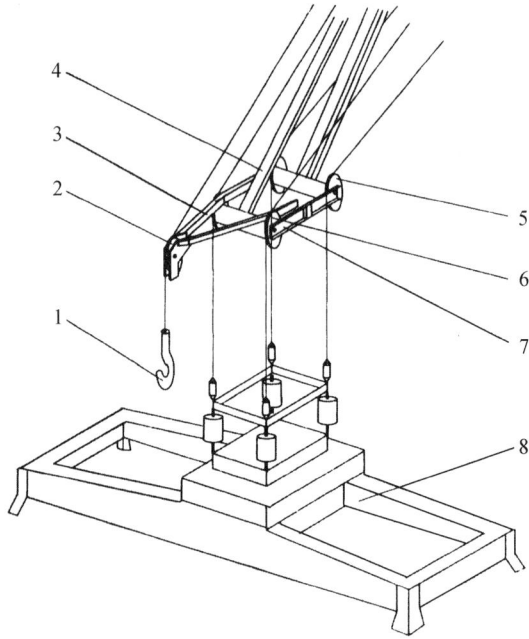

图 6-29　组合臂架固定滑轮式吊具水平补偿装置

1—副钩;2—副钩滑轮;3—副钩滑轮支架;4—象鼻架;5、6—端部
滑轮;7—端部滑轮支架;8—集装箱吊具

补偿装置。图 6-30 所示为采用小四连杆式吊具水平补偿装置的多用途门座起重机,它在组合臂架的象鼻梁前段下方另装有一个小四连杆构件,由连杆 1、拉杆 2 与组合臂架的象鼻梁 3、主臂架 4 的上端组成。它可随着组合臂架变幅,按一定轨迹运动。

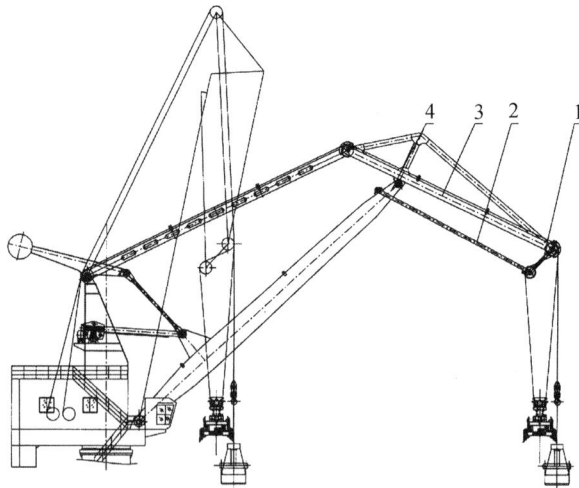

图 6-30　小四连杆式吊具水平位移补偿装置

1—连杆;2—拉杆;3—象鼻梁;4—主臂架

图 6-31(a)所示为起升钢丝绳与集装箱吊具连接。图中,滑轮动臂 4 的上端铰接在象鼻梁 3 上,下端安装滑轮。当多用途门座起重机使用集装箱吊具作业时,用电动推杆驱动滑轮动臂 4 向后摆动,滑轮动臂 4 与连杆 1 并拢,动臂滑轮到位后用锁钩定位,四根起升钢丝绳中的两内侧钢丝绳通过象鼻梁端部内挡滑轮 6,经滑轮动臂 4 上的动臂端部滑轮 5 连接到集装箱吊具后部左右两端。外侧两根起升钢丝绳通过象鼻梁端部两个外挡滑轮 6 直接与集装箱吊具前部左右两端连接。

当多用途门座起重机使用吊钩或抓斗作业时,要求起升钢丝绳与吊钩的连接采用如图 6-31(b)所示的方式。图中,由推杆驱动滑轮动臂 4 向前摆动,动臂上的动臂端部滑轮 5 与起升钢丝绳脱开,四根起升钢丝绳通过象鼻梁端部 4 个内挡滑轮 6 直接与吊钩或抓斗连接。

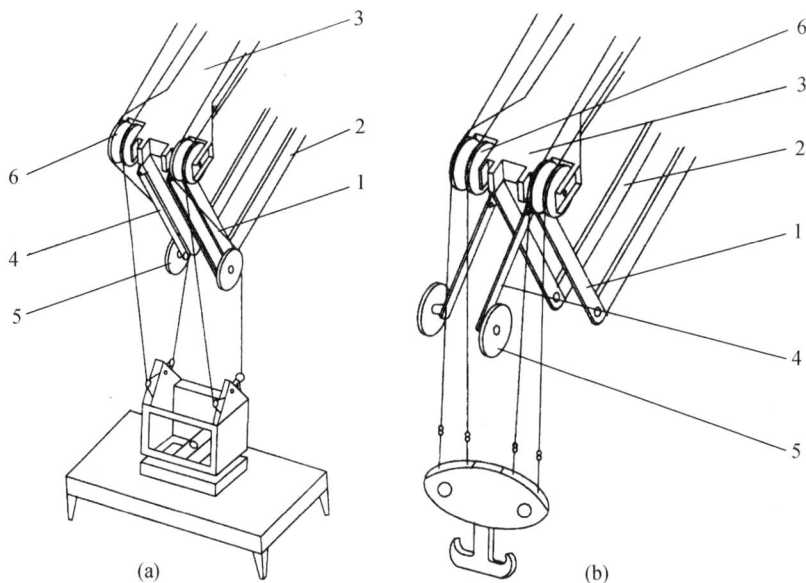

图 6-31 小四连杆式吊具水平位移补偿装置

1—连杆;2—拉杆;3—象鼻梁;4—滑轮动臂;5—动臂端部滑轮;6—象鼻梁端部内挡滑轮

当更换不同装卸吊属具时,滑轮动臂可按要求前后摆动,其动作应在无载情况下进行。集装箱作业时,通过锁钩将滑轮动臂固定,致使满载时滑轮上的支承力由锁钩承受。

小四连杆的作用是为了补偿动臂滑轮,使其在变幅时也走水平位移,从而保证吊具在变幅时做水平位移。小四连杆构件的几何长度可采用作图法或解析法求解获得。

④柔索牵引式吊具水平位移补偿

多用途门座起重机的另一种集装箱吊具水平位移补偿形式是柔索牵引式,如图 6-32 所示。

该机构也有滑轮动臂,但它没有图 6-30 中的小四连杆机构的刚性拉杆。滑轮动臂一端套装在象鼻梁端部滑轮轴上,另一端除安装滑轮外,还与牵引钢丝绳 4 连接,起升钢丝绳通过主臂架前端的滑轮导向连接至起升机构 5 上,在变幅过程中,要求固定滑轮到卷筒之间的钢丝绳长度保持不变。

当进行集装箱作业时,起升机构 5 工作,卷取钢丝绳 4,使滑轮动臂向后摆动,当动臂滑轮 2 后摆移动至所要求的位置时,将起升卷筒固定。起升钢丝绳的缠绕与图 6-30 所示相同,四根起升钢丝绳中两内侧钢丝绳通过象鼻梁端部滑轮经动臂上的滑轮连接到集装箱吊

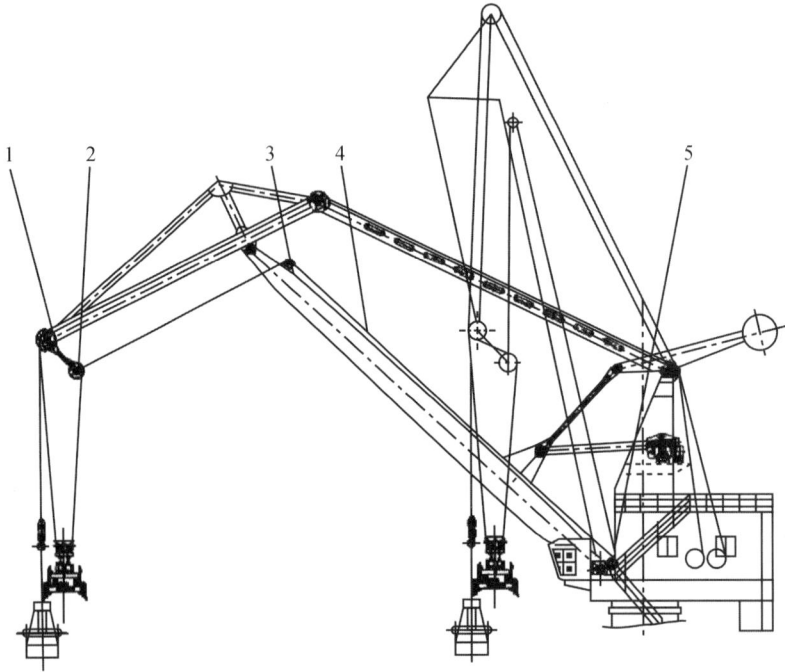

图 6-32　柔索牵引式吊具水平位移补偿装置
1—动臂;2—动臂滑轮;3—固定滑轮;4—钢丝绳;5—起升机构

具后部左右两端,另外两根起升钢丝绳通过象鼻梁端部两个外侧滑轮,直接与集装箱吊具前部左右两端连接。

当进行重大件、件杂货或散货作业时,将钢丝绳在起升卷筒上的固定解除,放出钢丝绳4,动臂滑轮2受自重作用自动离开起升钢丝绳,此时四根起升钢丝绳仅通过象鼻梁端部四个滑轮导向直接与吊钩或抓斗连接。

柔索牵引式吊具水平位移补偿原理与小四连杆机构吊具水平位移补偿原理相似,在图6-30所示的小四连杆机构中,拉杆2在变幅过程中始终受拉,将此拉杆用柔索替代,通过臂架端部导向滑轮形成相似的四连杆机构。臂架端部导向滑轮的位置也可通过作图法或解析法求出,其前提条件为滑轮位置至卷筒之间的钢丝绳长度在变幅过程中保持不变。

起升机构也可在非工作状态下使用,但在满载集装箱作业时,钢丝绳受力较大。为使钢丝绳张力的改变不致影响电动机、减速器和制动器等,在卷筒处装设锁紧和定位装置。该装置应与起升机构的电动机连锁,当锁紧定位装置完全释放时,电动机才能工作。

该种补偿形式可简化臂架上的结构,因滑轮动臂的驱动部分可移至臂架下铰点附近,不但臂架头部重量减轻,维修也更方便。其缺点是当重载时,钢丝绳会弹性伸长,动臂滑轮的精确定位难以保证。当使用一段时间后,钢丝绳会有一定的伸长,需进行调整,以保证吊具水平位移的精度。

(四)吊具

1.集装箱吊具的技术要求

对多用途门座起重机的集装箱吊具有如下要求：

(1)装卸不同规格集装箱的功能,应采用伸缩式或子母式吊具。

(2)回转功能,应能保持与起重机回转机构同步反向回转,以使集装箱始终保持与起重机火车轨道平行,也可单独控制吊具回转。

(3)具有自重重心自动调节功能。通过安装重心调节装置,确保集装箱始终与地面平行。

(4)吊具电缆应有快速简便的收放和储存功能。

2.集装箱吊具的组成

多用途门座起重机的集装箱吊具主要包括回转机构、重心调整装置、吊具本体结构部分和其他辅助装置部分,如图 3-82 所示。

(1)吊具回转机构

吊具回转机构的作用是:当起重机进行集装箱装卸作业时,吊具能保持与起重机作同步反向回转,使集装箱始终处于与门座起重机轨道平行状态,以便于集装箱在船上以及在码头拖车上放置。图 6-33 所示为起重机与吊具同步回转示意图。吊具回转机构由驱动装置、减速装置、小齿轮和回转支承装置等组成。回转驱动装置可以是电动机,也可以是液压马达,因对吊具有自动跟随要求,故在驱动装置上需安装编码器检测装置。

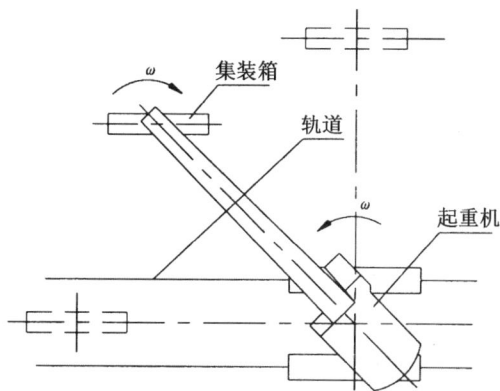

图 6-33　起重机与吊具同步回转示意图

(2)集装箱重心调节装置

普通门座起重机吊具与岸边集装箱起重机吊具的最显著不同是连接吊点支承面较小,基本可以认为是单点吊。当起吊的集装箱由于偏摆以及所装货物的重心偏移时,集装箱将发生纵向倾斜,从而导致不能正常对箱作业。集装箱重心调节装置可通过检测集装箱倾斜的角度自动调整与吊点的相对位置,从而将集装箱调整到水平状态。集装箱重心自动调节装置可以采用调平小车或滑移块,通过液压缸推动或传动链驱动,具体构造一般根据吊具的要求确定。

单元二　门式起重机和装卸桥

一、通用门式起重机

(一)概述

门式起重机(也称龙门起重机)是指桥架两端通过两侧支腿、下部横梁和运行装置直接支承在地面轨道上的桥架型起重机,如图1-9所示。若桥架一侧支承在高架建筑物(厂房墙壁或专用桥墩)轨道上,另一侧通过支腿支承在地面轨道上,则称为半门式起重机,如图6-34所示。

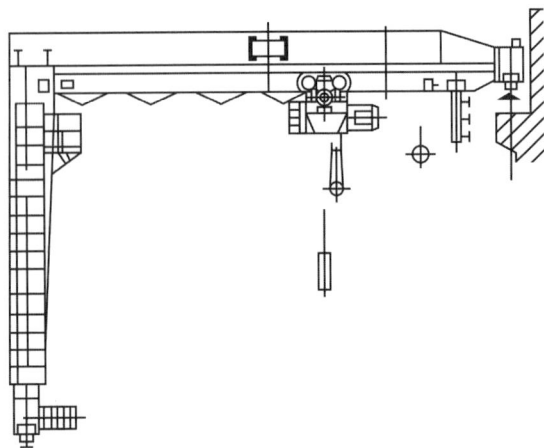

图 6-34　半门式起重机

门式起重机可认为是带支腿的桥式起重机。直立于地面轨道上的高大支腿支承着带有外伸悬臂的桥架,形成具有门形框架特征的金属结构。整机直接沿地面轨道行走,而带有防雨罩的起重小车在桥架上横向运行,形成横跨地面轨道的立体服务空间。为避免支腿在地面行走时伤人,大车运行速度一般不超过 60 m/min,同时还应装设防风装置(夹轨器等)以抵抗大风吹袭。为扩大作业区域面积,同时又改善主梁受力状态、降低桥架自重,门式起重机多将主梁从支腿处向外延伸一定长度形成悬臂结构,起重小车通过外伸悬臂,可便捷地完成船舶、火车、汽车等运输工具上货物的装卸或转运工作。

门式起重机具有结构简单、制造方便、运行速度快、装卸效率高、作业范围大、货位场地利用率好、适应面广、通用性强、安全性高、自重轻、经济性好、使用广泛等特点,从而成为装卸搬运装备中的主力机型。

由于门式起重机自身具有支腿和悬臂结构,与桥式起重机相比,避免了固定桥墩(栈桥)占地多、造价高的缺陷,充分提高了场地面积的利用率且货物吊运和换装方便,从而为装卸搬运笨重和大长件货物、大批量物品、大宗散状物料等提供了基础条件。另外,门式起重机与臂架类起重机相比,在整机稳定性(抗倾覆能力)、装卸能力、使用等级、安全可靠性等方面占有更多的优势。因此,门式起重机广泛使用于货场(散料场)、堆场、港口码头、船台等露天装卸搬运作业场合,尤其在高效率装卸大批量物品或笨重大长件货物等方面具有独特优势。

(二)分类

通用门式起重机类型繁多,一般常根据金属结构形式、起重小车、取物装置、操纵方式等进行分类。

1.按照金属结构形式分类

(1)按悬臂形式分类

通用门式起重机可分为双悬臂式(可等长或不等长)、单悬臂式和无悬臂式等。除刚性悬臂外,有时悬臂也可采用铰接式、可伸缩式等构造。双悬臂门式起重机(见图1-9)是最常见的一种结构形式,它在结构受力、服务范围和场地面积的有效利用性等方面更为合理,大悬臂时,多采用单拉杆(或双拉杆)构造形式改善其受力状态。单悬臂门式起重机、无悬臂门式起重机的结构形式往往是由于受到场地限制或为满足特殊搬运需求等原因而产生的。

(2)按主梁形式分类

通用门式起重机可分为单主梁门式起重机和双主梁门式起重机。单主梁门式起重机如图6-34(悬挂葫芦式)、图1-9(b)(反滚轮起重小车式)所示,由于其支腿和主梁便于形成悬臂构造,故结构形状简单、制造安装方便,且金属结构部分自重较轻。除悬挂葫芦式(见图6-34)以外,其他单主梁门式起重机的主梁多为偏轨箱形梁构造形式[见图1-9(b)]。与双主梁门式起重机[见图1-9(a)]相比,偏轨单主梁门式起重机在整体刚度和稳定性等方面稍弱一些,只有当起重量 $Q \leqslant 50$ t、跨度 $S \leqslant 35$ m 时,才可采用此类构造形式。双主梁门式起重机[见图1-9(a)]承载能力强、整体刚度和稳定性好,适合于大起重量、大跨度、频繁工作等场合,故品种多、应用广,但结构形式相对复杂,整机自重比同起重量、同跨度的单主梁门式起重机要大,造价也较高。另外,根据主梁构造不同,它又可分为箱形主梁和桁架主梁两种形式,目前一般多采用箱形主梁结构。

(3)按门架结构形式分类

由主梁、支腿、下横梁等部件所形成的门架结构形式不同(从垂直于起重机轨道方向看),单主梁门式起重机又可分为 L 形、C 形、A 形(葫芦式)等类型,如图6-35所示。按照由主梁、支腿、上下横桨(包括马鞍)等部件所形成的门架结构形式不同(从垂直于起重机轨道方向看),双主梁门式起重机又可分为 A 形、U 形、O 形、梯形(无悬臂、无马鞍)等类型,如图6-36所示。

2.按照起重小车分类

(1)按起重小车形式分类

可分为悬挂型电动葫芦小车式(见图1-5、图4-115)、支承型电动葫芦小车式(见图4-119)、单梁起重小车式(见图4-120)、双梁起重小车式等形式(见图4-109、图4-110)。悬挂型电动葫芦小车通常采用运行起升上下布置的方案,通过单轮缘车轮组及吊板悬挂安装于单梁下方的工字钢轨道,车轮踏面多为带弧度的圆锥形。此类方案构造简单,安装方便,但会占用一部分起升净空尺寸,近年出现的低净空型悬挂电动小车,如图4-117、图4-118则解决了这一问题。

双梁起重小车(见图4-1、图4-5、图4-10)是最常见的一种形式,起升机构和小车运行机

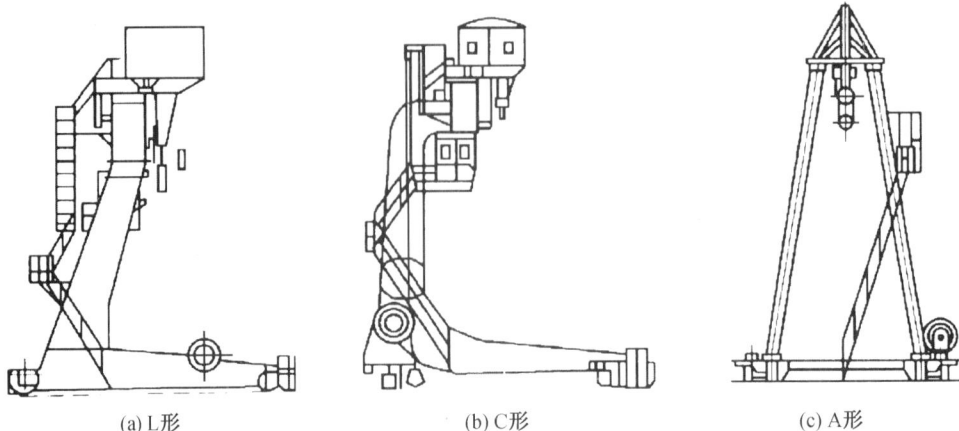

(a) L形　　　　　　　　(b) C形　　　　　　　　(c) A形

图 6-35　单主梁门式起重机门架结构形式

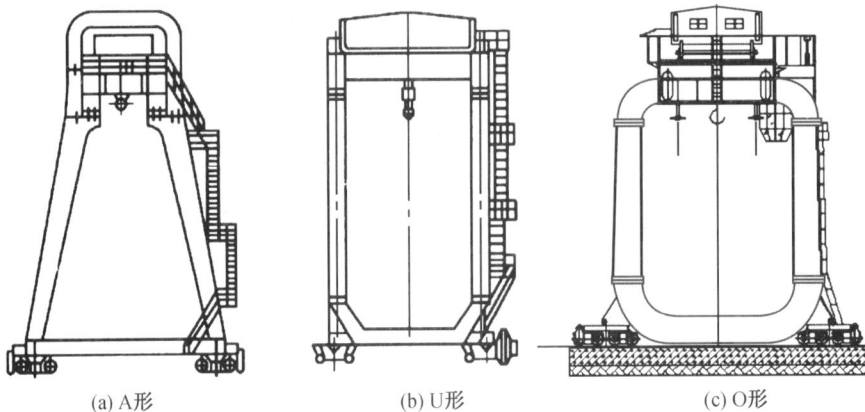

(a) A形　　　　　　　　(b) U形　　　　　　　　(c) O形

图 6-36　双主梁门式起重机门架结构形式

构布置在带有机器房的小车架上,车体支承通常采用平面内四支点的布置方式,通过车轮组支承于双梁双轨之上,车轮多为单轮缘圆柱形踏面,常采用 1/2 主动轮集中驱动。此类方案布置方便,适应性强,应用广泛。

相对于双梁起重小车而言,单梁起重小车在运行轮轨系统的构造及布置上有很大差异。单梁起重小车自重偏心和吊重偏置的构造,使其除了具有主轮轨系统以外,还应专门设置辅助轮轨系统(即反滚轮系统),并与主轮轨系统围绕箱形主梁形成空间内四点及多点布置,以承受垂直载荷与偏心扭矩载荷的组合作用,从而保持起重小车的稳定性,而主梁也应采用箱形封闭结构。单梁起重小车按辅助轮轨系统的支承特点可分为垂直反滚轮式和水平反滚轮式,如图 4-120 所示。

单梁起重小车的主轮轨系统通常由水平轴线布置的两个垂直主车轮组,以及单侧水平布置的主轨道(偏轨)、安全钩、水平导向轮等组成。主车轮组及轨道与双梁起重小车的轮轨系统相同,主车轮一般为双轮缘,为了增强导行能力、减小轮缘摩擦阻力,一般还采用无轮缘的水平轮导向装置(此时主车轮也可无轮缘)。另外,主轨道两侧及反滚轮旁还应设置安全钩,以防止单梁小车脱轨倾覆而引发事故。

单梁起重小车的辅助轮轨系统主要用来承受偏心倾覆载荷,通常由垂直反滚轮组(或水平反滚轮组)及方钢轨道等组成。为了保持单梁起重小车的稳定性和运行平稳性,每侧反滚轮组一般会成对设置。反滚轮多采用无轮缘车轮结构,安装在单梁小车垂直反钩臂的悬臂端上或小车反滚轮支腿上,方钢轨道则固定在经过适当加强的主梁盖板下表面或腹板上。反滚轮组和水平导向轮组通常应能通过中心转轴和偏心轴套的设置来侧整与轨道(或轨道侧面)的间隙,以弥补制造安装误差及轮轨系统的磨损。

垂直反滚轮(二支点)式单梁起重小车的偏心倾覆载荷,是由主车轮与垂直反滚轮所形成的力偶系来平衡的,从而形成二支点式承载构造,其力臂为主轨道和垂直反滚轮轨道间的距离(梁宽 B),而主车轮所承受的轮压较大(垂直载荷与力偶载荷之和),故适用于起重量为 5~20 t 的场合,水平反滚轮(三支点)式单梁起重小车的偏心倾覆载荷,是由箱形梁两侧的水平反滚轮系所形成力偶系来独立平衡的,从而与主车轮一起形成一支点式承载构造,且力臂为水平反滚轮两轨道间的距离(梁高 H),在相同偏心倾覆载荷下所获得的反滚轮轮压小,主车轮只承受吊重和小车自重载荷(力偶载荷不会并入主车轮),故主车轮的轮压分配相对于二支点式更为合理,适用于起重量为 20~50 t 的场合。水平反滚轮式单梁起重小车受力合理,但反滚轮系统构造复杂,精度要求相对较高,加工和装配工作量大。

单梁起重小车上布置有起升机构(同双梁起重小车),小车运行机构常采用1/4主动轮-单点驱动(小型)或1/2主动轮单侧分别驱动方案,故其运行平稳性不如双梁小车。

(2)按起重小车数量分类

通用门式起重机按照起重小车数量可分为单小车吊钩式、双小车吊钩式、多小车吊钩式等形式。双小车吊钩式和多小车吊钩式主要适用于吊运定长或长度经常变化的大长件物品,以及满足特殊的物料装卸及装卸工艺需求。

3. 按照取物装置分类

可分为吊钩式(包括挂梁)、抓斗式、电磁式以及组合式(二用式、三用式)等形式。另外,针对某些特殊物品属性,还可配用一些专用吊具。通用吊钩门式起重机主要用于进行成件货物如设备、钢材、木材、石材等件杂货的装卸作业。通用抓斗门式起重机主要用于进行散状物料如矿石、煤炭、粮食、建筑散料、木材等散货的装卸作业。由于独立驱动双绳(四绳)抓斗具有较高的装卸效率,因而双绳抓斗门式起重机应用广泛。通用电磁门式起重机主要用于吊运具有导磁性的黑色金属及其制品,如钢铁板材及废钢铁材料等,电磁吸盘挂在吊钩上进行作业(当然也可以单独使用吊钩),故电磁式起重小车构造与吊钩式基本相同(一套起升机构),但设置了电缆卷筒装置,使电磁吸盘的电缆随吊钩同步升降(电缆卷筒与钢丝绳卷筒同步)。另外,电磁门式起重机在制动系统、电控发供电系统、安全保护等方面还有其特殊要求。需要注意,吊运钢板时多采用电磁挂梁的吊具组合形式以减少钢板自重下挠变形对搬运的影响。通用组合式(或可更换式)门式起重机主要用于在同一作业区域内、需搬运属性特征差异较大的多类物料的作业场合,以适应不同物料的装卸搬运需求。三用(可更换式)门式起重机,吊具组合特征是以吊钩为基本属具,而电磁吸盘、马达抓斗两种吊具可任意更换。它既可以单独使用吊钩,也可以通过在吊钩上分别配置电磁吸盘或马达抓斗来完成不同的搬运作业,故只需要一套起升机构,整机构造与电磁门式起重机相同。两用(组合式)门式起重机的吊具组合分别是抓斗-吊钩或抓斗-电磁铁,此处应为双绳抓斗,采用马达抓斗时可归属到三用(可更换)式一类,而抓斗-电磁铁的组合也可具有三用特征。针对两用(组合)式的搬运特性要求,通常在单/双起重小车上分别独立配置符合各自特性的起升机构,两套取物装置虽不能同时工作,但省略了三用式吊索具互换时的人工操作工序,实现了搬运两类物料的快捷转换,省时省力,从而提高了整机的适应性和生产效率。

4.按照操纵方式分类

可分为司机室操纵式、地面有线操纵式、无线遥控操纵式、多点操纵式等形式。采用司机室操纵时,驾驶员的空间视野较好,但地面与机上的通信及信息交流较为复杂且易受环境因素干扰。地面有线操纵或无线遥控操纵、多点操纵时应注意作业现场相关部门和人员间的相互协调配合。

(三)整机结构形式及工作原理

1.整机组成及结构形式

通用门式起重机通常由完成各方向运动的工作机构、承受各种载荷的金属结构、提供动力和控制的电气设备,以及安全防护系统等四大部分组成,此外还有司机室、导电装置、防雨罩、地面轨道等附属装置。通用门式起重机各主要部分不同的典型构造特征使其具有了千变万化的结构形式,从而形成通用性强、适应面广的独特优势,尤其在大宗物品或笨重大件货物等装卸场合应用较多。

通用门式起重机的工作机构是指为实现不同方向运动要求而专门设置的执行机构,包括起升机构(主/副钩或双绳抓斗起升机构、电磁吊具起升机构等)、小车运行机构、大车(整机)运行机构等。起升机构和小车运行机构安置于带有机器房(防雨罩)的小车架上组成起重小车,并在主梁轨道上运行。起重小车按其支承情况可分为悬挂型电动葫芦小车、单梁起重小车、双梁起重小车等形式,起重量很大时或吊运大长件时,还会出现双/多起重小车,其中双梁起重小车构造与桥式起重机基本相同。驾驶员在司机室里(或地面上)通过操纵系统对各机构进行操作控制,并根据装卸作业工况及要求来实现各机构独立动作或联动,通过三大机构的协同动作完成物品的空间位移。另外,大车运行机构有时也可在地面通过安装在下横梁处的操作箱进行点动操作。

门式起重机的金属结构作为形成整机作业空间的支承平台和骨架,用来支承工作机构、承受载荷(物品、自重、外部作用等),并将载荷传递给整机基础,其主要部分(主梁和支腿)的结构形状构成了整机门形框架(龙门架)的造型,从而成为分类和命名的重要特征;龙门架主结构一般采用沿纵向轴线整体对称布置的形式,两侧门腿各自支承下横梁上或运行机构均衡装置(均衡台车)上。门式起重机的金属结构具有高大空间尺寸、力学性能稳定、承载能力强、自重大等特点,其自重一般占整机重量的40%~70%,费用也占总成本的30%以上,而它的垮塌破坏会带来极其严重的灾难性后果。

主梁悬臂结构是门式起重机的典型特征,大悬臂时,可采用刚性斜拉杆改善受力状况。悬臂结构在扩大作业范围、改善结构受力的同时,也带来了起重小车及吊重在支腿处"过腿出跨"的通过性等问题,从而使支腿与主梁的连接复杂化,故悬臂单梁式门式起重机会出现L形、C形、A形等结构类型,悬臂双梁式门式起重机则会出现A形、U形、O形等结构类型,而无悬臂双梁式门式起重机则呈现梯形结构。

通用门式起重机通常采用双侧刚性支腿的结构形式,当跨度较大时,一般会采用一刚一柔的支腿组合形式(见图 6-37),以减小由于大车运行跑偏、负载和温度变化等对桥架结构件的附加载荷及不利影响。理论和实践经验表明,一刚一柔的支腿组合形式的实用性和安全性更好,能够保证门式起重机更好地工作。支腿的"柔性"通常表现为减小支腿截面尺寸、改变支腿截面及结构形状、支腿与主梁铰接(水平铰轴、球铰等)。

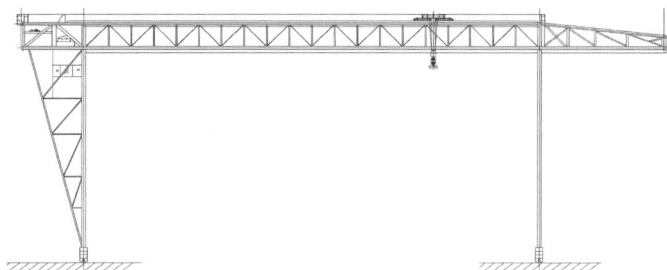

图 6-37　一刚一柔的支腿单悬臂桁架式门式起重机

通用门式起重机的电气系统与设备(也统称为电气设备)通常由电源装置(配电系统)、控制操作装置(中央控制单元、操作单元、配电及保护单元等)、驱动设备(电动机)等组成,其任务是根据起重机负载性质和工艺要求来驱动各机构运动从而完成物品搬运工作。电气设备通常安装于司机室、电气室或专用电器柜(置于走台或下横梁适当部位),裸露于室外部分要加防雨罩。除电动葫芦式以外,常规电动机为 YZR 型绕线型电动机,整机性能要求较高时各机构可采用交流全变频调速系统(起升机构一般采用恒功率调速),以提高整机的作业效率。

通用门式起重机安全保护系统包括超载安全防护(起重量限制器)、运动行程安全防护(起升高度限位器、大/小车运行行程开关等)、整机危险运动安全防护(防碰撞装置、缓冲器及端部止挡、偏斜指示器或限制器、轨道清扫器等)、整机危险状态安全防护(抗风防滑装置、风速仪及风速报警器、防倾覆安全钩、防小车坠落保护等)、其他危险因素安全防护(联锁保护、防护罩、防止起重机零部件掉落的措施、导电滑触线的安全防护、检修吊笼或平台等)、电气系统安全保护以及整机安全防护警示等。

封闭式司机室通常固定安装于桥架非导电侧的主梁下端;抓斗式或装卸桥的司机室通常随小车一起移动。

通用门式起重机可采用低压或高压供电,常用馈电方式有电源滑触线(包括安全滑触线)、自动收放电缆卷筒和悬挂电缆小车拖令等。整机供电多采用自动收放电缆卷筒或安全滑触线上电方式。采用安全滑触线时应注意防雨水问题,起重小车多采用悬挂电缆小车拖令或安全滑触线供电方式,且都应设置在桥架的另侧走台上。

2. 各部分工作原理与构造特点

(1)金属结构

通用门式起重机金属结构通常由龙门架、小车架、机器房、司机室、走台、梯子栏杆等组成。龙门架有实腹式(箱形)结构和桁架式结构(俗称花架式),其中,箱形结构为常见形式,跨度较大时可采用桁架式结构。实腹式(箱形)结构刚性好,便于采用自动化焊接工艺,目前得到广泛应用,但自重较大,桁架式自重轻,但制作及焊接工艺复杂。

实腹式(箱形)结构(梁或支腿)内通常都设置有大小隔板以及纵向加强筋,以保证结构稳定性。双主梁结构可分为中轨式、半偏轨式、偏轨式(主腹板厚度通常大于副腹板厚度)。

单主梁(偏轨式)结构可分为垂直反滚轮式、水平反滚轮式等。主梁通常都带有适当的上拱度,以抵消承载后所产生的下挠现象,并减轻小车运行时的爬坡和下滑。带走台的主梁一般还有旁弯要求;支腿通常采用等强度、变截面的I形(上大下小的截面)和V形等形式;刚性支腿与主梁之间采用刚性连接(焊接或高强度螺栓连接),柔性支腿与主梁之间一般采用柔性连接或铰结构连接,后者构造较复杂。横梁通常做成变截面或下沉的形式并与支腿刚性连接,马鞍架常做成等截面形式并与主梁(或同时与支腿)刚性连接。登机梯子与平台多设置在刚件支腿侧,而电缆卷筒及其平台多设置在柔性支腿侧。

(2)起升机构

通用门式起重机起重量大于10 t时,一般常设主、副两个起升机构(俗称主钩/副钩)。主/副钩两者一般不能同时工作,要求同时工作时应特别注明。常用双绳抓斗作业则由两套完全相同的普通起升机构驱动。电磁吸盘起升机构比普通起升机构增加一套同步电缆卷筒装置。

(3)小车和大车运行机构

能使起重小车在主梁上运行的称为小车运行机构,而承担起重机整体运行的则称为大车运行机构。轨行式运行机构一般由运行支承装置(均衡装置或均衡台车、车轮、轨道等)、运行驱动系统(电动机、减速传动部分、制动器等)、运行安全装置(行程限位装置、缓冲装置、防碰撞装置、防脱轨及清扫装置、抗风防滑装置、风速监测装置或风速仪、安全供电装置以及大跨度时的自动纠偏装置等)组成。

二、装卸桥

装卸桥是门式起重机的另一种形式,严格地讲,仍是门式起重机。习惯上把跨度大于35 m、起重量不大于40 t的门式起重机称为装卸桥。装卸桥取物装置以双绳抓斗或其他专用吊具为主,工作对象都是大批量的散状物料或成批件杂货。常用在电厂、车站、港口、林区货场等场合使用。内河港口结合自身特点,对装卸桥的使用又做了一些发展,用于直立式码头或简易码头并与货场直接相连,在作业时既可以进行装卸船作业,又可以在货场装卸,充分发挥一机多用的作用。

装卸桥整机工作级别一般为A6~A8。起升速度和小车运行速度都较高,因而其装卸效率较高。大车运行机构是非工作性的、速度相对较低。

装卸桥的结构形式有桁架式(见图1-10)和箱形门架式两种(见图6-38)。采用桁架结构可减小整机自身质量。而采用箱形结构便于制造。

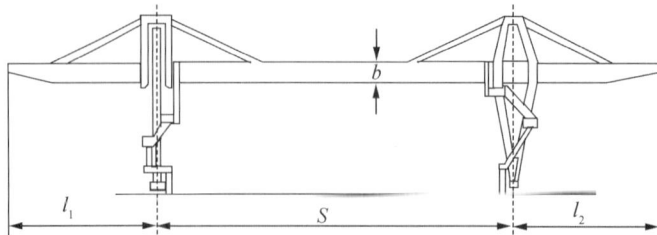

图6-38 双悬臂箱形门架式结构装卸桥

单元三　港口轮胎起重机

一、概述

(一)功能与特点

1. 通用轮胎起重机

港口轮胎起重机分通用轮胎起重机和高架轮胎起重机,通用轮胎起重机是一种利用轮胎式专用底盘行走的动臂回转式起重机,由上车和下车两部分组成,如图 1-13 所示。上车起重作业部分,包括臂架、起升机构、变幅机构、回转机构、平衡配重和转台等,下车为支承和行走部分。上、下车之间用滚动轴承式回转支承连接。臂架采用桁架臂结构,吊重时,一般需放下支腿,增大支承面,并将机身调平,以保证起重机的稳定。

通用轮胎起重机有如下主要特点:

(1)采用桁架臂结构,自重轻、刚度大、受力好,中、大幅度的起重能力比伸缩臂结构的起重能力提高 50%以上。

(2)上车回转速度快,能自由回转,吊钩能动力升降也能自由下放,起升、变幅、回转三机构可联合作业,效率高。

(3)轮距宽,稳定性好,车身短,转弯半径小,转移灵活,特别适合场地内频繁移动,带有伸缩支腿,可在 360°范围内长时间连续高效作业。

(4)配备不同的吊具,可进行多种货类作业。

(5)整机运行速度较慢,臂架不能伸缩,对行驶路面、场地有一定的要求,不适宜远距离移动,因此,非常适用于需频繁连续作业、工作区域相对固定、工作量很大的场所,如港口、码头、货场、车站等处的件杂货和散货的装卸作业。

2. 高架轮胎起重机

高架轮胎起重机是一种广泛应用于港口集装箱、杂货及散货等吊运的、可方便转场的、多用途起重设备,既有轮胎起重机自由行走的功能,又具有一般门座起重机的功能,可以采用抓斗、集装箱吊具和吊钩进行装卸作业,如图 6-39 所示。高架轮胎起重机主要结构形式是以轮胎起重机的底盘为基础,在回转支承上设有高塔柱,用来支承起重臂、补偿滑轮组、司机室等装置。补偿滑轮组的采用使该产品具有变幅过程中货物水平移动的功能。除了具有起升、变幅、回转和行走功能外,转场时,起重臂和塔柱可以放倒。

高架轮胎起重机在一定程度上可以替代结构笨重、高耗能的门座起重机和岸边集装箱起重机,促进港口起重机的升级换代和节能减排。

高架轮胎起重机有如下主要特点:

(1)高架轮胎起重机的装卸效率高于港口门座起重机,与岸边集装箱起重机相比,高架轮胎起重机可以回转,能在更大范围内装卸集装箱。负载线性制导系统、负载防摆系统、点对点工作模式等控制系统可以协助操作者实现更高的作业效率。

(2)码头不需建设轨道,工作灵活,适用性强,既可以在码头前沿作业,也可以在后方堆

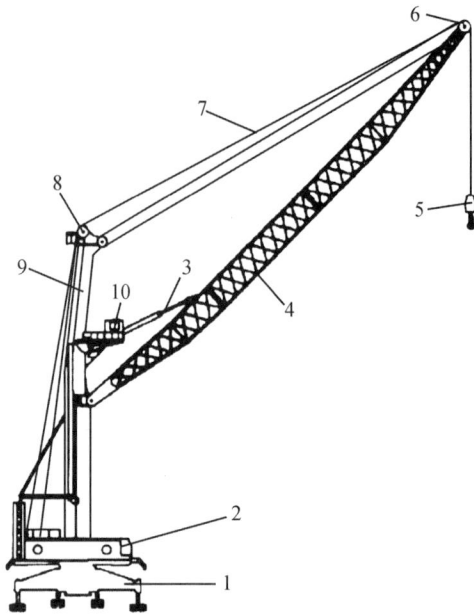

图 6-39　高架轮胎起重机

1—底盘;2—转台;3—变幅液压缸;4—起重臂;5—工属具;6—臂架端部滑轮;7—钢丝绳;8—塔柱顶端滑轮;9—塔柱;10—司机室

场作业。此外,高架轮胎起重机工作位置转移方便,收放支腿时间短。

(3)采用柴油机驱动,可同时备有电力驱动。在进行长期作业时,可外接动力电源,实现全电力驱动,降低使用成本。

(4)采用了桁架结构起重臂,整机自重比相同性能的轨道式起重机轻,可以节约大量钢材和作业时的能源消耗。

(5)工作级别和工作速度高,调速性能好。电力驱动时采用直流调速,液压驱动时采用容积调速。设有两套起升机构,起升时能实现轻载快速和重载慢速。

(6)起升钢丝绳设有补偿滑轮组系统,货物在臂架变幅过程中可保持水平移动,降低了重物在变幅过程中所需功率。

(7)通过不同的吊属具(吊钩、集装箱吊具、抓斗)可实现多功能作业,满足不同工况需求,适用性强。

(二)构造及工作原理

轮胎起重机是使用轮胎式底盘行走的动臂全回转起重机,由上车和下车两部分组成。从总体构造看,高架轮胎起重机的上车部分与门座起重机相似,但其整车构造与通用轮胎起重机有较大的差别,以下将重点介绍港口通用轮胎起重机的构造和工作原理。

通用轮胎起重机的上车包括转台、臂架、平衡配重等,如图 6-40 所示。臂架的结构形式为桁架,刚性好、自重轻,用钢丝绳滑轮组变幅,臂架由臂根节、臂头、标准节构成,通过加装标准节可实现若干种臂架长度。臂架、动力系统、司机室、变幅机构、起升机构、回转机构、人字架、平衡配重等都安装在转台上,转台通过回转支承连接在下车回转支承座上。

下车采用专用底盘,前桥转向后桥驱动,车身短,轮距较宽、稳定性好、转弯半径小,作

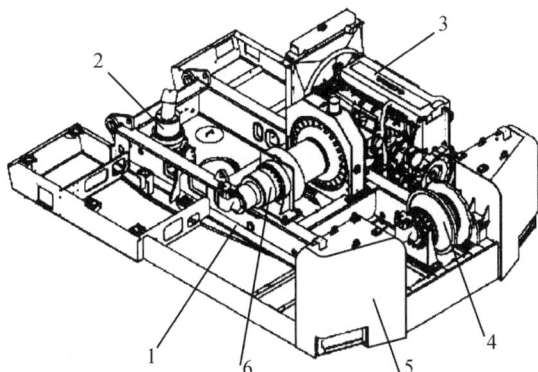

图 6-40 轮胎起重机的上车机构布置示意图

1—转台；2—回转机构；3—发动机；4—变幅机构；5—平衡配重；6—起升机构

业移动灵活，可在 360°范围内工作。为了保证安装作业时机身的稳定性，起重机底盘设有四个可伸缩的支腿，如图 6-41 所示。吊重时伸出并降下支腿，增大支承面，并可将机身调平，以保证起重机的稳定性。

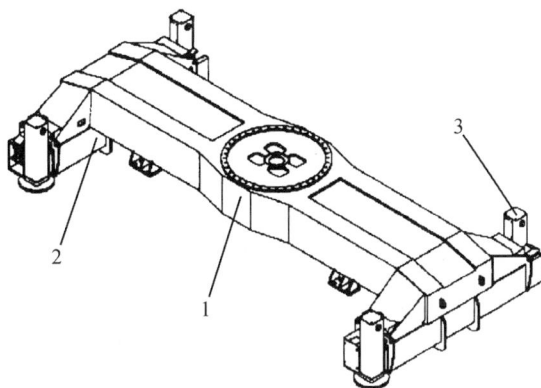

图 6-41 底盘结构示意图

1—车架；2—支腿固定套；3—"H"形活动支腿

工作机构的主要传动形式有机械式、液压式和电动式。机械式由于其结构复杂，操作、维修都很困难，已不再生产；液压式具有结构紧凑、元件体积小、自重轻、传动平稳、高效、工作可靠和易于操控等优点，是轮胎起重机的主要发展方向。近年来随着变频技术的发展，电动式轮胎起重机展现出较大的发展空间。

轮胎起重机的起重能力受动臂强度和整机稳定性限制，随工作幅度而变化。为防止超载作业，轮胎起重机必须装有力矩限制器。

（三）产品结构形式和分类

1. 通用轮胎起重机的发动机根据动力形式

（1）柴油发动机

柴油发动机以柴油为燃料的动力源输出，港口普遍应用。

（2）LNG 发动机

LNG 发动机以天然气为燃料的动力源输出，排放低，较柴油机更环保，港口应用范围逐步扩大。

（3）油电混合动力

油电混合动力以发动机为辅助，以场地的动力电网为作业时的动力源输出，无排放，更环保，但对场地配套设施有一定要求。

2. 通用轮胎起重机的执行机构的传动形式分类

（1）液压传动

液压传动是用液压驱动将动力传至各执行机构的控制方式。

（2）电机驱动

电机驱动是用电机驱动各执行机构动作的控制方式。

（3）机械传动

机械传动通过链传动、齿轮传动等将动力传至各执行机构，目前采用极少。

(四)基本参数

1. 起重量（最大额定起重量）

轮胎起重机的额定起重量在不同的工作幅度时是不同的，操作时应特别注意各起重机制造厂家所提供的产品起重性能表。表 6-1 是 QLY25B 型轮胎起重机的起重性能表，作为示例，供理解参考。

表 6-1　QLY25B 型轮胎起重机的起重性能表

幅度/m	吊臂长度/m					
	9	12	15	18	21	24
3.6	25.0					
4	25.0	24.0	23.5			
5	23.0	22.5	22.0	22.0		
6	18.5	18.3	18.0	17.6	15.8	15.2
7	16.0	15.8	15.5	15.1	13.7	13.4
8	14.0	13.8	13.5	13.5	11.5	11.2
9	12.5	12.0	11.5	11.6	9.8	9.5
10		10.8	10.4	10.2	9.0	8.5
12		9.3	9.1	8.4	7.5	6.8
14			7.5	6.8	5.8	5.5
16				5.6	4.8	4.5
18				4.6	4.2	3.7
20					3.2	3.0
22						2.6

注：粗实线以上的值是由机械强度所限定的，其余值是由起重机稳定性所限定的。

2. 起升高度

起升高度指起重机工作场地地面到取物装置所能到达的上极限位置的垂直距离，单位为米。测量起升高度,如为吊钩,应以钩口中心为准;如为抓斗或其他容器时,则以吊具最低点为准。当取物装置可以放到地面以下时,其下降距离为下降深度。起升高度和下降深度之和称为总起升高度。

3. 幅度

幅度指起重机的回转中心线与取物装置铅垂线之间的距离。轮胎起重机是通过改变臂架仰角来改变工作幅度的。幅度的常用单位为米。图 6-42 所示为 QLY25B 型起重机的起升高度与工作半径图,作为示例,供理解参考。

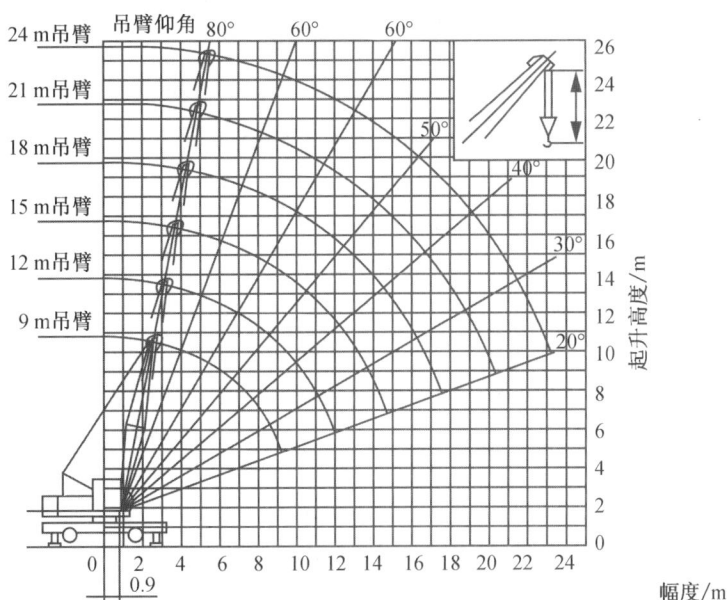

图 6-42 起升高度与工作半径图

4. 起重力矩

起重力矩指最大起重量与相应的工作幅度之积。

5. 支腿跨度

支腿跨度指支腿工作时的最大外伸尺寸,它决定着起重机的稳定性。

6. 工作速度

工作速度主要包括起升速度、变幅速度、回转速度和运行速度。额度起升速度是指起升机构的原动机在额定转速下运转时,取物装置的起升速度,变幅时间指臂架空载以最高速度从最大幅度到最小幅度起(落)臂所用的时间。额定回转速度指回转机构原动机在额定转速下起重机绕其中心的旋转速度。运行速度指空载时的最高行驶速度。

7. 整机自重

整机自重指工作状态时的整机总重。

(五)主要工作机构

动力传动系统一般由发动机驱动发电机或液压泵,再由电动机或液压马达、液压缸等将电能或液压能转化成机械能来驱动各执行机构工作,实现起重机的作业功能。

1. 起升机构

起升机构通常由原动机(电机或液压马达等)、减速器、卷筒、制动器、离合器、起升钢丝绳、滑轮组、吊钩等组成。原动机经过减速器通过制动器、离合器的匹配接合动作来驱动或制动缠绕着起升钢丝绳的卷筒转动,钢丝绳则通过臂架端部的滑轮组与吊钩上的滑轮组实现吊钩的起升、下降动作。

2. 变幅机构

变幅机构由原动机(电动机或液压马达等)、减速器、卷筒、制动器、离合器、拉臂钢丝绳、动滑轮组等组成。拉臂钢丝绳的一端安装在臂架端部,另一端安装在动滑轮组上,卷筒上的钢丝绳绕装在人字架上的定滑轮组与动滑轮组之间。

3. 回转机构

回转机构由原动机(电动机或液压马达等)、减速器、制动器、齿轮副等组成。回转机构的作用是连接上下车结构,实现回转、支承、防倾覆功能。回转支承为滚动轴承式,带有齿圈的内圈安装在车架上,外圈及回转驱动装置安装在转台上。

4. 支腿伸缩机构

支腿伸缩机构是由手动丝杠或液压缸驱动水平腿和垂直腿的收放动作。

5. 运行机构

运行机构一般包括动力源、减速机、传动轴、前桥、后桥、车轮等。原动机动力经由减速器、传动轴至驱动桥。前桥为转向桥,由方向盘控制全液压转向器分配压力油推动转向液压缸,驱动转向梯形机构完成转向动作。行驶制动可采用气动操作,通过双腔制动气室实现行驶和驻车制动;也有采用油压刹车系统的,如驱动桥中装有油浸式盘式制动器。

6. 保护系统

起重机须设有完善的安全保护系统,主要包括起重力矩保护、起升高度限位保护、吊钩下放限位保护、变幅双向限位保护、变幅卷筒棘轮保护、回转锁定保护等。还有其他如发动机、电气、液压等系统的各种安全保护。

(六)金属结构

通用轮胎起重机的金属结构主要由车架和支腿、转台、臂架、人字架等部分组成。

1. 车架和支腿

港口起重机作业频繁、重载、冲击大,车架是起重机的主要基础结构件,通过回转支承装置,承受着起重机上部结构的重力、起吊载荷、风载荷和各机构的惯性力以及力矩。因此,车架的刚度、强度将直接决定起重机的刚度和强度。

在车架的回转支承底座的中间,设有中心回转柱体,连接上下车的液压系统和电气系统;在车架底部中间,悬挂布置有行走传动系统,前部和后部分别连接驱动桥和转向桥,将载荷通过轮胎传递到地面。轮胎起重机车架的典型结构形式如图 6-41 所示。

支腿布置形式最常见的是"H"形,也有蛙形、"X"形、辐射形结构。蛙形和"X"形支腿结构简单,动作迅速,但其结构及动作的特点对作业场地、作业方式有一定的限制要求。"H"形支腿一般为箱形伸缩梁结构,稳定性好,伸缩便捷,对场地的适应性好,被普遍应用。

2. 转台

转台是整机上部的重要受力构件,臂架、人字架、司机室及各主要起重作业机构所受的载荷都通过转台作用于回转支承上,要求其具有足够的强度和刚度。

3. 臂架

轮胎起重机的臂架一般采用自重较轻的桁架臂,由臂顶节、臂根节和中间的标准节通过销轴连接组成。中间的标准节具有良好的互换性且拆装方便,标准节的长度一般为 3 m 和 6 m 两种规格。臂架的典型结构形式如图 6-43 所示。

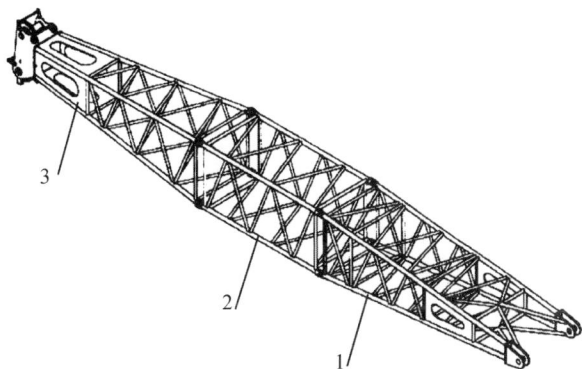

图 6-43　臂架结构示意图
1—臂根节;2—标准节;3—臂顶节

4. 人字架

人字架是改善变幅制丝绳及滑轮组受力状况的结构件,变幅机构的定滑轮组安装在人字架上端。人字架一般采用可升降式,工作时升至高位,运输时降至低位,人字架的结构示意图见图 6-44。

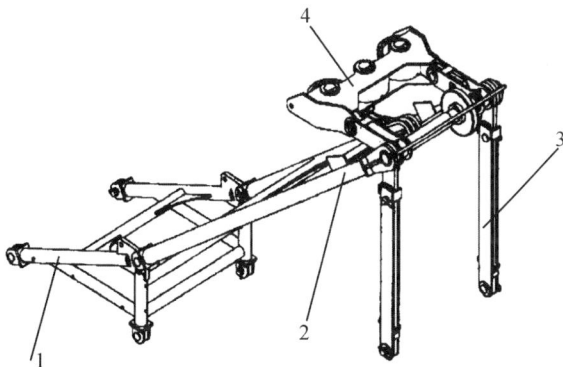

图 6-44　人字架结构示意图
1—三角支承;2—压杆;3—拉杆;4—滑轮组

(七)辅助装置

除主要的结构、机构外,起重机还配置着若干辅助装置,如行驶用的车前灯(近光、远光)、转向灯、侧灯、尾灯、刹车灯以及夜间作业的照明灯和司机室内的冷暖空调等。

气路系统是由发动机气泵提供压缩空气,经自动排水调压阀、空气干燥器,进入储气筒,然后经过调压阀后,进入各分路控制阀,分别控制变幅棘爪、变速箱换挡阀、行驶车制动阀等动作。

二、液压轮胎起重机

随着液压传动控制技术的不断完善,轮胎起重机上的液压技术应用范围也不断扩大。先进的液压传动控制系统的应用,提高了起重机的操作平稳性,降低了能耗,减少了维修工作量。由发动机驱动若干个液压泵同时工作,能够互不干扰地进行载荷升降、臂架变幅、转盘回转等三种独立或复合操作,各泵功率按需输出,因此,燃料消耗少,发动机功率利用率高。液压传动控制技术的应用使轮胎起重机的性能在许多方面得到了较大提高,例如:

(1)全液压驱动实现了无级变速,克服了操作冲击,使作业过程更加平稳、安全、方便、可靠、效率高。

(2)采用方向盘式液压助力转向机构,使设备的移动操作更加轻便、安全,有利于流动作业。

(3)采用多泵分、合流设计,实现了起重机作业时的高、低双速功能,以及各机构(如起升机构)的升降、臂架变幅的俯仰、转台回转等单独、复合动作的控制,从而大大提高了作业效率。

(4)此外,还有液压元件体积小、重量轻、结构紧凑、布置灵活、操控简单、维护方便等优点。

(一)典型机构和系统

液压轮胎起重机的工作装置主要由动力系统、液压操纵系统、工作机构、运行机构、气路系统、电气系统、安全保护系统等组成。

1.动力系统

目前,液压轮胎起重机的工作动力常见的有三种形式:柴油发动机、天然气发动机、作业场地的动力电源。

一些新建或新改造的港口或货场,大都配备有场地动力电源基站。当起重机在相对较小的范围内作业而不需要频繁转移时,则可充分利用货场的动力电源。而且采用变频调速电动机可使设备在启动和空载运行时的能耗有效降低,整个作业过程的节能减排效果非常明显。利用变频器控制电动机转速,还使得起重机的操控性能有了较大提高。

新型的油-电混合动力轮胎起重机可使用柴油机或变频调速电机分别驱动液压泵,为起重机提供液压动力,所有控制、执行机构依然保留液压传动。这种方案既节省能源、减少排放,又保留着液压传动的调速性好、质量可靠、操作灵活、作业效率高、维修性好等特点,两种驱动方式转换非常便捷,且在相同的作业工况下,性能基本相同。

发动机工况具有机动性好、移动方便、作业场地不受限制的优势,但环保性差。电动机工况要在具有动力电源的场地使用,通过电缆连接场地电源,用变频电机驱动液压系统进行作业,使用条件受限制较大,移动不太方便,只能在电缆长度容许的范围内移动,但节能效果十分明显,能源使用成本节约可达65%~70%。从节能、减排、环保的角度考虑,用户应尽可能多使用场地动力电源进行作业。

2.液压操纵系统

液压操纵系统一般由泵、控制阀、马达、散热器、蓄能器等元件组成,如图6-45所示。液压泵多采用可以直接安装在发动机飞轮壳上的变量双泵,并在双泵体上安装了一个斜盘柱塞泵和一个双联齿轮泵。变量双泵一般带电控加极限载荷限制器及手柄控制,从而充分利用发动机全程工作特性,节能高效,泵控形式使泵的摆角随操作手柄角度增大而增大(但泵的摆角优先于泵的功率)。手柄在中位时泵处于小摆角位置,这种泵控形式,机构调速性能优良,无多余流量,节省能源、发热小。另外,独立变量双泵可确保起升、变幅机构的复合动作互不影响。

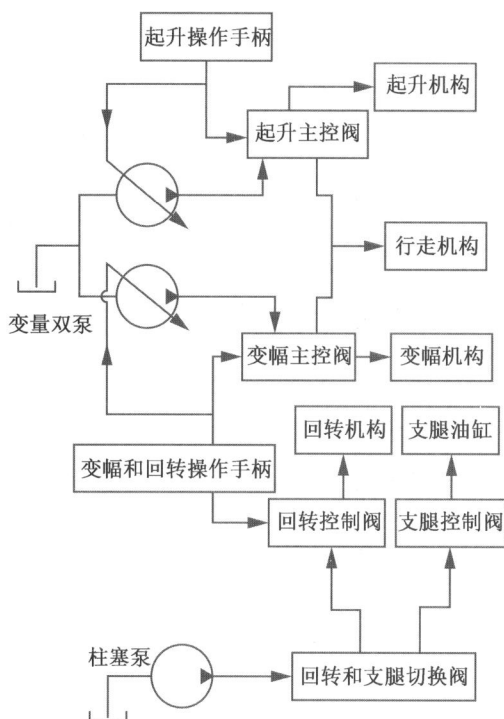

图 6-45 液压操纵系统示意图

各机构有独立的泵供油,泵根据各机构所需的压力和流量供油,无能量损失。

(1)变量双泵

变量双泵为起升、变幅、行走三个机构提供压力油,由主操纵阀控制。其中,起升操纵可进行阀内合流,由两泵一起为起升马达供油。行走操纵可进行阀外合流,两泵油合流后经中心回转柱体,为行走马达供油。

(2)液压系统内部保护

在起升系统和变幅系统中设有平衡阀,既可以保证起升、变幅的平稳性,又能防止由于管路突然爆裂及其他原因产生的重物和起重臂的突然下落。在行走系统中设有限速阀,以保证底盘的滑行和行走马达的安全保护。

(3)斜盘柱塞泵

回转泵采用斜盘柱塞泵、恒压控制形式,当反车制动达到设定压力时,泵回零摆角,减少系统发热并节能。该泵供上车回转作业和下车支腿作业,由控制阀切换。回转系统中设有双向缓冲阀,以保证回转反接制动的平稳性和安全性。支腿系统中设有双向液压锁,可以防止工作中或行驶状态下管路突然破损时,支腿突然缩回或落下。

(4)双联齿轮泵中的 A 泵

该泵供转向系统和液压油散热系统作业。在转向系统和液压油散热系统中装有优先阀,优先阀确保转向系统优先获得足够的流量,然后多余部分供液压油散热器马达工作。在液压油散热器系统中加有旁路流量控制阀,用于对液压油散热器马达的转速进行控制。

(5)双联齿轮泵中的 B 泵

该泵为蓄压系统、控制系统、离合器及制动器供油。在蓄压系统中,设有自动充压阀。

控制系统以先导方式操纵各个机构动作。

（6）中心回转柱体

由于起重机的上车转台相对下车车架可全周回转,布置在上车的压力油源、控制电源及压缩气体等是通过中心回转柱体传递到下车的,大功率的中心回转柱体是上、下车之间动力传递的重要元件。

3. 工作机构

（1）起升机构

如图 6-46 所示,起升液压马达采用变量马达,其特点是重载低速、轻载高速。液压制动器为常闭式,当进行起升作业时,由控制油路中的蓄能器通过液动阀供油,液压制动器打开。起升作业时,操纵离合器操纵阀,使双蹄内涨平衡式离合器涨开与卷筒毂接合,起升马达产生的扭矩可通过起升减速箱、离合器传递到起升卷筒上;然后将起升制动器释放,操纵起升操纵杆即可使吊钩进行动力升降。在进行重力下降作业时,先将离合器操纵杆处于分离位置,离合器蹄片在弹簧力的作用下与卷筒毂分开,释放起升制动器,这时卷筒呈自由状态,吊钩在重力作用下会自行下落。当操纵起升手柄时,离合器接合,卷筒旋转。手柄回中位,离合器脱开,用制动器控制卷筒停止和自由降落。

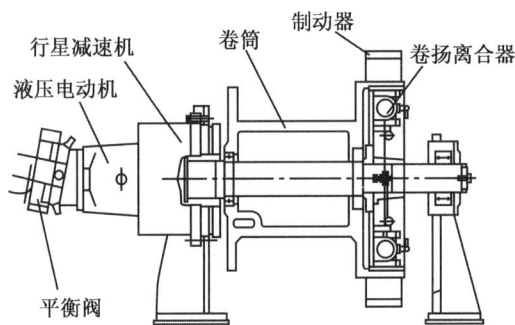

图 6-46 起升液压马达示意图

（2）变幅机构

变幅机构采用液压马达经行星减速机直接驱动变幅卷筒,如图 6-47 所示。制动器为常闭制动器,结构为压盘式,与行星减速机一体。当操纵变幅操纵杆进行变幅作业时,变幅传动管路中的压力油驱动变幅马达旋转,同叫又通过梭阀推动液动阀换向,使控制管路内的压力油进入变幅制动器动力缸,使变幅制动器释放,变幅马达带动变幅卷筒旋转,进行变幅作业。当将变幅操纵杆扳回中位时,变幅机构进油管路与回油管路接通,液动阀复位,变幅制动器动力缸内的液压油在制动器弹簧的作用下被排出,变幅制动器制动,同时变幅马达停止旋转,使变幅机构停止变幅。

（3）回转机构

回转机构由液压马达经行星齿轮通过输出轴连同小齿轮一起旋转,然后通过与回转大齿圈的啮合,实现转台的回转,如图 6-48 所示。回转减速机高速轴上带有制动器,可使回转机构制动,液压回转机构的特点为体积小,传动功率大,滑转性能好,便于安装调整。

（4）支腿

起重机在作业时需要将支腿打开,支腿形式有"H"形、蛙形、辐射形、"X"形等。"H"形

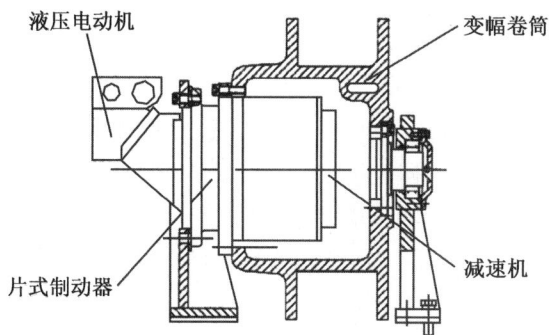

图 6-47　变幅机构示意图

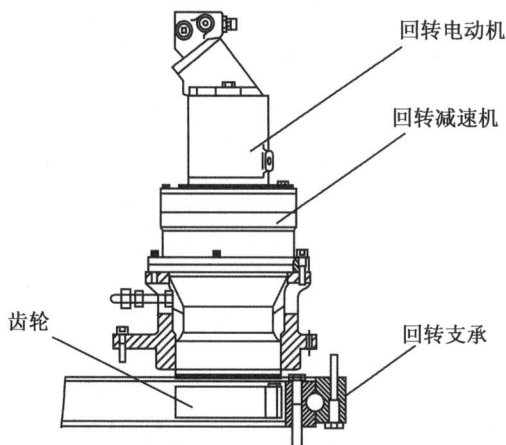

图 6-48　回转机构示意图

支腿外伸距离大,对地面的适应性好,易于调平,操作简便、快捷,被普遍采用。对于"H"形支腿的操作,是由多路换向阀控制动作,通过对每个支腿水平缸、垂直缸的动作进行调节,从而实现车架处于水平状态。

4. 运行机构

液压轮胎起重机的运行机构包括行驶马达、变速箱、传动轴、转向桥、驱动桥、转向系统、制动系统等,一般为前桥转向,后桥附动。50 t 级以上的机型多为三桥结构:后双桥驱动,前桥液压转向。三桥结构的运行机构示意图如图 6-49 所示。

（1）运行速度

高速一般能达到 15~20 km/h,低速一般不超过 6 km/h。

（2）变速箱

变速箱为 2 级定轴传动,两挡变速（高速挡、低速挡）以适用于良好路面与工地之间的不同进度要求。变速箱的高速挡、低速挡由气缸控制接合。变速箱的驱动端装有液压柱塞马达,由变量双泵合流供油。

（3）转向系统

转向系统一般采用全液压动力转向式。司机通过驾驶室内的方向盘驱动摆线式全液压转向器进行操作,通过转向液压缸控制前桥转向。

（4）制动系统

制动系统由行车制动系统和驻车制动系统组成,常见的有气制动和液压制动两种模式。气制动模式的行车制动系统多为双回路制动系统,驻车制动兼应急制动为弹簧储能断气制动。前桥为单腔制动气室,后桥为双腔制动气室。液压制动模式一般用布置在桥箱内的油浸式片式制动器作为行车制动器,高压油通过制动器内活塞压紧主、从动摩擦片,实现行车制动。钳盘式驻车制动器装在驱动桥的传动输入端,制动时由刹车液压缸中的弹簧起作用,使钳片夹住制动圆盘,当弹簧力受到液压来油抵消后,钳片则松开制动圆盘,驻车制动被解除。

（5）驱动桥

港口轮胎起重机的自重大,运行速度低,前桥转向、后桥驱动。驱动桥一般要求减速比及制动力矩大,制动性能良好,带有主减速器、差速器、轮边减速器等。在三桥结构中,两根驱动桥通过平衡梁安装在车架纵梁底面上,在行驶方向上有一定量的摆动角度。

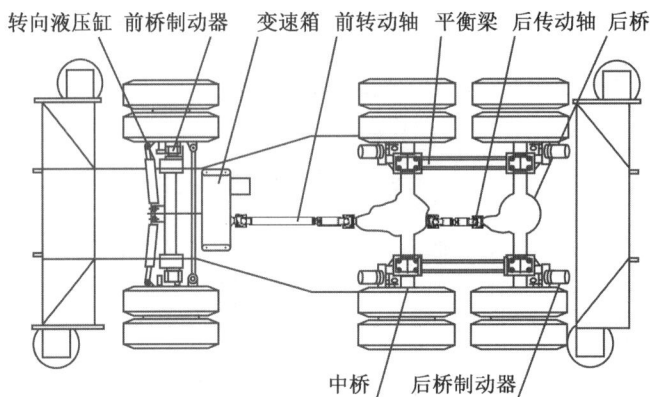

图 6-49　运行机构示意图

5. 气路系统

气路系统由发动机气泵提供压缩空气并根据储气罐的气压来控制空压机的起停。压缩空气经过干燥器、储气筒、各继动阀和控制阀等,对行驶制动和变速箱的高低挡转换以及变幅卷筒棘爪等动作、功能进行控制。气路系统原理示意图如图 6-50 所示。

6. 电气系统

电气系统采用 24 V 直流电源,可利用控制器及各监控位置的传感器、开关等对起重机各机构的动作进行检测、控制,一般采用 CAN 总线技术来保障数据的可靠通信。通过驾驶室内的显示器实时显示整机的各项运行参数和指标、发动机和各机构的运行状态以及各类报警信息,并对可能的危险状态采取预防措施。电缆选用耐油挠性软电缆,并且对有相对运动部件的连接电缆采取防水措施。所有连接导线两端有与电气原理图和配线表一致的明显编号牌,标明线号和线束号。在臂架和转台等处设有工作照明装置,在车辆前后端设置了行驶照明装置,并设置转向指示灯、示廓灯、制动灯、工作警示灯和喇叭。在司机室内,仪表盘或显示器上有发动机工作小时、发动机机油压力、燃油油量、水温、充电指示、工作油油温、压力等指示。

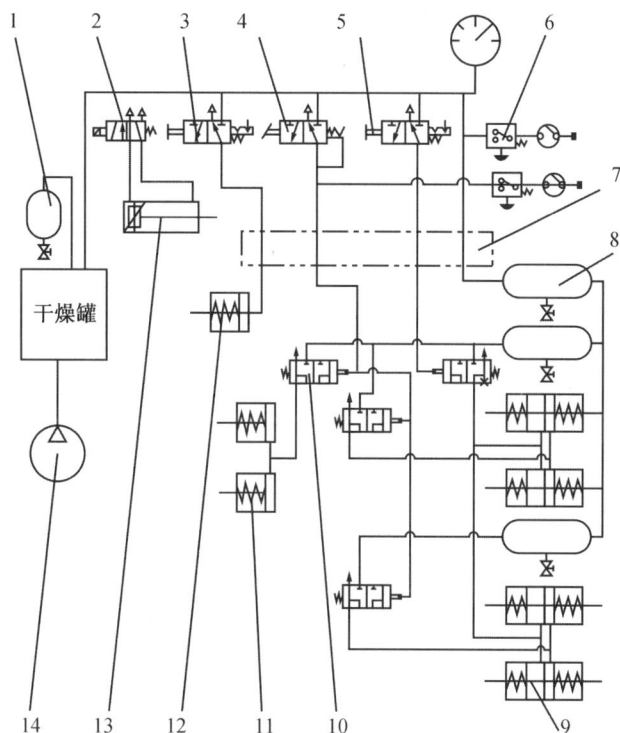

图 6-50　气路系统原理示意图

1、8—储气罐;2—变幅棘爪控制阀;3—高低挡切换阀;4—脚刹车阀;5—手刹车阀;6—报警开关;7—中心回转接头;9—双腔制动器;10—继动阀;11—前桥制动器;12—变速箱高低速挡切换气缸;13—棘爪气缸;14—气泵

7.安全保护系统

液压轮胎起重机属于特种设备,需要具备完善的安全保护系统,以保证安全工作。常用的安全保护主要包括:(1)起升高度极限位置报警及自动停止限位器;(2)臂架变幅极限位置报警及自动停止限位器和防止臂架后倾装置;(3)变幅指示器;(4)回转锁定装置;(5)司机离车后的全车锁定装置;(6)全自动超负荷力矩限制器;⑦起升卷筒钢丝绳过放保护器;(8)变幅棘轮棘爪锁定装置。

(二)辅助装置

1.液压油冷却装置

液压系统一般均设独立的液压油冷却装置。其中,散热器布置在回油油路中,冷却风扇可由液压马达或电动机驱动,由装在系统中的温度传感器或温控开关来控制风扇工作状态。该装置能保证液压系统在规定的工作环境状态下满负荷运行 8 h,液压系统油温不高于所选用的液压油推荐的工作油温的上限。

2.电缆收放装置

对于混合动力机型需配备可与外接电源相连接的电缆卷筒,位置在下车右侧。当使用场地电源模式时,放出电缆,通过电缆与地面电源连接,向整机供电,不工作时,将电缆缠绕在电缆卷筒上。电缆的收放可由液压马达或电机带动,以减少操作人员的作业强度,同时通过特殊设计,使卷筒在常位时处于自锁状态,防止卷筒转动。

3.空调系统

空调系统工况分为制暖及制冷两种,制冷系统位于司机室后方,制暖系统位于座椅下方。在发动机工况下,制暖系统由发动机循环水提供热量;在使用场地电源工况下,制暖系统由电加热管提供热量。

三、电动轮胎起重机

(一)机型特点

电动轮胎起重机是一种装有充气轮胎、配置特制底盘的全回转臂架起重机。它是一种机动性好、操纵轻便的起重机,但其额定起重量随幅度变化而变化,幅度小起重能力大,幅度大起重能力小。与汽车起重机相比,电动轮胎起重机的运行速度较低,长距离行驶性能、爬坡性能以及越野性能较差,但在平坦地面上可以吊重行驶。电动轮胎起重机是港口装卸作业不可缺少的流动性起重机械之一,不论是现在还是将来仍然会在港口机械中占有一定比例。

电动轮胎起重机一般都有如下性能:起升卷筒一般配置离合器和带式制动器,摩擦面比压小,制动力矩大,能满足港口常用负荷装卸作业要求;起升机构既能使用吊钩,又能使用抓斗;既能动力下降又能空钩(轻载)重力下降,满足港口装卸多用途的要求;变幅速度快,能带载变幅;回转机构能平稳启、制动;起升、变幅、回转各机构既能单独操作又可联合操作,能满足港口高生产率的要求;起重机有良好的大幅度下的起重能力和整机抗倾覆稳定性,转弯半径小,转台尾部半径小,能在狭窄的场地作业;金属结构有足够的强度和刚度。

(二)组成

电动轮胎起重机由起升、变幅、回转、运行四个机构,臂架、人字架、转台、底架、支腿、机棚等金属结构件,操纵、电气、油路、气路四个系统以及取物装置、安全(监测、报警、限位)装置和配重等组成。一般常将起重机分为上车回转作业部分和下车支承行驶两大部分。图6-51所示为电动轮胎起重机主要组成部分。

(三)产品分类

电动轮胎起重机一般以柴油机为原动力带动发电机,发电机所发出的电能输送给驱动各工作机构的电动机。按其驱动方式有:内燃机-单直流发电机-多直流电动机驱动系统;内燃机-单交流发电机-多自流电动机驱动系统;内燃机-双直流发电机-多直流电动机驱动系统;内燃机-单交流发电机-多交流变频电动机驱动系统;内燃机、外接交流电源-多直流电动机驱动系统;内燃机、外接交流电源-多直流、变励电动机驱动系统。

1.内燃机-单直流发电机-多直流电动机驱动系统

一般以柴油机为原动力带动直流发电机发电,所发出的电能输送给各工作机构的直流电动机。各机构工作速度的调节采用控制柴油机油门改变发电机电压,实现无级调速。这种轮胎起重机电气控制主电路是通过接触器控制电动机运行,其控制方法简单、经济,但系统的可靠性和调速性能差。电动机启动时,必须降压启动,以减缓启动冲击;一个机构工作时启动另一个机构必须降压延时接通,影响了机构联合动作的连续性和作业效率,再者,开关控制电路属于有触点的继电接触器控制系统,接触器在切断电源时,触点易拉弧、烧结、动作失灵,同时,直流电动机会产生很强的反电势,易将电动机换向器拉毛、结瘤,严重影响

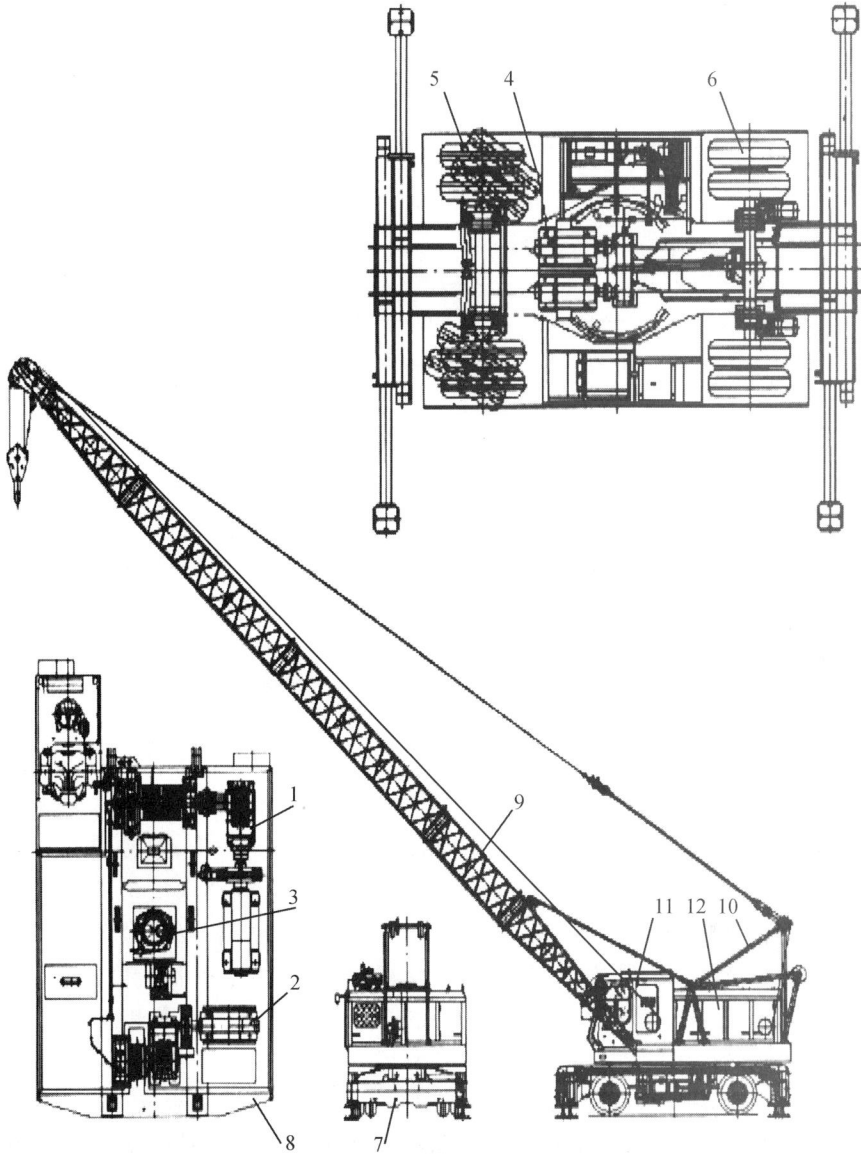

图 6-51　电动轮胎起重机重要组成部分

1—起升机构;2—变幅机构;3—回转机构;4—运行机构;5—转向桥;6—驱动桥;7—底架总成;8—转台总成;
9—起重臂总成;10—人字架总成;11—司机室;12—机房室

电动机和接触器的使用寿命,在内燃电动轮胎起重机上用接触器控制方法现已越来越少。

2.内燃机-单交流发电机-多直流电动机驱动系统

柴油机以恒定转速带动交流发电机,发电机与直流电动机主电路通过全数字直流调速器、可编程序控制器(PLC)和串励线圈定向电路连接,各机构由独立全数字直流调速器控制,实现主电路无触点切换和各机构"软"起、制动。该系统具有作业效率高、故障低、电气元件寿命长、反应高效,以及可外接交流电源等优点。但为了保证发电机组输出频率稳定的电源(50 Hz,400 V),柴油机必须在恒定转速下运行,油耗大,营运成本高等。

3. 内燃机-多直流发电机-多直流电动机驱动系统

以柴油机为原动力带动同轴多转子直流发电机为起升、运行和变幅机构电动机提供电源,起升、变幅机构既能单独操作,又能联合动作,解决了单直流发电机联合动作必须降压起动的问题,实现了主电路无触点切换。

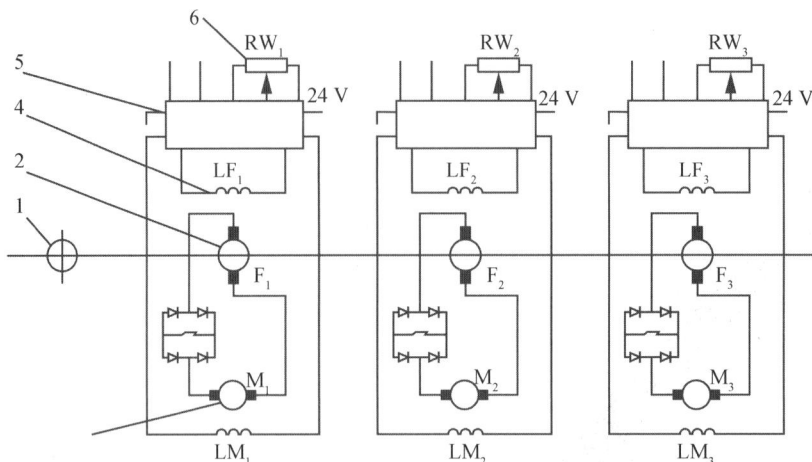

图 6-52　同轴发电机电动机系统

1—柴油机;2—同轴发电机;3—机构电动机;4—励磁线圈;5—励磁控制器;6—电位器

由图 6-52 可知,发电机输出端与电动机输入端用导线直接连接,省去了接触器、全数字直流调速器等中间环节,主电路简单,实现了主电路无触点切换,解决了传统的有触点继电接触器控制长期存在的问题。这种控制模式应用在轮胎起重机上,电控成本低,可靠性高,营运成本可大幅下降,节能效果十分明显。直流发电机-直流电动机系统的控制是由励磁控制装置和可编程控制器(PLC)等部分组成的。起重机工作时,既可调节油门改变发电机输出电压,实现电动机无级调速,又可通过改变起升、变幅主令控制器角度大小(调节电位器电阻大小),调节起升、变幅直流发电机励磁电流,实现发电机输出电压 0~400 V 平滑调节电动机速度,也实现了电动机"零电流"启动和"零速"抱闸,并按预设的加(减)速度启(制)动,确保启、制动平稳。柴油机正常或怠速运转时,主令控制器位于"零位",发电机为零励磁,发电机输出电压为零,电动机停止运行。通过改变起升及变幅主令控制器正反向位置,可改变直流发电机励磁线圈电流方向,即可得到两个方向完全相反的磁场,从而改变直流发电机输出电压的极性,实现直流电动机正反向。从图 6-52 所示的控制模式看,它既具有全数字直流调速和交流变频调速完全相同的运行特性,又实现了电动机高性能、宽范围的无级调速和主电路无触点切换,且线路简单,系统可靠性高,节能效果明显,因此,在电动轮胎起重机上具有广泛的应用前景。

4. 内燃机-单交流发电机-多交流变频电动机驱动系统

以柴油机为原动力带动交流发电机,所发出的电能可以通过交流变频调速器控制,实现各机构电动机的调速。该控制系统对电源要求高,不能实现自动重载低速(额定速度)、轻载高速(高于额定速度)的起重特性。

5. 内燃机、外接交流电源-多直流电动机驱动系统

综合了内燃机直流发电机驱动和外接交流电源电力驱动的优点,可以实现两种能源替

换驱动,根据作业场地的条件,选择不同能源供给方式。它既可以由自身柴油机驱动进行作业和长距离运行,也可以外接交流电源进行作业和短距离运行,是一种兼有机动性和经济性的电动轮胎起重机。

6. 内燃机、外接交流电源-多直流、变励电动机驱动系统

集传统驱动方式之优点,将起重机作业时负载下降时的位能、负载减速时的惯性能、负载停止时的制动能以及内燃机作为原动力的待机能量通过"能量管理系统"进行高效回收、储存和自循环重复利用,节能减排效果明显;该机既可采用内燃发电机组供能,也可采用城市电网供能;外接交流电供电,节能减排效果更加显著。这种节能型电动轮胎起重机将成为港口一种较理想的机型。

(四)主要工作机构

1. 动力传动系统

一般由内燃发动机驱动直流/交流发电机发电,所发出的电能输送给各工作机构的直流/交流电动机,通过控制系统将电能转化成机械能来驱动各执行机构工作,实现起重机的作业功能。

2. 起升机构

由电动机通过带制动轮的梅花形弹性联轴器、圆锥圆柱齿轮减速器、低速轴齿式联轴器驱动卷筒轴,再通过内涨离合器驱动卷筒卷绕钢丝绳,实现吊钩的提升与下降。内涨离合器为全浮常闭式结构,其离合动作通过电磁气阀来控制,可使用其作紧急抛钩与空钩快速下降。减速器输入轴端装有常闭直流电力液压推杆制动器,卷筒上装有外箍机械带式制动器,工作可靠。起升卷筒采用利巴斯绳槽卷筒,保证了多层钢丝绳的有序卷绕。

3. 变幅机构

由电动机通过带制动轮的梅花形弹性联轴器驱动圆柱齿轮减速器,由减速器的输出轴带动有利巴斯绳槽的变幅卷筒卷绕钢丝绳,再通过变幅滑轮组实现起重臂的俯仰起落。该机构采用直流电磁鼓式制动器,同时采用棘轮停止器,紧急状态时,可有效制动变幅卷筒,防止臂架下落。

4. 回转机构

由电动机、浸油摩擦片式极限力矩联轴器、脚踏常开卧式机械块式制动器、行星齿轮减速器、输出轴、回转小齿轮及单排四点接触球式回转支承组成,电动机通过浸油摩擦片式极限力矩联轴器、行星齿轮减速器、输出轴驱动小齿轮围绕回转支承的大齿圈转动,实现起重机回转部分的正反转。

5. 运行机构

由电动机、齿式联轴器、合流减速器、万向传动轴、转向桥、驱动桥组成。双电动机通过齿式联轴器、合流减速器、万向传动轴驱动专用驱动桥(后桥)主减速器,经过差速器和后桥半轴驱动轮边减速器,带动车轮滚动。采用前桥转向,后桥制动,通过气动操作控制双腔制动气室,可实现行驶和驻车制动。

四、高架轮胎起重机

高架轮胎起重机是一种广泛应用于港口集装箱、件杂货及散货等装卸作业并可方便转场的多用途起重设备。该起重机既具有轮胎起重机自由行走的功能,又具有一般门座起重

机的装卸作业功能,可以采用抓斗、集装箱和吊钩等吊属具进行装卸作业。

(一)基本构造

高架轮胎起重机(见图 6-39)主要由吊属具、起重臂、塔柱、转台和底盘五大部分组成。其中,起重臂上除设置有端部滑轮外,根据作业需要,还可在适当位置安装电缆卷筒、照明灯和摄像头等装置;塔柱是高架轮胎起重机的主要承载构件之一,在塔柱主结构上安装有顶端滑轮、上部司机室和梯子等装置;转台上主要布置有下部司机室、平衡重、卷扬、动力系统及能量回收等装置;底盘是高架轮胎起重机构造最复杂、最重要的部件,主要由下车架、支腿、车轮组件和悬架系统等组成。

(二)工作机构及系统

1.起升机构

起升机构由电动机、减速器、双联单层卷筒和滑轮组等组成。减速器通常为三支点支承,可通过减速器底座的传感器直接检测出货物的重量,还可消除机械振动和安装不当引起的内应力。在减速器轴上安装有盘式制动器,起升机构不工作时,在弹簧的作用下使两个蹄片将制动盘夹住;起升机构工作时,通过液压将弹簧压缩使蹄片放松制动盘,发生电气故障时,能自动制动。此外,制动蹄片上设有行程开关,实时监测蹄片的磨损情况。当磨损达到极限值时,蹄片可自动调整间隙。卷筒上装有两根单层缠绕的钢丝绳,并设有防跳绳装置。卷筒轴端安装有凸轮式行程开关,用以控制起升高度。根据作业需求还可配置双卷筒,如使用四绳抓斗作业,则配置两套起升机构,一个用于抓斗的支持与升降运动,另一个用于抓斗的开闭与升降运动。

2.变幅机构

变幅机构通过变幅液压缸伸缩带动臂架俯仰实现变幅。变幅液压缸有上置和下置两种形式,液压缸上置指液压缸位于起重臂上方,可节省有效工作空间,使起重机能够更靠近船只作业,安全稳定;液压缸下置指液压缸位于起重臂下方。此外,高架轮胎起重机设置有滑轮组补偿装置,使货物在变幅过程中水平或近似水平移动,避免了变幅过程中货物重心高度的变化而耗费变幅驱动功率,且滑轮组补偿装置能够平衡起重机变幅过程中的部分变幅力,改善了液压缸受力状况。

3.回转机构

回转机构由回转支承和回转驱动两部分组成。回转支承连接回转平台和底盘,可实现水平面内无限制旋转。回转驱动装置位于回转平台上,液压马达(或电动机)经过减速器带动小齿轮,小齿轮与下车架上的大齿圈相啮合,实现起重机回转。

4.运行机构

运行机构由液压式悬架系统、转向系统和车轮组件三部分组成。其中,悬架系统和转向系统是决定高架轮胎起重机行驶性能的关键技术。液压式悬架系统的每组车轮悬架液压缸之间相互连通(见图 6-53),能够根据路面情况自动调整悬架液压缸的伸缩量,使起重机在不平整路面上行驶时,各车轮组件悬架液压缸内压力得到均匀分配,避免了车轮和码头地面负载过高,液压悬架系统还可作为起重机车身的提升系统,当某一车轮需要更换时,可关闭此车轮的悬架液压缸,通过调节其他车轮悬架液压缸提升车体,便于轮胎的拆装。转向系统采用独创的车轮组件,可单独控制和移动所有的车轮,保证了起重机的转向性能。

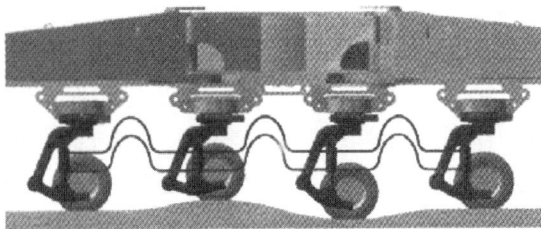

图 6-53　液压式悬架系统结构简图

在转向行驶时,每个驱动桥两侧的驱动轮都能以不同的角速度旋转,以满足不同转向轮在不同转弯半径下转速不同的要求,同时还能避免因两侧驱动轮以相同速度转动时而发生的纵向滑移或滑转。驱动桥内设有差速器以满足两侧车轮不同转速的要求;非驱动桥两侧的从动轮都能在轴线上自由转动,以使从动轮同样能以不同的角速度旋转。

5. 支承机构

支承机构有"H"形和"X"形两种形式,"H"形支承机构的固定支腿箱与下车架刚性连接,改善了下车架的受力状况。为增大其外伸距离,提高整机稳定性,左右支腿相互叉开。这种结构具有结构简单、耗材最少、易于调平、对场地平整度要求低等特点。"X"形支承机构的支腿与回转支承直接铰接,支腿伸出后呈"X"形,上部载荷不必经过下车架而直接由支腿传至地面,减小了下车架承受的载荷及变形,降低了底盘重量。

6. 动力与传动系统

动力与传动系统采用双动力驱动系统,动力和传动系统具有两种实现方式:

(1)起重机起升机构、回转机构和运行机构采用电动机驱动方式,变幅机构、转向机构和支腿伸缩机构采用液压驱动式。一般作业场合,柴油机带动发电机发电,驱动整机进行作业,在长期作业的场合,可以关闭柴油机,通过外接电源实现电力驱动,也可以只配备小型柴油机驱动运行机构,运行至作业场地后换接电力驱动,通过外接港口电源给起重机供电,能够提高能源的利用率,降低机构维修成本,减少废气排放,降低噪声污染。

(2)起重机起升机构、回转机构、变幅机构、运行机构,转向机构和支腿伸缩机构均采用液压驱动方式。柴油机为液压泵提供动力,液压泵驱动起重机所有的工作机构与装置。采用该传动方式,静压传动装置实用性能强、耐久性长、保养费用低,独立、可靠的闭式系统使用部件少,在增大操作安全性的同时,可以保证起重机运行可靠。

7. 节能系统

节能系统设有超级电容、蓄能器等能量回收装置,可将作业过程中货物下降的势能、主能源提供的多余能量、制动过程中损失的能量等加以回收利用,在节约能源的同时,提高了经济效益。此外该系统还具有增强功率的功能,在不提供大输出功率柴油机的前提下,即可大幅度提升起升和回转速度,降低起重机燃料消耗,减少 CO_2 等污染物的排放。

(三)金属结构

1. 起重臂架

起重臂架为空间桁架结构,臂架主弦杆和腹杆均为钢管,分为倒三角形和矩形两种截面形式。倒三角形截面臂架一般由多节臂连接而成,臂架截面从根部至端部逐渐减小;矩形截面臂架可分为多个臂节,一般根部和端部臂节为变截面结构,中间臂节为等截面结构。

2. 塔柱

塔柱分为筒形、箱形和片式三种结构形式,如图 6-54 所示。筒形塔柱为变截面封闭式结构,抗扭性能好,风载阻力小,能够适应各种恶劣环境工况,但制造工艺复杂。箱形塔柱为变截面结构,为减轻重量,降低风载荷的影响,塔柱前后侧开有孔洞。片式塔柱由两个工字形截面的片式结构通过连杆焊接而成,结构简单,制造方便。

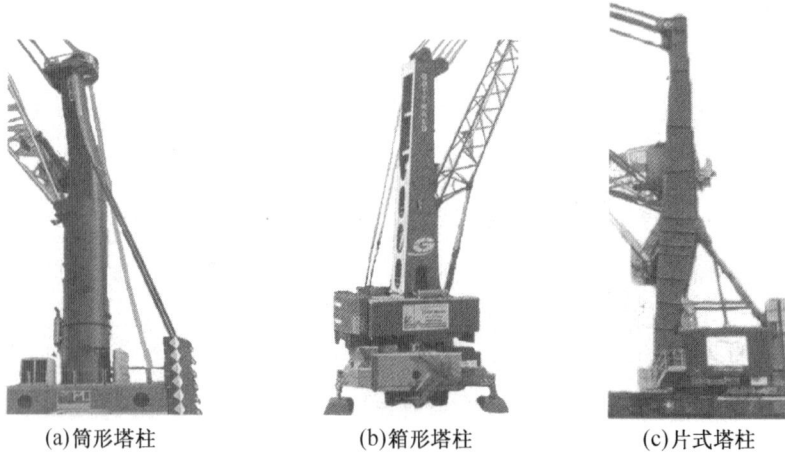

(a)筒形塔柱　　　　　　　(b)箱形塔柱　　　　　　　(c)片式塔柱

图 6-54　高架轮胎起重机塔柱结构形式

3. 转台

转台上布置有卷扬、液压动力单元、柴油发动机、配重、电控箱、冷却系统和润滑系统等。卷扬位于转台的尾部,可根据起重机应用场合不同配置不同的卷扬机。液压动力单元为变幅液压缸、转台回转机构、稳定器、起制动系统提供液压油。柴油发动机用于驱动交流发电机输出交流电源,控制起重机完成各种动作。

4. 底盘

底盘由下车架、运行机构和支承系统三部分组成,如图 6-55 所示。运行机构通过悬架平衡系统将车轴挂在下车架上,允许每个车轮单独沿垂直方向浮动,并能够通过转向系统控制各个车轮摆角,实现整车转向动作。在下车架上伸出的横梁端部,设有垂直液压缸,液压缸下部连接支承基座,高架轮胎起重机作业时,压力通过支承系统传至地面。

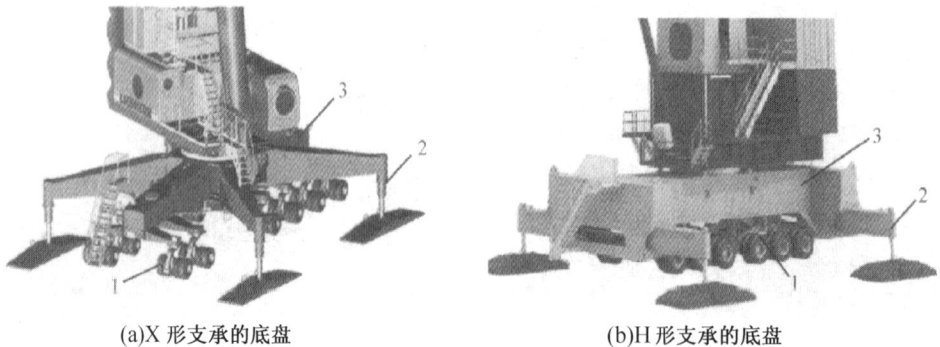

(a)X 形支承的底盘　　　　　　　　(b)H 形支承的底盘

图 6-55　底盘结构形式

1—运行机构;2—支承系统;3—下车架

单元四　港口浮式起重机

一、浮式起重机分类及特点

浮式起重机,简称浮吊,是以浮体/船体/浮趸(趸船)作为起重机的载体,再配置船舶系缆设备及生活设施,广泛用于港口船舶装卸、造船工程、桥梁建筑、水下救捞以及各种水下(水面)建设工程(见图 1-17)。港口装卸用的浮式起重机一般采用岸上市电,机动作业的浮式起重机,则需自备内燃机发电系统。

浮式起重机的形式大体有以下几种:

(一)按船体机动性能分类

1.自航式

自航浮船配备有动力装置、供配电系统、推进器、舵等,可在水上独立航行;若采用桨翼竖装的平旋推进器,还可左右移位和原地转向,故作业时机动性好,可以很方便地变换工作场所或吊着重物从一处移到另一处。与非自航式浮式起重机相比,自航式浮式起重机增加了一套完整的船舶推进与航行系统,因而造价很高。

2.非自航式

该类浮式起重机不带航行系统,移泊、航行等要靠动力船拖带,起重动力靠船上发电或岸上供电。一部分非自航式浮式起重机通过锚链系统锚固于码头前沿作港口货物装卸之用,也有一部分浮式起重机被动力船拖带到任意工作地点装卸或吊装。

(二)按起重机性能分类

1.回转式浮式起重机

起重机部分可作 360°回转,也称全回转浮式起重机。

2.非回转式浮式起重机

一般臂架支承在甲板上,有臂架固定式(包括非工作性变幅)及臂架变幅式两种。臂架固定式浮式起重机工作性能差,已较少采用。

虽然非回转式动臂起重机的造价低廉,但改变吊取物的位置非常麻烦,以提高装卸效率为主要目标的浮式起重机常选用回转式,而在港建水工作业、造船和桥梁安装工程及起吊重大物件时,起重作业的时间不是主要影响因素,为降低造价,一般选用非回转动臂式。

(三)按起重机的驱动方式分类

1.电动机驱动

小型浮式起重机直接采用岸电,各机构均采用交流电动机驱动。

2.柴油机驱动

很少采用动力分配箱的机械传动,一般通过柴油机发电,通过电气控制系统驱动电动机驱动。

3. 柴油机-液压驱动

对于要求绞车具备堵转特性、恒功率特性、调速范围广且能微调等特性的浮式起重机采用此方式,通常采用定量马达和变量泵组合,用改变泵的流量来调速。由于马达的转速与流量成正比,转矩与油压成正比,而功率则与流量和油压乘积成正比,在一定功率情况下,工作速度与负载成反比。所以可以自动控制速度得到恒功率特性。如要调速范围广,则应加大液压系统的容量。

(四)按主钩额定超重量分类

(1)额定起重量大于 63 t 为大型浮式起重机;

(2)额定起重量小于 16 t 为小型浮式起重机;

(3)额定起重量 16 t 至 63 t 为中型浮式起重机。

二、回转式浮式起重机

由于回转式浮式起重机的机动灵活性,使其获得广泛应用,我国目前已生产了吊重12 000 t 的全回转式浮式起重机。

(一)结构形式

回转式浮式起重机的金属结构由臂架系统、转盘、人字架、转柱(或定柱)等组成。机构由起升机构、变幅机构和回转机构组成。

浮式起重机的臂架系统有:刚性拉杆式组合臂架,结构形式如图 1-17 所示。这种臂架系统的质量较大,遇恶劣气候臂架系统放倒和固定困难。但其工作性能好,多在港口作装卸用。图 6-56 所示为单臂架浮式起重机。该机臂架系统的质量较轻,可将幅度做得较大,遇到大风和恶劣气候时,可将臂架迅速放倒,这种类型的起重机在港口或海上作业方面得到广泛使用。

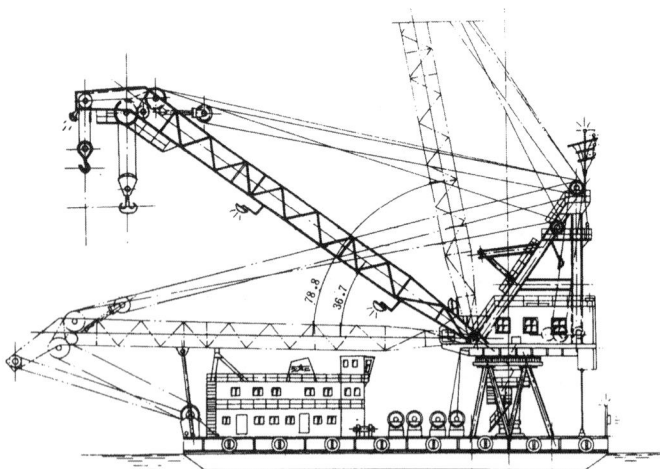

图 6-56 单臂架浮式起重机

（二）浮式起重机的基本参数

1. 额定起重量、安全工作负荷

浮式起重机额定起重量指在规定工作条件下允许吊起重物的最大质量。对于工作性变幅的起重机,多指设计有效幅度范围内允许吊起重物的最大质量。浮式起重机安全工作负荷则指在设计作业工况下证明能吊运的最大静负荷。

2. 有效幅度

回转式浮式起重机有效幅度指船体浮于静水中,臂架纵向中心线垂直于船体纵中心线,吊钩铅垂中心线至船体护舷材外缘的水平距离。而对非回转式浮式起重机,其有效幅度指船体浮于静水中,吊钩铅垂中心线至船首护舷材外缘的水平距离。

3. 起升高度和下降深度

浮式起重机船体浮于静水中,自水面到吊具允许最高位置的距离为起升高度,至水面以下的距离称下降深度。

4. 船体倾斜角

船体倾斜角指浮式起重机船体浮于静水中相对于水平面的倾斜角。船体纵方向相对水平面的倾斜角称纵倾角;横方向对水平面的倾斜角称横倾角。

5. 浮式起重机的倾覆力矩

浮式起重机的倾覆力矩包括起重力矩、自身质量力矩、风载荷力矩以及变幅惯性力矩等。在倾覆力矩作用下,浮式起重机将会产生倾角,并进一步增大倾覆力矩。

6. 起重机的工作速度

起重机的工作速度指起重机起升速度、回转速度和变幅速度。

（三）浮式起重机的安全检验

由于浮式起重机属于工程船范围,所以必须符合船舶的安全检验要求。浮式起重机由起重船和起重机两部分组成。起重船的船体(包括设备)和轮机、电气设备均应符合中国船舶检验局制定的《钢质海船入级与建造规范》《内河钢船建造规范》《海船法定检验技术规则》中的有关规定。

船用起重机的设计应遵循《船舶与海上设施起重设备规范》(中国船级社 2007),在建造前,应向中国船舶检验局送审有关结构、机械和电气设备的图纸和有关资料文件,待批准后方可建造。起重机所使用的材料和外购产品应有生产厂的产品合格证书,并取得船舶检验局认可或检验合格方可准许安装和使用。

浮式起重机在使用前需经过船舶检验局的检验,并颁发船级证书。在使用中还需由船舶检验局作定期检验和附加检验,以保证浮式起重机的使用安全。

三、非回转浮式起重机

非回转、动臂式浮式起重机虽其机动性能比回转式浮式起重机差,但对于起吊重件是非常适用的。起重量大于 200 t 的大型浮式起重机大多采用此形式。

（一）结构形式

非回转式浮式起重机的金属结构一般由臂架系统、人字架组成。起重机的机构由起升机构、变幅机构组成。其结构形式如图 6-57 所示。

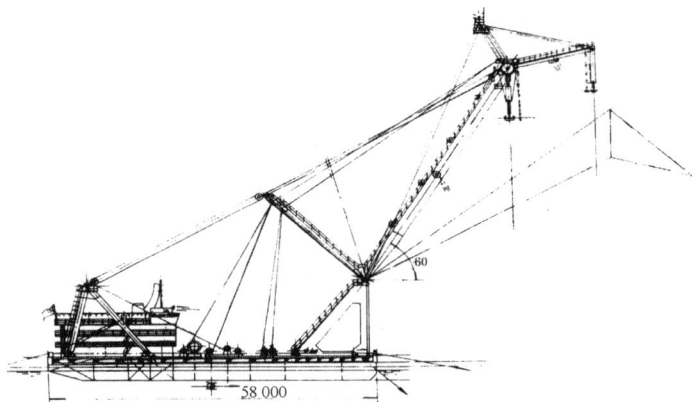

图 6-57　非回转浮式起重机

臂架及其下部的撑架设置于船前部,船尾部设置人字架,起升和变幅机构布置在上甲板上。操纵室是全船控制中心。船舶驾驶、周围环境的识别以及吊重作业指挥与操纵,均需在操纵室内进行,因此它应设置在全船视线最清晰、观察被吊物体动向最方便之处。一般在船体上层建筑最高处设操纵室。在船前部起重臂下部的撑架上设置副操纵室,两者之间通过通信联系指挥作业。

非回转式浮式起重机额定起重量大,起升高度高,为了便于过桥和在海上风浪中拖航调遣的安全性,需要将庞大的吊臂尽量放倒,并能依靠自身的变幅机构将臂架拉起。

(二)浮式起重机的辅助系统

1. 移船绞车

浮式起重机,特别是非自航式,广泛采用移船绞车作为船舶定位和移泊的专门设备。移船绞车通常对称布置在船舷两侧,分居船首、船中和船尾。数量一般为 6~8 台。浮式起重机在一个区域小范围移动时,可借助移船绞车进行纵移、横移、回转等操作。

2. 船舶压载水系统

浮式起重机的吊重工作必然引起船体的倾斜,回转式浮式起重机为前后左右的倾斜,而非回转式起重机为纵倾。所以对船舶压载系统应做特殊考虑。回转式浮式起重机一般采取固体压载,非回转式浮式起重机则采用水压载。对大型的浮式起重机需要采用专门的压载水系统对船体进行平衡调节。

单元五　港口集装箱起重机

港口集装箱起重机主要用于集装箱枢纽或中转港口,对集装箱运输船舶进行装卸作业,或者在集装箱货场上进行堆码作业。主要机型包括岸边集装箱起重机、轮胎式集装箱龙门起重机、轨道式集装箱龙门起重机以及高架轮胎起重机。多用途门座起重机在集装箱装卸作业量不大的港口码头得到广泛应用,详见本模块单元一。

一、岸边集装箱起重机

岸边集装箱起重机是集装箱码头前沿装卸集装箱船舶的专用起重机。为适应个别集装箱船舶上的重件装卸,有些岸边集装箱起重机备有重件吊钩,也有少数港口的岸边集装箱起重机具有集装箱和抓斗装卸两种功能。

(一)形式和主要结构特点

岸边集装箱起重机的形式依据其作业特性和操作功能而定,由海侧和陆侧门框与斜撑拉杆组合成门架结构,用于支撑或吊挂轴线垂直码头岸线的中梁和后伸梁,中梁前铰点和海侧门框上的梯形架以及前拉杆共同支撑前伸梁,前伸梁能俯仰动作;运行小车沿前伸梁、中梁和后梁组成的轴线前后运行;能适应 20 ft、40 ft 或 45 ft 集装箱装卸作业的吊具通过起升钢丝绳悬挂于运行小车下跟随运行小车运行;放置驱动装置和电气设备的机器房一般设置在左中梁或后伸梁之上;为方便驾驶员观察吊具对箱和开闭锁作业,习惯上将驾驶室布置在运行小车后下侧并跟随小车运行。岸边集装箱起重机外形图如图 6-58 所示。

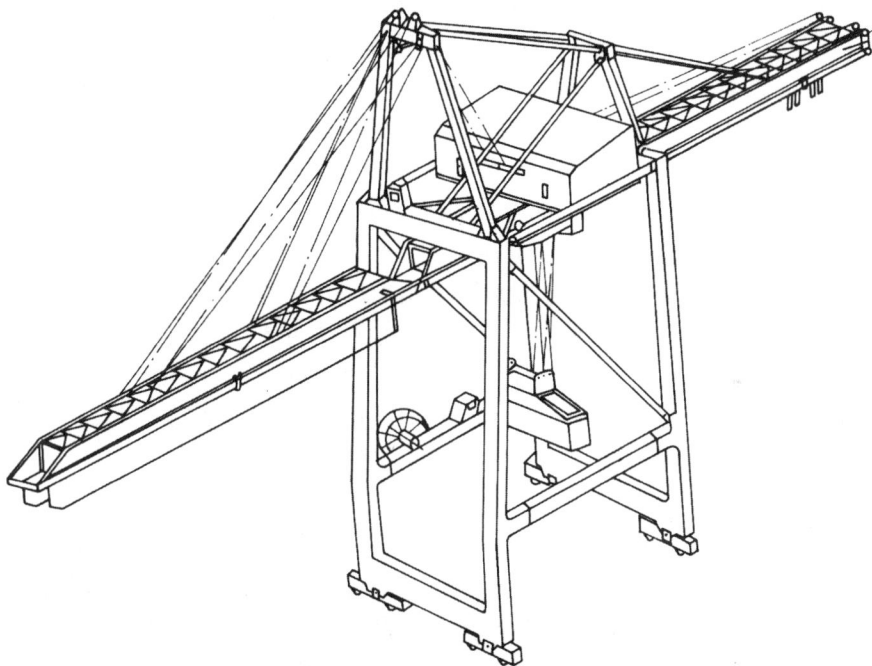

图 6-58　岸桥外形图

近年来,随着集装箱运输业的发展,为降低运输费用,集装箱船舶尺寸越来越大,目前,装箱量达 21 000 TEU 的超大型集装箱船已投入使用。同时,有些集装箱码头,加宽海侧轨道至护舷之间的尺寸,允许通行各类运输车辆,便于船方各种船务作业,也给港口作业维护人员带来方便。因此,对岸边集装箱起重机提出新的要求,出现了更大的规模经济(Economy of scale)、能源效率(Energy efficient)和环保绩效(Environmentally improved)的 3E+超大型岸边集装箱起重机,其技术参数也相应发生变化。

(1)目前,3E+超大型岸边集装箱起重机双吊具下起重量 120 t,钢丝绳下起重量 160 t,前伸距 72 m,后伸距 41.5 m,大车轨距 50 m,起升范围≥67 m 轨上起升高度 56 m,起升速度 90~180 m/min，小车运行速度 240 m/min，能装卸甲板上 10 层超高箱的极端情况，各项参数均创世界之最。这些主参数的增大，使集装箱起重机产生两个问题：

①起升机构一般设在机房内，起升钢丝绳从后伸梁尾端通过小车绕入吊具然后固定在前伸梁前端。前、后伸距加大后，使得起升绳在吊具落在箱顶上时，下挠量增大，突然起升时起升绳将剧烈弹跳。

②起升高度增大，通过起升绳对吊具提供阻尼达到减摇的方法效果不甚显著。因此，在新设计的岸边集装箱起重机上，解决钢丝绳下挠和弹跳的方法，是在主运行小车的前后各设置一台托缆小车，以运行小车的一半速度保持在主运行小车与前后端部距离的中间位置运行，用以支撑主起升钢丝绳和小车运行牵引绳；另一种方法是将绳索或半绳索式小车改为自行式小车，起升机构设置在运行小车下部。运行小车为自行式，虽然增加了小车的质量，但解决了起升绳和牵引绳的缠绕问题。对于起升高度加高后减摇效果减弱的问题，制造厂商和电气配套厂商均推荐采用电子防摇系统。

（2）主要技术参数提高，钢结构趋于轻型化并提高其小车运行方向刚度。各集装箱装卸港口用户在不断需求加大前后伸距、跨距、起升高度的岸边集装箱起重机的同时，同样要求这种超巴拿马机型的生产率不能降低甚至还要提高。为适应这一要求，各主要技术参数，特别是速度参数都相应加以提高。较高的起升和小车运行速度对电气控制系统和钢结构的抗动力冲击能力提出了更高的要求。随着岸边集装箱起重机前后伸距、跨距的加大和起升高度的提高，使得整机钢结构质量加大，码头水工建造成本提高。因此，制造商在满足用户高参数要求的同时，在钢结构设计中借助于计算机技术，尽可能地采用轻型化设计，取消陆侧梯形架和后拉杆；陆侧门框适当向后倾斜，使后伸梁悬臂部分长度缩短；前、中、后大梁采用单箱梁等等。对于采用电子防摇技术的岸边集装箱起重机，在钢结构设计中还须提高整机沿小车运行方向的刚度，以满足电子防摇技术对结构前后晃动位移量的控制要求。

（3）先进的电气控制系统提高了岸边集装箱起重机使用可靠性和操作的方便、灵活性，实现了自动化控制和系统管理。现代岸边集装箱起重机，为达到高速、高效和操作控制的准确、灵活，均采用当今世界上最为先进的电气驱动和控制系统。20 世纪 80 年代以来，起升机构采用晶闸管恒功率直流调速驱动，小车运行、悬臂俯仰和大车运行采用可控硅恒力矩直流调压调速驱动。随着微处理器和半导体技术的发展，大功率变频器的性能和可靠性不断提高，岸边集装箱起重机越来越多地使用了交流变频调速驱动。随着岸边集装箱起重机自动化程度的提高以及用户要求增设电子防摇系统以及管理系统，要求计算机运行速度高，计算量大，抗干扰能力强。为了提高通信过程的抗干扰能力，现普遍采用光缆传输。

（二）金属结构构造特点

岸边集装箱起重机的金属结构由海侧和陆侧门框，门框之间的连接横梁、斜撑杆、门框支撑的中梁和后伸梁，海侧梯形架和支撑梯形架的斜撑杆，前拉杆和中梁铰点共同支撑的可以俯仰运动的前伸梁等结构部件组成。岸边集装箱起重机金属结构还包括运行小车结构，机器房结构和扶梯平台走道结构。

为避让船舶或当岸边集装箱起重机不作业时，一般前伸梁必须仰起或缩进海侧门框内。因此根据前伸梁避让船舶方式不同，前伸梁分为俯仰式、折叠式和伸缩式。折叠式和伸缩式一般用于集装箱码头附近有航空飞行器飞行，为避免碰撞而根据当地政府法规特殊设计的（见图 6-59）。

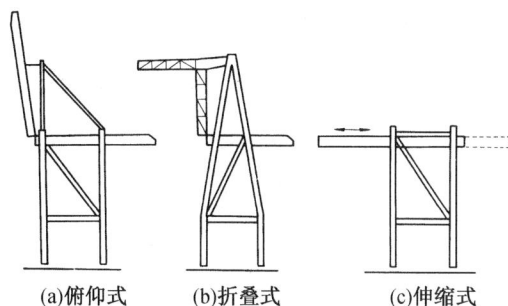

(a)俯仰式　　(b)折叠式　　(c)伸缩式

图 6-59　岸桥前伸梁的形式

岸边集装箱起重机各金属结构部件的作用及构造形式如下：

（1）海、陆侧门框及它们之间的联系横梁和斜撑组成整个结构框架，用以支撑岸边集装箱起重机所有上部结构和机构。海、陆侧门框下各有两个支座支撑在 4 套运行台车上。门框一般采用箱形结构，少数采用圆管结构或桁架结构。门框下横梁下面的支座与运行机构主平衡梁连接。支座的基距与下横梁受载状况、腿压以及用户对沿轨道最大外形尺寸限制有关，如起重机需通过弯曲轨道，支座基距也与通过弯道能力有关。近几年，用户对下横梁上平面距轨道面的高度有所限制，以便给集装箱留出更多的通过空间。

门框上横梁与中梁连接，过去采用铰接方式比较多。近几年，一般采用刚性连接。海侧门框上横梁上平面两端设有支座与梯形架连接。门框两立柱内侧空间尺寸需满足用户要求，以便集装箱快速通过。当大车运行起、制动时，悬吊的集装箱不允许碰撞立柱。

门架结构的受力比较复杂，除主要承受上部结构、机构、电气设备及吊载等质量载荷外，还要承受因小车和大车运行加速度引起的两个方向的惯性载荷、不同方向作用的风载荷以及有可能形成的小车、大车碰撞载荷和地震载荷。在门框结构设计时，既要考虑保持一定柔度，刚度也必须满足用户技术要求。

海、陆门框之间由横梁和斜撑杆相互联系，过去采用铰接连接较多，便于现场安装。但铰接连接的间隙造成门框晃动，时间一长，铰点孔扩大造成更大的晃动。因此，目前采用刚性焊接连接较多。为了增大沿大车行走方向大梁左右方向的平面刚度，有时根据用户或自身设计要求，在海、陆侧门框上横梁水平面上设置联系梁和水平斜撑，用以提高水平刚度（见图 6-60）。

（2）前伸梁、中梁、后伸梁结构组成一结构平面，使运行小车沿梁上轨道轴线前后高速运行。前伸梁与中梁铰接连接，中梁、后伸梁一般采用刚性连接。中梁或后伸梁上将支撑机器房和电气控制室。中梁通过铰接或刚性连接方式与海、陆侧门框上横梁连接（见图 6-61）。

岸边集装箱起重机的前伸梁、后伸梁、中梁较多采用板梁桁架结构，即两侧采用高腹板梁结构，上下采用水平桁架结构，小车承轨梁设在板梁结构外侧下平面［见图 6-62（a）和图 6-62（b）］也有部分设计将板梁结构下翼缘作为承轨梁处理［见图 6-62（c）］。板梁结构具有自身质量小、刚性好的优点，是目前普遍采用的主梁结构形式。

采用板梁结构的大梁其运行小车悬挂在主梁下面，为达到同样起升高度而同时降低整机结构的高度，部分设计采用双箱梁结构，使小车骑在双箱梁内侧承轨梁上运行。

双箱梁依承轨梁与箱梁的连接形式而分为梯形断面和矩形断面两种形式（见图 6-63）。采用双箱梁结构由于小车在箱梁内侧上部运行，可降低箱梁距码头轨面高度。同时箱梁制

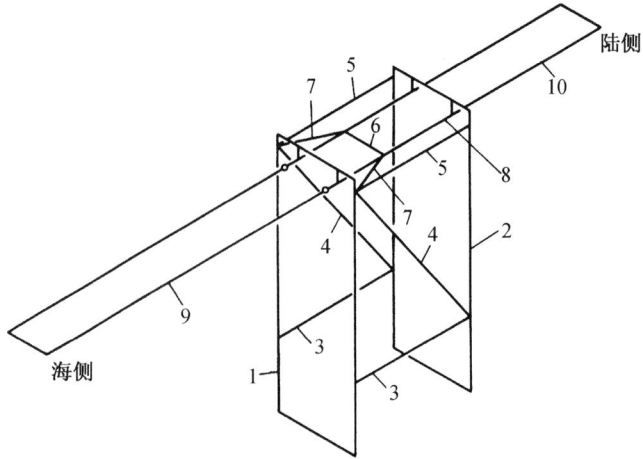

图 6-60　门框及前、中、后梁

1—海侧门框；2—陆侧门框；3—下横梁；4—斜撑杆；5—上横梁；6—联系梁；7—水平斜撑；
8—中梁；9—前伸梁；10—后伸梁

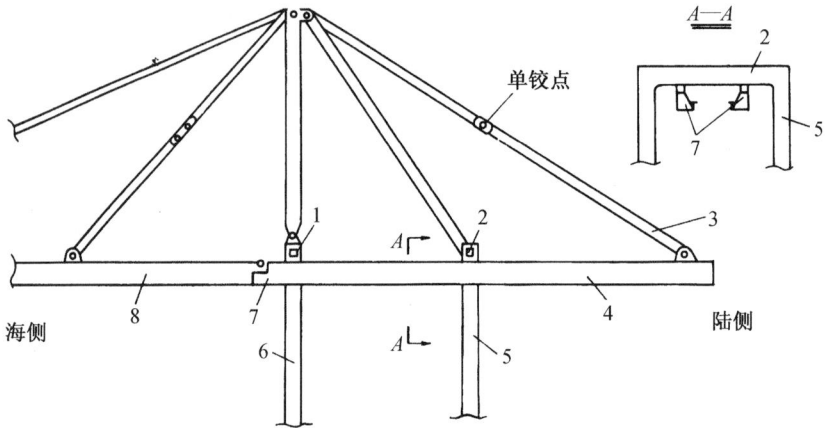

图 6-61　门框与前、中、后梁的连接

1—海侧门框上横梁；2—陆侧门框上横梁；3—后拉杆；4—后伸梁；5—陆侧门框；6—海侧门框；7—中梁；8—前伸梁

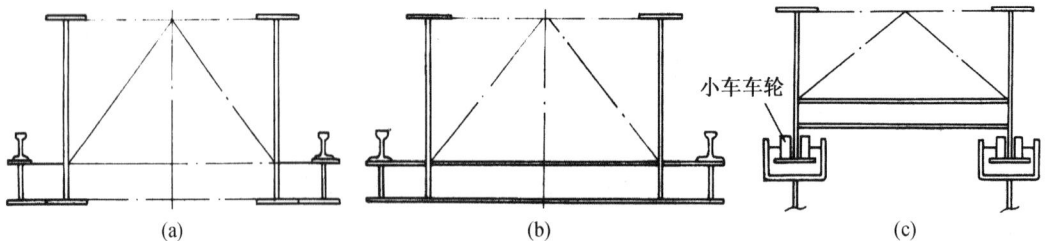

图 6-62　板梁结构

作工艺简单，小车较轻，小车维修检查方便。对外伸距较大的双箱梁，一般需采用前后拉杆。由于双箱梁不宜设水平系架，相对板梁结构水平刚度较弱。此外，小车骑在内侧轨道之上，双箱梁外侧宽度较大，当装卸靠近船舶驾驶楼处的集装箱时，如箱梁下底面高度低于驾驶楼,则将影响 20 ft 集装箱的装卸作业。

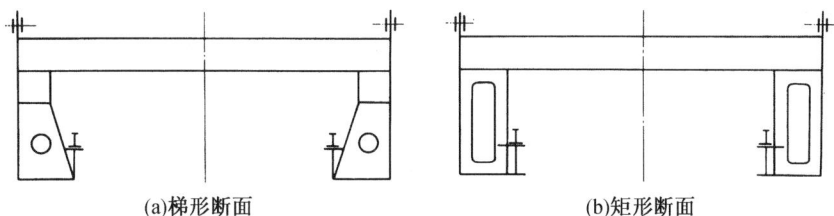

(a)梯形断面   (b)矩形断面

图 6-63 双箱梁结构

部分厂商则采用单箱梁结构,如德国蒂森克虏伯公司。随着岸边集装箱起重机前伸距的不断加大,采用单箱梁的优点愈益明显。主要表现为:

①单箱梁抗弯、抗扭能力大,处于水平工作位置时仅需一根前拉杆支撑;

②因抗弯、抗扭能力大,可采用自行小车形式,这样就可消除起升及小车运行钢丝绳长距离缠绕而造成的问题;

③前伸单箱梁截面宽度小而水平刚度大,运行小车横向外形尺寸小,大车运行时,横向变形小;

④当前伸距相对较大时,采用单箱梁可使整机质量较小,采用单箱梁的主要问题是,在相同起升高度下,梁距码头轨面高度较高;

⑤当小车轨道铺设在梁上平面时,自行小车的四条支腿刚度控制要求较高(见图 6-64)。

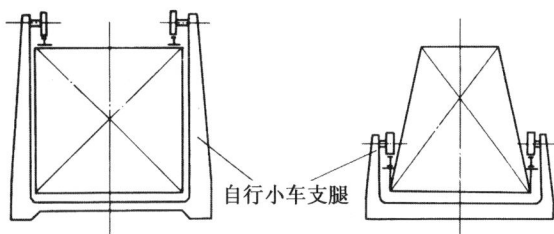

自行小车支腿

图 6-64 单箱梁结构

(3)梯形架和上部拉杆支撑系统结构。海侧梯形架和后部斜支撑杆组成三角形刚性架,通过中间带铰链的前拉杆承受前伸梁的各种载荷。当后伸距较大时,目前常用的方法是通过海侧梯形架向后伸悬臂设置带铰的长拉杆,用于承受后伸悬臂上的各种载荷,而传统做法则是在陆侧门框上设陆侧梯形架,并由陆侧梯形架向后伸悬臂设支撑拉杆。

梯形架采用箱形或管形结构,与门框上横梁铰接或刚接。梯形架支撑杆一般均采用管形结构,视安装方式采用铰接或刚接。前、后拉杆一般采用"H"形截面,也有直接采用单片钢板制作的。为适应前伸梁仰起,在前拉杆中间合适位置设置铰点,便于拉杆折叠。后拉杆如与海侧梯形架连接,因长度较大,为减小拉杆自身重力弯矩,在中间适当位置放置单铰点(见图 6-61)。

(4)运行小车结构。运行小车无论是绳索式、半绳索式还是自行式小车(见图 6-65),一般均采用桁构梁形式,以达到质量尽可能小,疲劳强度和刚度尽可能大的目的。由于三种形式小车上都要布置各种装置,如起升滑轮组、分离装置、防摇装置、张紧装置、吊具电缆连接装置,自行小车还需设置起升机构和小车运行机构等,使得小车构造相当复杂。构件加工制作对结构变形、走轮轴承孔形位公差、尺寸公差要求很高。

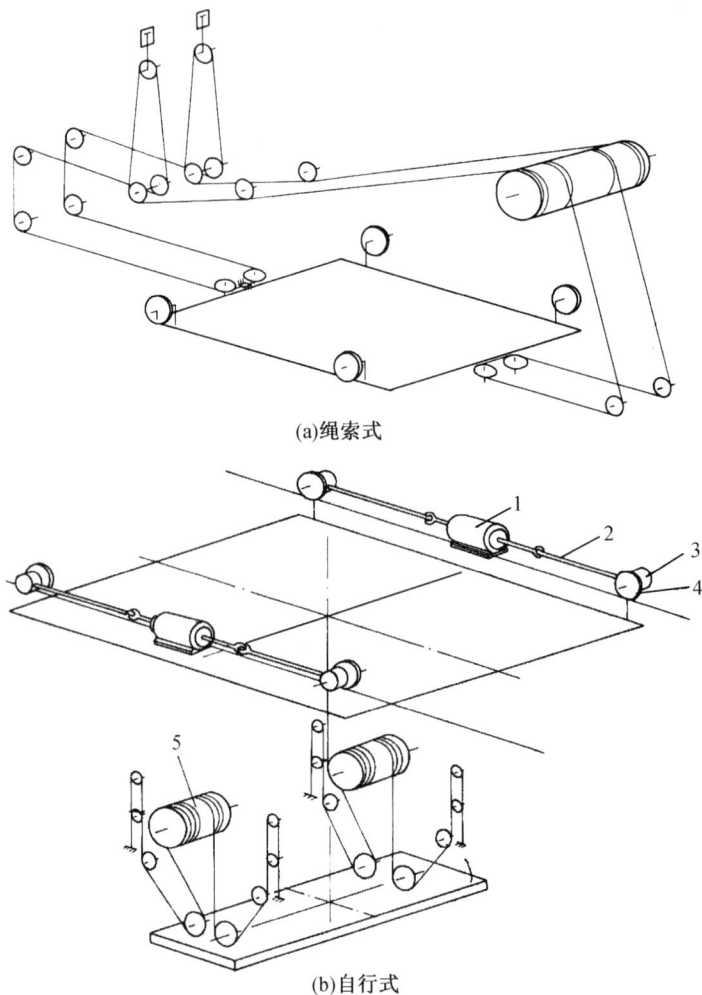

(a)绳索式

(b)自行式

图 6-65 小车驱动形式

1—电动机;2—传动轴;3—减速器;4—车轮;5—起升卷筒

(三)主要工作机构驱动方式及布置形式

岸边集装箱起重机主要工作机构包括:起升机构、小车运行机构、大车运行机构和前伸臂俯仰机构。采用绳索牵引小车的岸边集装箱起重机,一般起升机构、小车牵引机构均设置在机器房内。起升绳、小车牵引绳通过卷绕系统和张紧系统,与小车架和小车架上起升滑轮组连接,起升绳还通过小车架上滑轮组下垂并绕过吊具上架滑轮组以悬挂吊具装置。半绳索小车的岸边集装箱起重机的小车运行机构设在小车架上。采用自行小车的岸边集装箱起重机,起升机构和小车运行机构均设置在小车架上。小车架上的起升机构钢丝绳直接与吊具上架滑轮连接。

1.起升机构

绳索式小车和半绳索式小车,起升机构均设置在起重机中部或尾部的机器房内。起升机构老产品采用品闸管直流恒功率调压调速系统,新产品则采用交流变频调速系统。由直流或交流电动机、盘式或块式制动器、齿形联轴器、硬齿面减速器和用钢板卷制加工的钢丝绳卷筒及支撑轴承座组成。

因集装箱吊具均采取四点悬挂,起升机构用两个双联卷筒卷绕起升绳,并采取双电动机驱动以选用较小功率和较小外形尺寸的电动机。为实现四根钢丝绳同步运行,起升机构一般采用刚性同步。考虑卷筒的受载变形和安装的偏差,卷筒轴承座一端选用双列球面滚子轴承,减速器一端采用既能承受径向力也能传递转矩的球面齿型联轴器。为保证减速器内齿轮齿面的润滑,减速器一般采用强迫润滑方式。

岸边集装箱起重机起升绳卷绕方式一般是从起升卷筒向后绕出,通过后伸梁尾部滑轮再向前绕入小车架四只起升滑轮,向下绕过吊具上架滑轮,再向上绕过小车架上另外四只起升滑轮后与前伸臂末端的倾转机构连接(见图6-66)。

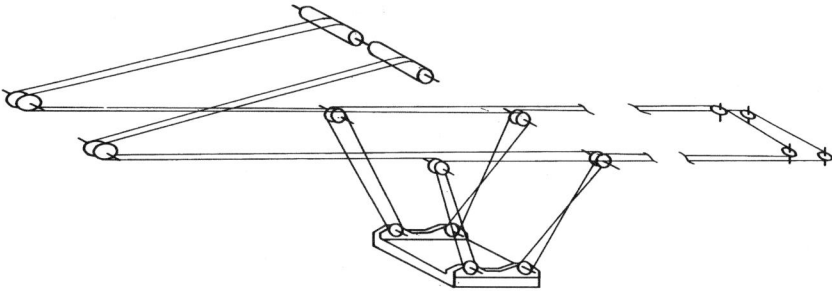

图6-66　起升钢丝绳卷绕示意图

为方便更换起升钢丝绳,四根固定在前伸梁末端倾转机构上的钢丝绳实际上连通为两根钢丝绳。当需要更换时,只需打开倾转装置上的固定夹板,即可在机器房内完成两根钢丝绳的更换。

2. 小车运行机构

绳索小车运行机构一般设置在机器房内或机器房底部的中梁或后伸梁上平面。对半绳索小车和自行小车式,运行机构直接布置在小车架走轮侧。绳索式小车,为保持小车运行起、制动的平稳,设有钢丝绳张紧装置。张紧装置采用液压驱动方式,可以有效调节钢丝绳的伸长和缩短,同时可以吸收小车运行的冲击和振动。绳索牵引运行机构由直流或交流电动机、齿型联轴器、盘式或鼓式制动器、硬齿面减速器和钢板卷制的钢丝绳卷筒组成,卷筒一端支撑在双列球面滚子轴承座上,一端支撑在减速器低速轴的球面齿型联轴器上。为保证小车在高速运行时的平稳,一般在小车前、后均设两根钢丝绳牵引,并两两从前、后绕入驱动卷筒并分别固定在卷筒上。

小车牵引绳如在小车架前、后也分别固定,将形成超静定系统。小车运行时,因轨道铺设、小车架走轮轴线制造误差,以及钢丝绳安装卷绕时的长度不均,将造成小车左右晃动和扭转。由于前牵引绳绕过两个张紧油缸,通过液压系统保持两根钢丝绳在运行时张力均衡;后牵引绳为实现张力均衡必须通过小车架上的平衡滑轮平衡。为换绳方便,实际上两根前牵引绳和两根后牵引绳在小车架上分别连通并通过压板固定。

自行小车运行机构由直流或交流电动机、万向联轴器、盘式或块式制动器、硬齿面减速器、与车轮轴连接的装置、车轮支撑轴承和车轮等组成。自行小车运行机构一般沿小车轨道两侧分别布置,由单电动机驱动前后两只车轮或由四个电动机分别驱动。为减小减速器与车轮之间的安装尺寸,一般均将车轮轴插入减速器套筒输出轴。由于小车运行由两侧电动机分别驱动,运行时的同步一般通过电气驱动系统的负载平衡和小车架的刚性来实现。

3. 前伸梁俯仰机构

设置在机器房内的俯仰机构采用可控硅直流恒转矩调压调速系统或变频调速系统驱动。驱动装置由直流电动机(或交流变频电动机)、齿轮联轴器、盘式或块式制动器、中硬齿面减速器和钢板卷制的双联卷筒组成。卷筒两端的支承基本与起升机构和牵引小车驱动装置相同。为保证俯仰机构工作时不发生前伸梁坠落事故,一般在卷筒靠近支承轴承座的一端设置液压盘式安全制动器。当前伸梁下降运行中,下降速度超过额定速度的15% ~ 20%时,此制动器将动作。

为保持双联卷筒两组钢丝绳载荷均衡,通常在梯形架俯仰定滑轮组中设置平衡滑块,在俯仰过程中可以保持载荷均衡。当一侧钢丝绳突然断裂,此平衡滑块将保证另一组钢丝绳将前伸梁支撑住。当一组钢丝绳断裂时,另一组突然加载,将使平衡滑块产生剧烈冲击,所以在设计时往往采取在梯形架上将两根钢丝绳分别用螺栓扣连接。安装时,调整好两组钢丝绳的受载达到基本均衡,运行时当一组钢丝绳断裂时,另一组不会产生剧烈冲击。当前伸梁上仰至极限位置时,安全钩应挂上,并和俯仰机构联锁。

4. 大车运行机构

岸边集装箱起重机的大车运行机构与其他起重机的运行机构基本相同,一般每个支座八轮至十轮。由大、中、小平衡梁及铰点、从动和驱动台车、走轮、驱动装置、防爬和锚定装置以及缓冲装置组成。大车运行机构驱动一般采用可控硅直流恒转矩调压调速系统(或交流变频调速系统),驱动装置由直流电动机(或交流变频电动机)、齿轮联轴器、鼓式或盘式制动器、立式中硬齿面减速器、车轮和车轮支撑系统组成。

(四)倾转、减摇装置和挂舱保护装置

集装箱船舶在卸载过程中会产生一定的纵倾和横倾,码头面、集装箱卡车上的集装箱也会有一定的倾斜,操作司机在高空为使吊具四角锁销能尽快进入集装箱卡车上或船舶上的集装箱锁销孔,要求吊具能做纵倾、横倾和平面回转三个动作以适应倾斜的集装箱上平面。倾转动作由操作司机在司机室通过按钮或旋钮控制。

吊具倾转装置及布置位置视各个倾转动作的功能有所不同,一般从以下几个方面考虑:

①三个倾转动作中的两个或其中一个倾转动作布置在吊具或吊具上架上,常用的是将横倾动作设在吊具上架上,也有少数把平面回转动作也设在吊具上架上;

②根据吊具上设置倾转装置的能力,其余的吊具倾转动作均设置在岸边集装箱起重机的前、后伸梁的端部,目前比较多的为降低吊具总质量,提高吊具使用可靠性而将三个倾转动作均设在前、后伸梁上(见图6-67);

③对于自行小车式岸边集装箱起重机,过去都在起升机构上及在小车架起升绳固定端分别设置一个或两个倾转动作,另一个倾转动作设在吊具上。最新的设计,三个倾转动作均设在小车架内(见图6-68)。

设在吊具和吊具上架上的倾转装置通过油缸来传动,其动力来自吊具上用于伸缩、锁销旋转、导板摆动的液压动力站,操作控制设在司机室内。

自行小车倾转装置一般通过起升机构两个电动机轴尾端的电磁离合器的开启,使起升

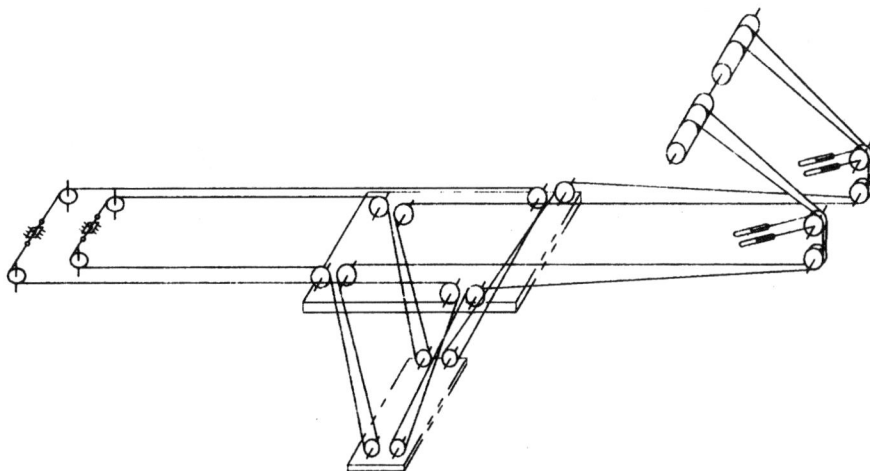

图 6-67 倾转装置全部设在前、后伸梁上

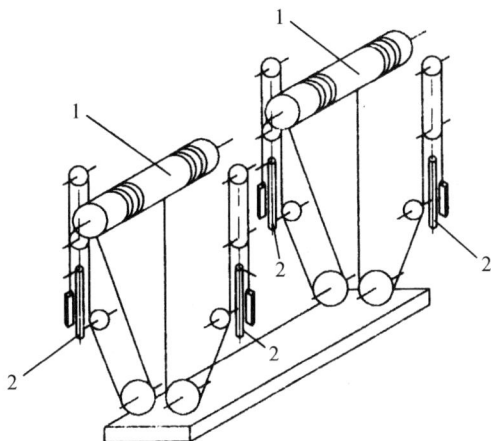

图 6-68 倾转装置全部设在小车上

1—起升卷筒；2—油缸

机构两卷筒分别运转来实现吊具纵倾。由起升绳绕过吊具再向上固定在小车架上的倾转装置实现前后倾或平面回转其中的一项动作。另一项倾转动作或在吊具上实现，或通过在小车架下设回转机构实现。最新的自行小车倾转装置三个动作均通过小车架上与四根起升绳端部连接的四只液压油缸来实现（见图 6-68）。但采用这种方式其液压、电气控制系统较复杂。

　　对绳索式小车，其倾转机构一般设在桥架上。在前伸梁前端设置的两个倾转机构实现两个倾转动作，另一倾转动作设在后伸梁尾部，三个倾转动作的分配根据起升绳卷绕方法不同而有所变化。这种机械式倾转装置虽然相对重一些，但构造简单，使用平稳可靠，操作和维护保养方便。一度采用在后伸梁尾部四只油缸分别推动四只起升改向滑轮来实现三个倾转动作的方法，但因四只油缸在运动过程中速度的不均衡造成吊具倾转过程中的晃动，一旦到达倾转角度，吊具因悬挂高度大，其晃动惯性不能立即消除，造成司机对箱困难。同时尾部的四只油缸还需用于防摇和吊具挂舱保护，使得液压系统的定位、速度整定以及操作控制带来一系列的问题而逐渐不为制造厂和用户接受。同样，自行小车式采用四只油缸的倾转机构应很好解决油缸运动速度均衡问题。

岸边集装箱起重机的减摇功能是减轻司机操作疲劳强度,提高生产效率的重要技术性能之一。随着岸边集装箱起重机向现代化、大型化发展,减摇功能及效果的好坏对提高生产率影响更大。为此,各整机制造厂和电气配套厂正全力研制各种新型减摇装置,追求最佳减摇效果。

常规的减摇方式是通过调整小车架上的起升滑轮与吊具上滑轮之间的距离,形成并加大起升绳的夹角,当吊具与集装箱摆动造成起升绳张力变化时,对高张力一端提供一定的阻尼来吸收摆动能量实现减摇。

有多种方式来形成对起升绳的阻尼:

①通过在吊具起升滑轮两侧提供摩擦力;

②在小车架中下部设铰接摆动平台,平台的一端设阻尼油缸;

③在后伸梁尾端起升绳改向滑轮处设阻尼油缸。

三种方式中前两种效果明显,第三种方式因阻尼油缸远离摆动的吊具和集装箱,减摇效果大大减弱。

近年来,随着微电子及计算机技术的发展,电子减摇技术获得突破性进展,电子减摇可以达到 3 s 减摇至 3~5 cm 的摆幅。

挂舱保护装置是近几年提出需要设置的一项保护措施。

①当空吊具或满载吊具从船舱内滑道高速起升出舱过程中,发生吊具、集装箱与滑道卡住;

②当吊具起吊甲板上的集装箱而该集装箱与下层集装箱之间的锁销尚未打开。

电气系统从电动机电流、荷重传感器检测到超载信号,经 PLC 控制系统比较,反馈控制断电、制动器上闸直至最终停车,延续近 1 s 时间。这段时间内超载载荷将对结构、机构等造成很大的损伤。为了从发生挂舱至最终停车期间,能迅速释放挂舱载荷,一般是通过在后伸梁尾部,起升改向滑轮处设四只可单独动作的防挂舱油缸。一旦挂舱,将大量释放油缸内高压油,直至与桥吊结构、机构等所能承受的载荷平衡。事故排除后通过司机室内按钮操作复位。

(五)操作与控制

岸边集装箱起重机是技术含量高、构造复杂的大型机械;在设计、制造过程中,将充分考虑尽可能简化司机的操作方式,配备完善的安全保护装置和提供尽可能科学、舒适的操作环境。大型岸边集装箱起重机的操作包括机器房、电气房内整机的启动、关闭操作、主驾驶室的各种作业操作、副驾驶室前伸梁俯仰操作和各种辅助机械的操作。

由于集装箱装卸过程的特殊性,通常主驾驶室与运行小车连接一体并随运行小车前后直线运动。司机在主驾驶室联动台上可以操作吊具升降、小车运行和大车运行;操作吊具倾转动作,开启和关闭防摇功能、挂舱保护复位;操作照明,可以对讲、通信;对具有自动操作功能的,可以在联动台上设定箱位坐标编号;根据用户要求,还可以在主驾驶室内操作前伸梁仰起部分使起重机越过船舶桅杆和驾驶楼高度。

副驾驶室一般设在海侧门框上横梁上平面,能直接观察前伸梁俯仰运动和安全钩挂钩、脱钩动作,其操作与主驾驶室操作联锁。为便于整机移位,司机可在码头面大车行走机构一侧直接操作整机移位运行,操作时与主驾驶室操作联锁。

现代岸边集装箱起重机除采用目前世界上先进的全数字可控硅直流或交流变频调速系统外,整机采用计算机控制,具有完善的安全联锁保护系统,确保起重机的安全可靠运行。对部分具有现代化管理系统的集装箱装卸港口,给岸边集装箱起重机配备了计算机管理系统软件。

二、轮胎式集装箱门式起重机

(一)概述

轮胎式集装箱门式起重机(见图6-69)是集装箱货场进行堆码作业的专用机械,它利用橡胶轮胎在货场上行走,并可转移作业场地,作业灵活。按车轮数量,轮胎式集装箱门式起重机可分为4轮、8轮、16轮三种。其中8轮应用比较广泛。

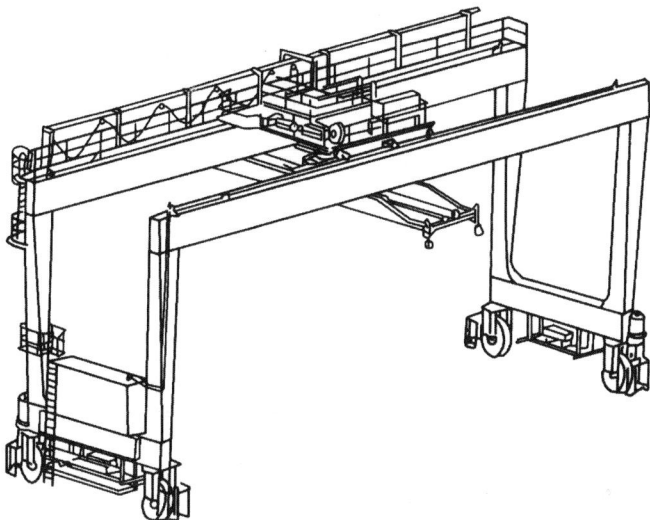

图 6-69 轮胎式集装箱门式起重机

按驱动方式可分为柴油机-电动方式和柴油机-液压方式。其中柴油机-电动方式一般采用一台交流发电机供电、晶闸管整流后再由直流电动机驱动的方式,近年来,则采用变频调速系统,交流变频电动机驱动的方式。由于环保的需要,很多用户对老产品进行了改造,柴油机发电驱动仅用于大车转场运行,其余驱动一律接入市电,更多新产品也按此要求进行电控系统设计。

主要技术参数方面,一般堆5过4,起升速度为17/40 m/min;较高的堆6过5,起升速度为23/52 m/min。大车速度和小车速度分别为90/135 m/min,70 m/min左右。

(二)金属结构的构造特点

轮胎式集装箱门式起重机的主体金属结构由主梁、门腿和鞍梁组成(见图6-70),各构件之间采用法兰螺栓连接或焊接连接。

1. 主梁

按小车轨道布置形式分为正轨箱形梁和偏轨箱形梁两种(见图6-71)。

(1)正轨箱形梁应用较为广泛,由于轨道内外侧都有空间,故具有整体布置和维护方便的优点。由于中心承轨,故除了横隔板外,还增加了较多短隔板(一般布置间距不大于

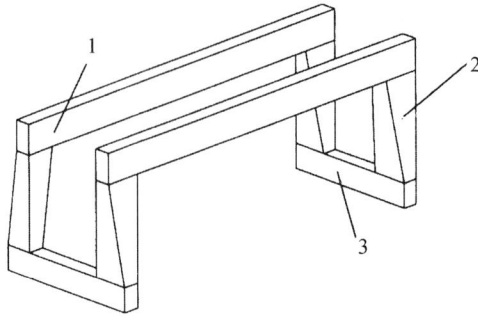

图 6-70　RTG 主体金属结构示意图

1—主梁；2—门腿；3—鞍梁

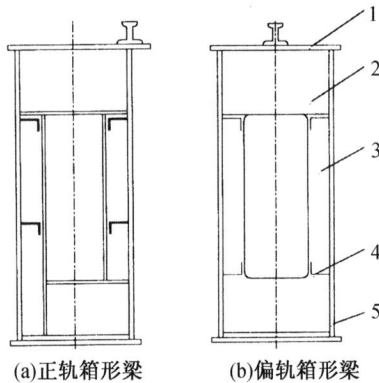

(a)正轨箱形梁　　　(b)偏轨箱形梁

图 6-71　主梁形式

1—翼缘板；2—短隔板；3—横隔板；4—纵筋；5—腹板

500 mm)，以保证轨道支承刚度。下翼缘由于受拉，且箱体较小，中间横隔板与下翼缘板之间往往不焊接，但两头与门腿对应的横隔板必须焊接，以保证传递门腿的力流顺畅。为减小主梁质量，主体结构多采用 16Mn 钢来制作。

(2)偏轨箱形梁的轨道直接作用在一侧腹板上，受力直接，但存在较大的附加扭矩。如采用 T 形钢作承轨梁，结构抗疲劳性好，但制作难度高些。

2.门腿结构

门腿一般采用箱形变截面结构。根据受力等因素，在门架平面内做成上大下小，且内侧一般为斜面。门腿平面内做成上小下大，一般内侧为平面(见图 6-72)，使腿内空间大一些，有利于布置电气房和动力房。二支腿间一般采用连杆连接，以保证两主梁之间开档，增加侧向刚度。

3.鞍梁结构

鞍梁一般采用等截面箱形，与大车采用销轴连接，连接耳板采用厚板结构。外形美观。为承受侧向力，需加抗剪块。设计鞍梁时需考虑大车平衡梁顶住鞍梁(轮胎拆装时)的工况(见图 6-73)。

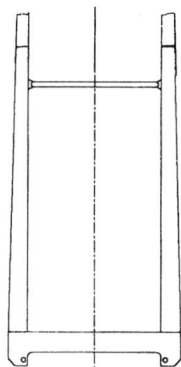

图 6-72　门腿平面

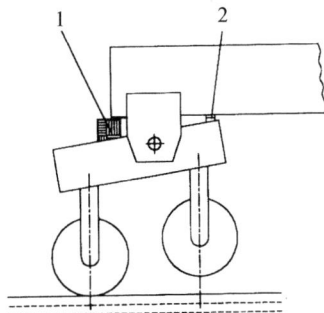

图 6-73　门腿平面
1—斜楔；2—顶块

4. 轨道安装

轨道压板式安装结构见图 6-74，采用 T 形螺栓拆装较方便。有的压板与轨道，轨道与底板间都衬有复合橡胶垫。调整片在现场铺设，以保证侧向无间隙。压板须布置在有隔板处，轨道前后应加挡块。轨道采用无缝接头（可用整根或焊接）。有的厂家采用钢轨与大梁直接焊接式，该种形式刚度好，且参与受力，免维修，但制造要求高。

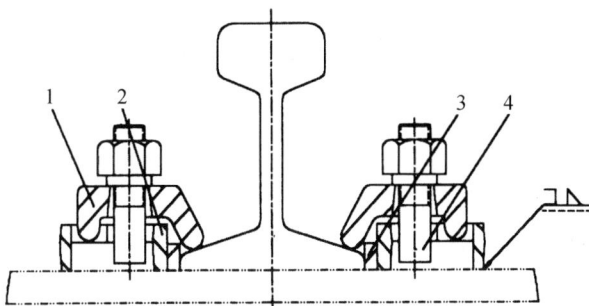

图 6-74　压板固定轨道
1—压轨板；2—垫板；3—调整片；4—T 形螺栓

5. 小车架

小车架一般为工字梁组合结构，两侧布置走道，四角悬挂四个平台，以进行滑轮等部件的维护保养。有的小车架上敷设高脚平台，起升绳在平台下穿过，布置简洁。

（三）主要机构驱动方式及布置形式

1. 大车运行机构

大车运行机构共有四套，两套为从动，两套为驱动，一般为对角驱动，也有四角驱动的形式。大车运行机构由车轮组、传动机构、车架和平衡梁、转向系统、安全防护装置等组成。

（1）车轮结构

车轮组由轮胎、轮辋、车轮轴和两个轴承座组成（见图 6-75）。轮胎规格为 18.00-25，层级为 28 层至 40 层。轮胎分有内胎和无内胎两种，无内胎轮胎由于减少了内外胎之间的摩擦，散热好，寿命长，因而应用较多。轮胎充气压力一般为 1 MPa。

（2）大车运行传动装置

如图 6-76 所示,一般采用立式电动机,通过减速器、链轮、传动链条,带动主动轮轴上的大链轮驱动车轮。减速器由一对螺旋伞齿轮和圆柱齿轮副组成。驱动部分安装在一个铰接架上,上部为铰轴,下部为调整螺杆,用来调整链条张紧度。

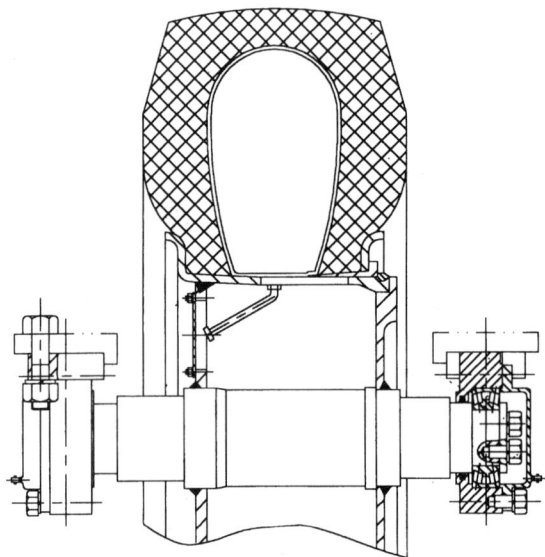

图 6-75　车轮装配

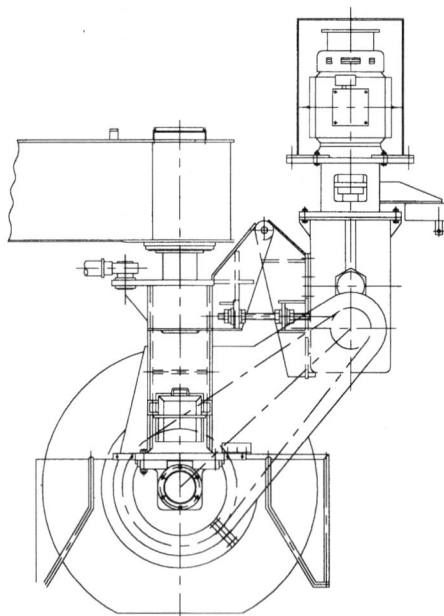

图 6-76　大车运行传动装置

（3）车架和平衡梁

车架为鞍形结构，与平衡梁通过转轴连接，转轴下部安装推力轴承以承受轮压，上部采用推力轴承，有的用球面滚子轴承。

（4）转向系统

轮胎式集装箱门式起重机一般采用 90°直角转向，在堆场两头转向处，铺设有转向钢板，以减少转向时车轮的变形和磨损，现代轮胎式集装箱门式起重机则采用液压缸顶升，以方便车轮转向。轮胎式集装箱门式起重机装有四套转向装置，每套装置由油缸、锁销液压缸、拉杆、限位开关等组成（见图 6-77）。转向时锁销先退出 A 位，油缸驱动车架转动直至转向盘挡块与锁销挡块相碰，锁销进入 B 位即完成转向。转向液压系统由油泵、溢流阀、电磁阀、滤油器等组成。转向时，左锁销缸电磁阀先动作，到位后，行程开关动作，然后回中位。转向缸电磁阀动作，转向缸动作，到位后限位开关动作，使电磁阀回复中位。锁销缸电磁阀动作，锁销插入到位后限位开关给出信号，表示转向机构定位，允许大车行走，可投入工作。转向液压系统工作压力一般设定在 16 MPa 以下。

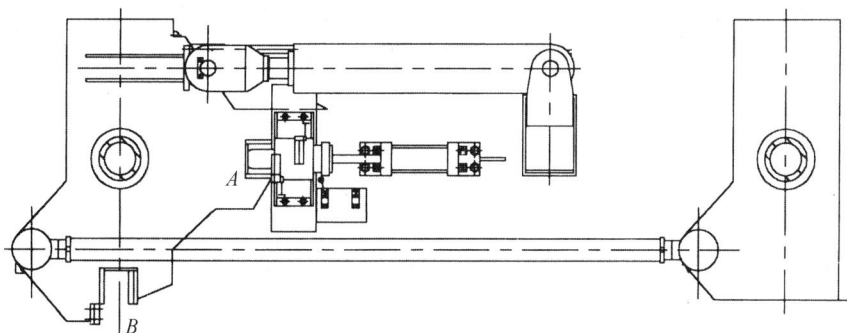

图 6-77　RTG 转向系统

（5）其他装置

主要有保护车轮的护罩，轮胎抗大风吹动的斜楔块，大车跑偏防碰撞开关等。

（6）直线行走

由于路面状况、轮胎漏气情况、载荷不均匀分布等使轮胎式集装箱门式起重机行驶走偏或产生蛇行，从而导致发生碰箱事故。大车运行时，司机应随时注意车轮是否偏离堆场上所划出的行走线，如发现偏离即在司机室内操作控制手柄，调整两侧运行电动机速度实行纠偏。

轮胎式集装箱门式起重机保持直线行走的自动控制装置有较多形式。一种方法是在地下埋设感应电缆，由发讯器作为地面信号源向感应电缆提供恒定的低频电源信号。车上的检测器可检测出轮胎式集装箱门式起重机行走路线的偏移，轨迹控制装置可以把位置偏差信号变成方向控制信号转而控制电动机转速而达到纠偏。由于该方法需土建施工，以及易受路面不平、电磁干扰而不稳定，现已较少采用。另一种方法是在地面涂特种油漆，机上摄像机摄取信号，进行自动纠偏。此外还有红外线、陀螺仪等纠偏方法，如陀螺仪式轮胎式集装箱门式起重机自动直线运行装置（Gyro TAS：Gyro-control Transtainer Automatic Steering System）。

2. 小车运行机构

小车驱动有齿条驱动和车轮驱动两种形式。

（1）车轮驱动

主动车轮借助黏着力驱动，传动平稳，但起制动过猛或雨天时会打滑，采用四轮全驱动，基本消除了打滑现象。

（2）齿条驱动

电动机通过减速器带动左、右两根长轴，长轴上悬臂齿轮与安装于主梁两侧齿条啮合传动。齿条传动可靠，不会打滑，行走定位准确。但起制动有些冲击，且齿条安装要求较高，须保证全行程啮合良好。

（3）导向装置

小车导向方式分两种，一种为双轮缘导向，另一种为一侧轨道的两侧布置水平轮，水平轮导向防止产生啃轨现象，提高工作可靠性。

（4）其他装置

小车终点前设减速限位开关，终点设停止限位和紧停限位。不工作时，小车停放在主梁中部，用锚定装置锚定。锚定装置有锚定销和螺杆两种形式。螺杆锚定要求小车停位较准确，定位难度较大。

3. 起升机构

起升机构有两种布置形式，一种为平行式布置，另一种为垂直式布置。

（1）平行式布置

结构简单，应防止电动机底座与钢丝绳相碰，为此采用将电动机底座抬高，减速器倾斜布置方式。

（2）垂直式布置

结构紧凑，但减速器要有一副螺旋伞齿轮，制造困难些。

（3）减速器支承

一般采用底座式支承，也有三点式支承，低速端两侧用两块 40 mm 的半圆板支承，前部采用两个螺栓底座支承，受力明确，结构轻巧。

（4）其他装置

在卷筒另一端出轴有小齿轮（或小链轮）带动行程限位装置。高速端电动机另一出轴装有一脉冲编码器和测速发电机。

4. 柴油机发电机系统及附属装置

柴油机一般选用卡特匹勒 3406、3408、3412 三种或采用康明斯系列柴油机，柴油机功率是电动机联动工作功率的 1.7~2.0 倍，联动功率即小车运行电动机加起升电动机和一些照明等设备的功率之和。柴油机发电机系统的附属装置有主油箱、副油箱、充电器、蓄电池、副水箱、避振器、消声器、排气管、油水接盘等。高置副油箱的设置可使柴油机供油充分，减少了吸油阻力，为此，副油箱上需设从主油箱吸油的吸油泵，并通过液位控制开关自动进行。

5. 司机室

司机室悬挂在行走小车的底架下部。司机室前部和前下部均为玻璃，可以获得良好的视野。背部采用大玻璃，以便看邻近通道上轮胎式集装箱门式起重机作业。下部地窗装有安全格栅,格栅布置成中间纵向,两侧横向方式,视野较好。中间座椅前后高低均可调节。设有空调、电话等附加装置。

(四)吊具减摇装置

1.传统的机械式减摇装置

(1)减摇装置的组成

减摇装置安装在小车架下,包括减摇钢丝绳、卷筒和力矩限制器。本装置能减缓由于小车加速、减速而引起的摇摆从而提高工作效率。当吊具底部离地4.5 m时,小车以额定速度运行停止5 s后,使吊具摇摆控制在±5 cm内。

(2)布置与原理

为减少吊具的摇摆,起升机构采取车架上起升滑轮与吊具上牵引滑轮在同一平面内偏离成一定角度的钢丝绳缠绕,形成倒八字形,这种钢丝绳方法已具备一定的减摇效果,还装有力矩限制器、摆线针轮减速器以及带单向轴承的卷筒和制动器。单向轴承的作用是使卷筒只能向钢丝绳收绳方向旋转,放绳方向则与传动轴相互锁合。起重机作业时,力矩限制器持续通电,始终给减摇钢丝绳一个张力,足以卷起松散的减摇钢丝绳。在吊具摇摆状态下,连接卷筒轴上的盘式制动器给减摇钢丝绳一个张力,起到阻止吊具摇摆作用,阻力的大小可通过设定弹簧力来调整。重复以上动作数次,使集装箱与吊具摇摆幅度不断地减小,起到减摇效果。

2.液压减摇装置

(1)减摇装置的组成

减摇装置由减摇卷筒、减摇钢丝绳、换向滑轮和过渡滑轮、液压缸及一套液压系统组成。减摇卷筒由起升卷筒通过开式齿轮传动,具有运转同步性。液压缸放置在吊具上架上,液压缸压力由同样放置在吊具上架上的一套液压装置提供。防摇液压系统由以下5部分组成:从吊具来的进回油口、装有液压阀的控制阀块、压力开关、4个防摇液压缸、液压蓄能器和安全模块。

(2)工作原理

当吊具产生横向摇摆时,在摆动前进方向侧的2个液压缸受到拉力作用伸出,而压力升高,导致这2根防摇绳的拉力增大,因而限制了摆动的幅度。另一侧的2个液压缸,在系统油压的作用下,活塞杆缩回,消除防摇绳的松懈。当吊具反向摇摆时,2组液压缸的作用则相反。如此循环,吊具的摇摆迅速衰减直至停止。活塞杆伸出时,液压油首先经节流孔流回蓄能器。由于节流作用,导致缸内压力的升高,升至溢流阀的设定压力时,油经主溢流阀流回蓄能器。溢流阀所设定的压力决定了防摇液压缸的最大压力。蓄能器吸收由于防摇缸动作造成的压力波动,储存和供给压力能,蓄能器系统的压力达到蓄能器安全阀设定压力时,液压油溢流返回吊具油箱。

防摇绳的断丝或拉断多为钢丝绳与滑轮边缘磨损引起,因此建议滑轮选用尼龙滑轮,同时防摇绳可选用阻旋钢丝绳。

3.八绳双向防摇技术

(1)八绳起升绳缠绕系统组成

该系统由起升卷筒、滑轮和8根起升钢丝绳组成。8根钢丝绳的8个绳头分别用钢丝绳压板和压板螺栓固定在卷筒上,钢丝绳的另外8个绳头各自绕过小车上的相关滑轮后,每

2个绳头一组,用螺旋扣斜向相交连接在特制的吊具上架四边的中点处,分别组成4个相等的等腰三角形(见图6-78)。

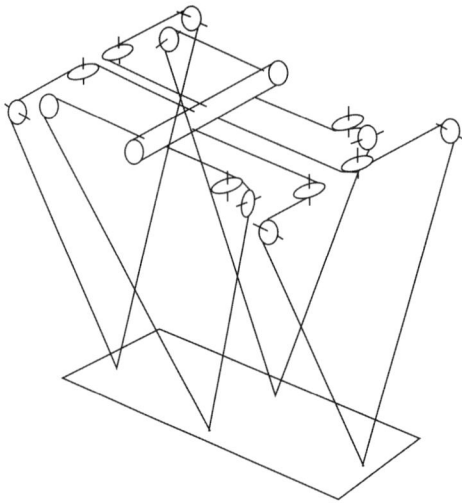

图6-78 八绳防摇系统

（2）工作原理

利用三角形稳定的几何原理,将传统的起升缠绕系统改为4个完全相同的倒三角形系统。八绳缠绕系统中的8根钢丝绳都是斜交在吊架上,它们的水平分力阻止了吊具在大车和小车方向的摇摆,倒三角形系统提高悬吊系统的刚性,即小车和吊具之间好似刚性连接,当小车起动或制动后,吊具(包括货物)也随之制动,从根本上消除了吊具的摇摆。

4.起升钢丝绳交叉缠绕方式

4根起升钢丝绳直接从卷筒到吊具架上的滑轮,在滑轮上交叉缠绕(与正常绕法不同)。然后经小车架上的过渡和转向滑轮后回到吊具倾转机构处。这种布置方式充分考虑小车架上的滑轮吊点尽可能外移,以实现起升钢丝绳在小车方向的水平分力足够大,靠此分力来实现吊具在小车方向的减摇功能。当吊具开始发生摇摆时,另一侧起升钢丝绳产生的水平分力将抑制吊具的摆动。这种布置方式的防摇效果明显。钢丝绳经过的滑轮少,4根起升钢丝绳长度一致,缠绕形式统一,可降低维护工作的难度。简化了小车布置,小车架上的机构布置完全对称,避免了传统设计中偏载的发生,使结构的受力形式更趋合理。在小车运行方向上钢丝绳的布置完全对称,在任何起升位置其受力夹角均相同,有效实现防摇。

因起升钢丝绳在吊具架上经过的滑轮采用交叉缠绕方式,钢丝绳弯曲程度加大,钢丝绳使用寿命相应减少。

以上是轮胎式集装箱门式起重机常见防摇系统,还有诸如在吊具架上采用液压缸推动起升滑轮,从而改变起升钢丝绳的张角,以改变起升钢丝绳水平分力,实现吊具防摇效果的方式;也可以尝试把小车架下起升动滑轮改成支点可动方式,随起升高度的变化而动,从而改变钢丝绳张角方式。总之,对轮胎式集装箱门式起重机而言,好的"防摇"装置能提高操作效率。但最重要的因素取决于操作司机的人为操作,让司机去熟悉机况,在保证安全的条件下提高劳动生产率才是重中之重的事。

三、轨道式集装箱门式起重机

轨道式集装箱门式起重机主要用于大型集装箱储运场的集装箱装卸、搬运和堆放。有无悬臂、单悬臂或双悬臂三种形式,由场地、集装箱储运工艺流程以及装卸的车辆(集装箱卡车或铁路车辆)等条件确定。

(一)概述

轨道式集装箱门式起重机由主梁、刚性和柔性门腿、运行小车、起升机构、大车运行机构、电气系统、操作驾驶室等组成(见图6-79)。根据堆场作业工艺,在单门腿方向或双门腿方向外伸悬臂成为单悬臂或双悬臂机型,不外伸成为无悬臂机型。轨道式集装箱门式起重机根据主梁与门腿的构造和采用的防摇装置而分成不同的形式。

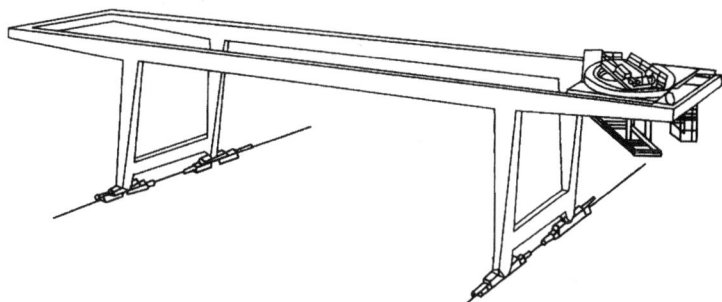

图6-79 轨道式集装箱门式起重机

(1)双悬臂轨道式集装箱门式起重机由于集装箱需通过两侧门腿之间的空间,所以门腿内的宽度方向净空较大。依门腿承载主梁的形式不同,双悬臂轨道式集装箱门式起重机一般采用门腿上部敞开成"U"形和门腿上部连通成"Π"形的形式,见图6-80(a)和图6-80(b)。无悬臂轨道式集装箱门式起重机的结构因集装箱不必通过门腿内空间,所以,构造比较简单[见图6-80(c)]。

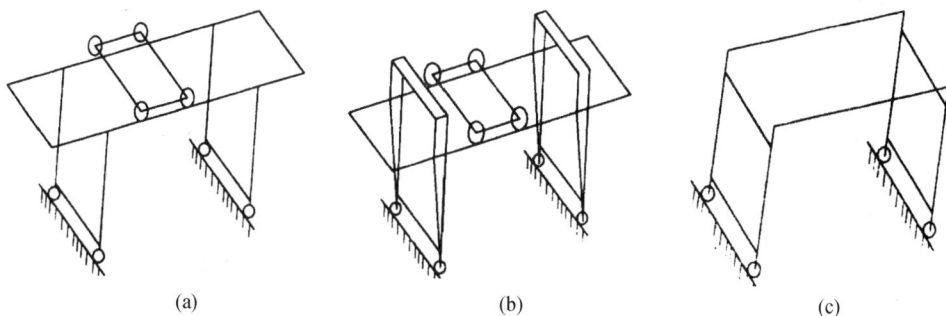

(a)   (b)   (c)

图6-80 轨道式集装箱门式起重机的分类

(2)相对于岸边集装箱起重机和轮胎式集装箱门式起重机,轨道式集装箱门式起重机的小车运行速度较低,一般不设防摇装置。如用户为减轻操作强度和提高生产率提出要求,则设置防摇装置。对绳索式起升机构,其防摇一般通过对绳索施加阻尼来实现;对刚性起升机构,其防摇则通过刚性构件来实现。对"Π"形门腿结构形式的起重机,如采用刚性起升机构,则需考虑适当提高门腿上横梁的高度。

（3）轨道式集装箱门式起重机金属结构特点。轨道式集装箱门式起重机钢结构一般采用箱形结构。整机结构视门腿的支承方式不同而较多采用两种形式（见图6-81）。

图6-81（a）所示的刚性和柔性门腿都是"Ⅱ"形，两根主梁的横向刚度和门腿自身的强度、刚度通过门腿与门腿上横梁的刚度来实现。而图6-81（b）所示的门腿则通过门腿与门腿下横梁之间的连接刚度来实现。

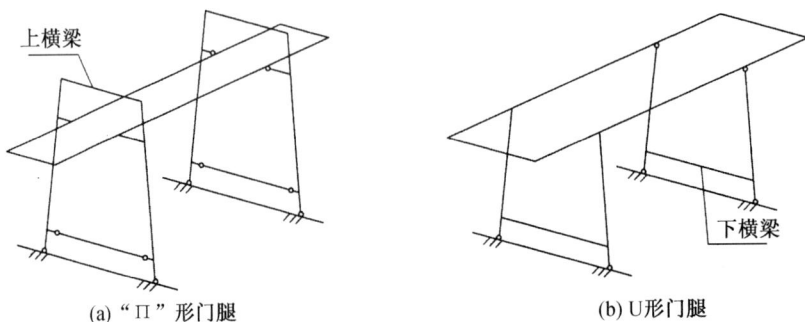

(a) "Ⅱ"形门腿   (b) U形门腿

图6-81　门腿

①主梁结构

主梁结构由两根箱形主梁和两根箱形端梁组成框梁支撑在刚性和柔性腿上。目前常采用偏轨箱形梁，为使翼缘焊缝避开因轮压引起的高应力区，承轨部分采用"T"钢与主梁面板和承载腹板焊接。主梁与刚性腿连接采用高强度螺栓或焊接连接方式，与柔性腿连接采用铰接连接方式。为安装方便，主梁与端梁的连接一般采用高强度螺栓连接方式（见图6-82）。

②门腿结构

刚性门腿和柔性门腿均采用箱形结构。对"Ⅱ"形门腿，沿大车方向的强度与刚度通过门腿与顶部横梁的刚性连接实现；对"U"形门腿，则通过门腿与底部横梁的刚性连接实现，而沿小车方向的强度和刚度则通过主梁与刚性门腿的刚性连接来实现（见图6-83）。对中小跨距的轨道式集装箱门式起重机，两侧大车不同步造成的对门腿、主梁的歪斜力通过主梁与刚性腿、柔性腿的刚性和单自由度铰接连接来承受。对大跨度起重机，柔性腿与主梁的连接将采用三自由度铰接连接，并考虑设置同步检测装置。

③小车结构

运行小车结构根据起升机构是钢丝绳卷筒型或伸缩刚架型而有所不同，一般采用箱梁和板桁组合结构。运行小车结构设计需考虑起升机构和小车运行机构的布置，保证机构运行时能承受所传递的载荷，并具有一定的刚度。小车结构还必须考虑其他辅助装置的连接，如驾驶室、电控柜、防摇装置、电缆拖令等。

④辅助结构

辅助结构包括设在主梁一侧的电气房结构和扶梯、走道、维修平台等。

（二）主要机构驱动方式及布置形式

轨道式集装箱门式起重机除起升机构有其特殊选择外，小车运行机构和大车运行机构与其他桥式、门式类型起重机机构基本相同。

1.起升机构

起升机构有两种形式，对钢丝绳卷筒式基本与轮胎式集装箱门式起重机的起升机构相

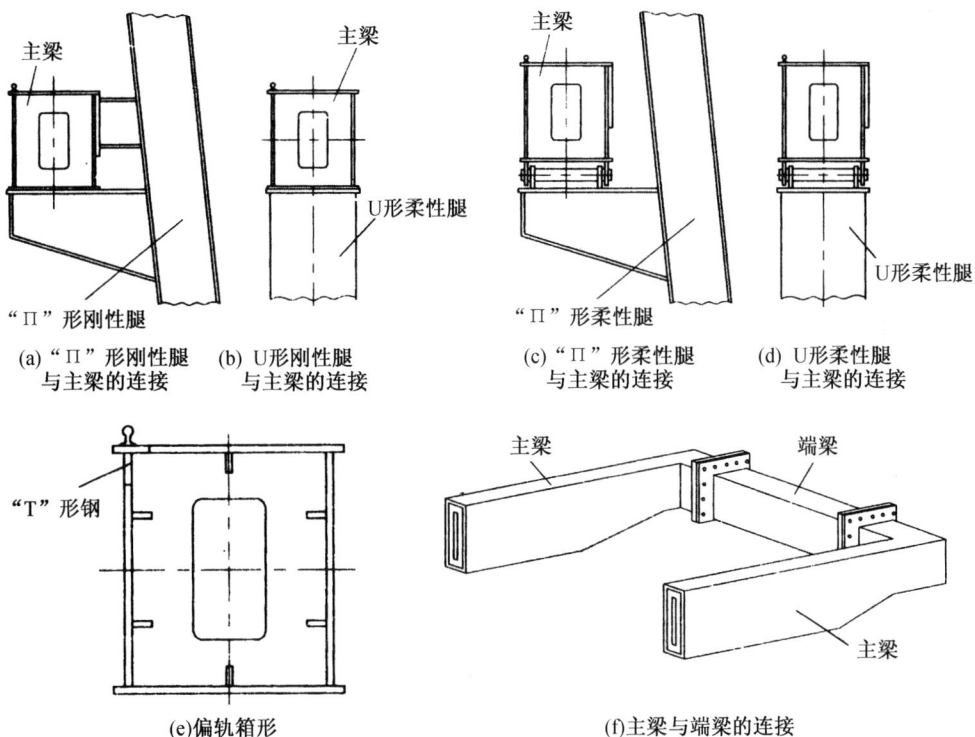

(a) "Π"形刚性腿
与主梁的连接

(b) U形刚性腿
与主梁的连接

(c) "Π"形柔性腿
与主梁的连接

(d) U形柔性腿
与主梁的连接

(e)偏轨箱形

(f)主梁与端梁的连接

图 6-82 主梁结构

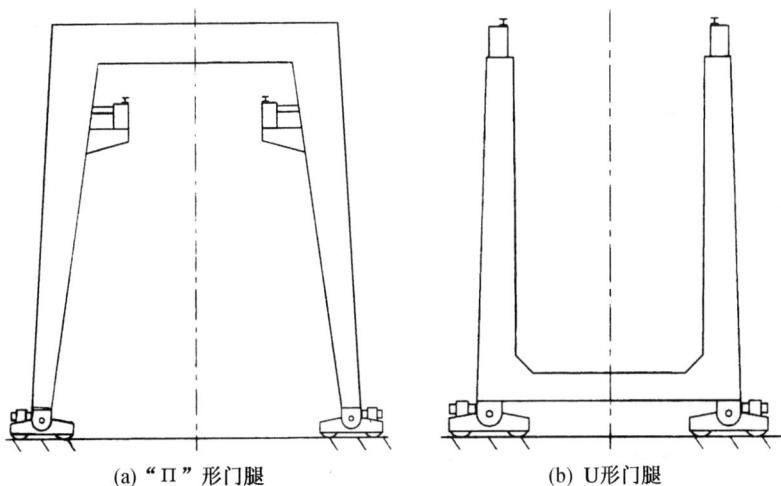

(a) "Π"形门腿

(b) U形门腿

图 6-83 门腿结构

同;而刚性伸缩式起升机构又类似于钢厂冶金用夹钳桥式起重机的起升机构。

（1）钢丝绳卷筒类型起升机构由直流或变频交流电动机、齿轮联轴器、盘式或块式制动器,中硬齿面减速器,减速器与卷筒之间的齿轮联轴器、双联卷筒和轴承座组成。由起升钢丝绳、滑轮与吊具滑轮组组成一组绕绳系统。一般对这类集装箱起重机仅设置平面回转机构,因此,绕绳系统对角线一组与平面回转机构相连接（见图 6-84）。

（2）刚性伸缩式起升机构可以是：

①钢丝绳卷筒提升;

②液压油缸提升;

③平衡重齿轮齿条提升;

④加上伸缩导向钢结构架组成。

2. 小车运行机构

小车运行机构由直流或变频交流电动机、齿轮联轴器、块式或盘式制动器、中硬齿面减速器、低速齿轮联轴器和车轮及车轮支承组成。驱动装置的布置方式一般分为沿小车轨道方向布置[见图6-84(a)]和垂直于小车轨道方向布置[见图6-84(b)]两种方式。驱动车轮的数量根据驱动不打滑的条件确定。

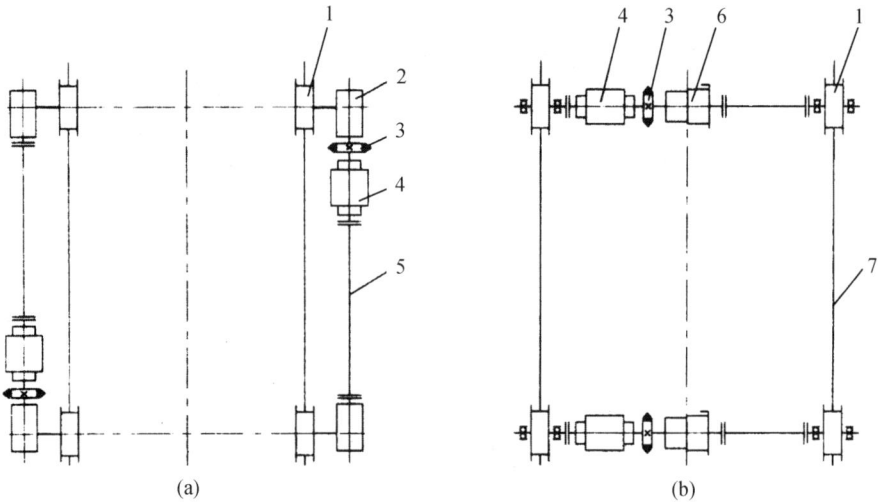

图6-84　小车运行机构

1—车轮;2—减速器;3—制动器;4—电动机;5—万向联轴器;6—行星减速器;7—轨道

3. 大车运行机构

大车运行机构通常采用三轮或四轮台车,根据轮压大小来确定。运行机构的构造和形式与其他各类起重机相似,如采用开式齿轮驱动台车,则由直流或交流电动机、齿轮联轴器、制动器、中硬齿面减速器、开式齿轮、车轮和车轮支承组成;如采用封闭性传动,则将减速器输出轴直接与车轮轴连接,直接传动,但减速器传动比将稍大。

(三)倾转和减摇装置

相对于岸边集装箱起重机和轮胎式集装箱门式起重机,轨道式集装箱门式起重机倾转和减摇装置较为简单。一般用户只需平面回转动作,不设置减摇装置,而有些用户为提高生产效率,减轻工人劳动强度,则要求设置减摇装置。

1. 回转装置

堆场和集装箱卡车装载集装箱的顶面相对比较平,因而不要求吊具具有纵倾和横倾动作;但集装箱卡车在运行停车时有可能偏斜,所以需要设置平面回转装置。

对于钢丝绳卷筒式起升机构,平面回转机构可由钢丝绳、滑轮组,钢丝绳连接接头和铰点、摇臂及支座、推杆等组成。推杆有螺杆和油缸两种类型。当采用油缸作为推杆时,还需配置液压控制系统。常用的平面回转绕绳方法有两种(见图6-85)。[图6-85(a)]型推杆由于吊具一侧两根钢丝绳绕经滑轮,最后连接在摇杆的同一接点上,钢丝绳作用力相互平衡,因此,作回转运动时推杆(或油缸)功率较小;但这种绕绳方式吊具作平面回转时,对角线绳的长度不一样,吊具回转时将会出现不均衡;[图 6-85(b)]型推杆因吊具对角线两根绳绕经滑轮最后连接在推杆铰点的上、下接点上,因此推杆推动时,对角线滑轮将提升和下降,所以推杆(或油缸)所需功率较大。平面回转可采用两侧油缸推动来实现。

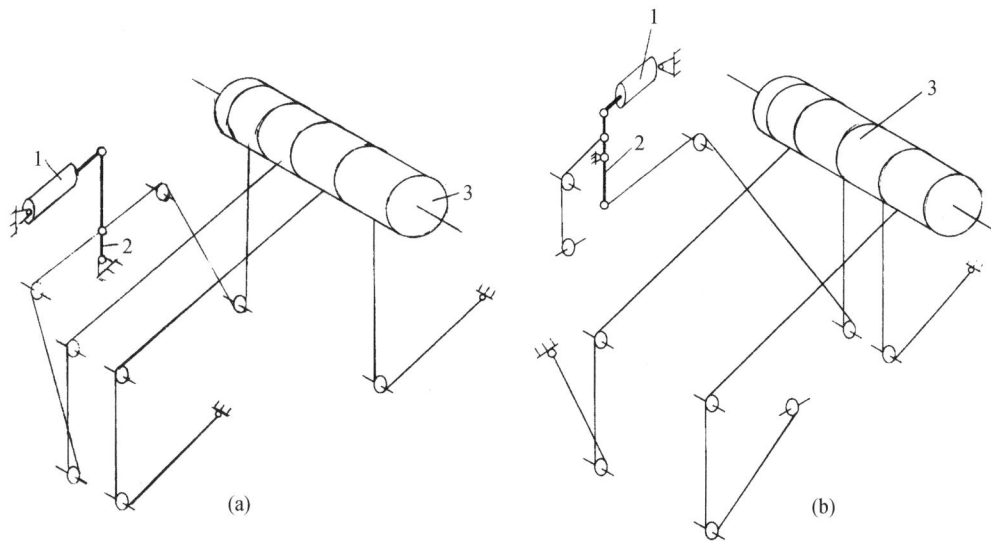

图 6-85 吊具平面回转绕绳图
1—推杆;2—摇杆;3—起升卷筒

2. 减(防)摇装置

轨道式集装箱门式起重机如需设置减(防)摇装置,一般采用两种方式。

(1)当起升机构是钢丝绳卷筒式,减摇装置通过两对角线细钢丝绳相拉,一端与吊具一角连接,另一端卷绕至阻尼卷筒(见图 6-86)。当小车或大车运行起动或制动时,吊具和集装箱惯性力传递到阻尼钢丝绳,其摆动能量将被阻尼卷筒吸收。阻尼卷筒阻尼力一般采用两种方式:力矩电动机、摩擦卷筒组合系统和液压阻尼系统。

(2)刚性防摇装置主要通过刚性起升构架及导向装置实现。

(四)操作和控制

轨道式集装箱门式起重机由司机在驾驶室操纵联动台实现操作。驾驶室一般悬挂在小车下方而随小车运行。驾驶室联动台上可以实现对起重机的全部操作。如用户需要。也可在大车运行侧操作大车运行,以方便起重机临时移位需要。当在大车运行侧操作时,必须与主操作联动台实现电气联锁。

(五)发展趋势

由于大车采用有轨运行,能通过增加车轮数量而承受更大的负载,因此,轨道式集装箱门式起重机跨距增大,高度增高,采用供电电缆供电,功率输出稳定,采用电子防摇系统,使轨道式集装箱门式起重机向大型化、高速化、自动化方向发展,在堆箱高度、箱位精确控制、防摇性能以及金属结构受力状态等方面均优于轨道式集装箱门式起重机,大有取代轨道式集装箱门式起重机之势。全自动无人操作的轨道式集装箱门式起重机已应用于港口堆场作业。

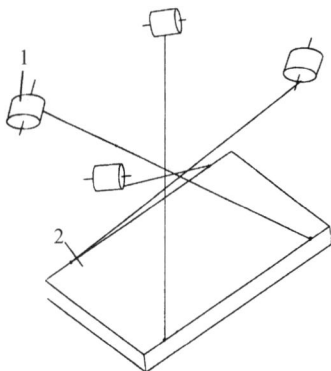

图 6-86　钢丝绳减摇装置

1—阻尼卷筒;2—吊具

单元六　桥式抓斗卸船机

一、概述

桥式抓斗卸船机是一种利用移动小车带动抓斗从船舱中抓取散状物料并将物料卸至机上漏斗的桥架型起重机。其工作特点是通过起升机构/开闭机构、小车运行机构的单独或联合动作,从船舱中抓取散状物料通过卸船机自带的漏斗向码头输送机系统供料,实现码头前沿卸船作业,通过大车行走机构实现对船舱的全覆盖作业。主要由金属结构、机构、电气控制系统等组成,其中金属结构主要有主梁、门架、拉杆等;机构主要包括起升机构/开闭机构、小车运行机构、大车行走机构和臂架俯仰机构;电气控制系统主要有供配电系统、驱动与控制系统、保护系统等。

桥式抓斗卸船机根据小车的驱动方式不同,分成两种形式:绳索牵引小车桥式抓斗卸船机和自行驱动小车桥式抓斗卸船机。绳索牵引小车通过机房中绕在驱动卷筒上的钢丝绳牵引,实现小车的运行,小车运行的驱动装置不设在小车上,而是设在大梁的中后部。抓斗的起升机构有的设在小车上,有的设在机房。起升机构设置在机房的小车由主小车和辅小车系统组成,自重轻,构造简单,运行速度较高,起制动平稳,广泛应用于大中型卸船机。主、辅小车系统,有效地进行绳索补偿,实现抓斗的水平位移;由于采用了辅小车,客观上缩短了主、辅小车间距,减小了钢丝绳的支承间距。绳索小车桥式抓斗卸船机,如图 6-87所示。

绳索牵引小车桥式抓斗卸船机,绕绳系统因功能不同,设计上有一定的区别,常用的绕绳系统如图 6-88 所示。由起升、开闭卷筒中各钢丝绳、改向滑轮、主小车和辅小车滑轮组以及抓斗构成起升开闭绕绳系统。由小车运行卷筒中钢丝绳、改向滑轮组和钢丝绳张紧装置构成绳索牵引系统。中间的补偿装置,在松绳状态起补偿作用。

图 4-41(c)、图 4-42 所示为另一种绕绳驱动装置。

自行小车桥式抓斗卸船机,小车的驱动方式由安装在小车架上的电动机,经减速传动

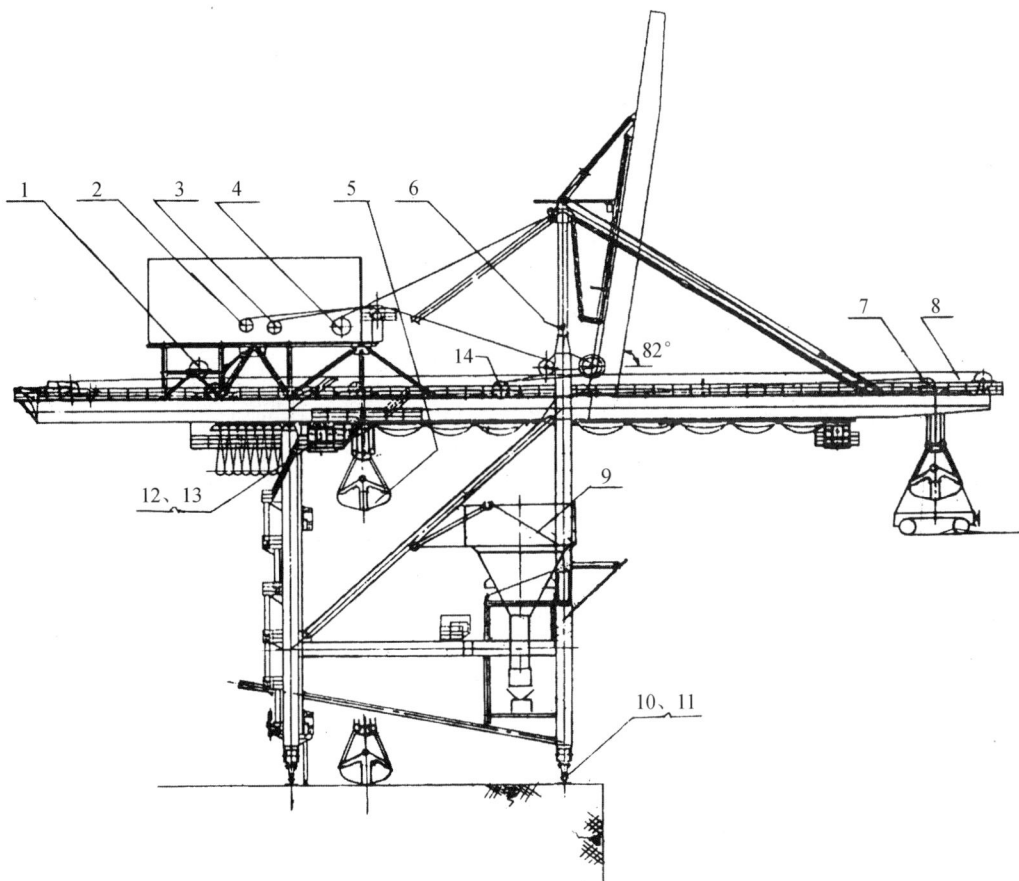

图 6-87　绳索小车桥式抓斗卸船机

1—小车运行机构;2—抓斗开闭机构;3—抓斗起升机构;4—臂架俯仰机构;5—抓斗;6—金属结构;7—主小车;8—绕绳系统;9—接卸系统;10—大车运行机构;11—夹轨器及锚定装置;12—电气控制设备;13—操纵室;14—辅小车

装置,直接驱动小车的车轮转动,实现小车运行,起升机构也在小车上,结构较为简单,但运行部分较重导致倾覆力矩较大,容易打滑,较少使用。

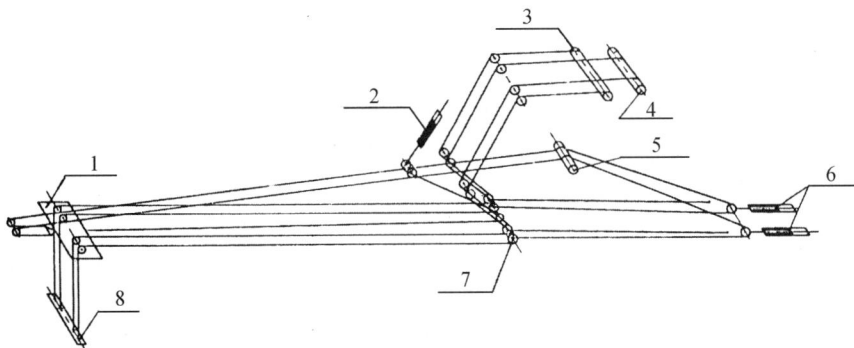

图 6-88　绳索小车桥式抓斗卸船机绕绳系统

1—主小车;2—补偿装置;3—起升卷筒;4—开闭卷筒;5—小车驱动卷筒;6—张紧装置;7—辅小车;8—抓斗

二、工作机构

桥式抓斗卸船机驱动装置一般由以下部件构成：大车运行机构、抓斗起升（支持和开闭）机构、小车运行机构、前伸梁俯仰机构、小车（包括主、辅小车）、绕绳系统和接卸系统等。

（一）大车运行机构

大车运行机构是实现卸船机沿轨道移动的机构。抓斗在卸船作业中，桥架一般不移动，所以通常为非工作性运行机构。

桥式抓斗卸船机的运行机构，与常规的有轨运行起重机相同。根据码头基础的承载能力和卸船机腿压等参数，将运行机构设计成六轮组、八轮组、十轮组或十二轮组台车。大车运行机构的传动方式：电动机经联轴器（或带制动轮联轴器）、制动器、减速器（包括齿轮传动系统）驱动车轮转动。驱动方式有直流和交流两种。安装方式有立式和卧式，立式安装常采用行星减速器。

（二）抓斗起升机构

抓斗的起升机构，同其他类型抓斗起重机的起升机构相同，由构造完全相同，但各自独立的支持机构和开闭机构组成。两套机构安装在机器房内。起升机构由电动机、联轴器、制动盘（轮）、制动器、减速器、支座、带绳槽的卷筒等部件组成。

高效桥式抓斗卸船机，起升速度满载起升为 110～140 m/min，空斗下降为 140～180 m/min，通过 PLC 控制系统，对抓斗的起升、运行和小车运行进行控制，实现抓斗作业的半自动控制和摆动控制。在开斗和闭斗过程中，支持绳支持抓斗和物料的质量；在抓斗上升和下降过程中，支持绳和闭合绳同步运行，支持和开闭机构实现力矩平衡和速度平衡。为了抓取更多的物料，在抓取过程中，支持绳可适当下降，使抓斗下沉，实现深挖。卷筒采用普通碳素结构钢、低合金结构钢钢板轧制；焊接和退火处理后，经机械加工（或进行表面热处理）制成。根据技术文件的要求，对绳槽进行表面热处理，提高硬度，增强耐磨性。绳槽的圈数在考虑正常的工作圈数、安全圈数和压绳圈数外，在开闭卷筒上留有适量的备用绳圈是有益的。

（三）小车运行机构

绳索或半绳索驱动小车的运行机构由电动机、联轴器、制动器、减速器、支座、开关和带绳槽卷筒等部件组成。牵引钢丝绳通过卷筒的正反转动，牵引小车往复运行。牵引小车的工作速度，通常在 160～240 m/min。高效抓斗卸船机的小车运行机构，同起升机构一样，通过 PLC 对小车运行速度和加速度进行控制，实现卸船机作业的半自动控制和摆动控制。

（四）前伸梁俯仰机构

为了便于大型作业船舶靠离码头，抓斗卸船机在非工作状态时应将前伸梁仰起；在工作状态时前伸梁则处于水平状态。前伸梁俯仰机构由电动机、联轴器、高速级制动器、减速器、支座、卷筒和低速级制动器、必需的各种安全保护装置等组成。大型桥式抓斗卸船机采用交流变频驱动系统，小车运行机构同前伸梁俯仰机构共用一套电气控制装置。

前伸梁俯仰机构低速级制动器，设置一套安全制动装置。它与高速级制动器，通过时间继电器联锁，机构启动时它提前松闸，机构制动时它延时制动。低速级制动器通常安装在卷筒的另一端封板上，通常为液压盘式制动器。

（五）主小车和辅小车

在绳索小车中，主小车和辅小车是最常用的小车。它在卸船机前伸梁和中后梁结构的轨道上往复运动，完成卸船循环作业。辅小车的运行速度是主小车速度的一半，辅小车的功能是补偿钢丝绳，实现主辅小车运行时抓斗水平运行。

主小车由车架结构、车轮组、滑轮组、水平导向轮组、托辊和绳接头等部件组成，如图6-89所示。辅小车由车架结构、车轮组、滑轮组、水平导向轮组、托辊等部件组成，如图6-90所示。

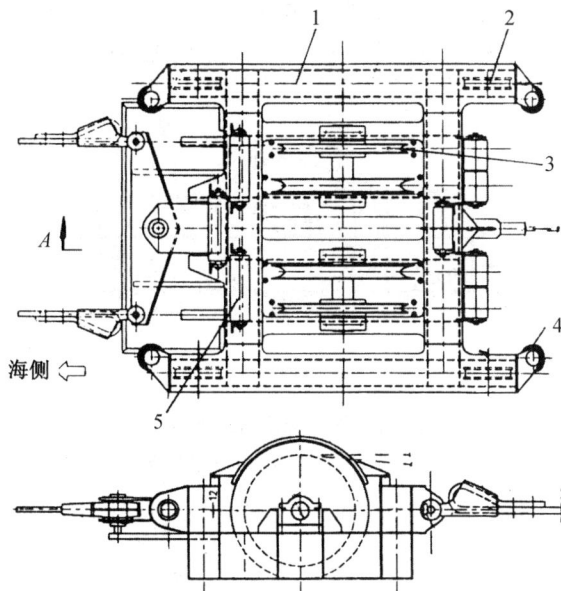

图 6-89 主小车结构
1—车架；2—车轮；3—滑轮；4—小车导向轮；5—托辊

绳索小车抓斗卸船机的主、辅小车，具有构造简单、自重小、维修方便等特点。作业中的主、辅小车，承受较大的垂直和侧向载荷。由于作业中的抓斗摆动、轨道铺设的误差、部件制作和安装误差，在主、辅小车的车轮与轨道之间、水平导向轮与轨道之间产生较大的侧向力，因此不定期地调整水平导向轮与轨道之间的间隙是十分重要的。

（六）张紧装置

高速运行的绳索小车，牵引钢丝绳保持设定张力是必要的。钢丝绳张紧装置通常采用液压张紧装置和重锤式张紧装置两种。液压张紧装置，工作性能稳定、可靠，已得到广泛的应用。液压张紧装置，由机架1、移动滑轮组2、液压油缸3和泵站等部件组成，如图6-91所示。油缸工作压力按空抓斗（空载）、满载、超载保护压力和非工作状态前伸梁俯仰的最小压力等工况设定。油缸的工作行程，考虑到工作时的不同工况，通常取1 500 mm，可以满足中等能力卸船机的工作要求。

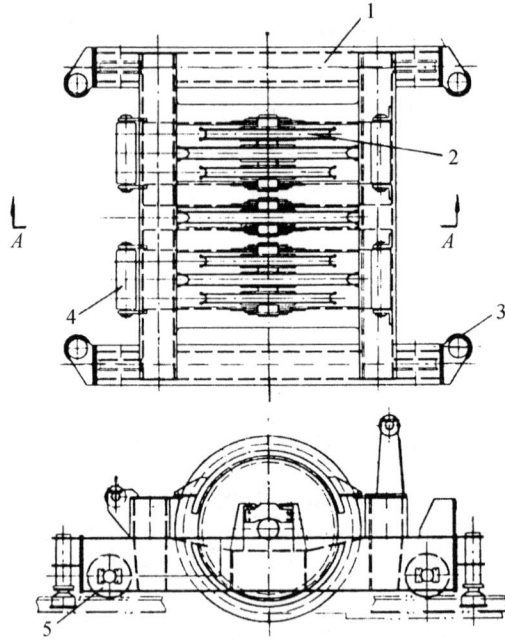

图 6-90　辅小车结构

1—车架;2—滑轮;3—水平导向轮;4—托辊;5—车轮

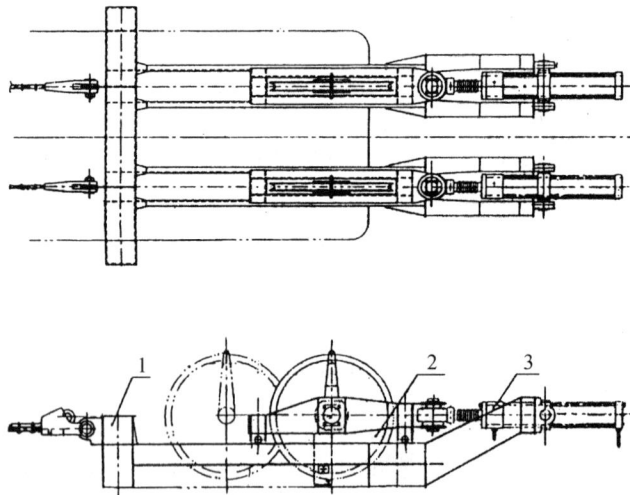

图 6-91　液压张紧装置

1—机架;2—移动滑轮组;3—油缸

三、控制和操作

桥式抓斗卸船机是大型的专用卸船机械。工作效率的提高、系统的计算机管理、操作简便、减轻操作人员的劳动强度,是新型卸船机的重要技术指标。

卸船机先进的电控技术大体上包括以下几个方面的内容:高压控制系统;起升(支持和开闭)、小车、前伸梁俯仰和大车运行机构主驱动器全数字直流(或交流变频)控制系统;辅助的脉冲编码器、测速发电机、限位开关和整机PLC控制器及交流控制系统等。

半自动控制操作,是由系列PLC控制系统与起升(支持与开闭)和小车运行控制系统来完成的。半自动控制操作过程是一种重复性的操作过程。操作者将控制台上的"自动周期"接通/断开选择开关选定在"接通"位置后,即可开始半自动的请求,"自动周期"指的是抓斗抓取物料后出舱口至卸料斗上方打开抓斗再返回到舱口边的周期。其要点是"设定净空高度",净空高度应按靠近码头边的船舱内口边进行设定,必须是在开斗状态下。设定后,将"自动控制"接通/断开选择开关选定至"接通"位置,即完成了净空高度的设定,指示灯由闪烁转为常亮。在检查各机构动作正常的情况下,即可开始半自动操作。操作者利用控制手柄将空抓斗移到货船的上方,明确抓取位置后将抓斗降到物料堆上进行手动抓取物料,闭斗完成后将起升主令控制手柄扳向起升位置,同时按下半自动按钮,直到自动状态的指示灯亮后,使手柄回零,自动循环即开始。抓斗自动提升到设定高度,然后起升和小车同时运行,将抓斗移动至漏斗的上方,在接近漏斗时,小车减速运行,抓斗按预选的摆动角度自动开斗卸料。小车逆向返回货船的前一次抓取点,完成一次循环。操作者在工作区内重新找寻抓取点,开始下一个循环。

在半自动操作过程中,抓取点的选择和闭斗取料由手工操作。卸船机属大型专用散货装卸设备,装备有先进的电控设备和完善的控制系统,操作程序十分严格。对操作者必须事先进行严格的技术培训,在操作者了解和掌握了设备的主要构造、技术性能、操作程序和日常的维护保养知识后,方可上机操作。

操作者在确认供电系统(高压供电、主驱动装置供电、辅助机构供电和控制信号供电)正常情况下,进行系统控制操作,然后进行作业控制操作,即操作者运用主驱动装置和辅助驱动装置进行实船作业操作。

主要工作机构(支持、开闭和小车)运行控制,在司机室内完成操作。通常司机室内联动操作台的右联动台主令手柄控制抓斗的支持、开闭;通过选择开关和按钮实现半自动状态的设定和指示。左联动台上的主令手柄控制小车运行。通过选择开关的转换,还可对前伸梁俯仰机构和大车运行机构进行控制;通过转换开关,前伸梁的俯仰运动还可在俯仰操作室进行控制;大车运行机构还可在地面用行走操作箱进行操作。

辅助机构的运行控制,包括小车钢丝绳张紧装置、漏斗系统的控制、洒水系统的控制、司机室运行的控制、机上输送机控制、给料器和接料板的控制、夹轨器的控制等,均可在司机室内联动控制台上进行操作;这些机构的运行控制,也可以通过选择开关进行转换,在就近的现场进行运行控制。

单元七　其他类型港口起重机

一、港口固定式起重机

(一)概述

港口固定式起重机是指固定在基础上或支承在基座上只能在港口原地工作的臂架式起重机。

1.机型特点

(1)固定式起重机外形上与门座起重机、台架起重机相比,有起升、变幅、回转功能,但没有大车运行机构,金属结构有臂架、人字架(或立柱)、转盘和支承圆筒(或定柱、转柱)但没有门架结构。

(2)只能在固定位置作业,作业范围有限。

(3)设计时不用考虑整机稳定性,但必须验算地基以及地脚螺栓和结构件的强度。

(4)相对于门座起重机而言,固定式起重机结构简单,制造方便,造价较低。

(5)作业效率一般比较低。

2.应用范围

固定式起重机一般可以采用吊钩或抓斗进行件杂货、散货的装卸作业,也可以使用集装箱吊具进行集装箱的装卸作业。主要用于需要频繁起吊装卸作业的固定场所,如内河中小港口、码头、库场等。

3.机型分类

根据变幅性质,可分为非工作性变幅固定式起重机和工作性变幅固定式起重机;根据臂架形式不同,可分为单臂架固定式起重机和四连杆组合臂架固定式起重机;根据变幅驱动形式,可分为柔性变幅固定式起重机和刚性变幅固定式起重机。如果固定式起重机安装在船上,则被称为浮式臂架起重机或克令吊。

(二)非工作性柔性变幅固定式起重机

1.结构特点

港口固定式起重机的外形与圆筒门架式门座起重机的圆筒立柱以上部分基本相似,其外形如图 6-92 所示,由角钢焊接而成的单臂架截面为矩形,桁架结构。人字架一般用型钢焊接成人字形,转盘用工字钢或槽钢为主梁组成转盘结构,底座为圆筒形。整个结构简单、制造方便。

2.主要机构驱动方式及布置形式

起升、变幅、回转由电动机分别驱动。因变幅机构是非工作性机构,起升和变幅机构合成一体,合用一个电动机,操作时通过离合器进行。起升、变幅机构的传动链为:电动机-联轴器-制动器-圆柱齿轮减速器-离合器-起升卷筒或变幅卷筒。由卷筒卷绕钢丝绳使货物上升、下降或使臂架俯仰。回转机构的传动链为:电动机-联轴器-制动器-蜗轮减速器或立

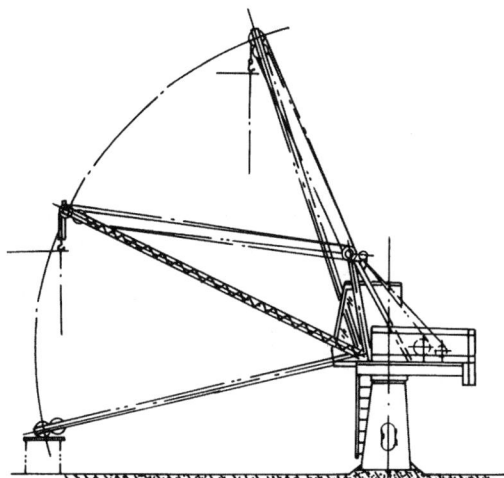

图 6-92　非工作性柔性变幅固定式起重机

式摆线针轮减速器-行星齿轮副驱动转盘360°回转,回转部分支承在回转轴承上。

3. 操作和控制

由主令控制器来控制电动机执行各机构电动机的正反转。其操作性能可靠,使用维修方便。起升、变幅机构采用液力推杆鼓式制动器制动。回转机构采用脚踏常开制动器制动。

4. 适用范围

这种类型的起重机构造简单、制造容易、使用方便、成本低廉,适用于内河小型码头和简易码头装卸载重 30~500 t 的船舶以及小型堆场装卸件杂货和散货。

(二)工作性柔性变幅固定式起重机

1. 结构特点

起重臂采用三角形框架结构,主要由钢管焊接而成,结构新颖、制造简便、质量小、维修方便。人字架、转盘、底座由槽钢焊接成人字形结构。转盘采用工字钢结构(见图 6-93)。底座采用圆筒结构。

2. 主要机构驱动方式及布置形式

起升、变幅、回转由电动机分别驱动,各成独立系统,可单独动作,也可联合动作。起升机构传动链:电动机-液力推杆制动器-QJ 型减速器-卷筒,卷绕钢丝绳使货物上升或下降。变幅机构传动链:电动机-液力推杆制动器-QJ 型减速器-卷筒,卷绕钢丝绳使起重臂俯仰。变幅机构采用双制动器,第二级滞后制动使其制动平稳,减少臂架振动,安全可靠。回转机构传动链:电动机-立式行星减速器(内装极限力矩联轴器,外装液力脚踏制动器)-行星齿轮副驱动转盘 360°回转或电动机-液力脚踏制动器-蜗轮减速器(内装有锥形极限力矩联轴器)-行星齿轮副驱动转盘 360°回转。起重机上部支承在单排四点接触球式轴承上或在单排交叉滚子轴承上,使其运转平稳可靠。

3. 操作和控制

从码头供电箱引入三相四线 380 V/220 V 交流电,通过起重机内四环中心集电器引入起升、变幅、回转控制柜。主令控制器控制升、降、增幅、减幅、正转、反转,各有五挡。各机

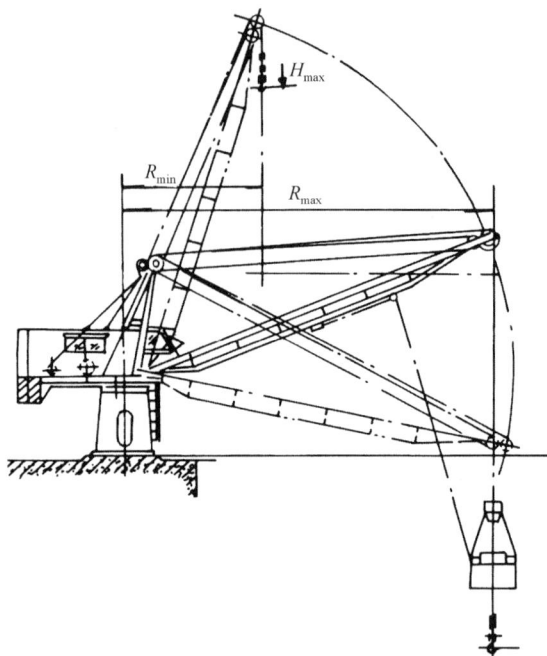

图 6-93　工作性柔性变幅固定式起重机

构可单独工作也可联合操作,使用方便,工作效率高。

4. 特点与使用范围

采用单臂架滑轮组补偿系统,保证货物在变幅过程中按近似水平线移动,提高了操作准确性,避免了货物上下位移所消耗的功,减小了变幅功率,提高了生产效率。采用单排四点接触球式轴承或单排交叉滚子轴承,倾覆力矩较大时,则采用双排或三排回转轴承,承受上部回转部分的垂直力、倾覆力矩以及水平力,使起重机能灵活自如做 360° 回转。整机明快流畅、性能良好、造价低,常用于中小港口码头载重 100~2 000 t 船舶以及堆场货栈装卸件杂货或散货。

(三)工作性变幅固定式集装箱起重机

1. 结构特点

起重臂采用直臂架,结构形式为桁构式,其特点是起重机总体布置简单,臂架制造安装方便,质量小。人字架采用框架式铰接结构,用槽钢焊接而成。其特点是受力好,解决了人字架的长拉杆经常脱焊的现象。底座采用圆筒结构,制造安装方便(见图 6-94)。

2. 主要机构驱动方式及布置形式

主要机构的驱动方式及操作与控制跟工作性变幅固定式起重机基本相同。其区别在于因吊装 20 ft 或 40 ft 集装箱,吨位大,要求机构非常平稳和安全。因而在起升机构和变幅机构中采用涡流制动或变频调速。这样在集装箱下降时能自动调速达到稳步慢速下降。在变幅时减少整机振动,保证了整机的平稳。另外,其吨位大,机构也庞大。为了减少尾部半径,增加工作幅度,变幅机构常布置在机房顶上。

3. 特点与适用范围

用简易集装箱吊具(手动或半自动)装卸 20 ft 或 40 ft 国际标准集装箱。整机结构简

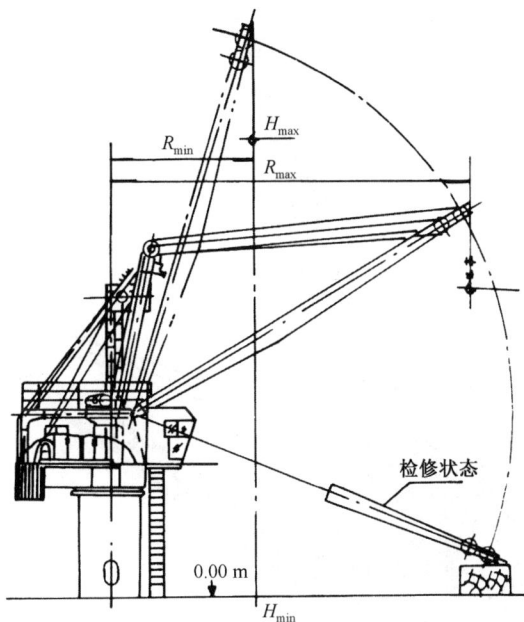

图 6-94　工作性变幅固定式集装箱起重机

单,性能完备,造价低,生产率高,平均 15～20 箱/小时,二班制时每年平均作业 2 万～3 万箱,常用于中小港口码头装卸载重 500～3 000 t 集装箱船舶。

(四)齿条刚性变幅固定式起重机

在专业化码头,作业效率要求更高,固定式起重机逐步大型化。目前,普遍采用齿条刚性变幅固定式起重机,该起重机拥有臂架自重平衡与载重水平位移系统,结构形式合理,控制方式先进,配置较高,工作效率更高,寿命更长,故障率更低,安全性更高。

此种机型的主要技术参数和结构特点以及驱动控制与门座式或台架式起重机相似,有单臂架和四连杆组合臂架两种形式,采用齿条刚性变幅,如图 6-95、图 6-96 所示。根据不同作业需要和不同成本控制,参数会有一些差异。结构件材料一般采用 Q345B。核心部件回转大轴承一般采用三排滚柱式轴承。减速器选用中硬齿面或硬齿面减速器,进口硬齿面减速器也被广泛使用。

起升、回转、变幅三大机构均普遍采用变频调速系统,控制采用 PLC 控制系统,由可编程序控制器 PLC 和触摸屏共同完成故障显示及报警功能。各机构均有超速、超负荷和极限位置保护功能。

由于该起重机实际上就是没有门座的门座起重机(或是没有台架的台架起重机),相应地也就没有运行机构,这里不多介绍。

二、台架起重机

台架起重机上部与臂架型起重机的回转部分类似,通过回转大轴承与台架相连接,台架下部连接有轨支承装置。根据台架的高低分为低台架起重机(台架下不通任何车辆)、高台架起重机(台架下可通过一般运输车辆和集装箱卡车)。根据立柱特点分为普通台架起重机和高立柱台架起重机。

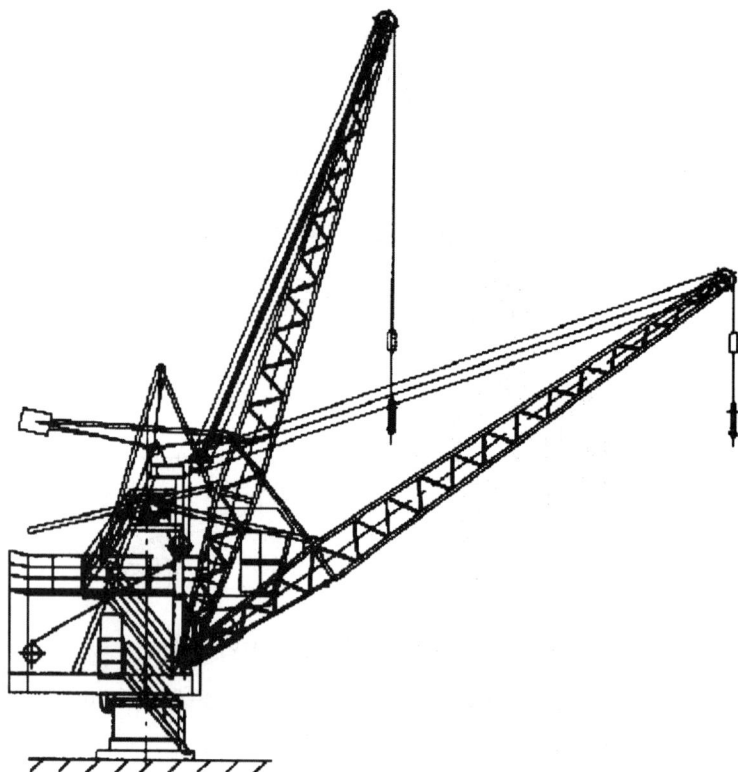

图 6-95　单臂架刚性变幅固定式起重机

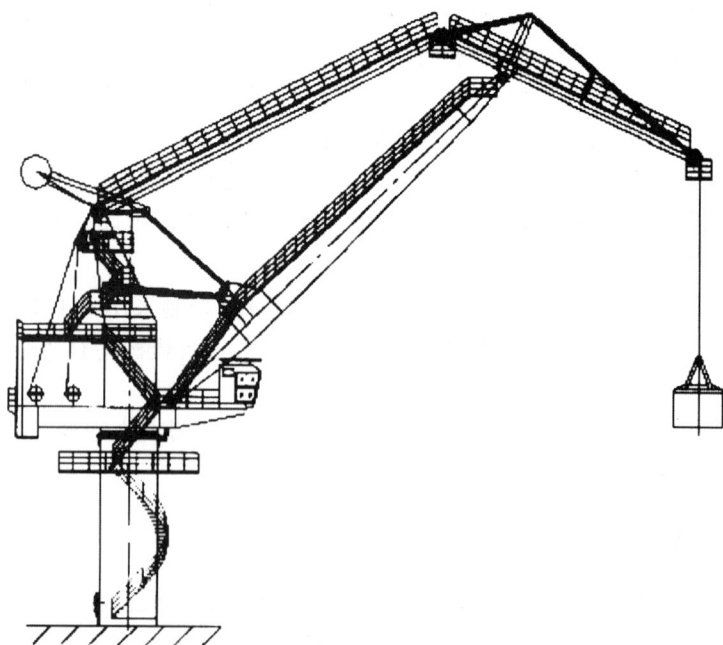

图 6-96　四连杆组合臂架刚性变幅固定式起重机

(一)低台架起重机

对于内河港口岸壁式直立码头,由于水位落差大,起重机作业常以下放深度为主。其装卸货物主要是散货和件杂货,起吊货物以中小起重量为主。如图6-97所示的低台架起重机,其主要组成包括起升、变幅、回转、运行机构和臂架、人字架、平衡系统、机器房、转盘、司机室、台架等金属结构,以及电气控制系统和辅助装置。臂架的构造为桁架结构,刚性齿条变幅。货物的水平位移由起升钢丝绳通过补偿滑轮组实现。回转支承采用单排或双排四点接触滚珠式回转支承。

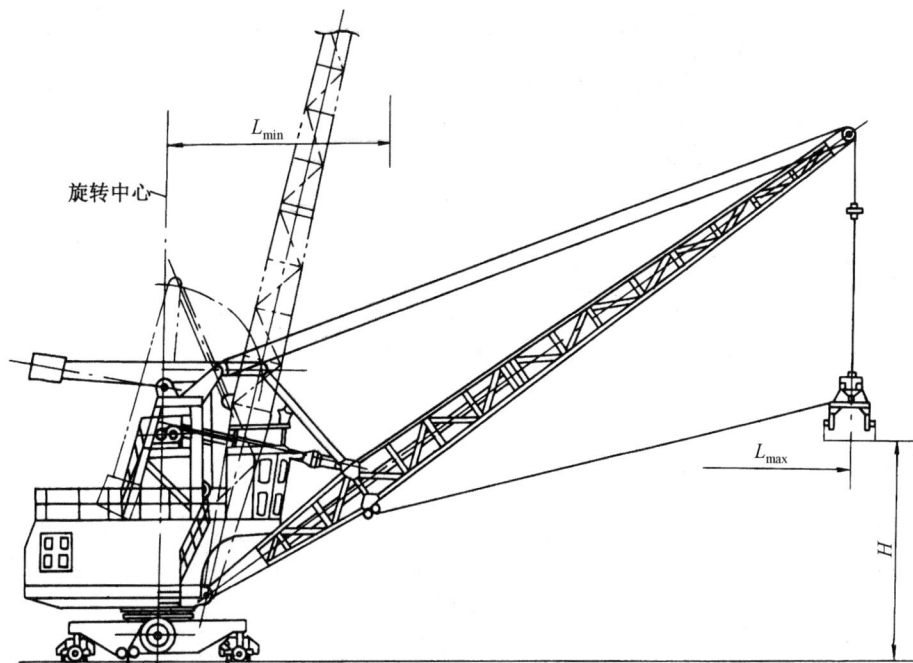

图6-97 低台架起重机

(二)高台架起重机

对于内河港口岸壁式直立码头,起重机下面有过车要求时,多使用高台架起重机,如图6-98所示。高台架起重机的台架上部构造与低台架起重机的上部构造相同,只是将低台架改成具有过车能力的高台架。根据轨上起升高度和台架下部所过车辆的要求,台架的净空高度一般为4.5 m以下。

(三)高立柱台架起重机

如图6-99(a)所示,构造上以高立柱取代普通台架起重机的人字架。臂架的下铰点设置在立柱的中部,增加了起重机的轨上起升高度,减少了臂架的长度。臂架采取无平衡系统。变幅为液压油缸变幅。图6-99(b)为另一种形式的高立柱台架起重机,臂架下铰点设置在转盘上,变幅为钢丝绳柔性变幅。

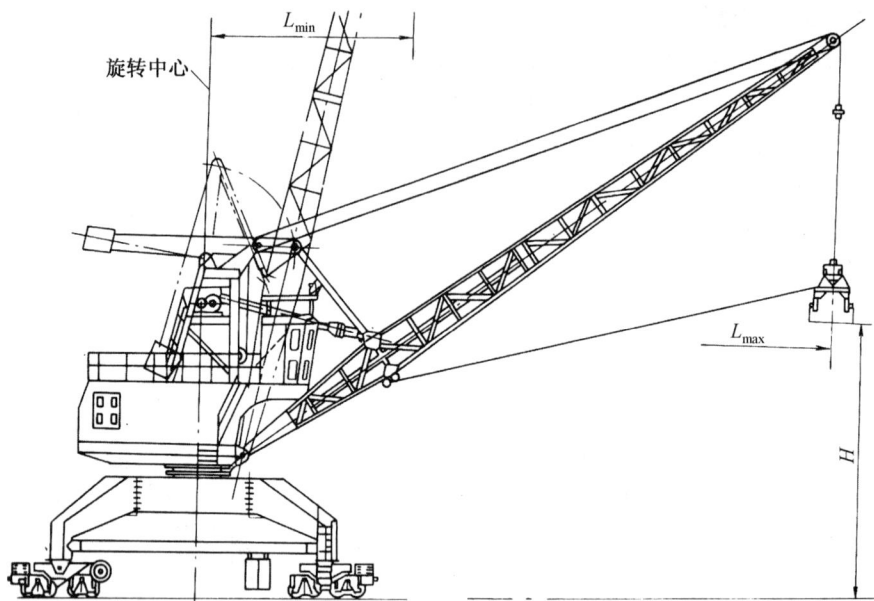

图 6-98　高台架起重机

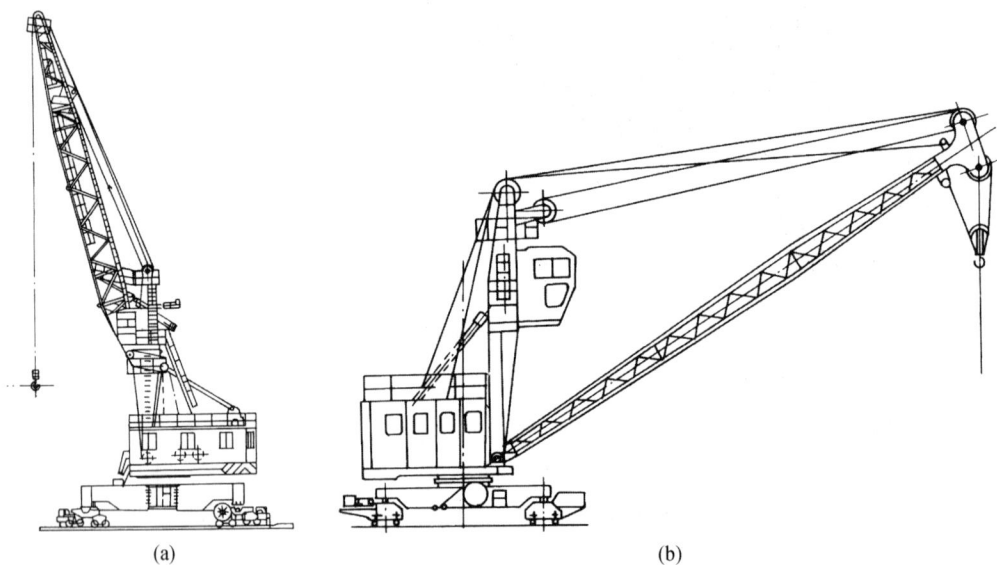

(a)

(b)

图 6-99　高立柱台架起重机

复习思考题

1. 装卸桥和门式起重机有什么区别？

2. 轮胎式起重机与汽车起重机有什么区别？

3. 为什么极少有用内燃机–机械传动的轮胎式起重机？

4. 内燃机+外接电源-电力驱动的轮胎式起重机有什么优点？

5. 液压轮胎起重机有什么特点？

6. 通用门座起重机与带斗门座起重机有什么区别？

7. 多用途门座起重机有什么特点？

8. 回转式浮式起重机与非回转式浮式起重机有什么区别？

9. 岸边集装箱起重机金属结构有什么特点？

10. 岸边集装箱起重机吊具如何实现减摇？

11. 轮胎式集装箱龙门起重机金属结构有什么特点？

12. 轨道式集装箱龙门起重机金属结构有什么特点？与轮胎式相比有什么优势？

13. 描述桥式抓斗卸船机常见钢丝绳缠绕系统是如何工作的。

14. 试述桥式抓斗卸船机起升机构工作原理。

15. 试述桥式抓斗卸船机金属结构的主要特点。

参考文献

［1］陶德馨. 工程机械手册：港口机械. 北京：清华大学出版社，2017.

［2］张质文，王金诺，程文明，等. 起重机设计手册. 2 版. 北京：中国铁道出版社，2013.

［3］文豪. 起重机械. 北京：机械工业出版社，2013.

［4］郭燕，颜彬. 港口起重机械. 武汉：武汉理工大学出版社，2013.

［5］张树海. 起重设备选用与维护. 北京：冶金工业出版社，2013.

［6］纪宏. 起重与运输机械. 北京：冶金工业出版社，2012.

［7］刘景良. 机械与特种设备安全. 北京：化学工业出版社，2012.

［8］常红. 港口起重输送机械. 大连：大连海事大学出版社，2012.

［9］董达善. 起重机械金属结构. 上海：上海交通大学出版社，2011.

［10］闻邦椿，陈良玉. 机械设计手册. 5 版. 北京：机械工业出版社，2010.

［11］顾海红. 港口输送机械与集装箱机械. 2 版. 北京：人民交通出版社，2010.

［12］徐格宁. 机械装备金属结构设计. 北京：机械工业出版社，2009.

［13］胡宗武，汪西应，汪春生. 起重机设计与实例. 北京：机械工业出版社，2009.

［14］宫本智. 葫芦式起重机. 天津：天津科学技术出版社，2009.

［15］陈道南，盛汉中. 起重运输机械. 北京：冶金工业出版社，2008.

［16］潘志勇，邱煌明. 钢丝绳生产工艺. 长沙：湖南大学出版社，2008.

［17］孙桂林. 起重机械安全技术手册. 北京：中国劳动社会保障出版社，2008.

［18］徐格宁，袁化临. 机械安全工程. 北京：中国劳动社会保障出版社，2008.

［19］符敦鉴. 岸边集装箱起重机. 武汉：湖北科学技术出版社，2007.

［20］杨宇华. 岸边集装箱起重机构造及维护手册. 武汉：湖北科学技术出版社，2007.

［21］上海港机重工有限公司. 港口起重机设计规范. 北京：人民交通出版社，2007.

［22］李谷音. 港口起重机械. 2 版. 北京：人民交通出版社，2007.

［23］王金诺，于兰峰. 起重运输机金属结构. 北京：中国铁道出版社，2002.

［24］交通部水运司. 港口起重运输机械设计手册. 北京：人民交通出版社，2001.

［26］万力. 起重机械安装使用维修检验手册. 北京：冶金工业出版社，2000.

［26］陈道南，盛汉中. 起重机课程设计. 北京：冶金工业出版社，2000.

［27］顾迪民. 起重机械事故分析和对策. 北京：人民交通出版社，2000.

［28］任树奎，王福绵. 起重机械安全技术检验手册. 北京：中国劳动出版社，1993.

［29］王奎生. 钢丝绳生产工艺与设备. 北京：冶金工业出版社，1993.

［30］刘长根，高正良，何焕章，等. 门座起重机. 北京：机械工业出版社，1991.

［31］杨长骙. 起重机械. 北京：机械工业出版社，1985.

［32］朱世义. 桥式通用起重机使用和维护. 哈尔滨：黑龙江科学技术出版社，1983.

［33］赵家英，刘成钧. 桥式起重机工作原理与操作. 北京：科学普及出版社，1982.

［34］徐格宁.《起重机设计规范》释义与应用. 北京：中国标准出版社，2008.

［35］中华人民共和国国家质量监督检验检疫总局，中国国家标准化管理委员会.
GB/T 3811—2008 起重机设计规范. 北京：中国标准出版社，2008.

［36］中华人民共和国国家质量监督检验检疫总局，中国国家标准化管理委员会.
GB 6067. 1—2010 起重机械安全规程. 北京：中国标准出版社，2010.

［37］中华人民共和国国家质量监督检验检疫总局，中国国家标准化管理委员会.
GB/T 20776—2006 起重机械分类. 北京：中国工业机械联合会，2006.

［38］汪怡. 岸桥滑轮绳槽压痕成因与对策研究. 港口装卸，2005(05)：18-21.

［39］肖汉斌，程贤福，陶德馨. 卷筒壁厚设计方法的探讨. 港口装卸，2000
(02)：1-3.

［40］胡勇，胡吉全. 多层卷绕钢丝绳卷筒. 物流工程三十年技术创新发展之道，
2010：348-351.

［41］辛丽萍，李响. 起重机卷筒联轴器的应用. 机械管理开发，2008(08)：89-90.

［42］包起帆. 上海港外高桥码头的集装箱全自动化无人堆场. 中国港口，2006(05)：
8-10.